Introduction

Ce manuel édité il y a vingt ans a été renouvelé profondément mais nous avons gardé présents à l'esprit les principes qui nous avaient guidés naguère : l'histoire de notre temps est difficile à écrire parce que les historiens ne disposent pas toujours des documents d'archives indispensables, même si l'Institut d'histoire du temps présent a permis d'avancer dans la connaissance de notre temps.

Tous les chapitres ont été remaniés ainsi que l'organisation du livre. En effet, si la personnalité des différents présidents de la Vᵉ République pèse sur la politique française, intérieure ou extérieure, ceux-ci ne peuvent transcender la pression des faits et doivent tenir compte de certaines données de fond, celles de l'économie, du passé immédiat ou lointain, d'une conjoncture qui modifie les perspectives générales (ainsi de l'Europe, de la crise de l'économie française depuis 1974/1975). Nous proposons donc une formule qui tienne compte des hommes et de ce que nous appelons les tendances de fond qui dépassent la durée d'un septennat.

Si certains aspects de la politique extérieure sont étroitement liés à l'économie, celle-ci conserve néanmoins son autonomie et nous avons préféré traiter d'un bloc, par exemple, la crise qui a pris la France depuis 1974 et qui est, aujourd'hui, loin d'être résolue, malgré l'optimisme de certaines déclarations. Crise de l'économie ? Crise de la société française dont nous mesurons mal la profondeur et dont le chômage est un indicateur parmi d'autres.

De toute manière, la France de 1995 a-t-elle quelque chose de commun avec celle de 1940 ou de l'immédiat avant-guerre ? On peut en douter sérieusement. Les hommes, les structures ont changé du tout au tout. On mesurera combien la défaite de juin 1940 pèse sur la France d'aujourd'hui, malgré la remontée et la reconstruction du pays durant les « Trente glorieuses ». Sans entrer dans les détails de cette histoire d'un long demi-siècle, nous souhaitons mettre l'accent sur les temps forts des mutations de la vie française et surtout tenter de répondre aux multiples questions que soulève cette histoire pleine de passions qui affleurent, vives ou violentes.

Première partie

La France et la Deuxième Guerre mondiale

La France éclatée
(juillet 1940 - novembre 1942)

Ce n'est pas août 1939 mais juillet 1940 qui introduit une coupure dans l'histoire du XXᵉ siècle français ; ce n'est pas l'entrée en guerre, mais l'entrée en occupation.

D'abord parce que la vie quotidienne des Français a été infiniment plus bouleversée par les conséquences de la défaite que par les neuf mois de la « drôle de guerre ».

Ensuite parce que le personnel politique en place depuis les années 20 s'est également prolongé sans grand changement jusqu'en juin-juillet 1940, tandis qu'après cette date il s'est quasi totalement effacé pour faire place à des équipes nouvelles, tant à Vichy qu'à Londres et surtout dans les mouvements de Résistance.

Enfin parce que, jusqu'à l'été 1940, on peut tant bien que mal étudier « la » France, alors qu'après cette date vont se poursuivre des histoires parallèles, antagonistes et cloisonnées. Il y a des milieux officiels, installés dans le cadre imposé par la défaite, mais ils sont deux : le gouvernement de Vichy et les collaborateurs qui vivent dans Paris occupé. En face, ceux qui refusent la défaite forment aussi deux Frances ; si ces dernières sont solidaires dans leur refus radical des précédents, elles ont bien du mal à communiquer seulement entre elles : ce sont la « France libre », avec Londres pour capitale, et la Résistance intérieure, éparse dans les souterrains de la vie clandestine.

L'histoire politique de la France est bel et bien en quatre morceaux. La libération seule la normalisera en la réunifiant. De 1940 à 1944, dans le déroulement des temps, du moins, une coupure est nette : novembre 1942. C'est alors en effet que l'ancienne « zone libre » sera occupée à son tour ; c'est alors aussi qu'Alger s'apprêtera à devenir progressivement à la place de Londres le foyer de la France libre ; enfin c'est aussi vers cette époque que d'El Alamein à Stalingrad — pour reprendre l'expression du poète — « l'espoir changera de camp ».

1. Le gouvernement de Vichy et la « Révolution nationale »

Le gouvernement de Vichy est à la tête de toutes les branches de l'administration, il est obéi par l'immense majorité des fonctionnaires, et reconnu par tous les États neutres, États-Unis d'Amérique, Cité du Vatican, URSS... qui maintiennent leurs ambassadeurs auprès de lui.

S'il est néanmoins tenu par beaucoup pour illégitime, c'est pour deux raisons, l'une nationale et l'autre civique. La première, c'est l'acceptation de la défaite, le fait d'avoir interrompu pour le plus grand profit de l'ennemi une guerre qui n'était pas perdue et ne devait pas l'être ; c'est pour cette raison que de Gaulle a toujours soutenu que la légitimité française s'était transportée avec lui à Londres dès le 18 juin 1940 tandis que pour le reste de la classe politique, Pétain n'est formellement coupable que depuis le 10 juillet, voire le 11.

La deuxième raison, c'est la « Révolution nationale ». Les républicains font remarquer que Pétain et les siens ne se sont pas contentés d'assurer la continuité empirique de l'État, ni de mettre en sommeil des institutions parlementaires jusqu'au retour de temps normaux, mais qu'ils ont profité des circonstances pour mettre en œuvre tout un système politique et idéologique de leur cru, une véritable restauration conservatrice, voire fascisante, que rien ne légitimait.

1. Le nouveau régime

L'arrivée du maréchal Pétain au pouvoir grâce aux intrigues de Pierre Laval et au vote des pleins pouvoirs par l'Assemblée nationale du 10 juillet 1940 équivalait à la mise en place d'une nouveau régime appelé État français et non plus République française. En effet, dès le lendemain 11 juillet 1940, Pétain promulgua trois actes constitutionnels qui réorganisaient totalement l'exercice de l'autorité suprême : la présidence de la République était abolie, le maréchal assumait à la fois les fonctions de chef de l'État et de chef de gouvernement. Cumulant les pouvoirs législatif et exécutif, il nommait et révoquait à son gré les ministres, tout cela sans contrôle parlementaire puisque les assemblées étaient ajournées jusqu'à nouvel ordre. Le vote du 10 juillet confiait à Pétain le pouvoir constituant ; il s'attribua en plus, de lui-même, une partie du pouvoir judiciaire en décidant l'arrestation et l'internement sans procès de plusieurs hommes politiques de la défunte IIIᵉ République. La disparition du principe de la séparation des pouvoirs, la concentration de la quasi-totalité de ceux-ci dans les mains du maréchal, la désignation officielle d'un héritier, Pierre Laval, le 12 juillet, montraient bien que le nouveau régime, répudiant les références républicaines, démocratiques, libérales, prenait la forme d'une « monarchie » autoritaire, laquelle était bien symbolisée par la formule que Pétain, monarque sans le titre, utilisait pour promulguer les textes de loi : « Nous, Philippe Pétain, maréchal de France, chef de l'État français, le Conseil des ministres entendu, décrétons... »

Le caractère personnel de l'État français de Vichy était encore accru par la conception que Pétain lui-même avait de l'exercice du pouvoir et par certaines pratiques du nouveau régime. Face aux Français, le maréchal voulait se comporter à la fois en chef et en père. Il était jaloux de son autorité et considérait que le pouvoir venait d'en-haut ; il avait une vue hiérarchique de la société et de l'administration. Selon lui, à chaque échelon devait se trouver un « chef », responsable non devant ses concitoyens ou ses administrés, mais devant ses supérieurs qui l'avaient nommé. Au sommet de la pyramide se trouvait le maréchal, « chef de l'État ». À partir de 1941, les fonctionnaires durent lui prêter un serment de fidélité personnelle. Les timbres furent imprimés à l'effigie de Pétain ; d'innombrables photographies, images d'Épinal, objets le représentant furent vendus ou distribués ; les jeunes durent apprendre le chant « Maréchal, nous voilà ».

Une propagande insistante et souvent simpliste s'appliqua à légitimer le pouvoir personnel en développant le culte de Pétain. Celui-ci apparut possesseur de toutes les qualités. Il était déjà réputé comme un illustre chef militaire, héros de Verdun en 1916, proche des soldats et économe en vies humaines. Il fut aussi peint comme un homme plein d'une sagesse et d'une expérience dues à son grand âge. Pour éviter le soupçon de sénilité qui pouvait s'appliquer à un vieillard de 84 ans, sa vigueur physique et intellectuelle fut vantée. De même furent célébrés le patriotisme du maréchal et son dévouement sans faille à la patrie, son bon sens, sa franchise, sa simplicité, son honnêteté, sa bonté, son amour des humbles et des enfants, son accord naturel avec les aspirations du peuple français.

De fait, au-delà de l'adulation organisée, le charisme de Pétain opéra. Une popularité incontestable et spontanée l'environna longtemps. Au cours de ses voyages, des foules empressées venaient acclamer ce vieillard reconnaissable à sa silhouette droite, à son regard clair, à son képi étoilé, à la médaille militaire qu'il arborait comme seule décoration. Pour beaucoup, le maréchal, héroïque survivant des vainqueurs de 1918, symbolisait une France vivifiée par ses anciennes et authentiques traditions qui devaient la tirer du gouffre. Les ovations qui montaient vers Pétain traduisaient surtout les espérances d'un peuple blessé, s'empressant autour d'une gloire nationale pour exprimer une forte volonté de survivre.

Mais les foules applaudissaient-elles la politique de Pétain ou le mythe qu'il représentait ?

2. Les points d'appui sociaux de Vichy

La popularité dont jouissait Pétain montre qu'à ses débuts le régime de Vichy possédait de solides points d'ancrage. Il faut certes distinguer diverses formes d'adhésion. En 1940, une majorité de Français approuvait l'armistice et acceptait l'idée de réforme constitutionnelle car la tradition française, à la différence des États-Unis n'a pas de culte pour la Constitution et n'en a tenu aucune pour intangible ; l'accord sur ces deux options menait assez naturellement à accorder au maréchal une confiance spontanée ; c'était une attitude plus sentimentale que raisonnée qui ne conduisait pas les individus à s'engager activement au service du régime. Ce pétainisme passif et peu politisé est souvent appelé maréchalisme. Il existait aussi un pétainisme militant, qualifié parfois de vichysme, réunissant des hommes et des groupes décidés à l'action. Ce sont ces divers types de soutien qu'il convient de caractériser.

2.1. Les groupes sociaux

Dans les foules qui acclamaient Pétain figuraient d'abord de nombreux membres des classes moyennes. Ceux-ci, d'opinion traditionnellement modérée et hostiles au collectivisme rouge, peu attachés à la IIIe République qui n'avait pas su les protéger contre les conséquences économiques de la crise des années 1930, inquiets à l'idée d'une régression dans l'échelle sociale, attendaient de Vichy qu'il défendît leurs intérêts. Au sein des classes moyennes figurait la catégorie particulière des fonctionnaires qui, habitués à obéir au pouvoir établi, se mirent naturellement au service du nouveau régime qui paraissait avoir été institué dans les formes légales. La continuité administrative était ainsi assurée.

Vichy put aussi compter sur le soutien de la grande bourgeoisie et des cadres supérieurs. Les représentants de ces groupes sociaux, qui avaient généralement été effrayés par le Front populaire de 1936 et les grèves, étaient reconnaissants aux nouveaux dirigeants de maintenir un appareil d'État, de préserver l'ordre et de permettre aux entreprises de fonctionner. Beaucoup de patrons et même de cadres moyens, ayant vivement désapprouvé l'agitation de 1936, applaudissaient un régime qui restaurait les principes d'autorité et de hiérarchie, rendait leur place naturelle aux chefs. Hauts fonctionnaires, hommes de loi, grands médecins, réagissaient souvent de même pour sauvegarder leur rôle d'élite.

Les attentions du régime pour les paysans, la rencontre du conservatisme de Vichy et du traditionalisme encore très vivant à la campagne firent également que le nouveau gouvernement rencontra un écho très favorable dans la France rurale. La diversité des situations régionales et sociales, les fréquentes difficultés rencontrées par les paysans dans leur vie quotidienne, surtout quand les réquisitions se multiplièrent, ne rendaient pas le soutien unanime ; il se révéla cependant durable.

L'adhésion des paysans était souvent encouragée par les notables locaux qui s'engagèrent volontiers au service de Vichy. Hobereaux et propriétaires fonciers — qui, dans beaucoup de régions, gardaient une influence sur la campagne environnante, au point d'occuper souvent les mairies, mais étaient écartés des responsabilités nationales depuis des lustres — se ralliaient à un régime qui reconnaissait leurs mérites et défendait les mêmes idées qu'eux. Dans les villages et les petites villes, les négociants importants, les notaires, les médecins, les pharmaciens, parfois même les instituteurs, toutes catégories sociales éprouvant le sentiment d'appartenir aux élites économiques et intellectuelles de la province, soutenaient aussi le régime de Vichy qui leur confiait des responsabilités et, par là, leur permettait d'exercer une influence. Nombre de ces notables se plaignaient en effet, depuis longtemps, de la démocratie qui, selon eux, amenait à un nivellement de la vie politique et leur laissait seulement des parcelles de pouvoir. Or, à des titres divers, ils se sentaient investis de la mission de défendre les vraies valeurs, d'enseigner la morale, d'écarter les masses de la tentation communiste. Les bouleversements qui venaient de s'opérer leur offraient l'occasion de combattre au service de toutes ces causes.

2.2. Les forces organisées

Plusieurs groupes organisés se mirent aussi d'emblée au service de Vichy. Au premier rang se situait l'Église catholique. Beaucoup de membres de la hiérarchie et de fidèles étaient restés réservés ou hostiles à l'égard de la laïcité mise en place par la IIIe République ; ils regrettaient les temps et les principes anciens, l'alliance de l'État et de l'Église. En 1940, bien des prédicateurs religieux présentèrent la défaite comme un châtiment envoyé par Dieu à un peuple qui avait renié sa foi passée, sombré dans le matérialisme et le laïcisme. Or, Vichy voulait prendre le contre-pied de la politique antérieure, se donner une couleur semi-cléricale, accorder des avantages aux catholiques, s'inspirer de principes considérés comme appartenant à la tradition chrétienne. L'ensemble du clergé se rallia donc avec empressement au maréchal Pétain, l'assura de ses prières, de sa confiance, de son attachement loyal et exhorta les fidèles à agir de même. Le cardinal Gerlier, archevêque de Lyon et primat des Gaules, déclara : « Travail, Famille, Patrie, ces trois mots sont les nôtres... Pétain, c'est la France ; la France, c'est Pétain. »

Autre point d'appui de Vichy : les militaires. Ceux-ci obéissaient sans discussion à un régime dirigé par le plus illustre d'entre eux et professant les idées conservatrices qui étaient généralement les leurs. Corps fortement hiérarchisé et discipliné, l'armée voyait dans cette société nouvelle modelée selon le principe d'autorité comme une immense projection d'elle-même. Du reste, le gouvernement de Vichy puisa d'abondance dans ce vivier de serviteurs loyaux ; avec les généraux Weygand, Huntziger, Bridoux, les amiraux Darlan, Auphan, Fernet, Platon, parmi beaucoup d'autres, on ne vit jamais autant de militaires dans les allées du pouvoir.

Les anciens combattants de 1914-1918 enfin et leurs associations étaient sensibles depuis la fin de la guerre au prestige du vainqueur de Verdun. Pour eux, ce grand patriote chargé de gloire ne pouvait mener la France que sur les chemins de l'honneur et du salut. Ces hommes, qui avaient cru combattre jadis pour des lendemains meilleurs, avaient été choqués de voir les jeux politiques et les scandales reprendre, une fois la paix revenue ; beaucoup pensaient avoir en vain consenti des sacrifices pour la patrie. Aussi accordaient-ils spontanément leur confiance à Pétain pour redresser le pays et, par civisme, se disaient prêts à apporter leur aide.

2.3. Les forces politiques

Les milieux politiques et les anciens partis fournirent aussi de nombreux cadres au régime de Vichy. Les idées que celui-ci défendait attirèrent des hommes représentant toutes les nuances de la droite. Les membres des ligues des années 1930 purent effectuer eux-mêmes, légalement, les changements qu'ils avaient autrefois tant réclamés. Dans l'entourage immédiat de Pétain, les maurrassiens, tels Henri du Moulin de Labarthète, chef du cabinet civil, Raphaël Alibert, Henri Massis, René Gillouin, René Benjamin, Xavier Vallat... apparaissaient particulièrement nombreux. L'Action française et Charles Maurras lui-même soutenaient à fond le régime dont les grandes orientations, antidémocratiques, antisémites, xénophobes, antimaçonniques, étaient exactement conformes à leurs idées. La droite réactionnaire catholique, personnalisée par le journaliste Philippe Henriot, était également présente. La droite libérale enfin, séduite par l'anticommunisme de Vichy, le maintien de l'ordre social, la revanche que le régime lui procurait sur 1936, offrit aussi ses services avec des hommes comme Pierre-Étienne Flandin, Joseph Barthélémy, Lucien Romier, Henri Moysset.

À Vichy, les conservateurs étaient loin d'occuper tout le terrain et côtoyaient des hommes de gauche, anciens radicaux anticonformistes comme Gaston Bergery, l'un des pères du Front populaire et auteur de plusieurs discours du maréchal ; socialistes comme Paul Faure, ancien secrétaire général de la SFIO, et Charles Spinasse, ancien ministre de Léon Blum en 1936 ; ex-communistes comme Paul Marion et Jacques Doriot qui se voulut d'abord « homme du maréchal » avant de s'engager dans l'activisme le plus collaborationniste ; syndicalistes tels Hubert Lagardelle et René Belin, secrétaire général adjoint de la CGT jusqu'en 1939, tous deux et successivement ministres du Travail de Pétain. Ces hommes qui avaient fait leurs premières armes à gauche s'engageaient au service de Vichy parce qu'ils étaient anticommunistes. Ils rejetaient le marxisme ou voulaient au moins en transformer certains des principes ; pacifistes, ils dénonçaient les dramatiques conséquences de la guerre et espéraient travailler à la réconciliation des peuples, fût-ce au prix d'une collaboration avec l'Allemagne ; convaincus que la démocratie parlementaire avait fait son temps, ils appréciaient les possibilités d'action que leur offrait le nouveau régime.

Cette dernière motivation, les possibilités d'action permises par l'effondrement des structures anciennes, valut aussi à Vichy le concours d'un groupe de jeunes technocrates, notamment Pierre Pucheu, Yves Bouthillier, François Lehideux, Jean Bichelonne, Jacques Barnaud. Ces hommes, issus des grandes écoles, occupaient avant la guerre des postes de responsabilité dans la haute administration ou les grandes entreprises. Leur communauté d'origine et d'idées, les liens qu'ils avaient noués entre eux firent croire qu'ils avaient échafaudé un plan de conquête du pouvoir, celui-ci devant être confié à une élite de spécialistes hautement qualifiés. Cette forme de gouvernement étant appelée synarchie, on donna ce nom au pseudo-complot. En réalité Pucheu, Barnaud et leurs amis formaient non une société secrète mais un groupe soudé par la communauté de ses choix : opérer une modernisation technocratique de la France, soustraite à l'incompétence des parlementaires, sauver ainsi le capitalisme et l'ordre social.

La diversité des appuis que Vichy trouva dans la société illustre bien la complexité d'un régime qui ne constituait pas un bloc homogène. Droite et gauche, partisans des valeurs traditionnelles et modernisateurs, chantres de la terre et défenseurs d'une industrialisation rapide, sermons moralisateurs et froids plaidoyers technocratiques, archaïsme et avant-garde coexistaient dans un régime qui voulait cependant unifier ces apports disparates dans une idéologie particulière, la Révolution nationale.

3. La Révolution nationale : principes et pratiques

Employée pour la première fois dans un discours du maréchal Pétain le 11 octobre 1940, la formule « Révolution nationale » désignait l'idéologie du nouveau régime. Le mot révolution n'était pas pris dans son acception ordinaire. Au contraire, la doctrine officielle apparaissait fondamentalement, mais pas uniquement, comme une réaction contre-révolutionnaire, une négation des principes de 1789, une plongée dans le passé le plus ancien, une restauration de la nation à partir des principes les plus éprouvés et les plus solides de son histoire. Daniel Halévy dira de la voix de Pétain : « Il semblait qu'elle vînt du fond des âges, reflet d'un héroïque et généreux passé. »

Les racines doctrinales de la Révolution nationale étaient donc d'abord conservatrices, et plus particulièrement, maurrassiennes. De nombreux familiers de Pétain avaient subi avant la guerre l'influence de l'Action française ; ils avaient retenu les grands principes de cette école de pensée, l'explication cohérente des réalités nationales qu'elle proposait et les remèdes énergiques qu'elle préconisait. Les mesures antidémocratiques, le nationalisme d'exclusion frappant étrangers, Juifs, francs-maçons, communistes, le retour à la terre si souvent célébré, la volonté de décentralisation et de restauration des communautés naturelles, le corporatisme étaient issus de ce fort enracinement réactionnaire. Mais le corporatisme illustrait aussi la présence d'une autre origine, celle de la branche paternaliste du catholicisme social, inspiré jadis par La Tour du Pin. D'une manière générale, la Révolution nationale s'inspira des thèmes et du vocabulaire propres à la tendance la plus conservatrice du catholicisme. La dénonciation des fautes ou péchés commis avant la guerre par les Français, l'évocation du châtiment, sous la forme de la défaite militaire, envoyé par Dieu, l'annonce de la rédemption par la souffrance, le discours moralisateur que développa Vichy, l'exaltation de la famille témoignaient bien de la présence de ces racines chrétiennes. Plusieurs membres de l'entourage du maréchal, notamment René Belin, Gaston Bergery, François Peyrouton, avaient été, avant la guerre, plus ou moins imprégnés par le personnalisme d'Emmanuel Mounier. Leur influence put se conjuguer avec celle des hommes de gauche venus à Vichy pour inspirer une méfiance, au moins théorique, à l'égard des pouvoirs pouvant opprimer la personne humaine, ces pouvoirs potentiellement dangereux étant ceux du capitalisme, des partis, de l'État totalitaire. Il faut enfin réserver leur place aux technocrates qui essayèrent d'imprimer leur marque sur les grandes décisions de Vichy, notamment dans le domaine de la législation économique et sociale.

Au centre de toutes ces influences se trouvait Pétain. Dépourvu d'imagination et moins doctrinaire que certains de ses familiers, le maréchal ne se livrait pas à une réflexion théorique poussée, il n'inventait rien, il écoutait ses conseillers et ses visiteurs, puis il amalgamait les idées qu'ils avaient développées devant lui. À cet ensemble, il donnait la marque de sa pensée, simple et courte ; il soulignait certains thèmes qui lui étaient chers : un conservatisme paternaliste, le respect des valeurs et de l'autorité, une attention soutenue aux réalités concrètes et aux données humaines auxquelles il était sensible. Ainsi, bien qu'il ne créât rien, Pétain apparut bien comme le maître à penser de la Révolution nationale dont les grands principes furent exprimés dans ses discours.

LES PRINCIPES DE LA RÉVOLUTION NATIONALE DÉFINIS PAR LE MARÉCHAL PÉTAIN

(11 juillet 1940)

(...)
Notre programme est de rendre à la France les forces qu'elle a perdues. Elle ne les retrouvera qu'en suivant les règles simples qui ont de tout temps assuré la vie, la santé et la prospérité des nations.

Nous ferons une France organisée, où la discipline des subordonnés réponde à l'autorité des chefs, dans la justice pour tous.

Dans tous les ordres, nous nous attacherons à créer des élites, à leur conférer le commandement, sans autre considération que celle de leurs capacités et de leurs mérites.

Le travail des Français est la ressource suprême de la patrie. Il doit être sacré. Le capitalisme international et le socialisme international qui l'ont exploité et dégradé font également partie de l'avant-guerre. Ils ont été d'autant plus funestes que, s'opposant l'un à l'autre en apparence, ils se ménageaient l'un et l'autre en secret. Nous ne souffrirons plus leur ténébreuse alliance. Nous supprimerons les dissensions dans la cité. Nous ne les admettrons pas à l'intérieur des usines et des fermes. Pour notre société dévoyée, l'argent, trop souvent serviteur et instrument du mensonge, était un moyen de domination.

Nous ne renonçons ni au moteur puissant qu'est le profit, ni aux réserves que l'épargne accumule.

Mais la faveur ne distribuera plus de prébendes. Le gain restera la récompense du labeur et du risque. Dans la France refaite, l'argent ne sera que le salaire de l'effort.

Votre travail sera défendu. Votre famille aura le respect et la protection de la nation.

La France rajeunie veut que l'enfant remplisse vos cœurs de l'espoir qui vivifie et non plus de la crainte qui dessèche. Elle vous rendra, pour son éducation et son avenir, la confiance que vous aviez perdue.

Les familles françaises restent les dépositaires d'un long passé d'honneur. Elles ont le devoir de maintenir à travers les générations les antiques vertus qui font les peuples forts.

Les disciplines familiales seront sauvegardées.

Mais, nous le savons, la jeunesse moderne a besoin de vivre avec la jeunesse, de prendre sa force au grand air, dans une fraternité salubre qui la prépare au combat de la vie. Nous y veillerons.

Ces vieilles traditions qu'il faut maintenir, ces jeunes ardeurs qui communieront dans un zèle nouveau, forment le fond de notre race.

Tous les Français fiers de la France, la France fière de chaque Français, tel est l'ordre que nous voulons instaurer. Nous y consacrerons nos forces. Consacrez-y les vôtres.

La patrie peut assurer, embellir et justifier nos vies fragiles et chétives. Donnons-nous à la France ; elle a toujours porté son peuple à la grandeur.

D.R.

La volonté d'une politique axée sur les réalités concrètes se reflétait bien dans la nouvelle devise de l'État français. Au trop révolutionnaire et abstrait triptyque Liberté-Égalité-Fraternité fut substituée la formule Travail-Famille-Patrie. Pour étudier les réalisations de la Révolution nationale, on peut reprendre ces trois termes en étendant pour chacun le champ d'application aux domaines proches.

3.1. Travail : l'organisation de l'économie

Le régime de Vichy exalta constamment le travail, mais pas sous toutes ses formes. Les porte-parole de la Révolution nationale appréciaient surtout les activités visibles et authentiques, principalement l'agriculture et l'artisanat. En revanche, ils se flattaient d'être anticapitalistes, hostiles aux grands trusts, à la spéculation, au règne de l'argent. Pétain déclara : « Pour notre société dévoyée, l'argent, trop souvent serviteur et instrument de mensonge, était un moyen de domination. » Aussi fallait-il restaurer le type de travail le plus naturel, le plus vrai, celui de la terre. Pétain prononça ces phrases à l'intention de ses compatriotes : « Je hais les mensonges qui vous ont fait tant de mal. La terre, elle, ne ment pas. Elle demeure votre recours. Elle est la patrie elle-même. Un champ qui tombe en friche, c'est une portion de France qui meurt. Une jachère de nouveau emblavée, c'est une portion de France qui renaît. »

Pour ressusciter l'antique société rurale, diverses mesures furent prises : réforme de l'enseignement agricole, amélioration de l'habitat dans les campagnes, mais surtout, afin de lier cette renaissance aux ambitions corporatives du régime, fut promulguée, le 2 décembre 1940, la Corporation paysanne. L'ambition était d'organiser l'agriculture sur un modèle non étatique. La corporation comprenait à l'échelon local un syndicat unique, des unions régionales et, au sommet, un Conseil national et un Comité permanent. Ces organes avaient pour mission de défendre les intérêts économiques des agriculteurs et de promouvoir des améliorations sociales. L'État se bornait à coordonner et à ratifier l'élection des responsables locaux. Mais la tentation technocratique et les difficiles conditions imposées par la guerre, pénuries, réquisitions, répartition des produits, amenèrent les pouvoirs publics à intervenir de plus en plus et à intégrer en partie les syndicats paysans à l'administration.

Le corporatisme, auquel s'était rallié Vichy, avait pour objectif de supprimer la lutte des classes, particulièrement vive dans l'industrie, en soulignant la nécessaire solidarité liant patrons, cadres et ouvriers. Mais la Charte du travail, promulguée le 4 octobre 1941, texte complexe et délicat à mettre en œuvre, ne répondait pas vraiment aux intentions corporatives. Ce texte, âprement discuté entre les représentants des petites et moyennes entreprises, voulant garder leur autonomie dans un cadre corporatif, et les syndicalistes, surtout le ministre du Travail René Belin qui cherchait à assurer un rôle important à l'État, offrait une synthèse imparfaite. Les droits de grève pour les ouvriers et de lock-out pour les patrons étaient interdits. L'État fixait le salaire minimum vital. Les confédérations syndicales patronales et ouvrières étant dissoutes, des syndicats professionnels uniques et obligatoires étaient créés ; leurs compétences étaient uniquement sociales et économiques.

En fait, les ouvriers firent les frais du nouveau système. Vichy affichait certes des vues anticapitalistes et, par la loi du 11 septembre 1940, avait réformé le statut des sociétés anonymes, interdit à une même personne de siéger dans plus de huit conseils d'administration et rendu les présidents de ces organes personnellement responsables de leur gestion. Mais les salariés, dépouillés du droit de grève, ne pouvaient plus sérieusement s'opposer aux chefs d'entreprises. Ces derniers étaient de plus maîtres d'un rouage essentiel, les Comités d'organisation. Ces Comités, créés le 16 août 1940, existaient dans chaque branche industrielle où ils étaient chargés de programmer la production, de répartir les matières premières, de définir les conditions de travail et les prix. Leurs membres, proposés par le patronat, étaient nommés par le gouvernement qui, en plus, devait approuver les décisions de ces Comités. Ce furent les représentants des entreprises les plus puissantes qui furent choisis et qui, désormais, gérèrent l'économie avec la caution de l'État. Ainsi, le grand patronat et ses serviteurs technocrates se retrouvèrent-ils maîtres de l'économie. Le corporatisme qui aurait dû remettre la gestion de manière paritaire aux employeurs et aux salariés resta en grande partie un mot vide de sens.

3.2. Famille : l'organisation de la société

La société voulue par Vichy devait être fondée sur des communautés naturelles, autonomes, solidaires, en opposition avec l'individualisme dissolvant hérité de 1789. Ces communautés comprenaient la profession, comme on l'a vu, et plus encore la famille, groupe naturel par excellence. Aussi l'institution familiale fut-elle exaltée et protégée. Le divorce devint plus difficile ; la transmission des héritages fut facilitée ; la fête des mères fut célébrée avec faste ; la femme restant au foyer pour élever ses enfants reçut une allocation ; l'avortement fit l'objet d'une répression accrue. Le régime accorda une attention soutenue à la jeunesse. On chercha à inculquer à celle-ci le respect des autorités, le sens de l'honneur et du sacrifice, le patriotisme. Les Écoles normales d'instituteurs, réputées foyers de socialisme, de laïcisme et de pacifisme, furent fermées. Les Chantiers de jeunesse, placés sous la direction du général de La Porte du Theil, créés le 30 juillet 1940 initialement pour occuper les appelés de la classe 1940, furent ensuite étendus à tous les jeunes de la zone libre en âge d'accomplir leurs obligations militaires. Les chantiers organisaient des périodes de huit mois au cours desquelles les hommes effectuaient des travaux d'utilité publique, surtout dans les forêts, et recevaient une éducation civique et morale en conformité avec les principes de la Révolution nationale.

L'ordre moral devait être respecté par les jeunes, mais aussi par tous les Français. La défense des vertus familiales, la lutte contre l'alcoolisme, l'abolition du privilège des bouilleurs de cru, l'interdiction de l'absinthe étaient sensés concourir au maintien de la moralité. À ce même objectif était réputé servir l'observation des valeurs chrétiennes. Vichy multiplia les égards pour l'Église, accorda des aides à l'enseignement libre et permit aux congrégations de se réinstaller sans autorisation.

La société devait suivre des guides sûrs et honnêtes, tels que les membres du clergé, les officiers, les anciens combattants, certains notables. En revanche, il fallait écarter les mauvais bergers, souvent présentés comme responsables de la défaite de 1940, ce qui impliquait une épuration sévère de l'administration, des professions libérales et des diverses couches sociales. Le régime s'en prit d'abord aux étrangers. La loi du 17 juillet 1940, adoptée très vite, interdit aux personnes nées d'un père non français d'accéder aux emplois publics. La loi du 22 juillet 1940 permit de réviser les naturalisations accordées depuis 1927, date à laquelle un code de la nationalité libéral avait été mis en vigueur ; cette loi appliquée jusqu'en juin 1944, surtout à des Juifs d'origine étrangère, aboutit au retrait de la nationalité française à 15 154 personnes, soit 3 % des naturalisés. Enfin, en vertu d'une des clauses de l'armistice, Vichy livra à l'Allemagne plusieurs centaines de ses ressortissants qui, opposants au régime nazi, s'étaient réfugiés en France avant la guerre.

Ennemis traditionnels de la droite, les francs-maçons, accusés d'avoir de longue date monopolisé les postes d'influence et affaibli la France par leurs complots, furent châtiés par les maîtres du moment. En effet, la loi du 13 août 1940 porta dissolution des sociétés secrètes, ce qui visait avant tout les loges maçonniques. Les fonctionnaires durent signer une déclaration de non-appartenance à ces organisations. En 1941, les noms des anciens dignitaires maçons furent publiés au *Journal Officiel*.

Les Juifs comptèrent parmi les principales victimes du régime. L'antisémitisme de Vichy avait des racines françaises. Avant la guerre, une partie de l'opinion, entraînée par des ligues et organisations extrémistes, dénonçait déjà l'accaparement des richesses et du pouvoir par les israélites, leur mentalité, leurs tares physiques et psychologiques. Aussi les Juifs, boucs émissaires commodes, furent-ils tout naturellement accusés de porter une lourde responsabilité dans la défaite. Beaucoup de dirigeants prétendirent que, pour relever le pays et moraliser la vie publique, il fallait les mettre à l'écart. Autre motivation à laquelle succomba Vichy : la tentation de s'emparer de certains biens appartenant aux Juifs. Enfin, s'imposèrent des facteurs de politique pure : les nouveaux dirigeants, soucieux de marquer l'indépendance du régime, voulurent prendre des mesures avant que les Allemands ne les imposent. Le choix de la collaboration impliquait aussi de donner des gages au vainqueur. De la sorte, les premières mesures frappant les juifs furent-elles adoptées librement, sans que le Reich eût exercé de pression.

Le 3 octobre 1940 parut un premier statut des Juifs, aggravé par un deuxième statut le 2 juin 1941. Ces textes définissaient d'abord le Juif : c'était une personne « issue de trois grands-parents de race juive ou de deux grands-parents de la même race, si son conjoint est lui-même juif » ; le deuxième statut ajouta à ces critères la pratique de la religion israélite. À partir de 1942, le mot « Juif » fut inscrit sur les cartes d'identité. Ces personnes étaient exclues des fonctions électives, de l'administration, de la magistrature, de l'armée, de la banque, des professions culturelles et médiatiques comme la presse, le cinéma, la radio, le théâtre, l'édition. En outre, un *numerus clausus* réduisit l'accès des Juifs aux universités à 3 % et aux professions libérales à 2 %. La loi du 2 juillet 1941 permit l'« aryanisation » des biens juifs par expropriation forcée. D'autres mesures, liées à la nationalité, furent prises. Ainsi, le décret du 4 octobre 1940 permit-il aux préfets d'enfermer les Juifs étrangers dans des camps spéciaux. À partir du 7 octobre 1940, leurs coreligionnaires d'Algérie furent privés de la citoyenneté française.

Pour pouvoir mettre en œuvre l'ensemble des mesures imposées par les lois de 1940 et 1941, il fut tout d'abord demandé instamment aux Juifs de se faire recenser dans les mairies ou aux commissariats de leurs quartiers. Loin de tenter d'échapper à cette demande gouvernementale, la plupart des Juifs, soucieux de se conformer aux lois, aussi pénibles fussent-elles, finirent, parfois avec un certain retard, par se faire inscrire sur ces listes.

L'application de toutes ces mesures fut confiée à un Commissariat général aux questions juives, créé le 29 mars 1941. Le premier titulaire du Commissariat, Xavier Vallat, antisémite résolu, était aussi germanophobe et n'entendait pas céder à toutes les pressions des Allemands. Aussi fut-il remplacé en mai 1942 par Louis Darquier de Pellepoix, individu fanatique soumis au Reich. Face au Commissariat, le gouvernement de Vichy voulut s'assurer un interlocuteur unique : en novembre 1941, les associations juives furent dissoutes et remplacées par l'Union générale des israélites de France (UGIF) qui devait assurer la représentation de tous les Juifs du pays auprès des pouvoirs publics. Les dirigeants de l'UGIF furent bien forcés de participer à l'application de la législation antisémite, tout en essayant d'en limiter les effets, mais ils s'engagèrent dans un engrenage redoutable en devenant malgré eux les artisans de leur propre perte.

L'épuration qui frappait les francs-maçons, les étrangers et les Juifs obéissait à des motivations aussi bien sociales que politiques. Cette dernière dimension apparaissait encore plus évidente dans la répression dirigée contre certains anciens dirigeants de la IIIe République et les membres du Parti communiste.

3.3. *Patrie : l'organisation politique*

Le gouvernement de Vichy décida, dès septembre 1940, d'interner certains hommes qui avaient occupé des fonctions éminentes sous la IIIe République ; ce fut le cas de Léon Blum, Édouard Daladier, Paul Reynaud, Vincent Auriol, Georges Mandel, Jean Zay, Pierre Mendès France, le général Maurice Gamelin, Léon Jouhaux, ancien secrétaire général de la CGT, et bien d'autres. Quelques-uns d'entre eux, au premier rang desquels figuraient Blum, Daladier et Gamelin, furent déférés devant la Cour suprême de justice de Riom en février 1942. Les Allemands espéraient que les accusés seraient déclarés coupables d'avoir engagé la guerre, alors que beaucoup de Français reprochaient à ces hommes d'avoir mal préparé le conflit. En fait, les prévenus se défendirent brillamment et montrèrent que Pétain, vice-président du Conseil supérieur de la guerre de 1920 à 1931 et ministre de la Défense en 1934, portait une part de responsabilité dans l'impréparation militaire du pays. Les Allemands, mécontents de l'orientation des débats, demandèrent et obtinrent la suspension de ceux-ci en avril 1942. Les accusés restèrent en prison.

Les dirigeants de Vichy, tous animés de forts sentiments anticommunistes, et d'un esprit de revanche, réactivèrent, avec encore plus d'énergie, les mesures décidées contre le Parti par le gouvernement Daladier à la veille de la guerre. Dès l'automne 1940, au moment où le PCF reprit son activité clandestine, les arrestations se multiplièrent. Quand les Allemands l'exigèrent, les autorités prélevèrent parmi les prisonniers communistes des otages destinés au poteau d'exécution.

La société et le monde politique étant débarrassés de leurs éléments douteux, comment le pouvoir allait-il s'exercer ? En théorie, le régime de Vichy se déclarait contre la toute-puissance de l'État et annonçait sa volonté de laisser s'organiser librement les communautés naturelles, corporations, familles, régions. On a vu que l'autonomie promise aux métiers constituait un leurre ; il en alla de même dans le domaine politique et administratif. Ainsi Pétain, reprenant le vocabulaire de l'Ancien Régime, parlait de restaurer les provinces, lesquelles détiendraient de vastes responsabilités sous l'autorité d'un gouverneur. De fait, des régions, regroupant plusieurs départements, furent délimitées. Mais, à rebours des promesses de décentralisation, les préfets placés à la tête de ces nouvelles unités territoriales restèrent les agents zélés de l'État et les aspirations autonomistes furent combattues.

Au sommet, le maréchal Pétain donnait en quelque sorte l'exemple. Autoritaire, jaloux de son pouvoir et ayant de celui-ci une conception militaire, il considérait les ministres comme de simples exécutants de ses volontés, des sortes d'officiers d'état-major chargés d'appliquer les décisions du généralissime. Les membres du gouvernement étaient nommés et renvoyés par le maréchal sans contrôle et apprenaient parfois promotion ou révocation par la radio. La personnalisation du pouvoir, le culte du chef de l'État, l'intervention d'une censure pointilleuse dans les médias concourraient à la centralisation de l'autorité.

De telles pratiques allaient à l'encontre de la démocratie. Les traditions parlementaires, telles qu'elles avaient fonctionné sous la IIIe République, furent condamnées. Dans les départements, les conseils généraux et les conseils d'arrondissement furent supprimés. La loi du 16 novembre 1940 ne permit l'élection des conseils municipaux que dans les communes de moins de 2 000 habitants ; ailleurs, maires et conseils étaient nommés par le pouvoir.

Le Conseil national, dont les membres furent désignés par Vichy en janvier 1941, étaient seulement une assemblée de notables, cantonnée dans un rôle consultatif et qui cessera de se réunir après avril 1942.

Pour former les chefs auxquels les Français devaient obéir, le régime de Vichy créa des écoles spécialisées dont la pièce maîtresse fut l'École nationale des cadres d'Uriage. Cet établissement, dirigé par un officier, Pierre Dunoyer de Segonzac, fit appel à des formateurs de qualité, tels Joffre Dumazedier, Emmanuel Mounier, Hubert Beuve-Méry, Paul-Henri Chombart de Lauwe, Jean-Jacques Chevallier... L'École d'Uriage, soumettant ses élèves à des activités alternativement physiques et intellectuelles, cherchait à dégager des élites nouvelles qui rénoveraient la société à partir de principes fortement inspirés du personnalisme chrétien : un esprit communautaire, la liberté de la personne, une autorité de caractère non totalitaire favorisant l'épanouissement des valeurs humanistes, une association des salariés à la gestion et au partage des bénéfices. Dunoyer de Segonzac et ses amis, refusant la collaboration, entrèrent rapidement en conflit avec le gouvernement de Vichy qui ferma l'école en décembre 1942. Nombre de dirigeants d'Uriage s'engagèrent alors dans la Résistance.

Le régime de Vichy ne créa pas de parti unique, comme l'avaient fait les dictatures fascistes. Cependant, avec la Légion française des combattants, fondée le 29 août 1940, fut mis en place un embryon d'organisation politique centralisée. Dans la Légion fusionnèrent toutes les associations d'anciens combattants ; Pétain en exerçait la présidence nationale et les dirigeants étaient nommés par le pouvoir. Les légionnaires anciens combattants, considérés comme des patriotes d'élite, reçurent la mission de diffuser les principes de la Révolution nationale, voire de les imposer, en concertation avec les représentants de l'État. Mais beaucoup de membres de la Légion n'avaient ni l'habitude ni le goût du militantisme, de sorte que leur activité resta faible ou nulle. Aussi les plus dynamiques d'entre eux constituèrent-ils un groupe plus résolu, le Service d'ordre légionnaire (SOL) d'où sortira plus tard la Milice qui fut un des instruments les plus fermes de la collaboration.

Comment qualifier le régime façonné par la Révolution nationale ? Le remplacement de la démocratie par le pouvoir personnel de Pétain, l'exaltation du chef, la répression et l'épuration évoquaient incontestablement les pratiques fascistes. Mais, du moins jusqu'en 1942, l'hétérogénéité idéologique, l'absence de parti unique, le moralisme et la défense des valeurs anciennes, l'inspiration réactionnaire de nombreuses mesures, le caractère inachevé des méthodes qui auraient pu relever du totalitarisme apparentaient bien plutôt Vichy à un régime autoritaire et traditionaliste.

2. Gouverner et vivre sous le contrôle allemand

Vichy prétendait gouverner la France alors qu'une bonne partie du territoire était occupée par les Allemands. La recherche d'une collaboration avec ceux-ci allait renforcer encore l'influence du vainqueur. La domination exercée par le Reich entraînait des conséquences importantes jusque dans la vie quotidienne des Français et façonnait l'esprit public.

1. Le joug de l'occupation

La zone libre comprenait le Midi méditerranéen, les Alpes, la vallée du Rhône, le Massif central et le Bassin aquitain privé de sa façade atlantique. Le reste du territoire français était, à l'exception de quelques cantons du Sud-Est occupés par les Italiens, contrôlé par les Allemands. L'Alsace et la Moselle se trouvaient annexées au Reich et soumis à une pression assimilationniste. Le Nord et le Pas-de-Calais, formant la « zone rattachée », étaient administrés par les autorités allemandes de Bruxelles, ce qui préludait peut-être à l'incorporation de ces départements dans un futur État flamand. Dans la « zone interdite », allant de la Somme aux Ardennes, et dans la « zone réservée », des Ardennes au Jura, le risque d'annexion existait aussi ; les réfugiés de l'exode de 1940 ne furent pas autorisés à se réinstaller dans ces régions avant 1943. Le reste de la zone occupée se trouvait sous le contrôle du gouverneur militaire allemand siégeant à Paris.

Le gouvernement de Vichy exerçait son autorité directement dans la zone libre, mais aussi dans la zone occupée où il nommait l'ensemble des fonctionnaires. La législation de Vichy s'appliquait aussi dans les régions contrôlées par les Allemands, à condition que ceux-ci le voulussent bien. Une commission allemande d'armistice, installée à Wiesbaden, surveillait la mise en œuvre des clauses de celui-ci. Quant à l'administration allemande des territoires occupés, elle était confiée à un gouverneur militaire, siégeant à Paris, à l'hôtel Majestic ; ces services contrôlaient les garnisons dispersées dans les départements et les fonctionnaires français locaux. Le gouverneur nommé en octobre 1940, le général Otto von Stülpnagel, fut remplacé en février 1942 par son cousin Karl-Heinrich von Stülpnagel. Un représentant du ministère allemand des Affaires étrangères, Otto Abetz, nommé en août 1940, était chargé des relations politiques avec le gouvernement de Vichy. Celui-ci accrédita à Paris un délégué général qui fut, à partir de décembre 1940, le journaliste Fernand de Brinon, réputé dès avant la guerre pour sa germanophilie.

L'Allemagne possédait de nombreux moyens de pression sur Vichy. La ligne de démarcation qui séparait les deux zones était étroitement surveillée par la puissance d'occupation. Le franchissement par les personnes ou les marchandises était subordonné à l'obtention d'un laissez-passer ; la correspondance officielle ou privée était elle-même limitée. Or les régions du Sud, plus pauvres, avaient besoin des produits énergétiques et agricoles du Nord. En fermant ou en ouvrant la ligne de démarcation, les Allemands pouvaient, selon leur volonté, se montrer exigeants ou accommodants.

LA FRANCE ÉCLATÉE APRÈS LA DÉFAITE DE 1940

Zones d'occupation à partir de novembre 1942

La pression allemande revêtait aussi une forme financière et économique (voir chapitre 14, pp. 327 à 331). Le vainqueur avait évalué les frais d'entretien des troupes d'occupation, frais à la charge de la France, à la somme exorbitante de 400 millions par jour, ce qui aurait pu permettre de nourrir et d'équiper plusieurs millions de soldats ! Les Allemands décidèrent aussi de fixer entre le mark et le franc un taux de change très avantageux pour eux qui réduisait les achats effectués en France d'un quart de leur prix, mais majorait dans la même proportion les paiements imposés au vaincu. À cela s'ajoutèrent des réquisitions en numéraire ou en or qui forcèrent les autorités de Vichy à émettre des billets pour faire face aux exigences de l'occupant. Ainsi se développa une très forte inflation.

Avantagée par le change, l'Allemagne passa d'importantes commandes aux producteurs français. Denrées agricoles, charbon, minerais, chaux et ciment, véhicules automobiles, entre autres, prirent le chemin du Reich et firent défaut sur le marché national. De plus, le vainqueur profitait de la force de travail que représentaient les prisonniers de guerre et de certains volontaires se mettant à son service. À ces derniers s'ajoutèrent à partir de 1942 les déportés du travail.

L'occupation entraîna aussi une sujétion politique permise par une application très large de l'article 3 de la convention d'armistice, article qui reconnaissait à l'Allemagne « tous les droits de la puissance occupante ». Bien que Vichy détînt une souveraineté théorique sur la zone nord, les autorités d'occupation s'attribuèrent dans celle-ci de nombreux droits : approbation de la nomination des hauts fonctionnaires, censure exercée sur le *Journal Officiel*, contrôle des médias, interdiction de la Légion des combattants et des Chantiers de jeunesse, mesures antisémites telles que l'« aryanisation » ou la prise de contrôle des entreprises israélites, inscription de la mention « juif » sur les cartes d'identité dès octobre 1940, obligation de porter une étoile jaune sur la poitrine à partir de mai 1942.

2. La collaboration

La force de l'Allemagne et les moyens de pression qu'elle détenait pouvaient faire apparaître comme réaliste une entente avec elle. Ce fut en grande partie cette démarche empirique qui inspira la collaboration d'État. Certains Français voulurent aller au-delà et plaidèrent pour un alignement idéologique sur les nazis : ce fut le collaborationnisme. Enfin, la collaboration économique incarna une troisième forme de coopération, plus complexe, avec le vainqueur.

2.1. La collaboration d'État

La collaboration d'État s'inspirait d'une analyse qui se voulait réaliste. Les dirigeants de Vichy pensaient que la victoire de l'Allemagne instaurait une ère d'hégémonie germanique en Europe et que des négociations de paix ne tarderaient pas à s'ouvrir. Il pouvait ainsi paraître habile de s'entendre avec la puissance dominante, de lui donner des gages, d'intégrer la France dans l'ordre nouveau, voire d'aider l'Allemagne à vaincre l'Angleterre encore en guerre. Ces preuves de bonne volonté, espérait-on, disposeraient favorablement le vainqueur, vaudraient des avantages à la France et permettraient surtout à celle-ci de conserver sa souveraineté sur les deux zones. Les dirigeants de Vichy se montraient en effet inquiets de perdre le contrôle des départements occupés et, pour conserver au moins l'apparence de la souveraineté, ils prirent souvent des décisions devançant dans le temps celles que les nazis pourraient imposer.

Cette volonté de collaboration allait au-devant des souhaits de l'Allemagne. Hitler n'envisageait ni de prendre directement en charge le gouvernement de la France ni de traiter celle-ci en égale. La présence au pouvoir du maréchal Pétain, dont le prestige restait considérable, garantissait au Reich la tranquillité dont il avait besoin sur ses arrières. C'était ainsi un gouvernement français qui appliquait les décisions de l'occupant, rendait cette politique plus acceptable par la population ou assumait une part de l'impopularité. La collaboration de l'administration française permettait également aux Allemands d'immobiliser moins d'hommes dans le pays vaincu, tout en exploitant au maximum les ressources de celui-ci.

Aussi les Allemands répondirent-ils en octobre 1940 aux demandes réitérées faites depuis l'été par Pétain et Laval qui voulaient rencontrer Hitler et son ministre des Affaires étrangères, von Ribbentrop. Deux entrevues eurent lieu, à Montoire, dans le Loir-et-Cher : la première le 22 octobre 1940 entre Hitler et Ribbentrop d'une part, Laval de l'autre ; la deuxième le 24 octobre entre Hitler et Pétain. La portée pratique des rencontres de Montoire apparut faible. Les interlocuteurs évoquèrent la possibilité d'une riposte militaire contre les Anglais et les gaullistes en Afrique ; des projets de livraison de matières premières et de produits industriels français à l'Allemagne furent ébauchés. Mais les dirigeants de Vichy n'obtinrent pas la réduction des frais d'occupation et le retour des prisonniers de guerre qu'ils sollicitaient. Le résultat le plus notable de Montoire fut plutôt de l'ordre du symbole politique : les services allemands de propagande répandirent largement la photographie de la poignée de mains entre le vainqueur de Verdun et le vainqueur de 1940. Dans son discours du 30 octobre 1940, Pétain donna en quelque sorte une légende à cette image : « C'est librement que je me suis rendu à l'invitation du Führer (...). Une collaboration a été envisagée entre nos deux pays. J'en ai accepté le principe. » Vichy définissait ainsi une politique extérieure fondée sur l'entente avec l'Allemagne.

La mise en route de cette politique fut perturbée par le renvoi de Laval, le 13 décembre 1940. Avec cette « révolution de palais », Pétain ne souhaitait pas s'écarter de la collaboration, mais il voulait se séparer d'un homme qui l'exaspérait, menait une politique personnelle sur laquelle il livrait peu d'informations, séjournait souvent à Paris et se montrait peu au Conseil des ministres à Vichy. Laval fut aussitôt placé en résidence surveillée, tandis que l'acte constitutionnel n° 4 faisant de lui le successeur désigné de Pétain était révoqué. Mais, le 17 décembre, Otto Abetz, ambassadeur d'Allemagne à Paris, furieux du renvoi de Laval avec lequel il comptait bâtir la collaboration, vint à Vichy escorté de deux auto-mitrailleuses, fit libérer son protégé et repartit avec lui pour Paris.

Pétain remplaça Laval au ministère des Affaires étrangères par Pierre-Étienne Flandin, ancien parlementaire de droite. Les Allemands refusant d'entrer en contact avec Flandin, celui-ci démissionna le 9 février 1941 et fut remplacé par l'amiral François Darlan, promu vice-président du Conseil et dauphin du maréchal. Darlan, né en 1881, excellent organisateur, avait contribué à la modernisation de la flotte française qu'il commandait ; mais son ambition, son caractère secret et son réalisme cynique lui valaient de nombreux ennemis. L'amiral, qui avait rencontré Hitler le 25 décembre 1940 et le reverra les 11 et 12 mai 1941, cherchait à apaiser les Allemands et était prêt à s'engager très avant dans la collaboration. La preuve en fut vite administrée. À la suite de nombreuses conversations avec les représentants du pays vainqueur, il signa les Protocoles de Paris le 28 mai 1941. Cet accord plaçait la France au bord d'une guerre avec les Britanniques : Vichy mettait en effet à la disposition du Reich en lutte contre l'Angleterre des bases aériennes ou navales en Syrie, en Tunisie, à Dakar. En échange, la France obtenait une réduction des frais d'occupation de 400 à 300 millions de francs par jour et le retour de certains prisonniers. Les Protocoles, fortement combattus à Vichy par le général Maxime Weygand, ne furent finalement pas ratifiés et leur application se trouva suspendue. En fait, l'évolution de la situation militaire sur le théâtre méditerranéen rendait inutile l'aide de la France, tandis qu'Hitler entendait consacrer tous ses efforts à la guerre contre l'URSS entamée le 22 juin 1941.

Au début de 1942, Darlan, usé, n'inspirait plus confiance aux Allemands. Ceux-ci, plongés dans la guerre totale, renforçaient l'exploitation des pays soumis et organisaient une répression accrue contre les résistants. Le gouvernement de Vichy n'entendait pas pour autant modifier sa politique de collaboration. D'autre part, il s'inquiétait de la montée de l'opposition dans le pays même. Déjà, dans un discours du 12 avril 1941, Pétain avait déclaré que face au « vent mauvais » qu'il sentait se lever, il allait briser les forces hostiles par des mesures de rigueur, politiques et policières. Confronté à des dangers intérieurs et à une pression plus lourde des Allemands, le maréchal, après beaucoup d'hésitations, rappela Pierre Laval le 18 avril 1942. L'homme évincé le 13 décembre 1940 n'était pas imposé par les occupants, mais, soutenu par Abetz et partisan d'une collaboration d'État active, il paraissait capable de défendre efficacement les intérêts français. Laval devint le chef du gouvernement, tandis que Darlan restait le dauphin du maréchal et commandait les forces armées.

Laval, qui se piquait de réalisme, était décidé à laisser en suspens l'application de la Révolution nationale, qu'il sentait exsangue, et à tout miser sur la collaboration. Il ne croyait pas que le Reich pût perdre la guerre ; aussi pensait-il que la France trouverait toujours son avantage à rester liée au vainqueur pour se ménager la meilleure place possible dans l'Europe future. Le 22 juin 1942, le chef du gouvernement, illustrant cette analyse, prononça une phrase restée fameuse qui contribua fortement à le déconsidérer dans une opinion majoritairement hostile au Reich : « Je souhaite la victoire de l'Allemagne parce que, sans elle, le bolchevisme, demain, s'installerait partout. »

« JE SOUHAITE LA VICTOIRE DE L'ALLEMAGNE... »

La réaction d'un écrivain-journaliste

J'étais dans la rue. J'ignorais que Laval parlerait à la radio. Je m'en souciai peu, occupé par l'adorable journée qui finissait. [...] J'allais seul en rêvant un peu à l'aventure quand soudain je fus appelé à la fenêtre d'un rez-de-chaussée par la voix familière du chef du Gouvernement. Je m'arrêtai devant la villa et je n'étais pas là depuis trois minutes que j'entendis : « Je souhaite la victoire de l'Allemagne... » Je n'entendis pas la suite, qui avait pourtant son importance, cette seconde partie de la phrase qui veut à la fois se concilier les classes possédantes de France, d'Angleterre, d'ailleurs, et les syndicalistes et autres adversaires du bolchevisme : « Je souhaite la victoire de l'Allemagne parce que, sans elle, le bolchevisme, demain, s'installerait partout. » Je me rappelai notre conversation de l'an dernier, fin octobre, à Châteldon, quand je lui parlai de la sensibilité française à vif... Diable ! Voilà des choses qu'on ne dit pas ! [...] Cette phrase va lui causer un tort considérable. Les Allemands n'en demandent pas tant. Ils savent bien que, même les Français qui envisagent avec eux des relations cordiales après la paix et qui les apprécient, ne peuvent pas souhaiter leur victoire complète. Laval se coule inutilement.

J'ai demandé ce soir au Parc le texte du discours sans attendre les journaux de demain. Je vois B... à qui je dis ma surprise, mon émotion. Il ne les partage pas.

— Quelle perte de crédit !

— Au contraire, explique-t-il.

— Comment, au contraire ?

— Les Allemands lui en tiendront compte, de cette phrase.

— Ce n'est pas si sûr, si elle lui enlève toute autorité dans le pays !

— Oui ou non, reprend B... vouliez-vous un Gauleiter ? Le Président se sacrifie, il sacrifie sa popularité en tout cas, sciemment, pour maintenir à distance les Allemands et nous les concilier. C'est pour endormir Sauckel. Pour que nos ouvriers ne partent pas. Il a médité quatre jours sur cette phrase avec C..., avec R..., avec M...

Maurice Martin du Gard, *La Chronique de Vichy (1940-1944)*, Paris, © Flammarion, 1948.

La volonté de collaboration se concrétisa dans plusieurs domaines, tout particulièrement dans celui de la répression policière. En juillet 1942, le secrétaire général de la police de Vichy, René Bousquet, conclut un accord avec le général SS Karl Oberg, chef des services de sécurité du Reich en France, accord qui organisait une coopération et un partage des tâches : les Allemands prenaient en charge la sûreté des troupes d'occupation, les Français poursuivaient les individus qui perturbaient l'ordre à l'intérieur du pays ; étaient notamment désignés comme agitateurs les agents étrangers, les communistes, les Juifs. En fait, les accords Oberg-Bousquet faisaient de la police française une sorte d'auxiliaire de son homologue allemande. Dans le même temps, Vichy se dotait de forces répressives nouvelles. Dès le 23 février 1942, les activistes de la Légion, déçus par le manque de militantisme de cette organisation, se groupèrent autour de Joseph Darnand et constituèrent une troupe de choc, le Service de l'ordre légionnaire (SOL) qui donnera naissance à la Milice en 1943. L'hymne du SOL révélait un projet dépourvu d'ambiguïté :

« SOL, faisons la France pure.
Bolcheviks, francs-maçons ennemis,
Israël, ignoble pourriture,
Ecœurée la France vous vomit ».

Le double appareil répressif, allemand et vichyste, prit l'habitude de coordonner étroitement son action. Cette collaboration s'appliqua avec une sinistre efficacité dans la persécution des Juifs. Ces derniers, étrangers et Français, victimes de rafles en 1941 dans la zone Nord, furent généralement arrêtés par des policiers français et dirigés vers des camps administrés par des Français, notamment Pithiviers et Beaune-la-Rolande dans le Loiret, Drancy, antichambre d'Auschwitz, dans la banlieue parisienne. En zone Sud également, les autorités de Vichy ouvrirent de nombreux camps (Gurs, le camp des Milles, etc) où furent internés républicains espagnols, Juifs et tout étranger jugé suspect. Lors de la grande rafle du Vel d'hiv, les 16 et 17 juillet 1942, ce furent encore des policiers français, aidés par des membres du Parti populaire français de Jacques Doriot, qui procédèrent à l'arrestation de 12 884 hommes, femmes, enfants juifs, conduits au Vélodrome de Paris, où ils demeurèrent cinq jours dans des conditions d'inconfort atroce, avant d'être, pour un tiers d'entre eux, déportés à Auschwitz. Les 26 et 28 août 1942, Laval organisa dans la zone libre la rafle d'environ 7 000 Juifs, surtout étrangers et apatrides, et les livra aux Allemands. Plus grave encore, il demanda avec insistance aux Allemands de déporter aussi les enfants étrangers de moins de 16 ans, dont l'arrestation n'était pas prévue ; le chef du gouvernement français faisait état en l'occurence de son souci de ne pas séparer les familles et de sauver des Juifs français en sacrifiant des enfants étrangers.

LAVAL ET LES JUIFS

d'après le témoignage du pasteur Marc Boegner (1942)

Vichy, 9 septembre. Vu Pierre Laval aujourd'hui à 13 heures. Il m'a reçu dans le bureau où, à diverses reprises, j'ai rendu visite à Darlan. Je lui ai dit dès l'entrée : « Je ne vous ai pas vu depuis qu'en juillet 1940 je suis venu vous parler des Juifs que nous avions accepté de livrer à l'Allemagne... » La question a donc été abordée dès les premiers mots, et j'ai dit tout ce que je voulais dire sur les méthodes employées [...].

Laval dit deux choses : « Je ne puis pas faire autrement, et je fais de la prophylaxie. » Il ne veut pas qu'un seul Juif étranger reste en France. « Les nations me font de la morale, mais quand je leur dis "Prenez-les", elles se défilent. » « Je paie les fautes des autres, d'un gouvernement qui les a laissés rentrer... Ce sont des gaullistes, ils font du marché noir. S'il y avait des troubles ils seraient au premier rang des bandes, etc. » Question précise : 1. « Ferez-vous la chasse à l'homme ? — On les cherchera partout où ils sont cachés. 2. — Consentirez-vous à ce que nous sauvions les enfants ? — Les enfants doivent rester avec leurs parents. — Mais vous savez bien qu'ils seront séparés d'eux ! — Non. — Je vous dis que si. — Que voulez-vous faire des enfants ? — Des familles françaises les adopteront. — Je ne veux pas. Pas un ne doit rester en France. »

Il m'a déclaré qu'il avait donné des ordres pour que tout se passe avec humanité. « Il y a eu des choses abominables, lui ai-je répondu. — Voyez Bousquet. Je ne connais pas les détails de toute cette affaire. »

Je ne puis reproduire tout cet entretien. À la fin je lui ai dit : « Monsieur le Président, je suis obligé de vous signaler la grande gravité de la situation. Les Églises ne peuvent pas se taire devant de tels faits. » [...].

Je lui ai parlé de l'interdiction faite par le préfet de Toulouse de lire en chaire la lettre de l'archevêque. Il m'a répondu : « Cette démarche a été officieuse. Les assemblées de fidèles ne sont pas des réunions privées. À Montauban, il devait y avoir une messe en plein air pour la Légion. J'ai interdit que soit lue la lettre de l'évêque dans un lieu public, c'était un devoir. »

Je suis parti convaincu que de ce côté et pour le moment il n'y a rien à espérer.

Carnets du pasteur Boegner, 1940-1945,
Paris, © Fayard, 1992.

La collaboration d'État trouva aussi un point d'application dans le domaine économique. Vichy augmenta ses livraisons à l'Allemagne et aida celle-ci à se procurer de la main-d'œuvre française. Les efforts de recrutement de travailleurs volontaires, efforts développés par l'Allemagne avec l'aide de l'administration française, avaient donné des résultats médiocres. Aussi, en mai 1942, le nazi Fritz Sauckel, chargé de l'embauche, exigea-t-il l'envoi dans le Reich de 250 000 ouvriers français. Laval, craignant que Sauckel ne réquisitionnât de force ces hommes, négocia un compromis : ce fut la Relève, annoncée le 22 juin 1942, sorte d'échange permettant le retour d'un prisonnier pour l'envoi de trois travailleurs volontaires. Malgré une forte propagande, les résultats restèrent insuffisants, ce qui conduisit le gouvernement de Vichy à instituer une nouvelle réglementation le 4 septembre 1942 : tout homme de 18 à 50 ans et toute femme de 21 à 35 ans pouvait être affecté d'autorité à une tâche économique, y compris en Allemagne, bien que le texte ne mentionnât pas expressément cette disposition. Une loi du 16 février 1943 alourdit encore ces dispositions sous le nom de Service du travail obligatoire (STO) (voir chapitre 14, p. 328). Ainsi, Vichy conservait l'apparence de la souveraineté, puisque les départs se faisaient en vertu d'un texte français. Mais ce dispositif rendait encore une fois la France complice des exigences allemandes.

ALLOCUTION RADIODIFFUSÉE DE PHILIPPE HENRIOT EN FAVEUR DE LA RELÈVE

L'appel adressé cette semaine par le Président Laval aux ouvriers de France reste le fait capital de la vie nationale en ces jours où toutes les épreuves nées de la défaite s'aggravent des angoisses de ce début d'hiver, le quatrième depuis le début de la guerre, le troisième depuis notre effondrement. On voudrait être sûr que cet appel a retenti profondément dans tous les cœurs, aussi bien que dans toutes les intelligences [...]

Hélas ! nous ne sommes ni sourds, ni aveugles. Si des ouvriers partent chaque jour, si des convois quittent la France pour l'Allemagne, nous savons bien que c'est à un rythme trop lent. À ce train-là, il faudrait des mois pour arriver au chiffre demandé par l'Allemagne. Et l'Allemagne n'attendra pas des mois, puisqu'elle dispose des moyens de tout obtenir en peu de jours. Sans le Président Laval qui s'est montré une fois de plus le défenseur passionné des intérêts français et des intérêts particuliers des ouvriers, la réquisition aurait déjà joué et les travailleurs seraient partis sans contrat, sans espoir de salaires à envoyer à leur famille, sans avoir la joie de savoir que leur départ avait en contre-partie ramené des prisonniers à leur foyer. [...]

Le sort qui sera fait à la France au jour du règlement définitif, le jour où il faudra obtenir de l'Allemagne cette paix la moins mauvaise possible qui, depuis le premier jour, a été la préoccupation dominante du Maréchal et du Président Laval, ce sort-là, c'est en ce moment qu'il se joue. Si la France montre ici, sous l'influence de propagandes détestables, une mauvaise volonté, un entêtement, une répugnance évidentes à respecter les engagements qu'en son nom a pris le Gouvernement, quels arguments ne fournira-t-elle pas à tous ceux qui, en Allemagne, sont hostiles à la collaboration des deux pays et trouveront dans notre attitude un argument pour demander et peut-être obtenir qu'on nous traite simplement en pays conquis !

Philippe Henriot, *Ici Radio-Paris*, Paris, Éditions de France, 1943, D.R.

2.2. Le collaborationnisme

Le collaborationnisme se distinguait de la collaboration d'État par la forme de son engagement pro-allemand. En effet, les collaborationnistes ne se contentaient pas d'une coopération parée de réalisme ; c'étaient des idéologues, ralliés au nazisme, exigeant un régime totalitaire appuyé sur un parti unique. Critiquant le vichysme jugé par eux archaïque, clérical, trop proche des milieux traditionalistes, les collaborationnistes, à quelques exceptions près, étaient installés à Paris, aux côtés de leurs amis allemands qui, espéraient-ils, fasciseraient promptement la France. En somme, les collaborationnistes ne voulaient pas seulement négocier avec l'occupant, mais se mettre à son service.

Le collaborationnisme comprenait des organisations politiques. La plus importante d'entre elles était le Parti populaire français (PPF), fondé en 1936 par l'ancien communiste Jacques Doriot. Ce dernier, entouré par Victor Barthélémy, l'écrivain Ramon Fernandez, le peu recommandable Simon Sabiani, complice du milieu marseillais, se voulut d'abord « homme du maréchal », puis, soutenu par la SS et l'Abwher, il s'enfonça dans un activisme de plus en plus collaborationniste, antisémite, répressif, en espérant devenir le chef du parti unique de la nouvelle France fasciste.

Le Rassemblement national populaire (RNP) fut créé le 1er février 1941 par l'ancien socialiste Marcel Déat, rejoint par d'autres anciens membres de la SFIO comme Georges Albertini, Ludovic Zoretti, Paul Montagnon, Charles Spinasse, des ex-communistes tel Henri Barbé, des comploteurs d'avant-guerre dont Eugène Deloncle qui avait dirigé la Cagoule et lancé le Mouvement social révolutionnaire (MSR) à la fin de 1940. Le RNP qui représentait une gauche relative au sein de la nébuleuse collaborationniste voulait construire un socialisme national, fasciste et corporatiste. Déat, soutenu par Abetz, contrôlait le quotidien *L'Œuvre*.

Le Francisme, ligue fondée en 1933 par Marcel Bucard, se distinguait par son recrutement faisant largement appel aux petits bourgeois et aux marginaux, par sa violence contre les Juifs et les résistants, par l'aide empressée qu'il apportait à la police allemande. Le collaborationnisme comprenait enfin une poussière de groupuscules aux effectifs très maigres, le Parti national collectiviste de Pierre Clémenti, la Ligue française de Pierre Costantini, le Parti national-socialiste français, le Jeune Front, le groupe Collaboration aux ambitions plus intellectuelles que politiques.

Le collaborationnisme possédait aussi ses « maîtres à penser », écrivains ou journalistes, tels Robert Brasillach, conquis par le fascisme dans lequel il voyait une épopée romantique et un facteur de régénérescence ; Pierre Drieu La Rochelle, instable et tourmenté, placé à la tête de l'influente *Nouvelle revue française* (NRF) des éditions Gallimard ; Louis-Ferdinand Céline qui éructait avec haine contre les Juifs ; Lucien Rebatet qui connut le succès avec son livre *Les Décombres* (1942) analysant les fautes de la IIIe République ; Abel

Bonnard, Jacques Benoist-Méchin... Ces hommes diffusaient largement leurs idées antidémocratiques, anticommunistes, antigaullistes, anti-anglaises, antisémites dans la presse, celle-ci étant contrôlée de près par les occupants en zone Nord. Parmi les journaux collaborationnistes se singularisaient *Je suis partout* avec Brasillach, Rebatet, Georges Blond, Pierre-Antoine Cousteau, Claude Jeantet, *La Gerbe* d'Alphonse de Châteaubriant, *Les Nouveaux Temps* de Jean Luchaire, *Au pilori*, ainsi que les anciens quotidiens de la IIIe République, *Le Matin, Paris-Soir, L'Œuvre, Le Petit Parisien*, aux mains des « nouveaux messieurs ». Il en allait de même à la radio où Jean Hérold-Paquis et le catholique réactionnaire Philippe Henriot ne cessaient de vitupérer dans de grandes tirades emphatiques.

Bien qu'ils fissent tout leur possible pour occuper le devant de la scène, les collaborationnistes attirèrent vers leurs organisations moins de 1 % de la population française. Le PPF compta au maximum 20 000 adhérents, dont tous n'étaient pas des militants actifs. La forme la plus extrême du collaborationnisme, la participation de Français au combat comme auxiliaires des Allemands, révéla aussi la faiblesse du courant pro-germanique. Malgré les réticences de Vichy et la méfiance des Allemands qui considéraient les Français comme de médiocres soldats, les collaborationnistes parisiens Doriot, Déat, Deloncle fondèrent le 18 juillet 1941 la Légion des volontaires français contre le bolchevisme (LVF). Les promoteurs du projet comptaient recruter 30 000 hommes, les Allemands limitèrent les effectifs à 15 000 et finalement se présentèrent moins de 10 000 candidats dont la moitié seulement furent retenus. La LVF, engagée sur des théâtres d'opération secondaires, ne brilla pas au point de vue militaire ; ses survivants seront versés en 1944 dans la Waffen SS.

2.3. *La collaboration économique*

La collaboration des entreprises avec le Reich constitua un phénomène très général comme le prouvent les exemples suivants :

Secteur	% d'activité pour compte allemand		
	1942	1943	1944
Fonderie	37	45	56
Grosse forge	100	100	100
Automobile	68	60	77
Constructions aéronautiques	57	100	100
Constructions navales	75	82	78
Optique	31	47	43
Caoutchouc	55	60	65
Goudrons	50	60	50
Bâtiment et travaux publics	55	80	80

Sources : Henry Rousso, *La Collaboration*, Paris, © MA éditions, 1987.

Les principales banques françaises acceptèrent de financer des sociétés mixtes franco-allemandes et aidèrent au transfert des capitaux nécessités par la collaboration. Toutes sortes d'individus douteux jouèrent un rôle fructueux pour eux d'intermédiaires entre les deux pays, d'administrateurs de biens juifs aryanisés, de pourvoyeurs du marché noir. Si, dans ce dernier cas, la malhonnêteté ne faisait pas de doutes, il se révèle plus délicat de déterminer les motivations du patronat qui travailla avec l'occupant. Certaines grandes entreprises, comme Renault ou Berliet, entamèrent une collaboration à grande échelle, sans se poser beaucoup de questions éthiques sur cette forme d'activité. Le zèle pro-allemand de certains patrons éprouvant des sympathies pour le Reich ou mus par le seul appât du gain apparut évident. En revanche, d'autres collaborèrent à contre-cœur, pour éviter des représailles, pour maintenir l'entreprise en vie et sauver des emplois, parfois pour mettre les salariés à l'abri du STO en Allemagne. La quasi-totalité des travailleurs préféraient en effet demeurer en France, bien que la vie quotidienne s'y révélât très difficile.

3. Vie quotidienne et opinion publique

3.1. Le temps des pénuries

Pour l'immense majorité des Français, le temps de l'occupation fut synonyme de restrictions. En effet, la baisse de la production et la lourdeur des prélèvements opérés par l'Allemagne imposèrent un rationnement dès l'été 1940. Les pénuries frappaient toutes les denrées alimentaires, les combustibles, les vêtements, les chaussures et la plupart des produits manufacturés. (Pour plus de précision sur la question de l'économie et de la société française à l'épreuve de la guerre, on se reportera au chapitre 14, pp. 327 à 331.)

Aussi, très vite, chaque Français fut-il muni d'une carte de rationnement, comportant des tickets qu'on échangeait contre un produit, à condition que les magasins eussent reçu les livraisons nécessaires. Les rations variaient en fonction de l'âge et du type d'activité : ainsi la catégorie dite des « travailleurs de force » recevait des quantités supérieures à celles qui étaient allouées aux vieillards.

La sévérité du rationnement conduisit les particuliers à rechercher un ravitaillement supplémentaire ou à faire preuve d'ingéniosité. Ceux qui le pouvaient s'approvisionnaient directement auprès des producteurs, en violation de la réglementation ; cette pratique fut appelée « marché noir » quand elle concernait des trafics massifs et « marché gris » lorsqu'il s'agissait de petites quantités. Ces échanges s'effectuaient à des prix supérieurs à ceux des cours officiels. Dans certains cas, ce marché parallèle s'organisait sur le principe du troc : un poulet contre une paire de chaussures, des pneus de vélo contre une motte de beurre... Les journaux publièrent des recettes de cuisine économique et apprirent aux ménagères à tirer le meilleur parti des maigres produits du marché. Les pénuries de textiles stimulèrent l'utilisation de la fibranne et de la rayonne. La rareté du cuir répandit l'emploi des semelles de bois ou de caoutchouc découpées dans de vieux pneus. Les coquettes remplacèrent les bas par des teintures de jambes. La quasi-disparition des carburants amena à adapter aux automobiles des appareils à gazogène produisant de l'énergie à partir de la combustion du charbon de bois. Les taxis furent remplacés par des vélos munis d'une remorque couverte dans laquelle s'asseyaient les voyageurs. Faute de papier, les journaux réduisirent leur pagination et leur format.

Les pénuries aggravèrent les inégalités sociales. Un petit groupe de collaborateurs, de trafiquants, de personnalités du « tout Paris » ne souffrirent guère de la dureté des temps : en 1941, il existait 20 000 femmes, dont seulement 200 épouses de dignitaires allemands, détentrices de la « carte couture » délivrée à des personnes payant une surtaxe pour acheter des toilettes de luxe chez les grands couturiers de la capitale. En revanche, la masse des salariés et des retraités, dont les rémunérations restèrent généralement bloquées, connut une situation très difficile. Dans certains cas le dénuement se révéla dramatique, pour les personnes isolées et pauvres, dépourvues de ressources régulières ou de produits d'échange, pour les vieillards et les malades trouvant difficilement des médicaments, pour les jeunes enfants mal ravitaillés en lait et en vitamines. Les habitants de la campagne connurent un sort meilleur grâce à l'autoconsommation, surtout dans les régions de polyculture. La forte demande venue des villes permit aux paysans de réaliser des profits, mais ceux-ci ne furent généralement pas réinjectés dans le circuit commercial, faute d'une offre suffisante de produits. Le manque de carburant, d'engrais, d'insecticides, de pièces de rechange pour les machines, l'absence de nombreux hommes prisonniers en Allemagne rendirent le travail agricole plus dur.

C'était sur les contraintes de la vie quotidienne que se focalisait l'essentiel des préoccupations des Français. Les policiers chargés d'analyser l'esprit public relevaient parfois que la population accordait plus d'attention aux communiqués portant sur le rationnement qu'à certains discours politiques. L'opinion ne se désintéressait cependant pas de la conjoncture générale.

3.2. Le maréchalisme

Durant l'été de 1940, les Français, traumatisés par une terrible défaite, en quête de certitudes et de repères, parfois enclins à penser que le pays avait mérité son châtiment pour ses erreurs passées, accordèrent une confiance instinctive et sentimentale au maréchal Pétain. Ce qu'on appellera le maréchalisme se traduisait par un soutien massif à la personne du vainqueur de Verdun, vu comme un patriote incontestable, un homme à qui son grand âge donnait à la fois une précieuse expérience et une absence d'ambition personnelle. Pétain rassurait une population désemparée ; il fournissait une explication à l'effondrement et promettait un redressement. L'adhésion paraissait se justifier d'autant plus qu'aucune alternative réaliste ne s'imposait de manière évidente et que, pour beaucoup, Vichy constituait une solution d'attente, un épisode provisoire précédant la conclusion de la paix. Les Français, dans l'ensemble, n'éprouvaient pas de méfiance, ne décelaient pas de perspective inquiétante dans les propos de Pétain et pensaient même souvent que celui-ci jouait un double jeu : il acceptait de discuter avec les Allemands afin d'adoucir le sort de la France, mais, au fond, il restait hostile au vainqueur et préparait un relèvement, peut-être une revanche.

Le maréchalisme, plus acte de foi à l'égard d'un homme prestigieux qu'engagement idéologique, n'impliquait pas, pour la masse des citoyens, une adhésion profonde et globale aux principes de la Révolution nationale. Certes, plusieurs catégories — les cadres supérieurs, les notables locaux, la hiérarchie catholique, les officiers — pratiquaient un vichysme plus conscient et souscrivaient plus activement à la politique du régime. Mais ces « élites » ralliées représentaient des effectifs assez réduits. Les groupes sociaux importants en nombre qui soutinrent Vichy à ses débuts — classes moyennes, anciens combattants, paysannerie — refusèrent de s'engager concrètement et souvent s'éloignèrent quand le régime donna un contenu précis aux idées ébauchées en 1940. La collaboration, l'accentuation de la répression, les mesures antisémites de 1942 choquèrent l'opinion. Le collaborationniste Joseph Darnand le comprit bien et s'attacha à dégager un noyau activiste, le SOL, au sein de la masse inerte que formaient les anciens combattants de la Légion.

Malgré l'éloignement de plus en plus marqué des Français à l'égard de la Révolution nationale, le soutien à Pétain en temps que symbole resta vivace. Cette adhésion était certes encouragée par une propagande intense, mais elle correspondait aussi à un réel besoin, celui de croire, de se rassurer, de se mettre sous la protection d'un héros emblématique. La popularité du maréchal ne fut jamais aussi grande qu'aux moments où il sembla répondre le mieux à ces attentes. Ainsi, pour les Français demeurant profondément anti-allemands et désapprouvant la collaboration, l'entrevue de Montoire suscita émotion et inquiétude. Mais lorsque, le 13 décembre 1940, Pétain renvoya Laval, ce dernier étant considéré comme l'homme de l'entente avec l'Allemagne, l'opinion fut soulagée et crut, à tort, que cet acte signifiait un refus de la collaboration par le maréchal. De la sorte, le prestige du chef de l'État atteignit des sommets dans la période suivante, durant l'hiver 1940-1941.

3.3. *L'antigermanisme*

À part la petite minorité des collaborationnistes, les Français espéraient la défaite de l'Allemagne, ce qui expliquait la sympathie naturelle qu'inspiraient les Britanniques et les Américains. Les bombardements alliés, violemment dénoncés par les amis du Reich, suscitaient certes dans la population une douloureuse émotion, surtout au spectacle des victimes innocentes, mais les Français cherchaient aussi à comprendre et à excuser les Anglo-Saxons. Quant à la Résistance, en 1941, elle n'éveillait pas encore un écho favorable ; les attentats individuels provoquaient même réprobation et inquiétude en raison de la riposte des occupants qui exécutaient des otages.

Un virage différent fut pris en 1942. Le retour au pouvoir de l'impopulaire Pierre Laval, le 18 avril, son discours très remarqué en faveur d'une victoire de l'Allemagne, l'institution de la Relève cimentèrent la haine contre les occupants et le refus de la collaboration. Même si la majorité des Français restait toujours attentiste, les sentiments de sympathie, au moins de principe, pour la Résistance devinrent plus fréquents.

La persécution subie par les Juifs dans l'été 1942 entraîna aussi un revirement. Jusque-là, la législation antisémite n'avait guère suscité de réprobation marquée. L'hostilité ordinaire à l'égard des Juifs, très répandue depuis les années 1930, la recherche de boucs émissaires portant la responsabilité des épreuves, de la défaite, des pénuries et de la cherté de la vie, la perception des israélites comme une catégorie banale de réprouvés, assimilés aux minorités telles que les étrangers, les communistes, les gaullistes, les francs-maçons, l'ignorance assez générale du sort réel des déportés dans les camps nazis, tous ces facteurs expliquaient la passivité de l'opinion. Mais le spectacle des rafles, la séparation et le désespoir des familles créèrent un choc profond. L'émotion redonna aux Juifs leur épaisseur humaine ; ils apparurent comme les victimes particulièrement visées d'un gouvernement de plus en plus méprisé et d'un ennemi détesté. Les Français qui se sentaient persécutés éprouvèrent un sentiment de solidarité à l'égard d'un groupe lui-même persécuté et, psychologiquement, le réintroduisirent en quelque sorte dans le corps social. Ainsi, certains Français apportèrent une aide discrète aux Juifs pourchassés. C'est ainsi que la communauté protestante de Chambon-sur-Lignon accueillit en son sein nombre d'enfants juifs. Des voix autorisées, comme celles du Comité national de l'Église réformée et de plusieurs évêques catholiques, Mgr Saliège de Toulouse, Théas de Montauban, Delay de Marseille, Gerlier de Lyon, Moussaron d'Albi, commencèrent à émettre des protestations qui firent impression.

**LETTRE PASTORALE DE MGR SALIÈGE,
ARCHEVÊQUE DE TOULOUSE
(23 août 1942)**

Il y a une morale chrétienne, il y a une morale humaine, qui impose des devoirs et reconnaît des droits. Ces devoirs et ces droits tiennent à la nature de l'homme ; ils viennent de Dieu. On peut les violer... Il n'est au pouvoir d'aucun mortel de les supprimer.

Que des enfants, des femmes, des hommes, des pères et mères soient traités comme un vil troupeau, que les membres d'une même famille soient séparés les uns des autres et embarqués pour une destination inconnue, il était réservé à notre temps de voir ce triste spectacle.

Pourquoi le droit d'asile dans nos églises n'existe-t-il plus ?

Pourquoi sommes-nous des vaincus ?

Seigneur, ayez pitié de nous.

Notre-Dame, priez pour la France.

Dans notre diocèse, des scènes d'épouvante ont eu lieu dans les camps de Noé et de Récébédou. Les Juifs sont des hommes, les Juives sont des femmes. Tout n'est pas permis contre eux, contre ces hommes, contre ces femmes, contre ces pères et ces mères de famille. Ils font partie du genre humain ; ils sont nos frères comme tant d'autres. Un chrétien ne peut l'oublier.

France, Patrie bien-aimée, France qui portes dans toutes les consciences de tous tes enfants, la tradition du respect de la personne humaine, France chevaleresque et généreuse, je n'en doute pas, tu n'es pas responsable de ces horreurs.

D.R.

3. La résistance jusqu'en 1942

La Résistance sortit directement de la défaite de 1940 et de l'armistice du 22 juin. Des Français isolés, poussés par un réflexe patriotique, refusèrent de déposer les armes face à l'Allemagne et choisirent spontanément de continuer le combat. L'appel lancé de Londres par le général de Gaulle, le 18 juin 1940, constitua la plus éclatante expression de cette volonté de lutte.

1. La résistance extérieure : la France libre

Charles de Gaulle, né en 1890, ancien élève de Saint-Cyr, prisonnier en Allemagne durant la Grande Guerre, auteur de plusieurs livres sur le rôle de l'armée dans la nation et sur la création d'unités blindées, avait été nommé sous-secrétaire d'État à la Défense nationale le 6 juin 1940, dans le gouvernement Paul Reynaud. Chargé par ce dernier d'établir les liaisons militaires avec les Britanniques et s'étant rendu à cette fin en Angleterre, de Gaulle était revenu le 16 juin à Bordeaux pour apprendre la démission du gouvernement. Observant, comme il le dira dans ses mémoires « un véritable anéantissement de l'État », refusant l'armistice demandé par Pétain et craignant pour cette raison d'être arrêté, il regagna Londres dès le 17 juin 1940.

1.1. L'appel du 18 juin 1940

Le lendemain de son retour à Londres, avec l'accord de Churchill, Premier ministre britannique, le général de Gaulle lança un appel radiophonique aux Français : il affirmait que la défaite n'était pas définitive et qu'une victoire restait possible car « cette guerre n'est pas limitée au territoire malheureux de notre pays. Cette guerre n'est pas tranchée par la bataille de France. Cette guerre est une guerre mondiale (...). Foudroyés aujourd'hui par la force mécanique, nous pourrons vaincre dans l'avenir par une force mécanique supérieure. Le destin du monde est là ». Ainsi, de Gaulle, en refusant l'armistice, créait une dissidence et, selon ses termes, allumait « la flamme de la Résistance française ». La détermination et la netteté du propos, le sens de l'histoire que ceux-ci révélaient firent de l'appel du 18 juin 1940 un acte fondateur.

Cependant, sur le moment, l'appel rencontra un écho faible. Peu de Français l'entendirent à la radio. Quant au général de Gaulle, il n'était pas très connu ; ses qualités d'homme politique et ses convictions démocratiques étaient mises en cause. Aussi l'espoir, nourri par Churchill et de Gaulle, d'obtenir le ralliement de personnalités de premier plan fut-il déçu. Parmi les premiers qui rejoignirent la dissidence, rares étaient les hommes qui bénéficiaient d'une grande notoriété : le juriste René Cassin, le général Georges Catroux, ancien gouverneur général de l'Indochine, le général Paul Legentilhomme, le député socialiste Pierre-Olivier Lapie, le journaliste démocrate-chrétien Maurice Schumann, l'homme d'affaires René Pleven, le militant antifasciste Jacques Soustelle. Si les 130 hommes de l'île de Sein gagnèrent l'Angleterre dès la fin de juin 1940, peu de soldats évacués de Dunkerque acceptèrent de demeurer à leurs côtés. À la fin de juillet, le mouvement disposait seulement d'une petite troupe de 7 000 hommes.

1.2. La France libre à la recherche d'une image d'indépendance et de démocratie

Le général de Gaulle, encore très faible, protégé par le gouvernement de Londres qui le reconnut dès le 28 juin 1940 comme « chef de tous les Français libres » et dépendant financièrement de ses hôtes, faisait aux yeux de certains figure de « mercenaire » des Britanniques. Aussi le chef de la France libre voulut-il donner à son action une dimension non seulement militaire mais aussi politique et surtout marquer son indépendance. Dès le 19 juin 1940, dans un deuxième appel condamnant la paralysie des institutions et « la liquéfaction d'un gouvernement tombé sous la servitude ennemie », il déclara solennellement : « Moi, général de Gaulle, soldat et chef français, j'ai conscience de parler au nom de la France. » Il affirmait par ces propos sa volonté d'incarner le seul État légitime, conforme aux caractères de la vraie France.

Quelques semaines plus tard, les accords Churchill-de Gaulle du 7 août 1940 précisèrent que les Forces françaises libres (FFL) accepteraient « les directives générales du haut commandement britannique », mais constitueraient une armée distincte qui ne pourrait jamais être engagée contre la France. Le général recevait le droit de créer une administration civile et promettait de rembourser les sommes reçues des Britanniques, ce qui interdisait de considérer les Français libres comme une Légion étrangère à la solde des Anglais. Pour marquer davantage encore son autonomie, de Gaulle créa le 27 octobre 1940 le Conseil de défense de l'empire, ébauche de gouvernement. Le 24 septembre 1941, le général transforma ce conseil en un Comité national français fonctionnant davantage comme une structure gouvernementale.

Également soucieux de se défaire de son image d'aristocrate conservateur, de Gaulle voulut apparaître comme un officier républicain. Ainsi, le 27 octobre 1940, il prit l'engagement de rendre compte dès que possible de ses actes devant les représentants élus du peuple français. Il promit à plusieurs reprises que la démocratie serait restaurée aussitôt le territoire national libéré. Dans un discours radiodiffusé le 23 juin 1942, il annonça qu'après la victoire, la France connaîtrait « un courageux et profond renouvellement intérieur », renouvellement fondé sur la démocratie, les libertés et la sécurité sociale de la population.

DEUX DISCOURS DU GÉNÉRAL DE GAULLE

Le 18 juin 1942

Chamfort disait : « Les raisonnables ont duré. Les passionnés ont vécu ! » Voici deux ans que la France, livrée et trahie à Bordeaux, continue cependant la guerre par les armes, les territoires, l'esprit de la France combattante. Pendant ces deux années, nous avons beaucoup vécu, car nous sommes des passionnés. Mais aussi nous avons duré. Ah ! que nous sommes raisonnables !
[...]
Nous n'avons jamais admis que la France fût sortie de la guerre. Pour nous, la défaite dans la bataille de 1940, le soi-disant armistice, la prétendue neutralisation de nos forces et de nos territoires, l'abdication dans la panique et sous la menace, au profit d'un pouvoir personnel, de ceux qui avaient reçu du peuple mandat de le représenter, les atteintes portées aux institutions, aux lois, aux libertés de la République française par d'impudents usurpateurs, la violation de nos alliances pour le compte de l'envahisseur, ne sont que des péripéties.

Le 23 juin 1942

Un régime moral, social, politique, économique a abdiqué dans la défaite après s'être lui-même paralysé dans la licence. Un autre, sorti d'une criminelle capitulation, s'exalte en pouvoir personnel. Le peuple français les condamne tous les deux. Tandis qu'il s'unit pour la victoire, il s'assemble pour une révolution. [...]

Nous voulons que tout ce qui appartient à la nation française revienne en sa possession. Le terme de la guerre est pour nous à la fois la restauration de la complète intégrité du territoire, de l'empire, du patrimoine français, et celle de la souveraineté complète de la nation sur elle-même. [...]

En même temps que les Français seront libérés de l'oppression ennemie, toutes leurs libertés intérieures devront leur être rendues. Une fois l'ennemi chassé du territoire, tous les hommes et toutes les femmes de chez nous éliront l'Assemblée nationale qui décidera souverainement des destinées du pays. [...]

Nous voulons que les Français puissent vivre dans la sécurité. À l'extérieur, il faudra que soient obtenues contre l'envahisseur séculaire les garanties matérielles qui le rendront incapable d'agression et d'oppression. À l'intérieur, il faudra que soient réalisées, contre la tyrannie du perpétuel abus, les garanties pratiques qui assureront à chacun la liberté et la dignité dans son travail et dans son existence. La sécurité nationale et la sécurité sociale sont, pour nous, des buts impératifs et conjugués.

Nous voulons que l'organisation mécanique des masses humaines, que l'ennemi a réalisée au mépris de toute religion, de toute morale, de toute charité, sous prétexte d'être assez fort pour pouvoir opprimer les autres, soit définitivement abolie. Et nous voulons en même temps que, dans un puissant renouveau des ressources de la nation et de l'empire par une technique dirigée, l'idéal séculaire français de liberté, d'égalité, de fraternité soit désormais mis en pratique chez nous, de telle sorte que chacun soit libre de sa pensée, de ses croyances, de ses actions, que chacun ait, au départ de son activité sociale, des chances égales à celles de tous les autres, que chacun soit respecté par tous et aidé s'il en a besoin.

Charles de Gaulle, *Mémoires de guerre*, Paris, © Plon.

1.3. *L'action de la France libre hors de France jusqu'en 1942*

Sur les théâtres d'opérations extérieurs, en Afrique et au Levant, les Forces françaises libres, après quelques succès initiaux en 1940-1942 se trouvaient dans une situation très fragile (voir chapitre 3, pp. 72 à 78). À partir de ce constat, il importait alors à de Gaulle, pour fortifier sa position, de se rapprocher de la Résistance intérieure naissante.

2. La résistance intérieure

Dès l'été de 1940, une Résistance spontanée, sans liens avec la France libre, se manifesta sous la forme d'actes isolés, graffiti, tracts, papillons, sabotages portant notamment sur les lignes téléphoniques allemandes. Il était évident que cette action devait s'effectuer dans la clandestinité, comme le prouva l'échec sanglant de la manifestation publique du 11 novembre 1940 à Paris : des étudiants et lycéens patriotes ayant défilé sur les Champs-Élysées et tenté de déposer une gerbe sur la tombe du soldat inconnu, le service d'ordre allemand tira sur ces jeunes gens et tua plusieurs d'entre eux. Aussi la Résistance s'enfonça-t-elle dans l'ombre.

2.1. La naissance des organisations de Résistance

Pour atteindre à une meilleure efficacité, les résistants isolés cherchèrent à se regrouper : l'appartenance à un même milieu social ou professionnel, les affinités personnelles, le hasard présidèrent au rassemblement de ceux qui voulaient agir. Ainsi se formèrent d'une part les réseaux — qui se consacraient généralement à une mission technique précise telle que le renseignement, le sabotage, l'évasion — d'autre part les mouvements qui, en plus des activités paramilitaires, poursuivaient des objectifs politiques et cherchaient à mobiliser la population par la propagande.

Dans la zone Sud se créèrent trois mouvements principaux. Dès novembre 1940, à Lyon, se forma France-Liberté devenu Franc-Tireur l'année suivante, avec Jean-Pierre Lévy, Marc Bloch, Auguste Pinton et nombre de membres des classes moyennes. En juillet 1941, Emmanuel d'Astier de La Vigerie lança le mouvement et le journal *Libération-Sud* avec des hommes de gauche et des syndicalistes comme le député socialiste Pierre Viénot, le dirigeant CFTC Marcel Poimbœuf, Raymond et Lucie Aubrac. En novembre 1941 se forma Combat, dans lequel fusionnèrent le Mouvement de libération nationale d'Henri Frénay et le groupe Liberté, des démocrates-chrétiens Edmond Michelet, Georges Bidault, Pierre-Henri Teitgen, François de Menthon ; Combat recruta surtout chez les officiers, les intellectuels, les ingénieurs, les industriels. En plus des trois grands mouvements, d'autres organisations et publications résistantes virent le jour en zone Sud. Ainsi le journal *Témoignage chrétien* fut lancé à Lyon en 1941 par les pères Fessard et Chaillet, auxquels s'adjoignirent le père de Lubac, le pasteur de Pury, André Mandouze ; il s'agissait d'une publication appelant à la Résistance au nom des valeurs spirituelles ; le titre du premier cahier, *France, prends garde de perdre ton âme*, soulignait la préoccupation des auteurs. Certains mouvements de la zone libre, tel Combat, ne se montrèrent pas forcément hostiles à Vichy, tout au moins au début : ils espéraient détourner de la collaboration les nouveaux dirigeants et les remettre dans la lutte contre l'Allemagne. Mais ces illusions se dissipèrent ensuite, surtout en 1942 après le retour de Laval au pouvoir.

Dans la zone occupée, où la vigilance et la répression des Allemands étaient particulièrement fortes, se constituèrent des mouvements plus épars, nombreux, cloisonnés et souvent éphémères. L'une des premières organisations fut le Réseau du Musée de l'Homme, formé dès 1940 par des intellectuels dont Boris Vildé, Jean Cassou, Jean Paulhan, Paul Rivet. Le numéro un du journal *Résistance*, publié par ce groupe, le 15 décembre 1940, portait cette apostrophe : « Résister... C'est le cri de vous tous qui ne vous résignez pas, de vous tous qui voulez faire votre devoir. » Le Réseau du Musée de l'Homme fut décimé à plusieurs reprises par les Allemands et vingt et un de ses membres exécutés. « Ceux de la Libération », formé en septembre 1940 par l'ingénieur Ripoche, attira surtout d'anciens membres du Parti social français du colonel François de La Rocque. *Libération-Nord*, mouvement et journal paraissant à partir du 1ᵉʳ décembre 1940, groupa autour de Christian Pineau des socialistes et des syndicalistes. L'Organisation civile et militaire (OCM) recruta plutôt à droite, parmi les officiers et les hauts fonctionnaires. *Défense de la France*, animé par des étudiants dont Philippe Vianney, publia un journal qui tira à plus de 100 000 exemplaires, car de nombreux jeunes le diffusaient dans les facultés.

2.2. *L'action de la Résistance intérieure*

L'action de la Résistance revêtait des formes multiples. Résister, c'était partir pour Londre ou aider ceux qui circulaient clandestinement, prisonniers évadés, Juifs, aviateurs alliés, en leur permettant entre autres de franchir la ligne de démarcation, les Pyrénées, la Manche. Résister, c'était rédiger et diffuser des feuilles de propagande donnant des nouvelles authentiques et polémiquant avec Vichy. Résister, c'était aider directement les alliés en collectant et en transmettant des renseignements à l'Intelligence Service britannique ou à la France libre, comme le fit le réseau de la Confrérie Notre-Dame dirigé par le colonel Rémy. Cette recherche de l'information se faisait aux abords des installations militaires ennemies, au sein même des administrations où certains fonctionnaires de Vichy jouèrent un double jeu au profit des réseaux ; les renseignements étaient ensuite acheminés vers Londres par des agents spéciaux ou par des émissions de radio. Résister, c'était enfin aider encore plus directement l'effort allié en effectuant des sabotages contre les véhicules, les armes, les lignes électriques utilisés par les Allemands.

La grande variété de ces actions transforma les principaux mouvements de résistance en organismes complexes et différenciés, comportant des branches spécialisées, ateliers de faux papiers, fabriques d'explosifs... Combat, par exemple, se divisait en trois sections : Propagande, Renseignement et Choc, ce dernier secteur étant organisé en groupes francs pour l'action immédiate, sous la direction de Jacques Renouvin. Combat mit aussi en place un service de Noyautage des administrations publiques (NAP). Le cloisonnement, l'usage de pseudonymes et de mots de passe étaient rendus indispensables par la sévérité de la répression. En effet, les Allemands et la police de Vichy s'adaptèrent très vite à la lutte clandestine, payèrent des traîtres, infiltrèrent des espions dans les réseaux, recoururent à la torture pour obtenir des aveux et des informations.

Les résistants venaient de tous les horizons politiques et spirituels. Il serait abusif de se représenter toute la droite comme collaboratrice et la gauche comme opposante. Ainsi, Emmanuel d'Astier de La Vigerie, fondateur de Libération-Sud, et Honoré d'Estienne d'Orves, agent de la France libre exécuté par les Allemands le 29 août 1941, venaient de l'Action française. À l'inverse, des hommes de gauche devinrent pétainistes par pacifisme ou attentistes par découragement. Dans les mouvements de résistance se côtoyèrent d'anciens Croix de feu, des militaires de carrière, des socialistes, des chrétiens, des étrangers antifascistes comme l'Italien Silvio Trentin qui lança le mouvement « Libérer et fédérer » à Toulouse ou les brigades MOI (Main-d'œuvre immigrée) des Francs-tireurs et partisans communistes.

2.3. Le Parti communiste et la résistance jusqu'en 1942

Le Parti communiste tint une place éminente dans la Résistance, mais ce ne fut pas en 1940 qu'il s'engagea à fond dans ce combat. Réduit à la clandestinité depuis l'automne de 1939, le Parti subissait la répression policière de Vichy et tout naturellement dénonçait ce régime réactionnaire. Dans un « Appel au peuple de France », daté officiellement du 10 juillet 1940, mais rédigé en réalité plus tard, le PCF exigea « la mise en accusation des responsables des désastres de la France » et condamna les dirigeants de Vichy. Ce texte exaltait aussi la volonté d'indépendance des Français, mais stigmatisait la guerre impérialiste qui contrariait « la politique stalinienne de paix ». L'appel, présenté plus tard comme une invitation à la Résistance, restait marqué par l'esprit du pacte germano-soviétique et en réalité ménageait les occupants. En effet, le Parti communiste espérait obtenir de ces derniers la reprise légale de ses activités, la réintégration de ses élus municipaux dans leurs fonctions et surtout la reparution de *L'Humanité*. Finalement, les négociations entre les communistes français et les Allemands n'aboutirent pas, ce qui soulagea les militants de la base qui faisaient preuve en général d'un esprit antinazi. Certains, tels Charles Tillon, Georges Guingouin, le philosophe Georges Politzer, défendaient l'ancienne ligne antifasciste du Parti. Quelques attentats isolés contre les Allemands, attentats dus à des initiatives individuelles de communistes, eurent même lieu. En mai-juin 1941, la grève des mineurs du Nord, massivement suivie et sévèrement réprimée, montra au Parti que la base, initialement mobilisée pour des revendications salariales, manifestait des sentiments vigoureusement anti-allemands.

Les hésitations du Parti communiste se dissipèrent à mesure que se détérioraient les relations entre l'Allemagne et l'URSS. Le 15 mai 1941, le Parti annonça la création du Front national de lutte pour l'indépendance de la France qui cherchait à rassembler des Français de toutes opinions et de tous milieux sous une direction communiste. L'attaque de l'URSS par le Reich, le 22 juin 1941, balaya les dernières hésitations. L'Internationale ayant alors appelé à la lutte armée, le Parti tout entier se lança dans la Résistance à laquelle il apporta son expérience de la propagande et de l'action clandestine. En février 1942, il avait lançé les Francs-tireurs et partisans (FTP), commandés par Charles Tillon et entraînés à la guérilla contre les Allemands. Déjà, le 21 août 1941, avant même la création des FTP, avait eu lieu un attentat spectaculaire, l'exécution d'un Allemand, l'enseigne de vaisseau Moser, par un communiste, Pierre Georges, le futur colonel Fabien. La multiplication d'actes de ce genre amena les Allemands à fusiller des otages par dizaines, notamment à Nantes, Châteaubriant, Paris, et le gouvernement de Vichy à organiser des tribunaux d'exception, dont les « Sections spéciales » chargées de prononcer des sentances très sévères, souvent la mort, sans possibilité de pourvoi en cassation, cela pour décourager l'agitation. Cette dure répression coûta la vie à plusieurs dirigeants communistes, Lucien Sampaix, Gabriel Péri, Guy Môquet, âgé de 16 ans, fils d'un responsable du Parti.

3. Vers l'unité de la Résistance

La France libre et la Résistance intérieure se fortifiaient, se structuraient, étendaient leurs actions, mais chacune de leur côté. Cette division constituait une faiblesse, d'autant que les objectifs des patriotes apparaissaient de plus en plus convergents. Ainsi les mouvements qui, tel Combat, avaient initialement accordé un capital de confiance à Pétain, rejoignirent ceux qui avaient d'emblée rejeté Vichy. Le général de Gaulle, sentant que la conjoncture évoluait, s'attacha à désarmer les soupçons nourris par les résistants de gauche à son égard et à se donner une image de démocrate, favorable aux réformes sociales. Il offrit des garanties aux représentants de la Résistance intérieure avec lesquels il multiplia les contacts, ainsi le colonel Rémy, Emmanuel d'Astier de La Vigerie de Libération-Sud, Henri Frénay de Combat, les socialistes Pierre Brossolette, Christian Pineau, André Philip et Louis Vallon.

Dans l'œuvre d'unification, un rôle essentiel fut joué par Jean Moulin. Celui-ci, ancien préfet radical, excellent organisateur, doté d'une grande puissance de travail et d'une forte autorité naturelle, avait gagné l'Angleterre le 20 octobre 1940. Nommé représentant du général de Gaulle et délégué du Comité national, il fut parachuté au-dessus des Alpilles dans la nuit du 1er au 2 janvier 1942. Se mettant aussitôt à l'œuvre, il dota la Résistance d'organes techniques communs : un service organisant la réception des parachutages et des atterrissages, une agence de presse, un comité général d'études préparant les décisions qui suivraient la Libération. En novembre 1942, Moulin réussit la fusion des trois grands mouvements de la zone Sud, Combat, Libération et Franc-tireur dans un seul Mouvement uni de Résistance (MUR). Les groupes militaires du MUR formèrent l'Armée secrète, commandée par le général Charles Delestraint.

Tirant la leçon de cette évolution, de Gaulle confia au Bureau central de renseignement et d'action (BCRA), dirigé à Londres par André Devawrin dit commandant Passy, l'importante mission d'assurer les liaisons avec la Résistance intérieure et de distribuer à celle-ci les moyens d'action, armes, argent, matériel. Le 29 juillet 1942, de Gaulle remplaça le nom de France libre par celui de France combattante pour marquer l'union de tous ceux qui, sur le territoire national ou à l'extérieur, luttaient contre l'Allemagne et ses complices.

Chapitre 2

Le déclin de Vichy et la libération de la France (novembre 1942-automne 1944)

L'année 1942 constitua le grand tournant de la Deuxième Guerre mondiale. L'Allemagne et le Japon atteignaient alors l'apogée de leur puissance et étendirent leur domination sur d'immenses territoires exploités méthodiquement. Mais l'extension même de ces empires, la brutalité des maîtres, le renforcement des résistances, la volonté et les efforts d'organisation des pays libres représentaient autant de germes dangereux pour les dictatures. Celles-ci allaient subir des coups d'arrêt brutaux dès le deuxième semestre de 1942 et les revers s'enchaînèrent alors, dans le Pacifique, en Afrique du Nord, en Russie. La France se trouva entraînée dans ce grand retournement de tendance. En effet, le débarquement allié en Afrique du Nord donna naissance à une dynamique qui conduisit, deux ans plus tard, à la Libération du territoire national. Mais, auparavant, le pays dut encore traverser de nombreuses épreuves.

1. Le grand tournant de 1942-1943 en Afrique du Nord

En novembre 1942, le débarquement allié en Afrique du Nord marqua un des grands tournants de la guerre. En effet, le gouvernement de Vichy perdit ainsi le contrôle d'une de ses principales possessions extérieures, tandis qu'en métropole les Allemands ripostèrent par l'occupation de la zone libre. Quant au général de Gaulle, d'abord marginalisé par les Anglo-Saxons, il manœuvra assez habilement pour triompher de la confusion politique régnant en Afrique du Nord et il affirma sa prééminence.

1. Le débarquement allié en Afrique du Nord (8 novembre 1942)

Le débarquement en Afrique du Nord ou opération Torch, préparé par les Alliés, posait un délicat problème politique et militaire. En effet, l'Algérie, le Maroc et la Tunisie dépendaient du régime de Vichy avec lequel les États-Unis conservaient des relations diplomatiques. L'arrivée des armées alliées ne pouvait donc être interprétée par les autorités vichystes que comme un acte hostile et risquait d'entraîner une riposte des forces françaises. De fait, celles-ci, fortes de 120 000 hommes, généralement pétainistes et anglophobes, avaient reçu l'ordre de repousser tout agresseur. Les Américains et les Anglais cherchaient donc un homme providentiel qui empêcherait les combats. Washington récusait le général de Gaulle : le président Franklin D. Roosevelt et son conseiller Robert Murphy soupçonnaient celui-ci d'aspirer à la dictature et remarquaient qu'il possédait peu de partisans en Afrique du Nord. En revanche, les Américains comptaient sur le général Henri Giraud qui, capturé par les Allemands en 1940 et évadé en avril 1942, bénéficiait d'un fort prestige, affichait sa fidélité à Pétain en même temps que ses sentiments anti-allemands. Murphy, ayant rencontré discrètement Giraud, lui avait fait comprendre qu'il serait mis à la tête des forces stationnées dans les trois territoires ou peut-être même de tout le corps expéditionnaire allié.

Le débarquement anglo-américain commença dans la nuit du 7 au 8 novembre 1942, à Alger, dans l'Oranais et au Maroc. Murphy, par des contacts secrets préalables, s'était assuré l'aide de certains résistants algérois, mais ce renfort n'évita pas l'affrontement avec les troupes françaises. Les combats causèrent plusieurs milliers de morts.

À la suite d'un retard, le sous-marin qui transportait le général Giraud à Alger n'arriva que le 9 novembre, trop tard pour que le général pût jouer un rôle. En revanche, au moment du débarquement, l'amiral François Darlan, dauphin de Pétain et haut responsable de Vichy, se trouvait fortuitement dans la capitale algérienne. L'amiral apparut aussitôt comme l'homme indispensable car, aux yeux des Alliés, il disposait de l'autorité lui permettant d'ordonner l'arrêt des combats. Darlan accepta d'autant plus volontiers de discuter avec les Anglo-Américains que, ce faisant, il évinçait Giraud. Aussi les accords signés entre l'amiral Darlan et le général Mark Clark, commandant du corps expéditionnaire américain, permirent-ils d'établir un cessez-le-feu. Ces dispositions ne pouvaient plus concerner la Tunisie car les forces italo-allemandes venaient d'envahir ce pays dont le contrôle était jugé indispensable par Hitler. Le Führer ordonna aussi l'invasion de la zone libre en France, ce qui fut fait par la Wehrmacht le 11 novembre. Enfin, le 27 novembre, les Allemands essayèrent de s'emparer de la flotte française qui, rassemblée à Toulon, se saborda pour ne pas tomber dans les mains ennemies.

2. L'imbroglio politique à Alger

La signature d'un accord avec Darlan et la reconnaissance de l'autorité de ce dernier sur l'Afrique du Nord plaçaient les Alliés dans une situation très délicate. En effet, les États-Unis et l'Angleterre qui combattaient le nazisme au nom de la démocratie et des libertés s'étaient entendus avec un des principaux dirigeants de Vichy, un homme qui avait développé la collaboration franco-allemande, signé les Protocoles de Paris, refusé de mettre la flotte au service des Alliés.

Darlan, pour sa part, jouait un jeu personnel et subtil qui rendait la situation politique encore plus complexe. Le maréchal Pétain avait officiellement ordonné aux forces françaises d'Afrique du Nord de s'opposer au débarquement allié, mais Darlan prétendait que le maréchal avait approuvé secrètement le cessez-le-feu. En tout cas, il est certain que Pétain, même après l'occupation totale de la France, refusa de gagner l'Afrique du Nord comme quelques-uns de ses conseillers le lui suggéraient.

Le général de Gaulle, tenu dans l'ignorance du projet de débarquement et écarté des négociations qui avaient suivi celui-ci, était indigné de l'entente de Darlan et des Alliés. Une même indignation soulevait la Résistance intérieure et les résistants algérois qui avaient préparé le débarquement. Ce furent quelques-uns de ces activistes qui finirent par résoudre le problème que posait Darlan. Un jeune homme de 20 ans, Fernand Bonnier de La Chapelle, qui fréquentait les milieux hostiles à l'amiral, abattit celui-ci à coups de révolver le 24 décembre 1942. L'assassin, rapidement jugé à huis clos, fut condamné à mort et exécuté le 26, sans que ceux qui avaient guidé son geste eussent été clairement identifiés.

Aussitôt après la disparition de Darlan, les hauts fonctionnaires et diverses personnalités vichystes présentes à Alger reconnurent, avec l'approbation des Américains, le général Giraud comme commandant en chef civil et militaire en Afrique du Nord. Ce ralliement des vichystes à Giraud se révélait d'autant plus aisé que ce dernier se montrait très attaché à la politique de Pétain et à la Révolution nationale. Ainsi Giraud maintint-il les lois antisémites dans les territoires qu'il administrait et refusa de libérer les hommes politiques détenus en Algérie sur l'ordre de Vichy depuis 1940.

En fait, tous les choix de Giraud opposaient ce dernier à de Gaulle. Giraud tenait son pouvoir des hiérarques de Vichy et était le protégé des Américains ; de Gaulle condamnait toute compromission avec Vichy et voulait échapper à la moindre sujétion étrangère. Giraud n'envisageait pas d'établir un gouvernement ; de Gaulle s'appliquait à fonder un pouvoir politique n'abandonnant aucune parcelle de souveraineté. Giraud, homme de droite, assumait l'héritage de Vichy et était réservé à l'égard de la démocratie ; de Gaulle, évoquant constamment la souveraineté populaire, défendait les principes républicains et s'appuyait sur toutes les forces idéologiques, y compris celles de gauche et le Parti communiste.

Roosevelt et Churchill, conscients de la nécessité de mettre un terme au conflit entre les deux généraux français, prièrent ces derniers de les rejoindre à Anfa, quartier résidentiel de Casablanca, où ils conféraient, le 17 janvier 1943. Giraud et de Gaulle acceptèrent de se serrer la main, mais, dans l'immédiat, rien de concret ne sortit de l'entrevue.

À terme, pourtant, le plus habile et le plus représentatif des deux hommes s'affirma aux dépens de son rival.

3. La victoire politique du général de Gaulle

La situation politique qui paraissait bloquée au lendemain de la conférence d'Anfa évolua au cours des mois suivants en faveur du général de Gaulle qui bénéficia de trois facteurs favorables : sa fermeté sur les grands principes, le ralliement de nombreux militaires de l'armée d'Afrique aux Forces françaises libres, le rassemblement de la Résistance intérieure derrière l'homme du 18 juin.

En janvier 1943, les Américains demandèrent à un Français ayant leur confiance, Jean Monnet, de devenir le conseiller politique de Giraud. Monnet, né en 1888, était un homme d'affaires et un financier expérimenté qui avait travaillé dans les comités économiques interalliés pendant la Grande Guerre, négocié l'achat d'avions américains en 1939, dirigé une mission commerciale britannique aux États-Unis en 1940 et aidé ce dernier pays à organiser son économie de guerre. Giraud, chapitré par son nouveau mentor, prononça le 14 mars 1943 un discours radiodiffusé dans lequel il rejetait l'armistice de 1940 et exprimait pour la première fois des sentiments démocratiques. Il effectuait ainsi un pas en direction de la France combattante de de Gaulle. Les semaines suivantes, Giraud consentit à quelques autres concessions telles que la dissolution de la Légion des combattants et la libération progressive des détenus politiques. Cependant, le protégé des Américains refusait d'abroger les principales lois antisémites et voulait rester soumis au commandement allié. À Londres, de Gaulle, intransigeant, et à Alger, son représentant, le général Catroux, plus souple, continuaient à exiger l'abolition de toute la législation de Vichy et la constitution d'un pouvoir politique indépendant. Durant le printemps 1943, de nombreuses conversations se poursuivirent entre Monnet, Catroux, l'Américain Robert Murphy, l'Anglais Harold MacMillan. Les points de vue se rapprochèrent assez pour que, en mai, Giraud priât son rival de venir le rejoindre à Alger afin de former avec lui « le pouvoir central français ».

Dans le même temps, le rapport des forces évoluait en faveur de de Gaulle. La division commandée par Leclerc, après la conquête du Fezzan, venait d'arriver en Afrique du Nord. Cette unité, formée d'éléments gaullistes et couverte d'une gloire acquise sur les champs de bataille récents, attirait de plus en plus d'hommes ayant appartenu jusqu'alors à l'armée d'armistice stationnée en Afrique. Giraud voyait ainsi progressivement fondre ses troupes.

De Gaulle affirmait aussi son emprise sur la Résistance intérieure. Des personnalités de plus en plus nombreuses le rejoignaient à Londres. En janvier 1943, ce fut le communiste Fernand Grenier venu apporter l'appui de son parti ; en avril, arrivèrent Henri Queuille, ancien ministre radical, Pierre Viénot, député socialiste, Georges Buisson, secrétaire général adjoint de la CGT... Épisode décisif, la Résistance intérieure, grâce à l'action de Jean Moulin, s'unifiait et se rangeait derrière de Gaulle. Ce dernier, soutenu par des

GIRAUD ET DE GAULLE VUS PAR JEAN MONNET EN 1942

Le général Giraud

Un homme de grande allure, au regard clair et vide, conscient de son prestige d'officier héroïque, intraitable sur les problèmes militaires, hésitant sur tous les autres. Je ne porterai pas de jugement sur son intelligence qui était celle d'un général formé longtemps aux affaires du désert et enclin à la simplification. Il avait montré sa force d'âme en s'évadant au cours des deux guerres pour continuer à combattre l'ennemi. Il ne pensait qu'à reconstituer son armée défaite, sans en changer la structure ni l'esprit. Pour le reste, il s'est lui-même décrit avec une sincérité touchante : « Sur le plan politique, j'ai été d'une incompétence, d'une maladresse et d'une faiblesse inconcevables. Chacun son métier, les vaches seront bien gardées. » Ce défaut de confiance en soi pour tout ce qui était extérieur au domaine de l'armée le rendait ouvert aux influences en dépit de son caractère obstiné. Je compris aussitôt ce qu'il fallait respecter dans son obstination et ce que l'on pouvait diriger dans ses hésitations [...]
Si je n'ai pas réussi à changer les convictions de cet homme parfaitement honnête, j'ai su le persuader que l'intérêt de la France était qu'il les enfermât en lui et en affichât d'autres plus conformes aux buts de guerre des démocraties. Sourd à tous les arguments de morale politique, il ne voulut retenir que les raisons pratiques que je lui fis valoir : les Américains n'équiperaient pas une armée inspirée d'idées réactionnaires et cautionnant un régime raciste. Or, disait-il pour excuser ses concessions verbales, si Paris valait bien une messe, l'armement des Alliés valait bien un discours « progressiste ».

Le général de Gaulle

Son comportement n'a pas varié depuis que je l'ai vu à Londres en 1940. C'est un mélange d'intelligence des choses qui force le respect, et d'emportements hors du bon sens qui inquiètent. Il est successivement familier, proche de son interlocuteur qu'il veut charmer, puis lointain, inaccessible au raisonnement lorsqu'il est saisi par le souffle de l'honneur patriotique ou par les élans de l'orgueil personnel. J'acquiesce à ses analyses jusqu'au moment où je ne puis plus le suivre dans ses accès d'égocentrisme. Son conflit avec Roosevelt, et à une moindre mesure avec Churchill, lui est une obsession. S'il n'a pas tous les torts au départ, il se les donne à la fin, en exagérant les persécutions dont il se dit la victime. Et, pourtant, il a le plus souvent raison dans sa critique des conceptions de Giraud que je ne peux moi-même soutenir jusqu'au bout.

Jean Monnet, *Mémoires,*
Paris, © Fayard, 1976.

représentants de tous les partis luttant contre les Allemands, jouissait donc d'une représentativité bien supérieure à celle de Giraud.

Le général de Gaulle, arrivé à Alger le 30 mai 1943, rencontra aussitôt Giraud et, après des discussions serrées, s'entendit avec lui pour créer, le 3 juin, le Comité français de libération nationale (CFLN), composé de cinq, puis de quatorze membres, dépositaire de la souveraineté française, dirigeant l'action militaire et s'engageant à défendre les principes républicains. Le CFLN était coprésidé par de Gaulle et Giraud. Cette dualité entre deux hommes qui différaient fondamentalement l'un de l'autre recelait un germe de paralysie, mais de Gaulle n'était pas encore assez puissant pour dicter sa volonté. Cette fragilité se manifesta le 26 août 1943 quand les trois grands reconnurent le CFLN : Anglais et Soviétiques admettaient la totale représentativité de cet organe ; les Américains en revanche se montraient plus réservés, cela pour ne pas appuyer trop fortement de Gaulle. Mais celui-ci, fin manœuvrier, réussit rapidement à se débarrasser de Giraud. Au sein du CFLN, l'homme du 18 juin sut gagner l'adhésion de personnalités qui, au départ, ne lui étaient pas favorables ; il se réserva le domaine de l'action politique et offrit à son rival les responsabilités militaires ; ensuite, dans les faits, il subordonna le commandement militaire au pouvoir civil qu'il représentait. Enfin, le 3 octobre 1943, le Comité français de libération nationale mit fin à la coprésidence et choisit le général de Gaulle pour seul chef. Cette victoire signifiait que le giraudisme, sorte d'avatar du vichysme, avait perdu la partie. Mais, en France même, malgré l'occupation totale, le régime de Vichy se survivait.

2. Vichy sous la botte allemande

De la fin de 1942 au printemps de 1944, le régime de Vichy, malgré le maintien de quelques attributs extérieurs de souveraineté, devint plus qu'auparavant un satellite de l'Allemagne. L'arrivée des collaborationnistes résolus au gouvernement entraîna même la généralisation des pires méthodes nazies.

1. L'occupation totale

Hitler, prétendant que les troupes alliées débarquées en Afrique du Nord le 8 novembre 1942 préparaient une opération analogue sur les côtes de Provence, ordonna à la Wehrmacht de franchir la ligne de démarcation et d'occuper la zone libre, le 11 novembre 1942. Les Italiens, pour leur part, s'installèrent dans plusieurs départements du Sud-Est. La petite armée française tolérée par les clauses de l'armistice fut alors désarmée, puis dissoute. Le gouvernement de Vichy fut maintenu, mais il perdit dès lors le peu d'indépendance dont il pouvait se prévaloir. Laval exploita habilement cette situation et exposa à Pétain que l'occupation totale nécessitait un renforcement de la collaboration et de l'autorité du seul homme, lui-même, à qui les Allemands accordaient leur confiance. Aussi se fit-il donner les pleins pouvoirs avec la faculté de promulguer lois et décrets sous sa seule signature. Le maréchal, malgré le droit de regard qu'il se réservait sur la politique, se trouvait ainsi relégué au deuxième plan.

Hitler avait promis de ne pas occuper Toulon où se trouvait rassemblée la plus grande partie de la flotte française épargnée par les combats de 1939-1940. Bien que Pétain et l'amiral Jean de Laborde, commandant à Toulon, se fussent de leur côté engagés à maintenir les navires sur place, le Führer redoutait que tout ou partie de la flotte ne voulût rejoindre Alger et reprendre le combat. Aussi décida-t-il de s'emparer de cette force navale et il lança une attaque-surprise sur Toulon le 27 novembre 1942. Laborde, appliquant un ordre ancien, riposta en ordonnant le sabordage de la flotte. De la sorte, les Allemands manquèrent leur proie, mais plus de cinquante navires modernes, représentant 220 000 tonnes, gisaient au fond de la rade, inutiles à jamais. Seuls trois sous-marins, dont le *Casabianca*, avaient réussi à s'échapper. Vichy avait ainsi perdu le dernier signe important de cette souveraineté précaire que l'armistice lui avait consenti.

2. La collaboration à sens unique

Dès le départ, la collaboration entre la France et l'Allemagne ne s'était pas organisée sur des bases égalitaires. Mais avec l'augmentation des besoins économiques du Reich et la nécessité pour lui de contrôler étroitement la politique de ses satellites, la domination du pays vaincu par son tout-puissant partenaire s'alourdit en 1943-1944.

L'occupation totale servit de prétexte aux Allemands pour augmenter les frais d'entretien de leurs troupes, frais déjà extraordinairement élevés, à la somme de 25 millions de marks par jour. La production et les moyens de transport furent orientés très prioritairement vers la satisfaction des besoins du Reich en guerre (voir pp. 29-30).

La pression du Reich apparaissait aussi très lourde dans le domaine politique. En 1943, Pétain et son entourage se convainquirent que l'Allemagne pourrait ne pas gagner la guerre. Dans ce cas, le maréchal ne voulait pas remettre le pouvoir à de Gaulle ou aux communistes. Les pétainistes pensaient pouvoir s'entendre avec les Américains qui, manifestant leur bonne volonté à l'égard des conservateurs, venaient de reconnaître le vichyste Darlan, puis Giraud à Alger, ainsi que le royaliste Pietro Badoglio, successeur de Mussolini en Italie. Pour impressionner favorablement les Américains, le maréchal voulait renvoyer Laval et prononcer le 13 novembre 1943 un discours dans lequel il annoncerait qu'il restituait à l'Assemblée nationale le pouvoir constituant dont elle était dessaisie depuis le 10 juillet 1940 : cette mesure aurait signifié un retour à la légalité et à la démocratie. Mais les Allemands, vite au courant de ces projets, interdirent la diffusion du discours, exigèrent d'être désormais informés au préalable de toutes les lois françaises et procédèrent à une épuration dans l'entourage de Pétain. Le maréchal, se déclarant outragé, renonça à l'exercice de ses fonctions pendant un mois, puis il s'inclina. Après cette abdication piteuse, les Allemands nommèrent auprès du chef de l'État un « délégué spécial diplomatique », Cecil von Renthe-Fink, qui jouait en fait le rôle d'un surveillant attentif.

Les occupants se comportaient en maîtres absolus résolus à mater un sujet indocile. La répression, les arrestations préventives, les exécutions d'otages et les représailles diverses prirent une immense ampleur. Ainsi, le 24 janvier 1943, en punition d'un attentat commis trois semaines auparavant contre une maison de tolérance fréquentée par des soldats de la Wehrmacht, les Allemands expulsèrent les habitants du quartier du Vieux Port à Marseille et détruisirent celui-ci à l'explosif. Le 1er avril 1944, les SS, pour venger un attentat commis contre un train militaire près de Lille, massacrèrent 86 habitants d'Ascq âgés de 15 à 76 ans. En mai-juin 1944, les Allemands arrêtèrent plusieurs évêques antinazis, nosseigneurs Piguet de Clermont-Ferrand, Rodié d'Agen, Théas de Montauban, Moussaron d'Albi ; n'osant appréhender l'archevêque de Toulouse, Mgr Saliège, grand infirme difficilement transportable, ils emmenèrent un de ses proches, Mgr de Solages.

3. Vichy milicien

3.1. Les divisions à Vichy

Pierre Laval, même s'il éprouvait des doutes sur la victoire de l'Allemagne, ce qui n'est d'ailleurs pas prouvé, ne modifia pas sa ligne politique. Mais ses maîtres lui laissaient-ils le choix ? Il rencontra Hitler à deux reprises, le 19 décembre 1942 et le 30 avril 1943 et s'engagea à poursuivre la collaboration. Le 13 décembre 1942, Laval déclara : « Il y a plusieurs routes à suivre. J'ai choisi la seule qui puisse conduire au salut de notre pays (...). La victoire de l'Allemagne empêchera notre civilisation de sombrer dans le communisme. La victoire des Américains serait le triomphe des Juifs et du communisme. Quant à moi, j'ai choisi ! »

Tous les pétainistes ne se montraient pas aussi fermes. En fait, le Vichy de 1943-1944 fut affecté par un double mouvement, de décomposition d'une part et de radicalisation d'autre part. À mesure que l'évolution de la conjoncture — libération de l'Afrique du Nord, victoire soviétique à Stalingrad — montrait que l'Allemagne courait à la défaite, les attentistes, mais aussi d'anciens dirigeants de Vichy, se tournaient vers la Résistance : notables, anciens ministres même, préfets et fonctionnaires subalternes, policiers et gendarmes, chefs d'entreprises fournissaient aux hommes de l'ombre des renseignements, des fonds, des armes, une aide administrative.

3.2. Le pouvoir milicien

Le terrain abandonné par les pétainistes fut promptement occupé par les collaborationnistes durs. Ceux-ci accusaient Laval de faire preuve de tiédeur dans la collaboration et rêvaient de se substituer à lui. Aussi le chef du gouvernement, craignant d'être débordé, se résolut-il à donner des gages à ses rivaux. Le 30 janvier 1943, il décida de créer une police supplétive ; à cette fin il transforma le Service d'ordre légionnaire (SOL) en une Milice. Laval se réserva la présidence de cette nouvelle force et en offrit la direction à l'ancien chef du SOL, Joseph Darnand. Ce dernier, glorieux ancien combattant, militant chevronné de l'extrême-droite, homme d'action avant tout, était doté d'une intelligence moyenne, de sorte que Laval pensait, à tort, garder le contrôle de la Milice. Dans ce nouveau corps se rassemblèrent des notables, anciens membres des groupements extrémistes d'avant 1939, des fils de famille et des marginaux, voire des brutes qui torturaient, volaient leurs victimes, procédaient à des exécutions sommaires et aidaient les SS dans la chasse aux Juifs et aux résistants.

Laval espérait désarmer la critique des collaborationnistes et casser leur concurrence en créant la Milice. Mais son calcul fut déjoué. En effet, sous la pression des Allemands, il dut accepter l'entrée dans son gouvernement, au début de 1944, de trois collaborationnistes, dont les deux premiers étaient miliciens : Darnand, chargé du maintien de l'ordre, Philippe Henriot, orateur exalté et influent, placé à la tête de l'Information, et Marcel Déat, chef du RNP, au ministère du Travail. La promotion de ces ultras, parallèlement à l'effacement volontaire de nombreux cadres pétainistes, signifiait qu'après Pétain, Laval perdait la réalité du pouvoir et que celui-ci se trouvait désormais aux mains des nazis. Le régime de Vichy subit ainsi dans sa phase dernière une incontestable fascisation qui se concrétisa dans la pénétration de l'appareil d'État par la Milice, avec ses méthodes arbitraires et terroristes.

La Milice et son chef Joseph Darnand prirent la haute main sur l'ensemble de la police. En janvier 1944, les Allemands autorisèrent la Milice à s'installer et à recruter dans l'ancienne zone Nord. Les commissaires de police reçurent l'ordre de travailler avec les occupants. L'administration pénitentiaire, dépendant jusque-là du ministère de la Justice, se trouva rattachée aux services de Darnand. Des tribunaux spéciaux furent créés dont, le 20 janvier 1944, des cours martiales, composées de trois chefs miliciens, jugeant les flagrants délits de terrorisme, n'admettant pas les plaidoiries d'avocats. Ces tribunaux condamnèrent de nombreux accusés à la peine de mort ; ce verdict était parfois décidé avant même le début de l'audience. Mais, comme il n'était pas possible de prendre les hommes politiques en flagrant délit de « terrorisme », la Milice recourut à des exécutions sommaires dont furent victimes

L'ARRIVÉE DE LA MILICE EN ZONE NORD

Allocution radiodiffusée de Jean Herold-Paquis
(27 janvier 1944)

La nouvelle est maintenant connue, Darnand et ses miliciens, franchissant la ligne symbolique, sont désormais des nôtres, en zone Nord. Il convient, sans tarder davantage, de saluer leur venue. De la saluer avec amitié, parce que ce sont des camarades. De la saluer avec confiance, parce que ce sont des révolutionnaires. De la saluer avec joie, parce que ce sont des soldats. [...]
La Milice et son chef, purs de toute attache partisane, solides de leur seul patriotisme et puissants autant de leur officialité que de leurs armes, ne veulent pas que meure la France sans avoir, au préalable, tenté de lui garder la vie. Ce ne sont pas des médicastres, mais des chirurgiens. Aux rafales des mitraillettes ils répondent par d'autres rafales, s'il n'est pas possible ou permis de faire autrement. Aux arguments du sang ils répondent par l'affirmation de la guerre. Ils font la guerre à la guerre, la guerre sans nom du terrorisme, la guerre déshonorante des assassins déshonorés. Leur drapeau est tricolore, comme celui dont se réclament les ennemis intérieurs. Mais la Milice ne le frappe pas d'une croix de Lorraine, orgueilleusement chauvine, ne le salit pas d'un insigne communiste. Le drapeau de Darnand est celui de la Grande Guerre et celui de 39-40. Il n'a pas de plus respectueux salut que le salut même de l'armée allemande. Car l'armée allemande n'a pas trahi ce drapeau, si elle l'a combattu. Elle n'était pas, à Dunkerque, une alliée en fuite, mais un adversaire heureux. Elle n'était pas à Mers-el-Kébir un allié criminel, mais, en Tunisie, un loyal compagnon. Le drapeau de Darnand est le drapeau de la Patrie. Et cette Patrie demeure la seule que le monde connaisse encore. [...]
Camarades miliciens, soyez ici les bienvenus. Nous savons que vous n'êtes pas des politiciens, mais uniquement des révolutionnaires, que vous n'êtes pas des intrigants, mais seulement des nationalistes, que vous n'êtes pas des « vendus », mais, très loyalement, des Français.
[...] Nous vous tendons la main, et nous vous saluons du bras levé, et toute la France comprend qu'une armée fasciste est debout contre l'armée du crime. Sur le front de France, vous prenez position. Nous gardons notre fierté d'avoir été ici les premiers, mais nous crions notre joie de vous savoir ici. Vous étiez attendus, vous étiez désirés, vous étiez appelés. Vous apportez avec vous une nouvelle confiance, une nouvelle raison d'espoir, et, peut-être, l'espoir lui-même, la confiance elle-même. S'il y a tant de haine qui monte vers nous, c'est parce qu'il y a aussi une grande peur. La peur d'une foule qui renâcle devant les nécessités politiques, qui recule devant les évidences géographiques, et qui doute des vérités élémentaires de sa propre histoire. Avec vous, nous crèverons cette peur-là.
J'imagine bien quelles ont dû être, ce matin, leur journal ouvert, quelles ont dû être les réactions du bourgeois gaulliste, du pantouflard bibiciste, du maquisard en chambre, et du maquisard en maquis, car il est permis de croire que l'on fait aussi le service des journaux aux casernes du maquis. Ces réactions ont été sans doute curieuses. Inquiètes, sûrement, rageuses, certainement. C'est le commencement de la sagesse. Mais une sagesse que vous réapprendrez à nos

compatriotes, camarades miliciens, en leur donnant le bel exemple de votre courage d'hommes, de votre désintéressement de militants, de votre foi de Français.

Jean Hérold-Paquis, *L'Angleterre comme Carthage*, Paris, Agence Inter-France, 1944. D.R.

Jean Zay, Georges Mandel, Maurice Sarraut, anciens ministres de la IIIe République, Victor Basch, président de la Ligue des droits de l'homme. Darnand accéléra le noyautage de l'État par les pro-nazis en nommant des miliciens dans la haute administration et parfois dans la fonction préfectorale.

3.3. *L'évolution de l'opinion*

La transformation du régime retentit dans l'opinion publique. Les Français, marqués par les privations, usés nerveusement par les peurs et les humiliations, habités déjà par une forte haine contre les occupants, constatèrent de manière évidente que l'État policier se mettait au service de l'Allemand détesté, comme en faisaient foi l'organisation du STO et la collaboration des forces répressives. Le Reich et Vichy se trouvèrent donc associés dans un même rejet. Les cérémonies officielles se déroulèrent dès lors devant des auditoires squelettiques. La Légion perdit la plupart de ses adhérents. Les miliciens suscitèrent une antipathie unanime. Cependant, l'image du maréchal Pétain ne s'obscurcit pas totalement. Un respect un peu plus distant demeurait, peut-être aussi le vague espoir que le chef nominal de l'État pratiquait le double jeu ou pourrait encore servir de recours en cas de nouvelles épreuves, comme une guerre civile, très redoutée de la bourgeoisie. Pétain représentait aussi, par sa fonction, un des derniers symboles de l'indépendance nationale bafouée par l'Allemagne. Tous ces facteurs expliquent que le maréchal, venu en visite à Paris, le 26 avril 1944, fut encore acclamé par une foule importante.

La Résistance bénéficia-t-elle du détachement des Français à l'égard du Vichy milicien ? En fait, la population connaissait généralement mal les opposants et les voyait à travers deux images antagonistes : l'hostilité caricaturale qu'exprimait le gouvernement ou la mythification héroïque forgée du côté de la Résistance. La propagande officielle, même si elle émanait d'un pouvoir de plus en plus détesté, ne restait pas toujours sans effet. La population, surtout celle des campagnes, parfois victime d'exactions commises par de pseudo-maquisards et surtout épouvantée par les représailles des forces de l'ordre, hésitait à aider les opposants ; ceux-ci étaient dans certains cas vus tels que les peignaient les hommes de Vichy, comme des pillards, des terroristes, des révolutionnaires rouges... Cependant, l'horreur suscitée par la violence des représailles miliciennes ou allemandes renforçait l'esprit de révolte, la haine de l'occupant et de ses serviteurs. Ces sentiments servaient finalement la cause de la Résistance. Celle-ci put compter sur des solidarités de plus en plus nombreuses, d'autant que le sens de son combat devint clair et mobilisateur : lutte contre un ennemi qui ne reculait devant aucune atrocité et contre un gouvernement qui lui était inféodé, aide aux réfractaires du STO, exaltation du thème patriotique et de l'indépendance nationale. À la veille de la Libération, les mécanismes d'adhésion à la Résistance l'emportaient sur les motifs de réserve.

3. La Libération

Réussie par les armées alliées, avec l'aide de la Résistance unifiée et structurée, la Libération aboutit à la chute du régime de Vichy et à l'installation au pouvoir du général de Gaulle.

1. La structuration de la Résistance

Durant les années 1943 et 1944, la Résistance intérieure se fortifia et s'implanta dans la plupart des régions. Les mouvements anciens, groupant des effectifs plus importants, s'organisèrent de manière plus efficace, avec des états-majors civils et militaires.

1.1. L'essor de la Résistance et les maquis

Des mouvements nouveaux se formèrent, comme Ceux de la Libération, l'Organisation de résistance de l'armée (ORA) fondée en novembre 1942 par des officiers de l'ancienne armée d'armistice dissoute, de sympathie plutôt giraudiste, le Mouvement national des prisonniers de guerre, le Mouvement républicain pour la Libération, futur Mouvement républicain populaire (MRP), créé en janvier 1944 par des démocrates-chrétiens. Le Conseil représentatif des Israélites de France (CRIF), rassemblant en janvier 1944 toutes les nuances du judaïsme, religieux et laïcs, hommes de gauche et de droite, n'était pas orienté vers l'action directe, mais symbolisait la résistance des Juifs de France à l'extermination qui les menaçait.

Les mouvements se dotèrent de corps francs qui pratiquèrent contre les Allemands et les collaborateurs une guérilla de plus en plus intense. Les attaques contre les convois et les installations militaires, les biens et les personnes se multiplièrent. L'une des actions de commando les plus spectaculaires fut, le 28 juin 1944, l'exécution du journaliste Philippe Henriot, devenu ministre de l'Information de Vichy. Dans la région parisienne, le groupe FTP-MOI, commandé d'abord par l'Ukrainien Boris Holban, puis par l'Arménien Missak Manouchian, mena des dizaines d'opérations jusqu'à ce que les forces de répression démantèlent le groupe en novembre 1943 ; Manouchian et vingt-deux de ses compagnons furent exécutés le 21 février 1944, tandis qu'une affiche rouge apposée sur les murs de France dénonçait l'origine étrangère de cette « armée du crime ».

Une autre forme d'action, apparue timidement en 1942, prit toute son ampleur en 1943 : les maquis. Il s'agissait de groupes s'établissant dans des régions isolées, campagnes peu peuplées, zones montagneuses ou forestières, pour recevoir des armes parachutées par les Alliés, s'entraîner au combat et préparer la Libération. Les maquis attirèrent des jeunes voulant agir, des prisonniers de guerre évadés, des réfractaires au STO. Les chefs dépendaient généralement d'une des trois grandes tendances politiques qu'étaient l'Armée secrète, ralliée à de Gaulle, les FTP communistes ou l'ORA, giraudiste à ses débuts. Cependant, la base se montrait peu sensible à ces différences et donnait la priorité au combat. Les Alliés, de Gaulle et, en France même, le PCF furent aussi surpris que méfiants à l'égard du phénomène quasi spontané des maquis : ceux-ci n'allaient-ils pas se lancer dans des opérations imprudentes ? N'était-il pas plus efficace, objectaient les communistes, de pratiquer la guérilla urbaine, plutôt que de former des camps loin des villes et des routes, ce qui ne gênait pas les Allemands ? Les gros maquis ne se révéleraient-ils pas vulnérables si les occupants décidaient de les encercler et de les détruire ? Ce fut précisément ce qui se produisit, en février-mars 1944, au maquis des Glières en Haute-Savoie, qui subit de très lourdes pertes. D'autre part, l'existence des maquis reposait en grande partie sur le silence des populations proches et la fourniture de ravitaillement. Or, les habitants réagissaient diversement : certains soutenaient activement les maquis, d'autres les condamnaient, surtout quand les Allemands menaçaient d'exercer des représailles.

1.2. *La création du Conseil national de la Résistance (CNR)*

Le foisonnement des mouvements, des maquis et des initiatives locales rendaient indispensable une structuration et une unification de la Résistance, sur le plan politique comme sur le plan militaire. Cette nécessité était également ressentie à Alger par le général de Gaulle qui, pour marginaliser son rival Giraud, soutenu par les Américains, avait besoin de s'appuyer sur des forces cohérentes et représentatives. Aussi, au début de 1943, de Gaulle envoya-t-il des émissaires chargés d'accélérer l'unification, tels Passy-Devawrin, Pierre Brossolette et surtout Jean Moulin qui avait déjà obtenu la fusion des trois grands mouvements de la zone Sud au sein des Mouvements unis de résistance (MUR).

La tâche se révéla difficile : les émissaires d'Alger n'étaient pas toujours en accord, les dirigeants de la Résistance intérieure ne partageaient pas les mêmes idées politiques, ils se méfiaient de la direction lointaine de de Gaulle ou de la concurrence proche des communistes et n'étaient pas toujours prêts à abdiquer leur autonomie. Cependant, divers facteurs poussaient à la réalisation de l'unité : le souci d'efficacité et de représentativité, la crainte de laisser le terrain libre aux Alliés qui pourraient dicter leur loi à la France libérée, la peur enfin, éprouvée par les partis politiques, de permettre, faute d'initiative, aux communistes de s'attribuer tous les mérites de l'action résistante. Ce fut pourquoi les socialistes restaurèrent leur parti en 1943, sous la direction de Daniel Mayer qui rejoignit de Gaulle à Londres. De même radicaux, modérés, chrétiens prirent une place de plus en plus marquée dans la lutte commune.

Jean Moulin comprit bien et exploita la dynamique d'unification. Grâce à ses efforts fut constitué le Conseil national de la Résistance (CNR) qui se réunit pour la première fois à Paris, rue du Four, le 27 mai 1943. Sous la présidence de Moulin, le CNR comprenait des représentants des grands mouvements, MUR, Front national, OCM, Ceux de la Résistance, Ceux de la Libération, Libération-Nord, des représentants des partis, PCF, SFIO, Parti radical, démocrates-populaires (chrétiens), Alliance démocratique, Fédération républicaine, des syndicalistes de la CGT et de la CFTC. Au cours de la première réunion, Jean Moulin lut un message du général de Gaulle annonçant que la parole serait rendue au peuple français dès que possible ; le démocrate-chrétien Georges Bidault fit adopter un texte annulant tous les actes de Vichy et confiant la gestion des intérêts de la nation à de Gaulle.

Par la suite, le CNR ne tint plus de réunion plénière, pour des raisons de sécurité. Il se dota d'un bureau restreint de cinq membres qui essayèrent de coordonner l'action clandestine. Jean Moulin présida ce bureau jusqu'à son arrestation par Klaus Barbie à Caluire, le 21 juin 1943 ; torturé mais n'ayant livré aucun renseignement, Moulin mourut probablement le 8 juillet. Il fut remplacé par Georges Bidault. Le CNR poursuivit son action en se dotant d'un état-major militaire, le Comité d'action militaire (COMAC), et en élaborant un programme, le 15 mars 1944, comportant des mesures importantes à mettre en œuvre aussitôt après la Libération : restauration de la démocratie et des libertés, épuration, maintien de l'esprit d'unité de la Résistance, réalisation d'une véritable démocratie économique et sociale par des nationalisations, la planification, la participation des travailleurs à la direction des entreprises, la sécurité de l'emploi, la garantie d'un salaire minimum, la sécurité sociale, l'égalité d'accès à l'instruction.

LA CHARTE DU CNR

Mesures à appliquer dès la libération du territoire

Unis quant au but à atteindre, unis quant aux moyens à mettre en œuvre pour atteindre ce but qui est la libération rapide du territoire, les représentants des mouvements, groupements, partis ou tendances politiques, groupés au sein du CNR, proclament qu'ils sont décidés à rester unis après la libération :

1. Afin d'établir le gouvernement provisoire de la République formé par le général de Gaulle pour défendre l'indépendance politique et économique de la nation, rétablir la France dans sa puissance, dans sa grandeur et dans sa mission universelle.

2. Afin de veiller au châtiment des traîtres [...].

3. Afin d'exiger la confiscation des biens des traîtres et des trafiquants de marché noir, l'établissement d'un impôt progressif sur les bénéfices de guerre [...].

4. Afin d'assurer :
— l'établissement de la démocratie la plus large en rendant la parole au peuple français par le rétablissement du suffrage universel ;
— la pleine liberté de pensée, de conscience et d'expression :
— la liberté de la presse, son honneur et son indépendance à l'égard de l'État, des puissances d'argent et des influences étrangères ;
— la liberté d'association, de réunion et de manifestation ;
— l'inviolabilité du domicile et le secret de la correspondance ;
— le respect de la personne humaine ;
— l'égalité absolue de tous les citoyens devant la loi ;

5. Afin de promouvoir les réformes indispensables :

a. Sur le plan économique :
— l'instauration d'une véritable démocratie économique et sociale, impliquant l'éviction des grandes féodalités économiques et financières de la direction de l'économie ;
[...]
— l'intensification de la production nationale selon les lignes d'un plan arrêté par l'État après consultation des représentants de tous les éléments de cette production ;
— le retour à la nation des grands moyens de production monopolisés, fruit du travail commun, des sources d'énergie, des richesses du sous-sol, des compagnies d'assurances et des grandes banques ;
— le développement et le soutien des coopératives de production, d'achat et de vente, agricoles et artisanales ;
— le droit d'accès, dans le cadre de l'entreprise, aux fonctions de direction et d'administration, pour les ouvriers possédant les qualifications nécessaires, et la participation des travailleurs à la direction de l'économie ;

b. Sur le plan social :
— le droit au travail et le droit au repos [...] ;
— un réajustement important des salaires et la garantie d'un niveau de salaire et de traitement qui assure à chaque travailleur et à sa famille la sécurité, la dignité et la possibilité d'une vie pleinement humaine ;
— la garantie du pouvoir d'achat national par une politique tendant à la stabilité de la monnaie ;
— la reconstitution, dans ses libertés traditionnelles, d'un syndicalisme indépendant, doté de larges pouvoirs dans l'organisation de la vie économique et sociale ;
— un plan complet de sécurité sociale ; [...]

— la sécurité de l'emploi ;
— l'élévation et la sécurité du niveau de vie des travailleurs de la terre, par une politique de prix agricoles rémunérateurs améliorant et généralisant l'expérience de l'Office du blé, par une législation sociale accordant aux salariés agricoles les mêmes droits qu'aux salariés de l'industrie, par un système d'assurance contre les calamités agricoles, par l'établissement d'un juste statut du fermage et du métayage, par des facilités d'accession à la propriété pour les jeunes familles paysannes et par la réalisation d'un plan d'équipement rural ;

— une retraite permettant aux vieux travailleurs de finir dignement leurs jours ;
— le dédommagement des sinistrés et des allocations et pensions pour les victimes de la terreur fasciste.

c. Une extension des droits politiques, sociaux et économiques des populations indigènes et coloniales.

d. La possibilité effective pour tous les enfants français de bénéficier de l'instruction et d'accéder à la culture la plus développée quelle que soit la situation de fortune de leurs parents.

D.R.

1.3. La formation du Gouvernement provisoire de la République française

Tandis que la Résistance intérieure s'unifiait et se rangeait derrière de Gaulle, celui-ci, à Alger, structurait le Comité français de Libération nationale (CFLN) et en écartait progressivement le général Giraud. En novembre 1943, de Gaulle réunit une Assemblée consultative comprenant des résistants et des hommes politiques de la IIIe République, ce qui améliora la représentativité de la Résistance face aux Alliés. Finalement le CFLN acquit assez les caractères d'un véritable pouvoir étatique pour se transformer en Gouvernement provisoire de la République française (GPRF), le 3 juin 1944. Le GPRF, appuyé sur l'Assemblée consultative siégeant à Alger et sur le CNR fonctionnant en France occupée, poursuivit son œuvre d'unification et de préparation de la Libération. Pour remplacer, le moment venu, les hommes de Vichy, il nomma des délégués, soit civils dépendant du délégué national Alexandre Parodi, soit militaires, obéissant au délégué militaire national Jacques Chaban-Delmas. Tous se mirent à la tâche dans la clandestinité. À l'échelon régional furent organisés des Comités départementaux et locaux de Libération (CDL et CLL) rassemblant des membres des mouvements de Résistance. En février 1944, les groupes armés de ces mouvements furent unifiés au sein des Forces françaises de l'intérieur (FFI), sous les ordres du général Pierre Koenig, mais en raison des réticences de l'ORA et des FTP la fusion se révéla imparfaite. Autre entrave à l'action militaire, les Alliés mesurèrent les quantités d'armes parachutées aux FFI car, au sein de celles-ci, les communistes leur paraissaient trop influents. Le danger semblait d'autant plus tangible que le PCF contrôlait de nombreuses milices patriotiques dans les entreprises et les quartiers : ces groupes armés pouvaient passer pour l'instrument d'une future tentative de subversion. À l'extérieur, une armée nouvelle fut constituée par le rassemblement des Forces françaises libres (FFL) et des troupes d'Afrique ; ces forces comptaient 500 000 hommes répartis en huit divisions.

Le général de Gaulle faisait preuve de fermeté dans ses choix et refusait toute idée de compromis avec Vichy. Ainsi, un ancien ministre de l'Intérieur de Pétain, Pierre Pucheu, portant de lourdes responsabilités dans la politique de collaboration, avait cru pouvoir changer de camp et s'engager dans les FFL, avec l'accord de Giraud ; venu à Alger, il fut jugé, condamné à mort et exécuté le 20 mars 1944, après que de Gaulle eut refusé sa grâce. Les résistants, surtout les communistes, furent satisfaits par cette rigueur. Cependant, entre le chef du Gouvernement provisoire et la Résistance intérieure, entre les mouvements et les partis eux-mêmes, entre les Alliés et de Gaulle, bien des méfiances demeuraient. Tous entendaient coopérer à l'œuvre de libération, mais, une fois celle-ci effectuée, les divergences risquaient de rebondir.

L'OPINION DES MOUVEMENTS UNIS DE RÉSISTANCE À LA VEILLE DE LA LIBÉRATION

Sur le plan militaire, l'action de l'armée sans uniforme est indéniable, bien qu'on ne puisse encore en faire un bilan précis. Destruction de matériel de guerre, d'approvisionnements, entraves aux communications, augmentation des difficultés et pertes de vies humaines pour l'ennemi, obligation pour lui de maintenir en France des troupes d'occupation, des forces de police, des agents de répression ; donc, incontestablement, diminution de son potentiel au détriment de ses autres fronts.

Souvent même, quelques hommes déterminés ont suffi pour accomplir des missions de destruction, aux moindres frais, en épargnant et les vies françaises qui sont généralement la rançon de tout bombardement aérien de jour ou de nuit, [...]

Parallèlement, dégradation du moral allemand. L'occupant se sent en pays insoumis. Il avait cru rencontrer un accueil sinon enthousiaste, du moins relativement bienveillant, une sécurité due à la résignation des Français à la défaite, résignation prêchée par le vieux radoteur de Vichy. L'Allemand, au contraire, a éprouvé, chaque jour plus sûrement, que le sol se dérobait sous ses pieds ; il s'est trouvé entouré de l'hostilité sourde, constante, inquiétante et à la longue démoralisante, de tout un peuple. [...]

L'armée sans uniforme pourra-t-elle, le jour du débarquement franco-allié tant attendu, tant espéré, jouer un rôle militaire encore plus efficace ? Oui, dans la mesure où les Alliés lui feront confiance, lui donneront les moyens de participer à la lutte libératrice. Oui, à condition qu'on lui fournisse les moyens d'éluder, en attendant, la menace qui pèse sur elle par la constitution de hordes d'assassins gagés aux ordres de Darnand. Mais le résultat le plus clair, le plus fécond, et pour l'instant le moins souvent mis en évidence, de l'action de la Résistance française considérée non seulement dans sa fraction combattante, mais dans un ensemble complexe, c'est qu'elle a maintenu la France dans la fidélité à ses alliances, à ses engagements, c'est qu'elle a sauvé l'honneur et les intérêts vitaux du pays.

Que serait-il arrivé, en effet, si l'esprit de Vichy avait triomphé de l'esprit de la France ? Si notre peuple s'était abandonné, s'il avait accepté la défaite ? Peu à peu, les étranges pacifistes qui, avant 1939, refusaient de se battre pour la Tchécoslovaquie, pour Dantzig, et en réalité pour la France, auraient graduellement entraîné le pays à se battre pour Hitler. Cela ne fait aucun doute. Le renversement des alliances, qui n'avait pu être obtenu quand la nation était libre, aurait été imposé quand elle fut livrée à l'ennemi. Les fils de France auraient très probablement été contraints d'aller mourir dans les steppes russes pour le führer allemand. À l'heure de la paix, la France se serait trouvée dans le camp des nations vaincues, des nations coupables, et cette fois, aurait été définitivement anéantie.

La résistance morale du peuple français à l'entreprise d'un petit nombre de traîtres, suivis d'un plus grand nombre de dupes, d'imbéciles et de crédules, a sauvé notre pays et du déshonneur et de la mort. La réaction spontanée du peuple français, exprimé par l'apparition des organisations de Résistance, a permis à l'homme clairvoyant qui, au soir du 18 juin, ramassa « les tronçons du glaive », au général de Gaulle, de s'appuyer sur une force réelle ; la Résistance lui a apporté l'adhésion d'un peuple enchaîné, mais indompté ; elle lui a donné le droit de parler véritablement au nom de la France.

Jean-Jacques et Roland, *La Résistance française*, Alger, Office français d'édition, 1944. D.R.

2. Les opérations militaires de la Libération

2.1. La libération de la Corse

La préface de la Libération eut lieu en Corse qui, dès septembre 1943, fut le premier département métropolitain débarrassé des occupants. L'île était contrôlée par les Italiens avec l'aide de quelques contingents allemands, mais la conquête de la Sicile par les Alliés et la capitulation italienne du 8 septembre 1943 rendaient possible une opération militaire sur ce département insulaire. Le général Giraud en prit l'initiative et coordonna son action avec le Front national dont il n'avait pas bien discerné les attaches communistes. Le Front lança un appel à l'insurrection le 9 septembre ; le IIᵉ corps d'armée français débarqua à Ajaccio. Tandis que les Italiens demeuraient sans réaction ou même aidaient les Français, les Allemands se retiraient. À la fin de septembre 1943, la Corse était libérée, grâce à un fait d'armes exclusivement français, ce qui revêtait une grande portée symbolique.

2.2. Les débarquements de Normandie et de Provence

Si la Corse avait été libérée par les Français, le premier débarquement sur le continent fut le fait des Alliés. Ceux-ci, pour préparer le terrain, multiplièrent les bombardements au-dessus de la France au cours du premier semestre de 1944 ; gares de triage, ouvrages d'art, champs d'aviation furent systématiquement écrasés sous des « tapis de bombes » qui causèrent de gros dégâts, mais aussi des victimes françaises. Ces nouvelles épreuves mécontentèrent les populations et servirent l'argumentation de Vichy hostile aux Alliés. Sur place, la Résistance fut associée aux opérations de sabotage des installations ennemies et de retardement des renforts.

Le 6 juin 1944, à l'aube, commença le débarquement en Normandie, baptisé opération *Overlord*, tandis que sur les ondes de la BBC le général de Gaulle appelait à une véritable mobilisation de tous les Français et s'écriait : « C'est la bataille de France et c'est la bataille de la France ». D'une flotte de 4 266 bateaux, escortés par 700 bâtiments de guerre, débarquèrent cinq divisions et leur matériel, sur les côtes du Calvados et de la Manche. Les Allemands qui n'attendaient pas le débarquement dans cette partie de la Normandie, mais au nord de la Seine, furent surpris à la fois par cette localisation et par l'ampleur de l'opération. Ils résistèrent cependant vigoureusement en s'appuyant sur les nombreux ouvrages bétonnés du « Mur de l'Atlantique » qu'ils avaient fait construire le long du littoral. Malgré l'âpreté du combat, les Alliés parvinrent à établir une tête de pont et, dès le 7 juin, entrèrent dans Bayeux, première ville française continentale libérée.

Du 6 juin au 20 août 1944 se déroula la bataille de Normandie. Les Américains s'emparèrent du Cotentin et de Cherbourg le 1er juillet. Les Anglais menèrent de furieux combats jusqu'au 6 juillet pour libérer Caen. Le 31 juillet, les Américains commandés par le général George Patton, associés aux Français de la IIe division blindée de Leclerc, percèrent les lignes allemandes à Avranches, ce qui leur permit de se lancer sur la Bretagne et de prendre Rennes, Brest, Nantes, Saint-Malo. Les Allemands tentèrent une contre-attaque dans la région de Mortain, mais, encerclés, furent vaincus le 19 août. Cependant, les forces du Reich n'étaient pas totalement anéanties et une course poursuite s'engagea en direction de la Seine.

Pendant que se déroulait la bataille de Normandie, les FFI, comme elles en avaient reçu l'ordre, déclenchèrent une vaste opération de harcèlement destinée à retarder la marche des renforts allemands vers le lieu du combat et à entretenir une insécurité telle que l'ennemi fut obligé de conserver des troupes sur tout le territoire. Certains maquis se lancèrent dans des opérations ambitieuses comme la libération de communes éloignées du front. Des groupes de résistants, rendus confiants par le succès du débarquement, se concentrèrent en nombre important ou se mirent à découvert ; ce fut le cas à Saint-Marcel dans le Morbihan, dans la Margeride, au Mont-Mouchet, dans le Vercors. Les actions des FFI se révélèrent très utiles : les maquisards de Bretagne aidèrent l'avance des Alliés ; ceux du Sud-Ouest, du Limousin, du Centre-Ouest, des Alpes et du Jura libérèrent seuls les régions où ils se battaient. Mais le prix humain à payer fut très lourd. Les Allemands exécutaient sommairement les résistants qu'ils capturaient. D'inexcusables atrocités furent commises : la division *Das Reich*, basée à Montauban et appelée en renfort sur le front de Normandie, ayant été harcelée en chemin, se vengea en pendant 99 otages à Tulle, le 8 juin 1944, et en massacrant sauvagement 642 habitants à Oradour-sur-Glane, le 10 juin. Les gros maquis furent dispersés ou anéantis, comme celui du Vercors où en juillet périrent environ 700 hommes ; dans cette région encore, les Allemands torturèrent et massacrèrent des dizaines de blessés et de civils.

Le 15 août 1944, un deuxième débarquement allié eut lieu en Provence, entre Cavalaire et Agay. Des troupes américaines et françaises, celles-ci commandées par le général de Lattre de Tassigny, prirent facilement pied sur le littoral et s'emparèrent de Toulon le 27 août, puis de Marseille le 28. D'autres villes, à l'est, Cannes, Antibes, Nice, se soulevèrent pour empêcher les Allemands d'y opérer des destructions et se libérèrent seules. Ensuite les Alliés se dirigèrent vers le nord par la route Napoléon et la vallée du Rhône : Grenoble, Valence, Briançon, Lyon tombèrent successivement. Grâce à l'aide des FFI, les troupes débarquées en Provence avaient deux mois d'avance sur le calendrier prévu. Le 12 septembre, elles firent leur jonction à Montbard, près de Dijon, avec les forces alliées venues de Normandie.

2.3. La libération de Paris et celle du territoire

L'un des épisodes essentiels, et le plus symbolique, de la campagne de France fut la libération de Paris. Les résistants tenaient à ce que cette libération fût prompte et effectuée principalement par des Français. Depuis le 10 août 1944, la capitale connaissait une vive agitation et des grèves dans les services publics. Finalement, le 19 août, le CNR, le Comité de Libération et les FFI, commandées par le communiste Rol-Tanguy, lancèrent l'insurrection. Du coup, Paris entra plus tôt que prévu dans le plan stratégique du commandement allié qui voulait contourner la ville en remettant sa libération à plus tard. Des heurts se produisirent aussitôt entre Allemands et insurgés ; ceux-ci s'emparèrent de plusieurs bâtiments publics. Cependant, le général Dietrich von Choltitz, commandant des forces d'occupation, hésitait et n'était pas décidé à détruire la capitale comme Hitler le lui avait ordonné. Il accepta une trêve qui, en fait, ne fut pas respectée. Dans le même temps, le commandement allié se décida à envoyer vers Paris la 2ᵉ DB de Leclerc, cela à la fois pour aider la Résistance et empêcher celle-ci de prendre seule tous les leviers de commande dans la capitale. Le 24 août arrivèrent les premiers blindés et le lendemain von Choltitz signa sa capitulation. Cet acte fut recueilli par Leclerc ; Rol-Tanguy dut à son insistance de pouvoir également signer l'acte officiel, ce qui matérialisait la victoire double, celle des FFI et de l'armée régulière.

Le lendemain 26 août 1944, de Gaulle fit son entrée à Paris, descendit triomphalement les Champs-Élysées à pied, en compagnie du Conseil national de la Résistance et assista à un *Te Deum* à Notre-Dame. Georges Bidault, président du CNR, aurait souhaité que le général, reprenant la grande tradition révolutionnaire, proclamât la République à l'Hôtel de Ville. Mais de Gaulle refusa en répondant que, Vichy n'ayant jamais eu d'existence légitime, la République n'avait pas disparu et était incarnée depuis le 18 juin 1940 par la France libre. Ces tensions, inconnues de la masse populaire, n'empêchaient pas que se développât une bruyante atmosphère de fête.

Cependant, les Allemands occupaient encore une importante portion de territoire allant des Vosges aux Ardennes, des poches éparses, comme la région montagneuse au nord de Menton, et certains ports de l'Atlantique, Lorient, Saint-Nazaire, La Rochelle, Royan. Durant l'hiver, les armées françaises, renforcées par l'engagement de nombreux jeunes issus des FFI, poursuivirent l'offensive dans le Nord-Est. Malgré une défense allemande opiniâtre et même des contre-attaques (dans les Ardennes en décembre), le sol français fut peu à peu libéré. Le 23 novembre 1944, Leclerc, accomplissant le serment qu'il avait fait à Koufra en Libye, entra à Strasbourg. Mulhouse en Haute Alsace avait été libéré par le général de Lattre de Tassigny le 20 novembre précédent. En mars, les Allemands étaient chassés du territoire national, sauf des poches atlantiques et alpines qui tiendront jusqu'à la fin de la guerre. La 1re armée, commandée par de Lattre, pénétra en Allemagne avec les Alliés au printemps 1945 et, le 8 mai 1945, le général figura parmi les chefs qui reçurent, à Reims, la capitulation allemande.

3. La marche du général de Gaulle vers le pouvoir

3.1. Les dernières manœuvres de Vichy

À mesure que se déployait l'avance alliée, le pouvoir de Vichy se réduisit d'autant. Aussi les dirigeants, malgré la faible marge de manœuvre qui leur restait, tentèrent-ils d'organiser à leur manière la transition politique, celle-ci leur semblant imminente. Pétain, le 11 août 1944, envoya à de Gaulle un émissaire, l'amiral Gabriel Auphan, chargé de transmettre régulièrement au chef du GPRF les pouvoirs détenus par le maréchal. En cas d'acceptation, de Gaulle aurait reconnu la légitimité de Vichy et en quelque sorte admis les actes de ce gouvernement. Mais Auphan se heurta à un refus total.

Le lendemain 12 août, Laval, installé à Paris, tenta une autre manœuvre qui eût empêché l'arrivée de de Gaulle au pouvoir. Le projet consistait à rappeler le Parlement, en congé depuis le 10 juillet 1940, à lui restituer toutes ses responsabilités et à le charger de désigner un gouvernement de transition. En remettant en place l'ancienne instance législative, Laval croyait faire oublier ses quatre années de collaboration. À cette fin, il entreprit des tractations avec les présidents de la Chambre des députés et du Sénat de 1940, Édouard Herriot et Jules Jeanneney. Mais les Allemands interrompirent cette opération et emmenèrent Laval, ainsi que Pétain, à Belfort d'abord, à Sigmaringen ensuite. Là, installés sur le sol allemand, les deux hommes refusèrent d'assumer toute fonction politique. Mais les membres de leur entourage, le dernier carré de la collaboration, se disputèrent en des rivalités dérisoires un héritage réduit à rien. Fernand de Brinon créa avec Déat et Darnand une Commission gouvernementale à la dévotion des Allemands. Doriot, rêvant de revenir en France et d'y prendre le pouvoir avec l'appui d'Hitler, fonda un organe concurrent, le Comité de libération française, médiocre imitation de la France libre. Mais le chef du PPF fut tué sur une route par un avion non identifié le 22 février 1945.

3.2. De Gaulle contre une tutelle alliée sur la France

L'effacement des hommes de Vichy ne signifiait pas que la route du pouvoir s'ouvrait largement devant le général de Gaulle ; celui-ci devait encore surmonter les réticences des Alliés et les divergences multiples des résistants. Le président Roosevelt ne s'était pas défait des réserves qu'il avait toujours nourries contre l'homme du 18 juin et n'entendait pas lui laisser accaparer le pouvoir en France. Le projet américain consistait à mettre en place une Administration militaire pour les territoires occupés (AMGOT) [1], qui exercerait les fonctions gouvernementales en laissant subsister localement les fonctionnaires de Vichy, et à émettre une monnaie nouvelle ne faisant pas référence au Trésor public français. Sans trop forcer le trait, on pouvait considérer qu'à l'occupant allemand succéderait l'occupant anglo-saxon.

De Gaulle s'indigna de ces humiliantes atteintes à la souveraineté nationale et, avec une forte détermination, en empêcha l'application. Le 14 juin 1944, le général posa le pied sur le sol de la France continentale pour la première fois depuis quatre ans, à Bayeux, récemment libérée. Là, il mit aussitôt en fonction un commissaire de la République ayant autorité sur la Normandie et remplaça le sous-préfet vichyste de Bayeux par un de ses fidèles. De Gaulle renouvela le procédé dans chaque région libérée. L'acceptation docile des fonctionnaires de Vichy et le ralliement des populations aux responsables installés par la Résistance — ce qui constituait une garantie d'ordre aux yeux des Américains — firent que, *de facto*, la France se trouva administrée par des Français. Le GPRF obtint en plus de prendre en charge l'émission et la circulation monétaires. Après avoir ainsi reculé, Roosevelt accepta de recevoir de Gaulle à Washington, le 6 juillet 1944, avec les honneurs réservés aux chefs d'État.

3.3. De Gaulle face à la Résistance intérieure

Le chef du gouvernement provisoire ne sous-estimait pas le pouvoir rival que représentait la Résistance ; on a vu qu'à son arrivée à Paris, le 26 août 1944, il avait refusé de proclamer la République à l'Hôtel de Ville, cela pour affirmer sa légitimité historique.

---

1. Allied Military Government of Occupied Territories.

Pour imposer ses vues sur le terrain, le GPRF nomma des commissaires de la République, remplaçant les préfets régionaux de Vichy, supervisant l'action des autres représentants du pouvoir central, préfets, sous-préfets, fonctionnaires de police, et incarnant en quelque sorte l'autorité de l'État et la tradition jacobine. Les commissaires de la République se heurtaient à d'autres structures issues de la Résistance : Comités locaux (CLL) et départementaux (CDL) de libération où siégeaient des membres des différents mouvements, partis et syndicats, FFI, FTP communistes, milices patriotiques créées par le CNR comme police supplétive pour réprimer les agissements des traîtres, des collaborateurs, des trafiquants du marché noir. Les milices étaient aussi chargées de « redonner vigueur aux libertés démocratiques ». Tous ces pouvoirs locaux, confiants dans les initiatives venues de la base, attendaient de grands changements politiques et sociaux, supportaient parfois difficilement l'autorité des commissaires de la République et du GPRF, exigeaient dans certaines régions la destitution de préfets nommés par ce même gouvernement. À tous ces résistants, de Gaulle apparaissait comme une figure généralement respectée, mais un homme dont la personnalité et les desseins étaient peu connus. Les Français allaient rapidement découvrir le général, sa détermination n'excluant pas l'habileté, son sens de l'État n'écartant pas de réelles convictions démocratiques, sa volonté de redonner à la France son rang sur la scène internationale, ce qui impliquait une remise en ordre rapide.

Chapitre 3

L'empire colonial
dans le conflit mondial (1940-1945)

1. La place de l'empire dans la guerre

Pendant la Deuxième Guerre mondiale les liens de la France avec ses territoires coloniaux se distendent de 1939 à 1942, s'interrompent de 1942 à 1944 et s'affaiblissent ultérieurement, tout en reposant sur des bases nouvelles. En effet, le débarquement anglo-américain en Afrique du Nord en novembre 1942 provoque l'occupation de tout le territoire métropolitain par les troupes allemandes. Simultanément, l'ensemble de l'empire bascule du côté des Alliés, à l'exception de l'Indochine occupée par les Japonais. Dans cette histoire, la défaite de juin 1940 a des conséquences multiples et graves, car le prestige du colonisateur est atteint dans ses forces vives.

Par ailleurs, l'ensemble des territoires coloniaux dans le monde connaît des transformations profondes, non seulement parce que les peuples dominés rejettent l'autorité des métropoles coloniales (Inde) mais aussi parce que les puissances de l'Axe d'abord, les États-Unis ensuite (Charte de l'Atlantique) et l'URSS enfin, par leur propagande, poussent dans le sens de la libération des peuples coloniaux. En outre, le monde arabe et islamique dans lequel il faut compter le Maghreb est en pleine ébullition. L'empire français n'est donc pas épargné par ces transformations. Or, paradoxalement la France et les Français coupés du monde extérieur ne paraissent pas en avoir mesuré l'importance ; d'où, après la guerre, les drames et les déchirements engendrés par la « décolonisation » avec les deux conflits sanglants de la guerre d'Indochine (1947-1954) et celle d'Algérie (1954-1962).

1. L'empire au lendemain des armistices de 1940

La vie de l'empire, durant ces années, est rythmée par celle de la France tant sur le plan politique qu'économique. En effet, il participe à la guerre dès septembre 1939, tandis que les revendications politiques sont étouffées ou réduites au silence et que des déclarations de loyalisme, comme en 1914, sont lancées dès les premiers jours du conflit. En Algérie, l'agitation nationaliste entretenue par Messali Hadj, leader du Parti populaire algérien emprisonné, n'empêche pas qu'une partie des Maghrébins et des Européens soient envoyés combattre en France, tandis que le plus gros des troupes reste à surveiller la ligne Mareth, dans le Sud tunisien. La sécurité en Méditerranée est alors dévolue à la flotte française pour le bassin occidental et aux forces britanniques pour le bassin oriental. Les communications entre l'Europe, le Maghreb et le Levant sont ainsi assurées. Au printemps 1940, les forces stationnées devant Mareth sont expédiées en France et s'y battent bravement tandis qu'après les défaites de l'armée française, l'Italie entre en guerre en juin 1940 : sur ce nouveau théâtre d'opérations la flotte française bombarde Gênes, l'aviation italienne fait quelques incursions sur l'Algérie et la Tunisie, mais la capitulation devant l'Allemagne bouleverse profondément la carte de la guerre.

En effet, l'armistice du 22 juin 1940 ordonne la « cessation des hostilités sur les possessions coloniales, protectorats et territoires sous mandat et sur les mers » (art.1) ; de plus, « la flotte de guerre française — à l'exception de la partie laissée à la disposition du gouvernement français pour la sauvegarde de ses intérêts dans l'empire colonial — sera rassemblée dans des ports à déterminer et devra être démobilisée et désarmée sous le contrôle respectif de l'Allemagne et de l'Italie » (art.6).

Un autre armistice signé avec l'Italie (Villa Incisa) stipule que les forces armées françaises seront « démobilisées en Afrique du Nord, au Levant et dans la Côte française des Somalies », que l'Italie occupera la côte Sud depuis Toulon jusqu'à la frontière, la Corse et la zone alpine limitrophe et que la ligne Mareth sera désarmée.

Les responsables français en Afrique du Nord (le général Charles Noguès, résident général au Maroc) hésitent à accepter l'armistice alors qu'une partie du gouvernement français quitte Bordeaux pour le Maroc afin de poursuivre la lutte avec la flotte, le reste des troupes et l'essentiel de l'aviation française qui s'y est réfugiée. André Truchet affirme que le pari de continuer la guerre dans l'empire était possible mais après plusieurs jours Noguès décide de se ranger du côté de Vichy tout comme Mittelhauser (celui-ci avait d'abord refusé) au Levant alors qu'en Indochine, Catroux refuse la capitulation. Après Noguès, Boisson en AOF adopte le même parti tandis que Felix Éboué, gouverneur du Tchad, se range sans hésiter dans le camp de la lutte et se rallie à de Gaulle. Ultérieurement, d'autres territoires coloniaux feront de même.

Pourquoi Vichy, où les amiraux sont aux postes de commande, n'a pas songé à poursuivre la guerre avec l'empire, tout en acceptant l'armistice ? Weygand d'abord ne croit pas que ces territoires pourraient résister longtemps si les Allemands entrent en Espagne pour envahir le Maroc ; Pétain pense de son côté qu'il faut épargner aux Français de France d'autres souffrances. Ne faut-il pas plutôt invoquer l'appétit d'une revanche sur 1936 de Laval, Pétain et de leur entourage, une revanche d'autant plus aisée que le pays est occupé ?

L'ampleur de la défaite jette donc les territoires coloniaux dans un réel désarroi. Les populations européennes et indigènes, surprises, se partagent en deux camps : ceux qui s'en accommodent (une grande partie des Européens au Maghreb, en Afrique noire, en Indochine), ceux qui la refusent, cherchent à reprendre le combat le plus rapidement possible et fuient vers les territoires sous contrôle britannique (Gambie, Palestine). Pour les indigènes, la défaite remet en question le prestige de la France, car bien vite des commissions d'armistice germano-italiennes s'installent et contrôlent les autorités françaises.

Ni la guerre, ni la défaite n'ont modifié officiellement l'organisation administrative du monde colonial ; seule la personnalité des responsables a changé : Vichy utilise un certain nombre d'amiraux : Jean Abrial qui remplace Le Beau en Algérie, Decoux en Indochine à la place de Catroux, Jean-Pierre Esteva en Tunisie mais Noguès reste au Maroc, Pierre Boisson à Dakar ; seul Henri Dentz au Levant remplace Mittlehauser. À Vichy même, on garde les structures antérieures confiées à un autre amiral, Platon. Certains responsables insistent aussi sur l'importance de l'empire pour l'avenir de la France face à l'Allemagne. En réalité, au-delà de la propagande, le nouveau régime accepte les empiètements du Japon en Indochine, de l'Allemagne au Levant et plus tard le débarquement des Italo-Allemands en Tunisie en novembre 1942. Après cette date, Vichy conserve une autorité apparente en Indochine jusqu'en mars 1945 quand les Japonais décident d'y mettre fin. Sur le plan pratique, de 1940 à 1942, les hommes de Vichy pratiquent une politique de fermeté et de vigilance à l'égard des Anglo-Américains, des gaullistes ou de leurs sympathisants.

2. L'Afrique du Nord et la Méditerranée, clé de voûte de l'empire en 1941-1942

Parce que l'Afrique est la pièce maîtresse de l'empire qui lui demeure loyal, Pétain envoie à Alger Weygand comme Délégué général du gouvernement en Afrique française avec la mission de défendre cette région contre toute tentative de sécession, de « ramener les autorités au sentiment de loyalisme sans équivoque à l'égard du gouvernement du maréchal » et de ne pas modifier le régime politique des territoires. Sur place, le général Weygand applique sans faiblir les lois et décisions de Vichy et fait diffuser les mots d'ordre du nouveau régime qui attaque les Juifs, la ploutocratie, les Anglais. Il encourage aussi l'action de la Légion française des combattants, pourchasse les gaullistes ou leurs amis, expédiés dans des camps de concentration, mais tente d'entraver le travail des commissions d'armistice. Ce qui ne l'empêche pas de laisser la presse et la radio répandre la propagande allemande, souligner les succès de la Wehrmacht et insister sur les défaites anglaises. Il multiplie les avances envers les musulmans (« nos frères musulmans ») mis au premier rang dans les défilés de la Légion et encourage par ailleurs certains officiers qui dissimulent des armes pour une reprise ultérieure de la lutte. Rappelé en 1941 sur ordre allemand par Vichy, il est arrêté en 1942 par la Gestapo et envoyé dans un camp de prisonniers en Allemagne jusqu'en 1945.

Cette soumission à l'Allemagne est encore plus évidente avec les accords de Paris et l'ordre de Vichy de résister aux Anglais et aux Forces françaises libres gaullistes. En réalité, les responsables locaux sont toujours aux aguets pour empêcher les habitants d'être informés des changements de la carte de guerre. Sans caricaturer, on peut dire que les Européens sont favorables dans leur ensemble à Pétain et à Vichy et que les indigènes attendent la suite des événements. Après novembre 1942, tout change. Existe-t-il une ou des politiques coloniales à Vichy ? Pratiquement et sur le terrain, il existe trois domaines, celui du Maghreb et du Levant, celui de l'Afrique ensuite, de l'Indochine et des possessions de l'océan Indien enfin. Mais chacune d'elles a une valeur stratégique qui concerne la carte de la guerre.

2.1. L'évolution de la situation militaire en Afrique du Nord (1940-1942)

À partir du juin 1940, la Méditerranée, et donc le Maghreb et le Levant prennent une importance croissante. En effet, pour les Britanniques la flotte française mouillée à Mers-el-Kébir peut constituer une menace grave pour leurs communications en Méditerranée. Ils proposent plusieurs options à son commandant l'amiral Gensoul qui les rejette. Les Britanniques attaquent alors la flotte française qui subit de très lourdes pertes en navires et en hommes (juillet 1940) ; ils détruisent aussi la flotte italienne à Tarente (novembre 1940) et au large de la Grèce (Cap Matapan, mars 1941).

Les Italiens attaquent les Britanniques à partir de la Libye dès l'été 1940 et un peu plus tard, épaulés par les Allemands de l'*Afrikakorps* commandés par le général Erwin Rommel, visent l'Égypte et le canal de Suez. Pour mieux assurer le ravitaillement de leurs troupes les Allemands bombardent sans répit Malte et signent avec l'amiral Darlan l'accord de Paris (mai 1941) qui leur permet d'utiliser les ports et côtes de Tunisie.

En novembre 1942, la guerre en Méditerranée bascule quand les Anglo-Américains débarquent au Maroc et en Algérie. La première réaction des forces italo-allemandes est d'occuper entièrement la Tunisie tandis que les Alliés parviennent à réduire la menace qui pèse alors sur l'Algérie. À l'ouest du Maghreb par ailleurs, après le coup d'arrêt d'El Alamein en juin 1942, les forces italiennes et allemandes de l'*Afrikakorps* sont mises en déroute et poursuivies par la VIIIᵉ armée britannique du général Montgomery. Elles capituleront devant Tunis en mai 1943.

2.2. L'action des Forces françaises libres en Afrique et au Levant

Dès l'été 1940, la France libre enregistra le ralliement des Nouvelles-Hébrides et des colonies d'Afrique équatoriale : le Tchad grâce à l'action du gouverneur Félix Éboué, le Cameroun, le Congo, l'Oubangui-Chari ; bientôt suivirent la Polynésie, les comptoirs de l'Inde, la Nouvelle-Calédonie. Cependant, en septembre 1940, une expédition montée avec les Britanniques en direction de Dakar échoua, en raison de la riposte des autorités vichystes. Repoussé d'Afrique occidentale, de Gaulle s'empara du Gabon, seul territoire qui lui manquât en Afrique équatoriale. Ces ralliements permirent aux Français libres d'atteindre 35 000 hommes à la fin de 1940. Ce furent des unités appartenant à ces forces qui combattirent les Italiens avec succès en Érythrée et en Libye ; là, le colonel de Hautecloque, dit Leclerc, venu du Tchad avec une petite troupe, s'empara de l'oasis de Koufra, le 1er mars 1941, où il fit le serment de ne pas déposer les armes avant d'avoir libéré Strasbourg. Ce fut encore en Libye, à Bir-Hakeim, en mai-juin 1942, que les Français libres, commandés par Kœnig, s'illustrèrent en retardant l'avancée de l'*Afrikakorps* de Rommel, ce qui permit aux Britanniques de se réorganiser.

Au Levant, malgré la fraternité des armes, les relations entre de Gaulle et les Alliés ne sont pas exemptes d'arrière-pensées. En juin-juillet 1941, les Britanniques aidés par les FFL attaquent la Syrie encore fidèle à Vichy. Cette entreprise entraîne des combats fratricides entre Français. Les forces vichistes du général Dentz (qui a remplacé le général Catroux en 1941) finissent par capituler. Une partie du contingent regagne alors la France, l'autre se rallie aux FFL. Cette victoire une fois acquise (après l'accord du Caire, la France libre prend en charge le mandat), un grave conflit entre les vainqueurs, gaullistes et anglais, naît. Ces derniers, en effet, voulant surtout agrandir leur zone d'influence au Proche-Orient, restituent de très mauvaise grâce le contrôle de la Syrie à de Gaulle.

2.3. Les relations France-États-Unis

Les relations se révèlent également difficiles avec les États-Unis qui maintenaient d'ailleurs une mission diplomatique à Vichy. Le président Roosevelt se méfie en effet de de Gaulle qu'il tient pour un dangereux ambitieux, une sorte d'apprenti-dictateur. Quand, le 24 décembre 1941, les FFL s'emparent de Saint-Pierre-et-Miquelon, les Américains, qui avaient promis à Pétain le maintien de cet archipel dans la mouvance de Vichy, s'enflamment, considèrent de Gaulle comme un gêneur et un insolent et s'opposent, en guise de représailles, à ce que la France libre signe la déclaration des Nations unies, le 1er janvier 1942. Même quand, en juillet 1942, un timide rapprochement s'esquisse entre de Gaulle et les Américains, ces derniers n'informent pas le général de la préparation du débarquement en Afrique du Nord. Il importe donc à de Gaulle, pour fortifier sa position, de se rapprocher de la Résistance intérieure (voir chapitre 1, pp. 49-51 et chapitre 2 pp. 57 à 63).

3. Évolution politique au Maghreb (1940-1944)

Après les atermoiements du général Noguès, les trois pays du Maghreb reconnaissent, à l'été 1940, l'ordre de Vichy.

En Algérie (trois départements français), les responsables appliquent sans sourciller l'ordre nouveau et parfois même en rajoutent. Ainsi pour les Juifs chassés de leurs emplois, déchus de leur citoyenneté française (ils sont désormais « Juifs algériens sujets français ») et mis au ban de la société, parce que juifs. À Alger, les partisans du maréchal tiennent le haut du pavé, tandis qu'à Rabat et à Tunis, le protectorat entrave les résidents généraux qui veulent appliquer la législation vichyste. Les souverains, le sultan Mohammed Ben Youssef et le bey Moncef, affirment leurs prérogatives. Ce relent d'indépendance provoque la destitution du bey en 1943 tandis que le parti Néo-Destour, privé de Bourguiba emprisonné, renforce son audience dans le pays. Celui-ci de sa prison recommande à ses amis la prudence envers les Italo-Allemands qui occupent le pays depuis novembre 1942 et semble parier plutôt sur la victoire des Alliés.

Effectivement, après la capitulation allemande et la libération de la Tunisie en mai 1943, suivie de celle de Habib Bourguiba, le Néo-Destour reconstitue ses forces, plus ou moins soutenu par les États-Unis tandis que la France amorce de timides réformes, insuffisantes au regard de l'effervescence qui agite le monde arabe.

Au Maroc, le sultan affirme aussi sa personnalité quand il reçoit, seul et en tête-à-tête, le président Roosevelt lors de la Conférence de Casablanca en décembre 1942 ; cet acte de quasi-indépendance sera suivi d'autres. En janvier 1944, l'Istiqlal remet au sultan, au résident général et aux consuls des États-Unis et de Grande-Bretagne une déclaration qui demande « l'indépendance du Maroc dans son intégrité territoriale, sous l'égide de S.M. Sidi Mohammed Ben Youssef » et « un régime démocratique comparable au régime de gouvernement adopté dans les pays musulmans d'Orient, garantissant les droits de tous les éléments et de toutes les classes de la société marocaine et définissant les devoirs de chacun ».

Même si, ultérieurement, ils affirment « qu'ils n'ont aucunement l'intention de réaliser leur idéal par l'emploi de la violence », ils se heurtent à un refus du Comité français de libération nationale (CFLN) : l'affrontement sanglant de février 1944 inaugure une période de difficultés.

Avec l'arrivée des Anglo-Américains, en novembre 1942, Alger deviendra le théâtre des affrontements entre le gouvernement de Vichy représenté par l'amiral Darlan de passage inopinément dans le pays, le général Giraud soutenu par les Anglo-Saxons et le général de Gaulle chef de la France libre (voir chapitre 2, pp. 46 à 48).

Dès la fin de 1942 les Européens et les Maghrébins mobilisés participent à la bataille de Tunisie d'abord, à la campagne d'Italie ensuite et enfin à la libération de la France. En retour de cet effort de guerre, les Algériens (parmi lesquels Ferhat Abbas) auxquels Vichy n'a donné que de bonnes paroles présentent :

— un message des musulmans algériens aux autorités responsables (décembre 1942) ;

— un Manifeste du peuple algérien (mars 1943) ;

— un additif au Manifeste (juin 1943) qui demande « la reconnaissance de l'autonomie politique de l'Algérie en tant que nation souveraine ».

À l'opposition communiste de l'avant-guerre s'ajoutent désormais les amis d'Abbas qui constituent « les Amis du Manifeste » (ils réclament une République algérienne fédérée à la République française) et ceux de Messali Hadj qui, en 1927, a lancé le premier l'idée d'indépendance et insiste sur le caractère islamique de l'Algérie.

Pour désarmer ces revendications, le CFLN accorde des réformes qui visent à réduire l'inégalité de traitement pour certaines catégories d'Algériens (août 1943). C'est encore trop peu pour les leaders algériens jetés en prison. Plus tard, l'ordonnance du 7 mars 1944 décide que tous les Algériens musulmans seront des citoyens français groupés dans un collège électoral séparé des Français et Européens naturalisés. Le CFLN comprend-il l'écart qui le sépare des revendications algériennes ou de celles des Marocains et des Tunisiens ? C'est peu probable et on a l'impression que pour de Gaulle, tout est alors subordonné à la libération de la France.

Il n'est donc pas surprenant qu'une crise éclate. Après l'arrestation de Messali Hadj, les déclarations imprudentes ou calculées de certains Européens qui menacent et refusent les effets de l'ordonnance de 1944 tendent un peu plus le climat politique dans le pays. Le départ du Gouvernement provisoire d'Alger pour Paris laisse la place libre pour toutes les aventures. Le 8 mai 1945, le jour de la capitulation allemande, des Algériens conduits par des messalistes manifestent dans le Constantinois (Sétif, Guelma) ; un incident éclate tandis que les Algériens assassinent plusieurs dizaines d'Européens. La répression est terrible (bombardements de la petite Kabylie par la marine et l'aviation), ratissages par la troupe et les Européens organisés en véritables milices : des milliers d'Algériens sont massacrés ou exécutés sommairement.

La répression des manifestations de mai 1945 laissera à jamais des traces dans la mémoire collective algérienne. On parlera de 45 000 morts, en réalité moins. Le fossé entre Européens et Algériens semble irrémédiablement creusé.

4. Les confins de l'empire : l'Indochine et Madagascar

4.1. La situation indochinoise

Pour l'Indochine et les territoires de l'océan Indien, la guerre pose tout d'abord à la France des problèmes difficiles de logistique. Ensuite viendront les problèmes politiques qui éclipseront ceux de l'économie.

En effet, l'Indochine, éloignée de la France, manque de moyens de défense et tombe, dès la défaite française, sous la coupe du Japon allié à l'Allemagne. Les Japonais occupent dès 1939 l'île de Haï Nan et certains archipels d'importance stratégique (Paracels, Spratley). Après juin 1940, l'amiral Decoux, recommande à Vichy de leur résister mais en vain, et sur ordre, il est obligé d'accepter leurs exigences. L'Indochine pour les Japonais est importante à différents titres : sur le plan stratégique, c'est une voie d'accès à la Birmanie qui couvre l'Inde, et une base de départ pour la Malaisie. Du point de vue économique, le pays, qui produit du riz, du caoutchouc et du charbon, est mis en coupe réglée par l'occupant.

Tout comme les Allemands qui occupent la France, les Japonais exigent une indemnité pour les troupes d'occupation. Très rapidement l'hostilité des Français et de nombre d'Indochinois se manifeste. Cependant, l'éloignement de la métropole laisse le champ libre à la propagande japonaise qui fait tout pour saper l'autorité française dans le pays. Par ailleurs, les Chinois de Tchang Kaï-chek prennent langue avec un certain nombre de nationalistes locaux. Les efforts de l'amiral Decoux pour faire pièce à l'influence délétère de l'ennemi sont loin d'être couronnés de succès. Devenu haut-commissaire pour le Pacifique en 1941, il tente cependant de libéraliser l'administration coloniale et l'enseignement, engage des réformes institutionnelles et encourage la diffusion de la langue et de la littérature vietnamiennes. En arrière-plan de tout cela, à partir de 1942-1943, le poids des Anglais et des Américains dans la région se fait de plus en plus sentir.

Mais la position de la France s'affaiblit à mesure que grandit le nationalisme vietnamien. Celui-ci comprend deux forces, l'une bourgeoise, l'autre populaire. Cette dernière, sous la bannière du Parti communiste indochinois, devient la force principale d'opposition aux Japonais et aux Français. Aidé par la Chine de Tchang Kaï-chek et le Guomindang, il organise des maquis et anime une Ligue des partis révolutionnaires annamites. Nguyen Ai Quôc, devenu Hô Chi Minh, soutenu par des hommes sûrs comme Vo Nguyen Giap, implante un réseau de cellules à travers tout les pays. Les espérances d'un changement, celles du Viêt-minh et de la Ligue des partis révolutionnaires, sont vivement déçues par le discours de de Gaulle du 8 décembre 1943 : « La France entend poursuivre en association libre et intime avec les peuples indochinois la mission dont elle a la charge dans le Pacifique. »

Ici, comme ailleurs, les mesures sont de libéralisation « au sein de la communauté française » [...] dans le cadre d'une « organisation fédérale ». À l'été 1944, profitant de la conjoncture, le Viêt-minh prépare un important mouvement de rébellion.

Bien que le Gouvernement provisoire ait confirmé en août 1944 l'état de guerre avec le Japon, la situation, en apparence, ne change guère pendant plusieurs mois jusqu'au moment où, le 9 mars 1945, les Japonais décident de favoriser l'indépendance du Vietnam en soutenant l'empereur Bao Daï.

Ce « règne » de Bao Daï n'est qu'un intermède de courte durée. En effet, dès le mois d'août 1945 et la capitulation japonaise, celui-ci abdique, laissant le Viêt-minh occuper le devant de la scène politique et prendre le pouvoir. Le 2 septembre 1945, Hô Chi Minh proclame l'indépendance de la République démocratique du Viêt-nam. L'implantation du Viêt-minh dans les villes et dans les campagnes, son organisation solide permettent d'éliminer impitoyablement les concurrents possibles et de devenir l'interlocuteur principal à partir de l'automne 1945.

En septembre 1945, les Français remplacent les Britanniques dans le Sud du pays, tandis que les Chinois continuent d'occuper le Nord qu'ils mettent au pillage. Dans le Sud, les troupes françaises reprennent pied et s'efforcent de supprimer toute opposition (répression partielle par Leclerc du soulèvement de Saïgon).

La situation allait cependant se dégrader et conduire rapidement à la première guerre d'Indochine (voir à ce sujet le chapitre 17, pp. 411 à 415).

4.2. La situation malgache

À Madagascar, la guerre et la défaite n'entraînent pas de conséquences graves ; sauf qu'en 1942, les Britanniques sans tenir au courant le général de Gaulle occupent la base de Diego-Suarez à l'extrémité nord de l'île. Furieux, le général menace de quitter l'Angleterre, avant d'obtenir la reconnaissance de la souveraineté française sur la grande île en décembre 1942. Cette occupation, les rivalités entre Français, les difficultés quotidiennes dues à la guerre et les réquisitions nourrissent un ressentiment teinté d'espérances parmi les Malgaches. Ces derniers croient que l'avenir différera radicalement du passé. Les élections de 1945 et celles de 1946 soulignent l'audience du Parti de la restauration de l'indépendance malgache devenu Mouvement démocratique de rénovation malgache (MDRM) et de ses dirigeants Raseta et Ravoa-hangy ; ces derniers proposent à l'Assemblée constituante la suppression de la loi d'annexion et la création d'un État indépendant au sein de l'Union française. Le Parlement français n'accorde, comme au reste de l'Afrique noire, que des réformes jugées insuffisantes : suppression du Service de la main-d'œuvre des travaux d'intérêt général, large autonomie budgétaire, assemblées provinciales. Après une ardente campagne électorale, le MDRM emporte une victoire totale en janvier 1947 sur ses concurrents (le Parti des déshérités). Cela ne semble pas convaincre l'administration qui cherche par tous les moyens à frustrer le MDRM des effets de sa victoire. À la fin de mars 1947, des groupes de nationalistes attaquent un camp militaire et la rébellion gagne assez rapidement la côte Est.

Le gouvernement français, qui avait envoyé de nombreuses troupes dès 1946, saisit l'occasion pour écraser dans le sang ce que l'on considère comme un soulèvement général. Des colonnes de troupes se livrent sans contrôle à tous les excès ; la répression est confiée au général Garbay qui ratisse systématiquement tout le pays ; des civils et la police aident complaisamment l'armée dans sa besogne.

Ici comme dans le Constantinois en 1945, des milliers d'indigènes sont massacrés ; pour Madagascar, le chiffre oscille entre 3 000 et 100 000 morts. Malgré les protestations du président Auriol, des parodies de justice distribuent les condamnations à mort, les années de bagne et de prison par centaines à des inculpés qui sont trop souvent de simples innocents. L'administration élimine ainsi totalement le MDRM de la vie politique malgache jusqu'en 1954 ; elle n'a pas pour autant résolu le problème du nationalisme malgache.

2. Les rapports de la France libre et du Gouvernement provisoire avec l'empire

À la fin de la Seconde Guerre mondiale, nous venons de le voir, l'empire français est en proie à de multiples tensions et velléités indépendantistes qui sont durement réprimées comme en Algérie et à Madagascar ou qui débouchent sur la guerre comme en Indochine.

Comment et pourquoi de Gaulle, le Comité français de Libération nationale puis le Gouvernement provisoire en sont-ils arrivés à une telle situation, alors que la Résistance française avait suscité certaines espérances ?

1. « Une certaine idée de l'empire »

D'emblée, de Gaulle et les premiers gaullistes (mais qui sont-ils et peut-on mettre sur le même pied Félix Éboué et ceux de Londres ?) pensent que l'empire est l'une des bases d'une renaissance de la France et ils critiquent Vichy de ne pas avoir poursuivi la lutte dans cette portion de territoire français. Cet axiome est-il compatible avec la novation ? Rien n'est moins certain. Pourtant dès le 27 octobre 1940, de Gaulle crée le Comité de défense de l'empire. Il dénonce alors les abandons de Vichy aux Allemands et aux Italiens tandis que ses soldats participent aux côtés des Britanniques d'abord à la reconquête de l'Afrique orientale (Somalie, Éthiopie), ensuite à celle du Levant, enfin en Libye.

Soucieux de rattacher la France libre aux gloires du passé, de Gaulle adresse en janvier 1942 un appel à tous les musulmans de l'empire ; mais il n'introduit aucun changement dans l'organisation des territoires qui ont refusé la défaite et en juin 1942, à l'Albert Hall de Londres, il proclame « s'en tenir fermement pour le compte de la nation à l'intégrité impériale ». Plus tard, il soulignera que celle-ci est liée à la légitimité de la « République » : « L'empire appartient à la France, pour la libération de la France et pour les buts que la France a choisis » (conférence de presse du 9 février 1943). Tunis libéré, de Gaulle précise en juin 1943 : « Il faut organiser dans l'empire, sur des bases plus larges et plus justes, la collaboration de la souveraineté [du peuple français] avec le loyalisme de millions d'hommes qu'il a la charge de guider. » Quelques semaines plus tard, en octobre et en décembre, à Constantine, il promet des réformes en Algérie qui, en mars 1944, sont décidées par ordonnance. Cependant, à la conférence de Brazzaville en janvier 1944, la pensée du chef du CFLN s'exprime sans ambiguïté : « Au demeurant, il appartient à la nation française, et il n'appartient qu'à elle, de procéder, le moment venu, aux réformes impériales de structure qu'elle décidera dans sa souveraineté » ; et la conférence pose au préalable avant ses travaux le principe suivant : « Les fins de l'œuvre de civilisation accomplie par la France dans les colonies écartent toute idée d'autonomie, toute possibilité d'évolution hors du bloc français de l'empire ; la constitution éventuelle, même lointaine, de *self-governments* dans les colonies est à écarter. »

Dans une lettre à André Nouschi de novembre 1970, Pierre Mendès France constate : « [...] Je crois, comme vous, que de Gaulle n'a pas compris le sens et l'authenticité des poussées nationales dans les anciennes colonies. Le discours de Brazzaville, contrairement à ce qui a été dit souvent, n'annonce aucunement une politique d'émancipation, d'autonomie (même limitée à l'autonomie interne). Lorsque j'entends les fidèles de l'ancien Président mentionner que de Gaulle a libéré la Syrie et le Liban, j'évoque les discussions que nous avons eues au sein du gouvernement d'Alger lorsque le général Catroux s'efforçait de faire comprendre la nécessité d'accorder une autonomie croissante et finalement l'indépendance à ces pays et que de Gaulle faisait canonner et incendier des quartiers entiers de Damas et d'autres villes pour céder finalement à l'irrésistible pression des Anglais, car ce sont ces derniers qui exigèrent, ultimatum à l'appui, que de Gaulle renonce à sa politique dans ces pays [...] »

Et, dans une conférence de presse du 25 octobre 1944, de Gaulle reprend en les nuançant les formules antérieures : « La politique française consiste à mener chacun de ces peuples à un développement qui lui permette de s'administrer et, plus tard, de se gouverner lui-même. Je ne parlerai pas d'une fédération, parce qu'on peut discuter sur le terme, mais d'un système français où chacun jouera son rôle. »

Une fois revenu en France, la position officielle du CFLN n'est pas modifiée, car, dans le programme du CNR, les colonies n'ont qu'une place très mince et très vague : « Extension des droits politiques, sociaux et économiques des populations indigènes et coloniales. »

Il n'est donc pas possible de dire comme certains historiens que de Gaulle et une poignée de Français libres ont compris avant tous les autres que l'empire devait se renouveler entièrement. Trop de faits disent le contraire au Maghreb, en Indochine, à Madagascar, en Afrique noire. La réalité est moins glorieuse, car à part les communistes, l'ensemble de l'opinion française récuse à l'époque l'idée même d'indépendance des territoires coloniaux. La volonté de rompre avec le passé est claire pour la France ; elle l'est moins pour l'empire, sinon sur le plan des réformes. Mais l'opinion française que le GPRF veut consulter et qui doit avoir le dernier mot, selon de Gaulle, a-t-elle conscience des mouvements et des revendications des peuples coloniaux d'abord, des transformations du monde ensuite ? Est-elle éclairée sur tout cela ? On peut se le demander. Ainsi en septembre 1940, le PC exige-t-il « pour tous les pays coloniaux le droit à disposer d'eux-mêmes » (*L'Humanité*[1], 26 septembre 1940) ; mais Jacques Duclos écrit : « Le Parti s'est prononcé pour une politique d'union de la plus grande France par la compréhension et la satisfaction des légitimes revendications des masses indigènes » (*L'Humanité*, décembre 1943), et en août 1944 : « En Indochine, la France ne saurait accepter quelque disposition que ce soit qui porterait atteinte à sa souveraineté de grande puissance, ni à son droit strict d'administrer les territoires d'outre-mer dont elle a la charge, ni surtout son droit de les défendre contre toute visée impérialiste. » (*L'Humanité*, 30 août.)

Dans le meilleur des cas, les socialistes demandent l'« élaboration d'un statut colonial tendant à l'émancipation des populations indigènes » (programme du Parti en 1943) et le Comité d'action socialiste recommande de « donner aux indigènes le sens de leur responsabilité dans l'existence afin de les élever vers et pour la liberté... par les moyens qui sont les leurs » (1943).

Mais, à droite, a-t-on une opinion ? Largement compromise par sa participation au régime de Vichy, cette famille politique ne peut intervenir que par personne interposée : au début et le plus couramment, le MRP lui sert de refuge, mais ses membres ne semblent pas avoir eu une claire conscience des problèmes coloniaux ; certains personnages comme P. E. Viard, très braqué sur le Maghreb, préfèrent refuser l'aventure et s'en tiennent au « rapprochement » des deux populations algériennes ou à la « francisation ».

D'autres (*Cahiers de défense de la France,* 1943) désirent « peupler l'empire par des Français blancs et aussi l'exploiter, tâche à peine commencée » ; pour eux, la clé de voûte de cet empire est « le bloc africain ».

Pour les uns et les autres, les principales questions à résoudre se trouvent :

— en France ;

— en Europe, et elles concernent d'abord la vie des Français, au sens le plus quotidien ; ensuite les relations de la France avec l'Allemagne et ses alliés d'une part, les alliés de la France d'autre part.

Cette ignorance des questions coloniales est renforcée par une certaine bonne conscience de l'œuvre accomplie : les responsables les plus importants (de Gaulle, par exemple) œuvrent dans ce sens et les difficultés de liaison facilitent souvent la politique du fait accompli.

Mais cette responsabilité ne signifie pas pour autant qu'on se détourne totalement de la France ; bien mieux, Maghrébins, Malgaches, Vietnamiens

---

1. *L'Humanité* est alors publié clandestinement.

soulignent qu'ils désirent garder des liens économiques, culturels réels, car ni les uns ni les autres n'ignorent le poids de l'héritage colonial. L'Union française telle que certains l'imaginent déjà devrait correspondre à un Commonwealth où chacun aurait sa part de droits et de devoirs.

Le paradoxe est que la Résistance, à laquelle l'opinion française se rallie pour affirmer son idéal de liberté et d'indépendance, refuse celles-ci aux peuples de l'empire. Pour les Français « indépendance » signifierait rupture totale d'avec la France alors que pour les colonisés, il s'agit de prendre en mains, sans les confier à d'autres, la direction des affaires de leur pays. N'y a-t-il pas derrière tout cela le divorce entre des peuples et des revendications qui puisent leur force dans l'évolution générale du monde et des Français soucieux de redonner au pays son « rang » dans le monde ? Et l'empire, reconquis, n'est-t-il pas un élément important et indissociable de la puissance française ? De plus, ne serait-il pas logique, en théorie, d'attendre que le pays définitivement libéré recouvre sa pleine souveraineté et reprenne sur de nouvelles bases l'examen de ses rapports avec l'empire ? Mais cette souveraineté de la France aboutit implicitement à méconnaître la revendication d'une égale souveraineté chez le partenaire.

Comment la France et l'opinion française entendaient-elles aménager les nouvelles relations avec l'ancien empire ? Quel rôle devait être dévolu à ces territoires ? En réalité, le débat ne se plaçait pas sur le seul plan du droit et de la théorie ; il devait tenir compte d'un certain nombre de faits : les uns concernaient les territoires coloniaux eux-mêmes et l'évolution du contexte international ; les autres l'opinion publique française.

2. La constitution de l'Union française (octobre 1946)

La libération de la France aurait pu inaugurer une nouvelle politique coloniale, compte tenu des changements profonds du monde. Or, malgré (à cause de ?) l'affaiblissement de la France, les nouvelles autorités politiques en matière coloniale semblent ne pas le comprendre. En effet, au Maghreb, les Européens dans leur ensemble souhaitent qu'on en finisse avec les revendications d'indépendance des Marocains, des Tunisiens ou des Algériens : la répression des émeutes de Sétif, de Guelma leur donne l'impression d'avoir gagné plusieurs décennies d'autorité et de revenir au passé, tout comme le bombardement de Damas donne l'illusion qu'on a arrêté pour un temps la marche des Syriens et des Libanais vers la souveraineté. Seule la pression des alliés anglo-saxons et le désaveu de l'Assemblée constituante imposent au GPRF de battre en retraite. En Afrique noire, la répression des « incidents » (en réalité des émeutes) va dans le sens d'une reprise en mains.

Or, les coloniaux traditionnels proclament aux États généraux de la colonisation française réunis à Douala en septembre 1945 et Paris en août 1946 que sans les colonies la France serait « ravalée au rang d'une toute petite nation » et sa décadence en serait la conséquence. Mais des caciques communistes (F. Lozeray), socialistes (Paul Ramadier), MRP (Georges Bidault, Pierre-Henri Teitgen), des gaullistes bon teint (Jacques Soustelle), des syndicalistes (Albert Gazier) ne disaient pas autre chose à la même époque. Et les débats de l'Assemblée constituante soulignent le décalage entre les représentants des colonies et les députés français.

Ces discussions sur le texte constitutionnel sont hypothéquées par certaines décisions irréversibles :
— l'ordonnance du 7 mars 1944 en Algérie qui crée des citoyens français musulmans de seconde zone (c'est le « deuxième collège » dont le nombre de représentants est égal à celui des Français non musulmans). Cette formule est étendue à tous les territoires d'outre-mer (ordonnances d'août et septembre 1945) ;
— l'arrestation et l'emprisonnement des principaux leaders algériens (Messali Hadj, Ferhat Abbas et leurs amis) après les incidents sanglants de mai 1945 ;
— la proclamation à Hué de la République du Viêt-nam de Hô Chi Minh (août 1945) et le soulèvement de Saïgon (septembre 1945) réprimé partiellement par Leclerc ;
— la création de départements d'outre-mer.

Dans la première Assemblée constituante élue (octobre 1945) on compte 63 députés d'outre-mer sur 522 pour les deux collèges. Les discussions n'arrivent pas à résoudre les contradictions des constituants qui se retrouvent dans les textes de la première Constitution : celle-ci est rejetée au printemps 1946 ; en revanche, un deuxième projet est approuvé en octobre de la même année. Pas plus que la première, la deuxième Constitution ne résout les contradictions et autant que la précédente elle laisse bien des questions non résolues. Ainsi le préambule affirme :
« La France forme avec les peuples d'outre-mer une Union fondée sur l'égalité des droits et des devoirs, sans distinction de race ni de religion. L'Union française est composée de nations et de peuples qui mettent en commun ou coordonnent leurs ressources et leurs efforts pour développer leurs civilisations respectives, accroître leur bien-être et assurer leur sécurité. Fidèle à sa mission traditionnelle, la France entend conduire les peuples dont elle a pris la charge à la liberté et d'administrer eux-mêmes et de gérer démocratiquement leurs propres affaires. Écartant tout système de colonisation fondé sur l'arbitraire, elle garantit à tous l'égal accès aux fonctions publiques et l'exercie individuel ou collectif des droits et libertés proclamés ou confirmés ci-dessus. »
Mais le titre VIII consacré à l'Union française définit ainsi cette dernière :
« *Article 60* : L'UF est formée d'une part de la République française qui comprend la France métropolitaine, les départements et territoires d'outre-mer, d'autre part des territoires et États associés. » En vertu de ce principe, l'Assem-

blée de l'Union française comprend la moitié de représentants de la France métropolitaine, la moitié de représentants des départements et territoires d'outre-mer et des États associés.

La contradiction éclate à l'article 85 : « La République française une et indivisible reconnaît l'existence de collectivités territoriales » qui « sont les communes et départements, les territoires d'outre-mer. »

Cette Assemblée de l'Union française n'a aucun pouvoir politique réel puisque la décision législative est du ressort du Parlement, c'est-à-dire le Conseil de la République et l'Assemblée nationale (article 72) ; de plus, le régime des décrets est maintenu ; l'impulsion ou l'initiative appartiennent en fait à la France et à Paris, aussi bien au niveau des statuts que de la politique ou de l'administration. L'Union française est muette au sujet de l'Algérie : les représentants algériens votent contre le texte constitutionnel à l'Assemblée. Celui-ci ignore également le Maroc et la Tunisie alors que les États associés semblent désigner l'Indochine.

Les innovations concernent :
— la citoyenneté de l'Union française qui assure aux « ressortissants la jouissance des droits et libertés garanties par le préambule de la présente Constitution » ;
— le maintien du statut personnel ;
— la création d'assemblées locales élues ;
— l'évolution possible des statuts respectifs des « membres de la République et de l'Union française », mais après décision du Parlement ;
Les autres pièces du nouvel édifice juridique sont constituées :
— par le statut de l'Algérie de 1947 ;
— par les accords conclus entre le gouvernement français et celui de Hô Chi Minh (mars-avril 1946) et le *modus vivendi* de septembre 1946.

3. L'Indochine : la marche à la guerre

Au moment où Hô Chi Minh proclame la République démocratique du Viêtnam (août 1945), les accords de Potsdam permettent à la France de retrouver, par le biais, son autorité en Indochine : dans le Sud d'abord avec une relative aisance, dans le Nord ensuite, mais plus difficilement. Il faut attendre, en effet plusieurs mois pour qu'un compromis intervienne le 6 mars 1946 entre Hô Chi Minh et Jean Sainteny, représentant de la France. (Sur l'évolution de la situation, se reporter au chapitre 17, pp. 411 à 415.)

4. Le statut de l'Algérie

Après la répression sanglante des émeutes de mai 1945, et l'arrestation des leaders algériens, une amnistie est votée en mars 1946. Les forces politiques apparaissent nettement : du côté algérien, deux forces principales, celle de

Ferhat Abbas et celle de Messali Hadj. Le premier, qui a fondé les Amis du Manifeste, crée l'UDMA ; le second dirige le PPA toujours dissous (il faut attendre l'automne 1946 pour que le PPA cède la place au MTLD).

En dehors d'eux, des partis de gauche français (SFIO, PCA) la droite draine à elle la majorité des Européens. À la deuxième Constituante, Abbas propose « une Algérie nouvelle librement fédérée à une France nouvelle » ; son projet est rejeté par la Constituante. Abbas et ses amis le reprennent lors de la discussion du statut de l'Algérie ; Messali en revanche s'en tient à une Algérie indépendante dont le sort serait défini par une Assemblée constituante algérienne.

Les Européens d'Algérie sont aveugles à l'évolution générale et affirment sans ambiguïté leur volonté de ne rien changer à leur prépondérance politique et économique : ils menacent même la France de sécession. Ils reçoivent un renfort de de Gaulle en août 1947 qui recommande le maintien des « droits et devoirs de la souveraineté française » et une Assemblée algérienne avec « deux sections égales et équivalentes » qui rappellent par leur fonctionnement les anciennes délégations financières.

Finalement, sous la pression des Européens, en septembre 1947, est voté « le statut de l'Algérie ». Dans le domaine des innovations on retiendra :
— le vote du budget algérien par l'Assemblée algérienne ;
— le droit de vote accordé à tous les citoyens (hommes et femmes) demeurant en Algérie, donc aussi bien aux Européens qu'aux Algériens ;
— la séparation de l'Église et de l'État.

En réalité, comme l'avoue un commentateur officiel, « de nombreuses précautions ont été prises pour que cette Assemblée, dont les pouvoirs sont très étendus, ne puisse en aucun cas prendre le caractère d'un Parlement souverain ».

De fait, l'intervention de la France est évidente sur plusieurs plans : politique extérieure ; libertés civiles et constitutionnelles ; droit civil français ; fiscalité. À cet effet, les pouvoirs du gouverneur général demeurent très importants.

Innovations limitées, timidités politiques, malentendus et arrière-pensées, usage de la force, tels sont les traits généraux de la politique coloniale française au lendemain de la guerre ; alors que le monde entier est en ébullition, on a l'impression que la France et les Français cherchent à préserver un ensemble dans lequel le « raisonnable » ou plutôt le traditionnel l'emporte, et de loin, sur le « neuf ». La construction n'allait pas tarder à craquer sous l'effet de forces multiples. Et d'abord celles de l'économie et de la société.

3. Économies et sociétés coloniales

À la différence de la Première Guerre mondiale, la guerre de 40 et l'immédiat après-guerre modifient profondément l'économie et la société coloniales. En premier lieu, jusqu'en novembre 1942, les relations entre la France et ses territoires d'outre-mer ont été fortement distendues puis brusquement interrompues. En 1945 par ailleurs, la puissance économique de la métropole s'est trouvée très affaiblie.

Pendant la Seconde Guerre mondiale, l'interruption des relations de la France avec ses colonies a d'autre part appris aux différentes parties de l'empire à vivre en dehors de la tutelle économique de la capitale et à imaginer des solutions !

1. La contribution humaine et économique de l'empire à l'effort de guerre

Dès le printemps 1940 se trouvent en France 429 000 hommes dont 340 000 venus du Maghreb. Cela ne représente qu'une partie des 668 000 mobilisés en septembre 1939 dont 400 000 hommes pour le Maghreb (Européens et Maghrébins). À la défaite, plusieurs dizaines de milliers d'entre eux se retrouvent dans les camps de prisonniers.

C'est le moment où de Gaulle lève en Afrique, au Levant et dans le Pacifique des volontaires qui, s'agrégeant à ceux de Londres constitueront la 1re Division française libre (DFL). Après novembre 1942 et au printemps 1943, les gaullistes augmentent leurs effectifs (ils sont en juillet 50 000 environ) tandis que le général Giraud mobilise 409 000 hommes au Maghreb, un peu plus de 110 000 en Afrique noire et à Madagascar et qu'en Indochine l'amiral Jean Decoux dispose de 60 000 hommes environ.

Les uns et les autres participeront aux différentes opérations menées en Afrique orientale, au Levant, en Tunisie, en Libye (Bir-Hakeim et El Alamein), Italie, Provence et campagne de France. Si les désertions et les refus de répondre à la mobilisation sont rarissimes parmi les Européens, ils sont plus nombreux parmi les indigènes, sans que cela ait pris une tournure inquiétante. Cet effort militaire sera, au lendemain de la guerre, l'argument des responsables politiques maghrébins pour réclamer plus de libertés.

Ces absences d'hommes en pleine force jointes à l'affaiblissement de l'économie française pillée par l'occupant sont très vite un handicap pour les économies coloniales qui sont amenées à consentir bientôt un très important effort financier pour la guerre. Ainsi l'AOF aurait versé plus de 1,5 milliard de francs de 1939 à 1945 tandis que les emprunts (Aide à la Résistance et Emprunt de la Libération) recueillent pour l'ensemble des colonies (Maghreb exclu) 442 millions de francs. Sur le plan fiscal, l'impôt personnel pour le Niger augmente ainsi de 65 % entre 1942 et 1944 et de 150 % au Tchad, de 1942 à 1945.

Tous les territoires sous obédience française subissent une forte inflation monétaire. Celle-ci a plusieurs sources : d'abord les dépenses de la guerre pour la période 1939-1940 ; ensuite, celles de l'occupation allemande en France, germano-italienne en Tunisie (1942-1943), japonaise en Indochine (1941-1945). En outre, la rareté des denrées de consommation courante facilite les hausses de prix et le « marché noir » : bien que l'Afrique noire et le Maghreb fidèles à Vichy ne soient pas occupés, ils subissent les conséquences de l'occupation quand les exportations destinées à améliorer la vie des Français (bétail, fruits et légumes) sont réquisitionnées par l'Allemagne à leur arrivée en France.

Pendant toute cette période et surtout après le débarquement anglo-américain de novembre 1942, l'interruption des relations avec la France et l'entrée en guerre de toute l'Afrique amène cette dernière à contribuer financièrement, très puissamment, à l'effort de guerre. C'est ainsi que la Banque de l'Algérie et de la Tunisie se substitue à la Banque de France pour consentir des avances. S'il est bien sûr prévu que ces avances seront remboursées une fois la fin des hostilités, elles contribuent pour le moment à accélérer l'inflation : l'indice de circulation fiduciaire passe ainsi de 100 (1938) à 1430 (1947) pour l'Afrique du Nord ; à 900 pour l'Afrique noire ; 615 pour Madagascar et La Réunion ; 720 pour les territoires du Pacifique ; 1294 pour l'Indochine (juillet 1945) ; de 100 (1939) à 980 (1945) pour le Levant. En France, l'inflation a été inférieure à celle de l'empire durant la même période.

La guerre rend donc le franc plus vulnérable et disloque l'édifice monétaire antérieur. La zone franc est désormais faite de plusieurs morceaux dont certains se détachent d'elle dès l'indépendance acquise (Liban et Syrie). En décembre 1945, on dénombre : un franc métropolitain auquel sont rattachés les francs de l'Algérie, de la Tunisie, du Maroc et des départements d'outre-mer (sauf La Réunion) ; un franc CFA (Afrique noire, Madagascar et dépendances, La Réunion, Saint-Pierre-et-Miquelon) qui vaut 2 francs métropolitains ; un franc pacifique (CFP : colonies françaises du Pacifique, valant 5,50 F) ; un franc Djibouti rattaché à la zone dollar. On note également la présence de la piastre indochinoise, dont la parité varie avec la conjoncture, et de la roupie pour les comptoirs français de l'Inde dont la valeur est fixée par l'Office des changes français. Le seul lien entre ces monnaies est que les réserves métalliques sont à Paris et que les transactions avec l'étranger passent par l'Office des changes. Mais il y a liberté de circulation entre toutes ces monnaies, ce qui facilite certaines spéculations. L'édifice bancaire colonial comprend des banques différentes dont les liens avec la Banque de France sont forts même si le capital de certaines d'entre elles appartient à des groupes privés (Banque de l'Indochine, Banque du Maroc, CFAO).

2. Un monde rural en difficulté

La première conséquence de l'inflation est la hausse des prix qui a aussi pour autres causes l'augmentation des prix du fret et la différence entre l'offre et la demande.

Dans l'ensemble de l'empire, les indigènes et les ruraux semblent avoir plus souffert de la guerre que les Européens. En effet, ils manquent de réserves financières, car les prix des produits livrés à l'administration, sur réquisition, sont toujours inférieurs au coût de la vie réelle. Ainsi, en Algérie, le quintal de blé dur taxé en 1945 est payé 800 F mais au marché noir, il est vendu entre 2 000 et 3 000 F. En Indochine, à la même date, le cours officiel du riz est de 0,25 piastre le kilo alors qu'au marché noir il vaut 8 piastres ; au Maroc, les céréales au marché noir valent 15 à 20 fois le prix officiel.

Ce décalage entre les prix officiels et ceux du marché noir apparaît comme un manque à gagner évident pour les producteurs de céréales, surtout les paysans « indigènes ». Or, la hausse des prix, lente au début de la guerre, s'accélère avec les années ; les deux dernières coïncident avec des difficultés croissantes liées à la durée du conflit et à la raréfaction des carburants et des combustibles. La circulation devient de plus en plus difficile d'une région à l'autre et morcelle l'espace économique ; les régions les plus pauvres sont souvent les plus isolées. Le ravitaillement n'est pas uniforme à travers un territoire. En effet, les expéditions ou les réquisitions pour les armées enlèvent au marché normal de très importantes quantités de denrées. Un important marché noir se développe qui concerne tous les produits, aussi bien ceux de l'agriculture que de l'industrie ; ce marché noir a différentes sources :
— les indigènes coloniaux possèdent des tickets, mais, faute de ressources, ils les vendent pour acheter le minimum indispensable ;
— les troupes d'occupation vendent les produits aux populations civiles qui en manquent (Anglo-Américains en Afrique du Nord, Japonais en Indochine revendent au prix fort certains produits réquisitionnés au cours officiel).

Ainsi au Maroc, les coefficients de hausse officielle de 1939 à la fin de 1946 sont les suivants : blé tendre, 6,3 ; blé dur, 11,6 ; sucre, 7 ; huile d'olive, 5,8 ; en Tunisie (par rapport à 1940) ils sont : blé tendre, 4,7 ; blé dur, 5 ; sucre, 3,1 ; huile d'olive, 6. Les Marocains et les Tunisiens consommateurs de blé dur sont donc pénalisés par la guerre ; mais ils ne sont pas les seuls. La médiocrité ou l'absence de relations avec la France et l'absence d'industries hypothèquent aussi lourdement la vie rurale. La pénurie de carburant, de charbon pour les forges locales, de pièces de rechange, de ficelle de sisal, de produits chimiques, de personnel qualifié pèse sur la production, sans compter les aléas de la conjoncture climatique.

L'agriculture ne connaît aucune transformation et conserve ses techniques de culture traditionnelle avec des rendements faibles et irréguliers, tandis que la population rurale croît. Les Européens, pour leur part, ne peuvent, à la fin de la guerre, renouveler un matériel souvent à bout de souffle.

Toutes nos statistiques coloniales montrent un recul des productions agricoles : en Algérie, les céréales passent de 22,7 millions de quintaux en 1939 à 10 millions en 1944 et à 3,6 l'année suivante. En Afrique noire, la production d'arachide supérieure à 600 000 tonnes en 1939 descend à 200 000 en 1941 et remonte à 429 000 en 1945 ; en Indochine, la production de riz-paddy régresse de 63,9 millions de quintaux en 1938 à 44,9 en 1945. À Madagascar, la production de maïs diminue spectaculairement tandis que celle du riz se maintient et celle de café augmente. Si les indigènes souffrent de ces diminutions, les Européens en pâtissent pour certaines de leurs productions ; ainsi les viticulteurs algériens voient leurs récoltes passer de 17,8 millions d'hectolitre en 1939 à 6,6 en 1943 et 9 deux ans plus tard, tandis que les producteurs de blé tendre, surtout Européens, subissent la même évolution que les fellahs.

Dans certains territoires de l'empire (Algérie, Indochine) la famine revient au cours de la guerre. Ainsi, en Algérie, le conseil général de Constantine en avril 1943 avertit : « Le département de Constantine est menacé de souffrir très prochainement de la faim et d'être touché par une véritable famine si une solution quelconque n'est pas apportée au problème des transports » et en 1945 dans l'ouest de l'Algérie « les ouvriers agricoles mangent des ravenelles, sorte d'herbe amère dont les vaches elles-mêmes ne veulent pas ». Les paysans ont encore plus de mal à se vêtir, car les exportations françaises de vêtements sont taries ; du même coup la friperie qu'ils utilisaient devient introuvable, même au marché noir. Ils souffrent ainsi davantage du froid dans les régions montagneuses du Maghreb ou dans les hautes plaines.

Si la production agricole a été fortement perturbée par la guerre, celle-ci a, en revanche, souligné l'absence d'industrialisation dans les colonies, absence à laquelle il a fallu trouver des solutions de remplacement.

3. La naissance d'un secteur industriel et le déclin du secteur commercial

La rupture des liens avec la France impose à tous les pays coloniaux d'imaginer des solutions de remplacement. Celles-ci sont difficiles à mettre en place, car tout fait défaut : les sources d'énergie dans la plupart des cas, les crédits, le personnel qualifié et la main-d'œuvre et surtout une tradition industrielle.

Pour pallier le manque d'énergie, on s'occupe ainsi d'exploiter dans l'extrême Sud algérien le charbon de Kenadza et celui de Djerada, à la frontière du Maroc. La production de Kenadza passe de 15 000 tonnes en 1938 à 166 000 tonnes en 1945 et 205 000 en 1947. Celle de Djerada passe de 123 000 tonnes en 1938 à 268 000 en 1947 ; mais tout cela est très insuffisant et doit être compensé par des importations de houille américaine. En Indochine, la production charbonnière se maintient à son niveau antérieur (1939 : 2,6 millions de tonnes ; 1941 : 2,3 millions de tonnes).

Parce que de nombreux capitaux y affluent, le Maroc connaît l'industrialisation la plus vigoureuse de l'empire. En effet, de 1940 à 1945, 287,5 milliards de francs (1953) entrent dans le pays ; sur cette somme on estime les investissements sociétaires à 39,3 milliards de francs (1953) ; seuls les trois quarts sont investis dans de nouvelles entreprises qui s'installent autour de Casablanca plus particulièrement. De 1938 à 1945, leur nombre double pratiquement et intéresse toutes les branches : industries métallurgiques de transformation, industries textiles, verreries, industries chimiques, industries alimentaires, les grandes entreprises françaises installent ou développent des filiales (Carmaud et Forges de Basse-Indre, Schwartz-Haumont, Chantiers navals Huyghe, ciments Lafarge, etc.).

En Algérie, le développement industriel a moins d'ampleur, mais il est évident et affecte surtout les ports (Alger, Oran, Bône) ; tout comme au Maroc, de petits ateliers surgissent en désordre ou à la hâte en même temps que des ensembles importants.

En Afrique noire, même si les exigences de la guerre devraient pousser à l'industrialisation, les bases antérieures sont à peine modifiées : ainsi, en 1943 une enquête révèle que, sur 1 891 millions de francs-or investis depuis 1870, la part de l'industrie se monte à 183 millions de francs-or. À cette masse d'investissements, il faudrait ajouter le montant des emprunts réévalués et convertis qui représentent un capital de 493,5 millions de francs-or ; au total donc 2 384,8 millions de francs-or. D'autres estimations fixent à 4 milliards de francs-or le total des investissements pour la période en question. Par rapport à 1940, la part des investissements industriels passe de 7,6 % à 9,6 % : ils sont concentrés d'abord dans les usines et dans quelques établissements installés autour des ports (Dakar, Abidjan, Douala : industries de la construction, petits ateliers de mécanique, industries alimentaires, huileries, traitement des bananes, etc.).

En Indochine, une petite métallurgie (tréfilage, laminage), l'industrie chimique, quelques industries (pneumatiques, fabrique d'accumulateurs) prennent leur essor, mais le contrôle du pays par les Japonais, les bombardements des moyens de transports et des ports par les Américains, qui en résultent logiquement, constituent une gêne considérable.

Dans le domaine commercial, la guerre a des effets plus lourds encore. En effet, la médiocrité des relations maritimes (les Allemands contrôlent toute sortie de navire de commerce) et en novembre 1942 leur interruption réduisent le mouvement commercial dans tout l'empire, même si de Gaulle a réussi à obtenir des Anglais qu'ils se substituent à la France pour les territoires ralliés. Ainsi, en volume, le commerce de l'Algérie passe de 7,6 millions de tonnes en 1939 à 1,7 en 1943 et 3,8 en 1945. En Afrique noire, les exportations passent de 1,3 million de tonnes en 1939 à 360 000 tonnes en 1943 et 588 000 en 1945. Sans doute les Anglo-Saxons participent-ils à partir de 1942 au commerce de l'empire comme les Japonais à celui de l'Indochine entrée dans la « sphère de prospérité asiatique ». Mais ces substitutions ne sont que partielles et temporaires. À la fin de la guerre, la France encore affaiblie économiquement ne retrouve pas sa place antérieure.

Malgré l'augmentation en valeur nominale, le commerce de tous les territoires coloniaux a périclité durant ces années : les relations maritimes s'espacent, s'interrompent même totalement entre la France et ses possessions ; par contre-coup, les relations avec l'étranger augmentent. La part de la France diminue de 4 % environ, même si celle-ci demeure le client principal : dans ce commerce, l'Afrique du Nord arrive au premier rang avec 1,2 milliard de francs en 1938 et 57 805 millions en 1946 et semble plus liée à la France qu'avant la guerre (1938 : 57 % du total ; 1946 : 66 %). Cela indique que les autres territoires détendent leurs liens d'avec la métropole ; parmi les pays étrangers, les États-Unis en particulier, les pays anglo-saxons en général semblent les mieux placés, sur le plan commercial.

4. Le bilan social de la guerre dans les colonies

Dans le domaine social, la guerre a des conséquences sur la santé publique. En effet, à la sous-alimentation — plus grave chez les indigènes et les ruraux que chez les Européens et les citadins — s'ajoutent des carences graves de produits pharmaceutiques, de savon, de bois, de charbon, de vêtements. Ainsi, dans le Constantinois, les ouvriers journaliers algériens en haillons, travaillent à demi-nus tandis que leurs femmes n'ayant plus de vêtements ne sortent plus de leurs gourbis. La mortalité s'aggrave durant ces années surtout dans les campagnes isolées. Ainsi, des fléaux naguère jugulés (typhus, choléra) resurgissent et causent des milliers de morts. En Indochine, en 1944-45, la mauvaise récolte, l'absence de secours (les bombardements touchent les voies de communication), les réquisitions japonaises, la très forte hausse du prix du riz engendrent une spectaculaire famine qui aurait causé plus de 2 millions de morts. En Algérie, le nombre de décès augmente à partir de 1939.

Ces augmentations des décès n'empêchent pas les populations de l'empire de croître par rapport à l'avant-guerre. Cela complique les problèmes économiques et sociaux avec une pression démographique accrue sur les terroirs et une émigration des campagnes vers les villes.

Au Maghreb, la population passe de 16 millions d'habitants en 1936 à 19,8 en 1946 ; en Afrique noire, de 16,5 en 1936 à 22 millions en 1946.

À Madagascar, l'augmentation est à peine sensible (3,8 en 1936, 4 millions en 1946). Au Viêt-nam, la population aurait à peine progressé (19,5 en 1938, 20 millions environ selon Chesneaux, en 1945.

Au Maghreb, le nombre d'Européens, sauf exception (le Maroc), stagne ou régresse :

	1936	1946
Algérie	946 000	922 000
Tunisie	213 000	239 500
Maroc	191 000	295 000 (1947)

En revanche, ailleurs, il progresse :

	1938	1951
Afrique noire	33 000	111 000
Madagascar	22 000	67 000
Divers	22 500	24 000

Dans l'ensemble, les villes semblent croître plus rapidement que les campagnes : non seulement les Européens y sont plus nombreux, mais aussi les indigènes coloniaux.

	1936		1948	
	Nationaux	Européens	Nationaux	Européens
Alger	76 000	175 000	128 000	179 000
Casablanca	184 000	73 000	435 000	116 000
Tunis	121 000	99 000	245 000	119 000
Dakar	85 500	6 500	116 000	14 000
Abidjan	16 000	1 000	44 000	2 000
Brazzaville	23 000	900	41 000	2 000
Douala	27 000 (en 1931)	1 000	119 000	5 400

Le mouvement antérieur s'accentue et devient irréversible : autour des villes naissent ou se développent des banlieues prolétariennes dans lesquelles affluent souvent des hommes seuls (ex. Casablanca, Dakar, Abidjan). Ces banlieues constituent des réservoirs de main-d'œuvre non qualifiée pour les économies urbaines en plein essor, après 1945 : elles posent aussi des questions aux responsables politiques qui hésitent sur la conduite à tenir.

5. Une société coloniale très inégalitaire

Il est difficile d'esquisser l'évolution des sociétés coloniales durant cette période, car mis à part le Maghreb où les Européens sont nombreux, ailleurs ils constituent une minorité. Partout, bien sûr, ils ont une position sociale privilégiée et tiennent les leviers de commande sur les plans économique et politique. Les seuls pour lesquels la guerre a été une *diminutio capitis* temporaire sont les Juifs du Maghreb, et surtout ceux d'Algérie. Vichy les a chassés de la fonction publique, leur a interdit toute activité commerciale, a mis leurs biens fonciers et immobiliers sous séquestre : bref a tenté de les réduire à la misère économique d'abord, sociale ensuite. La législation anti-juive n'est abrogée qu'après mai 1943 quand de Gaulle décide de la supprimer. Mais l'antisémitisme de Vichy nourrira l'exode de nombreux Juifs marocains et tunisiens vers Israël, à partir de 1948.

Dans cette société européenne du Maghreb, les « colons », c'est-à-dire les propriétaires fonciers, constituent un groupe à part — avec au sommet une poignée qui possède en moyenne de 200 à 400 ha (avec des propriétés dépassant 1 000 ha dans le Constantinois) — très riche, que l'on retrouve à travers tout le Maghreb. Au bas de l'échelle, plusieurs milliers de petits possédants dont la vie est difficile et entre les deux des propriétaires moyens, le plus souvent absentéistes. Cette situation n'évolue guère jusqu'au moment des indépendances.

En ville, les structures sociales sont plus différenciées avec une bourgeoisie de hauts fonctionnaires, de professions libérales ou de commerçants importants ; puis une classe moyenne dans laquelle on retrouve des employés, des fonctionnaires de tous types, des commerçants ; en dessous, le monde du travail ou de l'artisanat dont le mode de vie n'est pas celui d'un prolétariat à la française. Il existe une véritable ségrégation sociale dans la géographie urbaine des différents groupes ethniques ; ainsi, les plus pauvres des Juifs vivent dans des quartiers marginalisés (*hara* à Tunis, *mellah* au Maroc, quartiers juifs en Algérie) tandis que les plus aisés vivent dans les quartiers habités par les Européens.

Il semble que l'on retrouve, mis à part les Juifs, cette hiérarchie sociale dans les autres parties de l'empire. En Afrique noire comme en Indochine, les Européens vivent entre eux. Les fonctionnaires civils ou militaires constituent un groupe plus important que celui des planteurs indépendants, car les grandes concessions sont entre les mains de sociétés. En revanche, le meilleur du commerce est aux mains des Libanais (Afrique de l'Ouest), des Indiens (Madagascar), des Chinois (Madagascar et Indochine) dont la qualité la plus remarquable est l'adaptation.

Partout les villes sont de plus en plus habitées par les « indigènes » qui constituent l'essentiel du prolétariat. En revanche naissent de véritables bourgeoisies coloniales constituées par des fonctionnaires, des militaires, des employés de l'administration ou de commerce, des professions libérales (avocats, médecins, pharmaciens). Au-dessous de cette quasi-bourgeoisie, on trouve dans les villes tout un monde de travailleurs dont les revenus sont réguliers, à la différence du prolétariat dont les salaires sont irréguliers. Entre eux et leurs employeurs, des intermédiaires (le *kabran* au Maroc) qui distribue le travail du jour à ceux qu'il choisit.

Dans cette société urbaine, les artisans représentent un groupe qui périclite plus ou moins vite mais la guerre et ses difficultés leur a redonné une certaine vitalité. Les uns et les autres habitent dans des quartiers différents ; les plus pauvres dans des agglomérations nées souvent spontanément à la limite des villes (bidonvilles), les plus riches dans les quartiers européens, et les autres

— une « sous-classe moyenne » — dans les quartiers traditionnels (medina, casbah) souvent surchargés. Les uns et les autres ont des costumes et des styles de vie différents mais tous ont dû s'adapter aux contraintes de l'économie capitaliste.

Dans cette société coloniale, l'école et l'enseignement concernent en priorité les Européens, scolarisés à plus de 80 % (il en est de même pour les Juifs du Maghreb) tandis que pour les « indigènes » la scolarisation ne touche, dans la meilleure des hypothèses, que 20 % des enfants (les filles sont toujours les plus mal loties). Les cultures « indigènes » ne concernent qu'une minorité d'enfants (Maghreb, Indochine). L'analphabétisme est donc le trait dominant de ces sociétés coloniales constituées majoritairement (+ de 70 %) de paysans. La conférence de Brazzaville le prend en compte et prévoit pour les décennies à venir des plans de scolarisation massive. Mais à la même époque, le responsable de l'enseignement au Maroc estime que la France ne pourra jamais scolariser la totalité des petits Marocains, faute de locaux, de maîtres et de crédits.

Au bout du compte, à la fin de la guerre, les sociétés coloniales ont conservé les inégalités du passé entre Européens et colonisés, entre citadins et ruraux. Les premiers, sauf une minorité, n'acceptent pas de remettre en cause leurs privilèges économiques, sociaux et culturels et affichent malgré la guerre des positions où le racisme est à peine masqué ; les colonisés en revanche réclament l'application de principes d'égalité, au nom des slogans lancés durant la guerre. Des heurts ont lieu dans les villes, ici et là, avec l'autorité française qui réagit vigoureusement ; des morts, des blessés, des rancœurs profondes sont en toile de fond de ces années durant lesquelles les Français décident de remettre en cause leur passé.

Deuxième partie

La politique intérieure française (1944-1995)

Le gouvernement du général de Gaulle et la difficile sortie de la guerre (août 1944 - 20 janvier 1946)

À la fin de l'été 1944, passée l'explosion de joie qui avait suivi la libération de Paris, la France se trouvait dans une situation incertaine. Les Allemands occupaient encore plusieurs régions, dans le Nord-Est et les Alpes, sur la côte atlantique. La dynamique de l'offensive alliée devait emporter les dernières positions ennemies, mais, pour cela, il allait falloir encore repousser de vigoureuses contre-attaques de la Wehrmacht ; quant aux poches de l'Atlantique, elles tiendront jusqu'au 8 mai 1945. Autre problème, le pays se trouvait dans un état de vide constitutionnel et politique qui pouvait favoriser les desseins révolutionnaires. Il faudra au général de Gaulle beaucoup d'ascendant et d'habileté pour s'imposer et reconstituer l'autorité de l'État. Les passions déchaînées par l'épuration, les ambitions des partis reconstitués, les enjeux électoraux soulevaient d'autres difficultés. Et tous ces combats politiques se déroulaient dans un pays matériellement ruiné par les années de guerre et d'occupation.

1. La restauration du pouvoir de l'État

La France de la Libération n'était plus régie par un texte constitutionnel. En outre, nombre de notables politiques traditionnels, de gauche et surtout de droite, déconsidérés par leur attitude pendant la guerre, frappés d'inéligibilité pour avoir soutenu le régime de Vichy, se trouvaient relégués dans une retraite forcée. L'épuration, plus ou moins forte, s'appliquant aux administrations, à la presse, aux milieux intellectuels, aux entreprises entraînait la mise à l'écart d'une partie des cadres anciens.

1. Les deux pouvoirs concurrents

Dans cette France bouleversée, le pouvoir se trouvait en fait partagé entre deux instances concurrentes. D'un côté siégeait le Gouvernement provisoire de la République française (GPRF) qui avait succédé le 3 juin 1944 au Comité français de Libération nationale. Le GPRF, présidé par le général de Gaulle, représentait l'autorité de l'État que le chef du gouvernement voulait restaurer avec ses prérogatives habituelles. Ce retour à une certaine forme de centralisation jacobine n'excluait certes pas la démocratie et le suffrage universel, mais reposait sur l'idée que, même si la souveraineté populaire était reconnue, le pouvoir s'exerçait d'en-haut. Dans cette perspective, le GPRF, pressé de réaffermir l'emprise étatique, avait nommé dix-sept commissaires de la République, sortes de préfets régionaux, soigneusement choisis par les proches de de Gaulle. Parmi eux, le jeune Michel Debré, à Angers, fut l'un des plus zélés. Les commissaires étaient dotés de vastes pouvoirs pour imposer la légalité républicaine et contrôler préfets, sous-préfets et forces de police.

En face de cette hiérarchie de fonctionnaires, épurés et rajeunis, incarnant la structure étatique traditionnelle, se trouvaient les organes de la Résistance intérieure. Celle-ci dépendait en principe du Conseil national de la Résistance (CNR), présidé par Georges Bidault. Dans la pratique, les patriotes qui avaient lutté contre l'occupant se fractionnaient en une multitude de Comités départementaux (CDL) et locaux (CLL) de libération, au sein desquels étaient représentés les mouvements de Résistance, les partis, les syndicats. Les CDL agissaient théoriquement en accord avec les groupes armés, Forces françaises de l'intérieur (FFI), Francs-tireurs et partisans (FTP) communistes, Milices patriotiques. Ces résistants, souvent marqués par les idées de gauche, installés localement au pouvoir, dans les préfectures, les mairies, les imprimeries des journaux, dont ils s'étaient emparés au cours des combats de la Libération, n'entendaient pas s'effacer docilement. Patriotes et militants, ils voulaient régénérer la France par la base. Ils pensaient utiliser leur influence pour transformer l'État en transférant au moins certaines attributions de celui-ci aux hommes qui, dans les faits, tenaient les leviers de commande dans les départements et les communes. Ils attendaient avec impatience l'application du programme du CNR dans lequel ils voyaient un excellent catalogue de leurs espérances.

Les deux pouvoirs, celui du GPRF et celui de la Résistance intérieure n'étaient pas, en principe, hostiles l'un à l'autre. En effet, c'était à la demande de de Gaulle que Jean Moulin avait fondé le CNR et ce dernier avait reconnu l'autorité du général. Le GPRF et l'Assemblée consultative réunie à Alger en 1943 avaient par ailleurs fait appel à des hommes de la Résistance intérieure et des anciens partis. De plus, les deux pouvoirs affirmaient leur volonté commune d'opérer des changements profonds dans le pays, à partir du programme du CNR.

Cependant, dans la pratique, des divergences sérieuses séparaient les divers tenants du pouvoir. Pour de Gaulle, les résistants ne devaient détenir une parcelle d'autorité que durant une brève période transitoire, avant de s'effacer devant les représentants de l'État. Or ces derniers, surtout les préfets, se heurtaient souvent aux CDL qui voulaient localement tenir la première place et considéraient parfois les agents de l'État comme des subordonnés. Cet esprit d'indépendance des résistants apparaissait particulièrement marqué dans les régions où les armées alliées n'étaient pas venues et où la Libération avait été faite par les patriotes armés, surtout dans le Sud-Ouest, le Massif central, l'Ain. Là, CDL et Milices patriotiques nommaient et révoquaient des fonctionnaires, effectuaient des perquisitions, des arrestations, voire des exécutions sommaires.

2. L'inconnue communiste

L'une des clefs du retour à l'ordre était détenue par le Parti communiste. Celui-ci s'était engagé tout entier dans la Résistance après l'attaque allemande contre l'URSS en juin 1941. Il avait tenu une place éminente dans le combat patriotique. Il disposait d'une force considérable car il était présent dans le GPRF et au CNR et contrôlait un des grands mouvements de Résistance, le Front national, ainsi que la CGT, l'Union des femmes françaises, les Forces unies de la jeunesse patriotique. Il pouvait s'appuyer sur les groupes armés des FTP et des Milices patriotiques et exerçait une influence souvent décisive dans les CDL, surtout ceux du Sud. Ce réseau de pouvoir se révélait d'autant plus efficace que les partis autres que le PCF étaient pour l'heure faibles et désorganisés. Détenteur d'un grand prestige et déployant une habile propagande tendant à le présenter comme le grand artisan du combat antinazi, le Parti attirait de nombreux adhérents nouveaux. En outre, il pouvait parfois compter aussi sur l'appui de résistants non communistes attachés à maintenir vivante la solidarité forgée dans la lutte commune contre l'occupant.

Le PCF étendait-il ainsi son influence dans la perspective d'une conquête révolutionnaire du pouvoir ? Si un tel projet exista — ce qui est loin d'être prouvé — il disparut rapidement, avant la fin de 1944. La ligne du parti était définie par Staline qui voulait parvenir à un prompt écrasement de l'Allemagne, éviter une paix séparée entre Hitler et les Anglo-Saxons, faire avancer ses armées le plus loin possible à l'ouest de l'Europe. Or, en cas de tentative révolutionnaire en France, les Américains auraient certainement pris la tête de la répression anticommuniste et rendu l'URSS responsable des désordres. Un tel événement, facteur de rupture entre les Alliés et de retard dans la fin de la guerre, apparaissait contraire aux vues du maître du Kremlin. Aussi le PCF, adoptant une démarche légaliste, s'attacha-t-il en règle générale à avancer ses pions le plus loin possible, mais en évitant la rupture avec de Gaulle qui occupait l'autre pôle du pouvoir.

3. Le retour à l'ordre étatique

De Gaulle s'attacha à restaurer l'autorité de l'État et, malgré les obstacles, la mauvaise volonté de certains CDL, la lenteur d'acheminement des instructions gouvernementales en raison de la destruction de nombreux moyens de communication, il atteignit son objectif en quelques mois.

Le général, soucieux de neutraliser ses concurrents potentiels en les associant à son action, forma le 9 septembre 1944 un nouveau gouvernement dit « d'unanimité nationale ». Pour entraîner l'adhésion la plus large, l'équipe gouvernementale comprenait désormais des résistants d'Alger et des résistants métropolitains, des hommes nouveaux et des vétérans de la politique, des non-inscrits et des représentants des partis. Parmi les personnalités choisies par de Gaulle se détachaient particulièrement le ministre d'État chargé de la réorganisation des pouvoirs publics, Jules Jeanneney, dernier président du Sénat en 1940, dont la présence illustrait la continuité républicaine ; le ministre des Affaires étrangères, le démocrate-chrétien Georges Bidault, président du CNR ; le ministre de l'Intérieur, le socialiste Adrien Tixier ; le ministre de l'Économie nationale, le radical Pierre Mendès France ; le ministre des Prisonniers, déportés et réfugiés, Henri Frénay, fondateur du mouvement Combat ; les ministres de l'Air et de la Santé publique, tous deux communistes, respectivement Charles Tillon, chef des FTP, et François Billoux. Au total, le gouvernement se composait de neuf non-inscrits issus de la Résistance, quatre socialistes, trois démocrates-chrétiens, trois radicaux, deux communistes et un modéré.

Pour accélérer la reprise en main, de Gaulle entreprit en septembre-octobre 1944 une série de voyages en province, surtout dans les régions où l'autorité gouvernementale semblait la plus fragile. Le général, acclamé par des foules immenses, usa de son prestige alors au zénith pour faire reconnaître par tous l'autorité régulière des commissaires de la République, des préfets, des généraux commandant les régions militaires. Encourageant les fonctionnaires, appelant à l'unité nationale, réprimandant les résistants trop indisciplinés, notamment à Toulouse et à Marseille, cherchant aussi à séduire, de Gaulle reconstitua patiemment les structures départementales de la vie politique.

Cependant, aux yeux du gouvernement et d'une partie de l'opinion, les Milices patriotiques constituaient un germe de désordre. Ce corps, créé par le CNR en mars 1944 comme une sorte de police supplétive aux ordres des CDL, avait participé aux combats de la Libération, puis pris la place des FFI après l'incorporation de celles-ci dans les troupes régulières, en septembre 1944. Les Milices obéissaient, selon les lieux, au CNR, aux municipalités, au Parti communiste qui considérait avec faveur ces citoyens armés. Ceux-ci étaient précisément vus par les modérés comme une force révolutionnaire potentielle, d'autant que certains membres des Milices se rendaient coupables d'abus de pouvoir et se substituaient à la police. Aussi, le 28 octobre 1944, le gouvernement décida-t-il le désarmement des Milices patriotiques, ce qui équivalait à une dissolution. Le PCF, appuyé par le CNR et nombre de résistants, protesta vivement ; Benoit Frachon, dirigeant communiste, déclara que l'ordre devait être maintenu par les masses populaires. Mais le gouvernement tint bon et créa, le 8 décembre, les Compagnies républicaines de sécurité (CRS) pour accueillir les membres du corps dissous. L'épreuve de force tourna finalement au bénéfice du GPRF grâce au secrétaire général du Parti communiste Maurice Thorez. Celui-ci avait déserté en 1939 et, réfugié en URSS, avait besoin d'une amnistie pour rentrer en France. Ayant obtenu cette amnistie, Thorez arriva à Paris le 27 novembre 1944 et fit alors prévaloir dans le Parti une ligne légaliste fondée sur l'acceptation de la dissolution des Milices patriotiques, la coopération avec les autres formations politiques, l'envoi de consignes de modération aux CDL, la mise sur la touche de certains chefs de maquis tentés par l'aventurisme révolutionnaire.

Désormais, la Résistance ne disposait plus d'une force armée pouvant soutenir ses revendications. Certains CDL essayèrent de se maintenir, mais rendus fragiles par la modération nouvelle de leurs membres communistes, par la démission des modérés, par les obstacles que le gouvernement opposait à leur activité, ils disparurent en 1945. De même, les mouvements de résistance dépérirent. Les hommes nouveaux sortis de leurs rangs se trouvèrent placés devant l'alternative du retour à la vie privée ou de l'intégration dans un parti politique. Ainsi, le spectre du « pouvoir populaire » s'estompa, les cadres traditionnels se reconstituèrent et il devint évident que de Gaulle avait atteint son objectif : l'autorité de l'État était restaurée.

2. La liquidation de la guerre

À la Libération, la France, affaiblie par la défaite de 1940 et par les choix de Vichy, n'était plus reconnue comme une grande puissance sur la scène internationale. À l'intérieur, déchirée par des haines tenaces, elle devait organiser l'épuration de ceux qui avaient failli pendant l'occupation ; elle avait à relever le pays de ses ruines matérielles, tout en faisant droit aux demandes de réformes économiques, cela avec une population physiquement éprouvée par les années de guerre. Perte de prestige international, chasse aux traîtres, accumulation des ruines, autant de conséquences directes du conflit mondial, autant de problèmes qui se posaient au GPRF.

1. Redonner à la France son rang

Dans un texte célèbre de ses *Mémoires de guerre*, le général de Gaulle confie qu'il s'est toujours fait « une certaine idée de la France » et qu'il voit celle-ci « vouée à une destinée éminente et exceptionnelle » ; il ajoute : « La France n'est réellement elle-même qu'au premier rang ». Or, à la fin de 1944, ce pays, déconsidéré par ses revers de 1940 et par la pactisation de Vichy avec les Allemands, avait perdu son statut de grande puissance. Aussi les Alliés considéraient-ils que la France n'avait pas à émettre de prétentions excessives ni à attendre d'égards exceptionnels. De fait, le gouvernement formé à Paris le 9 septembre 1944 ne fut reconnu officiellement par les Alliés que six semaines plus tard, le 23 octobre.

De Gaulle n'acceptait pas un tel abaissement, mais il était contraint de jouer la partie avec les minces atouts qui lui restaient. Parmi ceux-ci figurait une armée à laquelle le chef du gouvernement assigna la mission de participer activement aux derniers combats contre le Reich : campagne d'Alsace, franchissement du Rhin en mars 1945, conquête du sud du Bade-Wurtemberg et avance jusqu'au Tyrol autrichien. Ainsi, en soutenant vigoureusement l'effort commun, la France marquait sa place sur l'échiquier européen.

De Gaulle voulait aussi affirmer son indépendance. Or, les armées alliées se trouvaient sur le territoire national et les troupes françaises étaient équipées par les Anglo-Saxons. Pour autant, le général n'entendait pas nouer des liens exclusifs avec les États-Unis. Ce fut pourquoi, le 10 décembre 1944, de Gaulle et son ministre des Affaires étrangères, Georges Bidault, conclurent à Moscou un traité d'alliance franco-soviétique.

Cependant, de Gaulle allait être très déçu de n'être pas invité aux conférences de Yalta en février 1945 et de Potsdam en juillet-août de la même année, ce qui le conduisit à refuser de rencontrer Roosevelt à Alger, juste après Yalta. Malgré ces déconvenues, le pays obtint une certaine reconnaissance de son rôle international, qui se traduisit par des mesures concrètes : à l'automne 1944, la France participa à la conférence de Bretton-Woods qui mettait sur pied le Fonds monétaire international (FMI) ; elle figurait également, au printemps 1945, parmi les cinq puissances organisatrices de la conférence de San-Francisco où devait être fondée l'Organisation des Nations unies (ONU) et elle obtint un siège permanent, avec droit de véto, au Conseil de sécurité de cette nouvelle institution. La France se vit aussi attribuer une zone d'occupation dans l'Allemagne vaincue.

La victoire tant attendue survint le 8 mai 1945. La joie apparut réelle, mais sans doute fut-elle ressentie avec un enthousiasme moins vibrant que lors de la libération du territoire national quelques mois plus tôt. La victoire permit le retour, dès la fin avril 1945, des prisonniers de guerre, des déportés, des travailleurs du STO. Les premiers arrivés furent accueillis avec chaleur ; à leur intention furent organisées des cérémonies patriotiques et prononcés des discours empreints d'émotion. Mais, avec le temps, l'intérêt s'estompa et le phénomène se banalisa. L'administration chargée de prendre en charge les rapatriés et de les aider dans leur réinsertion, administration dirigée par le ministre Henri Frénay, fut souvent submergée sous le nombre et fit l'objet de critiques. Beaucoup de Français, assaillis eux-mêmes par les difficultés de la vie quotidienne et le rationnement, se détournèrent des nouveaux venus et parfois même leur adressèrent des reproches : les prisonniers étaient réputés exigeants ; on leur rappelait qu'ils étaient les vaincus de 1940 et les « enfants chéris » de Pétain ; les anciens du STO étaient critiqués pour avoir travaillé au profit de l'ennemi au lieu de gagner le maquis ; le récit des atrocités de la déportation soulevait parfois quelque incrédulité. Cependant la vue des déportés « raciaux », revenus en nombre réduit, épuisés, la tête rasée, le corps flottant dans un vêtement rayé de bagnard, bouleversa souvent l'opinion. Ce spectacle, largement diffusé par la presse, par les actualités cinématographiques, par des expositions de photographies, fut une révélation. Les noms des camps de la mort, Dachau, Büchenwald, Auschwitz, Ravensbrück... évoquèrent des images atrocement sinistres. L'horreur qu'elles inspiraient rejaillit sur le nazisme qui avait justifié et organisé le génocide. On peut dire que la France au printemps de 1945 subit un choc profond et une sorte de vaccination antifasciste dont l'effet durera de nombreuses années. L'extrême-droite, pendant longtemps, n'osera ouvertement reprendre à son compte des idées ayant conduit au massacre des Juifs et elle préférera s'en tenir à des thèmes défensifs, par exemple la dénonciation des excès de l'épuration.

2. L'épuration

De même que le gouvernement de Vichy avait chassé de diverses activités, notamment la fonction publique, les hommes qui lui déplaisaient pour des raisons idéologiques ou raciales, la Résistance avait de longue date prévu une épuration en sens inverse.

2.1. L'épuration spontanée

L'épuration commença spontanément, avant même le débarquement, dans l'atmosphère confuse et dramatique de l'été 1944. Les résistants s'en prirent aux miliciens, aux responsables du PPF, aux délateurs, aux traîtres, aux trafiquants du marché noir, aux femmes ayant entretenu des relations sentimentales avec des Allemands. Des cours martiales, des « tribunaux populaires », des jurys plus ou moins improvisés prononcèrent des peines généralement sévères. Les femmes furent le plus souvent tondues et promenées sans vêtements dans les rues. La peine de mort fut fréquemment appliquée. Durant cette phase d'épuration spontanée, les exécutions sommaires se multiplièrent. L'élimination des traîtres servit parfois de paravent à des règlements de comptes entre groupes ou individus rivaux. Le nombre des victimes de cette répression expéditive, évalué par des études anciennes à 50 000 ou même 100 000, peut être ramené, grâce à des enquêtes récentes et sûres, aux environs de 10 000 personnes.

2.2 L'épuration légale

Pour mettre un terme à une forme de justice qui avait peu à voir avec les règles du droit, les autorités accélérèrent l'épuration légale. Les commissaires de la République ordonnèrent de nombreuses arrestations préventives qui soustrayaient au moins les suspects à la menace de l'exécution sommaire. Ainsi, de septembre 1944 à avril 1945, quelque 126 000 personnes furent internées. Des tribunaux spéciaux furent mis en place, dont une haute cour de justice pour les principaux responsables de Vichy, des cours de justice à l'échelle départementale et des chambres civiques pour les délits légers. Une nouvelle peine fut instituée, l'indignité nationale, qui entraînait la dégradation c'est-à-dire la perte des droits civiques et politiques. De plus, les parlementaires ayant voté les pleins pouvoirs au maréchal Pétain, le 10 juillet 1940, furent déclarés inéligibles. Finalement, à la date du 31 décembre 1948, un total de 160 287 dossiers avait été examiné par les tribunaux et avait donné lieu aux verdicts suivants :

Non-lieu ou acquittement	73 501	(45 %)
Dégradation nationale	40 249	(25 %)
Prison ou réclusion	26 289	(16 %)
Travaux forcés temporaires ou à perpétuité	13 211	(8 %)
Condamnation à mort	7 037	(4 %)
dont	4 397 par contumace	
	767 exécutées	

L'opinion s'intéressa vivement au procès des dirigeants de Vichy. Pétain, alors âgé de 89 ans, fut jugé en août 1945 et condamné à mort, peine commuée par de Gaulle, à la demande du tribunal, en internement à vie ; le maréchal, enfermé à l'île d'Yeu, y mourut en 1951. Pierre Laval, également condamné à mort, s'empoisonna dans sa cellule ; il fallut le soigner énergiquement pour pouvoir le fusiller. La mort s'appliqua également à Joseph Darnand et Marcel Bucard, aux écrivains et journalistes Robert Brasillach, Jean Luchaire, Fernand de Brinon, Georges Suarez, Paul Chack, Jean Hérold-Paquis, Paul Ferdonnet. Plus rares furent les intellectuels qui, condamnés à la peine capitale, obtinrent leur grâce, tels Henri Béraud, Lucien Rebatet, Jacques Benoist-Méchin.

L'épuration fut également organisée dans l'administration. Le nombre des enquêtes se monta à 40 000 ou 50 000, dont la moitié donna lieu à des sanctions. Dans certains ministères, les condamnations, révocations, mises à la retraite, furent supérieures à la moitié des cas examinés : 2 391 enseignants furent sanctionnés sur 5 091 poursuivis, 2 590 agents des PTT sur 3 527. Au total, l'épuration administrative se révéla relativement clémente, en raison de la solidarité des corps, de la difficulté de distinguer ce qui relevait de l'exécution d'odres venus d'en-haut ou d'un réel engagement collaborationniste. Ainsi, aux PTT, les fonctionnaires punis représentaient seulement 1,2 % du personnel.

L'épuration économique devait frapper ceux qui avaient réalisé des profits illicites ou délibérément orienté leurs entreprises dans la voie de la collaboration. Mais là aussi les sanctions furent mesurées car il était délicat de discerner toutes les responsabilités et surtout il semblait inopportun de décimer un secteur vital, au moment où se profilait une immense tâche de reconstruction. Les entreprises finalement condamnées le plus lourdement furent les journaux : ceux qui avaient paru après juin 1940 en zone Nord et en zone Sud après novembre 1942, date de l'occupation totale, furent interdits. Ce fut une hécatombe de titres ; les journaux les plus anciens et les plus prestigieux de la IIIe République disparurent, ainsi *Le Temps, Le Journal des Débats, L'Illustration...* Les installations de presse furent attribuées à de nouvelles feuilles comme *Le Monde* qui prit la suite du *Temps, Combat, Le Parisien libéré, Défense de la France...*

2.3. Les polémiques de l'épuration

L'épuration souleva de nombreuses polémiques qui ne sont d'ailleurs pas éteintes. Sur le moment, une partie de l'opinion, entraînée par le Parti communiste, s'éleva contre la lenteur et la mansuétude prêtée aux tribunaux. Certains Français qui avaient souffert du fait de Vichy ou des occupants exigeaient non pas la justice mais la vengeance. À l'inverse, les milieux modérés fustigeaient les excès, ils soutenaient que la justice devait être tempérée par la charité et que la France, au lieu de se déchirer, devait refaire son unité nationale avant de relever ses ruines. Ces débats furent radicalisés par d'autres constats. L'épuration apparaissait en effet incomplète : certains coupables étaient en fuite, tel Marcel Déat ; des personnalités haut placées dans la fonction publique et pouvant faire état d'activités résistantes plus ou moins tardives faisaient ainsi oublier leur adhésion initiale à la politique de Vichy. L'épuration semblait aussi inégale : pour un même délit, la justice se montra plus sévère en 1944-1946 que par la suite, quand le souvenir des heures sombres s'estompa ; quelques catégories de coupables subirent des châtiments particulièrement durs, ainsi les intellectuels jugés responsables de leurs écrits furent-ils condamnés plus lourdement que certains hommes de main ; en revanche, les cadres politiques et économiques furent parfois moins punis que leurs subordonnés.

Au bout du compte, l'épuration se montra généralement plus modérée en France que dans les pays ayant subi le même type d'occupation. De nombreuses remises de peines, restitution de droits civiques, autorisation d'éligibilité pour les anciens parlementaires furent accordées. Les Français discernèrent vite d'autres urgences, dont le redressement de l'économie.

3. La reconstruction et les grandes réformes économiques

En 1944, le gouvernement provisoire présidé par le général de Gaulle se trouvait confronté à une situation économique extrêmement grave. (Sur cette question, on se reportera également au chapitre 14)

3.1. La situation au sortir de la guerre

Les pertes humaines, même si elles étaient très inférieures aux 1 400 000 de la Grande Guerre, atteignaient cependant le chiffre de 600 000 résultant de la mort de 210 000 soldats, 240 000 prisonniers et déportés dans les camps, 150 000 civils tués, en particulier par les bombardements. Le déficit des naissances était estimé à un million. Ces pertes étaient ressenties d'autant plus lourdement qu'à la veille de la Deuxième Guerre mondiale, la situation démographique du pays apparaissait déjà très mauvaise.

Les pertes matérielles se révélaient tout aussi catastrophiques. Durant l'occupation, l'Allemagne avait pillé les richesses nationales. Aux spoliations, il fallait ajouter les destructions causées par les combats, les bombardements, les sabotages. Quelque 60 000 usines étaient détruites totalement et 144 500 partiellement. Pour ce qui était des immeubles, 460 000 étaient irrécupérables et 1 900 000 endommagés. Dans le bilan des destructions figuraient aussi les 5/6 des locomotives, les 2/3 des wagons de marchandises, des cargos et des pétroliers, 9 000 ponts, 115 grandes gares, 80 % des quais portuaires. La production de charbon était passée de 47 millions de tonnes en 1938 à 35 en 1945, celle de l'acier de 6,5 millions de tonnes à 1,6 entre les mêmes dates. La production agricole privée de main-d'œuvre, de matériel, d'engrais avait reculé de 22 %. Les recettes fiscales s'effondraient alors que la reconstruction exigeait des fonds considérables.

Le gouvernement se convainquit que, pour redresser une situation aussi grave, le dirigisme s'imposait et que les organismes de contrôle économique institués par Vichy devaient être maintenus. Le développement de la grande ressource énergétique que représentait le charbon apparut aussitôt comme une priorité. Les mineurs furent encouragés par des augmentations de salaires et leur nombre accru ; les services qu'ils rendaient à la patrie furent célébrés. Les rendements s'améliorèrent, mais insuffisamment en regard des besoins, de sorte que des importations se révélèrent nécessaires.

Pour payer les premiers achats de ressources énergétiques et de matières premières, le gouvernement sacrifia certains avoirs français à l'étranger et une partie du stock d'or. Mais il fallait préserver les maigres réserves qui demeuraient. Aussi, en février 1945, Jean Monnet se rendit-il aux États-Unis et y obtint une aide sous la forme de dons et de prêts.

3.2. Le problème de l'inflation

Le redressement économique ne pouvait réussir que s'il s'appuyait sur une monnaie forte. Or, une vigoureuse inflation se développait. Au lendemain de la guerre, la baisse de la production réduisait l'offre de produits de consommation. L'importance de la demande, s'expliquant par l'urgence des besoins et par l'accroissement de la monnaie en circulation, demande disproportionnée par rapport à l'offre, entraînait une forte hausse des prix. Celle-ci mécontentant les salariés, le gouvernement augmenta les rémunérations de 50 % en 1944 et de 35 % en 1945. La production ne se développant pas en parallèle, les prix poursuivirent leur ascension et la « spirale inflationniste » s'installa. Elle fut, pour la période 1948-1959, la plus importante d'Europe occidentale (+ 5,6 %) contre 1,8 % pour l'Allemagne et 2,9 % pour le Royaume-Uni. Le marché noir (qui se prolongea véritablement jusqu'en 1949) se trouva aussi encouragé : ceux qui avaient des disponibilités financières pouvaient alors se procurer ce dont ils avaient besoin hors du marché normal. Enfin, le franc était surévalué par rapport au dollar, ce qui entravait les exportations françaises.

Pour juguler l'inflation, deux thérapeutiques se révélaient possibles. La première était défendue par Pierre Mendès France, ministre de l'Économie nationale : c'était une politique d'austérité et de contrôles visant à limiter le pouvoir d'achat en le proportionnant à l'offre disponible. Cet objectif devait être atteint par un blocage des prix et des salaires, par un échange des billets permettant de restituer aux Français une somme fixe et de bloquer autoritairement les avoirs supplémentaires qui seraient rendus à leurs propriétaires plus tard, quand la production augmenterait. La deuxième solution, très classique et indolore, proposée par le ministre des Finances René Pleven, consistait à lancer un grand emprunt d'État qui retirerait du circuit la monnaie en excédent.

La rigueur préconisée par Mendès France souleva beaucoup d'hostilité, celle des libéraux qui condamnaient les interventions autoritaires dans la vie économique et financière, celle de la gauche qui dénonçait les sacrifices infligés aux catégories modestes par l'austérité, celle enfin de nombreux hommes politiques estimant qu'après les souffrances imposées par les années d'occupation, on ne pouvait obliger les Français à restreindre leur consommation. De Gaulle se rendit à ces arguments ; redoutant d'affoler l'opinion par des mesures sévères qui seraient mal admises, il arbitra en faveur de Pleven au début de 1945. Ce choix entraîna la démission de Mendès France en avril de la même année.

René Pleven put alors lancer un emprunt, procéder à un échange des billets, mais sans blocage, ce qui permit d'évaluer les fortunes et d'instituer un impôt de solidarité pesant sur les riches. Ces opérations permirent certes de réduire d'un tiers la masse monétaire en circulation. Cette diminution se révélait cependant insuffisante et le 25 décembre 1945 le gouvernement était amené à dévaluer le franc : celui-ci représentait désormais 7,461 mg d'or fin et perdait les 2/3 de sa valeur par rapport à l'avant-guerre. Malgré cette forte dévaluation, la monnaie française se trouvait toujours surévaluée en face du dollar et de la livre sterling.

De Gaulle, prenant en compte les facteurs politiques et psychologiques, avait donc opté pour la solution libérale. De la sorte, il renonçait à donner un coup d'arrêt brutal à l'inflation, ce que Mendès France proposait de faire. Ce dernier, dans sa lettre de démission reprocha au général cette « politique de facilité qui porte un nom, l'inflation » ; il ajoutait : « distribuer de l'argent à tout le monde sans en reprendre à personne, c'est entretenir un mirage (...) ; il est plus facile de consentir des satisfactions nominales que d'accorder des satisfactions réelles ». Mendès France prédisait, sans se tromper, que la France se trouvait engagée pour longtemps dans une spirale inflationniste.

3.3. Les réformes de structure économique et sociale

Si de Gaulle avait reculé devant une politique monétaire jugée draconienne, il entreprit en revanche de vastes réformes de structure dans le domaine économique et social. La gravité de la situation en 1944, l'ampleur des ruines et des besoins non satisfaits conduisaient presque naturellement à confier à l'État un rôle directeur dans l'œuvre de reconstruction. De plus, de nombreux résistants, hommes de gauche, syndicalistes, souhaitaient, comme le stipulait le programme du CNR, « le retour à la nation des grands moyens de production monopolisés ». De Gaulle, qui reprochait aux patrons de s'être trop peu engagés dans la lutte contre l'occupant, n'était pas hostile aux nationalisations et pensait aussi que celles-ci étaient justifiées par la nécessité de trouver des solutions d'ensemble aux difficultés économiques. Cependant, le chef du gouvernement, tout en souhaitant une rationalisation de la production dans certains secteurs-clefs, n'envisageait pas une étatisation qui aurait totalement supprimé l'initiative privée.

Les premières nationalisations furent effectuées en 1944-1945 dans un grand élan, sans soulever d'opposition marquée. Les dernières, accomplies les années suivantes, furent plus ou moins combattues par les modérés qui reprenaient davantage part au débat. En tout cas, les anciens propriétaires furent indemnisés, sauf ceux dont les entreprises furent confisquées pour faits de collaboration.

Les nationalisations sous forme de sanction contre les patrons ayant volontairement et visiblement travaillé pour les Allemands frappèrent les automobiles Renault, les moteurs d'avion Gnôme et Rhône transformés en Société nationale d'études et de construction de matériel aéronautique (SNECMA), les Houillères du Nord et du Pas-de-Calais. Le secteur capital que constituait la production d'énergie passa en grande partie dans le domaine public : toutes les mines de charbon furent associées aux Houillères du Nord-Pas-de-Calais pour former les Charbonnages de France ; la production et la distribution de l'électricité et du gaz furent regroupés dans Électricité de France (EDF) et Gaz de France (GDF). Dans le domaine des transports, où l'État contrôlait déjà la SNCF depuis 1937 et la Compagnie générale transatlantique, furent créées Air-France et la Régie autonome des transports parisiens (RATP). En matière de finances, les nationalisations s'étendirent à la Banque de France et aux quatre principales banques de dépôt, Crédit Lyonnais, Société Générale, Comptoir national d'escompte de Paris, Banque nationale pour le commerce et l'industrie ; les banques d'affaires furent épargnées, mais non les principales compagnies d'assurances. Dans le secteur de l'information, l'État prit le contrôle de la radio et de l'Agence France-Presse.

L'ampleur nouvelle prise ainsi par le secteur public fit sortir la France du modèle libéral classique et lui donna une économie mixte dans laquelle les entreprises privées et celles qui étaient contrôlées par l'État coexistaient. Chez ces dernières un important effort de modernisation fut accompli, même si la tutelle de l'État se révéla parfois lourde et si la recherche du progrès technique prima souvent sur la rentabilité financière immédiate.

Le rôle joué par les pouvoirs publics se trouva renforcé par la création, en janvier 1946, du Commissariat général au Plan. L'idée d'une planification de l'économie, née dans l'entre-deux-guerres, reprise par Mendès France en 1944, avait été abandonnée après la démission de ce dernier. Jean Monnet, homme d'affaires venu à la politique, réaliste, habile négociateur ayant bien défendu les intérêts économiques français aux États-Unis, était favorable à la planification et convainquit de Gaulle de créer une administration du Plan. Monnet en devint même le premier responsable. Il définit des méthodes de travail fondées sur la concertation avec les experts, les patrons, les syndicalistes. Les objectifs dégagés aboutissaient à une planification souple, contraignante seulement pour les entreprises nationalisées, incitative pour les autres. Monnet voulait en fait améliorer le fonctionnement de l'économie de marché grâce à un organisme technique coordonnant l'effort national.

Le premier plan, auquel s'ajouta l'aide américaine (plan Marshall), mis en œuvre pour la période 1947-1953, permit à l'économie nationale de retrouver un réel dynamisme.

Le programme du CNR contenait la promesse d'instaurer de nouveaux rapports sociaux. De Gaulle, pour sa part, soucieux d'amener plus de justice, de réduire les revendications et de concurrencer les partis de gauche sur leur propre terrain, entendait profiter de l'affaiblissement de la droite pour effectuer de grandes réformes. Aussi dès le 22 février 1945, une ordonnance créa-t-elle les comités d'entreprise dans les établissements employant plus de 100 salariés ; l'année suivante, la limite fut abaissée aux établissements de 50 salariés. Les comités, composés d'élus syndicaux, étaient consultés sur la gestion de l'entreprise et administraient les œuvres sociales de celle-ci. De plus, une série d'ordonnances, surtout celles des 4 et 19 octobre 1945, donnèrent naissance à la Sécurité sociale ; celle-ci, grâce aux cotisations des patrons et des salariés, couvrait les risques maladie, invalidité, vieillesse, décès, accidents du travail et gérait les allocations familiales. Enfin, le statut du fermage et du métayage, adopté le 13 avril 1946, allongea la durée des baux.

Au-delà des réformes économiques et sociales, le gouvernement voulut aussi préparer l'avenir en créant ou en modernisant de grand organismes de recherche et de formation. Le Centre national de la recherche scientifique (CNRS) fut réorganisé en novembre 1945. Le Commissariat à l'énergie atomique (CEA) et l'Institut national d'études démographiques (INED) furent mis en place en octobre 1945. En mars 1946, l'Institut national de la recherche agronomique (INRA) reçut une organisation définitive. Michel Debré fonda par ailleurs l'École nationale d'administration (ENA) le 9 octobre 1945 pour donner aux futurs fonctionnaires de la République une formation unifiée, moderne, ouverte sur les questions économiques.

3. Le général de Gaulle et les partis

La fin de l'occupation et des années d'anesthésie imposées à l'opinion permettait un réveil de la vie politique. Mais celle-ci se reconstituerait-elle dans ses cadres anciens ou connaîtrait-elle un profond renouvellement ?

1. Les forces politiques

Au lendemain de la guerre, les partis de la IIIe République, rendus responsables de la défaite, et le régime de Vichy se trouvaient communément rejetés. Les aspirations au changement paraissaient s'incarner dans la Résistance, à travers les valeurs qu'elle avait défendues et les hommes qu'elle avait révélés. Mais une bonne partie des espoirs furent rapidement déçus.

1.1. L'échec d'un grand parti de la Résistance

Le général de Gaulle se méfiait trop des partis pour consentir à devenir le chef de l'un d'eux, même fondé par lui autour des idéaux de la Résistance. En outre, sa volonté de rassemblement de tous les Français et sa personnalité même l'éloignaient d'une entreprise de ce genre. Un de ses proches, Michel Debré, observera : « Porté par le destin comme par son caractère au niveau le plus élevé de la politique et de l'histoire, pouvait-il se présenter seulement comme le chef d'une formation, fût-elle appelée à devenir majoritaire ? Au surplus, le succès était-il assuré ? (…) Certes, les personnalités issues de la Résistance le soutenaient, mais pouvait-il compter sur leur fidélité inconditionnelle ? Il lui semblait observer des fissures dans leur loyalisme » (*Mémoires*, 1984).

En dehors de de Gaulle, deux grands mouvements résistants pouvaient servir de matrice à la naissance d'un grand parti ayant vocation à appliquer le programme du CNR : le Front national, contrôlé par les communistes, et le Mouvement de libération nationale (MLN), né en janvier 1944 de la réunion des Mouvements unis de Résistance et d'une partie de leurs homologues de l'ancienne zone Nord. Le Front national proposa au MLN de fusionner avec lui et de donner vie à ce nouveau parti issu de la Résistance. Mais, en janvier 1945, la majorité du MLN refusa cette offre, par crainte de passer sous la tutelle des communistes. Ensuite, la majorité du MLN, composite, formée d'éléments socialisants et de gaullistes, s'associa aux divers mouvements de Résistance non communistes pour fonder l'Union démocratique et socialiste de la Résistance (UDSR). Ce petit parti, le seul qui, en définitive, fit référence dans son nom au combat antinazi, tint une place secondaire dans la vie politique de la IVe République, mais ses dirigeants, grâce à leur forte personnalité, accomplirent de belles carrières, ainsi François Mitterrand, René Pleven, Jacques Soustelle.

L'échec de la création d'une grande formation unie et ancrée dans la Résistance laissait le champ libre aux partis traditionnels. Certes, ceux-ci, au sortir de la guerre, manquaient de prestige. Mais ils bénéficiaient de deux circonstances favorables : de Gaulle leur avait redonné une légitimité en les appelant à siéger au CNR et à l'Assemblée consultative d'Alger en 1943 ; les craintes qu'inspirait le Parti communiste semblaient justifier la reconstitution de forces rivales, capables de le contenir.

1.2. Les partis en déclin

En vérité tous les partis ne purent profiter de la conjoncture pour reprendre de la vigueur. La droite, privée de beaucoup de ses chefs anciens, morts ou déclarés inéligibles, très divisée et surtout discréditée par le ralliement d'un grand nombre de ses membres à Vichy, semblait définitivement exclue du débat politique. Ses idées, réputées antinationales ou dépassées, ne mobilisaient guère les masses. Les conservateurs s'éparpillèrent entre de nombreuses petites formations dépourvues de consistance : Alliance démocratique de Pierre-Étienne Flandin, Parti républicain social de la réconciliation française rassemblant les survivants du Parti social français animé, avant la guerre, par le colonel de La Rocque, Parti républicain de la liberté de Michel Clemenceau, Parti paysan de Paul Antier.

Tout aussi affaibli et disqualifié apparaissait le vieux Parti radical qui, pour s'être trop identifié avec la IIIe République, semblait devoir mourir avec celle-ci. Que certains membres de ce parti, comme Henri Queuille, Pierre Mendès France, Marc Rucart, eussent pris une part active à la Résistance et que quelques-uns eussent été assassinés par les Allemands ou la Milice, tels Jean Moulin, Jean Zay, Maurice Sarraut, cela n'empêchait pas la majorité des Français d'assimiler le radicalisme à un passé révolu.

En revanche, trois autres formations, nouvelle comme le MRP ou rénovées comme le Parti socialiste SFIO et le Parti communiste, affichaient une belle vigueur et tenaient la première place.

1.3. Les partis dominants

Les démocrates-chrétiens engagés dans la Résistance avaient décidé en janvier 1944 de se rassembler dans une formation nouvelle. Celle-ci naquit officiellement lors du congrès du 24 novembre 1944 sous le nom de Mouvement républicain populaire (MRP). Le MRP, héritier du Parti démocrate populaire de la IIIe République, voulait reconstruire la France sur « les principes essentiels d'une civilisation chrétienne », ce qui, pour lui et à cette heure, impliquait des options de gauche comme l'acceptation du régime républicain, « la rupture avec le système capitaliste », des nationalisations, la planification, une politique familiale. Le MRP qui se voulait chrétien, mais non confessionnel, se donna des cadres formés dans les organisations du catholicisme social, la CFTC, les mouvements de jeunesse. Ainsi, à plusieurs égards, ce parti innovait : il achevait de rompre les liens traditionnels des catholiques français avec la droite ; il écartait les responsables anciens et mettait à sa tête des hommes neufs, tels Georges Bidault, Maurice Schumann, Pierre-Henri Teitgen, François de Menthon.

Le succès du MRP se révéla d'emblée considérable, cela pour plusieurs raisons : il bénéficiait de l'image positive de la Résistance dans laquelle ses dirigeants avaient pris une place éminente ; il semblait le plus proche de de Gaulle et profitait de la popularité de ce dernier ; il se réclamait enfin du christianisme, ce qui lui donnait vocation à lutter contre les marxistes et attirait de ce fait les électeurs de droite privés de leurs guides anciens.

Le Parti socialiste SFIO (Section française de l'Internationale ouvrière) jouissait lui aussi d'un grand prestige. Reconstitué en mars 1943 avec Daniel Mayer comme secrétaire général, il avait activement participé à la Résistance. Il possédait ses héros comme Christian Pineau, dirigeant de Libération-Nord, Alain Savary qui avait expulsé le gouverneur vichyste de Saint-Pierre-et-Miquelon en 1941 et pris la place de celui-ci sur l'ordre de de Gaulle, Félix Gouin et André Philip représentants du parti auprès de la France libre. Le socialisme possédait même ses martyrs comme Pierre Brossolette qui, arrêté par la gestapo, s'était suicidé le 22 mars 1944 pour ne pas risquer de parler sous la torture. À la libération, la SFIO s'imposa une auto-épuration très sévère et expulsa les cadres coupables de la moindre complaisance pour Vichy : de la sorte, le comité directeur comprit 4/5 d'hommes neufs.

Les socialistes durent trancher une autre question : le renouvellement des hommes pouvait-il correspondre à un renouvellement doctrinal ? Certains dirigeants étaient partisans d'une fusion avec le Parti communiste, mais ce dernier voulant imposer ses règles, repoussant les principes démocratiques et restant dépendant à l'égard de l'URSS, le projet d'unification fut abandonné dès le congrès d'août 1945. Une autre orientation se révélait possible : nombre de chrétiens et de résistants de la gauche non communiste se seraient volontiers agrégés à un Parti socialiste d'inspiration travailliste, se remodelant sur les principes d'un humanisme éloigné du marxisme, ainsi que Léon Blum venait de le définir dans son livre *À l'échelle humaine*. Mais une majorité de militants restaient attachés à l'orthodoxie marxiste et, par l'effet d'un vieux réflexe laïque, se méfiaient des chrétiens. Ce furent ces militants qui demandèrent la suppression des subventions allouées aux écoles privées depuis 1941. Les chrétiens traduisirent ce réveil de la guerre scolaire comme une preuve d'hostilité à leur égard et s'éloignèrent définitivement de la SFIO. Celle-ci se rebâtit donc sur la doctrine et les pratiques d'avant-guerre.

Le Parti communiste avait joué un rôle essentiel dans la Résistance, ce qui faisait oublier son approbation du pacte germano-soviétique d'août 1939. Il pouvait dresser une longue liste de martyrs exécutés par les Allemands, comme les députés Gabriel Péri et Charles Michels, le journaliste Lucien Sampaix, l'ancien secrétaire général du Parti Pierre Sémard, les intellectuels Georges Politzer, Jacques Solomon, Jacques Decour... Au total, quelque 15 000 à 20 000 communistes passèrent devant les pelotons d'exécution, ce qui conduisit le PCF à s'autoproclamer avec emphase le « Parti des 75 000 fusillés ». Souvent reprochée aux communistes, cette formule résulte de la fusion ou de la confusion spontanée des deux slogans que le PC a réellement lancés : « On nous appelle le parti des fusillés » et « le Parti a donné 75 000 des siens... ». Puissant, grâce à son prestige et aux nombreuses organisations qui lui servaient de relais sociaux et syndicaux, le Parti communiste, comme on l'a vu, ne voulait pas utiliser sa force au service d'un projet révolutionnaire. Avec son secrétaire général Maurice Thorez, il réclamait la mise en œuvre du programme du CNR, il développait une propagande patriotique et encourageait les ouvriers à produire pour permettre un redressement économique, clef du progrès social. Le 22 juillet 1945, lors d'un discours prononcé devant les mineurs de Waziers, au cœur du pays noir, Thorez demanda à ses auditeurs de redoubler d'efforts et ajouta : « Les paresseux, les tièdes ne seront jamais de bons communistes, de bons révolutionnaires. »

Les nombreuses consultations électorales qui se préparaient allaient permettre d'évaluer la force respective des partis.

2. Les premières consultations électorales

C'étaient les élections législatives de 1936 qui constituaient la dernière consultation générale proposée aux Français. Les bouleversements dus à la guerre avaient-ils modifié le rapport des forces ? Les scrutins qui permettraient de répondre à cette question présentaient, eux, d'importants changements politiques. En effet, le gouvernement, par une ordonnance du 21 avril 1944, avait conféré le droit de vote aux femmes qui, de la sorte, devenaient enfin des citoyennes à part entière. Autre innovation, les électeurs furent consultés par référendum, ce qui ne s'était jamais produit sous la IIIe République, et les députés furent désignés à la proportionnelle, type de représentation rarement utilisé avant 1939.

Les élections municipales des 29 avril et 13 mai 1945 inaugurèrent la série des consultations. Bien que les discussions entre SFIO et PCF pour une éventuelle réunification n'eussent pas encore abouti à un constat d'échec, les socialistes refusèrent de constituer partout des listes communes avec les communistes. Malgré leurs divisions, ces deux partis, surtout le PCF, progressèrent nettement par comparaison avec les dernières élections municipales, celles de 1935. Le MRP réalisa un bon score grâce aux voix de droite. Les conservateurs et les radicaux s'effondrèrent.

Restait à régler une question capitale, celle des institutions. Le général de Gaulle, après quelques hésitations, décida que les Français se détermineraient eux-mêmes, directement, par référendum, ce qui indisposa les partis, très méfiants à l'égard de ce procédé qu'ils assimilaient aux plébiscites des régimes autoritaires. Le 21 octobre 1945, les électeurs durent répondre à deux questions. La première de celles-ci, formulée en ces termes : « Voulez-vous que l'Assemblée élue ce jour soit une Assemblée constituante ? » invitait à choisir entre de nouvelles institutions, par une réponse positive, ou un retour à la IIIᵉ République, en cas de réponse négative. La deuxième question permettait de définir les pouvoirs de cette assemblée : « Approuvez-vous que les pouvoirs publics soient, jusqu'à la mise en vigueur de la nouvelle constitution, organisés conformément au projet de loi dont le texte figure au verso ? » Ceux qui répondaient oui se prononçaient pour une assemblée aux pouvoirs limités, siégeant pour une durée de sept mois, élaborant une constitution qui devrait être approuvée par référendum, ne pouvant renverser le gouvernement qu'à la majorité absolue. Le non, aboutissant à laisser les plus larges prérogatives à l'Assemblée, revenait à favoriser le PCF dont tout laissait prévoir qu'ils obtiendraient de nombreux élus.

Un premier type de réponse, le « oui-oui » fut recommandé par de Gaulle, le MRP, le SFIO, l'UDSR. Le « oui-non » se trouva très normalement préconisé par les communistes. Le « non-non » fut défendu par les radicaux, qui avaient incarné la IIIᵉ République, et par quelques conservateurs.

La participation au scrutin, élevée, atteignit 80 %. À la première question, les 18 000 000 oui représentaient 96 % des suffrages exprimés et les 700 000 non 4 %. La IIIᵉ République se trouvait donc massivement rejetée et les radicaux désavoués d'autant. À la deuxième question, le oui l'emportait encore avec 12 300 000 voix, soit 66,5 %, contre 6 300 000 non, soit 33,5 % : ce score du non traduisait l'importance du Parti communiste.

RÉFÉRENDUM DU 21 OCTOBRE 1945
Géographie des « oui » à la 1re question

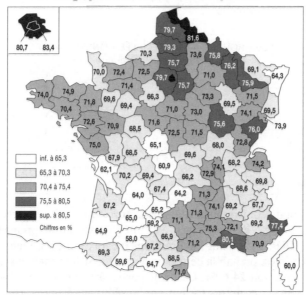

RÉFÉRENDUM DU 21 OCTOBRE 1945
Géographie des « oui » à la 2e question

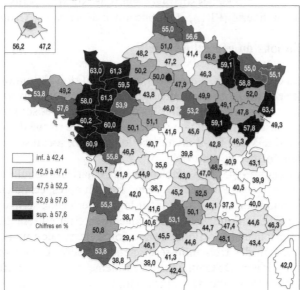

D'après Claude Leleu, *Géographie des élections françaises depuis 1936*,
Paris, PUF, 1971.

Le même jour, 21 octobre 1945, les Français élirent les membres de l'Assemblée au scrutin de liste départemental à un tour, avec répartition des sièges à la proportionnelle.

LES GROUPES À L'ASSEMBLÉE CONSTITUANTE (métropole et outre-mer)	
PCF	160
SFIO	142
Radicaux	29
UDSR	31
MRP	152
Modérés	61
Non inscrits	7

Ces résultats confirmaient d'abord la force du PCF qui, avec 5 millions de voix et 26,2 % des suffrages exprimés, devenait le premier parti de France. Le MRP, qui frôlait les 5 millions de voix et rassemblait 25,6 % des suffrages exprimés, prenait la deuxième place. La SFIO venait ensuite avec 4,7 millions de voix, soit 24,6 %. Ces trois partis, à eux seuls, représentaient les 3/4 des électeurs. Les autres formations, sévèrement étrillées, perdaient leurs solides positions d'avant-guerre : les radicaux avec 9,3 % des suffrages exprimés, la droite avec 15,6 % des suffrages éparpillés sur trois petits partis, Parti républicain de la liberté (PRL), Républicains indépendants, Groupe paysan.

3. Les désillusions du général de Gaulle

Communistes et socialistes, à eux seuls, détenaient donc la majorité absolue à l'Assemblée constituante et auraient pu s'associer pour gouverner. Mais la SFIO, méfiante à l'égard d'un PCF plus dynamique et très soumis à l'URSS, ne tenait pas à instaurer un tel tête-à-tête et à courir le risque d'être débordée à gauche. Aussi le MRP fut-il invité à se joindre aux socialistes et aux communistes pour former la majorité.

Le 13 novembre 1945, l'Assemblée désigna Charles de Gaulle comme chef du gouvernement, cela à l'unanimité. Mais, aussitôt après, éclata entre le général et les communistes un conflit qui fut le premier d'une série opposant de Gaulle et les partis politiques. Le PCF exigeait en effet au sein du gouvernement une importance proportionnelle à sa force électorale : un tiers des portefeuilles dont l'un des trois ministères clefs : Affaires étrangères, Défense nationale ou Intérieur. De Gaulle refusa fermement, ce qui signifiait qu'il ne considérait pas le PCF comme un parti auquel on pouvait faire confiance à l'égal des autres, puis il consentit à un compromis : la Défense fut confiée au MRP Edmond Michelet, mais le communiste Charles Tillon reçut le minis-

L'ANALYSE POLITIQUE DES COMMUNISTES
APRÈS LES ÉLECTIONS DE 1945

Les élections d'octobre 1945 confirmèrent les progrès de notre Parti, [...] le premier parti du pays. Derrière nous venaient, avec plus de 4 millions de voix chacun, le Mouvement républicain populaire et le Parti socialiste. Ensemble, socialistes et communistes avaient la majorité absolue. Ensemble nous aurions pu aborder les tâches de la reconstruction. [...] Les communistes et les ouvriers socialistes voulaient un gouvernement de gauche pour appliquer ce programme. Ils voulaient l'unité. Mais les chefs socialistes s'y refusaient. Ce qu'ils ont toujours redouté le plus, c'est l'unité.

Le 10 novembre, je prononçai à Ivry-sur-Seine un discours où je réclamai une fois de plus la formation d'un gouvernement démocratique à direction socialiste et communiste. Malheureusement, les chefs du parti socialiste gardaient les yeux fixés sur le MRP. Ils n'admettaient qu'un ministère triparti englobant cette formation. [...]

Nous n'avons jamais eu d'illusion sur le MRP. Nous connaissions l'histoire : nous savions qu'après chaque bouleversement social, chaque changement dans le rapport des forces — et la Résistance avait été l'un de ces changements — la réaction se regroupe derrière des enseignes nouvelles, pour donner le change et préparer sa contre-offensive. Dans les sections du MRP, il y avait des résistants authentiques, d'anciens militants des Jeunesses ouvrières catholiques et des syndicats chrétiens, sincèrement désireux de servir la cause des travailleurs. Le MRP n'en était pas moins un paravent derrière lequel se groupaient des forces sociales qui avaient soutenu le pouvoir de Vichy. Des scrutins ultérieurs confirmèrent notre appréciation. Le MRP devait y perdre les trois quarts de ses électeurs, qui reportèrent à nouveau leurs suffrages sur des candidats et des groupements plus ouvertement réactionnaires.

Puisque la solution alors la plus favorable au peuple de France — un gouvernement de coalition communiste et socialiste — se révélait impossible, par suite du refus socialiste, nous étions amenés à nous rallier à la formule d'un gouvernement triparti. Un pareil gouvernement comportait de sérieux inconvénients. Cependant, notre présence, notre action, notre influence serviraient la cause de la classe ouvrière et du peuple ; elles permettraient certaines réformes et garantiraient, en même temps que la défense de la nouvelle Constitution, une politique de paix et de progrès.

Le 13 novembre, nous votâmes avec tous les partis pour l'élection du général de Gaulle. Mais la règle démocratique exigeait que le premier parti à l'Assemblée eût au gouvernement une représentation conforme à son importance dans le pays. [...] Le général de Gaulle, refusant d'attribuer à un représentant de notre Parti l'un des trois grands ministères, offrit sa démission à l'Assemblée. Cette dernière le confirma dans son mandat sur proposition socialiste, par un scrutin dans lequel notre Parti s'abstint, considérant que le général de Gaulle avait effectivement donné sa démission. Les négociations pour la constitution du gouvernement reprirent aussitôt. Le général de Gaulle convoqua tous les groupes, comme le texte voté l'y obligeait. Notre controverse avec lui aboutit à un compromis. [...] Il fut bientôt clair que de Gaulle ne se résignait pas à gouverner sous le contrôle d'une Assemblée souveraine, avec des ministres qui ne seraient pas les simples exécuteurs de ses volontés.

Hautain, n'aimant pas les hommes, affichant pour le peuple un « mépris de fer », imbu de sa supériorité, entouré d'une cour d'aventuriers et de flatteurs, dont il n'écoutait d'ailleurs pas les conseils, le général de Gaulle se prenait pour un de ces héros prédestinés qui bouleversent l'histoire. La France, à ses yeux, ce n'était pas le peuple des usines et des champs, c'était lui-même. Parce qu'il avait prévu dans ses ouvrages militaires l'emploi de grandes unités mécanisées — sans toutefois parvenir à la conception de l'armée de masse, englobant blindés, artillerie et fantassins, qui assura les victoires de l'Armée rouge — de Gaulle se croyait un grand homme d'État. Il n'a pourtant pas fait preuve, au pouvoir, d'une compétence particulière dans les questions économiques et sociales. Roosevelt jugeait sévèrement de Gaulle et ses aspirations à la dictature. Le général devait bientôt apparaître sous son véritable jour ; un réactionnaire, avec tous les préjugés de sa caste, ne proposant à la classe ouvrière que les ressucées du vichysme et du corporatisme, « l'État fort, l'association du capital et du travail ».

Maurice Thorez, *Fils du peuple*, Paris, © Éditions Sociales, 1970.

tère de l'Armement. Le MRP Georges Bidault conserva les Affaires étrangères et le socialiste Adrien Tixier l'Intérieur. En définitive, les communistes obtinrent 5 ministères sur 21 : un ministère d'État pour Maurice Thorez, l'Économie nationale pour François Billoux, la Production industrielle pour Marcel Paul, le Travail pour Ambroise Croizat.

Si de Gaulle avait pu, pour l'essentiel, imposer sa volonté lors de la formation du cabinet, il ne profita pas longtemps de ce succès. En effet, les escarmouches entre le chef du gouvernement et l'Assemblée se multiplièrent. Les élus considéraient qu'issus du suffrage universel, ils avaient le pas sur l'exécutif, qu'ils pouvaient le critiquer et lui imposer leur volonté. Le conflit s'envenima quand le gouvernement ne put obtenir le vote des crédits militaires qu'il demandait. De Gaulle se montrait encore plus exaspéré d'être tenu à l'écart des travaux de la commission qui préparait la future constitution. Il pressentait que celle-ci ferait la part belle au pouvoir législatif et favoriserait le retour au « régime des partis ». Sentant qu'il n'avait plus prise sur l'Assemblée, le général donna brutalement sa démission le 20 janvier 1946. Sans doute espérait-il ainsi produire une forte émotion dans l'opinion et une prise de conscience dans les états-majors politiques. Si le MRP comprenait le message, ses ministres démissionneraient aussi, ébranleraient la majorité, laisseraient en tête-à-tête les socialistes et les communistes qui ne tarderaient pas à se quereller. La confusion conduirait à faire à nouveau appel à de Gaulle qui pourrait alors imposer ses vues. Mais rien de tel ne se produisit car le MRP se maintint. Le départ du général de Gaulle en janvier 1946 marqua ainsi une coupure décisive et la fin de la période dite de la Libération.

UN JUGEMENT DE MICHEL DEBRÉ
SUR LE GOUVERNEMENT DU GÉNÉRAL DE GAULLE

Le gouvernement du général de Gaulle avait accompli une œuvre considérable. Personne n'avait ménagé sa peine. En quelques mois, l'État avait retrouvé son rôle d'ordre et d'équipement publics. Orientant l'avenir, proche ou lointain, des décisions capitales avaient été prises : Commissariat à l'énergie atomique, Électricité de France, Charbonnages de France, Sécurité sociale, Allocations familiales, Plan de modernisation, École nationale d'administration. Certaines réalisations comme la nationalisation de Renault, ou celle des banques de dépôt et des assurances, pouvaient être contestées : elles étaient de l'ordre de la nécessité politique. La reconstruction des régions dévastées avait commencé et la reprise de l'activité se faisait sentir. [...]
Le cœur du peuple demeurait fidèle au général. Sa venue dans les provinces était toujours un succès et la foule qui se pressait n'était pas mue par la seule curiosité. [...]
À dire vrai, on percevait aussi des fissures dont chaque mois les sondages, alors très nouveaux, nous apportaient la trace.
Il y avait d'abord une sorte de déception latente, faite d'éléments variés et souvent contradictoires : la Libération avait été trop douce, ou au contraire trop dure ! Les communistes avaient trop d'influence, ou pas assez ! Le ravitaillement demeurait inégal et le retour de la liberté aggravait l'injustice du marché parallèle. L'hiver était rude et l'approvisionnement du charbon encore malaisé. Les destructions avaient été si nombreuses et graves que le relogement des sinistrés attendrait de longs mois pour ne pas dire plus. Rétablir les ponts, les routes, les chemins de fer, ranimer une industrie ruinée, remettre debout écoles et hôpitaux : cette reconstruction d'une part importante de la France exigeait d'un pays appauvri un effort financier considérable. Et il y avait les difficiles et douloureux problèmes humains posés par le retour des déportés et des prisonniers.
On avait entretenu l'illusion — et il n'était guère possible qu'il en fût autrement — qu'avec la fin de l'Occupation commencerait une ère nouvelle d'abondance et de fraternité. [...]
Il y avait la renaissance de ce qu'il est convenu d'appeler la politique. Discussions infinies sur la naissance de nouveaux partis ou le retour des anciens, soumission révérentielle au « programme du CNR » considéré comme l'ultime pensée de la Résistance et le remède universel, ambitions électorales ou rêveries sur les lendemains de la paix, les Français retrouvaient avec la liberté, la joie des mots et des idées. [...]
Fallait-il que, chef historique, le Général de Gaulle devînt chef politique ? [...]
Le Général préféra choisir une autre voie. Il hésita ou plutôt, me semble-t-il, fit semblant. Porté par le destin comme par son caractère, au niveau le plus élevé de la politique et de l'histoire, pouvait-il se présenter seulement comme le chef d'une formation, fût-elle appelée à devenir majoritaire ?
Après avoir pendant quatre ans dialogué avec la France éternelle, le général se rebelle alors contre les orientations du dialogue souhaité par la représentation politique.

Michel Debré, *Trois Républiques pour une France. Mémoires*, tome I, Paris, © Albin Michel, 1984.

Le tripartisme et la naissance de la IVe République (janvier 1946 - mai 1947)

De la démission du général de Gaulle en janvier 1946 à l'éviction des communistes du gouvernement en mai 1947 s'écoula une période durant laquelle la majorité parlementaire reposa sur l'alliance plus ou moins solide de trois partis, le Parti communiste, le Parti socialiste SFIO et le Mouvement républicain populaire. Ce furent ces alliés, constituant le tripartisme, qui, après un premier projet repoussé par le corps électoral, parvinrent à faire adopter par référendum la constitution de la IVe République. Ce succès relatif, acquis avec un faible nombre de oui, ne renforça pas la cohésion de la majorité qui, adoptant des positions différentes sur les questions de politique étrangère, coloniale, économique et sociale, se disloqua rapidement.

1. Les composantes du tripartisme

En démissionnant brutalement le 20 janvier 1946, le général de Gaulle n'envisageait probablement pas de s'éloigner très longtemps du pouvoir, mais il espérait y être rappelé vite et dès lors gouverner à ses conditions. Sans doute escomptait-il que l'opinion se mobiliserait en sa faveur. Or, si les Français se montrèrent surpris par le retrait de l'homme du 18 juin, nul ne manifesta pour exiger son maintien à la tête du gouvernement. Les partis s'accommodèrent fort bien de l'absence d'un homme autoritaire aux idées tranchées.

Le MRP aurait pu manœuvrer pour aider de Gaulle à revenir au pouvoir : il lui suffisait de suivre le général dans sa retraite et de refuser toute participation au gouvernement. Or, ceux des démocrates-chrétiens qui étaient partisans de la fidélité à de Gaulle — le MRP était d'ailleurs surnommé le « parti de la fidélité » — durent aussitôt s'incliner devant leurs amis favorables au maintien du parti dans la majorité. En facilitant ainsi la transition et la formation d'un nouveau cabinet, cela sans heurt, le MRP marquait son attachement à la fois à la démocratie parlementaire et à une politique de présence car il estimait imprudent de laisser la direction des affaires à la seule gauche communiste et socialiste.

Les communistes, pour leur part, auraient préféré constituer un cabinet d'union ouvrière avec les seuls socialistes, cabinet qui disposait de la majorité arithmétique à l'Assemblée constituante. Ainsi le MRP, considéré comme réactionnaire par le PCF, aurait été rejeté dans l'opposition. Mais la majorité des socialistes ne souhaitaient pas une telle formule. Ils partageaient certes avec les communistes une certaine méfiance à l'égard du MRP, champion de l'Église catholique dans la question scolaire et refuge électoral des conservateurs momentanément veufs de la droite classique. Mais les socialistes appréciaient aussi les chefs démocrates-chrétiens, résistants authentiques, ouverts à la question sociale, démocrates, partisans du fédéralisme européen. De plus, la SFIO, comme le MRP, redoutait le PCF et les projets révolutionnaires qu'on lui prêtait. Ainsi les socialistes ne voulurent se séparer d'aucun de leurs deux partenaires ; rendus indispensables par leur position centrale dans le trio, ils étaient maîtres de la situation.

Obligées de s'entendre, les trois formations constituant la majorité signèrent le 23 janvier 1946 la Charte du tripartisme. Celle-ci définissait un programme mais apparaissait surtout comme un pacte de non-agression fixant les frontières de la solidarité entre les contractants. En vérité, les trois partis voyaient nettement les limites de leur alliance et essayaient par avance de réduire la portée des conflits qui risquaient de surgir.

Les conditions dans lesquelles fut formé le gouvernement révélèrent bien qu'une nouvelle période s'ouvrait. À la forte personnalité qu'était de Gaulle succéda un président du Conseil affable et courtois, porté à la conciliation, le socialiste méridional Félix Gouin, jusque-là président de l'Assemblée constituante. Gouin, renonçant à choisir lui-même les ministres, se borna à répartir les portefeuilles entre les partis et pria ceux-ci de désigner les titulaires des ministères. De la sorte, les états-majors politiques acquirent une position essentielle, plus forte que celle des ministres, délégués par eux, ou des simples députés, obligés de suivre leurs chefs : après de Gaulle se mit en place le « régime des partis ».

2. La naissance de la IVe République

Alors que le général de Gaulle s'était irrité de ce que son gouvernement ne fût pas associé à l'œuvre constitutionnelle, Félix Gouin laissa travailler l'Assemblée, sans intervenir. La mise au point du texte fondamental de la République ne s'en trouva pas facilitée pour autant.

1. La difficile mise au point de la constitution

Un projet de loi fondamentale prenait corps à l'Assemblée et plus particulièrement dans sa commission de la constitution. Les travaux furent marqués par une opposition entre le MRP d'une part et la SFIO et le PCF d'autre part. Finalement le rapporteur général de la commission, le républicain populaire François de Menthon, ne pouvant faire prévaloir ses vues contre la gauche majoritaire, donna sa démission le 2 avril 1946 et fut remplacé par le radical Pierre Cot, très proche des communistes.

1.1. Le premier projet de constitution

Le projet préparé par les communistes et les socialistes prévoyait de confier l'essentiel des pouvoirs à une Assemblée unique élisant le président du Conseil et le président de la République. Ce dernier, dépouillé de tout pouvoir, jouait un rôle purement symbolique. Le gouvernement pouvait certes prononcer la dissolution de l'Assemblée, mais, dans ce cas, il se trouvait obligé de démissionner et de remettre ses pouvoirs au président de la chambre. Le pouvoir exécutif se trouvait ainsi étroitement sous la coupe du pouvoir législatif.

Ce projet constitutionnel se heurta très vite à deux oppositions. Le MRP, pour sa part, condamnait un texte qui donnait d'énormes pouvoirs à une assemblée unique ; il craignait que la majorité de gauche pût de la sorte opérer une révolution sociale par la voie légale et, pour parer à un tel danger, il demandait au moins la création d'une deuxième chambre qui ferait contrepoids à la première. Les radicaux, toujours fidèles à la IIIᵉ République, rejetaient aussi le projet socialo-communiste ; ils exclurent de leurs rangs le rapporteur Pierre Cot qui soutenait le texte et adoptait des positions situées trop à gauche pour le parti. Les radicaux, conscients du discrédit qui les frappait et de leur faiblesse, se rapprochèrent alors de l'UDSR et de quelques formations modérées pour constituer en avril 1946 une fédération, le Rassemblement des gauches républicaines (RGR) dont le secrétaire général était Jean-Paul David. Le MRP et le RGR dénoncèrent le projet de constitution, le monocamérisme, la faiblesse de l'exécutif, les menaces contre la liberté, la dictature qu'un parti pourrait exercer à l'Assemblée. Cette dernière fut assimilée à la Convention de l'époque révolutionnaire et les communistes furent peints comme de nouveaux montagnards.

Cependant, la gauche étant majoritaire à la Constituante, le projet fut adopté, le 19 avril 1946, par 309 voix contre 249. Le dernier mot appartenait au corps électoral. Au référendum du 5 mai, l'abstention fut seulement de 19 %. Le non l'emporta avec 10 270 000 voix, soit 53 %, contre 9 110 000, soit 43 %. Ce résultat constitua une surprise tant le PCF, ardent partisan du projet, avait semblé jusqu'alors dans une phrase ascendante. Or, les Français avaient été surtout sensibles aux arguments prêtant aux communistes l'intention d'utiliser les nouvelles institutions pour établir un pouvoir non démocratique. Et le PCF avait donné prise au soupçon en menant une campagne particulièrement insistante pour le projet et conduisant à penser que voter oui équivalait à voter communiste.

La SFIO, qui se trouvait aussi à l'origine du projet rejeté, s'était tenue en retrait pendant la campagne, car certains de ses membres s'inquiétaient du dynamisme des communistes. Le revers que constituait le désaveu du corps électoral stimula l'aile gauche du parti qui dénonçait les hésitations du secrétaire général Daniel Mayer et ses orientations trop humanistes, éloignées des racines guesdistes et marxistes de la SFIO. Aussi, au congrès d'août 1946, Mayer se trouva-t-il mis en minorité et remplacé par Guy Mollet, député-maire d'Arras, professeur austère et garant de l'orthodoxie marxiste.

1.2. La deuxième Assemblée constituante

Le non exprimé par les électeurs entraîna l'élection d'une deuxième Assemblée constituante chargée, dans un délai de sept mois, d'élaborer un nouveau projet soumis lui aussi à référendum.

Aux élections du 2 juin 1946, les forces du tripartisme conservèrent leur prépondérance, mais en subissant des modifications internes.

Élections du 2 juin 1946		
	% des suffrages exprimés	Nombre de sièges
MRP	28,2	169
PCF	25,9	153
SFIO	21,1	129
Modérés	12,8	67
RGR	11,6	53
Divers	0,1	15

Le MRP en net progrès avec 5 600 000 voix dépassait le PCF qui se maintenait avec 5 150 000 voix. La SFIO reculait en rassemblant seulement 4 200 000 voix. Les deux partis de gauche, PCF et SFIO, perdaient la majorité absolue. Ces résultats permirent au MRP, devenu le premier parti de France, d'obtenir deux postes clefs : la direction du gouvernement pour Georges Bidault et la fonction de rapporteur général de la commission constitutionnelle pour Paul Coste-Floret.

Au moment où les partis remettaient en chantier l'élaboration d'un nouveau projet constitutionnel, le général de Gaulle qui ne s'était plus exprimé depuis sa démission vint à Bayeux, le 16 juin 1946, à l'occasion de l'anniversaire de la libération de cette ville et y prononça un discours appelé à un grand retentissement. L'orateur réclamait une nette séparation des pouvoirs. Pour lui, le législatif devait comprendre deux chambres se faisant contrepoids. L'exécutif reposerait sur un vrai chef d'État, élu par un collège large, garant de l'intérêt général, assurant la continuité, « arbitre au-dessus des contingences politiques ».

1.3. L'adoption du deuxième projet constitutionnel

Le discours de Bayeux qui aurait pu séduire le MRP et le séparer de ses deux partenaires aboutit en fait au résultat inverse. En effet, les démocrates-chrétiens virent dans le ton de de Gaulle une mise en demeure choquante et dans ses propositions une trop forte amputation des pouvoirs parlementaires. Le MRP se rapprocha alors de la SFIO et du PCF, négocia avec ceux-ci un texte constitutionnel de compromis qui fut adopté à l'Assemblée par une forte majorité de 440 voix contre 106. De Gaulle condamna fermement le nouveau projet et ainsi fut consommée la rupture entre lui-même et l'ancien parti de la fidélité.

Les électeurs habituels du MRP, qui avaient l'habitude d'observer une convergence entre les vues de leur parti et celles de de Gaulle, furent gênés. Beaucoup n'allèrent pas voter et le taux d'abstention, lors du référendum constitutionnel du 13 octobre 1946, atteignit 31,2 %. Le oui obtint 9 millions de voix, soit 53 % des suffrages exprimés et seulement 36 % des inscrits ; le non, avec 7 800 000 voix, représentait respectivement 47 % et 31,2 %. Le oui apparaissait bien timide, mais il suffisait pour que le texte fût adopté.

2. La constitution de 1946

La constitution de 1946 qui fondait la IVe République s'ouvrait par un préambule de coloration sociale et démocratique. Cette introduction proclamait que les droits de l'homme étaient « inaliénables et sacrés », elle garantissait l'égalité de la femme et l'ensemble des libertés, elle énonçait que les grands services publics et les monopoles devaient appartenir à la collectivité, ce qui justifiait *a posteriori* les nationalisations effectuées depuis la Libération.

PRÉAMBULE DE LA CONSTITUTION DE 1946

Au lendemain de la victoire remportée par les peuples libres sur les régimes qui ont tenté d'asservir et de dégrader la personne humaine, le peuple français proclame à nouveau que tout être humain, sans distinction de race, de religion ni de croyance, possède des droits inaliénables et sacrés. Il réaffirme solennellement les droits et les libertés de l'homme et du citoyen consacrés par la Déclaration des droits de 1789 et les principes fondamentaux reconnus par les lois de la République.

Il proclame, en outre, comme particulièrement nécessaires à notre temps, les principes politiques, économiques et sociaux ci-après :

La loi garantit à la femme, dans tous les domaines, des droits égaux à ceux de l'homme.

Tout homme persécuté en raison de son action en faveur de la liberté a droit d'asile sur les territoires de la République.

Chacun a le devoir de travailler et le droit d'obtenir un emploi. Nul ne peut être lésé, dans son travail ou son emploi, en raison de ses origines, de ses opinions ou de ses croyances. Tout homme peut défendre ses droits et ses intérêts par l'action syndicale et adhérer au syndicat de son choix. Le droit de grève s'exerce dans le cadre des lois qui le réglementent. Tout travailleur participe, par l'intermédiaire de ses délégués, à la détermination collective des conditions de travail ainsi qu'à la gestion des entreprises.

Tout bien, toute entreprise, dont l'exploitation a ou acquiert les caractères d'un service public national ou d'un monopole de fait, doit devenir la propriété de la collectivité.

La Nation assure à l'individu et à la famille les conditions nécessaires à leur développement.

Elle garantit à tous, notamment à l'enfant, à la mère et aux vieux travailleurs, la protection de la santé, la sécurité matérielle, le repos et les loisirs. Tout être humain qui, en raison de son âge, de son état physique ou mental, de la situation économique, se trouve dans l'incapacité de travailler a le droit d'obtenir de la collectivité des moyens convenables d'existence.

La Nation proclame la solidarité et l'égalité de tous les Français devant les charges qui résultent des calamités nationales.

La Nation garantit l'égal accès de l'enfant et de l'adulte à l'instruction, à la formation professionnelle et à la culture. L'organisation de l'enseignement public gratuit et laïque à tous les degrés est un devoir de l'État.

La République française, fidèle à ses traditions, se conforme aux règles du droit public international. Elle n'entreprendra aucune guerre dans des vues de conquête et n'emploiera jamais ses forces contre la liberté d'aucun peuple.

Sous réserve de réciprocité, la France consent aux limitations de souveraineté nécessaires à l'organisation et à la défense de la paix.

Le Parlement, détenteur du pouvoir législatif, se composait de deux chambres. La première, l'Assemblée nationale, élue pour cinq ans au suffrage universel direct, maîtresse de son ordre du jour, siégeant en permanence, votait les lois, sans pouvoir déléguer cette fonction, investissait et renversait le gouvernement. La seconde chambre, le Conseil de la République, élu par un collège de grands électeurs comprenant notamment les députés et les conseillers généraux, avait un rôle de réflexion et non de décision ; le Conseil, en effet, ne pouvait guère qu'émettre des avis. Le dernier mot appartenait toujours à l'Assemblée nationale qui constituait ainsi le rouage parlementaire essentiel.

Le président de la République, élu par les deux chambres réunies en congrès, avait la faculté de jouer un rôle politique limité, mais réel. Son long mandat de sept ans lui conférait autorité et indépendance face à des gouvernements généralement éphémères. Prérogative fondamentale, il lui revenait de désigner le président du Conseil, avec toute liberté de choix, pourvu que l'homme ainsi distingué parvînt à obtenir une majorité à l'Assemblée nationale ; en choisissant l'un plutôt que l'autre, le chef de l'État pouvait exercer une influence directe sur la vie politique.

Le président du Conseil, remplissant les fonctions d'un Premier ministre, devait, après sa désignation par le président de la République, obtenir l'investiture de l'Assemblée nationale à la majorité absolue, disposition destinée à lui assurer une solide base parlementaire, donc une autorité et une garantie de stabilité. Cette investiture était conférée au président du Conseil et non à ses ministres dont il faisait connaître le nom seulement après avoir obtenu le vote positif de la Chambre. Les auteurs de la constitution, toujours pour maintenir la stabilité ministérielle, avaient étroitement défini les procédures par lesquelles l'Assemblée nationale pouvait renverser le gouvernement. Cette chute résultait soit d'une motion de censure d'origine parlementaire, ce qui ne se produisit jamais sous la IVe République, soit d'une question de confiance posée par le gouvernement ; il fallait alors que la confiance fût refusée à la majorité absolue.

Dans la pratique, les dispositions destinées à donner au gouvernement autorité et durabilité se révélèrent vaines, ce qui renforca l'omnipotence de l'Assemblée nationale. En effet, en janvier 1947, le président du Conseil Paul Ramadier, investi personnellement comme le voulait la constitution, crut bon de solliciter un deuxième vote de confiance en faveur de ses ministres, comme cela se faisait sous la IIIe République dont il était un vétéran. Ainsi se créa la tradition de la « double investiture » qui réduisit l'indépendance du chef du gouvernement, engendra des difficultés politiques et allongea souvent la durée des crises ministérielles ou périodes de formation d'un nouveau cabinet. Alors que, selon la constitution, un gouvernement ne devait disparaître qu'après un vote de défiance à la majorité absolue, beaucoup de présidents du Conseil préférèrent démissionner pour des raisons qui ne les obligeaient pas à prendre une telle décision : crainte d'être renversé dans les formes légales, scrutin les mettant en minorité seulement à la majorité relative, défection d'un des partis composant la majorité... L'instabilité devint ainsi l'un des maux de la IVe République.

La toute-puissance de l'Assemblée nationale aurait pu être menacée par l'arme de la dissolution confiée à l'exécutif. Mais l'usage de cette arme était rendu très difficile : l'Assemblée ne pouvait être dissoute que dix-huit mois après les élections et à condition que deux crises ministérielles se fussent produites. Si la dissolution était prononcée, un gouvernement intérimaire placé sous le contrôle du président de l'Assemblée nationale et de l'ensemble des partis se trouvait mis en place.

Ainsi, la IVe République prit très vite des traits de la IIIe République, cela par les pratiques qu'imposèrent certains hommes qui avaient commencé leur carrière sous le régime précédent et revenaient à leurs vieilles habitudes. Cependant, le système fondé en 1946 différait du précédent : avant 1940 en effet, le Sénat occupait une place importante, tandis que le Conseil de la République qui le remplaçait jouait un rôle très effacé ; dans les faits, la IVe République tendait vers le monocamérisme.

3. La mise en place des nouvelles institutions

Il fallait donner vie à la constitution adoptée par le référendum du 13 octobre 1946 et désigner les responsables politiques.

Le 10 novembre 1946 eurent lieu les élections législatives, lesquelles représentaient, en comptant les référendums, la sixième consultation générale en un an. Cette saturation explique que la campagne se déroula sans passion et que l'abstention atteignit alors près de 22 % des inscrits. Les résultats offraient peu de différence par comparaison avec les récentes élections à la deuxième Constituante.

ÉLECTIONS DU 10 NOVEMBRE 1946		
	% des suffrages exprimés	Nombre de députés
PCF	28,2	183
MRP	25,9	167
SFIO	17,8	105
Modérés	12,9	71
RGR (radicaux + UDSR)	11,1	70
Divers	3,8	22

Le PCF reprenait la première place, au détriment du MRP qui reculait légèrement, peut-être parce qu'une Union gaulliste, dirigée par René Capitant mais sans l'aval du général, lui avait ravi quelques voix. Les socialistes apparaissaient comme les plus malmenés, avec une nouvelle perte de 700 000 voix, en raison de leurs incessants balancements entre le PCF et le MRP. Le RGR et les modérés, très en deçà, accomplissaient cependant de légers progrès. Pour la direction du dernier gouvernement provisoire, qui devait demeurer seulement jusqu'à l'élection du président de la République, l'Assemblée nationale refusa son investiture successivement au communiste Maurice Thorez et au MRP Georges Bidault. Ce fut finalement l'éminent socialiste Léon Blum, doté d'une forte autorité morale, qui forma un cabinet homogène SFIO, le 16 décembre 1946.

Le Conseil de la République fut élu les 24 novembre et 8 décembre 1946, selon les modalités complexes prévues par la constitution. La composition de cette chambre fut voisine de celle de l'Assemblée nationale.

Le Parlement, dès lors au complet, put, réuni en congrès à Versailles, procéder à l'élection du président de la République. Le 16 janvier 1947, dès le premier tour, le socialiste Vincent Auriol fut élu avec 452 voix contre 242 au MRP Auguste Champetier de Ribes, 122 à un candidat radical et 62 à un modéré. Le nouveau président de la République, né en 1884, fils de boulanger et avocat de profession, avait gardé l'accent de son Sud-Ouest natal et faisait preuve d'un optimisme jovial. En 1936, il avait été le ministre des Finances de Léon Blum dont il était un fidèle. En 1940, il avait fait partie des quatre-vingts parlementaires qui refusèrent les pleins pouvoirs à Pétain. Entré dans la Résistance, il était parvenu aux premiers rangs après la Libération : il succéda alors à Félix Gouin à la présidence de la première Assemblée constituante et conserva cette fonction dans la deuxième. Homme de devoir, travailleur infatigable, convaincu de l'importance de la présidence de la République, il exerça depuis l'Élysée une influence plus grande que ne le prévoyaient les auteurs de la constitution. Dans un discours du 15 novembre 1951, il définit en ces termes le rôle qu'il entendait jouer : « J'ai déclaré dès mon installation que je ne serai ni un président soliveau ni un président personnel (...). Il y a place pour cette magistrature morale dont on a parlé, pour ce pouvoir de conseil, d'avertissement, de conciliation qui doit être celui du chef de l'État. »

3. La fin du tripartisme (janvier-mai 1947)

Dès qu'il fut installé à l'Élysée, Vincent Auriol désigna pour la présidence du Conseil un autre socialiste, Paul Ramadier. Celui-ci, honnête, cultivé, bénéficiant de l'estime générale, avait déjà accompli une longue carrière politique sous la IIIᵉ République et restait marqué par les pratiques anciennes. Après avoir été investi, il composa un gouvernement tripartite, mais en élargissant celui-ci par l'appel à des ministres radicaux, UDSR et modérés. Comme l'avaient fait ses prédécesseurs immédiats, Ramadier demanda aux partis de désigner les titulaires des portefeuilles, ce qui consacrait une nouvelle fois l'importance des formations politiques. Enfin, décision lourde de conséquences, le président du Conseil, deux jours après sa propre investiture, demanda à l'Assemblée nationale d'approuver la composition de son cabinet par un deuxième vote d'investiture. Cet acte, non prévu par la constitution, assurait la prééminence des élus sur le gouvernement et affaiblissait l'autorité de celui-ci.

Paul Ramadier allait se heurter à de nombreuses difficultés qui conduisirent à l'éclatement du tripartisme.

1. Les difficultés économiques

Au début de 1947, les ruines accumulées par la guerre n'étaient pas relevées. La production industrielle et agricole stagnait. Les pénuries, particulièrement ressenties dans le ravitaillement en charbon, en produits manufacturés, en denrées alimentaires, rendaient précaire et incertaine la vie quotidienne. Le rationnement autoritaire, instauré pendant la guerre, essayait de répartir équitablement les maigres stocks dont disposait le pays. Ainsi, en avril 1947, la ration quotidienne de pain fut réduite à 250 grammes par personne, puis à

200 grammes en septembre. La nécessité de recourir à de nombreuses importations pour pallier les insuffisances de la production plongeait la balance commerciale dans un déficit profond. L'épuisement des réserves en or et en devises amena les gouvernements à emprunter aux États-Unis pour pouvoir régler les achats extérieurs. En contrepartie, les Américains demandèrent que le marché français s'ouvrît à leurs produits ; ainsi, les accords Blum-Byrnes, signés en mai 1946, amenèrent notamment en France les films tournés outre-Atlantique et... de grandes quantités de chewing-gum.

Les gouvernants ne parvenaient pas à équilibrer le couple salaires et prix : les premiers étaient contenus, afin de limiter l'inflation ; les seconds s'envolaient. En fait, la disparité entre une offre réduite et une forte demande stimulait l'inflation. Blum, lors de son bref passage à la tête du gouvernement, avait décidé une baisse autoritaire des prix de 5 %, baisse qui entraîna un répit seulement momentané. Pour dompter la hausse, Ramadier se résolut à bloquer les salaires.

Le rationnement et la cherté de la vie entretenaient dans la population un climat de désenchantement mêlé d'exaspération. Le Parti communiste et la CGT qui, depuis le Libération, annonçaient le retour de la prospérité grâce à un intense effort collectif et approuvaient la limitation des hausses de salaires, ne se trouvaient pas à l'abri de la critique. La multiplication des grèves spontanées exprimait le mécontentement général face à une situation matérielle que les gouvernements semblaient incapables de redresser.

2. Les difficultés à l'extérieur

De lourdes menaces débouchant sur des affrontements ouverts s'accumulaient en Extrême-Orient (voir chapitre 17), tandis que des déceptions et des reclassements dans les choix diplomatiques caractérisaient les relations avec les pays étrangers.

Dans ce dernier domaine, la France voulait obtenir un affaiblissement de l'Allemagne par le morcellement de celle-ci. Les États-Unis et le Royaume-Uni, désireux de ressusciter un État allemand, s'opposaient à ce projet, ce qui conduisait les Français à rechercher l'appui de l'URSS. Or, dès le printemps 1947, cette politique, approuvée par les trois contractants du tripartisme, déboucha sur une impasse. En effet, les Anglo-Saxons décidèrent alors de réagir contre l'emprise soviétique qui s'étendait sur l'est de l'Europe. En mars 1947, Churchill dénonça « le rideau de fer... tombé sur le continent » ; le président américain Harry Truman définit la politique du « *containment* » destinée à empêcher désormais l'extension du communisme. La France dut choisir son camp. Ses structures sociales, ses intérêts économiques, sa situation géographique, sa culture au sens large du terme la rendaient bien sûr solidaire du bloc occidental. Aussi adhéra-t-elle à celui-ci d'autant plus facilement qu'à la conférence de Moscou d'avril 1947, Staline ne défendit pas les demandes françaises à l'égard de l'Allemagne. (Sur cet aspect de la politique extérieure de la France, voir chapitre 19, pp. 457-458.)

3. Les difficultés politiques

Les problèmes économiques et sociaux que traversait le pays, les grandes orientations de la politique coloniale et étrangère allaient ébranler la cohésion de la majorité tripartite et amener les communistes à se dissocier progressivement de leurs partenaires. De fait, le PCF se débattait entre deux exigences de plus en plus contradictoires : d'une part rester au gouvernement pour exercer une certaine influence sur les choix de celui-ci et pour sauvegarder les positions occupées par les militants dans l'administration, d'autre part critiquer ce même gouvernement pour rester fidèle aux grands principes marxistes défendus par le parti.

Lors de la formation du gouvernement Ramadier, les communistes avaient obtenu une satisfaction apparente. Après qu'ils eussent demandé une nouvelle fois un grand ministère, le président du Conseil avait attribué à l'un d'entre eux, François Billoux, le portefeuille de la Défense nationale, mais chacune des trois armes était confiée à un autre ministre, non communiste. Ainsi, tout en permettant au PCF de sauver la face en accédant enfin à une de ses demandes insistantes, cette répartition des responsabilités signifiait au Parti qu'il était vu avec suspicion et que ses alliés de la majorité acceptaient la présence d'un communiste au ministère de la Défense nationale seulement si le contrôle direct des armées échappait à ce ministre.

Le PCF mesura davantage encore sa marginalisation quand il se trouva confronté à la politique menée par les socialistes et le MRP à l'extérieur. En effet, le parti ami des Soviétiques partageait le pouvoir avec des hommes qui arrimaient la France au camp occidental. Partisan de l'émancipation des peuples et solidaire du communiste Hô Chi Minh, le PCF appartenait à un gouvernement qui faisait la guerre en Indochine et exerçait une répression brutale à Madagascar. Aussi, pour manifester leurs sentiments profonds, les députés communistes restèrent-ils assis, le 18 mars 1947, alors que leurs collègues se levaient tous pour rendre hommage aux soldats français tombés en Indochine. Le 22 mars, lors du vote des crédits militaires permettant de continuer la lutte au Viêt-nam, les députés communistes s'abstinrent, tandis que les ministres du Parti votaient favorablement. Le 16 avril, alors que le Conseil des ministres préparait la levée de l'immunité parlementaire des députés malgaches tenus pour responsables de l'insurrection dans la Grande Île, les ministres communistes, refusant de s'associer à cette mesure, firent une sortie spectaculaire avant la fin du Conseil. Ces escarmouches traduisaient l'embarras du PCF qui réprouvait la politique de Ramadier sans se résoudre à rompre avec celui-ci.

La rupture qui survint finalement ne fut pas directement imputable aux communistes, mais résulta bien plutôt de la conjoncture économique et sociale. Le blocage des salaires imposé par le gouvernement entraînait un mécontentement grandissant. Le 25 avril 1947, les ouvriers des usines Renault, à l'appel de quelques militants trotskystes, se mirent en grève pour obtenir une augmentation de salaire. Dans un premier temps, la CGT et le PCF, fidèles à leurs mots d'ordre productivistes, s'opposèrent à ce mouvement et dénoncèrent les « provocateurs hitléro-trotskystes à la solde de de Gaulle ». Mais la grève faisant tache d'huile et se révélant populaire, la CGT se rallia rapidement aux ouvriers pour éviter d'être débordée. Le PCF en fit autant et appuya les revendications des grévistes. Ramadier, considérant alors que la solidarité gouvernementale était rompue, posa la question de confiance à l'Assemblée nationale. Le 4 mai 1947, députés et ministres communistes, franchissant un pas de plus dans l'opposition, votèrent tous contre le gouvernement. Ramadier réunit celui-ci aussitôt après le débat et pria les ministres appartenant au PCF de tirer la conséquence de leur geste en donnant leur démission. Ayant essuyé un refus, Ramadier révoqua les ministres par un décret publié le lendemain 5 mai au *Journal Officiel*.

Les acteurs de cette rupture, à commencer par les communistes, ne crurent pas au caractère définitif de celle-ci. De la sorte, le PCF, durant plusieurs mois, se comporta en parti de gouvernement, écarté momentanément des affaires ; il soutenait certes les grèves, mais ne les exacerbait pas, afin de rendre plus facile son éventuel retour dans le cabinet. Or, le Parti dut attendre ce retour jusqu'en 1981. En fait la mise à l'écart des amis de Moscou constituait une conséquence de la guerre froide. En l'espace de quelques semaines, les communistes se trouvèrent évincés de tous les gouvernements d'Europe occidentale auxquels ils participaient, au Danemark, en Belgique, en Italie, en France, cela sans que se révélât nécessaire une pression directe des États-Unis. La logique des relations internationales impliquait un tel reclassement. En France, l'éviction des communistes en mai 1947 signifia pour ceux-ci le début d'un isolement rigoureux, dont ils ne prirent conscience que progressivement, et la rupture définitive du tripartisme.

LE DÉBAT ÉCONOMIQUE ET LA RUPTURE
AVEC LES COMMUNISTES, D'APRÈS VINCENT AURIOL

1er mai

21 heures : Je fais au Conseil des ministres un compte rendu de mon voyage en AOF. Le président du Conseil me remercie au nom du gouvernement et, sans transition, expose la situation politique créée par les divergences de vues entre ministres sur la politique générale.

Un relèvement des salaires aurait de fâcheuses répercussions sur le plan économique, sur le plan monétaire et également pour l'indépendance de notre pays. Ramadier veut rester fidèle au double engagement pris devant l'Assemblée nationale, à sa déclaration ministérielle. Les ministres solidaires ont accepté et il leur demande d'être fidèles à leur engagement. En ce moment, la tendance est encore à la baisse, les éléments de hausse ont été éliminés ; si on accepte l'augmentation des salaires, c'est alors la chute de la monnaie, les importations seront difficiles, le blé importé augmentera de prix et nous obligera à réduire la ration du pain ou à en augmenter le prix. Il faudra demander des crédits internationaux, ainsi la situation de la France sera compromise. [...]

Thorez répond immédiatement ; il reconnaît qu'en effet le gouvernement s'était constitué sur des bases précises pour le maintien du franc par une baisse effective des prix. Donc, pas d'augmentation des prix. Sur le fond, il est toujours d'accord pour cette politique car la politique de baisse est la seule susceptible de créer des conditions de relèvement de la puissance d'achat de la classe ouvrière. Il n'est pas d'accord sur les moyens. Il ne serait pas communiste s'il acceptait la théorie du cycle infernal des salaires courant après les prix ou des prix courant après les salaires. Il ne croit pas qu'une hausse des salaires entraîne une hausse des prix car, ce qu'il faut, c'est prélever la différence du profit et du capital. [...]

Il va falloir prendre une décision et je conclus le débat en résumant la situation. Deux questions se posent : L'une d'ordre politique, l'autre d'ordre constitutionnel. La première a été largement traitée par le président du Conseil, c'est de savoir si on continue ou non la politique de baisse des prix. [...]

Le refus par les ministres communistes d'accepter de continuer la politique définie par la déclaration ministérielle pose la question de la solidarité gouvernementale et de la majorité parlementaire. Par les articles 45 et 46 de la Constitution, c'est le président du Conseil qui est responsable devant l'Assemblée de la politique du gouvernement. C'est lui seul qui a choisi librement ses ministres. C'est lui seul qui peut dire si les ministres qui sont en désaccord avec lui peuvent rester au gouvernement. Je n'accepte aujourd'hui aucune démission. Il faut que vous soumettiez le désaccord à l'Assemblée, il faut que le président du Conseil aille devant elle, lui explique les divergences de vues et la rupture de la solidarité ministérielle et demande à l'Assemblée si elle maintient le programme qu'elle a adopté, et si elle lui maintient à lui, président du Conseil, la confiance qu'elle lui a accordée. C'est un précédent qui vaudra pour toute la législature.

4 mai

À 15 heures, Léon Blum et Ramadier sont venus me voir à Marly. Le président du Conseil me dit avoir vu Thorez après la séance et reçu de lui cette déclaration : « Nous n'entrerons pas dans l'opposition, nous ne démissionnerons pas, nous soutiendrons le gouvernement, d'ailleurs nous aurons des rapports avec lui sur les questions essentielles. »

Ramadier lui a répondu : « J'espère bien que vous n'entrerez pas dans une opposition systématique et je suis d'ailleurs moi-même décidé à ne faire ni anticommunisme, ni bloc quelconque contre vous, mais à continuer la politique que vous aviez vous-même adoptée. » [...]

À 21 heures se tient un conseil de cabinet. Les ministres communistes décident de ne pas démissionner.

Dans ces conditions, et d'accord avec le secrétaire général de la présidence et Ramadier, un décret est préparé d'après lequel, invoquant les articles 45, 46 et 47 de la Constitution d'après lesquels le président du Conseil choisit ses ministres et par voie de conséquence peut se séparer d'eux s'il est en désaccord, les fonctions des ministres communistes ont pris fin en raison de leur vote hostile au gouvernement dont ils font partie.

Vincent Auriol, *Mon Septennat, 1947-1954*, Paris, © Gallimard, 1970.

Les combats de la Troisième force (1947-1952)

La Troisième force, majorité hétéroclite, qui succéda au tripartisme, gouverna la France au début de la guerre froide et dut participer aux difficiles combats de cette période tendue. Quand elle crut avoir surmonté tous les périls, elle se disloqua, victime de ses propres contradictions.

1. Une nouvelle majorité : la Troisième force

Le départ des communistes ayant sonné le glas du tripartisme, la formation d'une nouvelle majorité s'imposait. En fait, cette majorité mit quelques mois pour prendre ses contours définitifs et se définit essentiellement par rapport aux oppositions qui la combattaient.

1. L'opposition de droite : le Rassemblement du peuple français

1.1. La naissance du RPF

Depuis son brusque départ du gouvernement en janvier 1946, le général de Gaulle se posait en censeur résolu de la IVe République. Lors du premier référendum constitutionnel, il avait marqué son hostilité en s'enfermant dans un silence hautain et en refusant d'aller voter. Au second référendum, il avait appelé à un vote négatif, ce qui l'avait coupé du MRP. Affichant son dédain pour les nouvelles institutions, il n'était pas intervenu dans la campagne électorale précédant les législatives du 10 novembre 1946, de sorte que ses fidèles, rassemblés dans l'Union gaulliste animée par René Capitant, avaient seulement recueilli 3 % des suffrages.

En fait, depuis la fin de 1946, de Gaulle se préparait à lancer lui-même un vaste mouvement. L'absence d'un appareil politique et parlementaire sur lequel il pût s'appuyer, la montée des périls internationaux et l'incapacité qu'il prêtait à la IVe République pour faire face aux dangers l'encouragèrent dans son projet. Le 7 avril 1947, le général annonça la naissance du Rassemblement du peuple français (RPF), naissance qui devint effective le 14 avril suivant : « Aujourd'hui est créé le Rassemblement du peuple français et j'en prends la direction... J'invite à se joindre à moi toutes les Françaises et tous les Français qui veulent s'unir pour le salut commun, comme ils l'ont fait hier pour la libération et la victoire de la France. »

De Gaulle qui critiquait si vivement le régime des partis ne voulait pas créer une formation supplémentaire qui ajouterait à la confusion de la vie politique, mais il provoquait un rassemblement où se retrouveraient les « bons » Français, même déjà inscrits dans un parti. Il s'ensuivait que le RPF acceptait la double appartenance. Cependant, dans les autres organisations, les sentiments à l'égard du Rassemblement étaient très réservés, voire ouvertement hostiles. Les communistes, objets, il est vrai, d'attaques répétées de de Gaulle, taxaient celui-ci de fascisme. Les républicains contestaient les convictions démocratiques du général. Le MRP comprenait que ce dernier chassait sur ses terres et pouvait lui ravir des électeurs. Finalement, la SFIO et le MRP interdirent à leurs membres d'adhérer au RPF ; en revanche, les modérés, l'UDSR et les radicaux acceptèrent la double appartenance, surtout dans l'espoir de tirer de celle-ci des profits politiques.

1.2. Les idées du RPF

Malgré une volonté délibérée de se différencier de tous les partis, le RPF, par les idées qu'il défendait, s'ancrait très nettement à droite. Le constat de départ apparaissait particulièrement catastrophique et brossait le tableau d'une France au bord du gouffre. De Gaulle dénonçait en effet la volonté hégémonique de l'URSS et de ses complices, les communistes français ; vers 1950, il disait croire à la possibilité d'une troisième guerre mondiale déclanchée par les pays de l'Est. Or, selon le général, la IVe République, régime faible et enlisé dans les intrigues partisanes, se révélait incapable de faire face aux périls : la France risquait véritablement de mourir. Il fallait donc allumer la flamme d'une nouvelle résistance, la flamme d'une France combattante, armée moralement et matériellement pour repousser ses ennemis.

Le principal ennemi dénoncé par le RPF était le communisme. De Gaulle reprochait à celui-ci non pas tant ses options révolutionnaires et collectivistes que ses liens avec une puissance étrangère, l'URSS, qui menaçait la France. Ce danger était représenté comme très proche : de Gaulle disait que les Soviétiques se trouvaient à « deux étapes de tour de France cycliste » des frontières françaises. Quant aux communistes, agents de l'étranger, ils étaient qualifiés de « séparatistes ». Le RPF centra ainsi une bonne part de sa propagande sur son aptitude à barrer la route au « péril rouge ». L'aide américaine (voir chapitre 19, pp. 461 à 463) qui pouvait contribuer à contenir l'hégémonisme de l'URSS, fut au début bien accueillie par de Gaulle ; mais ce dernier, après avoir approuvé la formation du Pacte atlantique, se mit à accuser les États-Unis d'amputer l'indépendance de la France. En définitive, l'anti-américanisme croissant du général créa un malaise dans les rangs de la droite modérée qui soutenait le RPF.

Ce même souci d'indépendance rendait de Gaulle très attentif à la politique européenne et hostile à toute forme d'organisation supranationale et notamment au projet d'armée intégrée. Ses vœux le portaient vers une fédération des États du vieux continent, fédération à l'intérieur de laquelle la France tiendrait un rôle prépondérant. À l'égard de l'Allemagne, de Gaulle, après avoir réclamé le démembrement de ce pays, accepta à la longue la reconstitution d'un État et se rallia à l'idée d'un accord franco-allemand qui pourrait asseoir durablement la paix en Europe.

À l'intérieur, de Gaulle condamna inlassablement le régime, rebaptisé par lui « système », l'absence d'autorité, « un pouvoir flageolant et larmoyant » (21 octobre 1950). Les grands responsables étaient les partis, occupés seulement à la défense de leurs intérêts particuliers : « chacun d'entre eux cuit sa petite soupe, à petit feu, dans son petit coin » (5 octobre 1947). Le salut passait par les réformes institutionnelles préconisées dans le discours de Bayeux : un exécutif fort et indépendant du Parlement, le bicamérisme, la dissolution et le référendum. Cette association directe du peuple à la décision politique, par la voie référendaire, de Gaulle voulait l'étendre au domaine économique par l'association du capital et du travail. Cette voie intermédiaire entre capitalisme et socialisme aurait selon lui pour effet de stimuler la productivité et de faire disparaître la lutte des classes.

Enfin le RPF exaltait le chef incomparable qu'était de Gaulle, vu comme une véritable incarnation de la France et de ses qualités les plus éminentes. De Gaulle put ainsi déclarer, le 10 mars 1952 : « Chaque Français fut, est ou sera gaulliste ». L'admiration et la reconnaissance que ses compagnons vouaient à de Gaulle, les qualités qu'ils lui reconnaissaient permettaient au chef du RPF, figure charismatique, d'exercer une autorité totale au sein du Rassemblement. Dans les régions, les délégués personnels du général étaient tout puissants. À la tête du RPF, de Gaulle était assisté par des hommes de confiance, notamment Jacques Soustelle, secrétaire général du RPF, André Malraux qui savait donner à la propagande une dimension épique, René Capitant, Jacques Baumel.

1.3. L'audience du RPF

L'audience du RPF se révéla d'emblée considérable. De Gaulle fut rejoint par des hommes qui avaient souvent déjà combattu à ses côtés pendant la guerre ; certains abandonnèrent les partis auxquels ils avaient adhéré à la Libération, ainsi Michel Debré et Jacques Chaban-Delmas qui venaient du Parti radical, Louis Terrenoire et Edmond Michelet du MRP. Le RPF rencontra aussi le succès populaire. En 1948, le Rassemblement revendiquait plus d'un million d'adhérents, chiffre sans doute excessif qu'il faudrait ramener aux alentours de 400 000, ce qui restait considérable, compte tenu du faible goût des Français pour l'inscription dans les formations politiques. Les adhérents étaient généralement vierges d'engagements antérieurs ; ils appartenaient principalement aux classes moyennes, professions libérales, commerçants, employés, cultivateurs ; ils habitaient le plus souvent la France du Nord. Beaucoup d'entre eux étaient des déçus de l'après-guerre, déçus par la persistance des difficultés économiques, déçus par le poids des partis dans la vie politique. La plupart se montraient très réceptifs à la propagande anticommuniste du RPF. En définitive, le MRP, qui jusque-là avait incarné la principale force de résistance au PCF, perdit au profit du RPF cette spécificité et une partie de ses électeurs. De la sorte, Malraux pouvait dire : « Entre les communistes et nous il n'y a rien. »

Le général de Gaulle, se refusant à utiliser ses troupes pour effectuer un coup de force, ne concevait son action que dans le cadre légal. Dans un premier temps, fondant ses espoirs sur le principe de la double appartenance, il espéra réunir dans un intergroupe les députés sympathisants, lesquels pourraient continuer à appartenir à leurs partis d'origine. Les réticences ou l'hostilité de ces derniers condamna le projet à l'échec : l'intergroupe gaulliste ne comprit qu'une quarantaine d'élus sur 627.

De Gaulle se décida alors à prendre la mesure nationale de ses forces en s'engageant à fond dans la bataille des élections municipales d'octobre 1947. Il participa très activement à la campagne et exploita largement le thème de l'anticommunisme. Le succès vint couronner cet effort : le RPF recueillit environ 40 % des suffrages exprimés ; 13 des vingt-cinq premières villes de France passèrent sous le contrôle des gaullistes, dont Paris où le président du conseil municipal fut Pierre de Gaulle, frère du général, Bordeaux désormais administrée par Jacques Chaban-Delmas, Strasbourg, Nancy, Le Mans, Rennes et Grenoble. Certaines de ces cités étaient de vieux fiefs de gauche, comme Marseille et Lille. Au total, des municipalités RPF s'installèrent dans 52 préfectures ; 16 villes étaient enlevées à la SFIO et 12 au PCF. Le Rassemblement avait donc mobilisé l'électorat de droite, grâce à sa propagande anticommuniste, mais aussi nettement entamé les forces de gauche.

Après ce succès, de Gaulle, par une déclaration du 27 octobre, affirma que l'Assemblée nationale, dans sa composition politique, ne reflétait plus l'opinion du moment telle qu'elle venait de se traduire dans les élections municipales. Aussi invitait-il l'Assemblée à se dissoudre. Les partis, considérant que le général leur lançait un ultimatum, refusèrent. Les non-communistes serrèrent les rangs, ce qui cimenta la Troisième force. Quant à de Gaulle, refusant de sortir de la légalité, il se condamnait à attendre les prochaines élections législatives, quatre ans plus tard, en 1951, et il risquait, durant cette longue période, de voir ses forces s'essouffler.

DE GAULLE ET LE RPF

Nous avons analysé la position du général comme chef exceptionnel d'un gouvernement provisoire. Démissionnaire, il reste là comme une réserve et il juge ce qui se fait après lui. La Constitution de 1946 se fait sans lui, dans une certaine mesure contre lui, et jamais il ne la reconnaît, pas plus que, dans une attitude d'extraordinaire orgueil, il ne reconnaît la IVᵉ République [...]. Lorsqu'en 1947 il fonde le RPF, rentrant ainsi dans la lutte politique, c'est un rassemblement qu'il suscite, non un parti, ce en quoi il se rend bien compte des conditions de succès de son intervention, car il est plus que le chef d'un parti, il ne peut avoir d'autre base que nationale. Si le Rassemblement est amené, par la logique des choses, à se comporter en parti, à pénétrer au Parlement, à se constituer un personnel de députés et de sénateurs, ce sera naturellement l'occasion d'une crise interne dans le mouvement, car il ne peut s'agir, avec de Gaulle, ni d'une action parlementaire ni d'une collaboration constitutionnelle. Sincèrement démocrate et républicain, nullement homme de coup d'État, le général ne peut être classé comme parlementaire. C'est à tort que l'on compare sa conception présidentielle à celle des États-Unis, car au fond c'est un autoritaire, supportant impatiemment le jeu des partis. Nous avons vu du reste que ce n'est pas un réactionnaire ni en aucune façon un représentant des intérêts, mais que sa préoccupation, à vrai dire unique, est la grandeur de la France. Dans ces conditions, son mépris est total pour le régime : rien à faire, dans sa pensée, avec la Constitution de 1946, avec les pygmées qui l'ont remplacé au pouvoir. Si les choses vont mal, et comment pourraient-elles aller autrement, on sera obligé de le rappeler, et de là à une « politique du pire » il n'y a qu'un pas.

André Siegfried, *De la IIIᵉ à la IVᵉ République*, Paris, © Grasset, 1956.

2. L'opposition de gauche : le Parti communiste

Les communistes ne pensaient pas avoir été évincés définitivement du pouvoir en mai 1947. Aussi, pendant cinq mois, modérèrent-ils relativement leurs critiques contre Ramadier, cela pour faciliter un retour au gouvernement.

2.1. L'entrée dans la guerre froide

À l'automne de 1947, le PCF dut réviser sa position car il devint évident que s'ouvrait alors une nouvelle période des relations internationales : le monde s'enfonçait dans la guerre froide. Du 22 au 27 septembre 1947 se tint en Pologne, à Sklarska Poreba, une conférence réunissant neuf partis communistes européens, dont le parti français. Ce fut au cours de cette réunion que fut mis en place le Kominform, ou Bureau d'information des organisations communistes, lequel constituait une résurrection limitée du Komintern dissous en 1943. Les débats offrirent aussi au Soviétique André Jdanov l'occasion de définir la théorie des deux blocs irréductiblement opposés, le camp impérialiste et antidémocratique mené par les États-Unis, le camp anti-impérialiste et démocratique rassemblé autour de l'URSS. Au terme de cette analyse, les délégués français, Jacques Duclos et Étienne Fajon, furent vigoureusement attaqués pour avoir collaboré avec les partis bourgeois dans les gouvernements du tripartisme jusqu'en 1947, ce qui constituait une preuve de légalisme inacceptable, de collusion avec le camp réactionnaire, d'« opportunisme et de crétinisme parlementaire ». Un représentant yougoslave demanda aux Français : « Pourquoi contribuer à l'amélioration de la situation économique du gouvernement que l'on se propose de renverser ? » Duclos, abasourdi, dut se livrer à une humiliante autocritique et rapporter à Maurice Thorez, demeuré à Paris, les nouvelles consignes de l'URSS : rectifier la ligne du Parti, mobiliser les masses contre l'impérialisme américain, soutenir la politique démocratique et pacifique de Moscou. (Pour plus de précisions sur l'entrée dans la guerre froide, voir chapitre 19, p. 458).

2.2. Anti-américanisme et prosoviétisme

Dès lors, les communistes, citoyens d'une France qui se rangeait résolument dans le camp occidental, se trouvèrent marginalisés. Ils essayèrent bien d'élargir leur audience en créant le Mouvement de la Paix, mais cette organisation attira essentiellement des « compagnons de route », des militants déjà proches du PCF. Celui-ci lança de vigoureuses attaques contre les États-Unis et tout particulièrement contre le plan Marshall qui, selon les communistes, vassalisait la France sous couleur de l'aider à se reconstruire. Les Américains étaient accusés d'exporter leurs produits, leur style de vie, leurs valeurs, leurs films qui propageaient un érotisme dégradant, le chewing-gum et le Coca-Cola, breuvage « au goût infect », le goût d'un confort matériel destiné à faire oublier la domination politique, objectif fondamental des États-Unis. Ceux-ci ne menaçaient pas seulement la France : ils écrasaient le monde sous l'emprise du dollar et sous le péril de mort que présentait la bombe atomique.

Le PCF se considérait donc comme le seul défenseur du prolétariat contre la bourgeoisie, celle-ci étant comprise comme la coalition de tous les autres partis, de la SFIO au RPF. Le Parti communiste pensait que cette bourgeoisie française en décadence, qui avait cherché l'appui allemand de 1940 à 1944, sollicitait maintenant le soutien américain. La classe ouvrière qui refusait l'américanisation devenait, comme au temps de la Résistance, l'incarnation de la nation. De la sorte, le PCF, adoptant un ton résolument patriotique, se présentait comme le parti de la France vivante qui refusait de se laisser coloniser. Tous les autres formaient « le parti américain » dont les socialistes étaient les agents les plus dangereux et le RPF « l'aile marchante ».

Le PCF, que ses positions isolaient dans le jeu politique français, se plaçait dans le sillage de l'URSS, constamment exaltée. Le 70e anniversaire de Staline, en décembre 1949, donna lieu à des cérémonies grandioses : 500 000 tracts furent distribués ; dix camions parcoururent la France pour collecter les cadeaux destinés au maître du Kremlin ; 40 000 signatures s'alignèrent sur un livre d'or qui lui fut adressé. Les hasards du calendrier firent que, quelques mois plus tard, en avril 1950, furent célébrés les 50 ans de Maurice Thorez, le « Staline français ». Un même culte s'éleva vers le secrétaire général du Parti ; le 28 avril, *L'Humanité* publia un message du comité central du Parti se terminant ainsi : « Tu as consacré ta vie de militant, en t'inspirant des enseignements de Staline, à forger un parti de type nouveau, dont l'histoire est pour une grande part l'histoire de tes efforts. C'est pourquoi les simples gens de chez nous appellent le Parti communiste français, le Parti de Maurice Thorez. »

2.3. Le statut des intellectuels dans un parti stalinien

Le PCF, parti ouvrier, composé de « simples gens », réservait un statut spécial aux intellectuels. Ceux-ci, considérés avec une certaine méfiance, étaient invités à adopter une attitude modeste, à se dépouiller de leur passé bourgeois et à écouter le prolétariat qui seul appréciait la réalité d'un instinct sûr. Philosophes, romanciers, artistes devaient effectuer leur autocritique, ratifier le jugement des non-spécialistes, accepter que leurs textes fussent censurés ou réécrits. Le Parti définit les règles de la création artistique dont la mission était d'offrir au peuple des œuvres réalistes, morales, didactiques. Au congrès de Strasbourg en 1947, Maurice Thorez précisa : « Nous préconisons une littérature optimiste, tournée vers l'avenir, exaltant l'effort, la solidarité, la marche vers une société meilleure. Aux intellectuels désorientés, égarés dans le dédale des interrogations, nous apportons des certitudes, des possibilités de développement illimité. Nous les appelons à se détourner des faux problèmes de l'individualisme, du pessimisme, de l'esthétisme décadent et à donner un sens à leur vie en la liant à la vie des autres. » Les intellectuels acceptèrent cette discipline car le Parti leur permettait de passer du stade de la parole à celui de l'action et les associait à une exaltante perspective révolutionnaire. Louis Aragon remerciait le parti en ces termes :

> « Mon parti m'a rendu les couleurs de la France.
> Mon parti, mon parti, merci de tes leçons,
> Et depuis ce temps-là, tout me vient en chansons :
> La colère et l'amour, la joie et la souffrance.
> Mon parti m'a rendu les couleurs de la France. »

Le PCF, qui croyait beaucoup à l'importance de la parole, avait besoin des intellectuels pour diffuser et illustrer sa vision du monde, présenter sous un jour attrayant ses idées arides ou peu mobilisatrices, justifier ses volte-face, critiquer ses adversaires. Les idéologues communistes attaquèrent ainsi durement André Malraux, traître qui avait abandonné ses anciens engagements de gauche pour se métamorphoser en gaulliste, François Mauriac qui incarnait le cléricalisme réactionnaire, André Gide « immoraliste » et scandaleux lauréat du prix Nobel de littérature en 1947, Albert Camus jugé trop individualiste, Raymond Aron enfin qui ne croyait pas au déterminisme historique et dénonçait l'URSS comme un État totalitaire.

Il n'était pas seulement demandé aux intellectuels de prononcer des imprécations contre leurs confrères non communistes, mais aussi d'accepter l'intrusion de la politique du Parti dans la science. Ainsi, à partir de 1948, les savants durent souscrire aux thèses extravagantes d'un agronome soviétique, apprécié de Staline, Lyssenko, qui, niant la génétique classique, croyait en l'existence de deux biologies, l'une réactionnaire et bourgeoise, l'autre scientifique et prolétarienne. Le biologiste Marcel Prenant qui émettait des doutes sur les thèses de Lyssenko fut brutalement rappelé à l'ordre et prié d'affirmer le soutien total des intellectuels à l'idéologie du Parti communiste.

3. Contradictions et survie de la Troisième force

L'existence de deux fortes oppositions, le RPF gaulliste hostile au régime et la PCF inconditionnellement fidèle à l'URSS, donna naissance à une majorité dite Troisième force.

3.1. Les contours de la Troisième force

Dans la nouvelle majorité se rassemblèrent, de manière insolite, toutes les organisations autres que le RPF et le PCF. L'alliance des socialistes et du MRP, qui durait depuis la Libération, semblait naturelle. Mais ces deux partis, n'atteignant pas la majorité absolue à l'Assemblée nationale, devaient chercher d'autres concours. Les députés radicaux et UDSR semblaient assez nombreux pour fournir l'appoint nécessaire ; en fait, nombre de députés inscrits dans ces derniers partis penchaient vers le gaullisme et n'étaient pas disposés à soutenir la Troisième force. Celle-ci se trouvait donc contrainte de solliciter l'appui de la droite modérée.

3.2. Une majorité fragile...

Coalition hétéroclite, la Troisième force recélait plusieurs facteurs de fragilité. Certes majoritaire à l'Assemblée nationale, elle était minoritaire dans le pays, comme les élections municipales de 1947 l'avaient révélé. Faiblesse importante, les partis de la majorité étaient divisés par des divergences anciennes. La question des subventions à l'enseignement libre opposait les « laïcs » (SFIO, radicaux) hostiles à cette aide et les « cléricaux », (MRP, modérés). Les problèmes économiques et sociaux engendraient d'autres coupures. Les socialistes, généralement soutenus en ce domaine par le MRP, voulaient donner la priorité à la politique sociale et, pour financer celle-ci, acceptaient d'augmenter les dépenses publiques et de mettre le budget en déficit. En revanche, les modérés, fidèles à l'orthodoxie financière, se montraient déterminés à préserver l'équilibre budgétaire et à modérer la pression fiscale, ce qui impliquait un ralentissement des améliorations sociales. Autre divergence, l'aile gauche de la majorité était favorable à une gestion dirigiste de l'économie, tandis que la droite réclamait une pratique libérale. Ce fut ce dernier point de vue qui l'emporta progressivement, de sorte que les choix des dirigeants prirent une couleur de plus en plus conservatrice.

Les socialistes furent les principales victimes de ce glissement de la Troisième force vers la droite. Après la chute de Ramadier, en novembre 1947, le gouvernement ne fut plus dirigé par un membre de la SFIO, mais par des hommes du MRP comme Robert Schuman et Georges Bidault, des radicaux tels André Marie et Henri Queuille, un UDSR, René Pleven. Les ministres socialistes, confinés dans des ministères autres que celui des Finances, assistaient à une évolution qu'ils désapprouvaient. Quand la dérive leur semblait excessive, ils renversaient le gouvernement, de sorte que la période fut marquée par une nette instabilité gouvernementale. Finalement, en février 1950, les socialistes renoncèrent à participer au gouvernement mais, faute de solution de rechange, ils furent contraints de rester dans la majorité.

3.3. ... mais durable

L'absence de solution de rechange ne constituait pas la seule raison expliquant le maintien de la Troisième force. Celle-ci bénéficia en effet d'autres circonstances favorables. Le président du Conseil Henri Queuille avait déclaré que les partis de la majorité étaient « condamnés à vivre ensemble », en raison de l'existence des deux oppositions, gaulliste et communiste. Ce fut d'abord la persistance de cette conjoncture qui rendit l'alliance durable. Et si cette alliance allant de la SFIO à la droite pouvait à première vue paraître hétéroclite, elle ne s'en trouvait pas moins soudée par un certain ciment idéologique — la volonté de défendre le régime, c'est-à-dire la démocratie, contre ses ennemis : de Gaulle, soupçonné de vouloir instaurer un régime autoritaire, et les communistes, ambitionnant ouvertement de transformer la France en une autre URSS.

L'anticommunisme qui rapprochait les partis de la Troisième force les conduisit rapidement à adopter des positions communes en politique étrangère. Les années de la guerre froide, de 1947 à 1952, marquées par le « coup de Prague » de février 1948 qui fit entrer la Tchécoslovaquie dans le bloc soviétique, par le blocus de Berlin de juin 1948 à mai 1949, par le début de la guerre de Corée en 1950, rendaient manifeste le danger soviétique. Aussi la majorité participa-t-elle dans son ensemble à l'organisation du camp occidental contre l'URSS et ses alliés de l'Est. Elle approuva la signature du Pacte atlantique en avril 1949, alliance défensive rassemblant les pays d'Europe occidentale, les États-Unis et le Canada. La montée de la crainte inspirée par l'URSS poussa bientôt les gouvernements français de la Troisième force à relativiser le danger allemand. La construction d'une Europe incluant l'Allemagne, vue comme un partenaire sûr, s'en trouva facilitée. Ainsi naquirent en 1949 le Conseil de l'Europe avec son conseil des ministres et son Assemblée parlementaire, en 1950 la Communauté européenne du charbon et de l'acier (CECA), en 1951 le projet d'une Communauté européenne de défense (CED).

La même crainte du communisme amena la Troisième force à se rassembler pour réprimer les aspirations nationalistes dans l'empire colonial, car toute concession était réputée favoriser la cause révolutionnaire rouge : la liberté du monde se défendait aussi outre-mer au prix d'une politique de fermeté permettant le maintien de la souveraineté française. En Tunisie et au Maroc les résidents généraux, en Algérie le gouverneur général furent des hommes à poigne. En Indochine, une guerre difficile fut poursuivie contre les communistes du Viêt-minh ; cependant l'aide financière accordée par les États-Unis à partir de 1951 ne permettait pas aux Français de remporter la décision.

L'amélioration de la situation économique offrit aussi à la Troisième force un atout puissant qui lui permit de durer. Si l'agriculture ne bénéficia pas d'un soutien attentif des pouvoirs publics, elle profita cependant, à partir de 1948, d'une série de bonnes récoltes qui firent disparaître les pénuries. L'effort collectif des travailleurs, une meilleure connaissance des mécanismes économiques, l'intervention de l'État au début de la période, l'activité déployée par le commissariat général au Plan confié à Jean Monnet, l'aide financière apportée par le plan Marshall, le début d'une ouverture sur l'Europe par le biais de l'Organisation européenne de coopération économique (OECE) fondée en 1948 et de la CECA, tous ces facteurs concoururent au redressement du pays. La production industrielle augmenta de 7 % par an. Les objectifs du Ier Plan couvrant les années 1947-1950 et donnant la priorité à l'industrie lourde furent parfois dépassés. L'année 1949 constitua une étape essentielle marquée par la suppression des restrictions et du haut-commissariat au Ravitaillement, le retour de la production industrielle à son niveau de 1938, l'excédent du commerce extérieur. Certes quelques ombres au tableau demeurèrent : l'inflation n'était pas jugulée et des dévaluations s'imposèrent en 1948 et 1949 ; l'agriculture restait routinière ; l'industrie du bâtiment prenait un retard considérable. À mesure que le redressement s'affirmait les modérés de la majorité s'efforçaient de réduire le rôle de l'État au profit d'une orientation libérale que désapprouvaient les hommes de gauche. Mais la Troisième force pouvait se prévaloir d'un bilan globalement favorable. (Sur cette question de la formation de l'Europe, voir chapitre 19, pp. 463 à 467.)

Enfin le renforcement de la majorité tenait aussi à des facteurs politiques. L'instabilité gouvernementale n'empêchait pas une réelle continuité ministérielle : dans chaque nouveau gouvernement, c'étaient les mêmes hom-

mes qui, après quelques permutations de postes, s'installaient aux commandes. Dans ce régime de partis et d'incessantes négociations d'états-majors,
les radicaux, déconsidérés à la Libération pour s'être trop identifiés à la IIIᵉ
République, retrouvèrent une étonnante vitalité : ils se sentaient à l'aise dans
une IVᵉ République qui ressemblait de plus en plus à sa devancière. Leur art
de la conciliation, leur compétence politique, leurs solides convictions démocratiques à l'heure où montaient les périls totalitaires, leur ralliement au libéralisme économique et à la défense de l'empire les rendaient indispensables.
La formation radicale mérita bientôt le titre de « parti des présidences » quand
Édouard Herriot, Gaston Monnerville, Albert Sarraut, Émile Roche furent
élus respectivement présidents de l'Assemblée nationale, du Conseil de la République, de l'Assemblée de l'Union française, du Conseil économique et social.
Un autre dirigeant radical, Pierre Mendès France, devint en 1946 gouverneur
du Fonds monétaire international. Le parti fournit aussi de nombreux ministres et deux présidents du Conseil, André Marie et Henri Queuille. Ce dernier, député de la Corrèze, avait déjà accompli une longue carrière
gouvernementale sous la IIIᵉ République. Il présida trois gouvernements entre
1948 et 1951 ; de septembre 1948 à octobre 1949, il dirigea durant treize mois
le plus long cabinet de la période. Homme d'expérience et de caractère, il
sut aussi faire preuve de prudence et d'habileté. Il s'attachait à ne pas poser
les problèmes brûlants et différait les solutions autant que possible. Ainsi,
repoussa-t-il les élections cantonales d'octobre 1948 à mars 1949, pour éviter
un nouveau succès du RPF, vainqueur des municipales de 1947. Queuille avait
compris que les gaullistes, ne voulant pas sortir de la légalité, étaient
condamnés à ressasser les mêmes discours en attendant les échéances électorales et s'useraient progressivement. En louvoyant et en temporisant, Queuille
permettait à la Troisième force de durer et à la IVᵉ République de s'enraciner.

2. La crise sociale de 1947

La grave crise sociale qui déferla sur la France à l'automne de 1947, alors
que la Troisième force venait à peine de se former, permit aux partis constituant cette nouvelle majorité de prendre conscience de leur solidarité contre
le communisme.

1. Les origines de la crise

Depuis la Libération, les Français travaillaient avec ardeur au relèvement des
ruines et étaient encouragés dans cette tâche par les forces de gauche qui participaient au gouvernement. Des progrès étaient enregistrés ponctuellement,
mais la vie quotidienne restait très difficile. Les pénuries aggravées par les
mauvaises récoltes de 1947, le rationnement, entre autres celui du charbon
particulièrement ressenti durant les hivers froids de l'après-guerre, le marché

noir, l'inflation qui faisait s'envoler les prix sans que les salaires pussent les rattraper, l'effritement du pouvoir d'achat, tous ces facteurs engendraient un profond mécontentement.

Les salariés, constatant que leurs efforts n'amenaient pas d'amélioration visible et redoutant un effondrement de leur niveau de vie, s'agitaient depuis le printemps de 1947. En avril, une grève spontanée avait éclaté aux usines Renault, grève à laquelle la CGT s'était jointe, et le gouvernement avait dû satisfaire les revendications des ouvriers. En juin, une nouvelle vague de grèves s'était étendue dans le secteur privé et le patronat avait accordé des augmentations de salaires. Ces victoires encouragèrent d'autres arrêts de travail, mais, dans l'été, le gouvernement interdit toute nouvelle augmentation salariale, car celle-ci risquait d'aggraver l'inflation.

Le PCF, puissant et contrôlant la masse des cinq millions d'adhérents de la CGT, avait poussé les travailleurs à produire et modéré l'expression du mécontentement tant qu'il était resté au gouvernement. Évincé en mai 1947, il avait évité, durant quelques mois, de faire monter la tension. Mais, en septembre, le Parti, après avoir été chapitré par les Soviétiques et sommé d'abandonner sa ligne trop légaliste, attisa les conflits. Ce renversement d'attitude déboucha sur une crise ouverte.

2. L'explosion sociale

Le mouvement partit de Marseille où, aux élections municipales d'octobre 1947, un gaulliste, Carlini, s'était installé à la mairie après avoir battu un communiste. En novembre, la nouvelle municipalité RPF ayant augmenté les tarifs des tramways, les syndicats organisèrent un boycott des transports par les voyageurs et des manifestations. Le 11 novembre, les communistes appelèrent à la grève générale dans la ville. Le lendemain, les manifestants d'abord mobilisés en masse au Palais de Justice pour arracher la libération des militants arrêtés le 10, furent entraînés par les militants du PC pour aller envahir l'hôtel de ville. La journée s'acheva par le saccage de boîtes de nuit du quartier de l'Opéra, où un truand tua d'un coup de feu un jeune ouvrier. Les CRS, débordés ou faisant preuve de passivité, ne s'interposèrent pas.

Né à Marseille, le mouvement fit bientôt tache d'huile. Les grèves gagnèrent la vallée du Rhône où l'occupation de la gare de Valence coupa le trafic ferroviaire. Le 15 novembre, les mineurs des Charbonnages cessèrent le travail. Ce fut bientôt le tour de la métallurgie, de la chimie, du bâtiment, des transports, de la fonction publique. Les grévistes étaient trois millions à la fin de novembre. La CGT, à la pointe du mouvement, organisa un comité national de grève et demanda des augmentations importantes, des primes de rendement et le versement d'acomptes.

Cependant, au-delà des revendications immédiates, normales dans un tel contexte, l'agitation prenait un tour insurrectionnel. Les manifestations, dans le Midi surtout, dégénéraient en émeutes ; les heurts avec les forces de l'ordre confinèrent parfois à la guerre civile. À Saint-Étienne, les grévistes s'emparèrent à la fois des gendarmes et de leurs auto-mitrailleuses. Des commandos de la CGT se rendaient de ville en ville pour imposer l'arrêt de travail ; ils étaient parfois mal reçus par les non-grévistes ; entre ces derniers et les communistes, les affrontements furent dans quelques cas très violents. Les sabotages se multiplièrent : lignes téléphoniques coupées, hauts fourneaux éteints, mines noyées, crampons semés sur les routes pour stopper les véhicules militaires, voies ferrées déboulonnées ; le déraillement du train Paris-Lille, acte criminel délibéré, causa 16 morts. Des rumeurs annonçant un coup de force communiste commençaient à circuler.

Tandis que le pays s'enfonçait dans le désordre, le gouvernement Ramadier, à bout de force, attaqué à l'extérieur par le PCF et le RPF, déchiré à l'intérieur par les divisions de sa majorité, démissionna le 19 novembre 1947. Il fut remplacé par un cabinet que présidait le MRP Robert Schuman ; le ministère de l'Intérieur fut confié à un homme énergique et déterminé à rétablir l'ordre par la force, le socialiste Jules Moch. Le nouveau gouvernement fit voter une loi qui punissait sévèrement les sabotages et les atteintes à la liberté du travail, ce qui devait théoriquement faciliter le retour des non-grévistes à leur poste. Les députés communistes s'indignèrent de ce texte qu'ils combattirent violemment ; l'un d'eux, Raoul Calas, dut être expulsé de force du Palais-Bourbon après qu'il eut occupé la tribune toute une nuit et entonné l'hymne à la gloire du 17e régiment d'infanterie, mutiné en 1907 à Béziers. Sur le terrain, Jules Moch nomma des Inspecteurs généraux de l'administration en mission extraordinaire (IGAME), qui avaient le pas sur les préfets et les forces militaires pour diriger la répression. Les CRS furent purgées de leurs membres communistes ; 80 000 hommes furent rappelés sous les drapeaux. Ces troupes furent brutalement lancées contre les grévistes, au besoin avec l'appui des blindés. L'ordre fut progressivement rétabli, mais parfois à un prix élevé : la reprise de la gare de Valence causa trois morts.

Dans le même temps, le mouvement s'essoufflait. Les familles des grévistes, privées de salaires et dépourvues de réserves financières, n'arrivaient plus à faire face aux dépenses quotidiennes. Les ouvriers non communistes, lassés de la pression qu'exerçait le PCF, exigeaient des votes à bulletin secrets sur la poursuite de la grève. Au sein même de la CGT, la minorité socialisante réagissait aussi contre l'emprise communiste et demandait l'ouverture de négociations avec le gouvernement. Finalement, les dirigeants communistes, sentant que le rapport de force évoluait à leur détriment, donnèrent l'ordre de la reprise du travail, le 9 décembre 1947.

Pour la droite, la signification de la période qui s'achevait ainsi paraissait claire : les communistes avaient essayé de s'emparer du pouvoir en téléguidant un vaste mouvement insurrectionnel. Mais cette interprétation ne cadrait pas vraiment avec la réalité : le PCF, conformément aux consignes

du Kominform, ne cherchait pas à faire un coup de force, même si, localement, les propos de quelques militants pouvaient sembler inquiétants. L'objectif était bien plutôt d'utiliser le mécontentement populaire pour entraver la
mise en route du plan Marshall, vu comme un instrument de l'impérialisme
américain. L'agitation entretenue en Europe occidentale permettait aussi à
l'URSS de détourner l'attention et de consolider en paix les régimes à sa dévotion qu'elle installait dans les pays de l'Est.

3. Les conséquences de la crise sociale

Le contrecoup économique des grèves fut particulièrement ressenti dans un
pays qui peinait à relever ses ruines. Plus de 23 millions de journées de travail
furent perdues et beaucoup d'entreprises connurent des difficultés financières.

La gravité des affrontements au sein du monde ouvrier durant l'automne
1947 entraîna une nouvelle division syndicale. Les réformistes de la CGT se
convainquirent de l'impossibilité de rester aux côtés des communistes qui contrôlaient l'appareil confédéral et utilisaient celui-ci à des fins politiques. Aussi,
le 18 décembre 1947, les non-communistes, groupés autour du vieux chef syndicaliste Léon Jouhaux, décidèrent-ils de faire sécession et de constituer une
nouvelle centrale, la CGT-Force ouvrière. Les enseignants, pour leur part,
refusant de prendre parti dans le conflit, acquirent également leur autonomie
et fondèrent la Fédération de l'éducation nationale (FEN). Le monde syndical, où il fallait encore compter la Confédération française des travailleurs
chrétiens (CFTC) qui repoussait la solution révolutionnaire, se trouvait ainsi
très fractionné. Cette division affaiblit les mouvements revendicatifs au cours
des années suivantes. À l'automne de 1948, la CGT essaya en vain d'étendre
à d'autres secteurs une grève née dans les charbonnages ; mais l'ordre fut rétabli au bout de quelques semaines.

Dans le domaine politique, la rupture entre le PCF et les autres partis
fut consommée. Durant le conflit, les heurts verbaux furent d'une rare violence : les communistes traitaient le MRP lorrain Robert Schuman, président
du Conseil, de « Boche » et s'en prenaient encore plus aux socialistes ; l'énergique ministre de l'Intérieur Jules Moch devint l'objet d'une haine tenace ;
il était qualifié d'« assassin » par les communistes et salué par ceux-ci d'un
retentissant « Heil Hitler » quand il prenait la parole à l'Assemblée nationale. Par-dessus tout, les partis de la Troisième force virent dans le PCF le
maître-d'œuvre du mouvement et dénoncèrent sa volonté insurrectionnelle.
Ainsi l'anticommunisme devint un lien solide entre les formations de la majorité qui, de ce fait, situa son axe davantage vers la droite. Quant au Parti
communiste, il se retrouva totalement isolé. Le RPF, pour sa part, souffrit
de la victoire de la Troisième force sur le « péril rouge ». En effet, les événements administraient la preuve que la majorité savait faire preuve de déter-

mination et que, pour éviter à la France de tomber sous le joug soviétique, il n'était pas nécessaire de remettre le pouvoir à de Gaulle.

3. La fin de la Troisième force

La Troisième force, qui avait surmonté de nombreuses épreuves, remporta les élections législatives de 1951 grâce à une loi électorale faite « sur mesure ». Mais la majorité ne survécut pas à cette ultime victoire.

1. Les élections législatives de 1951

L'Assemblée nationale élue en novembre 1946 arrivait au terme de son mandat. Les députés sortants rassemblés dans la majorité de Troisième force redoutaient qu'une consultation à la proportionnelle intégrale ne favorisât les deux oppositions, celles du PCF et du RPF, et ne rendît le pays ingouvernable car les rescapés de la Troisième force ne pourraient s'entendre ni avec les communistes ni avec les gaullistes. Quant à l'ensemble de ceux-ci, même majoritaires, il était exclu qu'ils pussent se rapprocher.

Les partis au pouvoir voulurent résoudre cette difficulté en adoptant une nouvelle loi électorale qui répondrait à un double objectif : desservir les deux oppositions et avantager chacune des quatre composantes de la Troisième force. L'opération se révélait très délicate car chaque formation avait sa préférence, conforme à ses intérêts : les radicaux et les modérés souhaitaient le scrutin majoritaire, le MRP restait fidèle au principe de la proportionnelle. Aussi la mise au point du nouveau système se révéla-t-elle difficile et suscita de vives discussions dans la majorité. En définitive, Henri Queuille trouva un compromis, adopté par l'Assemblée nationale le 9 mai 1951.

La loi dite des apparentements conservait le scrutin départemental de liste à un tour. Si une liste obtenait la majorité absolue, soit 50 % des suffrages exprimés, elle emportait tous les sièges du département ; dans le cas contraire, les sièges étaient répartis à la proportionnelle entre les diverses listes. Mais la loi instaurait une disposition ingénieuse : plusieurs listes pouvaient s'apparenter, c'est-à-dire s'allier pour le calcul des résultats et non pour établir un programme commun. Si ces listes apparentées obtenaient la majorité absolue, elles recevaient tous les sièges du département et les répartissaient entre elles à la proportionnelle. La loi ne s'appliquait pas dans la Seine et la Seine-et-Oise où le PCF apparaissait très bien implanté et pouvait, à lui seul, arriver à la majorité absolue : là était maintenue la proportionnelle sans apparentement avec répartition au plus fort reste.

Les objectifs visés par la nouvelle loi s'individualisaient nettement : les communistes avec qui aucun parti n'envisageait de s'apparenter seraient affaiblis ; les alliés de la Troisième force bénéficieraient largement des apparentements qu'ils étaient prêts à pratiquer entre eux ; les gaullistes pourraient aussi profiter du système s'ils acceptaient de jouer le jeu des apparentements. Mais de Gaulle, dénonçant « l'escroquerie » qu'à ses yeux représentait la loi, refusa l'invitation ; seuls quelques candidats du RPF osèrent braver l'interdiction du général.

Aux élections du 17 juin 1951, la Troisième force conserva la majorité, mais celle-ci était moins large que dans l'Assemblée précédente.

LES GROUPES DANS L'ASSEMBLÉE ÉLUE LE 17 JUIN 1951		% des suffrages exprimés	sièges
	PCF	26	101
	SFIO	15,3	106
3ᵉ force	RGR (dont radicaux)	10	99
	MRP	12,6	88
	Modérés	14	99
	RPF	21,6	117
	Divers	0,2	17

Les oppositions étaient contenues. Le PCF perdait plus de 400 000 voix et reculait de 180 à 101 élus. Le RPF subissait aussi une érosion qui le faisait passer de près de 40 % des suffrages exprimés aux municipales de 1947 à 21,6 % ; il avait annoncé une vague de 200 députés gaullistes et devait se contenter de 117 sièges. La Troisième force avec 51 % des suffrages exprimés, au lieu de 68 % en 1946, restait majoritaire à l'Assemblée nationale en totalisant 392 sièges sur 627. Le recul était particulièrement marqué pour le MRP qui perdait la moitié de ses voix, allées vers la droite et le RPF, et la moitié de ses députés. La SFIO perdait 700 000 voix, mais, grâce aux apparentements, gagnait quelques sièges. Le RGR, dont les radicaux faisaient partie, et les modérés obtenaient sensiblement le même nombre de voix qu'aux élections précédentes ; cependant ces formations accomplissaient de grands progrès en sièges par l'effet des apparentements. La Troisième force pouvait ainsi poursuivre sa politique, mais elle se trouvait axée beaucoup plus à droite que sous la législature précécente (1946-1951)

2. La dislocation de la Troisième force

Le renforcement de la droite indisposait les socialistes qui décidèrent de ne pas participer au gouvernement de René Pleven, constitué en août 1951. En théorie, la majorité de Troisième force était maintenue et la SFIO, même si elle ne fournissait pas de ministres, soutenait le gouvernement. Mais les modérés auraient aimé repousser les socialistes dans l'opposition et remplacer ceux-ci par le RPF, ce qui eût donné une majorité située encore plus à droite. Cette manœuvre n'aboutit pas, mais les contradictions qui séparaient les partis de la Troisième force éclatèrent bientôt et entraînèrent la dislocation de la majorité.

Le problème qui servit de détonateur et fut habilement utilisé par les gaullistes était de ceux qui viennent régulièrement diviser la société française : les subventions à l'enseignement libre. Durant la campagne électorale, le puissant groupe de pression des écoles privées avait obtenu de nombreux candidats modérés, RPF et MRP une promesse aux termes de laquelle les élus s'engageaient à voter des subventions en faveur des établissements libres. Aussi le nouveau gouvernement Pleven fit-il adopter un loi qui étendait le bénéfice des bourses aux collèges privés. La droite voulut aller plus loin en proposant une loi, baptisée du nom d'un de ses auteurs, le député MRP Barangé, loi qui allouait une somme de 3 000 francs de l'époque à toutes les familles ayant un enfant dans l'enseignement primaire, public ou privé. Cette disposition posait toute la question de la laïcité : les partisans de celle-ci soutenaient que les fonds publics ne pouvaient subventionner des établissements privés, généralement confessionnels ; les défenseurs de l'enseignement libre demandaient à l'État de les aider à jouir effectivement de leur liberté et trouvaient juste qu'une partie de leurs impôts leur revînt sous la forme d'allocations.

La loi Barangé fut adoptée le 28 septembre 1951 par une majorité comprenant la droite, le RPF, le MRP, l'UDSR et quelques radicaux. Les socialistes avaient rejoint le PCF pour s'opposer, en vain, à ce texte. La Troisième force venait donc de voler en éclats. La SFIO qui en avait fait partie jusquelà entra dans l'opposition et contribua à renverser Pleven en janvier 1952. Le radical Edgar Faure essaya de ressusciter la majorité en formant un éphémère gouvernement qui, pour rallier les socialistes, proposa d'augmenter les salaires grâce à la perception d'impôts nouveaux. La droite, hostile à ces projets dépensiers, renversa Edgar Faure au bout de quarante jours. Il devenait ainsi évident que la Troisième force avait vécu.

3. L'investiture du gouvernement Pinay

La leçon fut tirée le 6 mars 1952 lorsque se trouva investi le gouvernement d'Antoine Pinay. Celui-ci était le premier homme issu de la droite classique qui, depuis la Libération, devenait président du Conseil. Antoine Pinay créait la surprise en parvenant à rassembler autour de lui une majorité nouvelle comprenant ses amis modérés, le MRP, les radicaux, l'UDSR et même vingt-sept députés RPF. L'opposition était formée par la SFIO et le PCF. Ainsi, un triple tournant était pris : à la Troisième force succédait une majorité de centre-droit ; un authentique modéré accédait à la direction du gouvernement pour la première fois depuis 1944 ; le RPF enfin subissait un sensible effritement car ses membres favorables à Pinay avaient transgressé les consignes de de Gaulle.

Le péril gaulliste s'estompait ; le danger communiste était circonscrit. La IVe République semblait mieux assurée en ce début des années cinquante.

L'apogée et la mort de la IVᵉ République (1952-1958)

De 1952 à 1958, la IVᵉ République enregistra des succès dans les domaines économique et politique. La croissance, une relative stabilisation politique, l'autorité personnelle acquise par plusieurs dirigeants, les progrès de la construction européenne, une décolonisation à peu près réussie dans plusieurs parties de l'empire marquèrent l'apogée du régime. Pourtant celui-ci était mal armé pour résoudre les graves difficultés qu'il rencontra. Le manque d'autorité de l'exécutif et l'indécision de nombreux responsables conduisirent à l'humiliante défaite d'Indochine et à l'enlisement dans la coûteuse guerre d'Algérie qui constitua la cause directe de la chute de la IVᵉ République.

1. La nouvelle donne des années 1952-1958

La France des années 1950 effaça les séquelles économiques de la guerre. Une ouverture plus grande sur le monde et plusieurs modifications dans le jeu politique intérieur dessinèrent les cadres nouveaux d'une IVᵉ République apparemment stabilisée.

1. La croissance économique et ses zones d'ombre

Le début de la décennie 1950 fut marqué par une alerte économique consécutive à la guerre de Corée : la peur d'un conflit généralisé, la constitution de stocks dans de nombreux pays, la hausse brutale du cours des matières premières engendrèrent partout une forte inflation. Celle-ci, combattue en France par le gouvernement Pinay en 1952, fut provisoirement jugulée ; mais elle reparut en 1956-1957.

Ainsi, à partir de 1953, put s'affirmer une expansion qui, jusqu'en 1956, bénéficia de la stabilité des prix. Cette expansion s'appuyait sur des fondations solides : une conjoncture mondiale favorable caractérisée par une croissance généralisée dans les pays industriels, un vigoureux essor démographique français dû à l'augmentation de la natalité et au recul de la mortalité, une absence de chômage s'expliquant par l'arrivée des classes creuses sur le marché de l'emploi, par l'appel de nombreux jeunes sous les drapeaux durant la guerre d'Algérie, mais surtout par la création d'emplois en raison même de l'expansion. Cette dernière fut gérée par le commissariat général au Plan : le IIᵉ plan, couvrant les années 1954-1957, mis au point par Étienne Hirsch, successeur de Jean Monnet, stimula l'investissement public qui tenait la première place depuis la Libération et l'investissement privé appelé à prendre le relais. Le plan encouragea aussi la productivité et, mutation essentielle, s'attacha à asseoir l'expansion sur la consommation des ménages.

La production retrouva en 1953 son niveau record de 1929 et progressa en moyenne de 6 % par an entre 1954 et 1957. L'un des principaux secteurs de pointe fut celui de l'énergie. De grands barrages hydroélectriques et des centrales thermiques furent construits. Le raffinage du pétrole progressa avec l'installation de complexes pétrochimiques sur la basse Seine, dans la région bordelaise et au sud de Lyon. L'avenir parut assuré quand furent découverts le gaz de Lacq en 1951, le pétrole de Parentis en 1954 dans les Landes et surtout les hydrocarbures du Sahara à partir de 1956. Au début des années 60, les approvisionnements en pétrole de la France provenaient pour 52 % du Proche-Orient et 35 % d'Algérie. Depuis 1952, une loi-programme avait par ailleurs mis en œuvre le développement de l'énergie atomique. L'usine de Marcoule dans le Gard, mise en service en 1958, fournit la première électricité d'origine nucléaire. Dans l'agriculture, où la mécanisation s'accéléra, des gains importants, de productivité furent accomplis. L'amélioration du niveau de vie fit croître la consommation de 5 à 6 % chaque année de 1953 à 1957. Les industries les plus prospères furent l'automobile, l'électroménager, la pharmacie et les produits d'hygiène. La construction de logements commença à rattraper son retard ancien.

La persistance, même très atténuée, de la crise du logement (on était passé de 75 000 logements par an en 1945 à plus de 20 000 en 1954) ne constituait pas la seule difficulté affectant l'économie française. La modernisation n'entraînait pas dans son sillage toutes les régions et toutes les entreprises. C'était surtout dans la région parisienne, le Nord, le sillon rhodanien, zones urbanisées et offrant un vaste marché, que les progrès étaient enregistrés. En revanche, le Massif central, l'Ouest, le Sud-Ouest végétaient. De même, les vieilles industries, surtout le textile (coton, laine, lin, jute) restaient en arrière. Dans les secteurs en crise, les structures économiques restaient peu concentrées et souvent archaïques. Cependant, les activités les plus modernes connaissaient elles-mêmes un fréquent malaise social, les ouvriers ne parvenant pas toujours à s'adapter au rythme rapide de la modernisation. D'une manière générale, l'industrie française souffrait de sa structure en petites et moyennes entreprises. Jusqu'aux années 1960, 93 % des entreprises comptaient moins de 20 salariés.

Préoccupante aussi se révélait la situation du commerce extérieur.

L'expansion et l'amélioration du niveau de vie entraînaient l'achat de matières premières et de biens de consommation fabriqués à l'étranger et la poursuite des guerres coloniales nécessitait l'importation de matériel militaire. À partir de 1956-1957, l'alourdissement des charges causé par la guerre d'Algérie relança l'inflation qui avait marqué une pause entre 1953 et 1955. En fait, les gouvernements hésitaient à lutter contre ce mal par crainte de freiner la croissance. Or, la hausse des prix intérieurs fouettait les importations et réduisait les exportations. Ainsi, dans ses dernières années, la IVe République vit fondre ses réserves de change et dut demander des crédits aux États-Unis. L'opinion garda surtout le souvenir de cette crise finale, mais oublia que le régime avait d'abord reconstruit le pays, puis fait entrer celui-ci dans la voie de la production moderne et de la consommation de masse. (Sur le renouveau économique des années 50, voir aussi le chapitre 15)

2. Les divisions face à la politique étrangère et coloniale

Au cours des années 1950, l'opinion française se montra particulièrement sensible aux événements se déroulant hors de l'hexagone. Face aux questions de politique étrangère ou coloniale, le fort consensus qui, les communistes exceptés, avait réuni la plus grande partie de la population depuis la Libération se brisa. Les partis, les journaux, mais aussi les simples citoyens firent des choix différents qui entraînèrent des coupures profondes et durables, ainsi que des reclassements.

2.1. Le débat européen

La première étape de la construction européenne avait déjà suscité des débats. Le projet de Communauté européenne du charbon et de l'acier (CECA), inspiré par Jean Monnet et présenté par le MRP Robert Schuman, ministre des Affaires étrangères, avait été signé le 18 avril 1951 par la France, l'Allemagne fédérale, l'Italie et le Benelux. Selon ses concepteurs, cette réalisation, associant sur des objectifs concrets les économies complémentaires de la France et de l'Allemagne, devait accélérer la réconciliation des deux pays et préparer les futurs États-Unis d'Europe. Le grand public accueillit plutôt favorablement la mise en place de la CECA, mais les communistes et la CGT critiquèrent vivement celle-ci qui leur semblait orientée contre l'URSS ; ils dénonçaient aussi dans la CECA un succès du « grand capital international » qui entamait la souveraineté nationale. Les gaullistes, attentifs à la sauvegarde de l'indépendance, reprenaient également ce dernier argument. Le grand patronat, pour sa part, redoutait la concurrence du partenaire allemand. (Sur la mise en place de la CECA, des autres organismes européens et la mise en forme de la CEE, se reporter également au chapitre 19.)

Si la question économique posée par la CECA avait divisé l'opinion, les enjeux directement politiques qui tenaient au réarmement de l'Allemagne soulevèrent des passions bien plus violentes. Les Français étaient choqués par la volonté des États-Unis de reconstituer une armée allemande, si peu d'années après la fin de la guerre, même si la mission précise assignée à celle-ci était de contenir une éventuelle agression soviétique. Aussi, en octobre 1950, le gouvernement français, présidé alors par René Pleven, crut-il trouver un compromis habile satisfaisant l'allié américain ainsi que l'opinion française et faisant en même temps progresser la construction de l'Europe. Le projet de Communauté européenne de défense (CED) prévoyait la création d'une armée européenne mêlant les contingents nationaux, dont celui de l'Allemagne, et placée sous un commandement supranational. Le traité établissant les structures de la CED fut signé par la France, sous le gouvernement Pinay, et par ses cinq partenaires de la CECA le 27 mai 1952. Pour que le traité entrât en application, il fallait que les six parlements nationaux en votassent la ratification. Le Benelux et la RFA émirent des votes favorables ; l'Italie pour sa part décida d'attendre la décision des Français.

Or ces derniers allaient se déchirer sur cette question de la CED qui provoqua le principal affrontement politique des années 1950, affrontement si fort que certains n'hésitèrent pas à le comparer à une nouvelle affaire Dreyfus. Le MRP, partisan de la construction européenne, était à peu près unanimement favorable à la Communauté de défense ; les démocrates-chrétiens étaient donc appelés, selon le vocabulaire de l'époque, « cédistes ». Les gaullistes et les communistes se déclaraient « anticédistes ». Les autres partis, SFIO, radicaux, UDSR, modérés, étaient divisés. La presse s'engagea aussi : *Le Figaro* dans le camp cédiste, même si l'approbation de Raymond Aron dans les colonnes de ce journal était nuancée ; *L'Humanité, Le Monde* et les feuilles de la gauche intellectuelle, *Combat, France-Observateur, Témoignage Chrétien* dans le camp anticédiste ; *L'Express* ne prit pas une position uniforme. Les partisans de la CED mettaient en avant la double nécessité de faire avancer la cause de l'Europe et d'éviter la formation d'une nouvelle Wehrmacht autonome. Les adversaires du projet voulaient préserver l'indépendance nationale en matière militaire et les communistes s'indignaient de la création d'une machine de guerre tournée contre l'URSS. (Sur le détail de cette question, voir chapitre 19, pp. 464 à 467.)

2.2. Colonialistes et anticolonialistes

L'opinion et les partis devaient aussi se déterminer face à l'évolution de l'empire colonial. Les partisans du maintien de la France dans ses possessions d'outre-mer disposaient de moyens puissants, argent, journaux, comités où se retrouvaient officiers, représentants des milieux d'affaires, députés allant de la droite au Parti radical. Dans toute aspiration nationaliste, ici ou là dans l'empire, ils dénonçaient une menée communiste ; dans toute concession faite par la France, ils voyaient une abdication humiliante, une atteinte à la grandeur nationale, une perte de débouchés économiques. La population, peu informée des réalités coloniales, pensa longtemps que l'intérêt du pays était de garder ses possessions lointaines. (Pour un développement plus substantiel, notamment sur l'anticolonialisme, voir chapitre 17, pp. 407 à 409.)

2.3. Les affrontements dans l'empire

La guerre d'Indochine, menée par des soldats de métier, s'éternisait ; aucune solution précise, militaire ou politique, ne se dessinait. L'opinion, restée longtemps assez indifférente à l'égard de ce combat lointain, commençait, en 1953, à montrer des signes de lassitude. Si la majorité des gaullistes et des modérés espéraient encore une victoire, les communistes, les socialistes et des personnalités comme Sartre ou Mendès France manifestaient leur opposition à la guerre. Les gouvernements, hésitants, cherchaient une issue qui ne fît pas perdre la face à la France.

Dans les protectorats de Tunisie et du Maroc, les milieux nationalistes demandaient une restauration de la souveraineté de leur pays. L'immobilisme du gouvernement de Paris et la répression exercée par les autorités françaises locales, qui n'hésitèrent pas à détrôner le sultan Mohammed ben Youssef en août 1953, favorisaient une agitation marquée par des grèves, des émeutes, des actions terroristes.

Le même immobilisme, le maintien de fortes inégalités politiques et socio-économiques, le renforcement d'une opposition nationaliste se trouvèrent à l'origine de la guerre d'Algérie. Les attentats du 1er novembre 1954 marquèrent le début d'une épreuve de huit années qui allait traumatiser profondément l'opinion française. (Pour l'étude de la guerre d'Indochine et de la décolonisation en Afrique, on se reportera au chapitre 17, pp. 411 à 433.)

3. Les modifications de la politique intérieure française

Au début des années 1950, le paysage politique français se recomposa sur des bases nouvelles.

3.1. L'évolution des rapports de force au sein de la droite

Les modifications affectèrent d'abord le poids respectif des forces politiques de droite. Le Rassemblement du peuple français (RPF) avait été lancé par le général de Gaulle en 1947 comme une machine contre le régime. Le général, qui voulait bloquer les institutions et se rendre ainsi indispensable pour imposer ses vues, avait interdit à ses compagnons de nouer des rapports avec les partis et de participer aux « marchandages, votes de confiance, investitures, qui sont les jeux, les poisons et les délices du système ». Or, le 6 mars 1952, jour de l'investiture du modéré Antoine Pinay, vingt-sept députés gaullistes, menés par Édouard Frédéric-Dupont, apportèrent leurs voix au nouveau président du Conseil. Ces hommes qui osaient braver les consignes de de Gaulle étaient presque tous issus des partis modérés ; en Pinay, ils reconnaissaient l'un des leurs et le rejoignaient tout naturellement, indifférents à leur exclusion du RPF.

La défection des vingt-sept députés conservateurs constitua la première phase du processus qui mena à la disparition du mouvement gaulliste. Quelques mois plus tard, en janvier 1953, les députés RPF votèrent l'investiture du gouvernement de René Mayer, successeur de Pinay : ce choix, contraire aux vœux de de Gaulle, traduisait un renoncement à la politique du pire et une intégration aux mécanismes politiques ordinaires. L'étape suivante se situa en avril 1953, quand les élections municipales se révélèrent désastreuses pour le RPF qui perdit la plus grande partie de ses conquêtes de 1947. Aussi, le 6 mai 1953, le général, tirant les conséquences de cet échec, décida-t-il de suspendre l'action du Rassemblement et de rendre leur liberté à ses compagnons, invités à agir à titre individuel : « Le Rassemblement, déclara de Gaulle, doit s'écarter d'un régime qui est stérile et qu'il ne peut pour le moment changer. » Les élus gaullistes formèrent dès lors l'Union républicaine d'action sociale (URAS) et furent appelés républicains-sociaux. De Gaulle, se retirant à Colombey-les-deux-Églises, entama sa « traversée du désert », tandis que ses anciens compagnons entraient dans la majorité modérée et commençaient des carrières ministérielles.

Au moment où s'effaçait le gaullisme en tant que force de contestation, la droite classique retrouvait une place de premier plan. Les diverses formations modérées, dont le Parti républicain de la liberté, nées au lendemain de la Libération, étaient restées divisées et faibles. Mais, en juillet 1948, sous l'impulsion de Roger Duchet, les représentants de la droite classique commencèrent à se rassembler dans le Centre national des indépendants (CNI) qui devint le Centre national des indépendants et paysans le 15 février 1951, quand il fut rejoint par le Parti paysan de Paul Antier. Le CNIP, habilement dirigé par son secrétaire général Roger Duchet, tenant compte des réticences des modérés face à la discipline, se dota de structures souples et laissa la liberté de vote à ses membres. Parti de notables locaux, il comptait peu d'adhérents.

Ainsi, progressivement, la droite se renforçait. À l'époque de la Troisième force, elle fournit un appoint indispensable à la majorité, ce qui lui permettait, notamment lors des crises ministérielles, d'exercer une influence de plus en plus forte et de pousser ses hommes vers les ministères importants. Les élections législatives du 17 juin 1951, où le CNIP obtint 99 sièges, prouvèrent ce regain de vitalité. En mars 1952, un des dirigeants du Centre, Antoine Pinay, fut investi comme président du Conseil. Ainsi, pour la première fois depuis la fin de la guerre, un homme de droite prenait la direction du gouvernement, ce qui illustrait la réhabilitation morale du conservatisme, déconsidéré en 1945, et consacrait la force politique retrouvée par ce courant. Bien plus, comme nous l'avons vu, vingt-sept gaullistes rejoignirent le CNIP et montrèrent de la sorte que ce parti exerçait un rayonnement bien supérieur à celui du RPF, entré en déclin.

3.2. De nouvelles majorités

Si le retour de la droite au pouvoir marqua la période 1952-1955, cette tendance n'était cependant pas assez puissante pour former à elle seule la majorité. Celle-ci fut donc composée d'une alliance comprenant les modérés, le MRP et les radicaux. Les socialistes, membres de l'ancienne Troisième force, se trouvaient désormais dans l'opposition. Le MRP, sévèrement étrillé aux élections de 1951, formait l'aile gauche de la nouvelle majorité. Cette position n'allait pas sans susciter un malaise dans le parti : celui-ci, objectivement, avait glissé à droite, mais certains militants gardaient la nostalgie des positions progressistes adoptées par le MRP à la Libération ; ces hommes devaient, au nom de la solidarité majoritaire, endosser des mesures économiques et sociales conservatrices qu'ils n'approuvaient pas toujours. Cependant, ils restèrent fidèles à leurs alliés pour faire avancer, autant qu'ils le pouvaient, la construction européenne. Ce fut au nom de cet idéal qu'en 1954 le MRP se retourna contre Mendès France qu'il rendait responsable de l'échec final de la CED. Après les élections législatives de 1956, gagnées par la gauche, le MRP ne fut plus associé au pouvoir, mais il soutint le gouvernement socialiste de Guy Mollet, avec l'intention de retrouver ses racines progressistes.

3.3. La personnalisation de la vie politique

Les années 1950 tranchèrent sur la période précédente par une plus grande personnalisation de la vie politique. Depuis la démission, en janvier 1946, de la grande figure qu'était Charles de Gaulle, les dirigeants n'avaient que passagèrement et superficiellement marqué l'opinion. Désormais, il en alla différemment. En effet, les présidents du Conseil Antoine Pinay et Pierre Mendès France, ainsi que, dans une moindre mesure, Guy Mollet, produisirent un profond impact personnel. Ces hommes, les deux premiers surtout, s'adressèrent directement aux Français, en négligeant souvent le relais traditionnel que constituait le Parlement. Les citoyens répondirent en prenant parti avec flamme, en critiquant ou en exaltant l'action des dirigeants, en leur prêtant des qualités ou des défauts qu'ils n'avaient pas toujours, en leur établissant une réputation parfois éloignée de la réalité. Les partisans de Mendès France se flattèrent ainsi d'être « mendésistes ».

Hors du gouvernement un autre exemple de personnalisation fut administré par l'Union de défense des commerçants et artisans (UDCA) dont les membres se firent bien mieux connaître sous l'appellation de poujadistes, terme forgé à partir du nom de Pierre Poujade, chef de file de l'UDCA.

2. Les gouvernements par le centre (1952-1956)

De 1952 à 1956, les gouvernements furent menés par le centre, ou plutôt par les centres, car deux formules différentes furent expérimentées : d'abord le centre droit avec Antoine Pinay et ses deux successeurs, René Mayer et Joseph Laniel, ensuite le centre gauche avec Pierre Mendès France, avant que le balancier ne revînt au centre droit avec Edgar Faure.

1. Les gouvernements de centre droit (mars 1952-juin 1954)

1.1. La naissance du « mythe Pinay »

Né en 1891, Antoine Pinay, exploitant une petite tannerie à Saint-Chamond, se flattait d'être un Français moyen, dépourvu d'ambition personnelle, exerçant des fonctions de plus en plus importantes parce que ses concitoyens ou ses collègues le poussaient littéralement vers le pouvoir. Pinay possédait en effet une carrière déjà longue et riche : maire de Saint-Chamond depuis 1929, député de la Loire en 1936 et hostile au Front populaire, sénateur en 1938, ayant voté les pleins pouvoirs à Pétain le 10 juillet 1940 et nommé ensuite membre du Conseil national de Vichy, à ce titre déclaré inéligible à la Libération mais vite réhabilité, à nouveau député en 1946, puis ministre presque sans discontinuer à partir de 1948. Apparemment effacé et sachant aussi se faire obéir, Pinay était rassurant : il soulignait que toutes ses décisions étaient conformes au « bon sens ». Repoussant le jargon technique, il développait clairement des idées inspirées de Poincaré et comprises de tous : l'idéal du travail, de l'honnêteté et de la rigueur, la défense de la monnaie, la lutte contre l'inflation, l'équilibre du budget, les finances publiques devant être gérées comme celles d'une famille. Beaucoup de Français se reconnaissaient dans ce dirigeant d'allure simple, vite baptisé « l'homme au petit chapeau rond ». Édouard Herriot, lançant une formule souvent reprise, déclara : « Il s'est fait une tête d'électeur. »

Antoine Pinay devait sa désignation au président de la République Vincent Auriol qui avait remarqué ce ministre discret et compétent, ce modéré membre du CNIP qui pouvait devenir un facteur de renouvellement politique s'il obtenait une majorité. Or il obtint celle-ci, le 6 mars 1952, grâce aux voix du CNIP, du MRP, des radicaux, de l'UDSR et, appoint inattendu et décisif, de vingt-sept membres du RPF.

En politique intérieure, le nouveau gouvernement fit preuve de fermeté contre les communistes. Le 28 mai 1952, alors que le PCF avait lancé de grandes manifestations anti-américaines, la police réprima brutalement l'agitation et arrêta même le deuxième dirigeant du parti, Jacques Duclos, accusé de transmettre des messages suspects au moyen de pigeons soit disant « voyageurs », deux de ces volatiles ayant été trouvés dans son automobile.

Cependant Pinay accorda la priorité à l'action économique et sociale.

DÉCLARATION MINISTÉRIELLE D'ANTOINE PINAY À L'ASSEMBLÉE NATIONALE

Le 6 mars 1952 (extraits)

M. Antoine Pinay, *Président du Conseil désigné.* Mesdames, messieurs, par devoir, j'ai accepté une mission périlleuse, mais c'est le pays qui est en péril, et tout Français doit accepter de le défendre.

Nous sommes à l'heure de la vérité. Dans cette enceinte, elle n'est une surprise pour personne. Elle a été annoncée ici même depuis quatre ans. Cette vérité est dure. Je l'expose devant vous avec le tempérament d'un homme qui le respect des échéances est le premier des soucis. Voici le constat.

Nous sommes en présence d'un triple déficit : les devises, le trésor, le budget. [...]

Voilà les faits. Il faut régler toute une série d'échéances. Il faut prévenir la faillite de la monnaie, car la faillite de la monnaie ce serait le désespoir dans les foyers et le désordre dans la rue. Nous ne voulons pas du spectacle des caisses publiques vides de numéraire ou remplies d'assignats. Nous ne voulons pas d'usines arrêtées faute de matières premières, de commerces suspendus faute de rentrées de fonds. Ce qui provoque en ce moment l'avilissement du franc, c'est la réaction de défense des individus qui, ainsi, précipitent eux-même sa chute, c'est la défiance de la nation dans sa monnaie, dont l'effondrement marquerait la défiance du monde à l'égard de la France.

Comment un pays comme le nôtre en est-il arrivé là ? C'est que ce grand pays a subi de cruelles épreuves. Et notre génération a assumé de lourdes charges.

En trente ans, par deux fois, la France a dû relever ses ruines et reconstituer ses richesses. Aujourd'hui encore, elle doit défendre la liberté en Asie et s'armer pour sa défense en Europe.

Elle a le devoir de rattraper dans ses équipements fondamentaux le retard des années sombres de la guerre et de l'occupation. Elle tient à l'honneur d'avoir plus d'enfants et plus de vieillards. Mais c'est notre génération d'adultes qui supporte ces charges. Ce doit être sa fierté. Le motif de sa fierté ne doit pas être la cause de son écrasement.

Ces charges ont été trop souvent réglées dans les voies de la facilité et de l'illusion. Mais on ne les règle pas vraiment quand on se préoccupe seulement dans le budget public comme dans la vie privée, de rechercher ce qui est souhaitable, sans se soucier de savoir ce qui est possible. On les règle mal quand une génération paye la part des générations à venir, quand elle paye dans l'immédiat, par l'impôt et dans les prix, le coût d'investissements qui devraient être couverts par d'autres modes de financement.

Les lois économiques n'acceptent pas d'être violées et les lois arithmétiques sont inflexibles. Mais alors, comment le pays peut-il sortir de l'impasse ? Quels remèdes ?

Les remèdes ne sont ni de droite ni de gauche. (*Très bien ! très bien ! sur plusieurs bancs à droite, au centre et à gauche.*) Ils n'ont pas d'étiquette parlementaire. Ce sont des mesures techniques à prendre dans un climat de trêve politique. (*Applaudissements à droite et sur plusieurs bancs au centre et à gauche.*)

Avant tout, l'État doit tenir ses engagements essentiels. Parce que l'État est le gardien de la monnaie au même titre que de l'ordre public, le gouvernement, face aux prix, a un devoir impérieux de vigilance.

Il faut mettre un terme aux amertumes quotidiennes, aux inquiétudes familiales, aux déceptions incessantes. Les prix doivent être contenus par tous les moyens que l'expérience révèle comme les plus efficaces dans la conjoncture actuelle. L'exigence sociale rejoint ici l'intérêt économique.

À une époque où les cours mondiaux s'orientent à la baisse, ce serait une faute sans pardon que de laisser passer, par principe ou par paresse, l'occasion qui s'offre.

« Les grands débats parlementaire de 1875 à nos jours » in *NED*, n° 4871, Paris, La Documentation française, 1988.

L'objectif du président du Conseil était de stabiliser les prix en jouant sur un climat de confiance et en profitant d'une conjoncture mondiale favorable marquée par un ralentissement de l'inflation. Libéral, Pinay répugnait au dirigisme et aux contraintes fiscales. Pour séduire les épargnants, il refusa d'augmenter les impôts, fit voter une amnistie fiscale pour les capitaux dissimulés à l'étranger et lança un grand emprunt indexé sur l'or et exonéré de droits de succession. Le succès de cet emprunt permit de réduire les liquidités en circulation. Pour la défense du franc, le chef du gouvernement organisa des campagnes d'opinion, notamment auprès des commerçants. Dans le même temps, Pinay prit des mesures déflationnistes : stabilisation des dépenses publiques par des économies budgétaires et un ralentissement des investissements. Enfin, le gouvernement fit voter l'échelle mobile permettant d'augmenter le salaire minimum interprofessionnel garanti (SMIG) en cas de hausse des prix.

« L'expérience Pinay » parut réussir durant quelques mois, ce qui valut au chef du gouvernement une grande popularité. Cependant, la déflation et la baisse des investissements freinèrent l'expansion renaissante. L'inflation reprit en septembre 1952 et Pinay dut se résoudre à un blocage autoritaire des prix. Au moins, la stabilisation ainsi imposée se maintint pendant les trois années suivantes et permit aux gouvernements suivants, moyennant une reprise des investissements, de relancer la croissance.

En définitive, la principale réussite d'Antoine Pinay fut d'ordre psychologique. Ses mécomptes furent oubliés, il garda la réputation d'un homme qui dompte les prix, d'un modéré inspirant la confiance, d'un sage dont l'avis ou la caution morale furent recherchés par de nombreux hommes politiques jusque dans les dernières années du XXᵉ siècle.

1.2. Les deux successeurs de Pinay et le poids grandissant des problèmes extérieurs (janvier 1953-juin 1954)

Antoine Pinay eut d'abord pour successeur le radical René Mayer, de janvier à mai 1953, puis Joseph Laniel de juin 1953 à juin 1954. Ce dernier, ancien résistant, était le grand rival de Pinay chez les Indépendants ; il fut souvent dépassé par la gravité des problèmes qu'il dut affronter.

À l'intérieur, la période fut marquée par une heureuse gestion économique et financière, assurée par le radical Edgar Faure, ministre des Finances puis président du Conseil de juin 1954 à janvier 1956. Ces deux années favorables virent se développer « l'expansion dans la stabilité », situation se caractérisant par la reprise des investissements et de la croissance, la stabilité des prix, l'augmentation des salaires et le plein emploi, des excédents de la balance des comptes.

Cependant, des maladresses furent commises dans le secteur social. Le gouvernement Laniel, voulant réaliser des économies, bouscula les avantages acquis des fonctionnaires et envisagea de reculer l'âge de la retraite. Ce projet entraîna le plus grave mouvement social que le pays eût connu depuis 1947 : en août 1953, une grève, lancée par les postiers de Bordeaux, gagna rapidement toute la fonction publique et les entreprises nationalisées. Les quatre millions de grévistes reprirent le travail seulement quand le gouvernement eut reculé.

Ce fut sous les deux successeurs de Pinay que les problèmes extérieurs à l'hexagone gagnèrent une importance décisive. La querelle sur la Communauté européenne de défense rendait plus aiguës les divisions entre les partis et devenait un ferment d'instabilité. Déjà Pinay, partisan de la CED, mais tardant à la faire ratifier, avait suscité la colère du MRP, pressé d'aboutir, et avait dû démissionner en décembre 1953 pour n'être pas mis en minorité. Son successeur René Mayer promit aux anticédistes de ne rien faire qui leur déplût, mais, comme il souhaitait que, malgré tout, le débat de ratification eût lieu, il fut renversé par les adversaires de la Communauté. Joseph Laniel, à la tête d'un gouvernement juxtaposant partisans et ennemis du traité, temporisa aussi, bien qu'à la conférence des Bermudes, en décembre 1953, les alliés américains et anglais l'eussent sommé d'activer l'organisation militaire de l'Europe. Quand Laniel tomba, en juin 1954, le Parlement ne s'était toujours pas prononcé sur la CED, tandis que la querelle déchirant le pays se poursuivait avec vigueur.

Les mêmes tergiversations caractérisaient la politique menée en Tunisie — où le gouvernement français avait promis en 1950 « d'amener le pays vers l'indépendance », en respectant « les délais nécessaires » — et au Maroc, où les colons et le général Augustin Guillaume successeur d'Alphonse Juin, résident général, nourrissaient une vive hostilité envers le sultan Mohammed ben Youssef qui soutenait le parti nationaliste de l'Istiqlâl. (Pour le détail de ces événements, voir chapitre 17, pp. 410 et 415-418.)

En Indochine, la situation militaire, un moment stabilisée par le général de Lattre de Tassigny, se dégradait depuis la mort de ce dernier en janvier 1952. Les États-Unis payaient 40 % des frais causés par cette guerre, mais, ayant mis eux-mêmes un terme au conflit de Corée en juillet 1953, ils souhaitaient que la France en fît autant en Indochine. Après la défaite de Diên-Biên-Phû en mai 1954, le principal porte-parole du centre gauche, Pierre Mendès

France, prononça un très énergique réquisitoire contre le gouvernement Laniel qui fut renversé le 12 juin 1954. (Voir chapitre 17, pp. 411 à 415 pour l'exposé de l'évolution militaire et diplomatique du conflit.)

1.3. L'élection présidentielle de décembre 1953

L'autorité de Joseph Laniel, renversé en juin 1954, avait déjà été entamée depuis l'élection présidentielle du mois de décembre précédent. Arrivé au terme de son septennat, le président de la République Vincent Auriol ne se représentait pas. La majorité des électeurs du congrès, réunion de l'Assemblée nationale et du Conseil de la République, étant de centre droit, Laniel qui gouvernait avec cette majorité, pensait détenir des chances de succès. Mais sa candidature fut combattue par les adversaires de la CED, à laquelle il était favorable, et par ses ennemis personnels, dont Roger Duchet, secrétaire général de son propre parti, le CNIP. Laniel s'entêta durant dix tours de scrutin.

Finalement, le 23 décembre 1953, après sept jours d'intrigues politiciennes et treize tours de scrutin, les électeurs choisirent René Coty, vice-président du Conseil de la République, modéré peu connu, plutôt effacé, bénéficiant du fait qu'il n'avait pas pris parti pour ou contre la CED. « Je ne me fais aucune illusion, dira l'élu avec humour, si je suis président de la République, c'est parce que j'ai été opéré de la prostate. Cette opération m'a dispensé de prendre parti pour ou contre la CED. » Cette élection laborieuse avait mis en évidence la paralysie des mécanismes constitutionnels de la IVe République. Elle avait manifesté aussi l'influence des événements extérieurs sur la vie politique intérieure. Elle avait enfin fortement desservi le prestige de la France sur la scène internationale.

2. L'expérience Mendès France (juin 1954-février 1955)

La paralysie institutionnelle, démontrée par l'élection présidentielle de 1953, la toute-puissance du Parlement et des partis s'exerçant au détriment d'un exécutif trop faible, la catastrophe de Diên-Biên-Phû soulignant l'incapacité des dirigeants à arrêter un conflit sans issue auraient pu précipiter la fin de la IVe République. Mais la brève expérience gouvernementale menée par Pierre Mendès France durant sept mois et 17 jours parut enrayer le déclin et amorcer un redressement du régime. Objectivement, l'expérience Mendès France apparaît bien comme la dernière chance de la IVe République.

2.1. Un nouveau style de gouvernement

Pierre Mendès France, né en 1907, avait commencé très jeune sa carrière politique dans les rangs du Parti radical. Élu député en 1932, il avait été sous-secrétaire d'État au Trésor dans le gouvernement Blum de 1938. Hostile au gouvernement de Vichy et condamné par celui-ci, il s'était évadé, avait rejoint Londres et s'était engagé dans les forces aériennes de la France libre, avant que de Gaulle ne le nommât au Comité français de Libération nationale. Il était devenu ministre de l'Économie dans le gouvernement provisoire de 1944, mais, en désaccord avec la politique financière du général, il avait démissionné en avril 1945. Depuis, il n'avait plus occupé de fonction ministérielle, ce qui le faisait apparaître comme un homme neuf. Rigoureux, réaliste, énergique, connaissant bien les mécanismes économiques, lucide analyste des erreurs politiques du régime, partisan de la paix en Indochine, principal artisan de la chute de Laniel, il apparaissait comme l'homme de l'heure.

Formé dans le moule du radicalisme, très éloigné du marxisme, Mendès France restait attaché aux valeurs traditionnelles de la gauche démocratique. En même temps, poussé par son goût de l'action, il cherchait à innover. Il respectait les droits du Parlement, mais il n'acceptait pas les empiètements de celui-ci sur l'exécutif. Démocrate, il voulait développer au maximum la liberté individuelle et la justice sociale ; jacobin, il entendait confier à l'État un rôle de planificateur et de régulateur de la société. Libéral, il ne repoussait pas toutes les pratiques dirigistes. Ardemment soutenu par le nouvel hebdomadaire *L'Express*, fondé en 1953 par Jean-Jacques Servan-Schreiber, qui popularisait ses idées et ses réalisations, Mendès France rencontra un écho incontestable dans l'opinion. Ses allocutions radiophoniques régulières, dites « causeries au coin du feu », contribuèrent à le faire mieux connaître. Un véritable courant « mendésiste » prit corps et les partisans du président du Conseil répandirent les initiales de celui-ci, PMF, comme signe de reconnaissance.

Le mendésisme rassembla nombre de militants de la gauche non communiste, des radicaux et surtout des socialistes, des hommes comme Pierre Bérégovoy, Jacques Delors, Michel Jobert, Charles Hernu, Maurice Duverger. La gauche catholique, dont François Mauriac était le plus éloquent porte-parole, le soutint et se détacha d'un MRP devenu trop conservateur. Beaucoup de hauts fonctionnaires, d'intellectuels, d'étudiants furent séduits par la compétence technique, par l'élan modernisateur et volontariste du nouveau président du Conseil, par la morale politique qu'il semblait incarner, morale fondée sur la justice et la vérité. Mais Mendès France était trop démocrate pour exploiter sa popularité et jouer les hommes providentiels. Rejetant toute démagogie, il souhaitait convaincre durablement et non profiter de l'engouement peut-être passager qu'il suscitait.

Les partis, de la tutelle desquels Mendès France voulait s'affranchir, se montrèrent souvent agacés, notamment quand le chef du gouvernement tint à choisir lui-même ses ministres, sans en référer aux états-majors de chaque formation. L'extrême-droite, encore plus hostile, lança même des attaques antisémites contre Mendès France. Cependant, celui-ci trouva une large majorité qui l'investit le 17 juin 1954 par 419 voix contre 47 et 143 abstentions. Dans la majorité figuraient les socialistes, les radicaux, l'UDSR, les gaullistes républicains-sociaux, certains indépendants. Le PCF vota aussi la confiance, ce qu'il n'avait plus fait depuis son éviction du gouvernement en 1947, mais Mendès France annonça qu'il ne tiendrait pas compte des suffrages communistes pour le calcul de sa majorité : ayant besoin de l'appui du centre, il ne voulait pas paraître dépendant du PCF, lequel lui garda toujours rancune de cette sorte d'ostracisme. Enfin, le MRP s'abstint, par fidélité à l'égard de Bidault, responsable de la politique indochinoise sous le gouvernement précédent. La majorité sur laquelle s'appuyait Mendès France ne demeura pas soudée et prit très vite des contours différents selon les questions traitées.

Mendès France, sans négocier avec les partis, choisit lui-même des ministres généralement jeunes et efficaces, des radicaux comme Edgar Faure aux Finances, des UDSR comme François Mitterrand à l'Intérieur, des gaullistes comme le général Pierre Koenig à la Défense nationale et Jacques Chaban-Delmas aux Travaux publics, des modérés et même deux MRP en rupture de parti. La SFIO soutenait le gouvernement mais n'y participait pas car elle exigeait d'être consultée sur le choix des ministres.

2.2. Le règlement des grands problèmes extérieurs

Pierre Mendès France s'attacha à résoudre rapidement les problèmes de politique coloniale ou étrangère les plus urgents.

Le président du Conseil avait promis de trouver une solution à la guerre d'Indochine avant un mois, faute de quoi il démissionnerait. De fait, l'accord de Genève fut signé le 20 juillet 1954 : le Viêt-nam était partagé en deux, de part et d'autre du 17e parallèle ; le Nord se trouvait sous souveraineté communiste et le Sud formait un État indépendant pro-occidental. Le Cambodge et le Laos accédaient à l'indépendance. La conclusion de cette guerre, qui avait coûté à la France 92 000 morts et 3 000 milliards de dépenses, fut accueillie avec soulagement par l'opinion et la crédibilité de Mendès France en fut confortée. Cependant, cette immense brèche faite dans l'empire risquait d'encourager ailleurs les revendications nationalistes. Quant à l'armée, humiliée par l'échec militaire, elle ne se sentait pas coupable de celui-ci et en attribuait la responsabilité aux politiciens abouliques.

Mendès France sortit ensuite la France de l'impasse où elle se trouvait enfermée en Tunisie. À peine l'affaire indochinoise réglée, il se rendit dans le protectorat, accompagné du gaulliste Christian Fouchet, chargé des Affaires tunisiennes et marocaines dans le gouvernement, et du maréchal Juin, bien vu des Français d'Afrique du Nord. Le 31 juillet 1954, par la déclaration de Carthage, le président du Conseil accorda à la Tunisie l'autonomie interne et annonça des mesures de détente favorables aux nationalistes. Tout en opérant ainsi une décolonisation sans trop de heurts, Mendès France n'envisageait sans doute pas de mettre totalement fin à la présence française dans le protectorat. Cependant les mesures prises ne pouvaient que conduire à une indépendance complète de la Tunisie.

DÉCLARATION MINISTÉRIELLE DE PIERRE MENDÈS FRANCE À L'ASSEMBLÉE NATIONALE LE 17 JUIN 1954 (extraits)

Une négociation est engagée à Genève, en liaison avec nos alliés et les États associés. [...] Il faut donc que le cessez-le-feu intervienne rapidement. Le gouvernement que je constituerai se fixera — et il se fixera à nos adversaires — un délai de quatre semaines pour y parvenir. Nous sommes aujourd'hui le 17 juin. Je me présenterai devant vous avant le 20 juillet et je vous rendrai compte des résultats obtenus. Si aucune solution satisfaisante n'a pu aboutir à cette date, vous serez libérés du contrat qui nous aura liés et mon gouvernement remettra sa démission à M. le Président de la République. (*Applaudissements sur de nombreux bancs à gauche et à l'extrême-droite et sur quelques bancs à droite.*) [...] Mon objectif est donc la paix. Sur le plan international, c'est en toute clarté que la France recherchera la paix. Et je sollicite votre confiance, dans ce seul but, pour une mission sacrée qui nous est dictée par le vœu ardent de la nation toute entière. Mesdames, messieurs, c'est dans cette perspective, ce but une fois atteint dans le délai prévu, que je me place maintenant afin de vous indiquer succinctement les étapes suivantes que mon gouvernement fixera pour son action. Action sur l'économie d'abord. Le 20 juillet au plus tard, je vous soumettrai un programme cohérent de redressement et d'expansion destiné à assurer progressivement le relèvement des conditions de vie et l'indépendance économique du pays, le développement de notre agriculture par une politique coordonnée de la production et des débouchés, un effort accru et dynamique dans l'ordre du logement et des habitations à loyer modéré. Ce plan élargira et amplifiera tout à la fois les objectifs du plan de dix-huit mois amorcé par le précédent gouvernement et les moyens destinés à assurer son succès. [...] La paix en Indochine étant rétablie et les décisions essentielles pour le redressement de notre économie étant prises, la France devra se prononcer avec clarté sur la politique qu'elle entend suivre à l'égard d'un problème capital et longtemps différé : celui de l'Europe. Vis-à-vis de ses amis comme vis-à-vis d'elle-même, la France ne peut plus prolonger une équivoque qui porte atteinte à l'alliance occidentale. (*Applaudissements sur certains bancs à gauche et sur quelques bancs au centre.*) Or, cette alliance à laquelle la France appartient en vertu d'une vocation découlant de la géographie et de l'histoire, il suffit qu'elle semble compromise pour que les pires dangers se profilent à l'horizon. La Communauté européenne de défense nous met en présence d'un des plus graves cas de conscience qui ait jamais troublé le pays. L'une de ces données est la nécessité d'un réarmement occidental imposé par la situation internationale et qui a conduit à envisager — perspective cruelle pour tous les Français — les conditions de la participation de l'Allemagne à une organisation commune de défense... [...] L'accomplissement des tâches qui viennent d'être énumérées doit aller de pair avec le rétablissement de la concorde et de la sécurité dans ces deux pays d'Afrique du Nord qu'endeuillent, en ce moment même, le fanatisme et le terrorisme. [...] Nous leur avons promis de les mettre en état de gérer elles-mêmes leurs propres affaires. Nous tiendrons cette promesse et nous sommes prêts dans cette perspective à reprendre des dialogues, malheureusement interrompus. [...] Il n'y aura pas de ces négociations interminables que nous avons connues ; je n'admettrai ni exigences ni vetos. Le choix des ministres, en vertu de la Constitution, appartient au président du Conseil investi, et à lui seul. Je ne suis pas disposé à transiger sur les droits que vous m'auriez donnés par votre vote d'investiture. (*Applaudissements sur de nombreux bancs à gauche, à droite et à l'extrême-droite et sur plusieurs bancs au centre.*)

« Les grands débats parlementaires de 1875 à nos jours » in *NED*, n° 4871, Paris, La Documentation française, 1988.

La querelle de la CED continuait d'empoisonner l'atmosphère politique et le chef du gouvernement voulait mettre un terme aux polémiques. Personnellement, il pensait que la France ne pouvait seule empêcher le réarmement de l'Allemagne, mais il se méfiait des abandons de souveraineté que la CED impliquait. Il décida donc de ne pas prendre parti sur cette question, d'autant que ses ministres étaient eux-mêmes très divisés. Il rechercha d'abord un compromis qui aurait permis de différer l'application des clauses supranationales. Mais les Alliés et les cédistes refusèrent une renégociation du traité. Dès lors, Mendès France, sans engager l'existence de son gouvernement, demanda au Parlement de prendre ses responsabilités et de se déterminer sur la ratification. Le 30 août 1954, l'Assemblée nationale vota par 319 voix contre 164 la question préalable spécifiant que le débat ne devait pas avoir lieu. Cette procédure, portant seulement sur la forme, empêchait qu'une discussion de fond se déroulât. La CED se trouvait ainsi enterrée sans que Mendès France se préoccupât de la sauver.

Pour satisfaire les États-Unis qui demandaient toujours le réarmement de l'Allemagne, le gouvernement français signa en octobre 1954 les traités de Londres et de Paris qui reconnaissaient la souveraineté de l'Allemagne, donc son droit à se doter d'une armée, et l'entrée de ce pays dans l'OTAN et l'Union de l'Europe occidentale. La difficile ratification de ces accords montra que la majorité de Mendès France s'effritait.

2.3. Les difficultés et la chute du gouvernement Mendès France

La gravité de la crise indochinoise et l'urgence de la solution à lui apporter avaient permis à Mendès France de trouver au départ une large majorité. Mais, après ses succès initiaux, l'opposition parlementaire se renforça : le PCF ainsi que certains socialistes étaient choqués par le réarmement de l'Allemagne et inquiets de perdre une partie de leurs électeurs qui séduisait le président du Conseil. Le MRP, furieux de ce qu'il appelait « le crime du 30 août », ne pardonnait pas à Mendès France sa passivité à l'égard de la CED. La droite, après les décisions prises à propos de l'Indochine et de la Tunisie, ainsi que la rétrocession à l'Inde des comptoirs que la France possédait dans ce pays, accusait Mendès France de « brader l'empire ». Beaucoup d'hommes politiques étaient troublés par les méthodes de gestion inhabituelles que pratiquait le gouvernement. Désormais, les nouvelles initiatives prises par ce dernier furent vivement combattues et accrurent le nombre de ses adversaires. Les oppositions s'exaspérèrent même jusqu'à lancer contre le gouvernement l'affaire des « fuites » : des secrets de la défense nationale avaient été divulgués par des fonctionnaires pacifistes ; or, Pierre Mendès France et François Mitterrand, ministre de l'Intérieur, furent accusés par leurs ennemis politiques d'avoir couvert, voire inspiré, ces actes coupables. Le procès, organisé en 1956, fit justice de ces calomnies, mais l'affaire révélait l'ampleur des haines suscitées par les tenants du pouvoir. Les autres réalisations du gouvernement en matière politique suscitèrent de nouvelles oppositions. Mendès France fit adopter, mais avec seulement deux voix de majorité, une réforme constitutionnelle qui renforçait les pouvoirs du Conseil de la République, instituait la majorité simple pour l'investiture du président du Conseil et simplifiait la procédure de dissolution.

Dans le domaine économique, Mendès France, bien secondé par son ministre des Finances Edgar Faure qui poursuivait une politique d'expansion dans la stabilité, prônait une modernisation, une amélioration de la productivité et une élévation du pouvoir d'achat assez prudente pour ne pas encourager l'inflation. En fait, le chef du gouvernement, absorbé par les affaires extérieures, n'eut guère le temps de mettre ces idées en application, hormis la construction de logements et d'écoles. Mais il inquiéta la droite qui le trouvait trop dirigiste et la SFIO qui critiquait son manque de générosité sociale. Voulant lutter contre l'alcoolisme, Mendès France réduisit les privilèges des bouilleurs de cru, autorisés à distiller ; ces derniers, influents dans certains départements producteurs, mobilisèrent leurs députés contre le gouvernement. En encourageant la consommation de lait, Mendès France s'aliéna une partie des viticulteurs et les milieux racistes hostiles à « Mendès-lolo » qui n'avait pas de « sang gaulois », car il préférait le lait au vin.

Les troubles en Algérie fournirent l'occasion de renverser le gouvernement. Le 1ᵉʳ novembre 1954, une vingtaine d'attentats marquèrent le début de ce qu'on appellera plus tard la guerre d'Algérie. Ce territoire étant réputé calme, l'opinion fut suprise. (Sur les prodromes de la guerre d'Algérie, voir chapitre 17, p. 422).

Le gouvernement, refusant de discuter avec les terroristes, d'ailleurs peu représentatifs à l'époque, adopta une attitude très ferme, approuvée par tous. Mendès France se déclara résolu à défendre « la paix intérieure de la nation et l'intégrité de la République ». François Mitterrand s'exclama : « L'Algérie c'est la France. » Des troupes furent aussitôt envoyées dans le pays. Cependant, le gouvernement, pour apaiser le malaise, annonça aussi un programme de réformes. Pour appliquer celles-ci, il nomma un nouveau gouverneur géné-

TROIS MINISTRES FACE AU DÉCLENCHEMENT DE LA GUERRE D'ALGÉRIE

La réaction immédiate de Pierre Mendès France et de François Mitterrand
à l'Assemblée nationale (12 novembre 1954)
L'analyse d'Edgar Faure en 1982

M. Pierre Mendès France, *président du Conseil, ministre des Affaires étrangères.*

« Vous pouvez être certains, en tout cas, qu'il n'y aura, de la part du gouvernement, ni hésitation, ni atermoiement, ni demi-mesure dans les dispositions qu'il prendra pour assurer la sécurité et le respect de la loi. Il n'y aura aucun ménagement contre la sédition, aucun compromis avec elle, chacun ici et là-bas doit le savoir.

On ne transige pas lorsqu'il s'agit de défendre la paix intérieure de la nation, l'unité, l'intégrité de la République. Les départements d'Algérie constituent une partie de la République française. Ils sont français depuis longtemps et d'une manière irrévocable. Leurs populations, qui jouissent de la citoyenneté française et sont représentées au Parlement, ont d'ailleurs donné, dans la paix comme autrefois dans la guerre, sans distinction d'origine ou de religion, assez de preuves de leur attachement à la France pour que la France à son tour ne laisse pas mettre en cause cette unité. Entre elles et la métropole, il n'y a pas de sécession concevable. Cela doit être clair une fois pour toutes et pour toujours aussi bien en Algérie et dans la métropole qu'à l'étranger. (*Applaudissements à gauche, au centre, à droite et à l'extrême droite.*)

Jamais la France, aucun gouvernement, aucun Parlement français, quelles qu'en soient d'ailleurs les tendances particulières, ne cédera sur ce principe fondamental. »

M. François Mitterrand, *ministre de l'Intérieur.*

« De même que le Maroc et la Tunisie ont connu ce phénomène du terrorisme individuel dans les villes et dans les campagnes, faut-il que l'Algérie ferme la boucle de cette ceinture du monde en révolte depuis quinze ans contre les nations qui prétendaient les tenir en tutelle ?

Eh bien ! non, cela ne sera pas, parce qu'il se trouve que l'Algérie, c'est la France, parce qu'il se trouve que les départements de l'Algérie sont des départements de la République française.

Des Flandres jusqu'au Congo, s'il y a quelque différence dans l'application de nos lois, partout la loi s'impose et cette loi est la loi française ; c'est celle que vous votez parce qu'il n'y a qu'un seul Parlement et qu'une seule nation dans les territoires d'outre-mer comme dans les départements d'Algérie comme dans la métropole.

Telle est notre règle, non seulement parce que la Constitution nous l'impose, mais parce que cela est conforme à nos volontés. »

LE DRAME ALGÉRIEN COMMENCE
ET NOUS NE LE COMPRENONS PAS

Au début de novembre, le gouvernement avait vu surgir devant lui une nouvelle suite de graves préoccupations : le début de la révolte algérienne. Je pense que nous avons *tous* sous-estimé l'événement. Les services de renseignements avaient très mal fonctionné. Organisés à partir d'un système traditionnel qui consistait à surveiller les agitations tribales, ils ne disposaient point d'antennes dans les milieux des jeunes gens et des adolescents où la mentalité insurrectionnelle apparaissait pour ainsi dire d'elle-même et où les liaisons et instigations extérieures ne tenaient qu'un rôle annexe, épisodique et léger.

Le « juridisme » occupait mon esprit, ainsi d'ailleurs que ceux de Pierre Mendès France et de François Mitterrand. Nous étions cette fois, non pas à l'étranger, mais en terre française. Nous pourrions toujours tenter de régler le problème en reprenant les projets d'évolution que l'on avait laissés dormir, depuis le plan établi avant la guerre par Viollette et par Viénot, et remettre en honneur l'esprit du discours que le général de Gaulle avait prononcé à Constantine et dont j'avais quelque raison de me souvenir.

Quand j'eus l'occasion d'évoquer l'Algérie avec Pierre Mendès France, il émit l'avis qu'il fallait aborder le problème par le choix des personnes. Il entendait placer au gouvernement général un homme nouveau, capable de prendre la mesure de la situation

et de proposer au gouvernement une politique [...]

Pierre Mendès France et François Mitterrand laissent apparaître dans leur intervention à quel point ils sont inféodés, au point d'en être intoxiqués, aux catégories du droit, ce qui est également mon cas. Pour eux, l'Algérie c'est la France et la responsabilité des événements est, pour eux aussi, imputable aux incitations extérieures, notamment à l'Égypte qu'on met en face de ses responsabilités ainsi qu'à l'attitude insurrectionnelle du MTLD. Rétorsion sur le plan externe, répression sur le plan interne demeurent les lignes directrices, mais en même temps des efforts considérables sont annoncés en vue d'assurer le progrès et le bien-être des populations. Il s'agit beaucoup moins de réformes que de crédits. Nous sommes tous tombés dans un second piège. Il résulte d'ailleurs directement du premier, le *juridisme* conduit à l'*économisme*. Étant donné que l'on se refuse à envisager le changement du droit, on ne peut procéder que par la modification du fait. On traite par les grands travaux et l'amélioration du niveau de vie un conflit qui trouve sa source dans l'aliénation nationale et dans le déficit de considération. La prédominance donnée au critère formaliste conduit à la transsubstantiation du moral au matériel. Ce faussement d'analyse engendrera, avec des aspects variés, toutes les politiques à venir.

Edgar Faure, *Mémoires*, tome I, *Avoir raison, c'est un grand tort*, Paris, © Plon, 1982 ral, Jacques Soustelle, gaulliste réputé compétent en matière coloniale et libéral, ce qui lui valut d'être mal accueilli par les colons européens.

Le débat consacré à l'Algérie entraîna une sorte d'union de tous les ennemis de Mendès France, notamment ceux qui l'accusaient de « brader l'empire » et de vouloir abandonner l'Algérie, après l'Indochine, la Tunisie et les comptoirs de l'Inde. Un radical, député de Constantine, René Mayer, proche des gros colons, convainquit même une vingtaine de radicaux de voter contre Mendès France, leur propre camarade de parti. Le 5 février 1955, le gouvernement fut renversé par une majorité hétéroclite, mais résolue et haineuse. Contrairement à l'usage, Mendès France, après le vote, voulut remonter à la tribune pour justifier une dernière fois sa politique. Il ne put prononcer que quelques phrases, comme « les hommes passent, les nécessités nationales demeurent » ; les huées des députés l'empêchèrent de continuer.

3. Le gouvernement Edgar Faure (février-décembre 1955) et le retour au centre droit

Le successeur de Mendès France, Edgar Faure, revint à la majorité de centre droit sur laquelle, au début de la législature, s'était appuyé Antoine Pinay. Ce dernier, d'ailleurs, revenait au gouvernement comme ministre des Affaires étrangères. Le cabinet comprenait encore des radicaux, des républicains-sociaux, des MRP qui avaient combattu Mendès France ; les socialistes, qui avaient soutenu celui-ci, se trouvaient dans l'opposition.

3.1. L'héritage mendésiste

Edgar Faure gouverna dans la ligne tracée par son prédécesseur : expansion, modernisation, relance européenne, décolonisation sauf en Algérie ; mais il adopta un style différent. Faure, d'une intelligence certainement aussi fine que celle de Mendès France, se montrait plus souple et manœuvrier, plus attentif aux vœux des partis avec lesquels il avait négocié la composition de son gouvernement.

En Tunisie, Edgar Faure poursuivit l'évolution libérale déjà amorcée, fit entrer en mai 1955 l'autonomie interne dans les faits, ce qui préparait l'indépendance et permit à Habib Bourguiba de revenir dans son pays un mois plus tard en triomphateur. Au Maroc, le président du Conseil sut habilement résister aux injonctions des durs de la colonisation et parvint à remettre sur le trône le sultan Mohammed ben Youssef, dont il avait toujours désapprouvé la déposition. Avec ce dernier, il signa des accords de novembre 1955 qui promettaient au Maroc « l'indépendance dans l'interdépendance » avec la France, formule obscure et commode qui permettait aux deux parties de sauver la face.

En Algérie, la rébellion s'étendait et essayait d'entraîner la population dans son sillage ; des Européens furent sauvagement massacrés. Aussi le gouvernement renforça-t-il les effectifs militaires et, dès avril 1955, instaura l'état d'urgence, ce qui impliquait la suspension des libertés publiques. Le gouverneur général Jacques Soustelle, arrivé avec une réputation de libéral, se fit l'artisan d'une ferme répression, ce qui lui valut bientôt la sympathie des Français d'Algérie.

3.2. La montée des oppositions intérieures : poujadisme et mendésisme

À l'intérieur, Edgar Faure se heurtait à deux oppositions différentes. À droite, les commerçants et artisans entretenaient une agitation à l'origine corporatiste et animée par Pierre Poujade. Celui-ci, né en 1920, issu de la petite bourgeoisie traditionnaliste, était papetier à Saint-Céré, dans le Lot. Il avait pris conscience du malaise éprouvé par les petits commerçants et artisans. En effet, le ralentissement de l'inflation qui, depuis la guerre, donnait de l'aisance aux trésoreries, la modernisation des structures de distribution, l'apparition des premières grandes surfaces, l'intervention plus fréquente et parfois maladroite des agents du fisc dans la comptabilité des boutiquiers rendaient précaire la situation des petites entreprises commerciales. La baisse des revenus et l'intensification des contrôles fiscaux inquiétaient les laissés-pour-compte du progrès, surtout dans les campagnes et les petites villes. Poujade prit la défense de ses collègues menacés de redressements fiscaux et de saisies. Pour ce faire, il fonda en novembre 1953 l'Union de défense des commerçants et artisans (UDCA). Poujade, bon organisateur et orateur incisif, enthousiasmait ses auditoires. Il reçut bientôt le renfort des bouilleurs de cru, des viticulteurs, des cafetiers hostiles aux mesures anti-alcooliques de Mendès France.

Dès lors le poujadisme, de corporatiste qu'il était, prit une coloration politique et dériva vers l'extrême-droite. Le PCF qui, au départ, avait soutenu cette révolte des petits, s'éloigna. Les gros bataillons de l'UDCA étaient certes toujours formés par les Français en désarroi voyant s'effondrer l'univers de l'échoppe et de l'entreprise familiale, mais le mouvement attirait aussi des adversaires de la République, des nostalgiques de Vichy et de l'ordre ancien, séduits par le discours de Poujade et voulant profiter de son charisme. Le meneur de l'UDCA, sans abandonner son « antifiscalisme », abordait d'autres thèmes : antiparlementarisme ; attaques contre les députés corrompus, les riches exploiteurs, les intellectuels desséchés, les fonctionnaires et les technocrates ignorant les réalités locales, tous traités d'« ensaucissonnés » ; nationalisme ; hostilité contre l'Europe et les grands trusts ; défense de l'empire colonial ; exaltation de l'identité française et d'un passé mythifié ; xénophobie et antisémitisme dirigés surtout contre Mendès France, qualifié de Juif buveur de lait et bradeur d'empire. Le poujadisme ne représentait pas un fascisme au sens strict du terme, mais plutôt un populisme protestataire, ayant le culte de l'ordre et de la nation.

À l'approche des élections législatives, prévues pour juin 1956, le mouvement accentua sa pression, organisa de grandes manifestations pouvant rassembler à Paris plusieurs centaines de milliers de personnes, se dota d'officines

DEUX ANALYSES DU POUJADISME

Le poujadisme est « contre ». Il est contre tout, contre le fisc d'abord, mais aussi contre le Prisunic, contre la Sécurité sociale, les fonctionnaires, les inspecteurs des Finances, les puissances d'argent, et il n'est guère « pour » que pour les gens qui sont « contre ». [...]
Si le mouvement, en fin de compte, doit se classer à droite, c'est dans une droite plébiscitaire, antiparlementaire et, en prenant le mot dans son sens vague, fasciste.
Il faut cependant l'associer, du moins dans son origine, à une classe sociale, celle des artisans, du petit et moyen commerce, et on peut à bon droit le considérer comme un produit de la déflation. Du point de vue corporatif, le mouvement, strictement professionnel à son début, se recrute essentiellement parmi ces commerçants ou intermédiaires qui avaient bénéficié de l'inflation, d'une monnaie en constante dépréciation, des occasions offertes par le marché noir. Durant cette période, chacun de nous a pu constater, dans son quartier, une série d'enrichissements rapides. Tout était facile aux commerçants : les stocks se valorisaient d'eux-mêmes pendant la nuit, l'impôt semblait moins lourd dès l'instant qu'il se payait en francs dépréciés par rapport aux déclarations faites sur les résultats de l'année précédente. C'est au moment où les prix se sont stabilisés, c'est-à-dire à partir de 1953, que le poujadisme a jailli de terre à la façon d'une éruption.

Il s'agissait donc d'une protestation d'entreprises ayant bénéficié d'un climat économique exceptionnel, ce qui voilait le fait qu'elles n'étaient pas adaptées aux conditions modernes de la distribution [...]. C'est une France de tradition artisanale et individualiste se dressant contre une marée de machinisme collectif qui menace de la submerger.
Il s'agit d'un combat d'arrière-garde, celui d'une France pré-industrielle, se réclamant de mythes où se mêlent une gauche d'hier et une droite d'aujourd'hui : défense du paysan contre la domination urbaine, de la petite ville contre la grande, de la province contre Paris, du travailleur indépendant contre l'usine, des régions en déclin contre les concentrations industrielles, de l'individu contre l'État socialiste envahissant, d'une sorte de « France éternelle », instinctivement hostile aussi bien au moralisme anglo-saxon qu'au communisme russe. S'inscrivant dans une vieille tradition, le poujadisme sera donc logiquement antiparlementaire, antisémite, xénophobe, patriotard, démagogue en même temps que conservateur.
Quant au programme positif, il n'existe pas, ce qui, à certains égards, est une force. Quand Poujade fait acclamer la grève de l'impôt, l'action directe de résistance au fisc, des sympathies avouées ou occultes lui viennent de partout dans un pays qui n'aime pas payer, mais qui plus encore s'exaspère d'innombrables formalités vexatoires fiscales.

André Siegfried, *De la IIIe à la IVe République*,
Paris, © Grasset, 1956.

On peut inventer et créer un homme. La France est en train de tenter cette expérience avec Monsieur Poujade. Non que Monsieur Poujade n'existe pas ; son existence est une donnée de la situation ; il a même ce don de présence qui fait qu'un courant de passion collective se polarise sur un individu. Il y a un individu appelé Poujade qui a derrière lui deux millions ou peut-être trois millions de Français, et qui pourra bien en avoir encore davantage. Il les a derrière lui, mais il serait très embarrassé de dire où il les mène. Monsieur Poujade existe, mais il est vide.

Bête ? Non pas. L'aptitude à prendre le vent, à inventer le slogan qui porte, à faire sa propre réclame, à organiser les masses, relève de l'intelligence. Cependant, quand on prétend gouverner l'État, il faudrait passer à l'étage au-dessus et avoir au moins des idées, à défaut d'un système.

En faisant ces remarques, je n'ai pas l'intention de sous-estimer la puissance du poujadisme et d'annoncer son échec, mais de situer le danger où il est.

C'est parce que ces hommes n'ont rien à proposer de positif, ni idées ni compétence, et qu'ils ont pu rassembler une large fraction de la volonté nationale sur une négation pure, qu'ils ont fait surgir un grand péril. L'action ne s'accommode pas du vide absolu : là où il n'y a ni connaissance des problèmes ni reconnaissance des valeurs, il faut bien mettre quelque chose, et que reste-il ? Des réflexes élémentaires de colère et de violence, des passions grégaires, de vieux complexes historiques. Avec des ressentiments de petits commerçants ou même la mauvaise humeur des contribuables, en criant « À bas Félix Potin ! » ou en chahutant le percepteur, on n'irait pas très loin. Mais on a mieux à portée du bras : l'antisémitisme, la xénophobie, et toutes les séquelles du fascisme et du nazisme.

Au point de vue du philosophe, le poujadisme est le mal politique absolu : en ce qu'il est l'attrait du néant. Attrait que peut toujours subir une opinion rongée de scepticisme et tentée par le désespoir. Qu'un certain anarchisme de droite, en demi-solde depuis la Libération, ait immédiatement coagulé sur Poujade, lui fournissant les ressources d'une dialectique et l'information d'une culture dont il semble personnellement mal pourvu, rien de surprenant. Le pire scandale et le plus grave péril ne sont pas là. Le scandale et le péril seront quand de vastes secteurs de l'opinion moyenne et honnête se laisseront contaminer.

Pierre-Henri Simon, *Le Monde*,
25 janvier 1956.

spécialisées, pour les paysans, pour les jeunes, ces dernières étant confiées à la responsabilité de Jean-Marie Le Pen. Le poujadisme occupait ainsi une place de plus en plus large dans la société française et gagnait un poids politique qui risquait d'apparaître très lourd au moment des élections.

À gauche, le mendésisme se renforçait. Mendès France comme Edgar Faure appartenaient au Parti radical, le premier incarnant l'aile gauche de cette formation et le second l'aile droite. Or, depuis la Libération, le radicalisme, reposant sur un électorat âgé et surtout rural, montrait peu de dynamisme. Oubliant ses traditions idéologiques progressistes, il se transformait en organe de gestion de carrières ministérielles et semblait de plus en plus dominé par de jeunes néo-radicaux conservateurs, comme René Mayer, Léon Martinaud-Déplat, Jean-Paul David, André Morice. Après sa chute, Mendès France voulut utiliser la sympathie qu'il avait éveillée dans le pays pour préparer son retour au pouvoir. Son projet n'était pas de créer un nouveau parti autour de sa personne, ce qui à ses yeux eût été une entreprise fascisante, mais de rénover le Parti radical en le disciplinant et en le ramenant à gauche. Avec l'appui des vieux radicaux orthodoxes Herriot et Daladier, inquiets de la dérive droitière du parti, Mendès France prit la direction de celui-ci en mai 1955. Le radicalisme en parut régénéré ; développant sa propagande, attirant de nouveaux adhérents, surtout des jeunes, des enseignants, des membres des professions libérales, il passa de 71 000 membres en octobre 1954 à 100 000 en janvier 1956. Mendès France et son parti offraient un pôle de ralliement à tous les hommes de gauche espérant moderniser le pays.

3.3. La dissolution du 2 décembre 1955

Edgar Faure, représentant une autre forme de radicalisme, s'inquiétait de l'entreprise mendésiste qui le menaçait, lui et sa majorité de centre droit. Le chef du gouvernement voulait donc prendre de vitesse les deux oppositions, poujadiste et mendésiste, avant qu'elles ne s'organisent mieux. Pour ce faire, il lui paraissait dangereux d'attendre le terme normal de la législature, en juin 1956. Une autre raison le poussait à avancer la date des élections : l'Assemblée nationale devait effectuer des choix importants en politique étrangère et coloniale ; or avait-elle, en fin de législature, le courage et la représentativité nécessaires ? Aussi Faure proposa-t-il aux députés de provoquer des élections anticipées. Ceux-ci refusèrent et renversèrent le gouvernement le 29 novembre 1955.

Edgar Faure, maintenu en fonction jusqu'à la désignation de son successeur, avait la possibilité constitutionnelle de prononcer la dissolution de l'Assemblée nationale. Or, aucun homme politique n'avait osé prendre une telle décision depuis Mac-Mahon en 1877 : la dissolution était réputée antirépublicaine et contraire à la souveraineté du Parlement. Pourtant, par un décret daté du 2 décembre, Faure franchit le pas. Il fut aussitôt comparé à un apprenti dictateur, d'autant que Louis-Napoléon Bonaparte avait effectué son coup d'État le 2 décembre 1851. Mendès France fit exclure Edgar Faure du Parti radical. Mais, les formes légales étant respectées, les élections furent fixées au 2 janvier 1956.

3. La fin de la IVe république (1956-1958)

La nouvelle majorité de gauche, élue en 1956, ne sut pas mieux que la précédente, axée au centre droit, résoudre la crise algérienne. Les deux dernières années de la IVe République furent dominées par les répercussions de cette guerre sur la vie politique et économique de la France.

1. Les élections du 2 janvier 1956 : poussée à gauche et poujadisme

Les élections législatives du 2 janvier 1956 s'effectuèrent dans un certain désordre : la consultation aurait dû avoir lieu six mois plus tard et les partis auraient préféré attendre cette échéance normale ; les querelles récentes, celle de la CED, et la solution à apporter aux difficultés présentes, surtout l'Algérie, divisaient la classe politique ; enfin l'apparition d'une extrême-droite poujadiste, dont on ignorait le rayonnement électoral, représentait une inconnue de taille.

Quatre familles politiques s'affrontèrent. Le Parti communiste représentait la première tendance à lui seul. Il avait proposé aux socialistes de conclure des apparentements, puisque telle était encore la loi électorale en vigueur. Mais ses avances avaient été repoussées.

La gauche non communiste formait une coalition baptisée Front républicain. Là se retrouvaient le Parti socialiste SFIO solidement tenu en main par son secrétaire général Guy Mollet, le Parti radical inspiré par les idées de Pierre Mendès France, l'UDSR menée par François Mitterrand, la gauche des républicains-sociaux, ex-RPF, conduite par Jacques Chaban-Delmas. Le Front républicain promettait la paix en Algérie, le progrès économique et social. Son journal, *L'Express*, distribuait des bonnets phrygiens aux listes s'engageant sur ce programme.

Une autre coalition rassemblait les formations du centre droit qui avaient gouverné sous la direction d'Edgar Faure : le CNIP d'Antoine Pinay, Joseph Laniel et Roger Duchet, le MRP très antimendésiste, d'anciens radicaux expulsés avec Edgar Faure et constituant le Rassemblement des gauches républicaines (RGR), l'aile droite de l'UDSR avec René Pleven et l'aile droite des républicains sociaux. La référence de cette alliance était la politique menée par Antoine Pinay en 1952.

L'extrême-droite formait la quatrième famille présente dans le combat électoral. Cette sensibilité, très discrète depuis la Libération, était ranimée par l'humiliation infligée à la France en Indochine et par le combat en faveur de l'Algérie française. Des groupements nouveaux apparurent au grand jour, comme le mouvement Jeune Nation fondé par les frères Sidos en mars 1950. Le Rassemblement national, dirigé par l'avocat Jean-Louis Tixier-Vignancour, l'un des anciens responsables des services de propagande de Vichy, présentait des candidats aux élections. Mais les listes d'extrême-droite les plus nombreuses étaient celles des poujadistes. Appelées Union et fraternité française (UFF), elles avaient pour slogan : « Sortez les sortants » et demandaient aux Français d'élire leurs candidats, hommes neufs et honnêtes, défenseurs de l'Algérie française et des valeurs traditionnelles.

La campagne électorale fut animée, d'une part en raison des violences dont se rendirent coupables les commandos poujadistes, d'autre part grâce à l'utilisation inédite des moyens audiovisuels offerts aux candidats. Une forte participation de 82,8 % fut enregistrée. Les apparentements, jadis imaginés pour servir la Troisième force, comptèrent peu dans le calcul des résultats qui dépendirent donc, pour l'essentiel, de la proportionnelle.

LES GROUPES APRÈS LES ÉLECTIONS DU 2 JANVIER 1956			
		% des suffrages exprimés	Nombre de députés
Front républicain {	PCF	25,6	150
	SFIO	15,2	96
	Radicaux et UDSR	11,3	77
	Républicains-sociaux	1,2	7
	Républicains-sociaux	2,7	15
	RGR et UDSR	3,8	14
	MRP	11,1	83
	CNIP	15,3	95
	UFF (poujadistes)	12,8	52
	Divers	0,4	7

L'interprétation des résultats se révélait délicate. Le Front républicain, avec 27,7 % des voix et 180 sièges, réalisait un bon score mais n'arrivait pas à la majorité. En son sein, les socialistes se maintenaient et les radicaux mendésistes progressaient. La coalition adverse de centre droit, avec 32,9 % des voix et 207 sièges, réalisait un meilleur score dû au bon comportement du CNIP qui compensait le déclin du MRP. Mais Edgar Faure perdait son pari : le centre droit n'atteignait pas non plus la majorité. Les communistes qui n'étaient plus victimes des apparentements se renforçaient. Les républicains-sociaux, ex-RPF, qu'ils fussent à droite ou à gauche, s'effondraient. La grande surprise venait des poujadistes dont les 2 500 000 suffrages, donnant droit à 52 sièges, avaient privé la droite classique d'un résultat meilleur. Une majorité d'élus, effrayés par cette poussée de l'extrême-droite, invalidèrent 11 députés poujadistes et les remplacèrent par les concurrents qu'ils avaient battus.

Il appartenait alors au président de la République René Coty de tirer la leçon des résultats qui n'offraient aucune majorité nette et de désigner un président du Conseil. Le chef de l'État, additionnant les suffrages récoltés par le Front républicain et par le PCF, considéra que la gauche était majoritaire. Mais, au lieu d'appeler Mendès France, autour duquel pourtant se cristallisaient beaucoup d'espoirs, il choisit Guy Mollet. Cette décision répondait à une logique : Mollet semblait en mesure de réunir une majorité s'élargissant vers le PCF ou le MRP, tandis que Mendès France était détesté par ces deux partis et, conscient de cette réalité, avait lui-même refusé la direction du gouvernement. Cependant, l'opinion eut l'impression qu'une injustice était commise contre PMF et que les « caciques » du régime voulaient l'empêcher d'accomplir son œuvre. La déception et la désaffection à l'égard de la IVe République n'en furent que plus grandes.

2. Le ministère Guy Mollet (janvier 1956-mai 1957) : un socialiste face à la guerre d'Algérie

Guy Mollet, investi pour mener une politique de gauche, put tenir cet engagement dans le domaine économique et social, ainsi que dans une partie de son action à l'extérieur. Mais l'Algérie lui imposa une difficile révision de ses positions.

2.1. Les succès de Guy Mollet

Guy Mollet, professeur d'anglais, né en 1905, ancien résistant, député d'Arras depuis la Libération, était devenu secrétaire général de la SFIO en 1946, après l'avoir emporté sur l'orientation travailliste que Léon Blum et Daniel Mayer voulaient donner au parti. Il incarnait alors la tradition marxiste du socialisme. Cependant, hostile au communisme, il avait ensuite soutenu la Troisième force.

Ce fut en qualité d'homme de gauche que Mollet fut appelé à la tête du gouvernement en janvier 1956. Il s'entoura de socialistes tels Christian Pineau aux Affaires étrangères ou Paul Ramadier aux Affaires économiques, de radicaux et de quelques personnalités progressistes comme l'UDSR François Mitterrand à la Justice ou le gaulliste Jacques Chaban-Delmas aux Anciens combattants. Mendès France, ministre d'État sans portefeuille, exerçait peu d'influence. Ce gouvernement, avec près de seize mois d'existence, fut le plus long de la IVe République car il put s'appuyer sur une majorité hétéroclite mais large comprenant les partis du Front républicain, ainsi que le PCF et le MRP. En soutenant un véritable gouvernement de gauche les communistes pouvaient sortir de leur isolement et les démocrates-chrétiens du MRP essayaient de retrouver l'image progressiste qu'ils avaient perdue sous la précédente législature.

Dès son arrivée au pouvoir, Guy Mollet mit en œuvre une politique sociale conforme aux idéaux de gauche : attribution d'une troisième semaine de congés payés, création d'une retraite pour les vieux travailleurs, retraite financée par le Fonds national de solidarité qui percevait le montant de la vignette automobile créée à cet effet, amélioration des remboursements de frais médicaux par la Sécurité sociale.

Mollet et nombre de ses ministres étaient partisans de la construction européenne. Le Parlement suivit d'autant mieux que les gaullistes, très réservés à l'égard de l'intégration du vieux continent, avaient été laminés aux élections de 1956. Aussi Maurice Faure, secrétaire d'État aux Affaires étrangères, put-il faire aboutir deux réalisations importantes. Dès juin 1956, le Parlement adopta le projet Euratom qui organisait la coopération de six États européens dans le domaine nucléaire. Le 25 mars 1957, ces mêmes États signaient le traité de Rome qui allait mettre en place la Communauté économique européenne (CEE).

Dans le domaine colonial, le gouvernement de Guy Mollet poursuivit dans la double orientation tracée par ses prédécesseurs : libéralisme dans l'empire, sauf en Algérie où fut activée la lutte contre la rébellion. Ainsi, parachevant l'évolution amorcée par Mendès France en Tunisie et Edgar Faure au Maroc, il fit accéder ces deux protectorats à l'indépendance en mars et mai 1956 (voir chapitre 17, pp. 416 à 418). En Afrique noire, le processus de décolonisation fut lancé avec l'adoption en juin 1956 de la loi-cadre ou loi Defferre, du nom du ministre de la France d'outre-mer. Ce texte permettait d'élire dans chaque territoire une Assemblée locale, dotée de compétences administratives et budgétaires, désignant un Conseil de gouvernement dont le chef était le gouverneur français et le vice-président un Africain. L'évolution vers une indépendance ultérieure se trouvait ainsi bien engagée (voir chapitre 17, pp. 418 à 422).

2.2. L'Algérie : les contradictions du gouvernement

En Algérie où la rébellion se développait depuis 1954, ce fut une autre politique qui prévalut. Quand Guy Mollet prit ses fonctions, les positions des acteurs du drame algérien apparaissaient inconciliables. Le gouvernement s'appuyait sur la majorité de Front républicain qui, durant la campagne électorale, avait promis la paix, mais non l'indépendance. Pour atteindre cet objectif, Mollet définit un programme comprenant trois étapes successives : cessez-le-feu, élections libres, négociations avec les élus sur le statut futur. Encore fallait-il que le Front de libération nationale (FLN), qui assurait la direction politique du mouvement nationaliste, s'associât à la mise au point d'un éventuel statut autre que l'indépendance ; or il faisait de celle-ci un préalable. Il était aussi nécessaire que les Européens reconnussent de quelque manière le FLN comme partie prenante dans la vie politique de la future Algérie et fissent une place plus grande aux musulmans. Pour appliquer son programme, Mollet rappela le gouverneur général Soustelle, partisan de la répression, et le remplaça par un ministre-résident en Algérie, un gaulliste libéral, le général Catroux, âgé de 80 ans, qui avait jadis négocié l'indépendance des mandats français de Syrie et du Liban.

Le gouvernement pouvait compter sur le soutien du Front républicain et du Parti communiste. Ce dernier condamnait le colonialisme ; mais, lors du soulèvement de novembre 1954, il avait désapprouvé les attentats individuels et proposé des discussions avec l'ensemble des organisations algériennes. Le PCF, en effet, se méfiait des chefs du seul FLN qu'il estimait trop nationalistes et musulmans pour se convertir au communisme. Le Parti ne concevait la justice en Algérie que comme destinée à venir un jour de la France où serait au pouvoir un gouvernement de Front populaire.

Les Européens d'Algérie, soutenus par le centre et la droite de la métropole, demandaient le maintien de l'Algérie française. Ils refusaient toute entente avec le FLN ou même un assouplissement politique qui aurait mis les musulmans sur un pied d'égalité avec les Européens, ces derniers étant beaucoup moins nombreux. L'armée, humiliée par la défaite d'Indochine, se rangeait aux côtés des pieds-noirs et, méfiante à l'égard des politiciens de Paris, redoutait un nouvel abandon, celui-là en Algérie. (Sur l'évolution de la situation en Algérie, voir chapitre 17, pp. 422 à 433).

Guy Mollet, venu à Alger le 6 février 1956, fut conspué par la foule des pieds-noirs qui redoutaient une politique d'abandon. Ébranlé, le président du conseil changea de cap.

Le gouvernement restait officiellement fidèle aux trois étapes du triptyque, mais il traduisait désormais la première, le cessez-le-feu, comme la défaite militaire du FLN, ce qui faisait disparaître les intentions libérales initialement annoncées. Pour avoir les moyens de mener cette politique, Mollet fit voter le 12 mars 1956 par l'Assemblée nationale, à la quasi-unanimité, y compris les communistes, les pouvoirs spéciaux ; grâce à ceux-ci le gouvernement pouvait prendre des mesures exceptionnelles pour le maintien de l'ordre en Algérie. L'application en fut rapide : rappel de réservistes, envoi du contingent en Algérie, prolongation du service militaire de 18 à 30 mois. Les effectifs passèrent ainsi de 200 000 à 400 000 hommes présents sur le terrain. Les militaires, approuvés par Robert Lacoste qui leur était acquis, prirent des responsabilités de plus en plus importantes. En janvier 1957, devant l'accentuation du terrorisme à Alger, le général Jacques Massu et ses parachutistes reçurent la mission de rétablir l'ordre. Pour livrer cette « bataille d'Alger » qui dura plusieurs mois, ils disposèrent de pouvoirs de police. Le calme revint dans la grande ville, mais ce fut au prix d'une répression très violente comprenant notamment l'usage de la torture.

2.3. *Les répercussions de la guerre d'Algérie*

La guerre d'Algérie pesa d'un poids de plus en plus lourd sur la politique extérieure comme sur la politique intérieure de la France. Beaucoup de responsables français pensaient que le principal soutien du FLN était le colonel Nasser, maître de l'Égypte depuis la fin 1954 : agir contre ce dernier devenait ainsi presque légitime. Or, Nasser offrit l'occasion d'une intervention, le

22 juillet 1956, quand il nationalisa le canal de Suez jusque-là contrôlé par les intérêts français et anglais. Aussi une opération militaire franco-anglo-israélienne fut-elle montée (voir chapitre 19, p. 472).

À l'intérieur, les Français approuvaient généralement la fermeté du gouvernement en Algérie et la popularité de Mollet culmina au moment de l'expédition de Suez. Mais des remous agitaient le monde politique. Au sein même du cabinet, les libéraux étaient déçus ; Mendès France démissionna dès mai 1956 ; Alain Savary, secrétaire d'État aux Affaires tunisiennes et marocaines, le suivit après l'interception entre Rabat et Tunis de l'avion de Ben Bella en octobre ; François Mitterrand, Gaston Defferre et quelques autres, tout en restant à leur poste, protestèrent. Les critiques s'amplifièrent dans la majorité : l'aile gauche de la SFIO, les intellectuels progressistes comme Sartre ou chrétiens comme Mauriac, *L'Express, France-Observateur, Esprit* condamnaient la politique algérienne de Mollet et particulièrement l'utilisation de la torture. Le Parti communiste, critiqué par certains de ses militants pour avoir voté les pouvoirs spéciaux, abandonna aussi Mollet. Mais dans le même temps le PCF, qui n'hésitait pas à se solidariser avec la répression exercée par les Soviétiques en Hongrie, suscitait l'hostilité des autres partis de gauche. Ne pouvant plus compter sur les voix communistes et mendésistes, Guy Mollet dépendit désormais du bon vouloir du centre et de la droite qui se satisfaisaient de voir un homme de gauche appliquer leur propre politique.

Les réalisations sociales et les dépenses causées par la guerre d'Algérie creusaient le déficit budgétaire. De plus, les rigueurs de l'hiver 1956 qui ruinèrent les récoltes obligèrent à augmenter les importations. L'inflation, jugulée depuis 1952, repartit vigoureusement. Aussi le gouvernement proposa-t-il un programme comportant de nouveaux impôts. Ce fut le signal de la chute de Mollet qui n'était d'ailleurs pas mécontent de « tomber à gauche ». La droite, alarmée par les projets financiers du gouvernement, rejoignit les communistes et les poujadistes pour renverser l'équipe en place, le 21 mai 1957.

Guy Mollet a laissé à la postérité l'image négative d'un socialiste qui se serait renié en menant une politique de droite. Le bilan du gouvernement n'apparaissait pourtant pas totalement négatif, comme le prouvaient ses réalisations sociales, ses efforts pro-européens, l'adoption de la loi-cadre destinée à l'Afrique noire. Quant à l'Algérie, il prit des initiatives qui s'accordaient avec les vœux d'une grande partie de l'opinion. Si Mollet passa, sur l'autre rive de la Méditerranée, d'une politique libérale à une action répressive, s'il manqua sans doute de hauteur de vue, il fut aussi représentatif des hésitations qui étaient celles de la plupart des autres hommes politiques de son époque.

3. L'agonie du régime (mai 1957-mai 1958)

3.1. La paralysie politique

Après la chute de Guy Mollet, l'axe de la majorité se déplaça à nouveau vers la droite, mais, en fait, l'instabilité gouvernementale et la durée des crises ministérielles prouvaient qu'il n'existait plus une majorité de rechange, cohérente et stable. En effet, il fallut trois semaines de discussions pour que l'Assemblée nationale investisse le radical Maurice Bourgès-Maunoury, lequel ne réussit pas à conserver dans son équipe les libéraux Defferre et Mitterrand. Ayant proposé une loi-cadre prévoyant des élections au collège unique en Algérie, Bourgès-Maunoury fut renversé après moins de quatre mois de pouvoir. S'ouvrit alors une longue crise ministérielle de trente-cinq jours au cours de laquelle aucune des personnalités pressenties, Pleven, Pinay, Schuman, Mollet, ne parvint à réunir une majorité. Finalement, le ministre des Finances du précédent cabinet, le radical Félix Gaillard, âgé seulement de 38 ans, fut investi, presque par lassitude, en novembre 1957. Ces gouvernements manquaient d'autorité, même celui de Gaillard qui s'appuyait sur une large union excluant seulement les communistes et les poujadistes.

Les forces politiques se trouvaient profondément divisées à l'égard de l'Algérie entre les libéraux, partisans d'une solution politique, et les tenants de l'Algérie française, fermés à toute concession et comptant sur une victoire militaire. Ces derniers s'étaient regroupés au sein de l'Union pour le salut et le renouveau de l'Algérie française (USRAF), animée par le gaulliste Jacques Soustelle, le MRP Georges Bidault, le CNIP Roger Duchet, le radical André Morice. Mais chacun de ces hommes se heurtait, dans son propre parti, à des militants qui ne partageaient pas ses vues. Les mêmes clivages existaient à la SFIO et à l'UDSR. Seuls les communistes préservaient leur unité. Cependant, le PCF subissait une crise d'une autre nature : il était déconsidéré par son soutien inconditionnel à l'URSS et ébranlé intérieurement par la révélation toute récente des crimes de Staline, ce qui mettait à mal la croyance en l'infaillibilité du communisme.

La décomposition des partis empêchait les gouvernements de mettre au point une solution viable en Algérie. De plus, les dirigeants se trouvaient aux prises avec les conséquences financières de la guerre : alourdissement des dépenses militaires, déséquilibre de la balance commerciale, épuisement progressif des réserves d'or et de devises, accélération de l'inflation. L'aide américaine était devenue vitale. Dans le domaine politique, Félix Gaillard put seulement faire voter la loi-cadre, cause de la chute de Bourgès-Maunoury, en édulcorant le texte : la loi serait appliquée trois mois après le retour de la paix, donc dans un délai indéterminé.

Cependant, sur le terrain, la situation militaire s'améliorait. Le quadrillage de l'Algérie et le succès de la bataille d'Alger faisaient reculer le terrorisme. L'affaire du bombardement du village tunisien de Sakhiet Sidi Youssef apparut d'emblée considérable en France, où le gouvernement Gaillard était embarrassé, et dans le monde. Le président Bourguiba en appela à l'ONU, ce qui internationalisa la crise. La France fut alors obligée d'accepter une mission de « bons offices » anglo-américaine chargée de régler le litige franco-tunisien. Une majorité de députés, de droite comme de gauche, jugeant que Gaillard s'inclinait trop docilement devant les injonctions du médiateur américain et faisait fi de l'indépendance nationale, renversa le gouvernement le 15 avril 1958.

3.2. Le 13 mai 1958

La chute du cabinet Gaillard déclencha la crise complexe qui aboutit à la mort de la IVe République. Les principaux acteurs de cette crise se trouvaient à Paris et à Alger.

Comme au début de toute crise ministérielle, les mécanismes politiques habituels, dont la fonction était de trouver un successeur à Félix Gaillard, furent mis en route. Cette opération, difficile, s'étala sur un mois. Le président de la République, René Coty, désigna d'abord le MRP Georges Bidault, incarnation de l'Algérie française, et, pour cette raison, récusé par son propre parti qui le jugeait trop dur. Le centriste René Pleven, pressenti ensuite, fut barré par les socialistes et les radicaux. Coty se tourna alors vers le MRP Pierre Pflimlin, compétent, intègre, réputé libéral à propos de l'Algérie et acquis à l'idée d'une solution négociée avec le FLN.

Pendant que la classe politique parisienne cherchait un nouveau président du Conseil, la fièvre montait en Algérie. En effet, les pieds-noirs, attachés sentimentalement et matériellement à leur pays, opposés à toute idée d'abandon ou même de négociations avec les terroristes, se sentant souvent incompris de la métropole, redoutaient les initiatives des gouvernants et s'alarmaient des projets réformateurs prêtés à Pierre Pflimlin. Les Européens écoutaient les harangues et les mots d'ordre de quelques-uns des leurs, activistes exaltés, comme l'avocat Pierre Lagaillarde, le docteur Martel, le cafetier Joseph Ortiz. Ceux-ci, professant des idées d'extrême-droite, antiparlementaires et antirépublicaines, galvanisés par le succès remporté le 6 février 1956 contre Guy Mollet, rêvaient d'imposer à la métropole, au besoin par l'émeute, un pouvoir fort, résolu à sauver l'Algérie française.

Les pieds-noirs comptaient sur l'aide des militaires. De fait, ceux-ci éprouvaient un malaise qui pouvait les conduire à sortir de leur traditionnelle neutralité politique. Se battant presque sans discontinuer depuis la fin de la Deuxième Guerre mondiale, passée par l'Indochine et Suez, l'armée avait connu beaucoup d'épreuves et d'humiliations. Elle refusait de subir une nouvelle défaite en Algérie, d'autant qu'elle avait acquis dans ce pays d'importantes responsabilités, militaires d'abord, mais aussi administratives, médicales, scolaires auprès des populations musulmanes du « bled ». Certains Algériens faisaient encore confiance à la France et se battaient même pour elle contre le FLN : il n'était pas question d'abandonner ces hommes. Or, l'armée avait le sentiment que le pouvoir politique ne la soutenait pas ; elle pensait qu'au moment où une victoire militaire se profilait à l'horizon, les gouvernants, irrésolus, plus ou moins influencés par les intellectuels de gauche, envisageaient de négocier une paix boiteuse. L'armée ne se montrait donc pas résolue à défendre un régime et des politiciens qu'elle méprisait. Certains officiers, d'accord avec les activistes d'Alger, complotaient pour imposer à Paris un pouvoir fort.

Les gaullistes, autres acteurs des événements de mai 1958, avec des hommes comme Jacques Soustelle, Olivier Guichard, Michel Debré, Roger Frey, Léon Delbecque, qui jouera bientôt un rôle important à Alger, n'avaient pas perdu espoir de renverser le régime des partis et de ramener le général de Gaulle au pouvoir. Agissant avec ou sans l'assentiment de ce dernier, utilisant bien les mécontentements et les aspirations du moment, essayant d'orienter les comploteurs de tous bords vers une solution gaulliste, ils firent preuve d'une grande habileté manœuvrière.

Quant au général de Gaulle lui-même, il inspirait des sentiments antagonistes. Pour certains, il restait l'homme du 18 juin 1940, celui qui avait sauvé l'honneur de la France, le démocrate qui avait restauré la République, donné le droit de vote aux femmes et quitté le pouvoir en 1946, quand le cours des événements l'avait déçu. Pour d'autres, il apparaissait comme un homme ambitieux et autoritaire qui avait menacé la République en lançant contre elle un mouvement de droite, le RPF. Le prestige du général demeurait, somme toute, considérable ; de nombreux hommes politiques, même Mendès France, le respectaient et le consultaient ; le 5 mai, le président Coty lui fit demander secrètement s'il n'accepterait pas de prendre la charge du gouvernement. De Gaulle n'envisageait pas d'accepter une telle mission dans le cadre des institutions de la IVe République qu'il condamnait. En revanche, persuadé d'avoir une mission historique à accomplir, il voulait revenir à la tête du pays, avec de grands pouvoirs, pour effectuer de profondes réformes et préserver l'unité nationale. Il préférait que son retour empruntât des voies légales, mais il ne désavoua pas les comploteurs agissant pour lui.

L'opinion française n'éprouvait pas d'attachement pour le régime, jugé impuissant. Le raidissement nationaliste, qui prenait la forme d'une haine des fellagahs et de leur protecteur Nasser, n'amenait cependant pas les Français à souhaiter un pouvoir autoritaire. Les activistes de tout bord n'inspiraient guère de sympathie, sauf dans la frange très étroite de l'extrême-droite métropolitaine. Une fois la crise de mai déclenchée, de Gaulle apparut rapidement comme le seul recours.

Les acteurs de la crise entrèrent progressivement en scène à partir du 13 mai 1958. Ce jour-là, Pierre Pflimlin se présentait devant l'Assemblée nationale pour solliciter une investiture qui ne semblait pas acquise d'avance. Les activistes d'Alger organisèrent en même temps une grande manifestation, officiellement pour rendre hommage à trois soldats français assassinés par le FLN, en fait pour s'opposer à Pflimlin, soupçonné de vues trop libérales. La manifestation dégénéra rapidement en émeute ; la foule, profitant de la passivité des parachutistes, s'empara de l'immeuble du Gouvernement général, symbole de l'autorité en Algérie. Aussitôt, les meneurs, au milieu du désordre, firent nommer un Comité de salut public comprenant des civils activistes, des militaires et des musulmans. Le général Massu, embarrassé, finit par se rallier à l'émeute pour la contrôler et accepta la présidence du Comité.

Ces événements servirent Pflimlin qui obtint une majorité confortable, beaucoup de députés ayant pensé qu'il fallait au plus vite doter le pays d'un gouvernement pour faire face à la crise. Les socialistes, initialement résolus à s'abstenir, votèrent pour Pflimlin et acceptèrent même d'entrer dans son gouvernement. Le nouveau président du Conseil, n'ayant pas les moyens de réduire l'insurrection d'Alger et ne pouvant la reconnaître, sauva la face en nommant Délégué général le commandant en chef de l'armée d'Algérie, le général Raoul Salan. Ainsi était préservée une fiction de légalité. Mais, dans les faits, l'Algérie se trouvait en état de dissidence.

3.3. La deuxième quinzaine de mai 1958 et le dénouement de la crise

Les deux semaines qui suivirent le 13 mai furent marquées par une confusion extrême, des tractations complexes, des déclarations contradictoires. Le climat apparaissait dramatique. La peur d'une guerre civile prenait corps. Les structures politiques et militaires craquaient de toutes parts. L'autorité du gouvernement légal se délitait : le ministre de l'Algérie ne pouvait traverser la Méditerranée, le ministre de la Défense n'était plus obéi par l'armée, le ministre de l'Intérieur, l'énergique socialiste Jules Moch, n'était pas sûr de la police, en partie acquise aux factieux. La plupart des hommes politiques étaient plongés dans le désarroi ; beaucoup, à commencer par Coty et Pflimlin, pensèrent vite que seul de Gaulle pourrait dénouer la crise. Précisément celui-ci entra en scène ; tout à tour brutal ou charmeur, il fit publiquement connaître ses positions et sa candidature au pouvoir.

C'était des socialistes et de leur secrétaire général Guy Mollet, également vice-président du Conseil, que dépendait la légalité du retour de de Gaulle au pouvoir. En effet, entre le PCF hostile au général et la droite qui lui était favorable, Mollet dirigeait le parti charnière qui pouvait assurer une majorité. Le secrétaire général de la SFIO redoutait à la fois une dictature militaire et une entente trop étroite avec le PCF, soupçonné de vouloir éliminer ses partenaires pour rester seul aux leviers de commande. Dans ces conditions, de Gaulle apparaissait aux socialistes comme un moindre mal, même s'il ne leur inspirait pas une totale confiance.

La journée du 15 mai marqua un important tournant dans la crise. Le matin, le général Salan, poussé par les gaullistes d'Alger dont Delbecque, se rallia publiquement à de Gaulle ; dès lors, un objectif politique précis se trouva proposé aux émeutiers du 13 mai : le retour au pouvoir de l'ancien chef de la France libre. Soustelle, arrivé peu après à Alger, s'attacha aussitôt à fortifier le courant gaulliste. Le même 15 mai, à 17 heures, de Gaulle publia un communiqué dans lequel il se disait « prêt à assumer les pouvoirs de la République ». Ce texte ne contenant aucune condamnation des factieux semblait prouver une collusion entre ceux-ci et le général. La majorité des hommes politiques en furent effrayés et redoutèrent dès lors que le retour de de Gaulle ne prît pas la voie légale.

COMMUNIQUÉ DU GÉNÉRAL DE GAULLE, 15 MAI 1958

La dégradation de l'État entraîne infailliblement l'éloignement des peuples associés, le trouble de l'armée au combat, la dislocation nationale, la perte de l'indépendance. Depuis douze ans, la France, aux prises avec des problèmes trop rudes pour le régime des partis, est engagée dans ce processus désastreux.

Naguère, le pays, dans ses profondeurs, m'a fait confiance pour le conduire tout entier jusqu'à son salut.
Aujourd'hui, devant les épreuves qui montent de nouveau vers lui, qu'il sache que je me tiens prêt à assumer les pouvoirs de la République.

Aussi le 19 mai, le général, conscient de ces réticences, tint-il une conférence de presse dans laquelle il rappela son passé de résistant, son attachement pour la démocratie et son rejet de la dictature. Ces garanties poussèrent plusieurs hommes politiques à se rallier à de Gaulle, ainsi Pinay, Bidault et surtout Mollet. Ce dernier était d'autant plus enclin à un tel ralliement qu'une de ses hantises, celle de la dictature militaire, prenait corps : le 24 mai, en effet, des parachutistes venus d'Algérie s'emparèrent de la Corse sans y rencontrer la moindre résistance. L'île entrait ainsi dans la dissidence et on pouvait craindre qu'une offensive analogue, plus ample, ne fût montée en direction du continent. De fait, l'armée d'Algérie prépara une telle opération, baptisée « Résurrection », pour la nuit du 27 au 28 mai. Attendre cette échéance, c'était laisser s'accomplir le coup d'État militaire qui risquait d'entraîner une guerre civile.

Dès lors de Gaulle se résolut à hâter le cours des événements. Dans la nuit du 26 au 27 mai, il accepta de rencontrer le président du Conseil Pierre Pflimlin. Bien que cette entrevue n'eût donné aucun résultat, le général publia le 27 mai, veille de l'opération « Résurrection », un nouveau communiqué. Il déclarait : « J'ai entamé hier le processus régulier, nécessaire à l'établisse-

L'ENTREVUE DE GAULLE-PFLIMLIN
ET LE COMMUNIQUÉ DU 27 MAI 1958

Le général de Gaulle, seul lui aussi, s'avance à ma rencontre. Il me tend la main, affable, me fait asseoir dans un fauteuil en face de lui. La conversation commence. Elle va se prolonger pendant environ une heure trois quarts : arrivé vers minuit quinze, je repartirai à 2 heures du matin. Je commence par exposer les inquiétudes que m'inspire la situation, les risques de guerre civile. J'insiste sur le fait que les événements actuels posent tout le problème de la place de l'armée dans la Nation. Si l'armée imposait sa volonté sur le plan politique, les rapports entre l'armée et la Nation risqueraient d'être altérés pour très longtemps. Ce serait extrêmement grave. De Gaulle paraît en convenir. « Si un coup de force avait lieu, dit-il, je me retirerais dans mon village. » [...] Je crois devoir expliquer que je comprends le sursaut des Français d'Algérie, dans la mesure où il exprime leur volonté de rester français. Il m'interrompt : « Je les connais, ceux-là, ils ne sont pas très intéressants... » [...] Je lui demande de désavouer les actes de révolte, d'inviter les Français, particulièrement les militaires, à respecter la légalité. Il m'écoute, réservé, légèrement ironique... « Je ne puis pas faire ce que vous me demandez, dit-il enfin. Après tout, ces gens veulent que ça change ; ils trouvent le régime mauvais, je ne peux pas leur donner tort. » Je réplique : « Je ne suis pas ici pour défendre le régime. Je connais ses défauts, j'en ai souffert. » Avec chaleur, j'évoque mon expérience ministérielle, mes efforts interrompus ou stérilisés [...] Je fais observer que le changement de régime ne doit pas s'opérer dans le désordre et la violence, que le problème, pour l'heure, est d'empêcher la guerre civile afin de rendre possible la réforme des institutions. Une fois de plus, j'insiste pour que de Gaulle affirme sa volonté de respecter la légalité. « Vous réprouvez le recours à la violence ; vous avez tout à l'heure écarté l'idée d'une prise de pouvoir dans l'illégalité. Je vous demande de le dire publiquement. » [...]

Il répond : « Je ne peux pas inviter les gens qui veulent bouger à se tenir tranquilles s'il n'y a pas un fait nouveau ou l'assurance que quelque chose va changer. » Et, bientôt, il précise, à ma demande, sa pensée : « Le fait nouveau, ce serait l'assurance d'un changement de gouvernement. » Je réponds : « Je suis prêt à me retirer, mais je ne le ferai que lorsqu'un nouveau gouvernement aura été constitué légalement, avec l'accord du Parlement. — Le Parlement ? Ils ne voudront jamais voter pour un gouvernement constitué par moi. » [...]

Ce qu'il veut, c'est un transfert immédiat du pouvoir, sans d'ailleurs le dire aussi explicitement. [...]

De Gaulle, évidemment, est résolu à ne traiter que donnant, donnant (donnez-moi le pouvoir et je vous sauverai de la guerre civile). Si je cédais, je me déshonorerais inutilement, car une telle transmission de pouvoir, nulle en droit, n'éviterait pas, en fait, les convulsions qui sont à redouter [...].

J'ai le sentiment que nous sommes au point mort lorsque de Gaulle me fait une proposition : « Je suis prêt à engager une conversation à quatre, avec Guy Mollet, Pinay et vous-même. Vous êtes, je crois, dans le Parlement, les trois hommes qui comptent. Lorsqu'on annoncera publiquement que de Gaulle, Guy

Mollet, Pinay, Pflimlin sont réunis pour rechercher une solution, qu'ils reconnaissent ensemble qu'il faut former un nouveau gouvernement pour sauver la République [il insiste sur les mots « pour sauver la République »], les Français reprendront confiance et le calme reviendra. » L'entretien est terminé. Nous nous levons.

« Une dernière chose, dis-je : notre entrevue doit demeurer secrète. Mais il faut prévoir le cas d'indiscrétion. Si l'entrevue était révélée, je déclarerais que je vous ai rencontré, mais que notre entrevue n'a donné aucun résultat. — Ne dites pas cela, réplique de Gaulle, il ne faut pas décourager les gens. Dites qu'un contact a été établi, que d'autres pourront avoir lieu, ou quelque chose de semblable. » Il paraît un peu gêné de la situation qui résulte de notre entrevue. Je réponds : « Je m'efforcerais de faire une déclaration aussi apaisante que possible, mais je ne pourrais pas dissimuler qu'aucun accord n'est intervenu. »

De Gaulle me reconduit vers la porte. Il est 2 heures du matin.

À 11 heures, ce 27 mai, [...] Michel Poniatowski, qui m'a rejoint, me tend un pli. Il contient la lettre d'un collaborateur de de Gaulle, auquel est joint le texte d'un communiqué que le général, dit la lettre, s'apprête à publier. En lisant ce texte dans la voiture qui nous ramène à Matignon, je sursaute, surpris et choqué. Voici ce texte :

« J'ai entamé hier le processus régulier nécessaire à l'établissement d'un gouvernement républicain capable d'assurer l'unité et l'indépendance du pays.

Je compte que ce processus va se poursuivre et que le pays fera voir, par son calme et sa dignité, qu'il souhaite le voir aboutir.

Dans ces conditions, toute action, de quelque côté qu'elle vienne, qui met en cause l'ordre public, risque d'avoir de graves conséquences. Tout en faisant la part des circonstances, je ne saurais l'approuver.

J'attends des forces terrestres, navales et aériennes présentes en Algérie qu'elles demeurent exemplaires sous les ordres de leurs chefs : le général Salan, l'amiral Auboyneau, le général Jouhaud.

À ces chefs, j'exprime ma confiance et mon intention de prendre incessamment contact avec eux. »

La première phrase : « J'ai entamé hier le processus régulier », ne correspond évidemment pas à la conclusion de notre entrevue nocturne.

Pierre Pflimlin, *Mémoires d'un Européen de la IVe à la Ve République*, Paris, © Fayard, 1991.

ment d'un gouvernement républicain », ce qui était faux ; il demandait aux chefs militaires d'Algérie de ne rien tenter contre la métropole, quoiqu'il ne possédât aucun titre pour donner de tels ordres. Cette déclaration scandalisa les hommes politiques attachés à la légalité. Les socialistes que Mollet essayait de convaincre de se tourner vers le général décidèrent de s'opposer à lui. Le 28 mai, la gauche organisa à Paris une grande manifestation pour la défense de la République. Quant à Pflimlin, sentant que le pouvoir lui échappait, il démissionna.

La situation semblait bloquée au matin du 29. Mais le président René Coty prit l'initiative d'un message au Parlement dans lequel il annonçait qu'il désignait « le plus illustre des Français » pour former le gouvernement ; il précisait que si l'Assemblait nationale repoussait de Gaulle, il démissionnerait à son tour. Le général, de son côté, s'employa une nouvelle fois à rassurer les partis, surtout la SFIO : il rappela que s'opposer à lui équivalait à lancer le pays dans la guerre civile, il réaffirma ses sentiments républicains et promit de se présenter en personne devant l'Assemblée. Aussi la moitié des députés socialistes se rallièrent-ils enfin à de Gaulle. Celui-ci, le 30 mai, fit connaître la composition de son gouvernement qui comprenait peu de gaullistes, à part Michel Debré et André Malraux, et aucun des grands défenseurs de l'Algérie française ; la plupart des ministres étaient des hauts fonctionnaires ou des caciques de la IVᵉ République comme Mollet, Pinay, Pflimlin, Houphouët-Boigny. Le 1ᵉʳ juin 1958, ce gouvernement fut investi par 329 voix, celles de la droite, de la plupart des centristes et des radicaux, de la moitié de la SFIO, contre 250, celles du PCF, de l'autre moitié de la SFIO, de certaines personnalités de gauche comme Mendès France ou Mitterrand. Le 2 juin, de Gaulle obtint les pleins pouvoirs pour six mois et reçut, le jour suivant, la mission de préparer une nouvelle constitution, à condition que celle-ci respectât la séparation des pouvoirs et le principe de responsabilité du gouvernement, qu'elle recueillît l'avis du Comité consultatif constitutionnel et du Conseil d'État, qu'elle fût enfin approuvée par un référendum.

Ainsi, le 3 juin 1958, la IVᵉ République pouvait être considérée comme virtuellement morte, même si, officiellement, elle survécut jusqu'à l'adoption de la nouvelle constitution en septembre 1958. Le régime défunt présentait certains succès à son actif : la reconstruction, puis l'expansion, du moins jusqu'au retour des difficultés financières dans les derniers temps, une victoire sur les forces extrémistes, l'amorce de la construction européenne. En revanche, la IVᵉ République avait souffert du manque d'autorité de l'exécutif et surtout de la gravité des guerres coloniales, Indochine d'abord, Algérie ensuite qui apparaissait comme la cause directe de l'effondrement.

Cet effondrement résulta-t-il d'un complot prémédité ? De Gaulle a-t-il accompli un coup d'État, comme l'opposition de gauche le répéta souvent au cours des années suivantes ? Le général avait incontestablement, non pas provoqué, mais utilisé l'insurrection d'Alger qu'il ne condamna jamais. Il avait agité celle-ci comme une menace et fait comprendre aux hommes politiques qu'il valait mieux se rallier à lui dans la légalité que de subir la volonté des insurgés plus ou moins extrémistes en place à Alger et de voir naître une guerre civile. Le général avait ainsi obtenu une majorité et était revenu au pouvoir dans des formes respectant la lettre de la constitution de 1946.

Cependant, la victoire de de Gaulle recelait plusieurs ambiguïtés. Beaucoup d'anciens dirigeants de la IVᵉ République, plus résignés qu'enthousiasmés d'avoir favorisé le succès gaulliste, espéraient que le maître de l'heure réglerait les problèmes les plus urgents, puis se retirerait et leur rendrait le pouvoir. Était-il assuré que de Gaulle se prêterait à un tel calcul ? De plus, le général était soutenu à la fois par les pieds-noirs qui attendaient de lui le maintien de l'Algérie dans la République française et par les métropolitains qui, de plus en plus nombreux, souhaitaient des négociations et la paix. Ces deux séries d'aspirations seraient-elles conciliables ? De Gaulle considérait pour sa part que la tâche la plus urgente était l'élaboration d'une nouvelle constitution assurant au pays stabilité et autorité.

Les débuts de la Vᵉ République
Une France nouvelle
(1958-1962)

Dès son retour au pouvoir, le général de Gaulle s'appliqua à construire une France nouvelle. Pour cela, il fit adopter une constitution et instaura une pratique politique qui renforçait le pouvoir exécutif. Il traça par ailleurs les axes d'une action économique et sociale ambitieuse, il acheva la décolonisation. Mais la recherche d'une solution en Algérie prit quatre années.

1. La fondation de la Vᵉ République (juin-décembre 1958)

Le 3 juin 1958, le général de Gaulle était, en droit, président du Conseil de la IVᵉ République. Le président René Coty, toujours à l'Élysée, présidait le conseil des ministres. Cependant, dans les faits, la IVᵉ République était virtuellement morte : le gouvernement avait reçu la mission de préparer une nouvelle constitution et pouvait légiférer par ordonnances jusqu'en décembre. De Gaulle utilisa ses vastes pouvoirs et profita des vacances parlementaires pour imprimer très rapidement à la France des mutations essentielles, cela sans être exposé aux critiques des élus.

1. L'adoption de la constitution de 1958

En 1958, contrairement à la tradition française, le pouvoir constituant ne fut pas confié à une assemblée élue, mais au gouvernement. Celui-ci offrait une image rassurante car, mis à part les communistes et les poujadistes, il comprenait des représentants de tous les partis, SFIO avec entre autres Guy Mollet, radicaux, MRP avec Pierre Pflimlin, indépendants avec Antoine Pinay aux Finances. Sur les 23 ministres, 7 étaient des hauts fonctionnaires, comme Maurice Couve de Murville aux Affaires étrangères. Les gaullistes, tels Michel Debré et André Malraux, étaient minoritaires. Dans les faits, les ministres non gaullistes siégeaient surtout pour offrir une apparence d'unanimité nationale ; le général, entouré d'experts, se réservait l'essentiel des grandes décisions et d'abord l'élaboration de la constitution.

1.1. L'élaboration de la constitution

L'esprit de la nouvelle loi fondamentale, avant même qu'elle ne fût rédigée, était déjà contenu dans le discours prononcé à Bayeux par de Gaulle en 1946, dans les livres politiques du gaulliste Michel Debré, dans les débats poursuivis par les juristes depuis de nombreuses années. Tous les spécialistes, à commencer par les hommes qui avaient détenu des responsabilités sous la IVᵉ République, convenaient qu'il était nécessaire de mettre un terme à la confusion des pouvoirs et de renforcer l'exécutif. Enfin, il fallait tenir compte des principes auxquels le gouvernement avait promis de se soumettre : le respect du suffrage universel comme source du pouvoir, la séparation des pouvoirs, la responsabilité du gouvernement devant le Parlement, l'avis du Comité consultatif constitutionnel (CCC) et du Conseil d'État et enfin, l'adoption de la constitution par référendum.

La mise au point du texte se fit en quatre étapes. La première fut franchie grâce au Comité des experts qui, composé surtout de conseillers d'État, se réunit dès le 12 juin 1958 et donna un avant-projet à la mi-juillet. Ensuite intervint le Comité ministériel qui réunissait les quatre ministres d'État, Guy Mollet, Pierre Pflimlin, Félix-Houphouët-Boigny, Louis Jacquinot, autour de de Gaulle et de Michel Debré. Ce dernier, ainsi que Mollet et Pflimlin, jouèrent un rôle très important dans la rédaction du projet. La troisième instance, le CCC, comprenant surtout des parlementaires et présidé par Paul Reynaud, fut consulté et rendit sa réponse le 15 août. Enfin, des discussions serrées se déroulèrent au Conseil d'État dont l'avis devait être également recueilli. Le conseil des ministres qui avait suivi les travaux adopta le texte définitif le 3 septembre 1958. Celui-ci avait été ainsi préparé dans le délai record de trois mois. Cette rapidité tenait au fait que les discussions s'étaient déroulées au sein des comités de juristes ou d'experts peu nombreux, et non dans une vaste assemblée où se seraient exprimées de nombreuses divergences politiques.

Le général de Gaulle, attaché aux symboles, présenta officiellement le projet le 4 septembre, anniversaire de la proclamation de la République en 1870, sur la place de la République à Paris. Par cette cérémonie, le général cherchait à effacer les illégalités commises en mai 1958 et à inscrire les futures institutions dans la continuité républicaine. Cependant les communistes, qui refusaient de donner leur absolution, organisèrent une vigoureuse manifestation de protestation.

Le texte du projet constitutionnel énumérait en premier lieu les fonctions et pouvoirs du président de la République, ce qui consacrait la prééminence de celui-ci par rapport au Parlement. Le président jouait un rôle rappelant celui de ses prédécesseurs depuis 1870 : durant son septennat il était garant de la continuité de l'État et du respect de la constitution, chef des armées, chargé de promulguer les lois... Mais une légitimité plus large lui était donnée par son élection confiée non seulement aux députés et aux sénateurs, mais à un collège de conseillers généraux et de représentants des conseils municipaux comprenant quelque 80 000 personnes. De nombreux moyens d'action lui étaient confiés : nomination du Premier ministre et, sur proposition de ce dernier, des autres membres du gouvernement, droit de dissolution de l'Assemblée nationale après consultation du Premier ministre et des présidents des deux chambres, utilisation du référendum en principe sur des questions concernant l'organisation des pouvoirs publics, recours à l'article 16 le transformant en véritable dictateur temporaire si les institutions, l'indépendance de la nation ou l'intégrité territoriale étaient menacées.

Le gouvernement était chargé, aux termes de l'article 20, de déterminer et de conduire la politique de la nation. L'investiture disparaissait, mais le gouvernement était responsable devant l'Assemblée nationale, soit qu'il posât lui-même la question de confiance, soit que l'opposition prît l'initiative d'une motion de censure. Il fallait que cette dernière fût adoptée à la majorité absolue ; les abstentionnistes étaient considérés comme défavorables à la motion, ce qui rendait plus difficile le renversement du gouvernement. L'article 49/3 permettait au gouvernement de faire adopter un texte sans vote si une motion de censure n'était pas déposée. La constitution instituait le principe d'incompatibilité entre la fonction ministérielle et la fonction parlementaire, afin de distendre les liens entre pouvoir exécutif et pouvoir législatif : ainsi un élu devenant ministre devait laisser son siège à un suppléant.

Le Parlement se composait de deux chambres. L'Assemblée nationale, élue pour cinq ans au suffrage universel direct, ne siégeait plus en permanence. La durée des sessions était limitée et l'ordre du jour fixé dans la pratique par le gouvernement. Les propositions de loi parlementaires étaient irrecevables si elles alourdissaient les charges financières de l'État. Le Sénat, élu pour neuf ans par les 80 000 grands électeurs du président de la République et renouvelable par tiers tous les trois ans, disposait d'un pouvoir législatif restreint. Il devait confirmer le vote des lois ; en cas de désaccord avec l'Assemblée nationale, le dernier mot restait à celle-ci.

Le Conseil constitutionnel, inspiré de la Cour suprême américaine, se composait de neuf membres nommés par le président de la République et les présidents des deux assemblées. Les anciens présidents de la République siégeaient de droit dans ce Conseil qui avait pour fonction d'entériner la régularité des élections et de veiller à la constitutionnalité des lois.

Ainsi la constitution instituait un système original, possédant des caractères présidentiels par l'autorité considérable donnée à l'exécutif au détriment du législatif et gardant une dimension parlementaire notamment grâce à la responsabilité du gouvernement. De la sorte, les juristes éprouvaient des difficultés pour cataloguer le nouveau régime. Quant à de Gaulle, pragmatique, il pensait qu'au-delà d'acquis définitifs, comme le renforcement de la fonction présidentielle et la stabilité ministérielle, la pratique des institutions pouvait évoluer selon la conjoncture.

1.2. Le référendum du 28 septembre 1958 et l'adoption de la constitution

Les Français furent invités à se prononcer pour ou contre la constitution le 28 septembre 1958. Le débat référendaire porta d'abord sur le texte lui-même. L'extrême-droite le trouvait trop démocratique ; certains hommes de gauche jugeaient au contraire exorbitants les pouvoirs du président et prédisaient l'instauration rapide d'une dictature. D'autres discussions se cristallisaient sur la personne de de Gaulle, tour à tour redouté pour sa soif de pouvoir ou loué pour ses sentiments démocratiques. Les légalistes ne pardonnaient pas au général d'avoir été ramené par les insurgés du 13 mai ; d'autres lui étaient reconnaissants d'avoir évité à la France une dictature militaire. Les partisans de l'Algérie française comptaient sur lui pour satisfaire leur aspiration suprême ; beaucoup de libéraux espéraient que, grâce à son prestige, de Gaulle pourrait amener les pieds-noirs à une position plus nuancée. La diversité de ces enjeux rendait les choix difficiles et chacun se détermina selon la priorité qu'il discernait.

Les partis durent prendre position. Le camp des non regroupait le PCF qui avait fait son choix avant même de connaître le texte définitif de la constitution. Une nouvelle organisation, l'Union des forces démocratiques (UFD), rassemblant principalement les ailes gauches de partis de gauche, se prononçait également pour le non. Elle comprenait les minoritaires de la SFIO, avec Édouard Depreux, Daniel Mayer, Alain Savary, André Philip qui avaient formé le Parti socialiste autonome (PSA), les radicaux amis de Mendès France, l'aile gauche de l'UDSR autour de François Mitterrand. L'UFD comprenait aussi des syndicalistes de la CGT, de la CFTC, de la FEN, des chrétiens de gauche, la Ligue des droits de l'homme. Tous partageaient l'opinion exprimée par Pierre Mendès France dans *L'Express* du 11 septembre 1958 : « La constitution proposée est dangereuse pour le pays, pour la paix civile et pour les principes démocratiques. »

LE NON D'UN MINORITAIRE DE LA SFIO

« Malgré le vote que va émettre le congrès, nous tenons à affirmer notre ferme résolution de poursuivre publiquement notre action contre la constitution autoritaire et le référendum plébiscitaire. En adoptant cette position, nous ne faisons que rester fidèles à ce que fut l'attitude constante et que l'on pouvait croire définitive du Parti socialiste, depuis le 16 juin 1946, date du discours de Bayeux, jusqu'au 27 mai dernier. Dès le lendemain du discours de Bayeux, dans lequel le général de Gaulle prenait position contre les institutions républicaines, le Parti, par la plume de Léon Blum, dénonçait les dangers du néo-boulangisme et du pouvoir personnel. Le 27 mai 1958, il y a trois mois, le comité directeur et le groupe parlementaire étaient unanimes (à quatre voix près) pour s'insurger contre le retour du général de Gaulle, appuyé sur l'émeute algérienne et la sédition militaire. Les socialistes, disait en substance le texte voté, ne pourront, en aucun cas, accorder leurs suffrages à une candidature qui, en toute hypothèse, serait un défi à la légalité républicaine.

Le texte constitutionnel, soumis au référendum du 28 septembre, constitue un très grave danger pour la démocratie. L'avènement du pouvoir personnel, la concentration des pouvoirs dans les mains du président de la République et la mise en tutelle des élus du suffrage universel en sont les caractéristiques. Il y a douze ans, Léon Blum a mis en garde le Parti et l'opinion républicaine. Qu'on le veuille ou non, qu'on en convienne ou non, écrivait-il en 1946, c'est bien la réalité de la République qui est en cause, c'est bien la question du pouvoir personnel qui est posée devant le pays.

La menace de guerre civile n'a pas fait reculer le parti socialiste après le 6 février 1934 et la réaction a été vaincue. Croire qu'en se rangeant aujourd'hui aux côtés des vainqueurs du 13 mai, on évitera le pire, c'est au contraire provoquer le pire pour demain. La démocratie ne peut coexister avec les comités de salut public, avec un système d'information à sens unique, avec une armée transformée en force politique, avec la volonté d'un seul s'imposant à tous.

La République menacée dans ses principes essentiels, c'est le socialisme atteint du même coup dans sa raison et dans les espérances qu'il porte. Certains de rester fidèles à l'idéal du socialisme de Jean Jaurès et de Léon Blum, nous défendrons la République et ses libertés. Certains que le nouveau ''système'' qu'on nous propose les met en péril, nous mènerons notre combat pour alerter tous les républicains et pour leur demander de répondre non au référendum du 28 septembre.

« Je n'oublie pas les souvenirs du passé. Je n'oublie pas les amitiés. Ce n'est pas un adieu. J'espère pouvoir dire à beaucoup d'entre vous au revoir et à bientôt pour la construction du socialisme ! »

Édouard Depreux, *Souvenirs d'un militant*, Paris, 1972, D.R.

Enfin, le vote négatif ralliait des éléments d'extrême-droite, des pétainistes, les poujadistes, d'ailleurs en déclin, des catholiques intégristes choqués de ce que la constitution affirmât la laïcité de l'État. Le oui bénéficiait de l'assentiment de la majorité des grands partis : les indépendants, les républicains-sociaux, les radicaux, le MRP, la SFIO derrière Mollet et Gaston Defferre.

La campagne fut très active et vivante. Le gouvernement aida massivement les partisans du oui. Chaque électeur reçut chez lui le texte du projet de constitution et du discours prononcé par de Gaulle le 4 septembre. Le général effectua une tournée de propagande dans quelques grandes villes et dans les territoires d'outre-mer. La télévision s'ouvrit aux porte-parole des deux camps. Le 26 septembre, sur les écrans, le président du Conseil s'exclama : « Si avec mon gouvernement je vous appelle à répondre oui et à le faire en masse, de grand cœur, c'est simplement pour la France. » La presse retentit d'articles innombrables vantant ou rejetant la nouvelle constitution. Les spécialistes prévoyaient une victoire du oui, mais ils en sous-estimèrent généralement l'ampleur.

RÉFÉRENDUM DU 28 SEPTEMBRE 1958 (France métropolitaine)			
		% des inscrits	% des suffrage exprimés
Inscrits	26 603 464		
Suffrages exprimés	22 293 301	83,8	
Abstentions	4 006 614	15,1	
Blancs et nuls	303 549	1,1	
Oui	17 668 790	66,4	79,2
Non	4 624 511	17,4	20,8

La participation, la plus importante enregistrée depuis la Libération, soulignait la très forte mobilisation des électeurs. Le triomphe du oui avec 79,25 % était celui de de Gaulle, engagé à fond pour cette cause. Tous les départements avaient donné un vote positif : celui-ci apparaissait plus massif dans les régions modérées, Est, Ouest, là où la participation avait été la plus marquée, ce qui montrait que les nouveaux électeurs s'étaient ralliés à la Vᵉ République. Le non se révélait un peu moins minoritaire dans les régions orientées à gauche, Nord, Centre, Sud-Ouest, Midi méditerranéen. La gauche antigaulliste se trouvait durement désavouée, surtout le PCF qui, perdant environ deux millions de ses électeurs, subissait son plus grave recul depuis 1945.

Ainsi, la constitution se trouvait adoptée avec une légitimité démocratique écrasante qui semblait annuler les illégalités commises en mai 1958. De Gaulle, sa personne, les projets qu'on lui prêtait recevaient la plus large approbation.

1.3. La mise en place des nouvelles institutions

Trois mois furent nécessaires pour mettre en place les nouvelles institutions. Conformément à la tradition juridique française, la loi électorale n'était pas inscrite dans la constitution ; ce fut donc le gouvernement qui la définit. De Gaulle abandonna le scrutin proportionnel en vigueur sous la IVᵉ République, car celui-ci était réputé avantager les partis et empêcher la stabilité des majo-

LA GÉOGRAPHIE DES VOTES « OUI » AU RÉFÉRENDUM

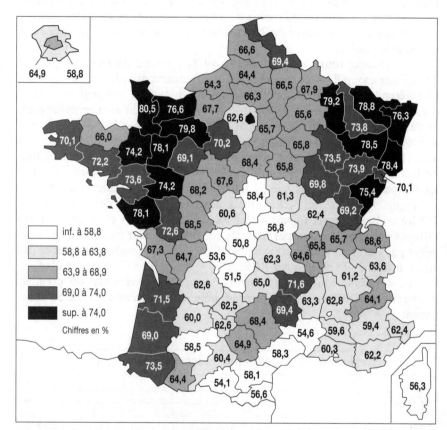

D'après Claude Leleu, *Géographie des élections françaises depuis 1936*, Paris, PUF, 1971.

rités. La nouvelle République fut dotée du scrutin uninominal majoritaire à deux tours. Les 465 circonscriptions métropolitaines furent découpées sur la base du recensement de 1954. Dès lors, les élections législatives pouvaient avoir lieu. Les dates en furent fixées aux 23 et 30 novembre 1958.

Pour la campagne, de Gaulle avait interdit que son nom fût utilisé, « même sous la forme d'un adjectif ». Mais, mis à part le PCF, l'UFD et les pétainistes irréductibles, tous les candidats se réclamèrent de lui : les résultats du référendum enseignaient en effet que le patronage du général constituait un gage de succès. Les gaullistes authentiques, soucieux de marquer leur spécificité, se rassemblèrent dans une formation propre, l'Union pour la nouvelle République (UNR) menée par une direction collégiale comprenant notamment en son centre Jacques Chaban-Delmas, Michel Debré, Roger Frey, à l'aile gauche Edmond Michelet, à l'aile droite Jacques Soustelle. La campagne, contrairement à celle du référendum, apparut terne, les partis étant encore secoués par le raz de marée du 28 septembre et prévoyant dans la foulée une victoire du gaullisme.

Au premier tour, le 23 novembre 1958, l'abstention monta à près de 23 % : beaucoup de citoyens, pensant que l'important avait été de voter oui au référendum ou que les jeux étaient faits, n'avaient pas jugé bon de se déranger. Les partis qui défendaient les nouvelles institutions et se réclamaient de de Gaulle triomphaient avec près de 80 % des suffrages : l'UNR, hier inconnue, obtenait 20 % des suffrages exprimés ; le CNIP arrivait à 22 % ; la SFIO avec 15,7 % et le MRP avec 11 % se maintenaient ; seuls les radicaux s'effondraient avec 7 %. En face, les antigaullistes subissaient une lourde défaite : les poujadistes étaient balayés, l'UFD désavouée avec seulement 1 % des suffrages exprimés ; le PCF, jamais descendu à moins de 25 % sous la IVᵉ République, se retrouvait à 19,2 % : certains de ses électeurs s'étaient réfugiés dans l'abstention par une relative fidélité à leur parti qu'ils ne voulaient pas trahir en votant pour un gaulliste ; d'autres avaient franchi ce pas et ne devaient pas revenir au PCF.

Le deuxième tour, le 30 novembre, amplifia les résultats du premier, d'autant que la SFIO et le PCF ne pratiquèrent pas entre eux la règle du désistement.

RÉPARTITION DES SIÈGES À L'ASSEMBLÉE NATIONALE	
PCF	10
SFIO	44
Radicaux	33
UNR	212
CNIP	118
Algérie	48
Non inscrits	31

De Gaulle disposait ainsi d'une majorité massive, renforcée par les élus d'Algérie tous favorables à l'intégration. Le centre et la gauche, surtout le PCF qui se retrouvait avec 10 députés, étaient écrasés. C'était la chambre la plus à droite que la France eut connue depuis 1871. De plus, le renouvellement du personnel politique apparaissait spectaculaire. En effet, de nombreux hommes expérimentés, parfois vétérans de la IIIᵉ République, étaient battus, notamment le modéré Joseph Laniel, les radicaux Édouard Daladier, Pierre Mendès France, Edgar Faure, les socialistes Gaston Defferre, Jules Moch, Christian Pineau, l'UDSR François Mitterrand, la plupart des sortants communistes avec Jacques Duclos. Le poids des gaullistes se traduisit aussitôt dans l'élection du président de la nouvelle Assemblée nationale : Jacques Chaban-Delmas, compagnon du général depuis l'époque de la Résistance, fut préféré au modéré Paul Reynaud, pourtant soutenu par de Gaulle, mais symbolisant trop le passé.

À l'élection présidentielle du 21 décembre 1958, de Gaulle qui avait fait acte de candidature affronta deux concurrents peu connus, le communiste Georges Marrane et l'UFD Albert Châtelet. 62 000 des 80 000 grands électeurs choisirent le général qui obtint ainsi 78,5 % des suffrages. Ainsi, Charles de Gaulle, premier président la Vᵉ République, entra le 8 janvier 1959 à l'Élysée d'où se retira alors René Coty, dernier président de la IVᵉ République.

L'ultime élection fut, en avril 1959, celle du Sénat qui offrit des sièges à certains battus des législatives comme François Mitterrand, Gaston Defferre, Edgar Faure, Jacques Duclos.

2. Les réformes de 1958 et le redressement monétaire

La dernière Assemblée nationale de la IVᵉ République avait accordé à de Gaulle le droit de légiférer par ordonnances durant une période de six mois. Aussi le gouvernement, tout en se consacrant à la mise au point des nouvelles institutions, profita-t-il de ses vastes pouvoirs pour effectuer des réformes urgentes et importantes. La tâche pouvait être menée d'autant plus facilement qu'il n'y avait pas de débat parlementaire pouvant retarder les projets.

Certains des nombreux textes promulgués pendant cette période étaient des lois organiques qui complétaient la constitution et mettaient certains principes en forme : définition du mode de scrutin pour l'élection des assemblées, organisation du Conseil constitutionnel... D'autres textes introduisirent des réformes de structure dans des domaines très variés : réforme des études médicales, réorganisation de la Justice et de la Défense nationale, modification de la politique du logement, nouvelle législation des loyers, intéressement des salariés aux bénéfices des entreprises.

Le gouvernement prépara une autre série d'ordonnances pour réorienter la politique économique et financière. La IVᵉ République, qui avait créé les conditions de la croissance, léguait au nouveau régime d'importants moyens d'action : un vaste secteur public qui, au travers des entreprises nationalisées à la Libération, permettait à l'État de contrôler une bonne part du crédit, de l'énergie et des transports ; une expérience de la planification conduisant à une hiérarchisation des objectifs économiques en fonction des priorités nationales ; une modernisation de l'état d'esprit des chefs d'entreprises et des cadres s'intéressant davantage à l'investissement et à la productivité ; enfin une ouverture sur l'extérieur, notamment grâce à la construction européenne vue comme un stimulant de l'expansion. Mais l'importance de ces avantages incontestables se trouvait en grande partie masquée par l'aggravation des difficultés financières que la IVe République avait connues dans ses dernières années : déficit budgétaire encore alourdi par les dépenses qu'imposait la guerre d'Algérie, endettement, déséquilibre de la balance commerciale, poussée des prix entraînant une stagnation de la demande en biens de consommation. La situation se révélait d'autant plus délicate que le traité de Rome avait prévu pour le 1er janvier 1959 une diminution de la protection douanière. Il paraissait risqué pour la France de franchir cette étape avec une monnaie faible.

Des mesures d'urgence avaient été prises dès le mois de juin 1958. La nomination au ministère des Finances du modéré Antoine Pinay, encore auréolé de ses succès de 1952, constituait en soi une première initiative destinée à rassurer les épargnants. Pour ralentir l'inflation et réduire le déficit, Pinay lança un nouvel emprunt, diminua ou supprima des subventions, augmenta certains impôts, ajourna des augmentations de traitement dans la fonction publique.

Mais, au-delà de ces mesures immédiates, de Gaulle voulait opérer un redressement profond et rapide pour fournir une assise solide à la politique d'indépendance et de grandeur dont il rêvait. Un plan d'ensemble s'imposait. Aussi, dès le lendemain du référendum, le général chargea-t-il une commission d'experts présidée par Jacques Rueff de préparer des propositions. Le rapport, remis en novembre, fut accepté par de Gaulle et par le ministre des Finances qui était cependant réticent devant certaines des dispositions préconisées. Ce fut le plan Pinay-Rueff qui se présentait comme un ensemble cohérent s'articulant en trois volets. Le premier de ceux-ci visait à rééquilibrer le budget et à lutter contre l'inflation par des compressions de dépenses : diminution de subventions, freinage des hausses de salaires des fonctionnaires, suspension du versement de la retraite des anciens combattants, baisse des prestations de la Sécurité sociale, suppression des indexations de prix, sauf celle du SMIG ; quelques augmentations de taxes, notamment sur les alcools et le tabac, furent aussi décidées. Le deuxième volet, strictement monétaire, comprit une dévaluation du franc de 17,5 %, destinée à stimuler les exportations, et la création du nouveau franc ou franc lourd, valant 100 anciens francs, mesure psychologique manifestant une volonté de rupture avec la dépréciation monétaire du passé. Enfin le troisième volet, commercial, montrait que la France, confiante dans l'efficacité du plan, ne demandait pas de moratoire à ses partenaires et appliquait les accords déjà signés : les droits de douane étaient réduits, 90 % des échanges avec les pays européens et 50 % avec ceux de la zone dollar étaient libérés.

Le plan Pinay-Rueff entraîna des remous : appréhension dans les milieux patronaux, protestations des salariés, amertume des anciens combattants privés de retraite, hostilité des socialistes trouvant l'austérité trop lourde. Pourtant les dispositions adoptées à la fin de 1958 se révélèrent positives et permirent à la Ve République de prendre un bon départ, sur des fondements financiers et commerciaux assainis.

3. De Gaulle à la recherche d'une solution en Algérie (juin-décembre 1958)

Les dirigeants de la IVe République avaient mené la guerre en Algérie depuis quatre ans, sans trouver de solution. Cette impuissance, critiquée de toutes parts, avait très directement facilité le retour de de Gaulle au pouvoir. Chacun attendait de lui qu'il résolût rapidement le problème.

Parce qu'il était difficile à résoudre, de Gaulle eut une attitude ambiguë dans les premiers mois (juin à septembre 1958) pour avoir les mains libres et endormir les méfiances ou les oppositions. Après le referendum de septembre, il fit de l'Algérie son affaire.

Dès le 4 juin 1958, le général de Gaulle se rendit en Algérie et y retourna à quatre reprises avant la fin de l'année. Le premier voyage se révéla extraordinairement chaleureux. Le parcours officiel était parsemé d'arcs de triomphe et de drapeaux, la foule se montrait enthousiaste. Tout paraissait possible. Sur le Forum d'Alger, de Gaulle s'écria : « Je vous ai compris », formule qui déclencha la liesse, car la foule croyait que le général se ralliait à l'intégration. En fait la formule était très ambiguë et le visiteur ne s'exprima clairement qu'une seule fois, à l'étape de Mostaganem, quand il dit : « Vive l'Algérie française », ce qui constituait peut-être un lapsus. De Gaulle prit cependant une décision importante : qualifiant les musulmans de « Français à part entière », il leur octroya le droite de vote, ce qui revenait à instituer d'un mot le collège unique repoussé depuis toujours par les Européens.

DISCOURS DU GÉNÉRAL DE GAULLE À ALGER

(Le 4 juin 1958)

Je vous ai compris. Je sais ce qui s'est passé ici. Je vois ce que vous avez voulu faire. Je vois que la route que vous avez ouverte en Algérie, c'est celle de la rénovation et de la fraternité.

Je dis la rénovation à tous égards. Mais, très justement, vous avez voulu que celle-ci commence par le commencement, c'est-à-dire par nos institutions, et c'est pourquoi me voilà. Et je dis la fraternité parce que vous offrez ce spectacle magnifique d'hommes qui, d'un bout à l'autre, quelles que soient leurs communautés, communient dans la même ardeur et se tiennent par la main.

Eh bien ! de tout cela je prends acte au nom de la France, et je déclare qu'à partir d'aujourd'hui la France considère que dans toute l'Algérie, il n'y a qu'une seule catégorie d'habitants : il n'y a que des Français à part entière avec les mêmes droits et les mêmes devoirs.

Cela signifie qu'il faut ouvrir des voies qui, jusqu'à présent, étaient fermées devant beaucoup.

Cela signifie qu'il faut donner les moyens de vivre à ceux qui ne les avaient pas.

Cela signifie qu'il faut reconnaître la dignité de ceux à qui on la contestait.

Cela veut dire qu'il faut assurer une patrie à ceux qui pouvaient douter d'en avoir une.

L'armée, l'armée française, cohérente, ardente, disciplinée, sous les ordres de ses chefs, l'armée éprouvée en tant de circonstances et qui n'en a pas moins accompli une œuvre magnifique de compréhension et de pacification, l'armée française a été sur cette terre le ferment, le témoin, et elle est le garant du mouvement qui s'y est développé. Elle a su endiguer le torrent pour en capter l'énergie. Je lui rends hommage. Je lui exprime ma confiance. Je compte sur elle pour aujourd'hui et pour demain.

Français à part entière, dans un seul et même collège, nous allons le montrer, pas plus tard que dans trois mois, dans l'occasion solennelle où tous les Français, y compris les dix millions de Français d'Algérie, auront à décider de leur propre destin. Pour ces dix millions de Français, leurs suffrages compteront autant que les suffrages de tous les autres.

Ils auront à désigner, à élire, je le répète, en un seul collège, leurs représentants pour les Pouvoirs publics, comme le feront tous les autres Français.

Avec ces représentants élus, nous verrons comment faire le reste.

Ah ! puissent-ils participer en masse à cette immense démonstration, tous ceux de nos villes, de vos douars, de vos plaines, de vos djebels !

Puissent-ils même y participer ceux qui, par désespoir, ont cru devoir mener sur ce sol un combat dont je reconnais, moi, qu'il est courageux — car le courage ne manque pas sur la terre d'Algérie — qu'il est courageux, mais qu'il n'en est pas moins cruel et fratricide !

Moi, de Gaulle, à ceux-là j'ouvre les portes de la réconciliation.

Jamais plus qu'ici et jamais plus que ce soir, je n'ai compris combien c'est beau, combien c'est grand, combien c'est généreux la France.

Vive la République ! Vive la France !

Charles de Gaulle, *Discours*, Paris, © Plon.

Sur le fond, de Gaulle n'énonçait aucune politique, cela pour rester libre, ne mécontenter personne et garder le maximum de soutiens en vue du référendum du 28 septembre. Il laissa les partisans de l'Algérie française faire campagne pour le oui et il toléra même que des pressions fussent exercées sur les électeurs musulmans pour obtenir d'eux un vote positif. (Sur le référendum de septembre 1958 et la mise en œuvre d'une politique nouvelle en Algérie, voir chapitre 17, pp. 428 à 433).

2. La politique intérieure (janvier 1959-avril 1962) : autorité et développement

Durant le deuxième semestre de 1958, le général de Gaulle avait doté la France d'institutions nouvelles et lancé un plan d'assainissement financier. Ainsi, en janvier 1959, son entrée à l'Élysée comme président de la République marqua concurremment le début du fonctionnement régulier de la Ve République et d'une phase de croissance.

1. Le gouvernement Michel Debré

Le 9 janvier 1959, au lendemain de son entrée à l'Élysée, de Gaulle publia un communiqué annonçant que Michel Debré était nommé Premier ministre. L'homme qui accédait à cette fonction possédait toutes les qualifications nécessaires : né en 1912, entré au Conseil d'État en 1934, collaborateur de Paul Reynaud en 1938, important dirigeant de la Résistance, commissaire de la République à la Libération, ardent militant du RPF, sénateur depuis 1948, l'un des principaux rédacteurs de la nouvelle constitution, il réunissait une vaste expérience, un tempérament énergique et combatif, une considérable puissance de travail, un sens de l'État très poussé, une autorité naturelle l'amenant à contrôler étroitement ses ministres, un dévouement sans réserves à l'égard de de Gaulle. La surprise ne venait pas du choix de Michel Debré, mais de l'absence de débat parlementaire d'investiture, ce qui était d'ailleurs tout à fait conforme au texte des institutions adoptées en septembre 1958, mais tranchait par rapport aux pratiques de la République précédente.

Le gouvernement Debré ressemblait à celui que de Gaulle avait présidé jusque-là, mais il était privé de la participation des socialistes, hostiles au plan Pinay-Rueff. Un socialiste non parlementaire, André Boulloche, accepta cependant l'Éducation nationale. Sur les 27 ministres figuraient 8 UNR dont Soustelle avec le titre de ministre délégué, ce qui le privait de responsabilité directe sur la politique algérienne, 5 indépendants dont Antoine Pinay aux Finances et Affaires économiques, 4 MRP. Ce gouvernement fut plusieurs fois remanié en fonction de la volonté du chef de l'État : en janvier 1960, il se sépara de Pinay en désaccord avec la politique économique et étrangère ; en février 1960, il renvoya Soustelle et Cornut-Gentile qui critiquaient la politique algérienne. D'autres modifications, plus techniques, furent imposées par Debré. Progressivement la place des hauts fonctionnaires et des techniciens augmenta au détriment des politiques.

Au début, l'opposition étant très faible à l'Assemblée nationale et la gauche ménageant le gouvernement à propos de sa politique algérienne qu'elle approuvait, Debré ne subit guère de harcèlement parlementaire. La majorité, axée à droite, restait soudée face aux décisions d'inspiration conservatrice.

Ainsi la loi Debré qui organisait l'aide de l'État à l'enseignement privé, sur la base de contrats d'association, fut votée par 427 voix contre 71, bien que la gauche s'indignât de la violation du principe de la laïcité et que le ministre socialiste de l'Éducation, Boulloche, eût démissionné. Mais la majorité se rétrécit progressivement. La politique étrangère, la politique économique et sociale éloignèrent temporairement ou définitivement plusieurs fractions de ceux qui s'étaient fait élire sur le nom de de Gaulle en 1958. Ce fut l'Algérie qui causa la principale ligne de fracture ; l'opposition fut rejointe par les partisans de l'intégration, des indépendants comme Jean-Marie Le Pen, des députés MRP comme Georges Bidault et même des députés UNR comme Soustelle, finalement exclu du parti. En 1962, la majorité apparaissait très fissurée ; un certain nombre de députés attendaient seulement la fin de la guerre d'Algérie pour entrer ouvertement dans l'opposition.

2. Le renforcement du pouvoir présidentiel

Le général de Gaulle donna à la fonction présidentielle une puissance jamais vue en France. Ce renforcement spectaculaire fut rendu possible par la conjonction de plusieurs facteurs. La gravité du problème algérien, les soubresauts qu'il entraîna, les dangers de coup d'État, attestés par la semaine des barricades en janvier 1960 et le putsch des généraux en avril 1961, convainquirent la classe politique de laisser l'initiative au président de la République. En effet, les partis, qui avaient échoué dans la recherche d'une solution avant 1958, se savaient incapables de remplacer de Gaulle et préféraient lui abandonner le terrain, quitte à remettre en question plus tard les dérives qu'on pourrait reprocher au général.

L'attitude de Michel Debré facilita le transfert de nombreuses compétences à l'Élysée : bien qu'il fût tenace et autoritaire à l'occasion, il s'inclinait toujours devant de Gaulle. Ainsi, le Premier ministre qui était un actif partisan de l'Algérie française accepta de conduire une politique qui aboutit à l'indépendance de ce pays. Debré ne fut pas seulement un docile exécutant de la volonté présidentielle ; en effet, il faisait preuve d'initiative dans les secteurs que lui laissait de Gaulle, surtout en matière économique et sociale où il disposait d'une large autonomie. En revanche, il s'effaçait volontairement dans tous les domaines que se réservait le chef de l'État.

Le président de la République, convaincu de l'importance historique de sa mission, se donna tous les moyens de renforcer son pouvoir. Il se constitua d'abord, selon une formule attribuée à Jacques Chaban-Delmas, un « domaine réservé », soustrait à la compétence du gouvernement : la diplomatie, la défense, l'Algérie, la coopération avec les anciennes colonies et toute question jugée importante à un certain moment. Pour gérer ce domaine, mais aussi pour suivre l'action gouvernementale dans sa globalité, de Gaulle étoffa son cabinet en s'entourant de conseillers divers, d'experts, de comités qui contrôlaient les ministres et réduisaient souvent leurs attributions. Il se montra également habile à exploiter à son profit toutes les ressources de la constitution : recours à la législation par ordonnances en février 1960 après la semaine des barricades, utilisation des pleins pouvoirs au titre de l'article 16 durant cinq mois après le putsch des généraux d'avril 1961, application du référendum à des matières plus larges que celles qui étaient prévues par la constitution, interprétation restrictive de celle-ci quand il s'agissait des droits du Parlement. Enfin de Gaulle recherchait systématiquement le dialogue avec les Français : contacts physiques au moyen de nombreux voyages en province ponctués de « bains de foule » et d'effusions populaires très appréciées du général, contact indirect par les allocutions radio-télévisées et les conférences de presse, exercices dans lesquels de Gaulle, bon orateur, excellait. Son humour froid, son vocabulaire imagé, parfois archaïsant, ses formules et ses intonations retenaient l'attention. Les grandes décisions qu'il annonçait dans ces discours, décisions que parfois les ministres eux-mêmes ignoraient à l'avance, mobilisaient les auditoires.

Cette conception et cette pratique du pouvoir confinaient le gouvernement, les partis et le Parlement dans un rôle secondaire. Aussi les opposants dénoncèrent-ils l'atteinte à la démocratie commis par de Gaulle et le « pouvoir personnel » qu'il exerçait. François Mitterrand, dans son livre *Le Coup d'État permanent*, condamna un régime fondé selon lui sur une illégalité irrémédiable. Mendès France dans *La République moderne* exposa son programme de restauration de la démocratie. De fait, de Gaulle avait donné à son pouvoir un caractère incontestablement personnel, mais non dictatorial, car il avait assez de réalisme et peut-être de libéralisme vrai pour éviter cet écueil. Mais tout aussi certainement, il avait outrepassé les pouvoirs que la constitution reconnaissait au président.

LE POUVOIR PERSONNEL FUSTIGÉ PAR UN DÉÇU DU GAULLISME

À l'époque, en 1958, où de Gaulle était président du Conseil et René Coty président de la République, il y avait eu chaque semaine un Conseil de cabinet présidé par le premier et un Conseil des ministres sous la présidence du deuxième. À Matignon, on discutait assez librement des affaires en cours comme de la Constitution, et à l'Élysée, autour de Coty, qui n'intervenait que rarement, toujours avec bon sens et courtoisie, on se bornait à entériner les décisions prises la veille. Debré, Premier ministre, s'imagina qu'ayant en vertu de l'article 21 de la Constitution la mission de « diriger l'action du gouvernement », il allait maintenir cette pratique. Il nous réunit donc en Conseil de cabinet : ce fut la première et la dernière fois. De Gaulle ne pouvait admettre que les ministres se réunissent autrement que sous sa propre présidence. Il prit de plus en plus l'habitude de convoquer à l'Élysée des Conseils interministériels où il faisait siéger, avec les ministres, des fonctionnaires et des membres de son

cabinet présidentiel. Auprès de lui, des commis peu connus ou inconnus du public, tels que Foccart, Burin des Roziers, Tricot, conseillers auliques et ministres secrets, sans responsabilité devant le Parlement, suivaient les affaires, évoquaient les dossiers, coiffaient les ministères. Une telle organisation est soigneusement calculée pour vider de son contenu la fonction de Premier ministre. Celui-ci, d'ailleurs, ne peut pas réellement coordonner la politique de son gouvernement, puisque chaque ministre individuellement reçoit de l'Élysée des consignes qui ne passent pas par l'Hôtel Matignon... [...]
Les Conseils des ministres tels que je les ai connus ne sont qu'une figuration. Il n'y a pas de débat. Chacun parle à son tour, comme dans la petite classe. Le magister conclut d'un mot, quelquefois fronce le sourcil, ou daigne détendre l'atmosphère

par une plaisanterie, généralement aux dépens de quelqu'un, absent ou présent. Le rituel exposé de politique internationale était débité d'une voix blanche, avec un effet soporifique des plus marqués, par Couve de Murville. « Écoutez, Messieurs ! Monsieur le ministre des Affaires étrangères, veuillez parler plus fort. » D'ailleurs cet exposé se bornait généralement à nous répéter avec des airs de mystère ce que nous avions lu dans *Le Monde* la veille. [...]
Toute l'action du général de Gaulle depuis son entrée à l'Élysée a tendu avec continuité et subtilité à faire en sorte que le gouvernement ne soit plus un gouvernement, mais la juxtaposition d'administrations, lui et lui seul se réservant ce qui est cependant la fonction essentielle du gouvernement, c'est-à-dire la décision politique.

Jacques Soustelle, *Vingt-Cinq Ans de gaullisme*, Paris, © La Table ronde,1968.

3. Modernisation et croissance économique

Michel Debré et ses ministres à compétence économique — aux Finances Antoine Pinay jusqu'en 1960, puis Wilfrid Baumgartner, ancien gouverneur de la Banque de France ; à l'Industrie et au Commerce Jean-Marcel Jeanneney aidé de son directeur de cabinet Raymond Barre — à l'Agriculture Edgard Pisani nommé en 1961 — voulurent mener une action cohérente et dynamique. Celle-ci fut mise en œuvre par le Commissariat général au Plan dirigé par Pierre Massé de 1959 à 1966.

Dès le début de la Ve République, l'économie française bénéficia d'une conjoncture favorable et participa ainsi à une expansion générale. Celle-ci toucha tous les secteurs y compris l'agriculture qui fut largement modernisée. (Sur ce renouveau de l'économie française, on se reportera au chapitre 15, § 3 à 6).

LES PROBLÈMES DE L'AGRICULTURE AU DÉBUT DES ANNÉES 1960

Michel Debatisse, Marcel Deneux étaient les leaders du Centre national des jeunes agriculteurs. Ils brûlaient d'impatience. Ils posaient les problèmes en des termes nouveaux. Ils savaient d'instinct que l'hexagone s'ouvrirait sur le monde, que des techniques nouvelles envahiraient les campagnes, que l'agriculture était en train de devenir une industrie *capital intensive*, que le paysan était une figure du passé bientôt remplacée par l'entrepreneur agricole. Ils savaient que le tout n'était pas de produire mais de vendre et que, pour vendre, il fallait être capable de « suivre son produit » et, pour cela, de s'organiser. Ils savaient que ce n'était pas auprès de son père mais à l'école que l'adolescent devait apprendre son métier de laboureur, de technicien et de gestionnaire. Ils savaient que le nombre des exploitations diminuerait vite et que la terre allait être un enjeu. Ils savaient que le nombre des agriculteurs diminuant, leur poids politique diminuerait aussi.

Ils savaient tout cela d'instinct et de raisonnement. Mais ils savaient aussi que la révolution qu'il fallait conduire, ils ne la conduiraient pas seuls, qu'ils avaient besoin du concours de l'État.

Je savais tout cela. Mais je savais aussi que la France entière était culturellement, politiquement, socialement mal préparée à cette mutation. Le paysan était pour elle une silhouette symbolique. Les organisations traditionnelles vivaient de sa survie ; elles cherchaient à la garantir. Les hommes politiques de tous bords avaient besoin de sa voix. Notre civilisation juridique était fondée sur la loi paysanne de la propriété. Nos valeurs morales, nos hiérarchies, nos processus mentaux, collectifs et individuels étaient marqués de son héritage, c'est-à-dire aussi de son carcan. Et chaque Français croyait connaître la terre et ses problèmes parce qu'il avait un grand-père ou un oncle qui était paysan.

Edgard Pisani, *Persiste et signe*, Paris, © Odile Jacob, 1992.

---

3. À l'extérieur : grandeur et décolonisation (1959-1962)

1. Une politique étrangère fondée sur l'indépendance

Le « grand dessein » du général de Gaulle était de redonner à la France une place éminente dans le concert des nations, ce qui impliquait tout particulièrement de résoudre les problèmes coloniaux, entrave à cette ambitieuse politique internationale voulue par le général.

Bien secondé par Maurice Couve de Murville, ministre des Affaires étrangères de 1958 à 1968, et par Pierre Messmer, ministre des Armées de 1960 à 1969, de Gaulle fit de la politique étrangère un des points essentiels de son domaine réservé.

De Gaulle se rappelait les humiliations subies sur la scène internationale par la France affaiblie de 1944-1945. De plus, il héritait d'un pays dont l'influence extérieure s'était amoindrie dans les dernières années de la IVe République. Il voulait rompre avec un tel passé. Cependant, dans plusieurs domaines, il maintint les choix effectués avant lui. Aussi apporta-t-il, non pas tant un bouleversement, qu'une inspiration nouvelle en politique étrangère, une volonté et une continuité dans le dessein qui avaient souvent manqué à ses prédécesseurs.

Pour redonner à la France son « rang », son « prestige », sa « grandeur », mots qu'affectionnait de Gaulle, il fallait assurer à ce pays son indépendance, s'opposer aux abandons de souveraineté et aux projets supranationaux. Cette conception reflétait l'idée que la nation constitue la seule réalité, soudée par des expériences, une culture, des aspirations communes. Selon de Gaulle chaque nation possédait une conscience plus ou moins forte de son unité et attendait de ses dirigeants que ceux-ci préservent cette unité par une politique d'indépendance.

Tenir son rang obligeait la France à être présente sur la scène internationale, à dire ce qu'elle croyait juste et à agir, cela pour rester fidèle à son passé et à sa vocation. De Gaulle était trop réaliste pour penser que la France deviendrait l'égale des deux grands. Mais il voulait arrêter le déclin amorcé après la Grande Guerre, remettre au moins son pays à la première place parmi les nations moyennes, faire que sa voix fût écoutée et respectée.

Pour de Gaulle, le préalable et le signe le plus net de la souveraineté résidait dans l'indépendance militaire. Or la France, membre du Pacte atlantique, se trouvait tributaire du « parapluie nucléaire » américain. Aussi, dès septembre 1958, de Gaulle sonda-t-il ses deux alliés, États-Unis et Royaume-Uni : il leur proposait de confier la direction de l'OTAN aux trois pays, ceux-ci exerçant, sur un pied d'égalité, le contrôle de l'arme atomique. C'était à cette seule condition que la France resterait dans l'alliance. S'étant heurté à un refus, de Gaulle en tira aussitôt les conséquences.

De Gaulle refusait la « double hégémonie », l'existence de deux blocs, l'un dominé par les États-Unis, l'autre par l'URSS, entre lesquels les pays devaient choisir. La France appartenait certes au camp occidental dont elle partageait les valeurs essentielles et de Gaulle ne voulait pas rompre cette solidarité, mais il ne témoignait pas pour autant une hostilité systématique à l'égard de la Russie.

Dans sa conférence de presse du 15 mai 1962, il s'exclama : « Dante, Goethe, Chateaubriand... n'auraient pas beaucoup servi l'Europe s'ils avaient été des apatrides et s'ils avaient pensé, écrit, en quelque espéranto ou volapuk intégrés ». La confédération de nations indépendantes que préconisait le président de la République française, c'était « l'Europe des patries ». Il souhaitait construire l'Europe, mais refusait celle qui aurait effacé les nations. (Sur ces questions de l'indépendance nationale et de la construction européenne, voir chapitre 20, pp. 483 à 486).

2. La décolonisation en Afrique noire

En Afrique noire, la décolonisation fut facilitée par l'autonomie déjà instaurée depuis la loi-cadre Defferre de juin 1956, par la faiblesse relative des mouvements nationaux et de la politisation, par l'absence d'un important peuplement de Français. (Sur la situation en Afrique noire à la veille des indépendances, et la marche vers ces indépendances, on se reportera au chapitre 17, pp. 418 à 422.)

3. De l'autodétermination à l'indépendance de l'Algérie (1959-1962)

De 1959 à 1962, de Gaulle prit une série d'initiatives qui conduisirent progressivement à l'indépendance de l'Algérie, mais ce chemin fut jalonné de brutales secousses politiques et de drames humains. (Pour cette étude de l'évolution du conflit algérien et de son réglement, on se reportera au chapitre 17, pp. 429 à 433.)

Chapitre 9

Le général de Gaulle
du triomphe à la démission
(1962-1969)

Les années 1962-1969 furent marquées par l'apogée du pouvoir gaulliste qui imposa sa loi aux partis et rendit institutionnellement impossible un retour aux pratiques de la IVᵉ République. Mais, tandis que les vieilles organisations politiques, malmenées, devaient s'adapter ou disparaître, se préparait une lame de fond sociale qui déferla en 1968 en entraînant, moins d'un an plus tard, la démission du général de Gaulle.

1. Le général de Gaulle
face à de nouvelles oppositions (1962-1965)

Au lendemain de l'indépendance de l'Algérie, une grande partie de la classe politique, en dehors des gaullistes fidèles, considéra que de Gaulle avait accompli la mission essentielle pour laquelle on l'avait rappelé au pouvoir en 1958. En conséquence, beaucoup souhaitaient que le président de la République s'effaçât au profit des partis traditionnels et d'un régime à dominante parlementaire. Le général estimait au contraire qu'il devait entamer une nouvelle phase de son œuvre de redressement et conférer à l'exécutif une autorité encore plus grande.

1. La réforme constitutionnelle de 1962

Le Premier ministre Michel Debré, sentant que les partis brûlaient d'en découdre avec de Gaulle et constatant qu'au fil des mois sa majorité parlementaire s'amenuisait, souhaitait une dissolution de l'Assemblée nationale et des élections anticipées. Il espérait ainsi renforcer la majorité dans le prolongement du succès remporté par le oui au référendum du 8 avril 1962. De Gaulle repoussa cette suggestion, car il préférait laisser l'initiative de la rupture aux élus, quitte d'ailleurs à les provoquer pour hâter le choc.

1.1. Le gouvernement Georges Pompidou

Dès le 14 avril 1962, le général, voulant manifester qu'avec la fin de la guerre d'Algérie, la France entrait dans une nouvelle époque, demanda sa démission à Michel Debré et le remplaça par Georges Pompidou. Cette décision apparaissait comme un premier défi lancé aux partis et aux fidèles du parlementarisme. En effet, si la constitution spécifiait bien que le président de la République nommait le Premier ministre, elle ne précisait pas qu'il pouvait mettre fin à ses fonctions ; or de Gaulle s'attribuait ce droit, que conserveront ses successeurs, et il renforçait de la sorte le caractère présidentiel du régime. Le président de la République ne se contentait pas de marquer la subordination du Premier ministre à son égard et son indépendance face à l'Assemblée nationale. En effet, le choix de Pompidou pouvait aussi choquer les parlementaires : le nouveau chef du gouvernement, issu d'un milieu modeste, normalien, agrégé de lettres, possédait certes de nombreuses qualités personnelles, mais il n'était pas un homme politique ou un haut fonctionnaire, ni un ancien résistant, ni même un élu du suffrage universel. Membre du cabinet de de Gaulle en 1944, entré ensuite à la banque Rothschild, redevenu en 1958 un efficace et discret collaborateur du général, il était très peu connu et sa nomination pouvait être comprise comme un signe de l'indifférence de de Gaulle pour les traditions parlementaires et l'opinion, comme une preuve supplémentaire de sa volonté de mettre le centre de décision à l'Élysée plutôt qu'à l'hôtel Matignon. En outre, l'ancienne appartenance de Pompidou à la banque Rothschild exaspérait la gauche qui soupçonnait toujours le grand capital de manipuler les hommes politiques.

Pompidou, conscient des réserves qu'il suscitait, réduisit dans son gouvernement la part des techniciens, qui avait augmenté sous Debré, et appela davantage de politiques. Sur 29 ministres, 18 étaient des parlementaires. Ces ministres appartenaient à l'UNR comme Pierre Messmer en charge des Armées, au CNIP comme Valéry Giscard d'Estaing qui se trouvait déjà aux Finances depuis janvier 1962, au MRP comme Pierre Pflimlin et Maurice Schumann. Cette volonté d'ouverture ne convainquit guère l'Assemblée nationale. En effet, quand Pompidou se présenta devant elle, le 26 avril 1962, et lui demanda un vote de confiance, il n'obtint que 259 voix, contre 128 et 119 abstentions : les trois quarts des indépendants et la moitié des MRP, négligeant la présence de quelques-uns de leurs amis au gouvernement, avaient refusé la confiance. La majorité se rétracta encore après que, dans sa conférence de presse du 15 mai 1962, de Gaulle eut ironiquement brocardé les partisans de l'Europe supranationale : les cinq ministres MRP, surpris et froissés dans leurs convictions, donnèrent leur démission.

Enfin, de Gaulle ne faisait rien pour apaiser la colère ou la haine des partisans de l'Algérie française qui estimaient avoir été trompés par lui. Quand le haut-tribunal militaire eut condamné à mort le numéro deux de l'OAS, le général Jouhaux, le chef de l'État se fit longuement prier pour accorder sa grâce. Quand la même instance trouva au numéro un, le général Salan, des circonstances atténuantes et le condamna à la détention à perpétuité, de Gaulle ne cacha pas son indignation et remplaça presque aussitôt le haut-tribunal par une cour militaire de justice.

1.2 La bataille constitutionnelle de 1962

Au lieu de laisser s'effriter encore la majorité, de Gaulle prit en septembre 1962 une initiative totalement inattendue qui bouleversa le rapport des forces politiques. Elle était pourtant dans la logique du gaullisme, et il est établi aujourd'hui [1] que le général y pensait depuis quelques mois. L'attentat du Petit-Clamart fournit l'occasion de lancer le projet devant l'opinion publique.

De Gaulle pensait que son successeur ne posséderait pas la large assise nationale que lui-même avait acquise par son rôle historique et son prestige personnel. Il voulait conférer au futur président une solide base populaire pour lui permettre de résister à la pression des partis et de préserver la force de l'exécutif. Or, le 22 août 1962, l'OAS organisa contre le général, au Petit-Clamart, un nouvel attentat qui fut bien près de réussir. La victime potentielle en déduisit que le problème de sa succession pouvait s'ouvrir à tout moment. De Gaulle voulut également profiter de l'émotion suscitée par l'attentat et de sa popularité d'alors auprès des métropolitains, satisfaits de la fin de la guerre d'Algérie. Aussi, dès le 12 septembre, décida-t-il d'organiser un référendum révisant la constitution pour permettre l'élection du président de la République au suffrage universel.

Ce projet souleva une opposition considérable, sauf dans la gaulliste UNR. Les adversaires de la révision avancèrent d'abord des arguments de forme : la procédure choisie par le chef de l'État leur paraissait illégale car, au lieu d'appliquer l'article 89 de la constitution qui soumettait la révision à un vote parlementaire préalable ou à une adoption sans référendum par les deux chambres réunies en congrès, il recourait à l'article 11 traitant du référendum. À coup sûr, de Gaulle interprétait le champ d'application du référendum de la manière la plus large et se donnait ainsi l'image d'un parfait démocrate s'en remettant au verdict du peuple souverain. En vérité, il savait que son projet avait très peu de chances d'être adopté par la voie parlementaire. La plupart des juristes considérèrent la procédure référendaire directe comme illégale dans une telle matière ; le Conseil constitutionnel, le Conseil d'État, les anciens présidents Auriol et Coty tranchèrent dans le même sens. Le président du Sénat, le radical Gaston Monnerville, s'écria qu'était commise une « forfaiture », une « violation délibérée, voulue, réfléchie, outrageante, de la constitution ».

---

1. Alain Peyrefitte, *C'était de Gaulle,* Paris, Fayard, 1994.

Les opposants étaient également alarmés par le fond même de la proposition. La plus grande partie des hommes politiques assimilaient la République et la démocratie à un système assurant la prépondérance du Parlement. Renforcer l'autorité du président revenait peu ou prou pour eux à commettre un attentat contre les libertés publiques et à institutionnaliser le pouvoir personnel. Dans ce cas, expliquait Pierre Mendès France, le suffrage universel qui pouvait attribuer le pouvoir à un aventurier se révélait contraire à la démocratie vraie : « Les citoyens qui élisent une Assemblée votent pour des partis dont les doctrines sont connues, ils se prononcent sur des programmes, sur des propositions. Par contre, lorsqu'un homme est porté à la tête de l'État par le suffrage universel, c'est essentiellement sur sa personne que l'on vote (...), parfois sur la base de promesses plus ou moins démagogiques. (...) Un tel mode d'élection ne peut offrir un élément de contrôle politique sérieux ; il tend même à dépolitiser le corps électoral, il le pousse à démissionner, à prendre l'habitude d'aliéner sa souveraineté, à se désintéresser des affaires du pays [1]. » Ainsi, de Gaulle devenait un Louis-Napoléon Bonaparte à la veille du coup d'État du 2 décembre 1851.

Enfin, les adversaires du président s'indignaient de ce que celui-ci eût donné un caractère plébiscitaire à la consultation en déclarant qu'il se retirerait si le oui atteignait une majorité « faible, médiocre, aléatoire ». Le chantage à la démission prouvait, selon les partis, le caractère de plus en plus mégalomaniaque du général.

À l'Assemblée nationale, un vétéran du parlementarisme et vieil ami de de Gaulle, Paul Reynaud, mena l'offensive au nom de la défense des libertés. Le 5 octobre les députés s'en prirent au gouvernement et, à travers lui, au chef de l'État : une motion de censure fut votée et Georges Pompidou renversé. De Gaulle répondit par la dissolution de l'Assemblée nationale. Ainsi, le référendum du 28 octobre 1962 serait suivi par des élections législatives les 18 et 25 novembre.

---

1. Pierre Mendès France, *La République moderne*, Paris, Gallimard, 1962.

INTERVENTION DE PAUL REYNAUD À L'ASSEMBLÉE NATIONALE
(Le 4 octobre 1962)

M. Paul Reynaud.
Et maintenant une question se pose : comment avons-nous pu glisser vers un pareil désordre intellectuel ? Voici la réponse : le général de Gaulle a voulu cumuler les honneurs dus au chef de l'État et les pouvoirs du Premier ministre [...]
Pour réaliser son dessein, le général de Gaulle a choisi ses Premiers ministres et ses ministres parmi ses familiers et parmi de hauts fonctionnaires de grand talent habitués à obéir à leurs supérieurs hiérarchiques (*Applaudissements.*)
Aussi, depuis quatre ans, en dépit de l'article 20[1] de la constitution, la France est-elle gouvernée par le président de la République, ce qui fut accepté par les uns, toléré par les autres, en raison de la cruelle épreuve que la France subissait en Algérie.
Le général de Gaulle avait un tel souci d'agir qu'il s'est défié du Parlement.
Or, dans tous les pays civilisés, le Parlement est considéré comme représentatif de la nation, avec ses qualités et ses défauts, avec ses diversités, ses contradictions même. Mais lorsque les élus assemblés délibèrent et votent, ils sont investis de cette qualité éminente de représentants de la nation.
Pour nous, républicains, la France est ici et non ailleurs. (*Vifs applaudissements.*)
M. André Roulland[2]. Elle est partout, la France ! Elle n'est pas uniquement avec vous !
M. Paul Guillon[2]. Elle est dans le peuple !
M. Raymond Schmittlein[2]. Vous prônez l'oligarchie, monsieur Paul Reynaud.
M. Paul Reynaud. Admettre qu'il en soit autrement, c'est admettre...

M. André Fanton[2]. C'est l'apologie de la IVe !
M. Paul Reynaud. Je comprends parfaitement les causes de votre nervosité. (*Applaudissements.*)
Je vous dis que pour nous, républicains, la France est ici et non ailleurs.
M. Paul Guillon. Elle est dans le peuple !
M. André Roulland. Et surtout pas avec vous, monsieur Paul Reynaud.
M. Paul Reynaud. Voilà le conflit. Admettre qu'il en soit autrement, c'est admettre la fin de la République. Le conflit entre le général de Gaulle et nous est là. Voilà ce qui l'a fait glisser sur la pente du pouvoir personnel. La tentation de faire élire le président de la République par le suffrage universel vient de là. [...].
Mais la question, la seule question, la question précise qui vous est posée par la motion de censure est celle-ci : la constitution est violée, le Parlement dépouillé. Je vous demande alors : Allez-vous courber la tête et, fuyant le scrutin, allez-vous dire à voix basse : « Oui, je l'accepte » ? Nous, nous disons « Non ! » (*Applaudissements à droite, sur certains bancs au centre et à gauche, au centre gauche et à l'extrême gauche.*)
Depuis 1789, les représentants du peuple, si décriés aujourd'hui, savent bien qu'ils ne sont, pris isolément, que des porte-parole modestes, précaires, faillibles, vilipendés souvent. Mais ils savent aussi qu'ensemble ils sont la nation et qu'il n'y a pas d'expression plus haute de la volonté du peuple que le vote qu'ils émettent après une délibération publique. [...]
Je ne puis m'empêcher de penser à une phrase qu'a écrite le grand écrivain qu'est le général de Gaulle, dans *Au fil de l'épée.* Il a dit : « L'auto-

rité ne va pas sans prestige, ni le prestige sans éloignement. »

Aujourd'hui, malgré les ovations populaires, il doit constater que l'éloignement de toutes les élites ouvrières, intellectuelles et politiques crée le désert. (*Applaudissements sur les mêmes bancs.*)

Quant à nous, notre volonté de faire front pour la défense de la constitution, c'est la conjuration de toutes nos traditions populaires et d'une longue tradition parlementaire.

M. André Fanton. La conjuration des partis !

M. Paul Reynaud. C'est la République qui répondra donc à votre projet car le scrutin d'aujourd'hui comptera dans l'histoire.

M. Henri Duvillard. Le peuple dira « oui ».

M. Paul Reynaud. Pendant longtemps on dira d'un homme politique : « Comment a-t-il voté le 4 octobre ? » C'est notre honneur de parlementaires qui est en cause.

Aussi, monsieur le Premier ministre, allez dire à l'Élysée que notre admiration pour le passé reste intacte mais que cette Assemblée n'est pas assez dégénérée pour renier la République. (*Vifs applaudissements à droite, sur certains bancs au centre et à gauche, au centre gauche et à l'extrême gauche.*)

« Les grands débats parlementaires de 1875 à nos jours » in *NED*, n° 4871, Paris, La Documentation française, 1988.

1. « Le gouvernement détermine et conduit la politique de la nation. »
2. Députés UNR.

Durant la campagne pour le référendum, de Gaulle demanda aux citoyens de parfaire l'œuvre de redressement entamée en 1958 et de sauvegarder ainsi la Ve République contre les partis rêvant de revenir aux jeux stériles de la IVe. À part l'UNR, favorable au oui, tous les partis se prononcèrent pour une réponse négative. Le PCF mis à part, ils se regroupèrent dans le Cartel des non qui disait : « Non à l'aventure, non à la violation de la constitution, non au pouvoir absolu, non à l'inconnu. » Mais ils sous-estimaient l'indifférence et parfois le mépris inspirés par la IVe République, le prestige de de Gaulle et peut-être les sentiments des citoyens flattés d'être jugés aptes à élire le président. Les résultats traduisirent ces réalités : près de 13 millions de Français votèrent oui, ce qui représentait 62 % des suffrages exprimés. Le succès de de Gaulle se révélait net. Cependant, les abstentions qui montaient à 23 % reflétaient les hésitations de certains Français. De plus, si le chef de l'État gardait ses fortes positions dans les régions conservatrices de l'Est et de l'Ouest, dans le Nord et les grandes villes, il perdait du terrain dans le Sud. Là, dans ces vieilles terres de défense républicaine où venaient de s'installer de nombreux rapatriés d'Algérie très antigaullistes, le non, pour la première fois depuis 1958, l'emportait dans quatorze départements.

Désormais, tout Français pouvait présenter sa candidature à la magistrature suprême s'il recueillait la signature de cent élus provenant d'au moins dix départements. Au premier tour était élu celui qui obtenait la majorité absolue ; sinon, quinze jours plus tard avait lieu un deuxième tour où s'affrontaient les deux candidats ayant rassemblé le plus de voix au premier.

1.3. La défaite des partis aux élections législatives de novembre 1962

De Gaulle, qui était resté neutre lors des élections de 1958, intervint dans la campagne de 1962 : il invita les Français à confirmer leur vote référendaire en apportant leur voix à des candidats partisans du oui et il donna à la consultation le caractère d'un règlement de comptes entre lui et les partis, symboles du passé : « Vous avez scellé la condamnation du régime désastreux des partis (...). Puissiez-vous confirmer, par la désignation des hommes, le choix qu'en votant oui vous avez fait quant à notre destin », déclara-t-il le 7 novembre.

Au sein de la majorité sortante, André Malraux fonda une Association pour la Vᵉ République qui accordait des investitures aux candidats partisans de de Gaulle, lesquels appartenaient à l'UNR ou à un mouvement gaulliste de gauche, l'Union démocratique du travail (UDT) qui se rassemblèrent en une UNR-UDT. Une cinquantaine d'indépendants et de MRP restés fidèles au général reçurent également l'investiture de l'association. Le Cartel des non, comprenant SFIO, radicaux, MRP et CNIP, s'entendit souvent pour une candidature unique antigaulliste. Le PCF resta isolé, mais il bénéficia au second tour de désistements réciproques avec les socialistes.

Le 18 novembre 1962, à l'issue du premier tour, les abstentions atteignirent le niveau élevé de 31 %, contre 23 % au référendum, ce qui montrait que, comme en 1958, les électeurs avaient donné la priorité au oui à de Gaulle et se désintéressaient davantage de l'épisode suivant. Le principal résultat de ce premier tour était le triomphe de l'UNR-UDT qui, avec 32 % des suffrages exprimés, obtenait le meilleur score jamais réalisé en France par un parti. Le PCF se rétablissait par rapport à sa défaite de 1958. Les partis du Cartel des non étaient écrasés, surtout les indépendants et le MRP. L'extrême-droite s'effondrait totalement avec 0,3 % des suffrages.

Le second tour, le 25 novembre 1962, confirma les enseignements du premier. L'UNR-UDT, avec 233 sièges, s'approchait de la majorité absolue qui était de 242. En fait, les gaullistes allaient pouvoir gouverner sans mal grâce à l'appoint des 35 élus d'un groupe nouveau, les Républicains indépendants, fondé par Valéry Giscard d'Estaing entre les deux tours pour rassembler les CNIP favorables à de Gaulle. À gauche, SFIO et PCF progressaient grâce à leurs accords de désistement et formaient la part principale de l'opposition. Entre les gaullistes et la gauche, les centristes et les modérés se trouvaient laminés. C'était le cas du CNIP, du MRP et de quelques libéraux qui se regroupèrent dans le Centre démocratique, mené par Pierre Pflimlin et René Pleven. De même, les radicaux et l'UDSR durent se rassembler dans une petite formation de centre gauche, le Rassemblement démocratique animé par François Mitterrand et Maurice Faure.

LES GROUPES DANS L'ASSEMBLÉE NATIONALE ÉLUE EN 1962	
PCF	41
SFIO	66
Rassemblement démocratique	42
Centre démocratique	55
UNR-UDT	233
Républicains-indépendants	35
Non inscrits	10

Des hommes politiques connus, antigaullistes à des titres divers, étaient battus, ainsi Paul Reynaud, Pierre Mendès France, Jean-Maris Le Pen, Pascal Arrighi, Léon Delbecque. De Gaulle, avec le référendum et les législatives, avait remporté deux victoires décisives. Les candidats qui avaient persisté dans leur attachement à l'Algérie française étaient balayés. Les partis qui espéraient restaurer leur influence à travers le parlementarisme étaient désavoués par les Français. La constitution prenait tout son sens grâce à la réforme de l'élection présidentielle. La Vᵉ République semblait ainsi fondée une nouvelle fois. De Gaulle, assuré de l'avenir, redonna aussitôt la charge de Premier ministre à Georges Pompidou.

2. Les choix pour l'indépendance

Le général de Gaulle, libéré du fardeau algérien et ayant affermi son autorité politique intérieure, poursuivit très activement la modernisation économique dans laquelle il voyait l'un des grands fondements d'une politique étrangère indépendante. (Sur ces deux importantes questions, on se reportera au chapitre 15 et au chapitre 20).

3. L'élection présidentielle de décembre 1965

À l'approche de l'élection présidentielle de 1965, des critiques de plus en plus nombreuses s'élevaient contre le pouvoir personnel de de Gaulle, contre sa politique étrangère, contre ses choix économiques et sociaux. Les agriculteurs rechignaient face au bouleversement de leurs habitudes, les salariés du secteur public se plaignaient du rythme d'accroissement de leurs revenus inférieur à celui du secteur privé. Le ralentissement de la croissance dû au plan de stabilisation engendrait d'autres mécontentements. Les élections cantonales de mars 1964 et municipales de mars 1965 qui se déroulèrent dans ce climat de contestation montrèrent que l'UNR marquait le pas. Les élections présidentielles de 1965, les premières au suffrage universel direct, verraient-elles le même essoufflement du gaullisme ?

3.1. L'épisode Gaston Defferre

Les partis, sévèrement étrillés en 1962, semblaient incapables d'offrir une alternative plausible au gaullisme. Or, la confrontation des élections présidentielles de 1965 approchait. Pour préparer cette échéance, une initiative fut prise, en dehors des appareils politiques traditionnels, dans les clubs, organisations nouvelles rassemblant des intellectuels, des hauts fonctionnaires, des syndicalistes, tous recherchant des formules politiques modernes. L'hebdomadaire *L'Express*, dirigé par Jean-Jacques Servan-Schreiber, se fit le porte-parole retentissant de cet essai de renouvellement.

En septembre 1963, deux avant l'élection, *L'Express* commença la publication d'une série d'articles brossant le portrait du candidat antigaulliste idéal, présenté sous le nom de Monsieur X. Au fil des semaines, le portrait se précisa et correspondit bientôt trait pour trait à celui du député-maire SFIO de Marseille, Gaston Defferre : homme de gauche, mais d'une gauche modérée lui permettant d'attirer les voix centristes, ancien résistant, réputé efficace comme maire d'une grande ville difficile à gérer, possédant une expérience ministérielle acquise sous la IVe République, mais homme neuf se démarquant de l'ancien régime dont il n'avait pas été un des grands dirigeants, candidat facile à populariser enfin car il possédait une allure jeune et sportive. Au-delà de cette recherche de l'équation personnelle idéale, Defferre et ses amis visaient à rénover la vie politique en rassemblant les partis et en leur adjoignant ce qu'on appelait alors les « forces vives », clubs, organisations socio-professionnelles, syndicats modernes avec leurs militants jeunes, dynamiques, généreux.

Gaston Defferre annonça qu'il acceptait dans leurs grandes lignes les institutions de la Ve République ; il ne voulait pas devenir un président sans pouvoir comme l'étaient ceux de la IVe République ; il se proposait seulement de ramener le mandat présidentiel à cinq ans et de modifier l'article 16, ainsi que l'usage du référendum. Le candidat mit en place des comités de soutien, baptisés Horizon 80, mais il lui fallait aussi l'appui des partis. Son projet était de rassembler dans une grande fédération démocrate-socialiste les formations allant de la sienne, la SFIO, jusqu'aux centristes du MRP. Pendant deux ans, Defferre mena une campagne active, mais, finalement, en juin 1965, son vœu de créer une grande fédération se révéla irréalisable. En effet, Guy Mollet, secrétaire général de la SFIO, et le MRP ne parvinrent pas à s'entendre : le premier voulait amener les démocrates-chrétiens du MRP à se ranger sous le label socialiste, à défendre la laïcité et à nouer des contacts avec le PCF. Aussi Defferre, dépourvu de soutiens politiques sauf celui, trop mince, des clubs, se retira-t-il de la compétition.

3.2. La campagne pour l'élection présidentielle

À quelques mois du scrutin présidentiel, dont le premier tour était fixé au 5 décembre 1965, la gauche ne possédait plus de candidat. Les chefs des grands partis ne voulaient pas se lancer dans une bataille dont ils avaient condamné le principe, puisqu'en 1962 ils s'étaient opposés à la réforme constitutionnelle organisant l'élection du président au suffrage universel. Le Parti communiste, pour sa part, refusait de présenter un candidat sous ses propres couleurs, par crainte que celui-ci n'obtînt un résultat médiocre. Pierre Mendès France, pressenti de divers côtés, restait inébranlable dans son refus car il ne pardonnait pas au régime les illégalités initiales de mai 1958 et la réforme de 1962. Finalement, le 9 septembre 1965, François Mitterrand, prenant une initiative toute personnelle, posa sa candidature. L'homme était connu comme un des principaux dirigeants de l'UDSR, onze fois ministre sous la IVe République ; il avait dès 1958 fait preuve d'une opposition résolue au gaullisme. Ce fut son isolement qui servit François Mitterrand car, ne s'appuyant pas sur un parti, hormis la petite Convention des institutions républicaines, rassemblement de clubs dont il était le principal animateur, il ne portait ombrage à personne. Mollet lui était plus favorable qu'à Defferre ; le PCF le préférait à Mendès France ou à toute autre personnalité de premier plan. Ainsi, le nouveau candidat reçut le soutien de la SFIO, de la majorité des radicaux et de la Convention des institutions républicaines qu'il convainquit de se regrouper dans une Fédération de la gauche démocrate et socialiste (FGDS). Le PCF, certains clubs, la Ligue des droits de l'homme et même le Parti socialiste unifié (PSU), pourtant réticent, accordèrent également leur appui.

Les centristes ne pouvaient se rallier à un homme se rangeant aussi résolument à gauche et appuyé par les communistes. Antoine Pinay refusant de se lancer dans la compétition, ce fut le président du MRP, Jean Lecanuet, qui décida de représenter le centre, avec le concours de son parti, du CNIP et de quelques radicaux. D'autres candidats se déclarèrent : Jean-Louis Tixier-Vignancour, fidèle à la mémoire de Pétain, avocat défenseur des militants de l'OAS, porte-parole déterminé de l'extrême-droite antigaulliste ; le sénateur Pierre Marcilhacy se situant au centre droit et Marcel Barbu, un idéaliste partisan de réformes sociales. Enfin, le 4 novembre, de Gaulle annonça qu'il se représentait afin de sauver le régime que la victoire d'un des autres compétiteurs risquait d'abattre ; la presse résuma son discours par la formule : « Moi ou le chaos. »

La campagne apparut particulièrement vivante et nouvelle car, pour la première fois, la télévision et les sondages d'opinion y tinrent un grand rôle. Les candidats bénéficiaient d'un temps de parole égal, ce qui permit aux opposants, tenus à l'écart des écrans depuis 1958, de se faire connaître et apprécier. Au contraire, de Gaulle, qui croyait à une victoire facile, se montra peu au début et, de toute façon, développa des idées souvent répétées devant les téléspectateurs depuis sept ans. Contre un de Gaulle de 75 ans, ressassant des thèmes trop connus, les principaux opposants, François Mitterrand âgé de 49 ans et Jean Lecanuet de 45 ans, jouaient la carte de la jeunesse, du renouvellement, du dynamisme. Le premier se présentait comme le champion d'une gauche moderne, le second se peignait comme démocrate, social et européen. Les sondages permirent de mesurer l'impact de la campagne : de Gaulle ne cessa de décroître, de 69 % des intentions de vote en octobre 1965 à 43 % en décembre ; Mitterrand passa de 22 % à 27 %. Ce fut Lecanuet qui réussit la percée la plus remarquable : à peu près inconnu, il stagnait à 5 % au début de la campagne, mais sa conviction et son large sourire télégénique le firent monter à 20 %.

Un événement extérieur à la campagne vint cependant interférer avec celle-ci et discréditer certains milieux dirigeants du régime. Un chef de l'opposition démocratique marocaine en exil en France, Ben Barka, disparut en octobre 1965 mystérieusement enlevé en plein Paris, vraisemblablement à l'instigation d'un ministre du roi du Maroc, en tout cas avec la complicité de truands français et d'agents des services secrets du pays d'accueil. L'un des principaux suspects fut retrouvé mort, officiellement victime d'un suicide, ce qui souleva dans l'opinion un tollé contre les aspects troubles environnant le pouvoir.

3.3. La difficile réélection du général de Gaulle

Le 5 décembre 1965, au soir du premier tour, l'opinion fut stupéfaite d'apprendre que le général de Gaulle qui, jusque-là, avait accumulé les succès et semblait hors d'atteinte, se trouvait en ballottage.

LE PREMIER TOUR DES ÉLECTIONS PRÉSIDENTIELLES DE 1965 (Métropole et DOM-TOM)		
	Voix	% des suffrages exprimés
C. de Gaulle	10 828 523	44,65
F. Mitterrand	7 694 403	31,72
J. Lecanuet	3 777 119	15,57
J.L. Tixier-Vignancour	1 260 208	5,20
P. Marcilhacy	415 018	1,71
M. Barbu	279 683	1,15

La participation au scrutin, exceptionnellement élevée, atteignit 85 %. François Mitterrand et Jean Lecanuet, à eux deux, totalisaient plus de voix que le président sortant. Cependant, Mitterrand n'avait pas réussi à rassembler sur son nom toutes les voix de gauche. Quant à Lecanuet, il avait attiré des électeurs centristes et modérés qui votaient habituellement pour de Gaulle : il était ainsi le grand responsable du ballottage infligé à ce dernier.

En prévision du second tour, le 19 décembre, où seuls les deux premiers restaient en lice, Jean-Louis Tixier-Vignancour et Marcel Barbu se désistèrent pour François Mitterrand ; Jean Lecanuet et Pierre Marcilhacy deman-

SUFFRAGES DE FRANÇOIS MITTERRAND À L'ÉLECTION DU 5 DÉCEMBRE 1965

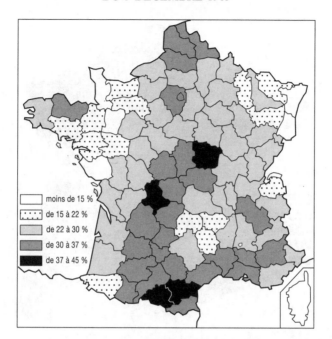

La carte la plus classique qui soit de la gauche historique. L'importance de la proportion dans le département de la Nièvre tient à ce que M. Mitterrand en est le député.

Source : D'après Alain Lancelot, *Atlas historique de la France contemporaine*, Paris, A. Colin.

dèrent aux électeurs de ne pas voter pour de Gaulle, ce qui revenait à laisser le choix entre Mitterrand et un vote blanc. Durant la campagne, Mitterrand atténua ses positions de gauche pour se présenter en républicain rassembleur de tous les antigaullistes, y compris de droite. De Gaulle, qui était comme stimulé par le revers du 5 décembre, sortit de son silence hautain et fit d'habiles interventions télévisées où il se montra tour à tour ironique, sûr de gagner, proche des préoccupations quotidiennes des Français.

Ce fut le président sortant qui l'emporta avec 54,5 % des suffrages exprimés, parmi lesquels 60 % des voix de Lecanuet et même trois millions de voix d'électeurs de gauche. Mitterrand, qui dans ses 45,5 % juxtaposait certes des centristes et des électeurs d'extrême-droite, faisait la preuve qu'un candidat de la gauche unie était crédible. Du même coup il fortifiait les partis progressistes déconfits en 1962 et rendait manifeste le reflux du gaullisme.

SUFFRAGES DU GÉNÉRAL DE GAULLE À L'ÉLECTION
DU 5 DÉCEMBRE 1965

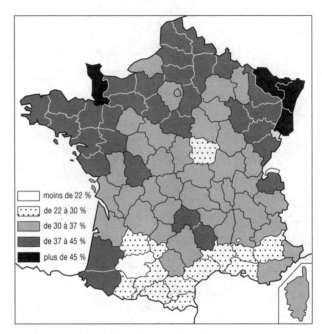

legend:
moins de 22 %
de 22 à 30 %
de 30 à 37 %
de 37 à 45 %
plus de 45 %

Carte intéressante par ses faiblesses (zones claires) qui sont la marque, en creux, des for-
ces de la gauche (voir carte précédente), et aussi par ses zones d'extrême-force (zones
très sombres) qui sont celles de la droite classique, où l'on retrouvera aussi les maxima
de M. Lecanuet (carte suivante).

Source : D'après Alain Lancelot, *Atlas historique de la France contemporaine*, Paris, A. Colin.

2. Les organisations politiques dans les années 1960

La Vᵉ République, qui apporta à la France des institutions neuves et de nouvelles pratiques politiques, entraîna de ce fait des mutations profondes au sein
des organisations, des adaptations aux conditions du moment, des regroupe-
ments, des révisions idéologiques et même l'apparition de structures inédites.

1. Une gauche ébranlée

La gauche comprenait deux grands partis, le Parti communiste et le Parti socialiste SFIO, plus ou moins bousculés par le gaullisme au pouvoir, ainsi que
de petites formations nouvelles et indépendantes.

SUFFRAGES DE JEAN LECANUET À L'ÉLECTION
DU 5 DÉCEMBRE 1965

moins de 15 %
de 15 à 22 %
de 22 à 30 %

Source : D'après Alain Lancelot, *op. cit.*

1.1. Le Parti communiste : une timide évolution

La naissance de la Ve République fut synonyme de revers électoraux pour le PCF. Celui-ci resta cependant puissant et représenta la principale force d'opposition au gaullisme. Il entreprit un rapprochement en direction des autres forces qui luttaient contre le pouvoir.

Dès le référendum constitutionnel du 28 septembre 1958, le PCF qui préconisait le non subit un sévère échec. Lui qui, sous la IVe République, attirait environ 25 % des suffrages, tomba aux alentours de 20 % et resta désormais à ce niveau. Une partie de ses électeurs s'était même dirigée vers le gaullisme. Les contemporains expliquèrent ce phénomène par l'élévation du niveau de vie et l'avènement de la société de consommation qui rendaient peut-être moins mobilisatrices les positions ouvriéristes du Parti et semblaient démentir la thèse, soutenue jusqu'au milieu des années 1960, de la paupérisation absolue des travailleurs. Le PCF fut sans doute desservi par sa fidélité aux méthodes staliniennes, par son approbation de l'intervention des chars soviétiques à Buda-

SUFFRAGES DE TIXIER-VIGNANCOUR À L'ÉLECTION
DU 5 DÉCEMBRE 1965

moins de 5 %
de 5 à 10 %
plus de 10 %

La géographie de l'extrême droite antigaulliste est essentiellement déterminée par l'implantation des Français rapatriés d'Algérie ; Marseillais, Toulonnais ou Niçois, ils tiennent à s'opposer à la fois à la gauche et au gaullisme, tenus pour également responsables des accords d'Évian. Leur intégration dans les courants politiques métropolitains (de la SFIO à l'UNR post-gaulliste) interviendra quelques années plus tard.

Source : D'après Alain Lancelot, *op. cit.*

pest en 1956, par la révélation des crimes de Staline, même si le secrétaire général du parti, Maurice Thorez, essaya d'entretenir le doute sur l'authenticité du rapport Khrouchtchev. Enfin, le PCF fut concurrencé par la personne même du général de Gaulle et par ce qu'il représentait, par l'espoir de paix en Algérie qu'il apportait, par sa défense de l'indépendance nationale, par le renouveau de la politique intérieure qu'il proposait, alors que le PCF paraissait incarner, dans l'attente d'une révolution hypothétique, la continuité de la IVe République, régime peu estimé.

Cependant, le Parti communiste, même affaibli, demeurait, avec 20 % de l'électorat, la principale force d'opposition au régime. Inconditionnellement hostile à de Gaulle, il accusait celui-ci d'exercer un pouvoir personnel derrière lequel se cachaient les grands monopoles capitalistes, réels détenteurs de l'autorité. Le PCF modéra sa critique sur un seul point : l'Algérie. Il avait déjà voté les pouvoirs spéciaux à Guy Mollet en 1956 et réprouvé les appels à l'insoumission. Ce faisant, les communistes manifestaient leur volonté de ne pas se couper de l'opinion et des jeunes du contingent, ainsi que de la SFIO qui admettait la poursuite du combat. De plus, le PCF se méfiait du FLN qu'il jugeait trop éloigné du communisme. Il suivait aussi les consignes de l'URSS qui, en ménageant de Gaulle, voulait permettre à celui-ci de se dégager de la tutelle américaine. Il est révélateur que la seule fois où le PCF sortit de son hostilité systématique au général, ce fut pour voter oui au référendum ratifiant les accords d'Évian en avril 1962.

À l'intérieur du Parti, Maurice Thorez veilla à préserver l'unité et une stricte orthodoxie. Le PCF reposait toujours sur un appareil de professionnels, sélectionnés par la section des cadres, unis monolithiquement derrière son secrétaire général. Ce dernier gardait le contact avec le Parti communiste d'URSS qui faisait fonction de modèle. Thorez, habitué à être obéi, ressentit comme un affront personnel les remous que suscitèrent les revers électoraux du Parti. En effet, les intellectuels, l'Union des étudiants communistes, rangés derrière Marcel Servin et Laurent Casanova, critiquèrent la stratégie du parti. Or, les contestataires étaient soutenus par Khrouchtchev et Casanova reçut le prix Lénine de la paix en 1960. À la fin de l'année, Thorez, qui se croyait menacé, prit l'offensive contre les novateurs, accusés de révisionnisme, d'opportunisme, de complaisance pour la social-démocratie, d'erreurs d'interprétation sur le gaullisme. Servin, Casanova, leurs amis Jean Pronteau, Maurice Kriegel-Valrimont furent déchus de leurs responsabilités. Au même moment, le secrétaire général favorisa l'ascension dans la hiérarchie du Parti d'un homme encore peu connu, Georges Marchais, qui remplaça Casanova.

Ayant rétabli l'ordre, Thorez amorça en 1962 une timide évolution qui se traduisit par des critiques contre le sectarisme et le dogmatisme. Après sa mort, survenue le 11 juillet 1964, l'ouverture fut poursuivie par son successeur Waldeck Rochet, ancien ouvrier maraîcher bourguignon, désireux de promouvoir une certaine liberté dans le Parti, mais vite effrayé par ses propres audaces. Le PCF admit dès lors le multipartisme et évoqua moins la dictature du prolétariat ; les méthodes staliniennes de gouvernement furent dénoncées ; une certaine autonomie fut reconnue en matière de création artistique et de recherche scientifique ; un dialogue avec les chrétiens s'ouvrit.

Sortant de son isolement, le PCF se rapprocha des autres partis de gauche. Aux élections législatives de 1962, les communistes et les socialistes pratiquèrent ainsi la règle des désistements réciproques au deuxième tour, ce qui permit à chacun d'améliorer son score. En décembre 1965, Waldeck Rochet appuya sans condition la candidature de François Mitterrand aux élections présidentielles. Un an plus tard, il signa un accord électoral avec la FGDS en vue des législatives de mars 1967, accord qui se révéla profitable comme celui de 1962.

Le virage que prenait le PCF procédait de deux facteurs : le développement de la coexistence pacifique dans les relations internationales, ce qui empêchait le Parti de rester figé dans un stalinisme rétrograde, et la dynamique de l'unité d'action engagée avec les socialistes, qui imposait un assouplissement idéologique en accord avec la stratégie choisie.

Cependant, Waldeck Rochet se heurta rapidement à des obstacles qui limitèrent la portée du changement. La chute de Khrouchtchev en octobre 1964 le priva d'un appui précieux ; les nouveaux dirigeants soviétiques se montrèrent réservés à l'égard du secrétaire général et semblent lui avoir rapidement choisi un dauphin de confiance, Georges Marchais. De plus, la vieille garde stalinienne, menée par Jacques Duclos et Étienne Fajon, freinait l'ouverture par des manœuvres d'appareil. Enfin Waldeck Rochet trouvait ses limites en lui-même : formé dans le moule du parti, discipliné, il redoutait l'apparition de tendances dans le PCF ; il réaffirmait que l'idéologie ne pouvait être définie que par celui-ci. Ne voulant pas s'écarter de l'URSS, il finit, en août 1968, par accepter la normalisation en Tchécoslovaquie. La santé du secrétaire général se dégradait et il tomba gravement malade en 1969, ce qui permit à Georges Marchais de le remplacer avec le titre de secrétaire général adjoint, mais avec la réalité du pouvoir.

1.2. Le Parti socialiste SFIO : un parti en déclin

La Ve République accentua une crise déjà ancienne dans la SFIO. En 1946, ce parti avait pris un virage gauchisant en portant au secrétariat général le député-maire d'Arras, Guy Mollet, qui incarnait la tradition marxiste la plus doctrinaire. Or, au cours des années suivantes, cette orientation se trouva contredite par la pratique politique et la composition sociologique de la SFIO. Ce parti qui se voulait révolutionnaire, fidèle à l'internationalisme prolétarien, anticapitaliste et anticlérical fut en fait longuement associée à l'exercice du pouvoir sous la IVe République, et amené par là même à gouverner avec des alliés de droite dont les démocrates-chrétiens du MRP. La SFIO fut donc conduite à gérer l'économie libérale, à s'accommoder de l'appartenance de la France au camp atlantique, a assumer la conduite des guerres d'Indochine et d'Algérie, ainsi que l'expédition de Suez. Quant aux adhérents, le Parti socialiste comprit une proportion d'ouvriers de plus en plus réduite : 35,1 % en 1951 et 27,2 % en 1963. En revanche, les représentants des classes moyennes, fonctionnaires, employés, et retraités augmentaient. Le militant type était presque toujours un homme, rarement jeune, appartenant plutôt à la petite ou moyenne bourgeoisie. Le nombre global d'adhérents baissa fortement, de 350 000 en 1946 à 90 000 en 1958 et environ 50 000 en 1969. Les contradictions et le vieillissement de la SFIO l'avaient engagée sur les chemins de la décadence.

Guy Mollet, inamovible secrétaire général jusqu'en 1969, accompagna cette évolution et, en retour, fut atteint par le discrédit frappant son parti.

Installé au départ à l'aile gauche, et en même temps très hostile et méfiant à l'égard du Parti communiste, il présida en 1956 le gouvernement qui intensifia la lutte en Algérie et organisa l'expédition de Suez, il aida au retour légal de de Gaulle en 1958, devint son ministre d'État et recommanda le oui au référendum constitutionnel. À partir de 1959, il glissa vers l'opposition, modérée jusqu'en 1962, tant que la guerre d'Algérie dura, plus résolue ensuite. Aux élections législatives de 1962, le secrétaire général, surmontant son aversion pour le PCF, se rapprocha de celui-ci après avoir compris que la survie de la SFIO dépendait en grande partie d'un accord de désistement au second tour. Très réservé à l'égard des projets présidentiels de Defferre, Mollet soutint Mitterrand en 1965 et fit entrer la SFIO dans la Fédération de la gauche démocrate et socialiste. Au long de ce parcours sinueux, Mollet conserva le contrôle du Parti auquel il était totalement dévoué et dont il manipulait habilement l'appareil.

La sclérose et les choix de la SFIO entraînèrent cependant des critiques et des divisions. André Philip, généreux, démocrate, partisan de l'autogestion, fut exclu en 1957 pour avoir explicitement intitulé un de ses livres *Le Socialisme trahi*. En 1958, les opposants de gauche, menés par Édouard Depreux, hostiles au gaullisme, se retirèrent et formèrent le Parti socialiste autonome (PSA). Gaston Defferre resta à la SFIO, mais pour lutter contre Mollet, pousser à l'abandon des références archaïques et à la construction d'un socialisme moderne et ouvert. Deux clubs associés au Parti, le Centre d'étude et de promotion (CEDEP) de Pierre Mauroy et le Centre d'étude et de recherche socialiste (CERES) de Jean-Pierre Chevènement, espéraient aussi transformer la SFIO de l'intérieur. Mais Mollet, à la tête du Parti socialiste jusqu'en 1969, bloqua toute rénovation réelle.

1.3. La gauche indépendante : des tentatives de renouvellement

Ce fut en dehors des grands partis que les efforts de renouvellement de la gauche furent les plus poussés. Dans la nébuleuse des petites organisations de gauche, souvent éphémères et divisées, agitant de nombreuses idées, le Parti socialiste unifié (PSU) tint la première place. Fondé en avril 1960, il rassemblait des courants divers : les anciens membres de la SFIO, partis en 1958 pour constituer un Parti socialiste autonome (Édouard Depreux, Daniel Mayer, Alain Savary, André Philip, Robert Verdier), les dissidents communistes de *Tribune du communisme* avec Jean Poperen, l'Union de la gauche socialiste derrière Claude Bourdet et Gilles Martinet, les chrétiens de gauche du Mouvement de libération populaire, d'anciens trotskystes comme Pierre Naville. Le PSU enregistra aussi l'adhésion de Pierre Mendès France qui cependant ne joua pas de rôles dans les instances du parti.

Parti d'intellectuels, le PSU mena une réflexion approfondie sur les grands problèmes de la seconde moitié du XXe siècle. Voulant préparer un avenir authentiquement socialiste, il se montrait très sévère contre la SFIO, surtout dans son incarnation molletiste, et contre le PCF jugé stalinien, bureaucratique, faussement révolutionnaire. Mais le PSU n'échappait pas lui-même au dogmatisme et aux divisions internes. Cependant Michel Rocard, secrétaire national du parti de 1967 à 1973, donna plus d'unité et surtout de rayonnement à la formation qu'il dirigeait. Les idées du PSU furent reçues par certains journaux, comme *France-Observateur*, devenu *Le Nouvel Observateur* en 1964, par de nombreux dirigeants syndicaux, notamment à la CFDT née en 1964 et à l'Union nationale des étudiants de France (UNEF).

La Ve République vit éclore une nouvelle forme d'organisation politique, les clubs. En vérité, quelques-uns de ceux-ci étaient plus anciens, comme le club des Jacobins fondé par Charles Hernu en 1950. Mais ce fut à partir de 1958 que se constituèrent les clubs les plus nombreux et les plus importants, comme le club Jean Moulin, Citoyens 60 issu du mouvement chrétien Vie nouvelle, Démocratie nouvelle implanté dans la région d'Aix-Marseille, le Cercle Tocqueville de Lyon, la Convention des institutions républicaines fusionnant plusieurs groupes en 1964 et ayant François Mitterrand pour principal porte-parole.

Ces clubs naquirent dans un contexte précis : l'effacement du mendésisme qui rendait beaucoup d'intellectuels disponibles pour tenter une autre expérience ; l'effondrement de la IVe République qu'on ne voulait pas ressusciter ; la naissance de la Ve, refusée dans sa forme initiale ; l'affaiblissement des partis traditionnels que les clubs espéraient plus ou moins remplacer. Ces derniers attirèrent des intellectuels dont un grand nombre d'universitaires, des cadres, des hauts fonctionnaires souvent formés à l'ENA, des responsables syndicaux souvent issus de la CFTC, puis de la CFDT et du CNJA. Ces hommes estimaient qu'ils représentaient les « forces vives » de la nation ; ils voulaient proposer des solutions neuves, adaptées à un pays dont les structures politiques, économiques, sociales connaissaient une mutation rapide. À cette fin, ils organisèrent des colloques, publièrent livres et dossiers, dans lesquels ils suggéraient notamment l'amélioration de la démocratie par la participation, de la liberté par la décentralisation, de l'efficacité par la planification.

Se bornant d'abord au domaine de la réflexion, les clubs tentèrent ensuite de passer à l'action concrète et de prendre le relais des vieux partis. La candidature de Gaston Defferre à la présidence de la République en 1965 constitua à cet égard un épisode décisif, dans la mesure où cette entreprise avait été préparée et fortement soutenue dans certaines organisations comme le club Jean Moulin. L'échec de Defferre tempéra fortement les enthousiasmes. La candidature de François Mitterrand mobilisa moins les énergies, en dehors de la Convention des institutions républicaines, d'autant que la FGDS s'inspira beaucoup plus des méthodes en usage dans les partis traditionnels que de celles des clubs. Ceux-ci, à la fin des années 1960, se trouvaient très en deçà de leurs espoirs initiaux.

2. Un centre laminé

La forte personnalité du général de Gaulle qui inspirait admiration ou anti-pathie, le système électoral, surtout celui qui réglait le deuxième tour des élec-tions présidentielles où ne restaient présents que deux candidats, poussaient à une bipolarisation politique et desservaient les partis du centre, radicaux et MRP. De plus, ceux-ci offraient souvent une image négative pour avoir joué un rôle considérable sous la IVe République, voire pour certains sous la IIIe.

Le Parti radical, déconsidéré à la Libération, avait connu une résur-rection spectaculaire ensuite ; il avait même paru incarner les espoirs d'une partie de la jeunesse et des intellectuels à l'époque de Mendès France. L'échec de celui-ci puis son départ vers le PSU entraînèrent un déclin profond du radicalisme. Le Parti essaya de remonter la pente en portant à sa présidence des hommes jeunes et dynamiques, Félix Gaillard de 1958 à 1961, Maurice Faure de 1961 à 1965, René Billières de 1965 à 1969. Ces nouveaux dirigeants appartenaient à une génération venue au radicalisme quand s'achevait la carrière des grands anciens comme Édouard Herriot mort en 1957. Ils appa-raissaient aussi très indifférents à une partie importante de la tradition radi-cale, celle qui reposait sur une fidélité à l'esprit des Lumières, aux principes de 1789, à un socialisme sentimental, à la laïcité. De l'héritage légué par leurs devanciers, ils retenaient surtout la méfiance à l'égard du communisme et la défense du libéralisme. Battu en 1958 et 1962, le Parti radical vit son audience se réduire à environ 7 % des suffrages. En juillet 1962, Maurice Faure réagit en fondant le Rassemblement démocratique avec l'UDSR de François Mitterrand et en faisant revenir dans le Parti des radicaux qui s'étaient éloi-gnés au fil des années, mais ce nouveau groupe occupa une place très secondaire.

Le Mouvement républicain populaire (MRP) était quant à lui écartelé depuis ses origines entre des idées progressistes et des alliances politiques avec la droite, entre des options économiques et sociales proches du socialisme et une défense de l'enseignement libre analogue à celle des conservateurs, entre des dirigeants antigaullistes exigeant l'intégration de l'Algérie, comme Geor-ges Bidault, et des gaullistes convaincus comme Maurice Schumann. En 1958, le MRP, s'étant rallié à de Gaulle, limita ses pertes aux élections, même si l'UNR qui chassait sur les mêmes terres que lui représentait un rival électoral redoutable. Jusqu'en 1962, le MRP demeura dans la majorité, approuva la politique algérienne, se montra plus réservé sur les autres choix de de Gaulle, surtout sa politique européenne. Ce fut d'ailleurs la conférence de presse tenue par le général le 15 mai 1962, conférence dans laquelle il brocardait les parti-sans d'une Europe supranationale, qui entraîna la rupture et la démission des ministres MRP. Ce parti se tint désormais dans l'opposition, rejoignit le Cartel des non à la réforme constitutionnelle de 1962 et chercha à créer un grand parti centriste antigaulliste. La première étape, avortée, en fut le Comité de liaison des démocrates rassemblant en avril 1963 le MRP, le Rassemblement démocratique et des syndicalistes. Ce Comité éclata bientôt car le MRP refusa d'entrer dans la grande fédération que préparait Gaston Defferre, tandis que le Rassemblement démocratique de Maurice Faure adhérait à la FGDS de Mitterrand. La deuxième étape se situa au lendemain des élections présidentielles de 1965 où Jean Lecanuet, ancien président du MRP, avait réussi une percée encourageante au premier tour. En février 1966, il fonda le Centre démocrate regroupant le MRP et le CNIP. Cette nouvelle organisation, installée au centre droit, représentait une force modeste comme sa symétrique de gauche, le Rassemblement démocratique.

3. Une droite dominée par le mouvement gaulliste

En 1958, les gaullistes authentiques, anciens de la France libre et du RPF, membres de petites organisations diverses nées à la faveur des événements de mai, se rassemblèrent dans l'Union pour la nouvelle République (UNR). Celle-ci devint le grand mouvement gaulliste, bien que le général n'y eût jamais adhéré et ne lui eût pas accordé son patronage officiel ou le monopole de la défense de ses idées. Cependant, tous ceux qui se réclamaient directement du fondateur de la Ve République finirent par rejoindre l'UNR ; ce fut le cas en 1962 de l'Union démocratique du travail (UDT) où militaient les gaullistes de gauche, Louis Vallon, René Capitant, Gilbert Granval, Léo Hamon.

3.1. Le mouvement gaulliste : la fidélité au général

La structure de l'UNR reflétait sa vocation qui était de soutenir l'action du général de Gaulle. Dès le départ, la direction en fut collégiale pour éviter que Jacques Soustelle, défenseur de l'Algérie française et partisan de donner à l'Union une autonomie par rapport à l'exécutif, ne devînt le principal dirigeant. L'UNR ne fut donc pas conduite par un président, mais administrée par un secrétaire général ; le premier titulaire de ce poste, Roger Frey, était un fidèle de de Gaulle. Le mouvement ne voulut pas recruter massivement, afin de n'être pas envahi par une troupe nombreuse de militants cherchant à créer des tendances et dénaturant ainsi le gaullisme qui possédait une vocation unitaire. L'UNR fut donc un parti de cadres revendiquant 25 000 adhérents en 1959 et 86 000 en 1962. La désignation des responsables fédéraux ou nationaux se faisait théoriquement par l'élection, en réalité par désignation venant des instances supérieures, parfois même du Premier ministre. En 1963, le secrétaire général Jacques Baumel s'attribua la nomination des secrétaires fédéraux. De la sorte fut évitée la mise en place de responsables qui auraient pu faire preuve d'indiscipline.

Sous ses étiquettes successives, UNR d'abord, puis Union des démocrates pour la Ve République en 1967 et Union pour la défense de la République

(UDR) après la crise de 1968, le mouvement gaulliste connut le succès : 4 millions de voix aux législatives de 1958 soit 20 % des suffrages ; 6,5 millions en 1962 soit 32 % ; 8,5 millions en 1967 soit 38 % ; 10 millions en 1968 soit 46 %. Dans le même temps, les autres partis stagnaient ou s'affaiblissaient. L'UNR s'implanta à leur détriment. Au vrai, elle s'installa surtout sur les décombres du centre et de la droite classique. En revanche, les positions ravies à la gauche, notamment en 1962 et 1968, se révélèrent moins durables.

À quels facteurs attribuer le succès d'un mouvement qui se refusait à lui-même toute indépendance pour constituer la force de manœuvre parlementaire et inconditionnelle de de Gaulle, au point qu'on surnomma ses élus les « godillots du général » ? C'était probablement cette fidélité qui servait l'UNR. Les partis d'opposition qui contestaient à des degrés divers la légitimité du régime et son caractère démocratique parurent longtemps incapables de proposer une alternative mobilisatrice. En face, rejaillissait sur l'UNR l'incontestable popularité de de Gaulle, l'adhésion aux nouvelles institutions et aux grands choix de la Ve République : l'autorité de l'État ; la stabilité et l'ordre public qui rassuraient les possédants ; la démocratie directe traduite par le référendum et l'élection du président au suffrage universel qui équilibraient les accusations contre le pouvoir personnel ; la croissance économique ; la modernisation ; l'indépendance qui flattait les sentiments nationaux. La grande question était de savoir si le mouvement gaulliste survivrait à de Gaulle.

3.2. L'éclatement de la droite classique

La droite classique et libérale qui s'incarnait dans le Centre national des indépendants et paysans (CNIP), après avoir connu une ascension régulière au long de la IVe République, recueillit en 1958 les fruits de son ralliement au gaullisme avec 22 % des suffrages et 118 élus. Quatre ans plus tard, le CNIP se disloqua.

Le déclin du CNIP résulta de son divorce progressif d'avec de Gaulle. Les principaux dirigeants indépendants se séparèrent du général, Antoine Pinay en 1960, Paul Reynaud en 1962 en raison de son hostilité à la réforme constitutionnelle. Plus graves furent les divergences causées par la guerre d'Algérie : l'aile droite du CNIP était favorable à l'intégration et condamnait la politique de de Gaulle. Pour préserver les apparences, le Centre fut le seul parti à ne pas se prononcer sur le putsch des généraux en avril 1961 et à ne pas donner de consignes de vote aux référendums de 1961 et 1962. Cette prudence permit au CNIP d'avoir des ministres au gouvernement : Raymond Marcellin, Jean de Broglie et surtout Valéry Giscard d'Estaing. Cependant, le conflit s'ouvrit véritablement en 1962 : les indépendants adhérèrent au Cartel des non à la réforme constitutionnelle demandée par de Gaulle. Aux élections qui suivirent, ils obtinrent 2,5 millions de voix au lieu de 5 millions en 1958.

Les indépendants connurent non seulement une sévère défaite mais un éclatement. En effet, entre les deux tours des élections de 1962, Valéry Giscard d'Estaing se sépara du CNIP et avec ses amis, comprenant des ralliés au gaullisme et des opportunistes soucieux de n'être pas emportés dans la débâcle de la droite, il créa le groupe des Républicains indépendants qui obtint 35 élus, alors que les députés du CNIP de stricte obédience étaient seulement une dizaine. Les « giscardiens » servirent alors de force d'appoint aux gaullistes pour parvenir à la majorité. Mais les rapports entre les deux formations majoritaires, UNR et Républicains indépendants, ne se révélèrent pas sereines : les premiers soupçonnaient les seconds de faire payer trop cher leur concours et de n'être pas des alliés sincères ; les Républicains indépendants reprochaient à leur partenaire de les écraser de sa puissance et de ne pas respecter leur identité propre.

3.3. L'isolement de l'extrême-droite

L'indépendance de l'Algérie, la dislocation de l'OAS, l'exil ou l'emprisonnement de ses chefs privaient l'extrême-droite de perspectives immédiates. Cette sensibilité se fractionnait en petits groupes isolés n'exerçant pas d'influence au-dehors. La plupart se retrouvaient seulement dans une haine violente contre de Gaulle vu comme un traître en 1940 et comme le fossoyeur de l'Algérie française en 1962. Les nostalgiques de Vichy se repliaient avec amertume dans le culte de la mémoire de Pétain. Les catholiques réactionnaires qui refusaient les transformations contemporaines de l'Église disaient qu'il fallait défendre l'Occident chrétien contre le marxisme envahissant.

Deux groupes essayèrent d'ouvrir des perspectives nouvelles. Le premier de ces groupes se rassembla autour du mensuel *Europe-Action* fondé par Dominique Venner. Celui-ci, qui avait des ambitions intellectuelles, fit appel à des doctrinaires de la vieille génération comme Henri Coston, Jacques Ploncard d'Assac, Maurice-Yvan Sicard et à des jeunes tels François d'Orcival et Fabrice Laroche. L'équipe d'*Europe-Action* voulait moderniser le nationalisme en élargissant celui-ci de la défense de l'Occident et de la race blanche menacés par les « races inférieures ». Pour cela, il fallait s'opposer en France à l'immigration nord-africaine, soutenir ailleurs l'apartheid et les mouvements racistes, promouvoir partout l'émergence des élites et des jeunes, rejeter les valeurs du christianisme, religion sémite. Pour populariser ces idées, Venner lança un nouveau parti en mai 1966, le Mouvement nationaliste du progrès (MNP). Les résultats très faibles obtenus aux élections de 1967 et les querelles internes du MNP entraînèrent la disparition de celui-ci. Mais *Europe-Action* avait agité des idées qui seront reprises plus tard par la Nouvelle droite.

Le deuxième groupe, le mouvement Occident, fondé en 1964, était dépourvu de préoccupations intellectuelles marquées. Dirigé par Alain Madelin, Gérard Longuet, François Duprat, Philippe Asselin, il se livrait surtout à un activisme violent dans les lycées et les universités. Lui aussi voulait défendre l'Occident contre le communisme et le gauchisme. Mais le mouvement se fit discret pendant les événements de mai 1968 et fut dissous le 1er novembre 1968 après le plastiquage d'une librairie maoïste.

De fait, durant la crise de mai 1968, ce ne fut pas la faible extrême-droite qui occupa le devant de la scène, mais ses ennemis.

3. La crise de mai 1968 et le départ du général de Gaulle

La crise de mai 1968 entraîna une secousse sociale et politique d'importance majeure dans l'histoire contemporaine de la France. Spontanée, déjouant les analyses classiques, touchant à tous les domaines de la vie nationale, la crise prit toutes les autorités au dépourvu. De Gaulle, d'abord décontenancé, surmonta apparemment l'épreuve, mais, en fait, celle-ci fut à l'origine de sa démission en 1969.

1. Les conditions de la crise

Les événements politiques de la fin des années 1960, la conjoncture économique et sociale, le climat psychologique de cette période devaient se conjuguer pour provoquer la secousse.

1.1 L'usure politique du gaullisme

Le général de Gaulle, revenu aux affaires depuis près de dix ans, subissait l'usure du pouvoir. Il avait accompli une œuvre importante et mis un terme à la guerre d'Algérie. Beaucoup pensaient qu'ayant ainsi achevé sa mission, il devait se retirer. Sa présence fréquente dans les médias, au contraire des opposants qui y apparaissaient peu, créait de plus en plus dans le public une accoutumance un peu lasse. Son charisme se dissipait et sa difficile réélection après sa mise en ballottage aux présidentielles de 1965 avait souligné l'effritement de son audience.

Aussitôt après avoir été reconduit à l'Élysée, de Gaulle désigna pour la troisième fois Georges Pompidou comme Premier ministre. Pour bénéficier d'une assise plus solide, le gouvernement fut élargi. Le ministre des Finances Valéry Giscard d'Estaing, dont le plan de stabilisation était accusé d'avoir suscité un mécontentement social, fut remplacé par Michel Debré. Issu du radicalisme, Jean-Marcel Jeanneney, ministre des Affaires sociales, devait ramener au gaullisme l'électorat populaire. Un autre ancien radical, Edgar Faure, nommé ministre de l'Agriculture, avait pour mission de désarmer l'hostilité des paysans qui avaient souvent voté pour Jean Lecanuet. Pompidou s'attacha dès lors à imposer une solide unité à la majorité. Mais Giscard d'Estaing, évincé de l'équipe dirigeante, prit une certaine distance. En juin 1966, il rassembla ses amis dans une Fédération des républicains indépendants. Le 10 janvier 1967, il résuma sa position dans une formule explicite : « Oui, mais... » Il signifiait ainsi que, tout en continuant à se situer dans la majorité, il ne s'interdisait pas la critique, surtout si les choix gouvernementaux ne se révélaient pas assez libéraux et européens. En août 1967, visant directement de Gaulle, Valéry Giscard d'Estaing condamna « l'exercice solitaire du pouvoir » et demanda un accroissement des pouvoirs du Parlement.

L'opposition, enhardie par ses succès à la consultation présidentielle de 1965, s'organisait et préparait les élections législatives de 1967 que chacun appelait « le troisième tour ». À gauche, François Mitterrand avait pris en main le FGDS rassemblant la SFIO, les radicaux et les clubs de la Convention des institutions républicaines. En imposant la présence d'un seul candidat de la Fédération dans chaque circonscription aux futures législatives, en rappelant à l'ordre les radicaux qui voulaient bénéficier d'une double appartenance à la FGDS et au Centre démocrate de Lecanuet, en signant des accords de désistement avec le PCF et le PSU en prévision du deuxième tour, Mitterrand disciplina la Fédération et l'ancra solidement à gauche. Il crut habile de nommer un « contre-gouvernement », sur le modèle du cabinet-fantôme britannique, mais en choisissant beaucoup d'hommes de la IVe République, déjà usés, il compromit le succès de cette initiative. Au centre, Jean Lecanuet regroupa le MRP, le CNIP et des personnalités diverses dans le Centre démocrate ; cette formation ne pouvant conserver dans ses rangs les radicaux, obligés par Mitterrand à appartenir seulement à la FGDS, se trouva donc repoussée vers la droite. Enfin, à l'extrême-droite, Jean-Louis Tixier-Vignancour fonda l'Alliance républicaine pour les libertés et le progrès, afin de conserver les soutiens qu'il avait gagnés durant la campagne présidentielle de 1965.

Les élections législatives des 5 et 12 mars 1967 permirent de mesurer l'audience des forces en présence. Le premier tour, marqué par une forte participation de 80 %, confirma l'implantation des gaullistes qui se présentaient sous l'étiquette Ve République : avec 8 600 000 voix, soit 38 % des suffrages exprimés, ils amélioraient leur score historique de 1962. Les communistes se redressaient avec 22,5 %. La FGDS qui espérait les dépasser était déçue d'être restée à 18,7 %. Le Centre démocrate qui plafonnait à 14 % ne retrouvait pas toutes les voix de Lecanuet aux présidentielles.

Le deuxième tour aurait dû logiquement amplifier les résultats du premier et assurer aux gaullistes une confortable majorité ; or celle-ci ne se maintint, et de manière particulièrement étriquée, que grâce aux élus d'outre-mer. En fait, l'annonce d'une forte victoire gaulliste avait démobilisé les citoyens, surtout ceux qui votaient pour la majorité sortante. Des centristes, qui croyaient pouvoir sans danger réduire l'ampleur du succès gaulliste prédit, avaient donné leurs voix à la gauche. Les désistements entre le PCF et la FGDS s'étaient très bien effectués et avaient servi la gauche qui ainsi progressait nettement. Le centre se trouvait une nouvelle fois pris en étau entre les deux blocs de droite et de gauche. La fragilité de la majorité se trouvait confirmée.

COMPOSITION DES GROUPES À L'ISSUE DU 2e TOUR DES LÉGISLATIVES DE 1967	
PCF	73
PSU	4
FGDS	117
Centre démocrate	41
Ve République	200
Républicains indépendants	44
Divers	8

Le général de Gaulle, arc-bouté sur son idée de la prééminence de l'exécutif, affecta de mépriser l'avertissement du corps électoral. Le quatrième gouvernement Pompidou, constitué au lendemain du scrutin, garda deux ministres battus aux élections, Maurice Couve de Murville et Pierre Messmer. Debré, Jeannneney et Faure conservèrent respectivement les Finances, les Affaires sociales et l'Agriculture. Le cabinet s'ouvrit à des personnalités d'origine démocrate-chrétienne comme Maurice Schumann et Edmond Michelet, et à des jeunes, notamment Jacques Chirac nommé secrétaire d'État à l'Emploi. Le gouvernement, pour surmonter l'obstacle que représentait l'étroitesse de la majorité, légiféra par ordonnances en matière économique et sociale, en dépit de la colère de l'opposition. En politique étrangère, de Gaulle, dédaignant les sentiments des partisans de l'Europe et des amis d'Israël, repoussa une nouvelle fois la candidature britannique au Marché commun et condamna Israël lors de la guerre des Six jours ; à Montréal, il fit scandale en s'écriant : « Vive le Québec libre ! » La surprise, la consternation ou l'hostilité d'une bonne partie de l'opinion s'accrurent.

L'opposition sentait que le gaullisme se trouvait en état de faiblesse et pouvait penser que l'heure de l'alternance approchait. L'usure politique du pouvoir ne constitua pas la cause directe de la crise de mai 1968, mais celle-ci put d'autant mieux se diffuser que le régime était moins assuré.

1.2. Les tensions sociales

Au début de 1968, la situation économique était saine. La croissance se maintenait et le niveau de vie s'élevait. L'inflation était contenue grâce à la vigilance du ministre des Finances Michel Debré. Précisément cette vigilance, qui se traduisait notamment par une volonté de maîtriser les hausses de salaires, suscitait des mécontentements. Les réformes économiques et sociales, imposées par ordonnances depuis les élections législatives de l'année précédente, rendaient manifeste le refus de dialogue du gouvernement, même si les décisions, telles que l'extension de l'allocation-chômage ou la création de l'Agence nationale pour l'emploi, pouvaient paraître positives. Enfin le plan de stabilisation et la rapidité des mutations économiques, notamment les concentrations d'entreprises, avaient accru le nombre des chômeurs qui s'élevait à 500 000 au début de 1968. Dans les régions de vieille industrie ou d'agriculture en voie de reconversion les inquiétudes montaient. Ceux qui ne parvenaient pas à suivre le rythme de la modernisation se sentaient victimes d'une injustice criante. Dans beaucoup de milieux régnait l'idée que les inégalités s'aggravaient et que les fruits de la prospérité, tellement vantée par le régime, étaient mal répartis. Les ouvriers dénonçaient le patronat vu comme insensible, technocratique, uniquement préoccupé de profit. Depuis le milieu de 1967, des grèves spontanées éclataient, souvent menées par des jeunes, mettant en cause les patrons, mais aussi les états-majors syndicaux jugés trop timorés.

Un autre malaise affectait la jeunesse étudiante, milieu d'où partira le mouvement de mai 1968. Ce malaise n'était pas spécifiquement français. Au cours des années 1960, les universités des États-Unis, de l'Allemagne fédérale, du Japon connurent des révoltes. La crise française prit cependant une importance et une couleur particulières. Les jeunes du « baby-boom » de l'après-guerre arrivaient à l'âge des études supérieures et celles-ci se démocratisaient. La prolongation de la scolarité obligatoire jusqu'à 16 ans avait déjà augmenté les effectifs des lycéens ; il en alla bientôt de même avec le nombre des étudiants : 150 000 en 1955, 250 000 en 1960, 600 000 en 1968. Pour faire face à l'afflux furent bâties rapidement des universités nouvelles, sans âme et sans traditions, parfois lugubres, comme à Nanterre où les bâtiments furent édifiés au milieu d'un vaste bidonville. Malgré cet effort de construction, l'entassement dans les amphithéâtres restait fréquent. Quant à l'organisation des études, le ministre de l'Éducation nationale Christian Fouchet, en poste de 1962 à 1967, avait attaché son nom à une réforme qui substituait à l'organisation ancienne par certificats un système par filières spécialisées et par cycles. Cette réforme fut appliquée rapidement par Alain Peyrefitte, successeur de Fouchet et il en résulta une certaine désorganisation. De plus, le bruit courut que les dispositions nouvelles allaient permettre d'introduire la sélection à l'entrée dans l'Université et que cette dernière serait ainsi remodelée en fonction des besoins de l'économie.

La grande masse des étudiants était peu politisée, mais voulait rester libre de choisir ses orientations sans qu'intervînt la loi du marché et de l'entreprise. La minorité politisée exploitait cette inquiétude diffuse en faisant porter la réflexion sur la société qui, fondée sur le pouvoir de l'argent, développait le mythe de la consommation et laissait subsister de choquantes inégalités. Des sociologues et des philosophes, comme Louis Althusser, soutenaient que l'Université était une institution insidieusement oppressive, destinée à préserver la hiérarchie sociale existante, à rendre passifs et soumis les jeunes issus des couches inférieures pour en faire les gardiens de l'ordre traditionnel. Les étudiants qui lisaient Herbert Marcuse et Wilhelm Reich, fort à la mode à cette époque, y trouvaient des arguments pour dénoncer la société répressive exaltant le travail et la consommation. Tous les révoltés contemporains prenaient figure de modèles : les Cubains avec Fidel Castro et surtout Che Guevara, qui luttaient contre l'impérialisme américain, les Vietnamiens qui menaient un combat de même nature, les Palestiniens ou les Noirs américains qui voulaient établir un « black power ».

Le débat idéologique de mai 1968 fut orchestré par des minorités engagées très actives. Au cours des années précédentes, les organisations anciennes qui encadraient le monde étudiant avaient connu des crises diverses. L'UNEF, qui s'était battue avec la plus grande énergie contre la guerre d'Algérie et l'OAS, subissait un passage à vide, faute de pouvoir se mobiliser pour une cause de même ampleur. L'Union des étudiants communistes (UEC), qui avait voulu poursuivre le combat de Servin et Casanova contre le stalinisme, se trouvait exsangue après la purge infligée par la direction du PCF. De même, la direction de la Jeunesse étudiante chrétienne (JEC) avait été décapitée par la hiérarchie catholique pour avoir collaboré de trop près avec les communistes et l'UNEF au cours des années précédentes.

Beaucoup parmi les jeunes sanctionnés et en quête d'idéal s'orientèrent vers le gauchisme. Au sein de celui-ci figurait les trotskystes divisés en plusieurs groupuscules dont le Comité de liaison des étudiants révolutionnaires (CLER) et la Jeunesse communiste révolutionnaire (JCR) avec Alain Krivine, qui dénonçaient le stalinisme bureaucratique. L'Union des jeunesses communistes marxistes-léninistes (UJCML), qui idéalisait la révolution culturelle chinoise, se voulait maoïste. Le vieil anarchisme lui-même reprit de la vigueur. Pour les gauchistes les difficultés de l'Université devaient seulement servir de point de départ à une vaste révolution qu'ils voulaient étendre à toute la société.

Des incidents sporadiques, à la cité universitaire d'Antony en 1965, à Strasbourg en 1966, à Nanterre en 1967, illustraient le malaise des étudiants, leur agacement contre le caractère tracassier des règlements, leur exaspération face à l'entassement dans les facultés, leur déception causée par l'absence de contacts avec les enseignants ou le formalisme de certains cours. Il s'agissait encore de frictions ponctuelles. En 1968, elles se transformèrent en un ébranlement généralisé car le malaise n'était pas cantonné au monde circonscrit de l'Université.

1.3. Une crise de civilisation

La société française, qui connaissait une modernisation rapide et un ample renouvellement démographique augmentant la proportion des jeunes, était parcourue par une crise profonde, diffuse, plus ou moins aiguë selon les couches sociales et les classes d'âge.

Certains refusaient les évolutions en cours qui leur semblaient privilégier les aspects matériels, la consommation, sans égard pour la préservation du cadre de vie. Ils critiquaient le discours officiel qui mettait l'accent sur la production et l'expansion économique, en oubliant l'homme. Beaucoup contestaient les valeurs anciennes, le vieil humanisme bourgeois, les interdits moraux et religieux, la condition de mineure réservée à la femme. Les hiérarchies en place et les contraintes de toutes sortes étaient ressenties comme insupportables, le pouvoir du gouvernement et les injonctions des Églises, l'autorité de la famille, de l'administration, du professeur, du patron... Dans un monde de plus en plus dur, injuste, coercitif, on cherchait une libération totale et on voulait faire de la vie une fête permanente.

2. Les événements de mai 1968

Au printemps de 1968, la situation paraissait normale, au point que, dans un article resté célèbre, publié en mars, un journaliste du *Monde*, Pierre Viansson-Ponté déclarait : « La France s'ennuie. » Le 1er mai avait vu se dérouler sans incident les rituels défilés syndicaux. Le 2 mai, Pompidou était parti pour un voyage officiel en Iran et en Afghanistan.

QUAND LA FRANCE S'ENNUIE

Ce qui caractérise actuellement notre vie publique, c'est l'ennui. Les Français s'ennuient. Ils ne participent ni de près ni de loin aux grandes convulsions qui secouent le monde. La guerre du Vietnam les émeut, certes, mais elle ne les touche pas vraiment. [...] Le conflit du Moyen-Orient a provoqué une petite fièvre au début de l'été dernier : la chevauchée héroïque remuait des réactions viscérales, des sentiments et des opinions ; en six jours, l'accès était terminé. Les guérillas d'Amérique latine et l'effervescence cubaine ont été, un temps, à la mode ; elles ne sont plus guère qu'un sujet de travaux pratiques pour sociologues de gauche et l'objet de motions pour intellectuels. Cinq cent mille morts peut-être en Indonésie, cinquante mille tués au Biafra, un coup d'État en Grèce, les expulsions du Kenya, l'apartheid sud-africain, les tensions en Inde : ce n'est guère que la monnaie quotidienne de l'information. La crise des partis communistes et la révolution culturelle chinoise semblent équilibrer le malaise noir aux États-Unis et les difficultés anglaises.

De toute façon, ce sont leurs affaires, pas les nôtres. Rien de tout cela ne nous atteint directement : d'ailleurs la télévision nous répète au moins trois fois chaque soir que la France est en paix pour la première fois depuis bientôt trente ans et qu'elle n'est ni impliquée ni concernée où que ce soit dans le monde. La jeunesse s'ennuie. Les étudiants manifestent, bougent, se battent en Espagne, en Italie, en Belgique, en Algérie, au Japon, en Amérique, en Égypte, en Allemagne, en Pologne même. Ils ont l'impression qu'ils ont des conquêtes à entreprendre une protestation à faire entendre, au moins un sentiment de l'absurde à opposer à l'absurdité. Les étudiants français se préoccupent de savoir si les filles de Nanterre et d'Antony pourront accéder librement aux chambres des garçons, conception malgré tout limitée des droits de l'homme. Quant aux jeunes ouvriers, ils cherchent du travail et n'en trouvent pas. Les empoignades, les homélies et les apostrophes des hommes politiques de tout bord paraissent à tous ces jeunes, au mieux plutôt comiques, au pis

tout à fait inutiles, presque toujours incompréhensibles. [...]
Le général de Gaulle s'ennuie. Il s'était bien juré de ne plus inaugurer les chrysanthèmes, et il continue d'aller, officiel et bonhomme, du Salon de l'agriculture à la Foire de Lyon. Que faire d'autre ? [...]
Seuls quelques centaines de milliers de Français ne s'ennuient pas : chômeurs, jeunes sans emploi, petits paysans écrasés par le progrès, victimes de la nécessaire concentration et de la concurrence de plus en plus rude, vieillards plus ou moins abandonnés de tous. Ceux-là sont si absorbés par leurs soucis qu'ils n'ont pas le temps de s'ennuyer, ni d'ailleurs le cœur à manifester et à s'agiter. Et ils ennuient tout le monde. La télévision, qui est faite pour distraire, ne parle pas assez d'eux. Aussi le calme règne-t-il. [...]
Cet état de mélancolie devrait normalement servir l'opposition. Les Français ont souvent montré qu'ils aiment le changement pour le changement, quoi qu'il puisse leur en coûter. Un pouvoir de gauche serait-il plu gai que l'actuel régime ? La tentation sera sans doute de plus en plus grande, au fil des années, d'essayer, simplement pour voir, comme au poker. L'agitation passée, on risque de retrouver la même atmosphère pesante, stérilisante aussi. [...]
Dans une petit France presque réduite à l'hexagone, qui n'est pas vraiment malheureuse ni vraiment prospère, en paix avec tout le monde, sans grande prise sur les événements mondiaux, l'ardeur et l'imagination sont aussi nécessaires que le bien-être et l'expansion. Ce n'est certes pas facile. L'impératif vaut d'ailleurs pour l'opposition autant que pour le pouvoir. S'il n'est pas satisfait, l'anesthésie risque de provoquer la consomption. Et à la limite, cela s'est vu, un pays peut aussi périr d'ennui.

Pierre Viansson-Ponté, *Le Monde*, 15 mars 1968.

2.1. L'explosion étudiante du 2 au 13 mai

Ce fut à Nanterre, campus surpeuplé de la banlieue parisienne, que naquit la révolte étudiante. Depuis la rentrée de 1967, les incidents se multipliaient. Ainsi, en janvier 1968, le ministre de la Jeunesse et des Sports, François Missoffe, venu inaugurer la piscine du campus, fut pris à partie par un groupe de jeunes, menés par un étudiant en sociologie, Daniel Cohn-Bendit, de nationalité allemande. Les semaines suivantes, les hôtes des résidences universitaires se mobilisèrent pour obtenir que les garçons obtinssent le droit de rendre visite aux filles dans leurs bâtiments. Le 22 mars 1968, des gauchistes, entraînés par Daniel Cohn-Bendit, envahirent et occupèrent la salle du conseil de la faculté des Lettres de Nanterre, cela pour protester contre les sanctions prises à l'encontre d'un de leurs camarades. Ce fut l'acte fondateur : les meneurs fondèrent le Mouvement du 22 mars qui joua un rôle moteur dans la suite de la crise. Comme l'agitation se poursuivait, le doyen Paul Ricœur décida de fermer la faculté de Nanterre, le 2 mai.

Les plus résolus, chassés de leur base, se transportèrent alors au quartier latin. Le 3 mai, ils organisèrent un meeting de protestation à la Sorbonne, avec Cohn-Bendit et l'un des dirigeants de l'UNEF, Jacques Sauvageot. Appelée par le recteur, la police intervint pour disperser les participants. Mais l'opération, qui aboutit à l'interpellation de quelque 600 étudiants, se fit avec une grande brutalité qui choqua la jeunesse et inspira un mouvement de sympathie pour les victimes. Dès lors s'instaura un cycle simple et efficace : provocation des gauchistes entraînant une répression très ferme, celle-ci suscitant une solidarité de plus en plus solide de la part des étudiants, des lycéens et d'une grande partie de l'opinion qui réprouvait les violences policières. L'UNEF décréta la grève générale dans l'Université. Des parents d'étudiants, un syndicat d'enseignants, le SNESUP d'Alain Geismar, apportèrent leur soutien aux manifestants. Les jours suivants furent marqués par de nombreux combats de rue qui culminèrent dans la nuit du 10 au 11 mai, la « Nuit des barricades », durant laquelle les forces de l'ordre essayèrent d'abattre les barrages élevés par les jeunes dans le quartier latin, ce qui fut fait, mais au prix fort : plusieurs centaines de blessés, dévastation des rues, incendies d'automobiles, bris de vitrines...

Le gouvernement, divisé sur la conduite à tenir, était débordé. De Gaulle envisageait une reprise en main autoritaire, quand Georges Pompidou, rentrant de voyage le 11 mai, le convainquit de jouer la carte de l'apaisement. Aussi le Premier ministre put-il annoncer la réouverture des facultés et la libération des étudiants incarcérés. Mais il était trop tard ; le mouvement, lancé, ne s'arrêta pas. La Sorbonne, à peine réouverte, fut occupée par les étudiants ; bientôt les autres locaux universitaires, à Paris et en province, subirent le même sort. Là, les jeunes, assemblés avec quelques enseignants sympathisants, tenaient des tribunes permanentes et des kermesses. Les orateurs, avec passion et une bonne dose d'idéalisme, reconstruisaient l'Université et le monde. Ils popularisaient des slogans qui exprimaient leurs aspirations : « Soyez réalistes : demandez l'impossible » ; « Sous les pavés : la plage » ; « Il est interdit d'interdire » ; « Prenez vos désirs pour des réalités » ; « L'imagination est au pouvoir »...

Jusque-là, les partis politiques et les syndicats étaient restés perplexes ou même hostiles face à une agitation dont ils ne discernaient pas la signification. Georges Marchais, premier responsable du PCF, dénonçait « l'aventurisme gauchiste » et « l'anarchiste allemand Cohn-Bendit ». Cependant, le 13 mai, les syndicats, officiellement pour protester contre les violences policières, en fait pour éviter les débordements et rappeler leur existence au gouvernement, déclenchèrent une grève générale et organisèrent à Paris avec les étudiants un grand défilé rassemblant 200 000 personnes qui criaient notamment : « 10 ans ça suffit », « La victoire est dans la rue », « Gouvernement populaire ».

LE PCF CONTRE LES GAUCHISTES :

De faux révolutionnaires à démasquer

Comme toujours lorsque progresse l'union des forces ouvrières et démocratiques, les groupuscules gauchistes s'agitent dans tous les milieux. Ils sont particulièrement actifs parmi les étudiants. À l'Université de Nanterre, par exemple, on trouve : les « maoïstes » ; les « Jeunesses communistes révolutionnaires » qui groupent une partie des trotskystes ; le « Comité de liaison des étudiants révolutionnaires », lui aussi à majorité trotskyste ; les anarchistes ; divers autres groupes plus ou moins folkloriques.

Malgré leurs contradictions, ces groupuscules — quelques centaines d'étudiants — se sont unifiés dans ce qu'ils appellent « Le Mouvement du 22 mars Nanterre » dirigé par l'anarchiste allemand Cohn-Bendit.

Non satisfaits de l'agitation qu'ils mènent dans les milieux étudiants — agitation qui va à l'encontre des intérêts de la masse des étudiants et favorise les provocations fascistes — voilà que ces pseudo-révolutionnaires émettent maintenant la prétention de donner des leçons au mouvement ouvrier. De plus en plus on les trouve aux portes des entreprises ou dans les centres de travailleurs immigrés distribuant tracts et autre matériel de propagande.

Les thèses et l'activité de ces « révolutionnaires » pourraient prêter à rire. D'autant qu'il s'agit, en général, de fils de grands bourgeois — méprisants à l'égard des étudiants d'origine ouvrière — qui, rapidement, mettront en veilleuse leur « flamme révolutionnaire » pour aller diriger l'entreprise de papa et y exploiter les travailleurs dans les meilleures traditions du capitalisme. Cependant, on ne saurait sous-estimer leur malfaisante besogne qui tente de jeter le trouble, le doute, le scepticisme parmi les travailleurs et, notamment, les jeunes. [...]

Mais, il est bien évident que nous ne confondons pas les petits groupuscules gauchistes s'agitant dans les universités avec la masse des étudiants. Au contraire, ceux-ci bénéficient de notre entière solidarité dans la lutte qu'ils mènent pour la défense de leurs légitimes revendications contre la politique désastreuse du pouvoir gaulliste dans le domaine de l'éducation. [...]

Georges Marchais, *L'Humanité*, 3 mai 1968.

2.2. *L'agitation sociale du 14 au 27 mai*

Le gouvernement pensait que l'intervention des syndicats et des partis allait assagir la contestation et la ramener dans des voies normales. De Gaulle, qui ne voulait pas changer ses projets en raison d'une agitation estudiantine, partit en voyage officiel en Roumanie le 14 mai.

Or, le même jour, la crise entra dans une phase nouvelle, comme si l'expression spectaculaire du malaise des jeunes poussait tous les mécontents et les déçus à clamer leur mal-vivre. Le 14 mai, une grève spontanée éclata à l'usine Sud-Aviation de Nantes ; le lendemain ce furent les ouvriers de Renault-Cléon qui cessèrent le travail. De proche en proche tout l'appareil de production, les services publics, PTT, SNCF, enseignement, radio-télévision furent gagnés par la paralysie ; des catégories très diverses se sentirent concernées, y compris des artistes, des écrivains, des journalistes... Les grévistes, ouvriers et cadres, comprenaient environ 10 millions de personnes, ce qui faisait de cette crise sociale une des plus graves de l'histoire française. Les initiateurs du mouvement étaient souvent de jeunes salariés. Ils occupaient les lieux de travail et parfois y retenaient de force la direction. Ils demandaient des augmentations de salaires et, plus encore, une amélioration des conditions de travail, un assouplissement de l'autorité, une responsabilité plus grande, revendications nouvelles qui traduisaient une volonté de changer la qualité des rapports humains dans l'entreprise. Les syndicats, la CGT, la CFDT, née en 1964 d'une scission de la CFTC, se ralliaient après coup à ces grèves « sauvages » pour essayer de les encadrer. L'élan du mouvement et son climat faisaient penser au printemps de 1848 à Paris.

Pendant ce temps, les étudiants continuaient à tenir leurs assemblées, mais ils voulaient aussi établir le contact avec les ouvriers et devenir le fer de lance du mouvement social. Le PSU, les gauchistes, la CFDT qui, selon des modalités diverses, espéraient de grands changements structurels et évoquaient des idées d'autogestion ou de pouvoir syndical, se montraient ouverts aux avances des étudiants. En revanche, le principal syndicat, la CGT, et le Parti communiste, redoutant la surenchère, le débordement par la gauche et la perte de contrôle de la classe ouvrière au profit des gauchistes jugés trop romantiques, préféraient obtenir des avantages immédiats, tels que des augmentations de salaires, et fermaient les usines aux jeunes quand ils le pouvaient.

De Gaulle, ayant légèrement écourté son voyage en Roumanie, rentra le 18 mai. Hésitant et semblant dépassé, il prit la parole le 24 mai et annonça un référendum sur la participation, nouvelle qui fut reçue dans une indifférence générale. Les étudiants, d'autant plus furieux que Cohn-Bendit venait d'être interdit de séjour, organisèrent de nouvelles manifestations violentes en scandant la formule : « Nous sommes tous des juifs allemands », par allusion aux origines de leur camarade sanctionné. Ces manifestations furent marquées par du vandalisme, des pillages, une tentative d'incendie de la Bourse de Paris. Ces excès firent perdre au mouvement une partie de sa popularité dans le grand public.

Beaucoup de ministres pensaient maintenant que le chef de l'État, alors âgé de 78 ans, avait fait son temps et prenaient leurs distances. Pompidou, maître de lui et plus réaliste que de Gaulle, essaya de manœuvrer pour ramener le calme social et ainsi isoler les étudiants. Du 25 au 27 mai, il dirigea des négociations au ministère du Travail, rue de Grenelle, entre les syndicats ouvriers et le Conseil national du patronat français (CNPF). Les accords de Grenelle, signés le 27, réédition des accords Matignon de 1936, prévoyaient

une hausse de SMIG de 35 %, une hausse des salaires de 10 % en deux étapes, la reconnaissance de la section syndicale d'entreprise, la réduction d'une
à deux heures de la durée hebdomadaire du travail avant 1970. Les organisations ouvrières enregistraient ainsi une victoire importante, mais lorsqu'elles
présentèrent le contenu de l'accord à la base, celle-ci le repoussa et hua les
négociateurs. Les grévistes pensaient pouvoir obtenir davantage et ne voulaient donc pas abandonner leur action. L'impasse semblait totale.

2.3. L'entrée en scène des politiques du 27 mai au 23 juin

Le discours de de Gaulle, le 24 mai 1968, et les accords de Grenelle, conclus
par Pompidou le 27, étant restés sans effet, le pouvoir paraissait désemparé
et bon à prendre.

Dès le soir du 27 mai, l'extrême-gauche organisa un meeting au stade
Charléty et y annonça l'imminence d'une solution révolutionnaire, cela en
présence de Pierre Mendès France, silencieux.

LE MEETING DU STADE CHARLÉTY

Dès 18 heures, les tribunes s'emplis-
sent. Le premier slogan qui est
scandé surprend non par le thème
mais par le rythme rudement syncopé
que lui imprime la foule étudiante :
« *Ce n'est qu'un début, continuons
le combat.* » [...]
L'UNEF, avec l'aide de la CFDT, de
la FEN et du PSU, a gagné son pari,
empli le stade, rassemblé ouvriers et
étudiants. Salué avec amitié par ceux
qui le reconnaissent, discrètement
mêlé à la foule, Pierre Mendès
France est là. À 19 heures, le meeting peut commencer.
C'est naturellement Jacques Sauvageot qui l'ouvre au nom de l'UNEF,
appelant au calme, conjurant les
incidents : « *Je vois que la pègre est
venue nombreuse... La violence peut
se justifier. Aujourd'hui nous ne la
croyons pas efficace. Le gouvernement, qui a trouvé des alliés, il faut
le dire, cherche à diviser ouvriers et
étudiants.* »
Un porte-parole de la CFDT lui succède, très applaudi, quand il rappelle
la communauté des luttes étudiantes

et ouvrières, acclamé quand il assure
que les ouvriers ne sauraient se
contenter des concessions matérielles du pouvoir et poursuivent l'occupation des usines.
Après un militant du Mouvement du
22 mars, qui appelle à la création de
« comités révolutionnaires de quartiers » dans la ligne d'une stratégie
constamment fondée sur l'élan spontané de la base, c'est André Barjonet, auréolé de sa récente démission
de la CGT, qui se saisit du micro. Il
parle dans une houle d'enthousiasme
qui le porte à dresser un tableau très
confiant de la situation : oui, on peut
faire la révolution. Son allocution est
très chaleureuse, très vigoureuse.
« *Si j'ai quitté la CGT, c'est surtout
parce que les dirigeants n'avaient pas
su ou peut-être pas voulu voir que la
situation où nous sommes est vraiment révolutionnaire. Aujourd'hui,
tout est possible.* »
Alain Geismar, très applaudi lui
aussi, explique que s'il vient de
donner sa démission du secrétariat
du Syndicat national de l'enseigne-

ment supérieur, c'est pour mieux se consacrer à ses tâches politiques et d'organisation. Rappelant son expérience universitaire, il suggère qu'en guide de transition vers la prise de pouvoir par les travailleurs de l'entreprise soit expérimenté un système de « double pouvoir », et salue la remise en marche de la production dans certaines industries au bénéfice des grévistes. Et il plaide avec vigueur pour qu'ouvriers et étudiants sortent de leurs « ghettos » respectifs pour préparer ensemble l'avènement du socialisme. Et de citer Guevara : « *Le premier devoir d'un révolutionnaire est de faire la révolution.* »

Répondant en quelque sorte à André Barjonet, un syndicaliste CGT, qui se présente comme un responsable d'organisation parisienne, déclare qu'il a choisi, lui, de mener le combat à l'intérieur de la centrale. Les huées qui accueillent ce propos se changent très vite en applaudissements, « *car c'est de l'intérieur,* dit-il, *que nous pourrons chasser les bureaucrates et faire que la CGT soit à la pointe du combat et non plus de la capitulation* ».

Après l'intervention d'un porte-parole du Syndicat national de l'enseignement supérieur, il reviendra à Jacques Sauvageot, organisateur du meeting de le conclure, non sans que Pierre Mendès France, convié à prendre la parole par une partie du public, en décline l'invite, dès lors, dit-il, qu'il s'agit d'une manifestation syndicale.

Revenant donc au micro, le président en exercice de l'UNEF, apparemment épuisé, assure que les négociations de la fin de la semaine sont sans valeur, le gouvernement n'étant pas « *un interlocuteur valable* ».

Déjà, le stade s'est à demi vidé lentement dans la nuit qui tombe. Ce qui facilite la dispersion, précédée par le chant de *l'Internationale*. Aux portes du stade, où l'on n'aperçoit aucune force de police, les membres du service d'ordre de l'UNEF invitent le public à se disperser très vite.

Jean Lacouture, *Le Monde*, 29 mai 1968.

Le lendemain 28 mai, François Mitterrand demanda la mise en place d'un gouvernement provisoire dirigé par Mendès France et se déclara candidat à la présidence de la République. Le PCF, craignant toujours le débordement gauchiste ou l'initiative social-démocrate le transformant en simple force d'appoint, se montrait réticent voire hostile à l'égard des solutions préconisées par les autres forces de gauche. Sa manifestation du 29 sous le mot d'ordre de « gouvernement populaire » exprimait clairement un refus de la solution parlementaire Mendès-Mitterrand.

Cependant, beaucoup de membres de la majorité croyaient que cette offensive de l'opposition annonçait le dénouement : de Gaulle, ayant épuisé sans succès tous les moyens d'action, allait se retirer et provoquer une élection présidentielle anticipée. De fait, le 29 mai, le chef de l'État quitta l'Élysée, sans faire connaître sa destination véritable au Premier ministre, et disparut. Dès que la nouvelle fut publique, de nombreuses interprétations fusèrent parmi lesquelles l'exil ou la retraite à Colombey étaient les plus fréquentes.

En vérité, le président de la République s'était rendu à Baden-Baden, au quartier général d'un de ses fidèles, le général Massu, commandant des forces françaises en Allemagne. La signification de cette visite est encore controversée : Massu pense que le président, désemparé, était au bord de l'abandon et qu'il lui redonna confiance pour affronter l'adversité. Certains estiment au contraire que de Gaulle voulait s'assurer l'appui de l'armée pour rétablir l'ordre. Beaucoup de fidèles du général sont persuadés que celui-ci voulait peut-être s'éloigner de Paris pour mieux réfléchir et surtout, par la surprise que faisait naître sa subite disparition, créer un choc préparant sa contre-offensive.

À son retour, le 30 mai, de Gaulle s'entretint avec Georges Pompidou qui le convainquit de renoncer au référendum et de dissoudre plutôt l'Assemblée nationale. Aussitôt après, le chef de l'État prononça un bref discours à la radio. D'un ton juste et ferme, il dénonça la subversion, annonça qu'il gardait le Premier ministre et que, provoquant des élections législatives anticipées, il appelait les Français à trancher. Cette allocution modifia brusquement le climat d'exception dans lequel vivait la France depuis le début du mois. À peine de Gaulle s'était-il tu qu'une gigantesque manifestation organisée par ses partisans déferla sur les Champs-Élysées. Quelque 500 000 à un million de personnes, des gaullistes mais aussi des représentants de la « majorité silencieuse » exprimaient leur soutien à l'autorité légale, leur réprobation face au vandalisme de certains jeunes et leur lassitude suscitée par les difficultés de la vie quotidienne (le défaut d'approvisionnement des magasins, la disparition de l'essence et du courrier...). Des manifestations analogues eurent lieu en province et traduisirent les mêmes sentiments.

La dissolution constituait un excellent calcul. En se lançant dans la bataille électorale, les partis rejoignaient le jeu politique légal et traditionnel et se séparaient des agitateurs. Les gauchistes se retrouvèrent bientôt seuls pour clamer que la participation aux élections était une « trahison » du mouvement de masse en cours. D'un autre côté, l'approche des vacances et le souhait très général d'un retour à la normale dans les services publics, le commerce, les transports facilitèrent la reprise du travail. Les salariés satisfaits des avantages obtenus dépassaient en nombre ceux qui étaient déçus par l'absence d'issue révolutionnaire. Les ouvriers qui s'obstinaient à occuper les entreprises ou à manifester semblaient mener des combats d'arrière-garde. Le 12 juin, le gouvernement put décider la dissolution des mouvements gauchistes et, le 16, l'évacuation de la Sorbonne sans susciter de vagues.

Les élections des 23 et 30 juin 1968 virent un raz-de-marée des partisans de l'ordre, effrayés par les troubles qui s'étaient déroulés au long du mois de mai. En vérité, à part le PSU qui se présentait en héritier du mouvement, les partis faisaient assaut de légalisme. Mais la gauche, considérée comme complice des révolutionnaires, recula. Le PCF lui-même qui, hostile aux gauchistes, avait adopté une attitude prudente, passa au premier tour de 22,5 % des suffrages exprimés à 20 % et la FGDS de 18,7 % à 16,50 %. En revanche, la majorité, comprenant les gaullistes regroupés sous une nouvelle étiquette, Union pour la défense de la République (UDR), et les Républicains indépendants, atteignait 46 %. Le deuxième tour amplifia ces résultats et l'UDR acquit à elle seule la majorité absolue avec 293 sièges.

LES GROUPES À L'ASSEMBLÉE NATIONALE APRÈS LES ÉLECTIONS DE 1968	
PCF	34
FGDS	57
Centre	33
UDR	293
Républicains indépendants	61
Non inscrits	9

De Gaulle qui avait vascillé quelques semaines plus tôt remportait sa plus éclatante victoire législative, mais aucun des problèmes révélés par la crise de mai n'était résolu.

3. Les conséquences de mai 1968

Avec les élections de juin 1968, tout semblait rentré dans l'ordre. En fait la crise de mai devait entraîner de profondes répercussions, à court et à long terme. En tout état de cause, ce fut dans le domaine des mentalités et des pratiques sociales que la secousse de mai 1968 produisit les effets les plus durables. (Sur les tendances lourdes de l'évolution de l'économie et de la société française, voir le chapitre 15.)

3.1. Mai 1968 et l'évolution de la société

Le mouvement de mai, malgré sa diversité et sa complexité, offrait un point de rencontre à tous ceux qui avaient participé, de près ou de loin, aux événements : la contestation de l'ordre établi, la critique de l'autorité et de l'institution, quelles qu'elles fussent. La période révéla donc un conflit de génération dans la mesure où les personnes d'âge mûr restaient le plus souvent fidèles à des valeurs traditionnelles que les jeunes voulaient mettre à bas.

La recherche de la liberté et de l'épanouissement de l'individu accéléra des évolutions en cours ou suscita des comportements nouveaux. Les jeunes supportèrent beaucoup plus mal l'autorité parentale quand celle-ci se faisait lourde ou maladroite. De même, dans les lycées et les universités, les décisions venues d'en haut furent souvent accueillies avec suspicion. Au cours des années suivantes, plusieurs textes ministériels engendrèrent des manifestations exprimant une hostilité résolue. Au début des années 1970, on vit même des soldats du contingent réclamer avec force une démocratisation de l'armée ! L'institution du mariage fut parfois jugée bourgeoise et inutile ; les unions libres progressèrent. Le magistère religieux fut souvent considéré comme réactionnaire et encombrant ; la pratique fléchit ; de jeunes parents, soucieux de respecter la liberté de leurs enfants, négligèrent de les faire baptiser et leur transmirent la responsabilité de prendre eux-mêmes cette initiative, plus tard, s'ils le souhaitaient. D'ailleurs, dans les rangs du clergé également, la hiérarchie se trouva mise en cause : des prêtres essayèrent de rapprocher l'Église des fidèles, d'assouplir la discipline ecclésiale, de relativiser le rôle des évêques, de faire du prêtre un homme semblable aux autres, pouvant travailler, s'engager dans la vie politique et syndicale, voire se marier.

Dans les entreprises aussi les salariés retinrent les leçons de mai et s'élevèrent contre « l'oppression patronale » ou les pratiques d'un paternalisme désuet. Beaucoup de débats se focalisèrent sur les droits des travailleurs au sein d'entreprises qui, sans eux, ne pouvaient vivre. L'idée de l'autogestion fit des adeptes, surtout à la CFDT. Un exemple de ce type d'exploitation s'imposa dans l'actualité des années 1970, avec la firme horlogère Lip, qui, installée à Besançon, fut reprise par ses salariés après un dépôt de bilan et essaya difficilement de se maintenir en activité.

La volonté de désaliénation servit également les femmes. Les mouvements féministes, déjà actifs avant 1968, furent encouragés et se développèrent. Le Mouvement de libération des femmes (MLF) combattit avec vigueur pour obtenir l'égalité au profit de ses mandantes. Dans les années suivantes, des lois abolirent la prépondérance de l'homme en matière d'autorité parentale et de choix du domicile conjugal. Une lutte obstinée fut menée pour obtenir la légalisation de l'avortement. Une première victoire symbolique fut remportée à Bobigny en octobre 1972, quand une jeune fille de 17 ans, poursuivie pour avortement et défendue par maître Gisèle Halimi, bénéficia d'un acquittement. En définitive, la loi Veil de 1979 qui rendait légale l'interruption volontaire de grossesse se situa dans le droit fil des conquêtes de 1968.

L'esprit de mai reposait aussi sur le droit à la différence en faveur de diverses minorités. Ainsi, les homosexuels réclamèrent le droit d'être reconnus comme tels. Des associations militèrent pour que les immigrés fussent respectés dans leurs particularités culturelles. Les défenseurs des identités régionales, fustigeant le centralisme jacobin liberticide, rencontrèrent un écho plus favorable, réveillèrent les dialectes et les coutumes des provinces, revendiquèrent parfois une autonomie politique. Proche de la défense des régions fut le souci croissant de l'écologie qui allait de pair avec la dénonciation de l'industrialisation aveugle et de la consommation aliénante. L'environnement, constituant un des éléments majeurs de l'identité de chaque province, fit l'objet de soins attentifs. Ainsi, quand l'armée, voulant étendre un camp d'entraînement sur le causse du Larzac, entreprit d'exproprier une centaine d'agriculteurs, de nombreux militants, gauchistes, antimilitaristes, occitans, se mobilisèrent des années durant pour empêcher l'opération. Pour certains jeunes, le retour à la terre, le plus loin possible de la ville et de l'usine, l'élevage de chèvres et la culture biologique, constituèrent la meilleure manière de rester fidèles à leur idéal de 1968.

Le rejet des règles de l'économie moderne, de l'emprise technocratique, de l'urbanisation, de l'uniformisation culturelle était révélateur d'un réflexe passéiste qui fut en honneur après 1968. Les jeunes qui vivaient en petites communautés, de préférence rurales, recherchaient l'épanouissement individuel et privilégiaient les particularités se situaient à contre-courant de l'évolution contemporaine. Ils se méfiaient de ce que leurs parents appelaient « les bienfaits du progrès » ; ils repoussaient les idées générales et la culture des élites, accusée d'imposer ses valeurs.

3.2. Les conséquences économiques et financières de mai 1968

Les grèves de mai-juin 1968 entraînèrent une baisse de la production industrielle, mais celle-ci se redressa dès juillet, notamment grâce aux achats permis par les hausses de salaires prévues dans les accords de Grenelle. Les syndicats se gardèrent de perturber la production car ils redoutaient une dévaluation du franc.

De fait, ce fut dans le domaine financier que la crise de mai amena les conséquences les plus graves. Les fortes augmentations de salaires, l'alourdissement des coûts imposé aux entreprises par les charges nouvelles et l'instauration récente de la quatrième semaine de congés payés, les facilités de crédit consenties aux entreprises pour faire face à leurs difficultés, l'aggravation du déficit budgétaire, tous ces facteurs relancèrent l'inflation. La baisse de compétitivité des prix français rendit déficitaire la balance commerciale. La confiance dans le franc surévalué en fut ébranlée et la fuite des capitaux s'accéléra. La monnaie se trouvait à la merci de la spéculation internationale.

Le gouvernement prit des mesures de circonstance, comme le contrôle des changes, l'octroi d'aides à l'exportation, la hausse de certains impôts. Mais la situation ne s'améliora pas, de sorte que les milieux économiques demandèrent avec insistance une dévaluation. Cette décision semblait inéluctable, lorsque, à la surprise générale, de Gaulle, le 23 novembre 1968, s'y refusa. Le choc qu'il produisit de la sorte donna l'impression que le gouvernement avait surmonté les difficultés. En fait, il fallut bloquer les prix, sans trop comprimer la demande intérieure pour ne pas susciter d'agitation sociale. Aussi l'inflation ne fut-elle pas réellement jugulée et la dévaluation s'imposa neuf mois plus tard, après le départ de de Gaulle.

3.3. Le départ du général de Gaulle

Après la crise de mai 1968, le gouvernement Pompidou avait été remanié et les ministères les plus exposés pendant les événements, notamment l'Intérieur, l'Éducation nationale, la Jeunesse et les Sports, les Affaires sociales, avaient changé de titulaires.

À la suite des élections législatives de juin, ce fut le Premier ministre qui se retira. Or, Georges Pompidou n'avait nullement démérité. Durant la crise, il ne s'était jamais abandonné à l'affolement et il avait tenu la barre aussi fermement qu'il le pouvait, alors qu'à certains moments le président de la République avait paru désemparé. De plus, Pompidou venait de conduire la majorité à une éclatante victoire électorale. Mais un ensemble de facteurs expliquaient que de Gaulle souhaitait le retrait de son Premier ministre. Celui-ci, en effet, en fonction depuis plus de six ans, record exceptionnel qu'aucun de ses prédécesseurs n'avait égalé sous les autres Républiques, et ayant fait excellente figure pendant les troubles de mai, avait acquis une forte position personnelle. Une telle situation, tendant à établir une dyarchie, se révélait impossible dans un régime fondé sur la prépondérance du président. En outre, de Gaulle voulait répondre aux attentes exprimées en mai par des réformes placée sous le signe de la « participation », mais il estimait que Pompidou, appuyé sur la majorité très conservatrice récemment élue, rechignait au changement. Cependant, dans une conférence de presse du 9 septembre 1968, de Gaulle rendit hommage à l'ancien occupant de l'hôtel Matignon et en termes non équivoques lui promit un important destin politique : « Il était bon qu'il fût, sans aller jusqu'à l'épuisement, placé en réserve de la République. C'est ce qu'il souhaitait. C'est ce que j'ai décidé en l'invitant, comme on sait, à se préparer à tout mandat qu'un jour la nation pourrait lui confier. »

Le 21 juillet 1968, de Gaulle confia la fonction de Premier ministre à Maurice Couve de Murville, ministre des Affaires étrangères depuis 1958, esprit distingué et dévoué au chef de l'État, mais manquant sans doute de charisme personnel. Le nouveau gouvernement ressemblait au précédent ; il fut cependant ouvert aux gaullistes de gauche acquis aux réformes, comme René Capitant, ministre de la Justice. Deux postes apparaissaient importants car ils correspondaient aux chantiers que de Gaulle voulait entreprendre : l'Éducation nationale confiée à Edgar Faure et les Réformes institutionnelles à Jean-Marcel Jeanneney.

L'Université, qui s'était trouvée au cœur de la tourmente, n'était plus que ruines et ne pouvait attendre indéfiniment sa restructuration. Edgar Faure, dynamique et subtil, se mit aussitôt à la tâche avec l'appui complet de de Gaulle. Dès le 12 novembre 1968, il put faire voter la loi d'orientation de l'enseignement supérieur qui introduisait une réforme totale de l'institution. Les anciennes facultés étaient remplacées par des universités autonomes, sauf sur le plan financier ; les universités pouvaient se livrer à toutes sortes d'innovations pédagogiques. Celles-ci étaient encouragées par le principe de la pluridisciplinarité contenu dans la loi. Enfin était organisée la cogestion des universités par la participation de tous ceux qui y travaillaient : enseignants des différents grades, personnel administratif, étudiants. La réforme fut mal accueillie par certains professeurs, jadis seuls maîtres des facultés, par les gauchistes qui dénonçaient le réformisme bourgeois, par une bonne partie de la majorité qui aurait préféré une restauration autoritaire des structures anciennes plutôt que les dispositions nouvelles dans lesquelles elle voyait une concession aux gauchistes. Mais de Gaulle exigea une discipline stricte des élus qui votèrent à contre-cœur la loi par 441 voix contre 0 et 39 abstention. À défaut d'oser attaquer le président de la République, les plus conservateurs concentrèrent leurs critiques contre Edgar Faure. Cependant la réforme permit à l'enseignement supérieur de se reconstruire.

De Gaulle voulait que la participation instaurée à l'Université s'étendît à d'autres secteurs et d'abord à la région. Aussi chargea-t-il Jeanneney de mettre au point un projet comportant deux volets : d'une part la création de régions administrées par des conseils comprenant des élus et des représentants des organisations socio-professionnelles, d'autre part la fusion du Conseil économique et social et du Sénat en une institution qui serait consultée sur les questions économiques. Le nouveau Sénat perdait de ce fait tout rôle législatif ; peut-être ainsi de Gaulle cherchait-il à punir une assemblée qui s'était toujours opposée à lui, notamment lors de la réforme de 1962. Le chef de l'État proposa aux Français de se déterminer sur le projet au moyen d'un référendum, le 27 avril 1969. Aux yeux de de Gaulle, attaché à la démocratie directe, cette procédure présentait aussi l'avantage de vérifier si sa politique se trouvait en concordance avec les aspirations des Français. Dans sa conférence de presse du 10 avril 1969, il déclara : « De la réponse que fera le pays à ce que je lui demande va dépendre évidemment, soit la continuation de mon mandat, soit aussitôt mon départ ».

La nouvelle réforme se heurta à un front hétéroclite mais résolu d'opposants. La gauche et les centristes, écrasés aux législatives de juin 1969, ne pouvaient que voir dans le référendum une occasion de revanche et ils prirent parti pour le non. Les syndicats, observant que l'inflation avait annulé l'effet des hausses de salaires de mai 1968, marquèrent leur hostilité, de même que les milieux d'affaires, très déçus de ce que de Gaulle leur eût refusé une dévaluation du franc. Une autre fronde fut menée par les petits commerçants et artisans, victimes de la modernisation, des concentrations d'entreprises, de la multiplication des grandes surfaces ; groupés derrière Gérard Nicoud, ils entretenaient en permanence une agitation rappelant celle de Pierre Poujade au milieu des années 1950. Des réserves se firent jour jusque dans la majorité. Les Républicains indépendants, se plaignant de la puissance hégémonique de l'UDR, qui détenait la majorité absolue à elle seule, traînaient les pieds et prenaient leurs distances ; ils finirent par choisir le oui, mais leur chef de file, Valéry Giscard d'Estaing, annonça qu'il voterait non. Les gaullistes de l'UDR ne pouvaient s'opposer au projet, mais beaucoup n'en discernaient pas l'opportunité ni l'intérêt. Le Premier ministre lui-même était réservé. Quant aux sénateurs, très influents localement, ils faisaient campagne pour la sauvegarde de la Haute Assemblée, avec l'appui discret et habile du nouveau président qu'ils avaient élu en octobre 1968, le centriste Alain Poher.

Tous ceux qui éprouvaient des hésitations et craignaient qu'un éventuel départ de de Gaulle n'ouvrît les portes du pouvoir à la gauche se trouvèrent subitement rassurés par une déclaration de Pompidou. Ce dernier, de passage à Rome le 17 janvier 1969, déclara à des journalistes : « Si le général de Gaulle venait à se retirer, je me porterais candidat à sa succession... Ce n'est, je crois, un mystère pour personne... mais je ne suis pas du tout pressé. » De Gaulle répliqua aussitôt qu'il avait « le devoir et l'intention » d'achever son septennat. Pompidou revint bientôt sur la question lors d'une émission à la télévision suisse : « J'aurai peut-être, si Dieu le veut, un destin national, mais c'est autre chose. J'ai dit le premier que le général de Gaulle est à l'Élysée et que son mandat expire en 1972. Il n'y a donc pas de problème de succession. Ceci étant, il y aura bien un jour une élection à la présidence de la République. » Quelles que fussent les intentions de l'ancien Premier ministre, les milieux conservateurs savaient qu'un vote négatif suivi d'une démission de de Gaulle ne plongerait pas le pays dans le chaos : un successeur selon leur cœur s'était déclaré.

Le 27 avril 1969, le non l'emporta avec 53 % des suffrages exprimés. La défection était nette au centre, chez les giscardiens, principaux responsables de l'échec de de Gaulle. Celui-ci, peu après minuit, annonça sa démission et se retira à Colombey. Le général se conformait ainsi à la ligne de conduite qu'il s'était fixée et respectait l'engagement démocratique qu'il avait pris. Il vécut désormais de manière retirée et mourut subitement, au soir du 9 novembre 1970. L'émotion considérable que provoqua dans le monde entier cette disparition fut à l'échelle de l'œuvre accompli par le général de Gaulle depuis 1940.

LES RÉFÉRENDUMS ORGANISÉS PAR LE GÉNÉRAL DE GAULLE

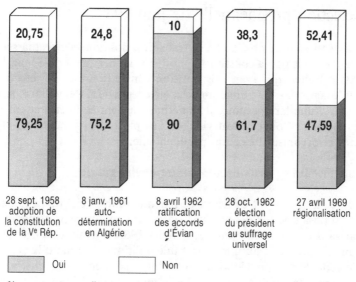

20,75	24,8	10	38,3	52,41
79,25	75,2	90	61,7	47,59

28 sept. 1958
adoption de
la constitution
de la Vᵉ Rép.

8 janv. 1961
auto-
détermination
en Algérie

8 avril 1962
ratification
des accords
d'Évian

28 oct. 1962
élection
du président
au suffrage
universel

27 avril 1969
régionalisation

☐ Oui   ☐ Non

% par rapport aux suffrages exprimés

Georges Pompidou
entre la continuité et l'ouverture
(1969-1974)

En 1969, le retrait du général de Gaulle de la vie politique introduisit une coupure essentielle dans l'évolution de la Ve République. À un personnage hautain, entré depuis longtemps dans l'histoire, succéda un homme qui semblait plus proche des citoyens. Le contraste entre Charles de Gaulle et Georges Pompidou ne tenait pas seulement à leur personnalité. Ils appartenaient à des générations et à des milieux sociaux fort différents ; chacun d'eux s'était formé au long d'un itinéraire singulier. Ils avaient certes travaillé de nombreuses années ensemble, mais personne ne savait si Pompidou, parvenu à la magistrature suprême, poursuivrait l'œuvre de son prédécesseur et, en particulier, assurerait, lui aussi, la prééminence à la fonction présidentielle.

1. L'élection présidentielle de juin 1969

Après la démission de de Gaulle, la transition politique s'effectua selon les modalités prévues par la constitution de 1958. Le président du Sénat, le centriste Alain Poher, qui avait pris position contre le projet de réforme présenté par le général, assura l'intérim de la présidence de la République. Affable, bénéficiant d'une large estime, il se définissait comme libéral et européen. Le gouvernement Couve de Murville resta en place pour expédier les affaires courantes et organiser l'élection présidentielle.

1. Le premier tour : deux droites contre quatre gauches

La bataille électorale fut caractérisée par une multiplicité de candidatures. À droite, il faisait peu de doutes que Georges Pompidou se présenterait, puisque, par sa déclaration de Rome en janvier 1969, il avait annoncé une telle intention. En précisant qu'il mènerait une politique se situant dans la continuité de celle de son prédécesseur, il obtint le soutien des gaullistes, même si une poignée de gaullistes de gauche se montraient réticents. En ajoutant qu'il voulait aussi effectuer une ouverture, il bénéficia de l'appui des Républicains indépendants de Valéry Giscard d'Estaing et du ralliement de certains centristes appartenant au groupe Progrès et démocratie moderne (PDM), comme René Pleven, Jacques Duhamel, Joseph Fontanet.

Mais les centristes ne rejoignirent pas tous Pompidou car un autre candidat modéré se déclara, Alain Poher. Le président par intérim, faisant preuve d'une bonhomie souriante, prenant quelques décisions symboliques, adressant des consignes de neutralité à l'Office de radio et de télévision française (ORTF), avait accru son capital de sympathie. Crédité de bons sondages, soutenu par les centristes antigaullistes, le CNIP et même certains socialistes, il estimait pouvoir réaliser un bon score.

Si la droite comptait avec Pompidou et Poher deux candidats, la gauche en revanche en aligna quatre. François Mitterrand se trouvait provisoirement hors-jeu : beaucoup critiquaient son attitude pendant la crise de mai 1968 et lui attribuaient une part de responsabilité dans la déroute de la gauche aux législatives de juin ; contesté, il avait quitté la présidence de la FGDS qui d'ailleurs se disloquait. Les tentatives pour susciter une candidature unique de la gauche échouèrent car les forces non communistes ne voulaient pas s'allier avec le PCF qui avait fini par approuver l'intervention de l'URSS et de ses satellites en Tchécoslovaquie en août 1968. Aussi le Parti communiste décidat-il de présenter son propre candidat, Jacques Duclos, militant expérimenté dissimulant son stalinisme fondamental derrière une truculence sympathique et un remarquable talent de tribun. Gaston Defferre, qui avait dû se retirer de la compétition en 1965, voulut cette fois aller jusqu'au bout, avec l'appui de ses amis socialistes et malgré les réticences de Guy Mollet qui aurait préféré soutenir un centriste. Defferre annonça qu'en cas de succès, il prendrait pour Premier ministre Mendès France, afin de profiter de l'aura de ce dernier. Un mouvement trotskyste, la Ligue communiste, présenta Alain Krivine et le PSU Michel Rocard qui incarnait l'esprit de mai 1968. Enfin, un isolé, Louis Ducatel, posa également sa candidature.

PREMIER TOUR DE L'ÉLECTION PRÉSIDENTIELLE DU 1er JUIN 1969	
Pompidou	43,9 %
Poher	23,4 %
Duclos	21,5 %
Defferre	5,07 %
Rocard	3,7 %
Ducatel	1,3 %
Krivine	1,06 %

Arrivé largement en tête, Georges Pompidou obtenait un score proche de celui de de Gaulle au premier tour de 1965. Alain Poher, situé très loin, pouvait s'estimer déçu ; en fait, le flou de ses propositions durant la campagne l'avait fait régulièrement baisser dans les intentions de vote. Jacques Duclos, grâce à une campagne habile, manquait de peu la seconde place. La gauche non communiste connaissait une terrible défaite : la SFIO, représentée par Gaston Defferre, semblait au bord de l'extinction ; les gauchistes se situaient très bas. En définitive, les deux candidats de droite arrivés en tête rassemblaient les deux tiers des voix.

2. Une nette victoire de Georges Pompidou au deuxième tour

Pompidou, en tête du ballottage, semblait bien placé pour le deuxième tour, organisé le 15 juin 1969. Cependant, le candidat gaulliste pouvait être menacé si toute l'opposition faisait bloc derrière Alain Poher pour prendre une revanche sur 1965, voire 1958. Defferre se rallia bien au centriste, mais Rocard, Krivine et Duclos préconisèrent l'abstention.

Lourd de conséquences se révélait le choix du PCF dont le représentant déclara que Pompidou et Poher, c'était « blanc bonnet et bonnet blanc ». En fait, en refusant de soutenir le second, les communistes assuraient la victoire du premier. Le PCF rompait ainsi avec ses orientations récentes qui l'avaient conduit à une stratégie de type « Front populaire », c'est-à-dire d'alliance avec les autres forces de gauche. Le parti voulait-il ne pas laisser aux seuls gauchistes le monopole de l'apparente intransigeance antibourgeoise ? Craignait-il une diplomatie pohériste qui serait trop pro-américaine ? Préférait-il un président de droite à un centriste qui risquait d'attirer les socialistes et d'isoler les communistes ? Ces explications se combinaient probablement.

La campagne du deuxième tour se révéla plus active que celle du premier. Pompidou brodait sur le thème bien connu du retour à la IVe République que, selon lui, son concurrent symbolisait. Alain Poher essayait de séduire les antigaullistes en fustigeant l'autoritarisme du pouvoir en place depuis plus de dix ans, la servilité imposée aux médias et à la magistrature, la toute-puissance des polices parallèles.

Malgré l'animation du débat, l'abstention qui avait déjà atteint 22,5 % le 1er juin passa au taux record de 31,2 %. Pompidou avec 10 700 000 voix progressait de moins d'un million de votes, mais son pourcentage de 58 % des suffrages exprimés lui assurait une victoire indiscutable. Poher avec 7 900 000 voix, soit 42 %, avait gagné 2 700 000 électeurs, report plus important que celui dont bénéficiait le vainqueur, mais insuffisant pour gagner.

3. Le président Pompidou

Rien ne semblait destiner Georges Pompidou à succéder au général de Gaulle. Né en 1911 dans une modeste famille d'instituteurs ruraux du Cantal, il avait été un élève brillant, admis à l'École Normale supérieure de la rue d'Ulm où il avait connu Léopold Senghor. Agrégé de lettres, il avait suivi une carrière de professeur, à Marseille, Versailles et Paris jusqu'en 1944. À cette date, grâce à l'entremise d'un ami de l'École Normale, il avait été appelé au cabinet du général de Gaulle et, après la démission de celui-ci en 1946, avait été nommé au Conseil d'État. En 1953, Pompidou entra à la banque Rothschild. Durant ces années, il resta en contact constant avec de Gaulle qui en avait fait en 1947 son chef de cabinet à l'époque du RPF. En 1958, le général le rappela à ses côtés pendant quelques mois comme directeur de cabinet. Pompidou retourna ensuite à sa banque, mais il remplit aussi des missions politiques de confiance : en particulier, les conversations secrètes qu'il noua avec le FLN permirent l'ouverture de la conférence d'Évian.

La nomination de Pompidou comme Premier ministre en 1962 constitua une surprise, y compris pour les gaullistes, car l'homme n'avait pas participé à la Résistance et n'avait jamais brigué de mandat électif. Inexpérimenté au début et renversé par une motion de censure le 5 octobre 1962, Pompidou s'aguerrit rapidement à travers les combats politiques, au point qu'avec six années passées à l'hôtel Matignon, il battit le record de durée de tous les chefs de gouvernement sous les Républiques précédentes. Au vrai, l'autorité acquise par Pompidou irrita peut-être de Gaulle et celui-ci envisagea de le remplacer par Maurice Couve de Murville ; ce fut seulement la défaite du ministre des Affaires étrangères aux législatives de 1967 qui empêcha l'opération. L'habileté et la présence d'esprit du Premier ministre pendant la crise de mai 1968 dégradèrent un peu plus ses relations avec de Gaulle. Pompidou fut ulcéré que le chef de l'État ne l'eût pas informé de son voyage à Baden-Baden. Plus tard, il fut déçu par l'appui peu résolu que lui accorda de Gaulle quand le couple Pompidou fut compromis, à tort, dans une obscure affaire de droit commun mettant en cause des truands et des personnalités parisiennes (affaire Marcovitch).

Pendant un an et demi, le général de Gaulle fut le témoin silencieux de l'action politique de Pompidou. Le général, se consacrant seulement à la rédaction de ses souvenirs, s'abstint de prendre publiquement position sur les affaires françaises. L'ancien président, mort le 9 novembre 1970, eut, selon sa volonté, des obsèques partagées : à l'heure où sa famille l'ensevelissait à Colombey-les-deux-Églises, Pompidou, dans la cathédrale Notre-Dame de Paris, devant toute la classe politique française et un exceptionnel cortège de chefs d'État, présidait à un office *in absentia*.

La disparition de de Gaulle dissipa l'hypothèse d'une intervention brutale du fondateur de la Ve République, critiquant telle ou telle initiative de son successeur. Pompidou en fut comme libéré, mais les Français avaient déjà compris que sa rondeur physique n'était pas signe de bonhomie et que sa répudiation forcée de l'inimitable solennité gaullienne n'impliquait pas le moindre abandon d'autorité et de confiance en soi. Pompidou, socialisant dans sa jeunesse, était devenu foncièrement conservateur, méfiant à l'égard des grandes idéologies et des réformes ambitieuses. L'ancien professeur de lettres qu'il était aimait à citer Baudelaire et surtout La Fontaine pour exprimer une sagesse simple, comprise de tous. Mais le réalisme de Pompidou et sa lucidité lui faisaient admettre des transformations prudentes. Sa culture et son ouverture d'esprit l'amenaient à défendre éloquemment l'art moderne. Bon orateur, coléreux parfois, tenant fermement sa majorité, il entendait être obéi. Avec lui, le « domaine réservé » de l'Élysée ne connut plus de limites. Il avait pris soin de placer des hommes à lui, comme Jacques Chirac, dans les rouages du pouvoir pour préparer la relève des « barons du gaullisme », les vieux compagnons de de Gaulle, groupe auquel il n'appartenait pas. À l'Élysée, il s'entoura de collaborateurs fidèles, l'ancien mendésiste Michel Jobert nommé comme secrétaire général et Édouard Balladur, secrétaire général adjoint. Deux conseillers très écoutés, Pierre Juillet et Marie-France Garaud, l'orientaient vers des positions conservatrices.

Aussitôt après avoir pris ses fonctions de président, Pompidou choisit Jacques Chaban-Delmas pour Premier ministre.

2. Le gouvernement Chaban-Delmas : le « changement dans la continuité » (juin 1969-juillet 1972)

Le 29 avril 1969, en annonçant sa candidature à la présidence de la République, Georges Pompidou avait précisé qu'il visait deux objectifs : « la volonté de maintenir une continuité et une stabilité nécessaires, l'espoir de préparer l'avenir ». Le choix de Jacques Chaban-Delmas illustrait cette double orientation.

1. Une politique d'ouverture

Le gouvernement Chaban-Delmas accomplit une œuvre importante, surtout dans le domaine social, mais il dut louvoyer entre un président et une majorité souvent méfiants et une opposition qui ne désarmait pas.

1.1. Un gouvernement équilibré

Le choix de Jacques Chaban-Delmas comme Premier ministre semblait de nature à satisfaire de nombreuses attentes. Les gaullistes se devaient de réserver un bon accueil à l'un des leurs, « gaulliste historique », ancien inspecteur des Finances, engagé dans la Résistance, délégué militaire national à la Libération, général de brigade à 29 ans, animateur du RPF, cofondateur de l'UNR en 1958. Les opposants point trop sectaires ne pouvaient marquer d'hostilité violente contre un homme affable et ouvert, ancien membre du Parti radical, ce qui dénotait une sensibilité de centre gauche, dynamique maire de Bordeaux depuis 1947 et associant tous les groupes à sa gestion municipale, ancien ministre de Mendès France en 1954 et de Mollet en 1956, entretenant des rapports cordiaux avec d'autres serviteurs de la IVe République comme François Mitterrand, habile et très courtois président de l'Assemblée nationale depuis 1958. Le grand public considérait par ailleurs avec un préjugé favorable un Premier ministre encore jeune, né en 1915, sympathique et sportif, gravissant les escaliers quatre à quatre sous l'œil des caméras. Pour conforter son image d'ouverture et par conviction sincère, Chaban-Delmas s'entoura de conseillers qui n'étaient pas tous des gaullistes orthodoxes, surtout Simon Nora, ancien membre du cabinet de Mendès France, et Jacques Delors, venu du syndicalisme chrétien.

La composition du gouvernement dénota un habile dosage entre les diverses sensibilités de la majorité, une synthèse entre la continuité et l'ouverture. Des gaullistes de premier plan, garants du respect de l'héritage, occupaient des postes importants : Michel Debré, symbole de la fidélité, prenait en main la Défense nationale ; Roger Frey, l'un des fondateurs de l'UNR, s'occupait des Relations avec le Parlement ; Edmond Michelet était en charge des Affaires culturelles. Olivier Guichard, qui avait la confiance de Pompidou, recevait l'Éducation nationale. Un homme du président, Jacques Chirac, se retrouvait secrétaire d'État auprès du ministre de l'Économie et des Finances. Les Affaires étrangères étaient dévolues à Maurice Schumann, gaulliste incontestable, ancien porte-parole de la France libre à Londres, mais aussi président d'honneur du MRP, le parti pro-européen par excellence, ce qui laissait prévoir une diplomatie plus souple que dans le passé. La véritable ouverture se traduisait dans le retour de Valéry Giscard d'Estaing au ministère de l'Économie et des Finances ; plusieurs de ses amis républicains indépendants recevaient des portefeuilles, notamment l'Intérieur confié à Raymond Marcellin. Enfin les centristes ralliés du Centre progrès et démocratie moderne entraient dans l'équipe : René Pleven à la Justice, Jacques Duhamel à l'Agriculture et Joseph Fontanet au Travail.

1.2. Le projet de la Nouvelle société et l'agitation sociale de 1970

Jacques Chaban-Delmas s'appliqua à détendre les rapports entre le gouvernement et l'opposition. Contrairement à de Gaulle qui témoignait peu d'égards aux élus, le Premier ministre accorda des marques de respect à ses anciens collègues du Parlement, lesquels se montrèrent généralement sensibles à cette courtoisie et aux informations qui leur étaient délivrées.

Au-delà de ces modifications de style, Chaban-Delmas voulut introduire de véritables changements dans la société. Celle-ci lui apparaissait, selon une expression du sociologue Michel Crozier, « bloquée », par des retards économiques, des structures et des pratiques inadaptées au XXe siècle, une puissance excessive dévolue à l'État. La crise de mai 1968 avait mis en évidence ces pesanteurs et l'actualité venait régulièrement en rappeler l'existence, notamment en ce qui concernait la place des femmes et des jeunes dans la société.

Ainsi, une affaire symbolique frappa beaucoup l'opinion en septembre 1969 : un professeur de lettres d'Aix-en-Provence, Gabrielle Russier, condamnée pour « détournement de mineur » à la suite de sa liaison avec un de ses élèves, s'était donné la mort. Puis, en 1970, le Mouvement de libération des femmes commença ses manifestations tapageuses : le 26 août, les militantes du MLF déposèrent deux banderoles sur le tombeau du soldat inconnu avec ces mentions : « Un homme sur deux est une femme » ; « Il y a plus inconnu que le soldat inconnu : sa femme ». Épisodes dramatiques, en janvier 1970, deux jeunes lycéens s'immolèrent par le feu pour signifier leur dégoût du monde dans lequel ils vivaient.

Le Premier ministre, entouré de ses conseillers, prépara un discours-programme dont il donna lecture à l'Assemblée nationale le 16 septembre 1969. Il annonçait un grand projet, l'édification d'une « nouvelle société » dans laquelle les citoyens seraient mieux informés, le rôle de l'État modifié, l'économie modernisée et rendue plus compétitive, les structures sociales assouplies par des habitudes inédites de concertation. C'était un ambitieux programme de réformes, d'inspiration libérale, visant à une modernisation globale, fondée sur le dialogue et rappelant la participation que de Gaulle avait voulu promouvoir après 1968. Mais la question se posait de savoir si la majorité très conservatrice élue en juin 1968 était prête à suivre un programme aussi audacieux. De plus, Chaban-Delmas avait maladroitement négligé de soumettre à l'avance son discours à Pompidou. Celui-ci en fut froissé, d'autant que, ancien Premier ministre, il connaissait parfaitement le détail de la gestion gouvernementale et que, décidé à tout contrôler, il n'entendait pas laisser une initiative trop large à son Premier ministre. Pompidou ne croyait pas, en outre, qu'il fût possible de créer une « nouvelle société » ; tout au plus, pensait-il, pouvait-on essayer de façonner différemment ce que le passé avait légué. Cependant, quel que fût son scepticisme, il ne réprouvait pas en bloc les principes définis par Chaban-Delmas ; aussi le laissa-t-il agir et s'associa-t-il parfois lui-même à certaines initiatives.

La liquidation du passif financier de mai 1968 ne figurait pas explicitement dans le programme du Premier ministre, mais en constituait la préface inévitable. En effet, l'inflation et le recul des exportations rendirent nécessaire en août 1969 une dévaluation de 12,5 %, repoussée par de Gaulle en novembre 1968. Cette mesure, associée à une politique d'encadrement du crédit et d'équilibre budgétaire à laquelle veilla Valéry Giscard d'Estaing, rassura les milieux financiers. Cependant, une certaine inflation, stimulant la croissance et réduisant le chômage, fut tolérée au cours des années suivantes. L'assainissement se révéla positif. La balance des paiements redevint excédentaire dès 1970. La modernisation industrielle put reprendre son rythme. Les concentrations s'accélérèrent. Les industries modernes, aéronautique, informatique, télécommunications, production d'énergie nucléaire furent particulièrement encouragées. La politique d'aménagement du territoire essaya

LA NOUVELLE SOCIÉTÉ

**Discours de Jacques Chaban-Delmas à l'Assemblée nationale
et réponse de François Mitterrand le 16 septembre 1969**

M. Jacques Chaban-Delmas, *Premier ministre.*
Le malaise que notre mutation accélérée suscite tient, pour une large part, au fait multiple que nous vivons dans une société bloquée. Mais l'espoir, qui peut mobiliser la nation, il nous faut le clarifier, si nous voulons conquérir un avenir qui en vaille la peine.
De cette société bloquée, je retiens trois éléments essentiels, au demeurant liés les uns aux autres de la façon la plus étroite : la fragilité de notre économie, le fonctionnement souvent défectueux de l'État, enfin l'archaïsme et le conservatisme de nos structures sociales.
Notre économie est encore fragile. Une preuve en est que nous ne pouvons accéder au plein emploi sans tomber dans l'inflation. C'est cette tendance à l'inflation qui nous menace en permanence d'avoir à subir la récession ou la dépendance [...].
En effet, le fonctionnement défectueux de l'État et l'archaïsme de nos structures sociales sont autant d'obstacles au développement économique qui nous est nécessaire.
Tentaculaire et en même temps inefficace : voilà, nous le savons tous, ce qu'est en passe de devenir l'État, et cela en dépit de l'existence d'un corps de fonctionnaires, très généralement compétents et parfois remarquables.
Tentaculaire, car, par l'extension indéfinie de ses responsabilités, il a peu à peu mis en tutelle la société française tout entière [...].
Nous sommes encore un pays de castes. Des écarts successifs de revenus, une mobilité sociale insuffisante maintiennent des cloisons anachroniques entre les groupes sociaux. Des

préjugés aussi : par exemple dans une certaine catégorie de la population non ouvrière, à l'encontre des métiers techniques ou manuels.
J'ajoute que ce conservatisme des structures sociales entretient l'extrêmisme des idéologies. On préfère trop souvent se battre pour des mots, même s'ils recouvrent des échecs dramatiques, plutôt que pour des réalités. C'est pourquoi nous ne parvenons pas à accomplir des réformes autrement qu'en faisant semblant de faire des révolutions. (*Applaudissements sur les bancs de l'Union des démocrates pour la République, du groupe des Républicains indépendants et sur de nombreux bancs du groupe Progrès et démocratie moderne.*) La société française n'est pas encore parvenue à évoluer autrement que par crises majeures.
Enfin, comme Tocqueville l'a montré, et ceci reste toujours vrai, il existe un rapport profond entre l'omnipotence de l'État et la faiblesse de la vie collective dans notre pays. (*Applaudissements sur les mêmes bancs.*)
Les groupes sociaux et les groupes professionnels sont, par rapport à l'étranger, peu organisés et insuffisamment représentés. Ceci ne vise aucune organisation en particulier mais les concerne toutes, qu'il s'agisse des salariés, des agriculteurs, des travailleurs indépendants, des employeurs : le pourcentage des travailleurs syndiqués est particulièrement faible.
La conséquence de cet état de choses est que chaque catégorie sociale ou professionnelle, ou plutôt ses représentants, faute de se sentir assez assurés pour pouvoir négocier direc-

tement de façon responsable, se réfugient dans la revendication vis-à-vis de l'État, en la compliquant souvent d'une surenchère plus ou moins voilée. À un dialogue social véritable, se substitue ainsi trop souvent un appel à la providence de l'État, qui ne fait que renforcer encore son emprise sur la vie collective, tout en faisant peser un poids trop lourd sur l'économie tout entière [...].

Depuis vingt ans, la France, après avoir longtemps retardé les échéances et les mutations, s'est trouvée obligée de les affronter toutes à la fois : explosion démographique, bouleversement technologique, décolonisation, urbanisation, et maintenant compétition internationale pleine et entière [...].

Et pourtant, je suis certain que nous devons aujourd'hui nous engager à fond dans la voie du changement [...]. Le nouveau levain de jeunesse, de création, d'invention qui secoue notre vieille société peut faire lever la pâte de formes nouvelles et plus riches de démocratie et de participation, dans tous les organismes sociaux comme dans un État assoupli, décentralisé, désacralisé. Nous pouvons donc entreprendre de construire une nouvelle société.

M. François Mitterrand. Monsieur le Premier ministre, ce soir je vous revois, je nous revois tels que nous étions, il y a vingt-cinq ans. C'était l'époque des grands sacrifices et des grandes espérances.

Je vous rends ce témoignage que ce que vous avez exprimé cet après-midi, vous l'auriez dit alors tout aussi bien. C'est assez dans votre manière de développer sur un air futuriste ce qu'il convient de faire quand on est un conservateur intelligent.

Mais vingt-cinq ans ont passé. Votre parti est au pouvoir depuis onze ans. Vous êtes Premier ministre. L'économie, dont vous soulignez cruellement les faiblesses, est celle que vos prédécesseurs et vous-même avez modelée. La politique qu'implicitement vous condamnez, vous l'avez toujours approuvée, et la société dont vous faites le procès, c'est la vôtre. (*Applaudissements sur les bancs de la Fédération de la gauche démocrate et socialiste et sur quelques bancs du groupe communiste.*) Voilà pourquoi votre très intéressant exposé d'aujourd'hui avait, me semblait-il, quelque chose de contreplaqué, d'irréel et, finalement, d'irresponsable.

On ne bâtit pas une nouvelle société sur des vœux pieux. Tandis que vous parliez, je vous regardais et je ne doutais pas de votre sincérité. Et puis, je regardais votre majorité et je doutais de votre réussite. (*Applaudissements sur les bancs de la Fédération de la gauche démocrate et socialiste. — Protestations sur les bancs de l'Union des démocrates pour la République.*) Car cette majorité est, dans ses profondeurs, la représentation d'intérêts dont vous déplorez l'anachronisme et la peur du changement.

« Les grands débats parlementaires de 1875 à nos jours » in *NED*, n° 4871, Paris, La Documentation française, 1988.

de rendre plus acceptables les conséquences parfois impopulaires des mutations économiques. Restait à mieux répartir les fruits de la croissance, ce qui constituait l'un des objectifs de la « nouvelle société ».

L'une des mesures les plus importantes fut, dès décembre 1969, la création du Salaire minimum interprofessionnel de croissance (SMIC), se substituant au SMIG, évoluant en fonction des progrès de la croissance économique et non, comme auparavant, selon le seul indice des prix. La mensualisation des salaires consolida le statut de plusieurs millions de travailleurs. L'actionnariat ouvrier fut stimulé, mais ne connut pas un développement important. La « politique contractuelle » fut engagée avec conviction pour transformer l'État et les syndicats, tant patronaux qu'ouvriers, en « partenaires sociaux » se livrant à une concertation permanente et signant des conventions collectives ou « contrats de progrès » satisfaisant toutes les parties. Des textes de juillet 1971 organisèrent pour les salariés le droit à la formation professionnelle continue grâce à des congés-formation.

Cette importante réforme des relations sociales fut complétée par une libéralisation de l'ORTF. À cette fin, le ministère de l'Information fut supprimé ; des unités d'information autonomes furent créées sur les deux chaînes existantes ; des journalistes révoqués après la crise de mai 1968 furent réintégrés.

Des initiatives de portée plus limitée, mais significatives, furent prises. Une régionalisation beaucoup plus timide que le projet de 1969, cause directe de la chute de de Gaulle, fut mise en place. Les régions ne formèrent pas des collectivités territoriales, mais des espaces à compétence essentiellement économique et dotés de ressources modestes. D'autre part, à la faveur d'un remaniement gouvernemental, en janvier 1971, Jacques Chaban-Delmas créa, pour la première fois en France, un ministère de la Protection de la nature et de l'environnement. Les régimes matrimoniaux, les droits des femmes mariées et des enfants naturels furent améliorés.

Cependant, les oppositions ne désarmaient pas. Les paysans, les commerçants et artisans victimes de la modernisation continuaient à manifester derrière Gérard Nicoud, en une sorte de réflexe néo-poujadiste. Les mouvements hostiles à l'énergie nucléaire, les séparatistes corses, occitans, bretons s'agitaient aussi. La gauche n'était pas convaincue par la politique de Chaban-Delmas et les syndicats restaient généralement réservés. Plus spectaculaire apparaissaient les violences ponctuelles commises par de jeunes extrémistes, de droite ou de gauche. L'extrême-droite se fractionnait en plusieurs groupuscules comme les Jeunesses patriotes et sociales de Roger Holeindre, le Groupe union droit (GUD) d'Alain Robert, l'Œuvre française de Pierre Sidos et surtout Ordre nouveau créé en 1969 pour rassembler l'archipel nationaliste et antimarxiste. Ces petits mouvements jouaient la carte, selon le cas, du coup de poing ou de la participation aux élections universitaires, voire politiques, mais le succès n'était pas au rendez-vous et les adhésions restaient très peu nombreuses. Il en allait de même à l'extrême-gauche où la maoïste Gauche prolétarienne se livrait à des opérations de commando contre les militants de droite, les magasins de luxe ou les structures universitaires peu à peu remodelées selon les dispositions de la loi Edgar Faure. Les organisations gauchistes possédaient certes peu d'adhérents, mais, en certaines occasions, elles parvenaient encore à mobiliser des jeunes. Certains établissements universitaires ou secondaires étaient ainsi le théâtre d'affrontements violents. En janvier 1970, le doyen de la Faculté des Lettres de Nanterre, Paul Ricœur, fut même physiquement rudoyé par des étudiants.

Cette agitation n'était pas dangereuse, mais elle entretenait l'inquiétude de la majorité et elle ne pouvait être tolérée par le pouvoir. La « nouvelle société » ne devrait pas être synonyme de désordre. Pompidou déclara dans une allocution radiotélévisée du 15 décembre 1969 que l'Université avait pour vocation de demeurer « un centre d'étude et de travail et non pas de désordre et de bavardage infantiles ». Dans une interview à *France-Soir*, le 12 mars 1970, il se fit plus menaçant : « Il n'est pas admissible, il n'est pas tolérable que l'on continue, comme c'est le cas actuellement dans un certain nombre d'universités, à empêcher tout le monde de travailler, à bafouer les professeurs et les doyens, à détruire le matériel et les équipements. Ce n'est pas tolérable, et ce ne sera pas longtemps toléré, croyez-m'en ! » Aussi l'énergique ministre de l'Intérieur, Raymond Marcellin, s'appliqua-t-il à maintenir l'ordre dans la rue. En mai 1970, la Gauche prolétarienne fut dissoute : les directeurs de son journal, *La Cause du Peuple*, furent arrêtés et condamnés à dix-huit mois de prison, ce qui amena Jean-Paul Sartre à les remplacer à la tête du périodique. Une nouvelle loi, dite « anticasseurs », fut votée en juin 1970 : désormais une personne associée à une manifestation ayant entraîné des dégâts pourrait être condamnée, même si la preuve de sa participation directe aux actes de destruction n'était pas établie ; à cette occasion, Chaban-Delmas déclara : « Il est nécessaire que les casseurs soient les payeurs. »

1.3. Une politique étrangère entre la continuité et l'ouverture

La politique étrangère menée par le président Pompidou se fonda sur un équilibre subtil entre la fidélité à des orientations prises par le général de Gaulle et des inflexions nouvelles.

Les thèmes de la grandeur et de l'indépendance de la France, notamment en matière de défense, continuèrent à inspirer les grandes décisions. Il en alla de même pour la liberté d'action entre les deux blocs. Ainsi Pompidou ne se réaligna pas sur la diplomatie américaine pro-israélienne ; il accepta même de vendre cent avions à la Libye en janvier 1970. Cependant, le président français s'attacha à détendre les rapports avec les États-Unis, ce qui paraissait d'autant plus facile que le vainqueur des élections américaines, Richard Nixon, se montrait bien disposé à l'égard de la France. Malheureusement Pompidou, en visite aux États-Unis en février 1970, gravement bousculé par des groupes pro-sionistes, décida d'écourter son voyage, ce qui illustra les limites du rapprochement. La détente, paradoxalement, sembla s'établir plus facilement avec l'URSS : Pompidou accomplit trois déplacements officiels en Union soviétique et reçut deux fois Léonid Brejnev en France. Il se rendit en Chine communiste en 1973 et eut un entretien avec Mao. La fréquence de ces rencontres n'impliquait nul accommodement avec le régime intérieur des pays de l'Est, mais soulignait l'indépendance de la diplomatie française. (Pour un développement plus substantiel de la politique extérieure de la France pendant la période, se reporter au chapitre 20.)

2. La rénovation et l'union de la gauche

Après le séisme de mai 1968, les élections législatives de juin 1968 et présidentielles de juin 1969, la gauche, largement désavouée et déchirée par ses divisions, semblait en ruines. Elle ne mobilisait plus que 30 % des électeurs.

2.1. *La situation du Parti communiste*

Le Parti communiste donnait certes les signes d'une meilleure santé. Aux présidentielles de 1969, Jacques Duclos, grâce à une campagne habile, avait recueilli 21,5 % des suffrages exprimés, ce qui signifiait que le Parti avait conservé la plus grande part de ses voix. De plus, depuis le milieu des années 1960, le PCF paraissait disposé à sortir de son isolement, ce qui l'avait amené à soutenir Mitterrand à l'élection présidentielle de 1965, et il manifestait une timide volonté de libéralisation. Ainsi, la veuve de Thorez, Jeannette Vermeersch, symbole du stalinisme le plus dur, avait démissionné du bureau politique et du comité central en octobre 1968, car elle était scandalisée que le parti eût désapprouvé l'intervention militaire soviétique en Tchécoslovaquie. Le successeur de Waldeck Rochet, Georges Marchais, secrétaire général adjoint en 1970, puis secrétaire général en titre en décembre 1972, offrait l'image d'un dirigeant moderne et dynamique, simple et cordial avec les militants, sûr de lui à la télévision avec sa voix posée et son ton gouailleur.

Mais les signes d'évolution demandaient à être confirmés. La « désapprobation » de l'intervention soviétique en Tchécoslovaquie s'était vite transformée en une acceptation de la « normalisation ». Le philosophe Roger Garaudy, directeur du Centre d'études et de recherches marxistes depuis 1956, ayant critiqué la position du PCF à l'égard de la Tchécoslovaquie, plaidé pour une réelle libéralisation et demandé une alliance de la classe ouvrière avec les « couches nouvelles », cadres, techniciens, enseignants, fut exclu en mai 1970. Charles Tillon, l'ancien chef des FTP, s'étant solidarisé avec Garaudy, fut exclu à son tour en juillet 1970. Dès lors, Tillon ne se gêna plus pour attaquer Georges Marchais sur son passé, en lui reprochant d'être parti volontairement travailler en Allemagne durant la Seconde Guerre mondiale et d'avoir adhéré tardivement au PCF, en 1947 ; pour Tillon, le secrétaire général était « un homme qui n'a participé à aucun des combats vitaux » du Parti. Plus fondamentalement, le Parti communiste, malgré des désaccords ponctuels portant sur la politique culturelle soviétique et la chasse aux dissidents menée

dans les pays de l'Est, considérait que ces derniers présentaient un bilan extrêmement positif et s'indignait régulièrement de l'antisoviétisme de certains
médias français. De la sorte, quand l'hebdomadaire littéraire du parti, *Les
Lettres françaises*, dirigé par Louis Aragon et Pierre Daix, osa soutenir que
les libertés pouvaient être bafouées derrière le rideau de fer, il dut suspendre
sa parution. L'écrivain Alexandre Soljenitsyne, qui dénonçait le « goulag »
soviétique, était encore condamné par le Parti en 1974.

2.2. La refondation du Parti socialiste

Si le dégel du PCF semblait timide, la débâcle des socialistes était totale. Aux
présidentielles de 1969, Gaston Deffere, candidat de la SFIO, s'était placé
très loin derrière son concurrent communiste, avec le score très médiocre de
5 %. Guy Mollet, symbole de la participation des socialistes aux gouvernements de la IVe République, de la poursuite des guerres coloniales et du ralliement à de Gaulle en 1958, régnait encore sur le Parti, mais celui-ci n'était
plus que décombres. S'il voulait garder une place autre qu'archéologique dans
la vie politique française, ce parti devait s'orienter dans deux directions : rompre avec un passé qui l'avait conduit à la déroute et s'unir aux autres formations de gauche, l'élection de 1969 ayant montré que la division était suicidaire.

La nouvelle naissance du Parti socialiste se fit en deux étapes. La première eut lieu au congrès d'Issy-les-Moulineaux en juillet 1969. L'Union des
clubs pour le renouveau de la gauche, animée par Alain Savary, et l'Union
des groupes et clubs socialistes, dirigée par Jean Poperen, rejoignirent la vieille
SFIO. Ce sigle, trop associé à la décadence des années précédentes, fut remplacé par celui de PS (Parti socialiste). De même, le titre de secrétaire général, détenu depuis vingt-trois ans par Guy Mollet, fut abandonné ; le parti
fut désormais dirigé par un premier secrétaire. À ce poste fut élu Alain Savary
qui battit de justesse Pierre Mauroy. Mollet fut définitivement écarté.

La deuxième étape se situa deux ans plus tard, du 11 au 13 juin 1971,
au congrès d'Épinay. Au terme de manœuvres tactiques très habiles, François Mitterrand, appuyé sur sa petite Convention des institutions républicaines, obtint des ralliements hétéroclites mais majoritaires : ceux de l'aile gauche
du PS représentée par le CERES de Jean-Pierre Chevènement et de l'aile droite
incarnée par Mauroy et Defferre. Ainsi, le jour même de son adhésion au
parti, Mitterrand détint la majorité, battit Savary et fut élu premier secrétaire. Savary avait déjà orienté le PS vers l'union de la gauche. Son successeur maintint fermement ce cap et repoussa toute idée d'une alliance avec le
centre. Mais il voulait en même temps rééquilibrer la gauche par un double
mouvement : renforcement du PS et affaiblissement progressif du PCF.

2.3. Le programme commun de gouvernement

L'arrivée de François Mitterrand à la tête du PS en 1971 et la volonté des
communistes de sortir de leur isolement accélérèrent la marche à l'union de

la gauche. Chacun des partenaires mit au point son propre programme ; pour le PCF, ce fut « Changer de cap », terminé en octobre 1971, et pour le PS « Changer la vie », rédigé en mars 1972. Des négociations s'ouvrirent ensuite et aboutirent le 27 juin 1972 à la signature d'un programme commun de gouvernement.

Le texte ambitieux et détaillé visait des objectifs variés : empêcher l'établissement d'un pouvoir personnel, notamment grâce à la suppression de l'article 16 de la constitution et à un renforcement des droits du Parlement, nationaliser treize groupes industriels et, éventuellement, ceux qui seraient proposés par leurs salariés, augmenter les salaires et les prestations sociales, réduire la durée du travail, supprimer la force de frappe. Le PCF admettait le principe de l'alternance politique, ce qui le séparait de l'orthodoxie marxiste, et les alliances internationales existantes, y compris le Pacte atlantique et les institutions européennes.

PRÉAMBULE DU PROGRAMME COMMUN

En présentant un programme commun de gouvernement, le Parti communiste français et le Parti socialiste ont conscience d'accomplir un acte politique de grande importance. Ils affirment ensemble leur volonté de mettre fin aux injustices et aux incohérences du régime actuel. Pour y parvenir et pour ouvrir la voie au socialisme, des changements profonds sont nécessaires dans la vie politique, économique et sociale de la France.

Les perspectives ouvertes par l'union de la gauche et le rassemblement de toutes les forces du peuple, les propositions développées dans ce programme sont les moyens qui permettront aux Françaises et aux Français de vivre mieux, de changer leur vie. La préoccupation fondamentale du programme est de satisfaire leurs besoins et leurs aspirations.

Ce programme est un programme d'action ; il constitue un engagement des deux partis l'un à l'égard de l'autre comme à l'égard du pays ; il crée une situation nouvelle permettant d'instaurer une véritable démocratie politique et économique.

Le Parti communiste français et le Parti socialiste conservent naturellement leur personnalité. Ils se réclament l'un et l'autre de principes qui fondent leur existence propre. Certaines de leurs appréciations politiques sont différentes. Ceci ne met pas en cause leur volonté et leur capacité de gouverner ensemble.

L'accord qu'ils constatent aujourd'hui entre eux est suffisamment large pour leur permettre de proposer au pays un programme commun de gouvernement pour la prochaine législature.

Le Parti socialiste et le Parti communiste français sont convaincus que ce programme répond aux aspirations de millions de Français et aux exigences du développement de la démocratie.

Ils appellent les Français à le soutenir et à le faire triompher. Ils le soumettent aux autres partis et organisations démocratiques en les invitant à les rejoindre dans cette action.

Le programme comportait des imprécisions, notamment dans le financement des mesures qu'il annonçait. Cependant, par son caractère inédit et l'espoir qu'il ouvrait, il suscita un immense écho. Le Mouvement des radicaux de gauche qui, entraîné par Robert Fabre, s'était détaché du vieux Parti radical en 1972, contresigna à son tour le programme. La gauche, rénovée, unie et engagée sur des options définies en commun, semblait désormais offrir une perspective politique crédible.

3. L'éviction de Jacques Chaban-Delmas

Pendant que la gauche se rassemblait, la majorité perdait de sa solidité. Si Jacques Chaban-Delmas n'avait rien à craindre des centristes ralliés qui le soutenaient fidèlement, il pouvait douter de l'appui unanime des giscardiens et de son propre parti, l'UDR.

Les Républicains indépendants, plus faibles que leur puissant partenaire UDR, essayaient de préserver leur identité, d'autant que leur chef de file, Valéry Giscard d'Estaing, nourrissait des ambitions présidentielles. Ce dernier, membre du gouvernement, était tenu à une certaine solidarité ; aussi laissait-il parler son très proche ami, Michel Poniatowski, qui accablait les ministres de phrases assassines pour accréditer l'idée que les giscardiens étaient plus libéraux que l'UDR, plus européens, plus honnêtes...

À l'Union pour la défense de la République d'autres frondes s'élevaient. L'une d'entre elles était menée par l'amicale Présence et action du gaullisme, fondée par des fidèles de de Gaulle s'érigeant en « gardiens du temple » contre d'éventuelles déviations imputables aux nouveaux dirigeants. Plus ouverte était l'hostilité des éléments les plus conservateurs de l'UDR, généralement regroupés dans les Comités de défense de la République (les CDR), appuyés par René Tomasini, secrétaire général de l'UDR depuis janvier 1971, et par certains conseillers du président de la République. Ces conservateurs critiquaient la politique de Chaban-Delmas, trop libérale selon eux, trop bienveillante à l'égard des gauchistes, trop portée à composer avec l'esprit de mai 1968. Ils accusaient le Premier ministre, qui appliquait la loi Edgar Faure, de livrer l'Université aux révolutionnaires et, par ses réformes à l'ORTF, d'ouvrir celle-ci aux ennemis du régime.

Ces philippiques tendant à démontrer que Chaban-Delmas faisait le jeu des adversaires de la majorité ne laissaient pas Pompidou indifférent. Son conservatisme et son scepticisme foncier lui inspiraient déjà des doutes sur le succès final d'une ambitieuse politique de réformes. Un différend plus précis avait vu le jour. Le Premier ministre souhaitait élargir encore la majorité et espérait attirer les radicaux, certains socialistes qui refusaient l'alliance de leur parti avec le PCF, peut-être des syndicalistes séduits par la nouvelle législation sociale. Le gaullisme retrouverait ainsi ses racines populaires que de Gaulle seul avait su capter. Mais Pompidou considérait que la majorité présidentielle avait atteint ses limites et qu'à s'élargir encore, elle serait amenée à faire une politique trop progressiste lui faisant perdre son propre électorat. Enfin le président de la République était irrité par la popularité de son Premier ministre ; en effet Chaban-Delmas fut, de tous les chefs de gouvernement de la Vᵉ République, celui qui atteignit le record absolu de 66 % d'opinions favorables en novembre 1970 ; la moyenne de satisfaction pour toute la période où il fut en fonction s'établit à 52,3 %. Pompidou, très attaché à la prééminence du pouvoir présidentiel, ne pouvait que s'inquiéter de la possible montée en puissance d'un rival.

Le climat politique général se gâta quand, à partir de l'été 1971, éclatèrent des scandales financiers, dont celui d'une société immobilière, La Garantie foncière, scandales impliquant des membres de la majorité qui avaient couvert des affaires véreuses. Le Premier ministre lui-même fut bientôt mis en cause, et il n'est pas interdit de penser que ce fut peut-être grâce à l'intervention discrète d'un proche de l'Élysée ou du ministère des Finances, cherchant à discréditer un homme trop populaire. En tout cas, le 19 janvier 1972, *Le Canard enchaîné* publia les déclarations de revenus faites par Chaban-Delmas les années antérieures, documents révélant que, tout en respectant la réglementation, le déclarant payait très peu d'impôts grâce au système de l'avoir fiscal. L'intéressé n'avait rien à se reprocher d'un point de vue légal, mais, embarrassé, il se défendit maladroitement.

Chaban-Delmas se trouvait malmené par certains de ses amis, déséquilibré par son désaccord avec Pompidou et empêtré dans une affaire fiscale, quand un dernier événement vint précipiter sa disgrâce. Le président de la République, désireux de reprendre l'initiative et, selon les méthodes gaullistes, de vérifier sa légitimité populaire, décida d'organiser un référendum. Il proposa aux Français d'approuver l'entrée de la Grande-Bretagne, de l'Irlande, du Danemark et de la Norvège dans le Marché commun. La manœuvre apparaissait d'autant plus habile que la majorité, votant naturellement oui, serait rejointe par les centristes pro-européens restés dans l'opposition et surtout par les socialistes, eux aussi pro-européens, tandis que le PCF, hostile à la construction européenne, se prononcerait pour le non. Ainsi, Georges Pompidou espérait rendre évidentes les contradictions des deux partis de gauche qui négociaient alors les termes du programme commun. Mais les socialistes éludèrent ce piège trop visible en préconisant l'abstention. Le 23 avril 1972, les Français montrèrent peu d'intérêt pour une consultation à propos de laquelle, au surplus, le président de la République, n'imitant pas de Gaulle, n'avait pas lié la poursuite de son mandat. Les abstentions atteignirent 40 % ; les blancs et nuls s'élevaient à 7 %, de sorte que les 68 % de oui étaient peu représentatifs. Les conseillers du président reprochèrent au Premier ministre de n'avoir pas su mobiliser les électeurs de la majorité en faveur de la cause européenne.

Pompidou, qui avait perdu son pari, fut d'autant plus agacé par le vote massif de confiance que Chaban-Delmas obtint peu après, le 25 mai 1972, à l'Assemblée nationale : 368 voix contre 96. L'autorité du Premier ministre semblait se renforcer alors que la sienne n'avait pas été vraiment confirmée au référendum. Aussi le président amena-t-il le chef du gouvernement à lui donner sa démission le 5 juillet 1972, cela pour retrouver une totale liberté de manœuvre et prendre une autre direction politique.

3. Le gouvernement Pierre Messmer : la crispation conservatrice (juillet 1972-avril 1974)

Le départ de Jacques Chaban-Delmas et son remplacement par Pierre Messmer marquèrent un tournant vers le conservatisme et la réaffirmation de la prééminence présidentielle.

1. Un gouvernement d'exécutants

Pierre Messmer, né en 1916, ancien haut-fonctionnaire colonial, engagé dans les Forces françaises libres dès 1940, ayant participé aux campagnes d'Afrique, d'Italie, de France et d'Allemagne, ministre des Armées de 1960 à 1969, était un gaulliste tout aussi historique que Chaban-Delmas. Mais sa nomination comme Premier ministre revêtait une autre signification. Alors que le maire de Bordeaux incarnait un gaullisme d'ouverture, Messmer représentait la tradition. Président de l'association Présence et action du gaullisme, il était de ceux qui voulaient préserver la doctrine léguée par le général contre l'esprit du temps. La stricte orthodoxie du nouveau Premier ministre devait ainsi désarmer la méfiance des gaullistes les plus fidèles. Sa rigueur et son austérité personnelles garantissaient qu'il ne ferait pas preuve de faiblesse dans la gestion. Son sens de l'ordre et de la discipline laissaient prévoir qu'il abandonnerait les audaces réformatrices de son prédécesseur. Son absence d'ambition carriériste et ses expérience de ministre gestionnaire soumis à de Gaulle pendant près de dix ans indiquaient qu'il serait pour Pompidou un lieutenant exécutant loyalement les ordres reçus.

De nombreux ministres de l'équipe précédente conservèrent leur poste, ainsi Debré à la Défense nationale, Pleven à la Justice, Schumann aux Affaires étrangères, Giscard d'Estaing à l'Économie et aux Finances ; Jacques Chirac fut promu à l'Agriculture. Mais plusieurs des nouveaux membres du gouvernement, comme Jean Foyer à la Santé ou Philippe Malaud, secrétaire d'État à l'Information, appartenaient à l'aile la plus conservatrice de la majorité.

Les conditions du changement de gouvernement signifiaient très clairement que Pompidou voulait affirmer sa prépondérance sur le Parlement. Jacques Chaban-Delmas avait dû démissionner au lendemain d'un vote massif en sa faveur. Quant à Pierre Messmer, il attendit trois mois pour se présenter devant les élus et, lorsqu'il parut devant eux, il ne leur demanda pas un vote de confiance. En fait, ce manque d'égards pour la représentation nationale traduisait une volonté de reprise en main générale.

2. Les élections législatives de mars 1973

Georges Pompidou entendait préparer soigneusement les élections législatives prévues huit mois plus tard, les 4 et 11 mars 1973. À cette fin, les députés sortants et les partis devaient être disciplinés et rendus plus solidaires. Le président de la République veilla à régler lui-même les questions les plus délicates en matière de répartition de sièges entre les formations majoritaires. Il ne fallait pas en effet que les Républicains indépendants de Giscard d'Estaing et les centristes se sentissent écrasés par leur puissant allié UDR. De la sorte, l'unité de candidature fut souvent imposée et tous les représentants du pompidolisme se battirent sous l'étiquette Union des républicains de progrès (URP). L'information, que Chaban-Delmas avait libéralisée, fut à nouveau contrôlée par le pouvoir : un secrétariat d'État à l'Information fut réinstauré, l'autonomie des chaînes réduite, des journalistes limogés ; l'ORTF reçut pour président un proche de Pompidou, un ancien socialiste devenu député UDR, Arthur Conte.

Si la veillée d'armes était fébrile à droite, c'était parce que l'opposition paraissait à nouveau redoutable. En effet, le PS, le PCF et les Radicaux de gauche, encouragés par l'écho que rencontrait le programme commun, espéraient obtenir des succès. Ces partis, ainsi que le PSU, décidèrent de marcher chacun sous ses propres couleurs au premier tour et de se désister dans chaque circonscription pour le mieux placé au second tour. Les centristes restés dans l'opposition s'étaient rassemblés dans le Mouvement réformateur qui comprenait le Centre démocrate de Jean Lecanuet et le Parti radical dirigé depuis 1970 par Jean-Jacques Servan-Schreiber qui ne cessait de tempêter contre la toute-puissance des gaullistes, ce qu'il appelait « l'État-UDR ».

Au premier tour, le 4 mars 1973, une forte participation de 81 % fut enregistrée. La majorité, avec 37,3 % des suffrages, reculait légèrement et l'opposition progressait : le PCF obtenait 21,4 % et l'union PS-Radicaux de gauche 20,7 %. Mitterrand avait réussi à fortifier son parti et talonnait les communistes. Les Réformateurs, avec 12,9 %, pouvaient faire pencher la balance dans un sens ou dans l'autre. Ce fut alors que Lecanuet, très anticommuniste et inquiet des progrès de la gauche, rencontra discrètement Messmer entre les deux tours et s'entendit avec lui pour opérer quelques désistements qui barreraient la route aux candidats socialo-communistes. Lecanuet faisait ainsi un pas en direction de la majorité. De la sorte, au deuxième tour, le 11 mars, la droite recula certes d'une centaine de sièges, mais limita les pertes et conserva la majorité.

LES GROUPES À L'ASSEMBLÉE NATIONALE APRÈS LES LÉGISLATIVES DE 1973	
PC	73
PS + Radicaux de gauche	102
Réformateurs	32
Union centriste (majorité)	32
UDR	183
Républicains indépendants	55
Non inscrits	13

Pompidou avait discipliné ses troupes et les avait conduites au succès. La gauche paraissait certes plus redoutable que par le passé, mais le président, dont le mandat s'achevait en 1976, pouvait gouverner à sa guise avec une majorité qui le suivait.

3. La mort de Georges Pompidou

Au lendemain des élections, Pierre Messmer fut confirmé dans ses fonctions. Mais le gouvernement subit quelques modifications. Certaines des personnalités les plus marquantes, Pleven et Schumann, battus aux élections, se retirèrent ; Debré en fit autant. Parmi les nouveaux venus figuraient beaucoup d'hommes d'ordre, comme Jean Royer au Commerce et l'Artisanat et l'académicien Maurice Druon aux Affaires culturelles. La nomination la plus significative était celle de l'ancien secrétaire général de l'Élysée, Michel Jobert, devenu ministre des Affaires étrangères. Il se confirmait ainsi que le président de la République prenait encore plus de responsabilités et maintenait le virage conservateur.

Le tout-puissant président se trouva très vite confronté à des difficultés fort diverses. À la fin de 1973, la France fut frappée de plein fouet par le premier choc pétrolier, conséquence de la guerre du Kippour. Le prix du baril de pétrole quadrupla, ce qui affecta gravement l'économie française dépendante des importations pétrolières et habituée à payer celles-ci à bas prix. Le renchérissement de l'énergie stimula l'inflation qui n'avait jamais été totalement jugulée et déséquilibra la balance commerciale. Pour ménager les réserves de devises, il fallut laisser « flotter » le franc, ce qui revenait à une dévaluation déguisée. Les difficultés économiques entraînèrent une hausse du
À l'intérieur se posaient d'autres problèmes. Pour ralentir l'inflation, le gouvernement essayait de contenir les augmentations de salaires, ce qui suscita un vif mécontentement social. Les gauchistes entretenaient toujours une agitation diffuse ; en juin 1973, après des affrontements avec la police, la Ligue communiste fut dissoute, de même que le mouvement Ordre nouveau, pour établir une symétrie à l'extrême-droite. Les étudiants manifestaient contre l'instauration d'un nouveau diplôme, le DEUG, et contre la modification des règles d'attribution des sursis militaires. Des polémiques interminables se pour

suivaient à propos de l'extension du camp militaire du Larzac, que les milieux progressistes voulaient empêcher, et de l'autogestion de l'entreprise horlogère Lip par ses salariés, tentative que les mêmes milieux de gauche soutenaient. À la suite de l'assassinat d'un conducteur d'autobus marseillais par un Algérien en état de folie, le 25 août 1973, une campagne raciste marquée par des violences contre les immigrés se développa dans le Midi.

Or, face à toutes ces difficultés et à ces contestations, le pouvoir réagissait avec hésitation ou à contretemps. Pompidou, qui avait tous les pouvoirs, n'en usait pas ou le faisait maladroitement. Ainsi, la crise pétrolière ne conduisit apparemment pas les gouvernants à prendre conscience de la gravité des enjeux. L'affaire Lip fut gérée de manière incohérente. La seule grande initiative de Pompidou fut d'ordre institutionnel : un essai de réduction du mandat présidentiel de sept à cinq ans. Mais devant l'hostilité des parlementaires, le président ajourna la réforme, ce qui écorna son autorité. Le flottement était parfois imputé à Pierre Messmer qui démissionna en février 1974, pour former aussitôt un gouvernement très semblable au précédent, si ce n'est qu'un proche de Pompidou, Jacques Chirac, prenait le ministère de l'Intérieur, ce qui semblait témoigner d'une volonté de reprise en main.

Le manque de continuité dans l'action gouvernementale venait en fait de la grave maladie, une forme rare de leucémie, dont souffrait Georges Pompidou. Il avait gardé l'intégralité de ses facultés intellectuelles, mais il souffrait et devait suspendre ses activités pour des périodes plus ou moins longues. Épuisé, physiquement marqué par l'intensité des traitements qui lui étaient administrés, il ne pouvait plus se consacrer au travail de manière suivie. Le 2 avril 1974, à 22 heures, les radios et les chaînes de télévision interrompirent brutalement leurs émissions pour annoncer que le président de la République était mort.

Ces cinq années de mandat présidentiel, ajoutées à ses six années passées au poste de Premier ministre, avaient fait jouer à Georges Pompidou un rôle considérable dans l'histoire récente de son pays. Il avait délibérément accéléré la modernisation et l'industrialisation, qui allaient de pair avec l'urbanisation. Il était conscient de ce changement de civilisation, mais il n'en avait sans doute pas nettement mesuré la contrepartie en nuisances et en atteintes à la qualité de la vie ; peu avant sa mort, il disait qu'il fallait adapter la ville à l'automobile. En matière politique, il ne se montrait pas hostile à des réformes, mais sa prudence naturelle, l'influence de sa majorité conservatrice et peut-être les effets d'une maladie accentuant son irrésolution le conduisirent finalement à choisir l'ordre contre le mouvement. Dans le domaine de la pratique institutionnelle, son apport se révéla décisif. On pouvait penser qu'avant lui, le général de Gaulle avait été amené par sa personnalité altière et son envergure historique à privilégier une interprétation présidentialiste de la constitution. Or Pompidou, premier élu « ordinaire » après le général, renforça encore les pouvoirs du président au détriment du gouvernement et du Parlement. Il enracina ainsi une pratique qui sera reprise par ses successeurs.

C h a p i t r e   11

Le septennat
de Valéry Giscard d'Estaing :
le libéralisme avancé et la crise
(1974-1981)

Élu en 1974 à la présidence de la République, Valéry Giscard d'Estaing lança une série de réformes libérales, mais ce programme et le style de gouvernement du nouveau président indisposèrent une partie de sa majorité. Dans le même temps, l'aggravation des difficultés économiques et de la contestation sociale faisaient naître un climat de sombre désenchantement.

1. La succession de Georges Pompidou

Après la mort de Georges Pompidou, le président du Sénat, Alain Poher, exerça un nouvel intérim, jusqu'à l'élection du président de la République.

1. L'élection présidentielle d'avril 1974

À gauche, mises à part les candidatures marginales des trotskystes Alain Krivine, au nom du Front communiste révolutionnaire, et Arlette Laguiller, porte-parole de Lutte ouvrière, François Mitterrand put se flatter de représenter toute la gauche puisqu'il bénéficiait du soutien du PS, des Radicaux de gauche, du PCF, du PSU, de la CGT, de la CFDT et de la FEN.

En revanche, la majorité se divisa. Là aussi apparurent des candidatures marginales, celles de Jean Royer, maire de Tours, héraut des traditions morales et du petit commerce, d'Émile Muller, député-maire réformateur de Mulhouse, situé au centre gauche. Mais, en plus, les grands partis s'affrontèrent et même se fractionnèrent intérieurement. Ce fut d'abord Jacques Chaban-Delmas qui se lança dans la bataille sous les couleurs de l'UDR, puis Valéry Giscard d'Estaing au nom des modérés. Mais, chez les gaullistes, les éléments les plus conservateurs, menés par les anciens conseillers de Pompidou, Marie-France Garaud et Pierre Juillet, s'attachèrent à desservir la candidature de Chaban-Delmas, ce dernier leur paraissant trop progressiste pour l'électorat habituel de la majorité. Après avoir essayé en vain de susciter des candidatures rivales, celles d'Edgar Faure et de Pierre Messmer, les conseillers de Pompidou se rallièrent à Giscard d'Estaing pour réduire le nombre des suffrages qui se porteraient sur Chaban-Delmas. La manœuvre revêtit la forme d'un appel, dit des « 43 » : ce texte, signé par 43 députés principalement gaullistes, dont Jacques Chirac, regrettait la multiplicité des candidatures au sein de la majorité, ce qui fut aussitôt interprété comme un acte de défiance à l'endroit du représentant officiel de l'UDR.

D'autres candidatures de « témoignage » furent déposées : celles de l'agronome René Dumont plaidant pour la défense de l'environnement, des fédéralistes européens Jean-Claude Sebag et Guy Héraud, du royaliste Bertrand Renouvin et du président du Front national Jean-Marie Le Pen.

La campagne se révéla désastreuse pour Jacques Chaban-Delmas, mal à l'aise et insidieusement combattu par les gaullistes ralliés à Valéry Giscard d'Estaing. Ce dernier, au contraire, faisant preuve de maîtrise, d'ouverture et de dynamisme, progressa régulièrement dans les sondages au détriment de son rival. Quant à François Mitterrand, ayant derrière lui l'expérience d'une rude campagne contre de Gaulle en 1965, il se donnait l'allure d'un sage, indépendant des partis, surtout du PCF qui, d'ailleurs, sut se montrer assez habile pour n'imposer aucune condition au candidat de la gauche.

Le 5 mai 1974, l'abstention, avec moins de 16 % des inscrits, fut faible. Mitterrand, soutenu par l'ensemble de la gauche, et Giscard d'Estaing, plus adroit et mieux secondé que Chaban-Delmas, se trouvèrent en tête. Le candidat gaulliste, n'arrivant qu'en troisième place, fut éliminé. Les autres concurrents de partagèrent seulement 9 % des suffrages.

RÉSULTATS DU PREMIER TOUR DES ÉLECTIONS PRÉSIDENTIELLES DE 1974

Mitterrand	43,25 % des suffrages exprimés
Giscard d'Estaing	32,60 %
Chaban-Delmas	15,11 %

En prévision du second tour, les deux trotskystes et René Dumont appelèrent leurs électeurs à voter pour Mitterrand. Royer et Le Pen se prononcèrent pour Giscard d'Estaing. Chaban-Delmas, refusant de se rallier ouvertement à Giscard d'Estaing, invita ses amis à barrer la route à Mitterrand. En fait, le vote s'annonçait très serré et les sondages, contradictoires, ne fournissaient aucune indication. Finalement le 19 mai 1974, Giscard d'Estaing, avec 13 400 000 voix, soit 50,80 % des suffrages, l'emportait avec une très courte avance sur Mitterrand qui rassemblait 13 000 000 voix, soit 49,2 %. Pour la première fois depuis 1958, le président de la République n'était pas un gaulliste.

2. L'arrivé de Valéry Giscard d'Estaing

Valéry Giscard d'Estaing, né en 1926, était un jeune chef d'État. Cette jeunesse faisait partie à la fois de ses dons et de ses handicaps, car il était bien pourvu des uns et des autres. Issu d'une famille riche, partagée depuis plusieurs générations entre les affaires et le service public, il avait les aptitudes intellectuelles et physiques les plus brillantes, il avait fait les plus fortes études (Polytechnique et ENA), et il s'était honoré par une campagne de guerre comme jeune engagé volontaire en 1944-1945. Ensuite étaient venues les expériences de la haute administration financière, des cabinets ministériels et du Parlement, où il était entré en 1956, élu de son département du Puy-de-Dôme, à la faveur de la retraite de son grand-père maternel Jacques Bardoux. Puis dès janvier 1962, ce fut le début de l'expérience gouvernementale, dont nous avons déjà parlé. Partout il avait brillé, et acquis par là une aisance et une assurance qui, répercutées par la télévision, passeront facilement, peut-être injustement — une fois le charme rompu — pour de la hauteur et de la prétention. Il ne sera pas simple non plus pour lui de porter un nom « à particule », particule récente et apparemment fictif, non plus que d'appartenir si évidemment au monde des beaux quartiers et des châteaux, et d'en avoir les goûts. Ni Vincent Auriol, ni René Coty, ni Georges Pompidou n'avaient été vraiment perçus comme lointains par le Français du commun. Charles de Gaulle l'avait été, mais il imposait, par son âge, par son passé et par sa géniale bizarrerie, une sorte de révérence qui compensait les effets de l'éloignement.

On verra beaucoup la famille Giscard d'Estaing, épouse, enfants, parentèle, sans qu'on puisse imputer l'excès d'indiscrétion aux personnes plus qu'aux « médias » : ce sont de plus en plus les mœurs de l'époque. Toujours est-il que, homme public ou homme privé, homme seul ou lié à un entourage, Giscard sera pour la presse satirique, à tort peut-être autant qu'à raison, une cible extrêmement facile, et cet aspect pittoresque ou futile des choses ne sera pas sans effet politique, au terme de sept années de la fameuse « usure du pouvoir », qu'il vaudrait mieux nommer peut-être usure de l'image...

3. Le gouvernement de Jacques Chirac

Le président choisit lui-même tous ses ministres et autres collaborateurs. Certains choix furent heureux et ouvrirent la carrière politique à de fortes personnalités, comme Simone Veil.

Un homme cependant n'avait pas à être choisi tant il s'imposait, Jacques Chirac. Il est hautement probable en effet que sa désignation comme Premier ministre récompensait le rôle décisif qu'il avait joué dans l'élection de Giscard : n'avait-il pas, à la tête d'un groupe d'élus gaullistes dissidents, appelé à soutenir dès le premier tour cette candidature aux dépens de celle du gaulliste chevronné qu'était Jacques Chaban-Delmas ?

Le très proche ami du président Michel Poniatowski reçut le ministère de l'Intérieur. De nombreux centristes antigaullistes entrèrent dans l'équipe gouvernementale, dont Jean Lecanuet, Pierre Abelin, Jean-Jacques Servan-Schreiber, vite relevé de ses fonctions pour avoir manifesté contre les expériences atomiques décidées par le gouvernement auquel il appartenait.

Jacques Chirac pourra toujours répéter au président le classique « Qui t'a fait roi ? ». Ces rapports d'alliance conflictuelle entre les deux hommes fournissent certainement une des clefs de l'histoire politique du septennat. Jacques Chirac devait rester Premier ministre jusqu'en août 1976. Après sa démission, spectaculaire, Raymond Barre, éminent professeur d'économie politique, devait remplir la fonction jusqu'en 1981, non sans que, pour tous les autres postes, l'équipe ministérielle soit remaniée à diverses reprises. Bien entendu, la tendance propre de la Vᵉ République, qui consiste à prolonger la prépondérance de l'exécutif par une politisation croissante de l'appareil d'État et par une influence marquée sur les médias publics, ne fera que s'accentuer.

2. Société en crise et réformes sociales

Le septennat se déroula dans un climat indubitablement tendu, sombre et malsain. Il serait évidemment injuste d'en tenir exclusivement pour responsable le président et sa majorité, puisque d'une part la crise économique mondiale imposait de l'extérieur d'irrésistibles conséquences, et que d'autre part bien des processus de dégradation du consensus national, du civisme ou des règles sociales élémentaires étaient apparus bien avant les années 1970.

1. Le déclin de la morale sociale

Dès le début du septennat cependant la situation s'aggrava : indisciplines diverses, menus vandalismes, refus des contraintes collectives, délinquance, criminalité, évasion mentale dans la consommation de drogues, avec, pour réciproque, la montée des hargnes « anti-jeunes », celle des xénophobies et de l'« autodéfense » violente et sommaire. Il serait trop simple aussi d'imputer ces maladies sociales aux seuls effets du marasme économique ou du chômage. Plus profondément faut-il y voir la preuve d'un désordre dans les esprits et d'un véritable appauvrissement de la réflexion d'éthique sociale. D'un côté, à droite, on était de plus en plus aisément réactionnaire de façon globale, et l'on stigmatisait aussi bien le cambriolage que la libération sexuelle, sous la rubrique accueillante du « laxisme » ; en face, du côté de la gauche, nombreux étaient ceux qui se croyaient obligés par réciprocité d'être tout libertaire, comme si le pillage des supermarchés ou la fraude dans le métro étaient des « faits de société » irrésistibles, voire de sympathiques révoltes contre la « morale bourgeoise », la police et la « répression ». On ne faisait plus de morale ici pour n'être pas taxé de « moralisme ». En présence de cette polarisation philosophique, qui redoublait la polarisation politique, les voix qui auraient pu parler en faveur du respect des lois et du respect d'autrui, seule alternative à la loi de la jungle, étaient réduites à des murmures, bien qu'on pût encore les estimer majoritaires dans le pays.

Dans un tel climat de haines réciproques et de mépris diffus des règles sociales, les actions revendicatives elles-mêmes ne se contentaient plus des formes traditionnelles de la pétition, de la manifestation ou de la grève. Pour parler toujours plus haut et plus fort, on passait aisément du spectaculaire au brutal et de l'action symbolique à l'activisme. On occupait des locaux (l'imprimerie du *Parisien libéré* par les ouvriers du livre CGT, l'église Saint-Nicolas du Chardonnet par les intégristes de Mgr Lefèvre, etc.), on barrait des routes, on pillait des camions étrangers. On rendait peu à peu usuel des moyens jadis insolites et extrêmes, de la grève de la faim au maniement de l'explosif.

L'intérêt national et la valeur même de la nation étant tout aussi désacralisés que la société ou que la loi ; les contestations qui les visaient — et qui étaient anciennes — atteignirent à leur tour le seuil critique de l'activisme : contestation antimilitariste, contestation contre l'énergie nucléaire, contestations d'inspirations régionalistes. Quand la police essayait de faire face, le sang coulait et il y eut des morts, à Aléria et à Bastia en août 1975, à Creys-Malville en juillet 1977.

Le gouvernement maîtrisait mal ces effervescences, il argumentait peu sur ces thèmes majeurs, il était d'ailleurs peu convaincant parce que, du côté du pouvoir et des milieux qui le soutenaient, l'affairisme latent pointait périodiquement en « scandales », tandis que des grouillements de groupuscules politiques éclataient parfois en « affaires ». On finira pas compter un nombre appréciable de meurtres politiques dont les coupables resteront (et restent encore) inconnus, ou bien dont les tenants et les aboutissants restent en partie obscures : Henri Curiel, Pierre Goldmann, François Duprat, Jean de Broglie, Joseph Fontanet, peut-être même Robert Boulin.

À ces manifestations de violence d'origine surtout nationale s'ajoutaient les retombées de la guerre internationale des services secrets liés au conflit du Proche-Orient. L'épisode le plus tragique de cette forme de terrorisme fut l'attentat à la bombe du 30 octobre 1980 qui visait la synagogue de la rue Copernic (à Paris) et qui fit quatre morts. Cet antisémitisme fit horreur, sans que la quasi-unanimité nationale de la réprobation durât bien longtemps.

2. La société libérale avancée

Homme de bonne volonté, le président Giscard d'Estaing ne surmontera pas les tendances contradictoires de son caractère, de sa culture et de ses tâtonnements. Au début du septennat, il tenta d'acclimater une simplicité à l'américaine (marche à pied aux Champs-Élysées, photographie officielle en tenue de ville...), plus tard au contraire il tendra à charger le cérémonial de détails vieille France, de sorte qu'on aura pu l'accuser successivement d'être trop peu ou trop protocolaire. La même alternance ou combinaison des extrêmes se trouvait dans ses conceptions sociales : pour l'essentiel, elles restaient solidement conservatrices, attachées aux équilibres et aux hiérarchies économiques traditionnels. Mais le président voulait marquer le début d'« une ère nouvelle de la politique française », celle du rajeunissement et du changement », au point que dans son premier discours de chef d'État, il ne cita pas le nom de ses deux prédécesseurs, de Gaulle et Pompidou. Les grandes réformes que souhait Giscard d'Estaing devaient aboutir à la construction d'une « société libérale avancée ».

Ainsi, le président de la République assuma hardiment l'évolution des mœurs privées. Dès la première année du septennat, deux grandes lois libérales furent votées, l'une pour abaisser la majorité légale à 18 ans, l'autre pour rendre licites la contraception et l'avortement. Cette dernière loi, connue sous le nom du ministre qui la fit préparer et voter, Simone Veil, ne put d'ailleurs passer que grâce aux voix des parlementaires de gauche et malgré l'opposition d'une partie de la majorité, ce qui donne la mesure de la hardiesse du premier Giscard par rapport à ses propres partisans.

DISCOURS DE SIMONE VEIL À L'ASSEMBLÉE NATIONALE
le 26 novembre 1974

Mme Simone Veil, *ministre de la Santé.*
Monsieur le président, Mesdames, messieurs, si j'interviens aujourd'hui à cette tribune, ministre de la Santé, femme et non-parlementaire, pour proposer aux élus de la nation une profonde modification de la législation sur l'avortement, croyez bien que c'est avec un profond sentiment d'humilité devant la difficulté du problème, comme devant l'ampleur des résonances qu'il suscite au plus intime de chacun des Français et des Françaises, et en pleine conscience de la gravité des responsabilités que nous allons assumer ensemble. [....]
Pourtant, d'aucuns s'interrogent encore : une nouvelle loi est-elle vraiment nécessaire ? Pour quelques-uns, les choses sont simples : il existe une loi répressive, il n'y a qu'à l'appliquer. D'autres se demandent pourquoi le Parlement devrait trancher maintenant ces problèmes : nul n'ignore que depuis l'origine, et particulièrement depuis le début du siècle, la loi a toujours été rigoureuse,

mais qu'elle n'a été que peu appliquée.

En quoi les choses ont-elles donc changé, qui oblige à intervenir ? Pourquoi ne pas maintenir le principe et continuer à ne l'appliquer qu'à titre exceptionnel ? Pourquoi consacrer une pratique délictueuse et, ainsi, risquer de l'encourager ? Pourquoi légiférer et couvrir ainsi le laxisme de notre société, favoriser les égoïsmes individuels au lieu de faire revivre une morale de civisme et de rigueur ? Pourquoi risquer d'aggraver un mouvement de dénatalité dangereusement amorcé au lieu de promouvoir une politique familiale généreuse et constructive qui permette à toutes les mères de mettre au monde et d'élever les enfants qu'elles ont conçus.

Parce que tout nous montre que la question ne se pose pas en ces termes. Croyez-vous que ce gouvernement, et celui qui l'a précédé se seraient résolus à élaborer un texte et à vous le proposer s'ils avaient pensé qu'une autre solution était encore possible ? Nous sommes arrivés à un point où, en ce domaine, les pouvoirs publics ne peuvent plus éluder leurs responsabilités. Tout le démontre : les études et les travaux menés depuis plusieurs années, les auditions de votre commission, l'expérience des autres pays européens. Et la plupart d'entre vous le sentent, qui savent qu'on ne peut empêcher les avortements clandestins et qu'on ne peut non plus appliquer la loi pénale à toutes les femmes qui seraient passibles de ses rigueurs.

Pourquoi donc ne pas continuer à fermer les yeux ? Parce que la situation actuelle est mauvaise. Je dirai même qu'elle est déplorable et dramatique. Elle est mauvaise parce que la loi est ouvertement bafouée, pire même, ridiculisée. Lorsque l'écart entre les infractions commises et celles qui sont poursuivies est tel qu'il n'y a plus à proprement parler de répression, c'est le respect des citoyens pour la loi, et donc l'autorité de l'État, qui sont mis en cause.

Lorsque les médecins, dans leurs cabinets, enfreignent la loi et le font connaître publiquement, lorsque les parquets, avant de poursuivre, sont invités à en référer dans chaque cas au ministère de la Justice, lorsque des services sociaux d'organismes publics fournissent à des femmes en détresse les renseignements susceptibles de faciliter une interruption de grossesse, lorsque, aux mêmes fins, sont organisés ouvertement et même par charter des voyages à l'étranger, alors je dis que nous sommes dans une situation de désordre et d'anarchie qui ne peut plus continuer. *(Applaudissements sur divers bancs des Républicains indépendants, de l'Union des démocrates pour la République, des réformateurs, des centristes et des démocrates sociaux et sur quelques bancs des socialistes et radicaux de gauche.)*

Mais, me direz-vous, pourquoi avoir laissé la situation se dégrader ainsi et pourquoi la tolérer ? Pourquoi ne pas faire respecter la loi ?

Parce que si des médecins, si des personnels sociaux, si même un certain nombre de citoyens participent à ces actions illégales, c'est bien qu'ils s'y sentent contraints ; en opposition parfois avec leurs convictions personnelles, ils se trouvent confrontés à des situations de fait qu'ils ne peuvent méconnaître. Parce qu'en face d'une femme décidée à interrompre sa grossesse, ils savent qu'en refusant leur conseil et leur soutien ils la rejettent dans la solitude et l'angoisse d'un acte perpétré dans les pires conditions, qui risque de la laisser mutilée à jamais. Ils savent que la même femme, si elle a de l'argent, si elle sait s'informer, se rendra dans un pays voisin ou même en France dans certaines cliniques et pourra, sans encourir aucun risque ni aucune pénalité, mettre fin à sa grossesse. Et

> ces femmes, ce ne sont pas nécessairement les plus immorales ou les plus inconscientes. Elles sont 300 000 chaque année. Ce sont celles que nous côtoyons chaque jour et dont nous ignorons la plupart du temps la détresse et les drames. C'est à ce désordre qu'il faut mettre fin. C'est cette injustice qu'il convient de faire cesser.
>
> « Les grands débats parlementaires de 1875 à nos jours » in *NED*, n° 4871, Paris, La Documentation française, 1988.

Des lois de 1974 et 1975 généralisèrent la Sécurité sociale, accordèrent des avantages aux handicapés, réglementèrent les licenciements collectifs. En 1977, le ministre de l'Éducation, René Haby, supprima les filières dans les collèges pour que tous les élèves fussent démocratiquement mêlés dans un tronc commun de formation et institua la gratuité des livres scolaires pour l'ensemble des collèges. Afin d'assurer l'autonomie de l'information audiovisuelle, l'ORTF fut divisée en une série de sociétés indépendantes, TF 1 Antenne 2, FR 3, Radio-France...

3. La crise du pouvoir

Même contradiction en politique générale : le président s'affirmait volontiers un doctrinaire des mœurs politiques civilisées, et il utilisa pour cela d'heureuses formules : il faudrait « décrisper » la vie politique, il devrait exister un « consensus » autour de quelques valeurs non partisanes, la France doit être « gouvernée au centre » ; entendons, sans doute, par l'alternance, sinon par l'alliance, des modérés de la gauche et de ceux de la droite ; mais il n'en choisit et il n'en couvrit pas moins des ministres qui parlaient, eux, volontiers, le langage de la croisade. Il n'est que juste de dire que les appels au consensus et à la décrispation ne rencontrèrent du côté des opposants ni assentiment ni réponse, sauf chez Robert Fabre, leader déçu des radicaux de gauche.

L'opinion, peu sensible aux réformes, faisait preuve d'un mécontentement de plus en plus marqué en raison de l'aggravation des difficultés économiques. Au début du septennat, l'inflation fut légèrement freinée, mais au prix d'un recul de la production et d'une hausse du chômage qui frappait 900 000 personnes à la fin de 1975.

De plus, les initiatives de Giscard d'Estaing suscitaient des réserves grandissantes dans sa propre majorité. Certaines de ses apparitions familières à la télévision, les repas qu'il prenait avec de simples citoyens chez lesquels il s'invitait, les poignées de main qu'il donna à des détenus de droit commun au cours d'une visite dans une prison était souvent jugés comme des gestes démagogiques. L'abaissement de la majorité à 18 ans — qui, d'après les sondages, renforçait plutôt l'électorat de gauche — inquiétait l'ensemble de la majorité. La création d'un impôt sur les plus-values du capital scandalisa une bonne partie de la droite possédante. La légalisation de l'avortement choqua les défenseurs de la morale traditionnelle. La politique étrangère et notamment la décision de faire élire les membres de l'Assemblée européenne de Strasbourg au suffrage universel alerta les gaullistes attachés à l'indépendance nationale. Cette orientation considérée comme trop libérale et contraire aux vœux des électeurs de la majorité contribua à aigrir les rapports entre le président Giscard d'Estaing et son Premier ministre Jacques Chirac. Ce dernier ne pouvait non plus rester passif face à un président qui espérait réduire la force de l'UDR. En définitive, le Premier ministre donna sa démission le 25 août 1976 ; c'était la première fois qu'un chef de gouvernement de la Ve République se retirait de lui-même.

Jacques Chirac fut remplacé par Raymond Barre. Celui-ci, peu connu du grand public, était né en 1924. Agrégé de droit et professeur d'économie, il avait travaillé dans des cabinets ministériels, puis était devenu commissaire français à Bruxelles avant d'être nommé ministre du Commerce extérieur en janvier 1976. Le nouveau Premier ministre, présenté par Giscard d'Estaing comme « le meilleur économiste de France », s'attribua à lui-même le portefeuille de l'Économie et des Finances et voulut en priorité lutter contre la crise. Pour rétablir les grands équilibres, il mit au point un plan d'austérité fondé sur l'augmentation de certains impôts, un blocage des prix, une limitation des hausses de salaires, des mesures permettant aux entreprises de devenir plus compétitives, ce qui devait relancer la production et réduire le chômage. Raymond Barre poursuivit l'application de cette politique avec obstination. Il réussit à rééquilibrer la balance des paiements, à ralentir l'inflation et à maintenir une certaine croissance. Mais le second choc pétrolier, en 1979, lors de la chute du shah d'Iran et la révolution iranienne, et le doublement du prix des hydrocarbures effacèrent ces résultats encourageants. Le chômage ne fut pas contenu et frappait 1 300 000 personnes à la fin de 1978.

Cette politique de rigueur et les déboires de 1979 exacerbèrent les critiques. La gauche et les syndicats s'indignaient des sacrifices imposés aux salariés. Certains membres de la majorité faisaient eux aussi preuve de scepticisme et marquaient leur préférence pour des mesures de relance. Jacques Chirac et le RPR fustigeaient l'échec économique du gouvernement.

Vers la fin du septennat, non seulement le président ne paraissait plus à même de combattre la morosité et la démoralisation, mais il y contribuait en quelque sorte passivement en étant à son tour visé par une « affaire ». La presse satirique et la presse politique de gauche, chacune à leur manière, mirent en cause Giscard d'Estaing pour les liens trop étroits qu'il avait laissé se nouer entre lui et le chef d'État de la République centrafricaine, Jean Bedel Bokassa. Grand sportif, grand chasseur, le président aimait l'Afrique équatoriale et ses loisirs préférés étaient ces lointains safaris. Il se laissa affubler du nom d'ami et de « parent » d'un odieux et ridicule tyranneau, et autorisa le trésor français à payer les frais du couronnement impérial de Bokassa 1er, grotesque parodie, insultante à la fois pour l'idée de République et pour la mémoire de Napoléon ; quand « l'empereur » eut passé les bornes, nous le fîmes punir par un désinvolte coup d'État ; entre-temps, l'on en avait reçu en cadeau les fameux diamants...

L'histoire devait-elle glisser sur un scandale qui fut parfois grossi, et sur un pittoresque qui ne serait qu'anecdotique ? Après tout, si le président put être complaisant, imprudent et maladroit, il serait abusif d'aller chercher des mots plus graves. Mais peut-être le péché, véniel en lui-même, fut-il mortel politiquement. On ne saurait exclure que les électeurs qui firent pencher la balance contre Giscard d'Estaing en 1981 aient voulu — plutôt que faire l'essai d'une société socialiste — sanctionner un président qui n'avait maîtrisé ni la crise, ni le marasme social, ni la politique extérieure (nous le verrons ailleurs) et dont la réputation personnelle s'était quelque peu ternie.

3. Partis et élections

1. Les forces politiques en présence

Jamais la France ne parut si géométriquement partagée en quatre quarts. Mais les symétries y étaient plus apparentes que réelles.

À droite (encore que les intéressés récusassent généralement ce terme consacré par l'usage), il n'y avait qu'un parti solide, celui de la tradition gaulliste, bientôt repris en main par Jacques Chirac. Celui-ci avait pourtant commencé — on l'a vu — par une sorte de trahison à l'égard de l'UDR à laquelle appartenait Chaban-Delmas. Chirac cependant ne s'était sans doute pas trompé en pensant qu'en mai 1974 Giscard d'Estaing avait plus de chances que Chaban-Delmas de gagner le duel contre François Mitterrand. Est-ce pour cette raison ? ou parce qu'aucun autre gaulliste ne pouvait rivaliser d'énergie et d'efficacité présumée avec lui ? Toujours est-il qu'il reconquit très vite la première place parmi les siens, et put même se permettre de « chiraquiser » le parti en lui imposant un $n^{ième}$ baptême : l'UDR se réforma en « Rassemblement pour la République », dont le sigle (RPR) rappelait habilement le sigle RPF de 1947. Parti d'élus, de militants, d'hommes actifs, à l'image de Chirac, et dans lequel les vétérans issus de la Résistance (les « barons ») se laissèrent peu à peu marginaliser, à moins que, restés ministres, ils n'attachent peu à peu leur fidélité au président Giscard d'Estaing. Chirac, après sa démission du gouvernement, eut les coudées encore plus franches pour jouer le jeu du renforcement du RPR. En 1977, à la faveur d'une grande loi libérale, qui remit le statut municipal de Paris dans le droit commun, il se porta candidat à la mairie de la capitale et en devint le premier maire du XXe siècle, devançant aisément non seulement les candidats de gauche mais même le candidat que Giscard lui avait proposé en la personne de Michel d'Ornano. On devine quel surcroît d'audience et de prestige il en tira.

Par rapport à ce partenaire vigoureux, l'autre composante de la majorité, celle des « giscardiens », n'était pas de taille. Le parti du président, officiellement appelé Union pour la Démocratie française (UDF), fondé le 1er février 1978, n'avait pour unité que l'allégeance privilégiée au chef de l'État et le souci de faire contrepoids au RPR. En réalité, l'UDF n'était pas un parti mais une coalition de trois formations bien caractérisées : le Parti radical (qui avait, par anticommunisme, refusé le camp de la gauche où étaient demeurés ses frères séparés du MRG), le Parti républicain (l'ancien parti de Giscard lui-même formé de notables issus de la droite la plus classique) et le Centre démocratique et social (CDS, héritier de la démocratie chrétienne via le MRP). Comme on le voit, il y avait dans l'UDF tout à la fois ce que la majorité présidentielle comptait de plus conservateur, voire de plus autoritaire (le PR avec Michel Poniatowski et tels ou tels jeunes élus côtoyant l'extrême-droite) et ce qu'elle comptait de plus sincèrement démocrate, social et humaniste (la gauche du CDS, avec Bernard Stasi). Point donc d'homogénéité vraie, ni de solidité autre qu'en enracinements électoraux provinciaux.

À gauche, si l'on met à part le MRG et le PSU, de plus en plus marginalisés par la montée du socialisme, il n'y avait que les socialistes, précisément, et les communistes. Ces derniers, toujours dirigés par Georges Marchais, étaient en principe de plus en plus attachés à la visée démocratique d'un socialisme « aux couleurs de la France », allant même jusqu'à rayer de leurs statuts la référence à la « dictature du prolétariat » (22e Congrès, février 1976). Leur histoire apparaissait cependant, vue de l'extérieur, passablement chaotique, faisant alterner les prises de distance à l'égard de l'URSS avec les spectaculaires manifestations d'attachement (sur l'Afghanistan, en janvier 1980), et — parallèlement — par rapport au PS, les fraternisations avec les refroidissements. Tout ceci sur fond d'une perte lente d'influence, qui semblait bien être pour eux le principal problème. Tout se passait comme si le PC se demandait, en tâtonnant, si c'était l'enthousiasme unitaire pour le programme commun ou bien la dénonciation critique du réformisme et du laxisme social démocrate qui étaient le plus avantageux pour lui.

Le PS, lui, avait le vent en poupe. Il n'était même pas gêné par la querelle feutrée qui, au-delà des traditionnels et structurels conflits de tendances, opposait, en fonction de l'échéance présidentielle, les partisans des candidatures respectives de Mitterrand et de Rocard. Mitterrand était le vrai fondateur du nouveau PS, et l'initiateur incontesté de la renaissance d'un socialisme français « crédible ». Son autorité et son éloquence ne suffisaient pas à convaincre ceux qui observaient qu'il avait déjà deux fois manqué l'élection (en 1965 et en 1974), ni ceux pour qui il avait déjà l'âge et l'image d'un ancien de la « Quatrième », etc. D'où la tentation de miser sur Michel Rocard, qui était jeune, et qui offrait un mélange de charme personnel et de compétence évidente assez comparable à celui du Giscard d'avant 1974. Comme on sait, Mitterrand s'imposera finalement. Le Parti socialiste grandit. Comme il était pluraliste et divers (on dit parfois, à l'américaine, et en moins bonne part, « *catch all party* », attrape-tout), il captait aisément la plupart des mécontentements croissants que nous avons mis en évidence. Il pouvait ne pas rebuter des « sensibilités » libertaires, écologistes, régionales. De là viendront sans doute ses victoires de 1981, et quelques-uns de ses déboires au-delà.

Les progrès du PS conduisirent à la rupture de l'union de la gauche qui avait été conclue en 1972. Très vite, le PCF avait constaté que la dynamique unitaire profitait essentiellement au PS. Pour enrayer l'ascension du parti rival, les communistes, tout en affirmant leur attachement à l'union, multipliaient les critiques contre les socialistes. L'échec de cette tactique amena à la rupture. Celle-ci fut consommée en septembre 1977 à l'occasion de négociations entamées par les trois signataires du programme commun de 1972 pour réactualiser ce dernier. Le PCF essaya de convaincre ses partenaires d'accepter une très large refonte du programme. Les communistes proposaient en particulier d'allonger la liste des nationalisations et de mettre les entreprises changeant ainsi de statut sous le contrôle des syndicats, donc de la CGT, elle-même très proche du PCF. Les socialistes et plus encore les radicaux de gauche ne pouvaient souscrire à de tels projets plaçant une bonne part de l'appareil de production sous la coupe des marxistes. Aussi les négociateurs se séparèrent-ils *sine die* le 22 septembre 1977, ce qui signifiait que s'achevait la période unitaire vécue par la gauche depuis vingt années.

2. Les élections législatives de 1978 et européennes de 1979

Avant la rupture de 1977, la gauche avait remporté des succès encourageants, aux législatives partielles de septembre 1974 et aux municipales de mars 1977. On avait alors surtout remarqué le passage à gauche de grandes villes de l'Ouest comme Rennes, Nantes, Angers.

Les législatives des 12 et 19 mars 1978 constituèrent un épisode d'autant plus important que les sondages préalables prédisaient la victoire de la gauche. Aussi le président Giscard d'Estaing crut-il bon de mettre les électeurs en garde en les exhortant à faire « le bon choix » et en les avertissant qu'en cas de victoire de l'opposition, il n'aurait aucun moyen d'empêcher celle-ci d'appliquer le programme commun.

**LES MISES EN GARDE DE VALÉRY GISCARD D'ESTAING
À CARPENTRAS LE 8 JUILLET 1977**

C'est maintenant le moment de préparer l'avenir, en jalonnant le parcours politique des Français jusqu'à l'échéance de 1978. Je souhaite qu'ils puissent s'imprégner de deux idées.

D'abord celle que je resterai à mon poste, quoi qu'il arrive. Aucune pression, aucune manœuvre, aucun calcul personnel ne m'en feront partir. J'ai une aversion instinctive pour la désertion : je ne déserterai pas ma

fonction. Pour en persuader les Français, il faut utiliser le cas extrême. Le parti communiste vient de publier une brochure où il détaille les conditions auxquelles le président de la République devra se soumettre s'il souhaite rester en fonction. Je réplique : « La constitution de la France a été ratifiée par le peuple français. Elle ne sera pas modifiée par des rédacteurs de brochures ! Je veillerai, en toutes circonstances, à ce que la constitution de la France soit respectée. Je ferai appel, s'il le faut, à tous les démocrates et on verra s'il existe, dans notre pays républicain, des amateurs de coups d'État ! »
[...]
L'autre idée est une annonce, un rendez-vous :

« J'indiquerai le bon choix pour la France. J'entends placer les Françaises et les Français devant toutesles conséquences de leur choix ! »
J'ai choisi soigneusement mes mots. Le « bon choix » doit signifier à la fois qu'il n'y en a pas d'autre possible, qu'il ne peut pas être dicté par des considérations mesquines, et qu'il sera bénéfique au total pour ceux qui le feront. Et si j'ajoute « pour la France », c'est afin de faire passer le message qu'il ne s'agit pas d'une affaire de parti, ou d'intérêt de groupe, mais de quelque chose qui englobe tout l'ensemble, les personnes, le territoire, l'intérêt national. La formule est lancée, le rendez-vous est pris : oui je resterai à mon poste et, le moment venu, je proposerai le bon choix.

À VERDUN-SUR-LE-DOUBS LE 27 JANVIER 1978

Il me faut déplacer quelques pourcentages de voix. Les sondages que publient les journaux sont régulièrement défavorables à la majorité. Je sais bien que les sondages ne sont pas les élections, et que les personnes interrogées ne répondent pas comme les électeurs voteront, mais la permanence de leurs indications m'inquiète. Je ne peux pas espérer que l'effet de mon discours soit immédiat, mais il faut réussir à ce que ma mise en garde, et aussi la recommandation que je vais faire, cheminent dans les esprits.
Je choisis délibérément un timbre de voix calme, et je cherche à montrer dès mes premiers mots, dès ma seconde phrase, à qui je m'adresse et quel est mon message :
« Mes chères Françaises et mes chers Français, je suis venu vous demander de faire le bon choix pour la France. »
Le public applaudit, très fort, longtemps. C'est le moment venu pour la mise en garde. Celle-ci ne s'adresse pas, en réalité, aux personnes présen-

tes dont la grande majorité nous est déjà acquise, mais aux gros yeux des caméras qui vont relayer mes paroles dans le reste du pays.
J'explique d'abord pourquoi j'ai décidé d'intervenir : « Certains voulaient me condamner au silence, mais le président de la République est à la fois arbitre et responsable. Sa circonscription, c'est la France. »
Tonnerre d'applaudissements. Et j'évoque le redressement économique, en rendant hommage à l'action du gouvernement, sous l'impulsion du Premier ministre, Raymond Barre. Je félicite celui-ci pour son courage et sa compétence.
Je décris alors l'autre voie, celle de l'application du programme commun. Je cherche à faire prendre conscience du désordre économique qu'elle entraînerait, de l'aggravation du déficit budgétaire et de la baisse de la valeur de la monnaie. « Une France moins compétitive serait une France au chômage ! »
Et voici ma phrase centrale, inscrite sous mon regard, en haut de la page.

Je l'ai soulignée à l'encre verte. Je prends mon souffle pour la prononcer :
« Vous pouvez choisir l'application du programme commun ! C'est votre droit. Mais si vous le choisissez, il sera appliqué. Ne croyez pas que le président de la République ait, dans la constitution, les moyens de s'y opposer.
« J'aurais manqué à mon devoir si je ne vous avais pas mis en garde. »

Valéry Giscard d'Estaing, *Le Pouvoir et la vie*, Paris, © Compagnie 12, 1988.

La participation électorale fut massive. À l'issue du premier tour, le PS, avec 22,79 % des suffrages exprimés, devança pour la première fois le PCF qui plafonnait à 20,61 %. La majorité résista mieux que prévu ; l'UDF, avec 23,89 % devançait le RPR resté à 22,84 %. Le second tour s'annonçait très serré. Le PCF proposa au PS de conclure un accord. De fait celui-ci fut rapidement négocié, mais il parut peu crédible en raison de la rupture survenue entre les partis de gauche quelques mois auparavant et des accusations multiples lancées par les communistes contre leurs anciens partenaires. À l'issue de la consultation, la droite conserva la majorité : ses troupes avaient massivement fait bloc pour barrer la route du pouvoir au PCF. À gauche, la discipline de vote s'était révélée imparfaite : les communistes avaient généralement voté pour les candidats socialistes, mais l'inverse ne s'était pas toujours vérifié.

LES GROUPES À L'ASSEMBLÉE APRÈS LES ÉLECTIONS DE MARS 1978

PCF	86
PS et apparentés	114
RPR et apparentés	154
UDF et apparentés	137

Au printemps suivant, juin 1979, les résultats des élections des députés français à la première Assemblée européenne donnèrent une exacte évaluation des forces, grâce au scrutin par listes nationales. La liste la plus gouvernementale, conduite par Simone Veil, obtint 27,39 % des suffrages exprimés, la liste socialiste (Mitterrand) 23,73 %, la liste communiste (Marchais) 20,59 %, la liste gaulliste (Chirac-Debré) 16,09 %, le reste se partageant entre diverses formations mineures. La droite et la gauche s'équilibraient donc à peu près, et, à l'intérieur de chaque camp, la liste la plus européenne (UDF, PS) devançait nettement les listes les plus réticentes devant l'Europe (RPR, PC).

Mme Veil eut l'honneur d'être élue présidente de cette Assemblée, où une majorité de conservateurs, de libéraux et de catholiques l'emportait légèrement sur une minorité de sociaux-démocrates, socialistes et communistes.

3. L'élection présidentielle de mai 1981

La gauche et la droite se présentèrent divisées devant les électeurs.
À gauche, François Mitterrand portait les couleurs du PS. Le PCF se résolut
à avoir son propre candidat, Georges Marchais, pensant à tort que l'absence
de porte-drapeau en 1965 et 1974 avait nui à son influence. À droite Giscard
d'Estaing se porta candidat à sa propre succession, Jacques Chirac se présenta pour le RPR sans faire pour autant l'unanimité du courant gaulliste,
qui eut deux autres porte-parole, Marie-France Garaud et Michel Debré. Il
est vrai que la gauche et l'extrême-gauche eurent aussi leurs « petits candidats » ; en tout dix prétendants.

Au premier tour, le 26 avril 1981, Giscard d'Estaing recueillait 28,31 %
des voix des votants (il en avait eu 32,6 % au premier tour de 1974), Mitterrand 25,84 %, Chirac 17,99 % et Marchais 15,34 %, les six autres candidats
se partageant les quelque 10 % du reste. On fut frappé par la chute « historique » du porte-parole communiste, dont le parti avait toujours oscillé depuis
1945 entre 26 et 20 %.

Cette faiblesse incita-t-elle des électeurs modérés à voter ensuite pour Mitterrand, avec l'idée qu'il serait plus aisément indépendant d'un allié communiste affaibli qu'il ne l'eût été d'un allié à peu près paritaire ? Il se peut. On
remarqua aussi que le ralliement de Chirac à la candidature Giscard pour le
second tour fut tardif et peu empressé. On ne saurait exclure que quelques
voix de cette origine aient voté pour Mitterrand afin de « punir » le sortant.

Quoi qu'il en soit, au second tour, le 10 mai, François Mitterrand était
élu avec 51,75 % des suffrages, contre 48,25 % à Valéry Giscard d'Estaing.
Le nouveau président prononça la dissolution de l'Assemblée nationale. Selon
son vœu (selon aussi le précédent de l'automne 1958, par exemple), l'électorat amplifia au niveau législatif la tendance qu'il avait manifestée au vote plébiscitaire antérieur : 54 % des voix pour la gauche au premier tour des
législatives de juin, et, à l'arrivée, une écrasante majorité de 285 députés socialistes (et radicaux de gauche) et 44 communistes contre 152 de la droite. Une
nouvelle gestion pouvait commencer.

Chapitre 12

Le premier septennat de François Mitterrand : les grandes espérances et les réorientations (1981-1988)

Lorsque François Mitterrand entra à l'Élysée en mai 1981, il possédait une vaste expérience politique acquise au cours d'une carrière déjà longue. Né à Jarnac en 1916 dans une famille conservatrice et catholique de la petite bourgeoisie, il avait milité dans des organisations d'extrême-droite avant la Deuxième Guerre mondiale. Prisonnier de guerre en 1940, il s'évada, rejoignit Vichy et, rallié aux idéaux de la Révolution nationale, fut employé au Commissariat général aux prisonniers de guerre. Il entra dans la Résistance en 1943, manifesta des sympathies pour le général Giraud, puis se rapprocha du général de Gaulle avec lequel ses relations ne furent pas faciles. Cependant, il devint secrétaire général aux Prisonniers de guerre dans le gouvernement provisoire présidé par de Gaulle en 1944.

Après la guerre, François Mitterrand qui était avocat délaissa le barreau pour briguer des mandats parlementaires : député de 1946 à 1958, sénateur de 1959 à 1962, à nouveau député jusqu'en 1981. Sous la IVe République, il fut l'un des principaux dirigeants d'un petit parti de centre gauche, l'Union démocratique et socialiste de la Résistance (UDSR) et occupa plusieurs postes ministériels : les Anciens Combattants, la France d'outre-mer, l'Intérieur dans le cabinet Mendès France (1954-1955) et la Justice dans le cabinet Guy Mollet (1956-1957). Hostile dès l'origine à la Ve République, qu'il critiqua dans son livre *Le Coup d'État permanent* (1964), il combattit le général de Gaulle à travers les groupements qu'il anima : la Fédération de la gauche démocrate et socialiste (1965-1968), la Convention des institutions républicaines (1970-1971), le nouveau Parti socialiste (1971-1981). Candidat unique de la gauche aux élections présidentielles de 1965, François Mitterrand obtint, contre le général de Gaulle, 45,5 % des voix au deuxième tour. En 1974, opposé à Valéry Giscard d'Estaing, il rassembla 49,19 % des voix.

La victoire de François Mitterrand en 1981 plaçait, pour la première fois sous la Vᵉ République, un homme de gauche à la tête de l'État. Les élections législatives des 14 et 21 juin, qui assurèrent au Parti socialiste 285 sièges sur 490, offrirent au nouveau président de la République une très confortable majorité parlementaire.

1. Le gouvernement Pierre Mauroy : de l'« état de grâce » au réalisme économique (mai 1981-juillet 1984)

Le socialiste Pierre Mauroy, désigné comme Premier ministre le 21 mai 1981, fut confirmé à son poste au lendemain des élections législatives de juin. Cet homme à l'éloquence chaleureuse, député-maire de Lille, vieux bastion socialiste, incarnait une gauche traditionnelle, appuyée sur les appareils politiques, les syndicats, les associations. Son gouvernement comprenait des représentants des diverses tendances du Parti socialiste, comme Michel Rocard au Plan et Jean-Pierre Chevènement à la Recherche scientifique, des personnalités réputées modérées comme les socialistes Jacques Delors à l'Économie et aux Finances et Gaston Defferre à l'Intérieur, le gaulliste de gauche Michel Jobert au Commerce extérieur. Mais le plus spectaculaire était la désignation, pour la première fois depuis 1947, de quatre ministres communistes : Charles Fiterman aux Transports, Anicet Le Pors à la Fonction publique, Jack Ralite à la Santé et Marcel Rigout à la Formation professionnelle.

1. « L'état de grâce » et les grandes réformes du début du septennat

Les nouveaux responsables voulurent rendre manifeste, par diverses initiatives symboliques, leur volonté de rompre avec le passé. Le 21 mai 1981, jour de son entrée officielle en fonction, François Mitterrand se rendit au Panthéon et déposa une rose sur la tombe des héros des droits de l'homme, Jean Jaurès, Victor Schœlcher, Jean Moulin. Ce fut au nom d'une identique préoccupation morale que le 5 juin, lors de l'inauguration du salon aéronautique du Bourget, les missiles et autres engins « porteurs de mort » furent cachés aux yeux du président. De même, le gouvernement, par souci de préservation de l'environnement, renonça à l'extension du camp militaire du Larzac et à la construction d'une centrale nucléaire à Plogoff, en Bretagne.

Au-delà des mesures symboliques, les nouveaux dirigeants souhaitaient promouvoir de grands changements au sein de la société française. Durant quelques mois, le pays fut balayé par un grand vent de réformes. Toutes les audaces semblaient alors possibles. Les socialistes et leurs alliés, pénétrés d'un généreux idéal, sûrs de la justesse de leurs analyses, persuadés que la reprise économique permettrait de financer les réalisations sociales, firent voter de nombreux textes. Cette période heureuse, qui dura jusqu'au printemps de 1982, fut baptisée « l'état de grâce ».

Pierre Mauroy voulait asseoir le changement sur un « socle » constitué par trois séries de mesures : les nationalisations, la décentralisation et les droits des salariés. Le passage de certaines entreprises dans le secteur public fut justifié par la nécessité de développer une grande politique de la restructuration, de l'investissement et de l'emploi. La loi du 11 février 1982 fit passer sous le contrôle de l'État cinq importantes sociétés industrielles (Compagnie Générale d'Électricité, Saint-Gobain, Péchiney-Ugine-Kühlmann, Rhône-Poulenc, Thomson-Brandt), deux compagnies financières (Paribas et Suez), trente-six banques d'affaires dont les dépôts dépassaient, pour chacune d'elles, un milliard de francs. Des textes particuliers définirent le statut national d'autres entreprises : Matra, Dassault, Sacilor-Usinor, Roussel-Uclaf, CII-Honeywell-Bull, filiales ITT. Le montant total des indemnisations s'éleva à 51 milliards de francs, auxquels s'ajoutaient 13 milliards de créances déjà détenues par l'État sur Sacilor-Usinor.

Gaston Defferre, ministre de l'Intérieur et de la Décentralisation, s'attacha à la préparation de la loi du 2 mars 1982, intitulée « Droits et libertés des communes, départements et régions ». Les élus, présidents des conseils régionaux et généraux, maires, héritaient des pouvoirs détenus jusque-là par les préfets. Ainsi, les régions reçurent la responsabilité de l'aménagement du territoire, de la construction des lycées, de la formation professionnelle ; les départements devinrent notamment compétents dans la gestion des collèges et l'action sociale. Pour assurer ces missions nouvelles, les collectivités locales reçurent le produit de certains impôts : vignette automobile, taxe sur les permis de conduire, ainsi que des crédits spécifiques. Les préfets, rebaptisés « commissaires de la République », se bornèrent désormais à diriger les services de l'État et exercèrent sur les collectivités une tutelle *a posteriori* ; les chambres régionales des comptes furent chargées de veiller à la régularité des opérations financières.

Le ministre du Travail Jean Auroux donna son nom à une série de quatre lois étendant les droits des salariés. Ces lois, visant à élargir la démocratie dans l'entreprise, amélioraient la représentation, l'expression et les conditions de travail, notamment en matière d'hygiène et de sécurité ; elles instituaient une négociation annuelle obligatoire sur les salaires.

Les trois mesures fondamentales du changement furent complétées par une avalanche de lois et d'ordonnances qui ambitionnaient de moderniser la société française. Dans le domaine de la justice, les principales décisions furent l'abolition de la peine de mort, l'abrogation de la loi Sécurité et Liberté, la suppression de la Cour de sûreté de l'État et des tribunaux permanents des forces armées, la dépénalisation de l'homosexualité, l'adoucissement du régime carcéral. D'autres réformes importantes furent adoptées : abolition du secteur privé dans les hôpitaux, remboursement de l'interruption volontaire de grossesse par la Sécurité sociale, élargissement des conditions d'accès à l'ENA, meilleure protection des locataires grâce à la loi Quilliot du 22 juin 1982.

DISCOURS DU MINISTRE DE LA JUSTICE ROBERT BADINTER
DEVANT L'ASSEMBLÉE NATIONALE EN FAVEUR
DE L'ABOLITION DE LA PEINE DE MORT
(17 septembre 1981)

M. le Garde des sceaux. Monsieur le président, mesdames, messieurs les députés, j'ai l'honneur, au nom du gouvernement de la République, de demander à l'Assemblée nationale l'abolition de la peine de mort en France [...].
Je tiens à remercier tous ceux, quelle que soit leur appartenance politique qui, au cours des années passées, notamment au sein des commissions des lois précédentes, ont également œuvré pour que l'abolition soit décidée [...].
Une longue marche s'achève aujourd'hui. Près de deux siècles se sont écoulés depuis que, dans la première assemblée parlementaire qu'ait connue la France, Le Pelletier de Saint-Fargeau demandait l'abolition de la peine capitale. C'était en 1791.
Je regarde la marche de la France. La France est grande, non seulement par sa puissance, mais au-delà de sa puissance, par l'éclat des idées, des causes, de la générosité qui l'ont emporté aux moments privilégiés de son histoire.
[...] Il se trouve que la France aura été, en dépit de tant d'efforts courageux, l'un des derniers pays, presque le dernier — et je baisse la voix pour le dire — en Europe occidentale dont elle a été si souvent le foyer et le pôle, à abolir la peine de mort.
Pourquoi ce retard ? Voilà la première question qui se pose à nous. Ce n'est pas la faute du génie national. C'est de France, c'est de cette enceinte, souvent, que se sont levées les plus grandes voix, celles qui ont résonné le plus haut et le plus loin dans la conscience humaine, celles qui ont soutenu, avec le plus d'éloquence, la cause de l'abolition [...]

Je ne pense pas non plus que ce soit à cause du tempérament national. Les Français ne sont certes pas plus répressifs, moins humains que les autres peuples. Je le sais par expérience. Juges et jurés français savent être aussi généreux que les autres. La réponse n'est donc pas là. Il faut la chercher ailleurs.
Pour ma part, j'y vois une explication qui est d'ordre politique. Pourquoi ?
L'abolition, je l'ai dit, regroupe, depuis deux siècles, des femmes et des hommes de toutes les classes politiques et, bien au-delà, de toutes les couches de la nation.
Mais si l'on considère l'histoire de notre pays, on remarquera que l'abolition, en tant que telle, a toujours été une des grandes causes de la gauche française. Quand je dis gauche, comprenez-moi, j'entends forces de changement, forces de progrès, parfois forces de révolution, celles qui, en tout cas, font avancer l'histoire. *(Applaudissements sur les bancs des socialistes, sur de nombreux bancs des communistes et sur quelques bancs de l'Union pour la démocratie française.)* [...]
Je dois rappeler, puisque à l'évidence sa parole n'est pas éteinte en vous, la phrase que prononça Jaurès :
« La peine de mort est contraire à ce que l'humanité depuis deux mille ans a pensé de plus haut et rêvé de plus noble. Elle est contraire à la fois à l'esprit du christianisme et à l'esprit de la Révolution. »
En 1908, Briand à son tour entreprit de demander à la Chambre l'abolition [...].
Depuis lors — soixante-quinze ans — jamais une assemblée parlementaire

n'a été saisie d'une demande de suppression de la peine de mort [...].
On peut s'interroger : pourquoi n'y a-t-il rien eu en 1936 ? La raison est que le temps de la gauche fut compté. L'autre raison, plus simple, est que la guerre pesait déjà sur les esprits. Or, les temps de guerre ne sont pas propices à poser la question de l'abolition. Il est vrai que la guerre et l'abolition ne cheminent pas ensemble.

La Libération. Je suis convaincu, pour ma part, que, si le gouvernement de la Libération n'a pas posé la question de l'abolition, c'est parce que les temps troublés, les crimes de la guerre, les épreuves terribles de l'occupation faisaient que les sensibilités n'étaient pas à cet égard prêtes. Il fallait que reviennent non seulement la paix des armes mais aussi la paix des cœurs.

Cette analyse vaut aussi pour les temps de la décolonisation.

Attendre, après deux cents ans ?

Attendre, comme si la peine de mort ou la guillotine était un fruit qu'on devrait laisser mûrir avant de le cueillir !

Attendre ? Nous savons bien en vérité que la cause était la crainte de l'opinion publique [...].

Parce qu'aucun homme n'est totalement responsable, parce qu'aucune justice ne peut être absolument infaillible, la peine de mort est moralement inacceptable. Pour ceux d'entre nous qui croient en Dieu, lui seul a le pouvoir de choisir l'heure de notre mort. Pour tous les abolitionnistes, il est impossible de reconnaître à la justice des hommes ce pouvoir de mort parce qu'ils savent qu'elle est faillible.

Le choix qui s'offre à vos consciences est donc clair : ou notre société refuse une justice qui tue et accepte d'assumer, au nom de ses valeurs fondamentales — celles qui l'ont faite grande et respectée entre toutes — la vie de ceux qui font horreur, déments ou criminels ou les deux à la fois, et c'est le choix de l'abolition ; ou cette société croit, en dépit de l'expérience des siècles, faire disparaître le crime avec le criminel, et c'est l'élimination.

Cette justice d'élimination, cette justice d'angoisse et de mort, décidée avec sa marge de hasard, nous la refusons. Nous la refusons parce qu'elle est pour nous l'antijustice, parce qu'elle est la passion et la peur triomphant de la raison et de l'humanité.

« Les grands débats parlementaires de 1875 à nos jours » in *NED*, n° 4871, Paris, La Documentation française, 1988.

La création des radios privées locales se trouva facilitée par une réglementation nouvelle. Une plus grande compréhension inspira la législation applicable aux immigrés. La loi du 17 octobre 1981 abrogea le contingentement de la main-d'œuvre étrangère organisé par une loi de 1932 ; la loi du 29 octobre 1981 interdit l'expulsion des étrangers nés en France ou y ayant vécu depuis l'âge de dix ans ; en octobre 1981 fut lancée une vaste opération qui permit de régulariser la situation de 130 000 immigrés clandestins. Les associations d'étrangers ne furent plus soumises à une autorisation préalable du ministère de l'Intérieur.

Toutes ces réformes ne furent pas adoptées sans combat. L'opposition de droite, un moment étourdie par l'ampleur de sa défaite électorale, ne voulut pas que se prolongeât « l'état de grâce ». Elle lutta vivement contre les projets du gouvernement, surtout au Sénat où elle gardait la majorité ; elle multiplia les batailles d'amendements et déposa fréquemment des recours devant le Conseil constitutionnel. De jeunes parlementaires acquièrent expérience et notoriété dans ces affrontements politiques, ainsi Philippe Séguin, Alain Madelin, Michel Noir, Charles Millon, François d'Aubert à droite, Christian Pierret, Claude Évin, Jean-Jacques Queyranne à gauche. En définitive, malgré les combats de retardement, le gouvernement Mauroy parvint à faire aboutir ses projets car il disposait d'une majorité docile à la Chambre ; le Conseil constitutionnel, pour sa part, ne pouvait satuer que dans le domaine juridique, et non politique.

2. La réorientation économique

L'opposition trouva rapidement un point d'attaque sensible : l'économie. Le gouvernement avait combiné un double programme de lutte contre le chômage et de relance. Une série d'ordonnances visèrent à améliorer l'emploi par la réduction de la durée du travail, la semaine de 39 heures, la cinquième semaine de congés payés, la retraite à 60 ans, le développement du travail à temps partiel, l'embauche de fonctionnaires. En même temps, le gouvernement, prenant le contre-pied de la politique de son prédécesseur, s'attachait à stimuler la consommation, celle-ci étant considérée comme le moteur de la production. Ainsi, les bas salaires et les prestations sociales furent relevés, les taux d'intérêt abaissés. La loi de finances pour 1982 encouragea la relance par un accroissement des dépenses publiques de 27,6 %. Pour limiter le déficit budgétaire à 95,4 milliards, le gouvernement décida notamment de modifier le quotient familial et de créer un impôt sur les grandes fortunes.

Ces objectifs ambitieux furent malheureusement définis en un moment où l'économie française se trouvait dans une situation difficile. Le premier choc pétrolier, en 1973-1974, avait déjà ébranlé les entreprises. Le second choc, en 1979, dû notamment à la fermeture des gisements iraniens et à la hausse brutale des cours du pétrole, avait engendré une récession parmi les grandes puissances industrielles. La France enregistra, pour sa part, une hausse générale des prix, une détérioration des paiements extérieurs, un ralentissement de la croissance. Alors que les autres pays essayaient de juguler la crise par des mesures d'austérité — restriction du crédit et de la consommation — les dirigeants français, tablant sur une reprise mondiale, entamèrent en 1981 une politique de relance. Ce mauvais calcul entraîna de graves conséquences : alourdissement du déficit budgétaire, détérioration de la situation financière des entreprises gênées par les charges nouvelles, aggravation du déséquilibre du commerce extérieur et de l'inflation, qui atteignit 14 % à la fin de 1981. L'affaiblissement du franc imposa trois dévaluations successives, en octobre 1981, juin 1982 et mars 1983.

Le gouvernement, tirant courageusement la leçon de ses déboires, prit une nouvelle orientation et, à partir de juin 1982, adopta progressivement une politique économique d'austérité. Alors que la dévaluation d'octobre 1981 n'avait été assortie d'aucun plan d'accompagnement, la deuxième dévaluation, celle de juin 1982, alla de pair avec diverses mesures de rigueur destinées à réduire l'inflation : blocage des prix et des revenus, sauf le SMIC, jusqu'au 31 octobre, puis suspension de l'échelle mobile des salaires, déficit budgétaire limité (pour 1982 et 1983) à 3 % de la production intérieure brute, contribution des fonctionnaires. Après la troisième dévaluation, en mars 1983, le gouvernement chercha à freiner davantage la consommation et les importations, ce qui entraîna de nouvelles économies budgétaires, un prélèvement de 1 % sur les revenus imposables, un emprunt obligatoire, une augmentation de la taxe sur les carburants.

Cette nouvelle politique de rigueur permit de réduire l'inflation et de retrouver, dès 1984, un quasi-équilibre de la balance des paiements courants. En revanche, l'effectif des chômeurs, que Pierre Mauroy avait espéré stabiliser sur « la crête des deux millions », reprit son ascension. Ce mouvement fut accéléré par la nécessité où se trouvèrent les pouvoirs publics de restructurer, au nom de la productivité, des industries vieillies et déficitaires. Des dizaines de milliers d'emplois furent ainsi supprimés dans les charbonnages, la sidérurgie, les chantiers navals, l'automobile ; pour la seule année 1984, ce furent 239 600 postes qui disparurent. Le nombre des demandeurs d'emploi approchait de 2 300 000 à l'été 1984. (Sur cette nouvelle politique économique, voir également le chapitre 16, pp. 365 à 368).

3. Le désenchantement

« L'état de grâce » qui avait régné en 1981 et au début de 1982 était alors totalement dissipé. Les réformes sociales suscitaient des oppositions ; tous ceux qui craignaient pour leurs intérêts ou leurs droits acquis manifestaient leur mécontentement : les industriels et les commerçants protestaient contre la lourdeur des charges, les cadres contre l'augmentation des impôts, les médecins contre le changement de l'organisation hospitalière, les professeurs d'Université contre les projets du ministre Alain Savary, les partisans de l'école libre contre le même ministre et le président Mitterrand, qui voulaient aménager un grand service public, unifié et laïque de l'Éducation nationale. La cohésion de la majorité et de son appui sociologique, « le peuple de gauche », était ébranlée. Les salariés et les régions victimes des restructurations, surtout le Nord et l'Est, étalaient leur déception et parfois leur colère. Les syndicats s'irritaient de n'obtenir aucun adoucissement à la rigueur et admettaient mal que la recherche des grands équilibres financiers pût compromettre la politique sociale entreprise en 1981. Le Parti communiste, tout en restant au gouvernement, grondait contre la gestion des socialistes. Les cotes de popularité de François Mitterrand et de Pierre Mauroy fléchirent nettement.

Le verdict des urnes traduisit le désenchantement. Les élections partielles furent défavorables à la majorité de gauche. Celle-ci, aux élections municipales des 6 et 13 mars 1983, perdit trente villes de plus de 30 000 habitants. Elle subit un nouvel échec aux élections européennes du 17 juin 1984 : la liste menée par Lionel Jospin, premier secrétaire du Parti socialiste, obtint 20,7 % des voix, tandis que la liste RPR-UDF conduite par Simone Veil recueillait 43 %. Le Parti communiste tomba à 11,20 %. Le scrutin du 17 juin consacra aussi le renforcement de l'extrême droite représentée par le Front national de Jean-Marie Le Pen. Ce courant ne cessait de s'affirmer depuis les élections municipales de mars 1983, puis les municipales partielles de Dreux et d'Aulnay-sous-Bois à l'automne 1983, ainsi que la législative partielle du Morbihan en décembre. En juin 1984, le Front national rassembla 2 204 961 voix, soit 10,95 % des suffrages exprimés.

Le revers électoral de la gauche, le 17 juin 1984, survenait dans un contexte particulièrement préoccupant pour le gouvernement. Depuis le début de l'année, les défenseurs de l'enseignement privé organisaient contre le projet de loi Savary des manifestations qui connaissaient un succès grandissant. Le 24 juin, un million de protestataires déferlèrent sur Paris. François Mitterrand, faisant preuve de réalisme, décida alors de retirer le projet contesté. Alain Savary, désavoué, présenta sa démission ; le président de la République l'accepta et se résolut également, le 17 juillet 1984, à se séparer de Pierre Mauroy, usé par plus de trois ans de gouvernement.

2. Le gouvernement Laurent Fabius : Le socialisme gestionnaire (juillet 1984-mars 1986)

François Mitterrand nomma un jeune Premier ministre, âgé de 37 ans, Laurent Fabius, qui faisait partie de son entourage. Les communistes refusèrent d'entrer dans ce nouveau cabinet où l'on remarquait, aux postes clefs, d'autres proches du président : Pierre Bérégovoy à l'Économie, Roland Dumas aux Relations extérieures, Pierre Joxe à l'Intérieur. Les diverses tendances du Parti socialiste étaient représentées, notamment avec Michel Rocard, ministre de l'Agriculture, et Jean-Pierre Chevènement qui, absent du gouvernement depuis 1983, faisait sa rentrée au poste délicat de ministre de l'Éducation nationale.

1. Une gestion pragmatique

Laurent Fabius voulait donner de lui l'image d'un gestionnaire efficace, dynamique, sobre, moderne. Soucieux de reconquérir l'opinion, il créa une émission télévisée régulière, « Parlons France », dans laquelle il expliquait avec simplicité la politique qu'il suivait. Il entreprit aussi de se démarquer de François Mitterrand, auquel il paraissait trop lié : « Lui, c'est lui ; moi, c'est moi », déclara-t-il.

En matière économique, le gouvernement Fabius continua l'action commencée par Pierre Mauroy : le projet de budget pour 1985 limita la progression des dépenses de l'État à 5,9 % et, pour 1986, à 3,68 %, réduction sans précédent. Signe que les analyses des socialistes évoluaient, le profit et l'esprit d'entreprise furent souvent célébrés ; les groupes nationalisés reçurent de fréquentes incitations à réaliser l'équilibre financier. Pierre Bérégovoy engagea une réforme des marchés bien accueillie par la Bourse, dont les cours montèrent. La fermeté avec laquelle le rétablissement des grands équilibres avait été recherché depuis 1982, ainsi que la baisse des prix du pétrole et du dollar, permirent au gouvernement d'enregistrer des résultats encourageants : le déficit du commerce extérieur, qui était de 93 milliards de francs à la fin de 1982, tomba à moins de 25 milliards à la fin de 1984. L'inflation poursuivit sa décrue : 9,3 % en 1983, 6,7 % en 1984, 4,7 % en 1985. De la sorte put être marquée une pause dans la rigueur : la contribution sociale de 1 % fut supprimée ; le projet de budget pour 1986 mit au point une réduction de l'impôt sur le revenu de 3 % et de l'impôt sur les sociétés, qui passa de 50 % à 45 % pour les bénéfices non distribués.

En revanche, la situation de l'emploi ne s'améliora pas. Le cap des 2 500 000 chômeurs fut franchi au début de 1986. À la Régie Renault, le nouveau président-directeur général, Georges Besse, appelé pour rétablir la situation du groupe dont les pertes s'élevaient à 12,5 milliards de francs en 1984, prépara un plan prévoyant notamment 21 000 licenciements. Pour limiter le chômage des jeunes, le gouvernement créa en septembre 1984 les Travaux d'Utilité Collective (TUC), emplois à mi-temps offerts par les collectivités locales. Cette initiative était destinée à procurer une expérience professionnelle aux jeunes et à favoriser leur insertion progressive dans la vie active.

Le gouvernement voulut régler également avec réalisme certaines grandes questions sociales. Ainsi l'immigration. En ce domaine, Pierre Mauroy déjà, confronté au chômage et à la montée de la xénophobie, n'avait pas poursuivi sa politique généreuse de 1981. Dès 1983, les expulsions de clandestins avaient été accélérées et, en 1984, l'aide au retour, arrêtée lors de l'arrivée de la gauche au pouvoir, réinstaurée. Laurent Fabius continua dans la même voie. Quand il constitua son cabinet, il supprima le secrétariat d'État aux Immigrés. Le décret du 4 décembre 1984 rendit plus difficile l'immigration familiale. François Mitterrand renonça à son projet de donner aux étrangers le droit de vote aux élections locales. À l'égard des non-Français, les socialistes visèrent désormais trois objectifs : arrêter les entrées nouvelles, encourager les volontaires à regagner leur pays, faciliter l'intégration des autres, notamment grâce à la création, par la loi du 17 juillet 1984, de la carte de résident valable dix ans et renouvelable de plein droit.

Au ministère de l'Éducation nationale, poste sensible entre tous, Jean-Pierre Chevènement réussit à panser les plaies et à réconcilier les Français avec leur école en prenant des décisions simples, pratiques, comprises de tous.

Faisant passer les recherches pédagogiques au second plan, il mit l'accent sur le travail, l'effort, l'acquisition des connaissances, la définition de programmes clairs, la restauration de l'éducation civique, le rappel des valeurs républicaines. Ces exigences, présentées comme les conditions nécessaires à la modernisation du pays, l'ambition d'amener 80 % des jeunes au niveau du baccalauréat, la simplicité des formules utilisées par Jean-Pierre Chevènement valurent à celui-ci une grande popularité, même à droite, et décontenancèrent certains socialistes.

2. Les transformations de la gauche

Le tournant économique pris depuis 1982, la réhabilitation de l'entreprise, la gestion pragmatique du gouvernement Fabius posaient le problème de l'identité du socialisme. Devait-il renoncer à prôner une transformation profonde de la société et fournir seulement des réponses empiriques aux difficultés qui se présentaient ?

Certains membres du Parti socialiste pensaient que la gravité de la crise économique imposait une prudence éloignée de tout dogmatisme et que l'expérience acquise à la direction du pays conduisait à un réalisme peu compatible avec une idéologie trop rigide. Dans ces conditions, le socialisme devait surtout se distinguer de la droite par une plus grande exigence en matière de morale politique et une attention plus soutenue pour la justice sociale. D'autres militants s'inquiétaient de l'affaiblissement des grands idéaux traditionnels et redoutaient que la base, privée de rêve, ne fût découragée. Les dirigeants socialistes ne se séparaient pas seulement sur l'orientation générale de leur parti, mais ils s'opposaient aussi sur des problèmes précis : Michel Rocard, hostile à la nouvelle loi électorale réintroduisant la représentation proportionnelle et soucieux de se démarquer du gouvernement pour préparer son éventuelle candidature à la présidence de la République, démissionna le 4 avril 1985. Lionel Jospin, premier secrétaire du Parti socialiste et se sentant appelé, de par cette fonction, à animer la campagne de son parti lors des élections législatives de 1986, se heurta à Laurent Fabius, qui voulait assumer lui-même ce rôle de directeur de la campagne ; François Mitterrand arbitra en faveur de Lionel Jospin. Une fissure apparut même dans les relations entre le président de la République et son Premier ministre : celui-ci essaya de se mettre à l'abri des critiques qui déferlaient contre le pouvoir après le sabotage, en Nouvelle-Zélande en juillet 1985 du bateau de Green Peace, le *Rainbow-Warrior* ; puis, en décembre, quand François Mitterrand reçut à l'Élysée l'autoritaire maître de la Pologne, le général Jaruzelski, Laurent Fabius se déclara « troublé ».

Malgré son changement d'orientation et ses divergences internes, le Parti socialiste continua à dominer le Parti communiste. Celui-ci était affaibli par le vieillissement de sa base ouvrière traditionnelle, par la rigidité excessive de ses structures et de son idéologie, moins attractive pour les jeunes générations. Le Parti dut enregistrer un important déclin électoral : après que son candidat Georges Marchais eut obtenu 15,34 % des voix au premier tour des présidentielles de 1981, il ne rassembla que 11,20 % aux élections européennes de 1984. François Mitterrand avait incontestablement réussi son pari, lancé en 1972 à la tribune de l'Internationale socialiste à Vienne et consistant à construire un grand Parti socialiste au détriment de son partenaire de gauche. Le président de la République avait accru son avantage en faisant entrer les communistes au gouvernement en 1981 et en les associant ainsi à la politique de rigueur inaugurée un an plus tard. Les communistes, qui, sans nourrir de grandes illusions, avaient accepté cette participation, se sentirent vite mal à l'aise et furent parfois écartelés entre leurs options propres et la solidarité gouvernementale : en 1982, ils se prononcèrent contre le blocage des salaires, mais, sur ce point, votèrent la confiance ; de même, après avoir critiqué l'orientation économique générale, ils reconnurent en 1983 la nécessité de rétablir les grands équilibres. En politique étrangère, ils se déclarèrent hostiles à plusieurs décisions prises par le gouvernement, en matière de défense et à propos de l'intervention au Tchad à l'été 1983 (voir chapitre 21, pp. 510-511), puis ils se résignèrent à les approuver. Le retrait des ministres communistes, en juillet 1984, ne permit pas de redresser la situation. Les échecs électoraux et les contradictions de la ligne politique entamèrent la crédibilité du Parti dans l'opinion, ainsi que l'autorité du secrétaire général Georges Marchais. Celui-ci dut affronter au sein même du Parti la contestation des « rénovateurs » dont le principal représentant, Pierre Juquin, fut finalement exclu en octobre 1987.

3. L'émergence du Front national

L'opposition de droite connut aussi de profondes divisions. Jacques Chirac, chef du parti le plus important, le RPR, qui avait mollement soutenu Valéry Giscard d'Estaing en 1981, portait une part de responsabilité dans l'échec de celui-ci. Les deux hommes se réconcilièrent cependant en novembre 1982. Mais une nouvelle division surgit avec l'ascension de Raymond Barre ; ce dernier, cherchant à inspirer confiance par sa tranquille assurance et tirant argument de ce que la rigueur pratiquée par les socialistes justifiait *a posteriori* sa propre politique menée avant 1981, rencontra un écho de plus en plus marqué dans l'opinion et rassembla derrière lui plusieurs responsables de l'UDF. Jacques Chirac, qui ambitionnait d'être le seul chef de l'opposition, fut gêné par l'émergence de ce rival.

Le paysage de l'opposition se trouva davantage bouleversé par le spectaculaire renforcement de l'extrême-droite rassemblée au sein du Front national. Ce parti, fondé en 1972, avait connu des débuts fort modestes. Son chef, Jean-Marie Le Pen, ancien député poujadiste de 1956, ne put réunir les 500 signatures nécessaires pour se présenter aux élections présidentielles de

1981 et, aux législatives suivantes, n'obtint que 0,18 % des suffrages. Mais, très vite, le Front national amorça une ascension qui lui permit de rassembler 2 200 000 voix aux élections européennes de juin 1984, soit 10,95 % des suffrages exprimés. Ce succès s'expliquait d'abord par l'élargissement de la base du parti : aux membres des anciens groupes extrémistes des années soixante, Occident et Ordre nouveau, aux survivants du pétainisme et de l'Algérie française, aux catholiques intégristes se joignirent des transfuges du RPR et de l'UDF, des déçus du socialisme et, d'une manière générale, tous ceux qu'angoissait la crise de la société française. Le Front national, en effet, sut bien exploiter les thèmes traditionnels de l'extrême-droite — nationalisme, anticommunisme, antiparlementarisme — mais aussi tira habilement parti des psychoses de ceux que hantait la peur du chômage, de l'insécurité, du laxisme moral. À ces problèmes complexes, Jean-Marie Le Pen présenta des solutions simples qui furent comprises surtout dans les zones urbaines où les difficultés socio-économiques se révélaient graves : le départ des immigrés devait assurer du travail aux chômeurs, offrir des places dans les HLM, ramener l'ordre et la sécurité, maintenir l'identité nationale (voir, p. 517). À cette œuvre de salut concourrait la restauration des valeurs traditionnelles, de la morale chrétienne, de la famille, du civisme, d'une justice plus sévère rétablissant la peine de mort. Jean-Marie Le Pen, orateur populaire, expert dans l'art de dire fortement ce que certains Français ressentaient plus ou moins consciemment et espéraient entendre, donna un grand écho à ces thèmes.

Le Front national reçut comme un cadeau inespéré la réforme de la loi électorale décidée en juin 1985. Tous les sondages indiquaient que l'opposition progressait et que le scrutin majoritaire lui donnerait une forte avance. Aussi François Mitterrand décida-t-il de faire passer dans les faits l'une de ses promesses de 1981, la représentation proportionnelle. Ce nouveau mode de scrutin limiterait l'ampleur du succès de la droite classique en assurant des sièges aux petits partis.

Aux élections législatives du 16 mars 1986, le Parti socialiste, bénéficiant de la nouvelle loi, d'une campagne active et des bons résultats enregistrés dans divers domaines — lutte contre l'inflation, éducation, culture —, limita les pertes en obtenant 31,04 % des voix et 207 élus. Le Parti communiste chuta à 9,78 % et compta 35 élus. La coalition RPR-UDF avec 40,98 % des voix, auxquelles il fallait ajouter les 3,9 % des « divers droite », franchit de justesse le seuil de la majorité avec ses 288 sièges. Le Front national confirma sa percée avec 9,65 % des voix et 35 sièges.

François Mitterrand, prenant acte de la victoire d'une majorité nouvelle, nomma Jacques Chirac Premier ministre, le 20 mars 1986.

3. Le ministère Jacques Chirac : la première cohabitation (mars 1986-mai 1988)

Situation inédite sous la Ve République, le chef de l'État et le Premier ministre se réclamaient de deux familles de pensée différentes. Les deux hommes, appliquant la constitution à la lettre, se partagèrent les tâches : le président « veille au respect de la Constitution…, assure par son arbitrage le fonctionnement régulier des pouvoirs publics…, est le garant de l'indépendance nationale » ; le gouvernement « détermine et conduit la politique de la nation ». Cependant tout n'alla pas sans difficultés : Jacques Chirac essaya d'intervenir dans les domaines réservés du président, la défense et la politique étrangère, et, en définitive, se résolut, dans ces domaines, à assurer avec François Mitterrand une gestion concertée, pratique, facilitée par la parenté des vues de deux hommes sur l'action extérieure de la France. Pour le reste, le Premier ministre put gouverner à sa guise, malgré quelques critiques publiques de François Mitterrand et le refus qu'il opposa à la signature de certaines ordonnances. Cette période de mariage forcé, cette « cohabitation », fut difficile à vivre pour les intéressés, mais n'empêcha pas le fonctionnement normal des institutions. Raymond Barre, pour sa part, condamna cette formule de gouvernement ; cependant, par ses votes, il soutint fidèlement la majorité.

1. Le libéralisme économique

Le cabinet constitué par Jacques Chirac comprenait 20 membres du RPR dont Édouard Balladur, ministre de l'Économie, des Finances et des Privatisations, Charles Pasqua, ministre de l'Intérieur, Philippe Séguin, ministre des Affaires sociales, 17 membres de l'UDF, dont François Léotard, ministre de la Culture, et René Monory, ministre de l'Éducation nationale, et trois non-inscrits. Les nouveaux dirigeants abrogèrent aussitôt la loi électorale qui avait failli leur coûter la majorité et rétablirent le scrutin majoritaire, assorti d'un redécoupage des 577 circonscriptions.

En matière économique, le gouvernement reprit à son compte la politique de rigueur modérée pratiquée par Laurent Fabius : les hausses de salaires furent contenues pour stabiliser les coûts supportés par les entreprises, le déficit budgétaire fut réduit et le franc raffermi après une dévaluation décidée en avril 1986. Cependant, les nouveaux dirigeants, escomptant une reprise de l'activité mondiale grâce à la baisse du prix du pétrole, voulurent encourager les entreprises en multipliant les allègements de charges et en appliquant un ambitieux programme libéral, surtout favorable aux catégories les plus aisées : suppression de l'impôt sur les grandes fortunes, amnistie fiscale pour les capitaux exportés, rétablissement de l'anonymat sur les transactions de métal précieux, levée du contrôle des changes, libération des prix. Cette dernière mesure ne relança pas l'inflation, qui atteignit seulement 2 % en 1986.

FRANÇOIS MITTERAND ET LA COHABITATION
Message au parlement le 8 avril 1986

Les Français avaient déjà choisi en 1981 l'alternance politique. Ils viennent en majorité de marquer à nouveau, mais en sens contraire, leur volonté de changement. Dépassons l'événement que chacun jugera selon ses convictions. [...] Mais nos institutions sont à l'épreuve des faits. Depuis 1958, et jusqu'à ce jour, le Président de la République a pu remplir sa mission en s'appuyant sur une majorité et un gouvernement qui se réclamaient des mêmes options que lui. Tout autre, nul ne l'ignore, est la situation issue des dernières élections législatives.

Pour la première fois la majorité parlementaire relève de tendances politiques différentes de celles qui s'étaient rassemblées lors de l'élection présidentielle, ce que la composition du gouvernement exprime, comme il se doit.

Devant un tel état de choses, qu'ils ont pourtant voulu, beaucoup de nos concitoyens se posent la question de savoir comment fonctionneront les pouvoirs publics. À cette question, je ne connais qu'une réponse, la seule possible, la seule raisonnable, la seule conforme aux intérêts de la nation : la Constitution, rien que la Constitution, toute la Constitution. Quelque idée qu'on en ait — et je n'oublie pas moi-même ni mon refus initial, ni les réformes qu'au nom d'un vaste mouvement d'opinion j'ai naguère proposées, et que je continue de croire souhaitables — elle est la loi fondamentale. Il n'y a pas, en la matière, d'autre source du droit. Tenons-nous-en à cette règle.

Les circonstances qui ont accompagné la naissance de la Vᵉ République, la réforme de 1962 sur l'élection du chef de l'État au suffrage universel et une durable identité de vues entre la majorité parlementaire et le Président de la République ont créé etdéveloppé des usages qui, au-delà des textes, ont accru le rôle de ce dernier dans les affaires publiques. La novation qui vient de se produire requiert de part et d'autre une pratique nouvelle.

Je ne m'attarderai pas ici sur l'énoncé de compétences présentes, je le suppose, à votre esprit. Je rappellerai seulement que la Constitution attribue au chef de l'État des pouvoirs que ne peut en rien affecter une consultation électorale où sa fonction n'est pas en cause. Fonctionnement régulier des pouvoirs publics, continuité de l'État, indépendance nationale, intégrité du territoire, respect des traités, l'article 5 désigne de la sorte — et les dispositions qui en découlent précisent — les domaines où s'exercent son autorité ou bien son arbitrage. À quoi s'ajoute l'obligation pour lui de garantir l'indépendance de la justice et de veiller aux droits et libertés définis par la Déclaration de 1789 et le préambule de la Constitution de 1946.

Le gouvernement, de son côté, a pour charge, aux termes de l'article 20, de déterminer et de conduire la politique de la nation. Il assume, sous réserve des prérogatives du Président de la République et de la confiance de l'Assemblée, la mise en œuvre des décisions qui l'engagent devant les Français. Cette responsabilité est la sienne.

Cela étant clairement établi, Président et gouvernement ont à rechercher, en toutes circonstances, les moyens qui leur permettront de servir au mieux et d'un commun accord les grands intérêts du pays.

« Les grands débats parlementaires de 1875 à nos jours », in *NED*, n° 4871, Paris, La Documentation française, 1988.

Particulièrement révélateur de la volonté libérale du gouvernement apparut le vaste plan de privatisations qui fut mis au point : nombre d'entreprises nationalisées en 1945 et en 1982, y compris Havas, Elf-Erap, TF1, au total 65 sociétés, devaient être rendues au secteur privé et favoriser ainsi l'émergence d'un actionnariat populaire. De décembre 1986 à l'été 1987, ces privatisations rencontrèrent un grand succès : 1 547 000 actionnaires particuliers se partagèrent 50 % du capital de Saint-Gobain, quelque trois millions de souscripteurs achetèrent les titres de Paribas. Mais le krach boursier d'octobre 1987 qui, en un mois, entraîna à Paris une baisse des valeurs de 30 %, mit un terme brutal à l'euphorie ; la privatisation de Matra, prévue pour octobre, fut reportée à janvier 1988 et la suite du programme ajournée au lendemain des élections présidentielles. Au total, quatorze entreprises quittèrent le secteur public.

La libéralisation ne stimula pas l'économie comme l'espérait le gouvernement. La balance du commerce, équilibrée en 1986, redevint déficitaire en 1987. Les encouragements prodigués aux entreprises n'empêchèrent pas le chômage de continuer à augmenter jusqu'au premier trimestre 1987, date à laquelle on dénombrait 2 645 000 demandeurs d'emploi. Le taux de chômage par rapport à la population active dépassait 10 %, et 20 %, pour les jeunes de moins de 25 ans. Aussi les entreprises recrutant des jeunes bénéficièrent-elles d'exonérations de cotisations sociales et des stages de reconversion furent-il organisés. Ces efforts permirent d'amorcer une légère décrue à partir du printemps 1987.

2. Les contrastes de la politique sociale

Dans le domaine social, le gouvernement Chirac prit également quelques décisions inspirées par son credo libéral. L'autorisation administrative de licenciement fut supprimée et le temps de travail organisé de manière souple. Après l'abrogation de la loi Quilliot sur le logement, la loi Méhaignerie du 24 décembre 1986 libéra une partie des loyers. La volonté d'introduire aussi des dispositions libérales dans les universités entraîna de sérieuses difficultés. Certains membres de la majorité avaient déjà essayé de démanteler le Centre national de la recherche scientifique (CNRS), jugé par eux trop bureaucratique, fonctionnarisé et politisé ; le ministre chargé de l'Enseignement supérieur, Alain Devaquet, plus tolérant, avait réussi à le sauver. Il ne put cependant modeler à sa guise le projet de loi sur les universités. Les étudiants se soulevèrent contre ce texte accusé de favoriser les inégalités, la sélection et la hausse des droits d'inscription. Des grèves et des manifestations déferlèrent sur les grandes villes à partir de la mi-novembre 1986 ; dans la nuit du 5 au 6 décembre, l'étudiant Malik Oussekine mourut après avoir été maltraité par les forces de l'ordre. L'émotion soulevée par cette affaire et l'engrenage prévisible de la violence conduisirent Jacques Chirac à retirer le projet de loi et à accepter la démission d'Alain Devaquet. Cette épreuve, à laquelle s'ajouta, à partir du 18 décembre 1987, une longue grève des cheminots, rendit dès lors le gouvernement très prudent ; les privatisations mises à part, il tempéra fortement son ardeur réformatrice afin d'atteindre sans encombres les élections présidentielles de 1988.

La majorité issue des élections de 1986 n'était pas foncièrement hostile aux immigrés. Le rapport préparé par le député RPR Michel Hannoun en décembre 1987 suggérait notamment un renforcement de la législation antiraciste et fut, dans ses grandes lignes, approuvé par Harlem Désir, président de l'association SOS-Racisme. La plate-forme électorale RPR-UDF avait repris à son compte les trois orientations définies par les socialistes : contrôle des frontières, aide au retour et intégration. Mais la pression exercée par le Front national, hostile aux étrangers, et l'inquiétude suscitée par la vague d'attentats de 1986 qui, due à Action Directe et surtout à des terroristes venus du Moyen-Orient, causa 15 morts et 241 blessés, poussèrent le gouvernement à durcir son attitude. La loi Pasqua du 9 septembre 1986, visant à assurer une meilleure maîtrise des flux migratoires et à renforcer le maintien de l'ordre, soumit l'entrée des étrangers en France à la justification de moyens d'existence, suspendit le renouvellement de la carte de résident de dix ans pour les individus accusés de menacer l'ordre public et assouplit les conditions d'expulsion. Ainsi, dès le 18 octobre, le ministre de l'Intérieur rapatria de force 101 Maliens. Le gouvernement prépara aussi un projet de loi réformant le Code de la nationalité et modifiant l'octroi quasi automatique de la citoyenneté aux jeunes nés en France de parents étrangers. Ce projet suscita l'opposition résolue des partis de gauche, des syndicats et de nombreuses associations. Le gouvernement, inquiet, recula et nomma en juin 1987 une commission de Sages qui formula des propositions plus souples. Le vote de la loi fut repoussé au lendemain des élections présidentielles.

Le gouvernement fut plus heureux dans sa lutte contre l'insécurité. Il rétablit les contrôles d'identité, il encouragea le renforcement des polices municipales et se flatta de bons résultats qu'il avait obtenus, notamment après l'arrestation des dirigeants du groupe terroriste Action Directe en février 1987.

3. L'élection présidentielle de mai 1988

Jacques Chirac espérait que ces résultats le serviraient dans son ambition d'être élu à la présidence de la République en 1988. Il ne put cependant rallier toute la majorité car Raymond Barre, soutenu par l'UDF, se présenta également. À l'extrême-droite, Jean-Marie Le Pen fit acte de candidature. À gauche, le communiste André Lajoinie, le rénovateur Pierre Juquin, Arlette Laguiller, membre de Lutte ouvrière, Pierre Boussel, membre du Mouvement pour un parti des travailleurs, sollicitèrent eux aussi les suffrages des électeurs, de même que l'écologiste Antoine Waechter.

Ce fut seulement six semaines avant le premier tour que François Mitterrand annonça qu'il briguait un second mandat. Le président sortant, dont la popularité était plus forte qu'en 1985, apparaissait comme le principal bénéficiaire de la cohabitation, durant laquelle il avait joué le rôle de sage, veillant aux intérêts supérieurs de la nation, témoignant sa sympathie à ceux qui se heurtaient au gouvernement, étudiants, grévistes, Canaques de Nouvelle-Calédonie. François Mitterrand, se présentant en rassembleur, bénéficia aussi du morcellement de la droite et de la poussée du Font national. À l'issue du premier tour, le 24 avril 1988, il obtint 10 360 000 voix, soit 34,11 % des suffrages exprimés. Jacques Chirac, arrivé deuxième avec 6 059 000 voix et 19,91 %, pouvait s'estimer déçu. Raymond Barre avait rassemblé 5 021 000 voix et 16,53 %. Jean-Marie Le Pen, avec 4 367 000 voix et 14,38 %, confirmait la percée de son courant, et André Lajoinie, avec 2 054 000 voix et 6,76 %, l'affaiblissement du Parti communiste. Antoine Waechter réunit 1 146 000 suffrages soit 3,78 % et les trois autres candidats d'extrême-gauche 1 359 000 voix, soit 4,47 %.

Au deuxième tour, François Mitterrand, avec 16 704 279 voix, soit 54 % des suffrages exprimés, distança nettement Jacques Chirac qui avait 14 218 970 voix, soit 46 %. Le président réélu désigna Michel Rocard comme Premier ministre. Celui-ci annonça sa volonté de constituer un gouvernement d'ouverture. S'il réussissait à attirer des personnalités centristes et à composer une nouvelle majorité, les données de la vie politique française sous la Ve République pouvaient en être bouleversées.

Chapitre 13

Le deuxième septennat
de François Mitterrand :
le socialisme en crise (1988-1995)

Le deuxième septennat de François Mitterrand, marqué par des difficultés économiques et sociales de plus en plus graves, par quelques maladresses politiques et par des scandales politico-financiers que les médias exploitèrent largement se déroula dans un climat pesant. Les socialistes, usés par un long exercice du pouvoir furent très durement sanctionnés par le corps électoral en mars 1993 et perdirent l'élection présidentielle d'avril 1995.

1. « L'hypothèque Rocard » (mai 1988-mai 1991)

Le 10 mai 1988, à peine réélu président de la République, François Mitterrand nomma Michel Rocard Premier ministre. Les deux hommes entretenaient depuis des années des rapports difficiles, de sorte que ce choix pouvait sembler inattendu.

1. Michel Rocard et sa méthode de gouvernement

Michel Rocard, né en 1930, ancien élève de l'ENA, commença sa carrière comme inspecteur des Finances. Il se fit connaître quand il devint secrétaire national du PSU de 1967 à 1973. Ce fut sous les couleurs de ce parti qu'il se présenta aux élections présidentielles de 1969 pour obtenir seulement 3,7 % des suffrages exprimés. Il acquit une expérience des problèmes locaux en remplissant les mandats de député des Yvelines de 1977 à 1993 et de maire de Conflans-Sainte-Honorine de 1977 à 1994. Il s'inscrivit au PS en 1974. En 1981, après la victoire de la gauche, il fut nommé ministre du Plan, puis ministre de l'Agriculture de 1983 à 1985, date à laquelle il démissionna pour marquer son désaccord avec la réforme qui instituait le scrutin proportionnel pour les élections législatives.

1.1. Deux hommes en opposition

De nombreuses différences séparaient le président de la République et son Premier ministre. D'abord l'âge. François Mitterrand, né en 1916, a eu des expériences diverses inconnues de son cadet, notamment celles de la guerre et des postes ministériels qu'il occupa sous la IVe République. L'élu de 1981 et 1988 était un provincial, d'éducation catholique, engagé très à droite dans sa jeunesse. Michel Rocard, Parisien, de formation protestante, arriva à l'âge adulte dans l'après-guerre et adhéra très tôt aux jeunesses socialistes. Au début de la Ve République, Mitterrand fonda sa stratégie de conquête du pouvoir sur une alliance avec le PCF, tandis que Rocard, très hostile à un tel rapprochement, s'appuyait sur les syndicats, les associations, les milieux universitaires. Aussi le PSU dénonça-t-il le programme commun socialo-communiste de 1972 comme un texte dogmatique et inutile. Pourtant, Rocard, mesurant les limites du petit parti auquel il appartenait, finit par adhérer au PS en 1974. Là, l'affrontement avec Mitterrand devint direct et constant, car le nouveau venu se posa rapidement en rival du Premier secrétaire. Pour se démarquer de celui-ci, Rocard voulait apparaître comme le représentant d'une gauche ouverte, décentralisatrice, moderne, repoussant les dogmes vermoulus et se méfiant du marxisme. En mars 1978, après la défaite des socialistes aux législatives, Rocard se déclara prêt à prendre la succession de Mitterrand pour délivrer la gauche de la « fatalité de l'échec ». Les deux hommes s'affrontèrent encore les années suivantes pour obtenir l'investiture du PS aux élections présidentielles de 1981. Distancé, le député des Yvelines espérait au moins devenir Premier ministre en 1984, mais Mitterrand lui préféra Laurent Fabius. Rocard annonça alors son intention d'être candidat aux présidentielles de 1988 et il dut une nouvelle fois s'effacer derrière le président sortant.

François Mitterrand, malgré tout ce qui le séparait de Rocard, choisit celui-ci en 1988 car son ancien concurrent, déclara le président, était « en situation ». De fait, durant la campagne, le candidat à un nouveau septennat avait promis de réaliser une ouverture que Rocard semblait symboliser par ses idées. De plus, les confidents du président de la République répétèrent que l'hôte de l'Élysée voulait « lever l'hypothèque Rocard », formule sybilline qui pouvait recevoir deux interprétations : donner à l'intéressé un poste de première responsabilité soit pour qu'il y fasse ses preuves avant d'affronter ultérieurement la compétition présidentielle, soit pour qu'il échoue et disparaisse de la scène politique.

1.2. Une majorité relative

Le gouvernement dirigé par Michel Rocard comprenait plusieurs des principaux dirigeants socialistes, comme Lionel Jospin à l'Éducation nationale, Pierre Bérégovoy à l'Économie et aux Finances, Jean-Pierre Chevènement à la Défense, Pierre Joxe à l'Intérieur. L'ouverture promise durant la campagne se traduisit par l'arrivée de quelques membres de l'UDF, tels Michel Durafour, Jacques Pelletier, Lionel Stoléru, et de représentants de la société civile comme le sportif Roger Bambuck ou le médecin Bernard Kouchner.

Mais ce gouvernement se révélait fragile car, en face de lui, siégeait encore la majorité conservatrice élue en 1986. Aussi l'exécutif prononça-t-il rapidement une dissolution et organisa de nouvelles élections législatives pour les 5 et 12 juin 1988. Le vote se fit au scrutin majoritaire à deux tours que Jacques Chirac avait rétabli pendant la cohabitation. Au premier tour, les socialistes et apparentés obtinrent 37,5 % des suffrages exprimés, l'alliance RPR-UDF 40,6 %, le PCF 11,3 %, le Front national 9,6 %. À l'issue du second tour, les socialistes ne s'assurèrent que 275 sièges sur 575.

LES GROUPES À L'ASSEMBLÉE NATIONALE APRÈS LES ÉLECTIONS DE 1988
PC 27
PS et apparentés 275
UDF 132
RPR 131
Front national 1
Non inscrits 9

Le Parti socialiste, bien qu'il eût gagné 61 sièges par rapport à l'Assemblée sortante, atteignait seulement une majorité relative. L'UDF se maintenait, le RPR perdait 27 sièges et le PCF 8. Par l'effet du scrutin majoritaire, le Front national, avec le même pourcentage de voix qu'en 1986, se trouvait représenté par un seul élu, soit un recul de 31.

1.3. La « méthode Rocard »

Le gouvernement Rocard, remanié après les élections, ressembla beaucoup au précédent. Malgré quelques ralliements individuels, comme l'arrivée de l'historien Alain Decaux au ministère de la Francophonie, l'ouverture vers les centristes, à l'égard de laquelle le président Mitterrand était réticent, ne se fit pas. Condamné à s'appuyer sur une majorité étroite, mais aussi poussé par son propre tempérament, le Premier ministre adopta un mode de gouvernement nouveau. Dans un livre publié quelques mois avant son entrée à l'hôtel Matignon, *Le Cœur à l'ouvrage*, Rocard avait révélé qu'il privilégiait une méthode de gestion recherchant le consensus pour des réformes soigneusement circonscrites. Il précisait que, dans un pays comme la France, hérissé de corporatismes et divisé par de vieux antagonismes, le changement devait nécessairement demeurer prudent et progressif. En conséquence, le gouvernement chercha à pacifier la vie publique. Le Parlement joua dès lors un rôle beaucoup plus considérable que par le passé. Dans une directive adressée au ministres et publiée au *Journal Officiel* dès le 27 mai 1988, Michel Rocard s'exprima très nettement sur ce point : « Vous vous efforcerez de laisser au Parlement le temps de débattre et de faire adopter les textes par la majorité la plus large [...]. Vous ne négligerez d'utiliser aucune procédure de concertation, vous ne refuserez d'explorer aucune voie de compromis acceptable. » Les dirigeants se livrèrent ainsi à un savant jeu d'équilibre pour obtenir, à l'occasion de chaque vote, l'approbation ou au moins l'abstention bienveillante des centristes et des communistes. Quand l'accord se révélait véritablement impossible, le gouvernement recourait à l'article 49.3 de la constitution permettant l'adoption d'un texte, sauf si une motion de censure était votée dans les 24 heures suivantes. Dans les circonstances d'alors, la motion de censure paraissait improbable car elle devait réunir les voix de la droite et celles des communistes.

Le Premier ministre s'efforçait d'autant plus d'élargir sa base politique qu'au sommet de l'État, François Mitterrand, sans l'empêcher de gouverner, ne lui facilitait pas toujours la tâche et que, dans son propre parti, le soutien n'était pas unanime. Certains socialistes se montraient en effet réticents ou choqués par la sage politique rocardienne de compromis dans laquelle ils voyaient plutôt une compromission avec la droite. Le PS offrait un appui d'autant moins solide qu'il restait divisé en tendances très antagonistes. Ainsi, en mai 1988, Pierre Mauroy fut élu premier secrétaire contre Laurent Fabius qui bénéficiait pourtant de la faveur de Mitterrand. En mars 1990, lors du congrès de Rennes, le Parti donna le spectacle, qui nuisit fortement à son image dans l'opinion, d'affrontements violents entre le courant Fabius et le courant Jospin.

La prudence tactique dont faisait preuve Michel Rocard — prudence qu'il appela un jour « devoir de grisaille » — donnait parfois à sa politique une image d'immobilisme. Ce souci d'éviter les heurts faisait dire aux adversaires du Premier ministre que celui-ci, cultivant toujours ses ambitions présidentielles, voulait acquérir une réputation d'homme de dialogue, prêt à s'appuyer sur une large majorité consensuelle dépassant les frontières de la gauche. Quelles que fussent les intentions de son auteur, la « méthode Rocard » s'appliqua durant trois ans avec des résultats variables.

2. Les « chantiers sociaux » de Michel Rocard

2.1. L'esprit de la politique sociale de Michel Rocard

La nomination de Michel Rocard coïncida avec un retournement de la conjonction économique mondiale. La baisse des prix pétroliers augmentait les profits, les investissements et la consommation. Ce regain d'activité accrut les rentrées fiscales et permit de financer la politique sociale, tout en diminuant les impôts sur les revenus de l'épargne et sur la consommation. Rocard, reprenant à son compte les théories keynésiennes, voulait « réhabiliter la dépense publique », celle-ci étant considérée comme un moteur de la croissance. Cependant, le ministre des Finances, Pierre Bérégovoy, surnommé parfois « Pinay de gauche », entendait préserver les grands équilibres et freiner les dépenses de l'État. De fait, l'inflation fut maintenue à un niveau faible, le déficit budgétaire se réduisit, la compétitivité s'améliora.

Le Premier ministre souhaitait attacher son nom à une grande politique sociale. Il déclara : « La fonction principale des socialistes est la défense du monde du travail » Le 29 juin 1988, dans son discours de politique générale prononcé à l'Assemblée nationale, il annonça son intention d'améliorer la vie quotidienne des Français ; mais certains de ses adversaires ironisèrent sur son programme de « réparation des cages d'escalier, des ascenseurs, des halls d'entrée ».

DISCOURS DE MICHEL ROCARD À L'ASSEMBLÉE NATIONALE
(Le 29 juin 1988)

Ce qu'il nous faut, ce à quoi les Françaises et les Français aspirent, c'est à l'apparition de la démocratie de tous les jours.

Que l'on songe à la situation que notre pays fait aux femmes ! Grâce au travail accompli, notamment par Yvette Roudy [1], l'urgence n'est plus à des réformes législatives ; elles sont derrière nous, le droit est là ; elle a conduit toutes celles qui étaient indispensables.

Mais aucune loi n'abolira jamais le fait que la femme plus que le mari se soucie chaque jour de l'avenir des enfants, que la femme plus que le mari souffre de l'exiguïté ou de la mauvaise conception d'un logement, que la femme plus que l'homme soit victime de la délinquance. Et qu'on ne s'y trompe pas, je parle ici de toutes les femmes et pas seulement de celles qui sont privées d'emploi.

Or, elles restent exclues de ce qu'on appelle pourtant le dialogue social. Où sont écoutées, où sont entendues, mesdames, messieurs les députés, les deux millions de femmes chefs de famille, célibataires, veuves ou divorcées ?

1. Ministre délégué auprès du Premier ministre chargé des Droits de la femme de 1981 à 1986.

Si l'on sort un instant de nos perspectives habituelles, qui tendent à découper la vie en tranches, que voyons-nous ?

Nous voyons, autre exemple, qu'il y a un grand problème des villes. Ceux qui y résident sont devenus étrangers les uns aux autres. La convivialité de jadis a laissé place à l'indifférence quand ce n'est pas la méfiance.

On ne se parle plus. On ne connaît plus ses voisins qui, pourtant, vivent et partagent les mêmes problèmes : la difficulté de trouver une place de crèche, le logement trop petit ou trop bruyant, les problèmes d'emploi, les résultats scolaires des enfants, la sécurité dans le quartier ou ailleurs — en un mot, la vie [...]

Ma réponse est dans les mesures que j'ai prises au cours des six semaines écoulées.

En consacrant plus d'un milliard de francs à des travaux d'urgence dans les quartiers dégradés, au réaménagement de la dette des organismes HLM, j'ai voulu permettre d'agir directement sur l'entretien des logements, sur les réparations des cages d'escalier, des ascenseurs, des halls d'entrées [...].

Je rêve (*Murmures sur les bancs des groupes du Rassemblement pour la République et Union pour la démo-*

cratie française.) d'un pays où l'on se parle à nouveau. Je rêve de villes où les tensions soient moindres. Je rêve d'une politique où l'on soit attentif à ce qui est dit, plutôt qu'à qui le dit. (*Applaudissements sur les bancs du groupe socialiste.*) Je rêve tout simplement d'un pays ambitieux dont tous les habitants redécouvrent le sens du dialogue — pourquoi pas de la fête ? — et de la liberté. (*Applaudissements sur les mêmes bancs.*)

Je suis de ceux qui croient, au plus profond d'eux-mêmes, que la liberté, c'est toujours la liberté de celui qui pense autrement. Chérir la liberté de cette manière-là, c'est autour des thèmes que je vous ai proposés — la réconciliation, la solidarité, les chemins de l'avenir — construire un nouvel espoir pour que vivent les Français et pour que vive la France.

« Les grands discours parlementaires de 1875 à nos jours » in *NED*, n° 4871, Paris, La Documentation française, 1988.

2.2. L'agitation sociale

Dès l'automne 1988, le gouvernement, malgré ses bonnes dispositions, se trouva confronté à une série de grèves. Celles-ci se nourrissaient de revendications anciennes jamais satisfaites et étaient stimulées par l'espoir que représentait la réélection de François Mitterrand, après deux ans de cohabitation dominés par la droite. En septembre 1988, les infirmières cessèrent le travail pour protester contre leurs conditions d'emploi, le sous-effectif, la faible rémunération ; le 13 octobre, 80 000 d'entre elles défilèrent dans les rues de Paris. D'autres professions se mirent en grève, les gardiens de prison, les postiers, les salariés de l'EDF et de la RATP... Au début de 1989, ce furent les fonctionnaires de la Corse qui paralysèrent la vie de l'île pour obtenir une prime de vie chère. Les gendarmes manifestèrent eux-mêmes leur mécontentement en août 1989. D'autres conflits éclatèrent à l'automne 1989, moins nombreux, mais durs : les agents des finances restèrent en grève durant cinq mois. Le Premier ministre, soucieux de ne pas accélérer l'inflation en laissant filer les salaires et le déséquilibre du budget, déclara le 17 novembre 1989 que le gouvernement ne pouvait « distribuer de pouvoir d'achat au-delà de ce que permet l'état actuel de l'économie ». Il dut cependant accepter de revaloriser certaines rémunérations et il obtint ainsi que la plupart des fédérations syndicales de la fonction publique signent des accords contractuels.

Il n'en restait pas moins que les salariés ne recevaient pas tout ce qu'ils attendaient et qu'ils avaient dû mener de longues grèves pour arracher des avantages jugés trop maigres. Rocard y perdit de sa réputation d'ouverture sociale.

2.3. Les grands problèmes de société

Le gouvernement essaya du moins, avec une fortune variable, de prendre les devants dans d'autres domaines, et d'abord dans l'Éducation nationale dont le ministre fut Lionel Jospin de mai 1988 à avril 1992. En mars 1989, après de nombreuses consultations, fut signé un accord de revalorisation des carrières des enseignants. Le 4 juillet suivant fut votée une loi d'orientation de l'éducation réaffirmant l'objectif de conduire 80 % d'une classe d'âge au niveau du baccalauréat dans les dix années à venir, mettant l'accent sur l'orientation scolaire, la lutte contre l'échec, l'autonomie des établissements. La loi créa aussi les Instituts universitaires de formation des maîtres (IUFM) où seraient désormais formés conjointement les instituteurs et les professeurs. Le plan « Université 2 000 » prévoyant la construction de locaux nouveaux fut préparé sous le gouvernement Rocard et définitivement adopté par son successeur. Grâce à tous ces efforts, l'éducation devint véritablement une « priorité nationale » comme l'avait promis Mitterrand et son budget occupa la première place dans les dépenses de l'État. Cependant, en octobre 1990, les lycéens manifestèrent pour obtenir davantage en matière de rénovation des établissements. Rocard, partagé entre les impératifs de la rigueur budgétaire et la nécessité de satisfaire une attente pressante, essaya de limiter les concessions, puis dut consentir à des investissements importants.

Michel Rocard se trouvait, comme ses prédécesseurs, face au dramatique problème du chômage. Les jeunes à la recherche d'un premier emploi étaient particulièrement frappés. En 1991, de nombreuses entreprises, la SNCF, USINOR, Renault, Michelin, Bull... annoncèrent des milliers de nouveaux licenciements. À la fin de l'année, le pays comptait 2 800 000 chômeurs, soit 9,8 % de la population active. Aussi, à chaque rentrée, le gouvernement mit-il au point un « plan emploi » qui, chaque fois, se révéla peu opérant.

En fait, les années 1980 virent s'aggraver le phénomène de la pauvreté : en 1992, la France recensait quelque 400 000 sans-abri, 2 500 000 familles mal logées, 200 000 foyers surendettés. Pour réduire les inégalités, le gouvernement limita les hausses de loyer, fit voter des lois sur le droit au logement et sur le règlement amiable des litiges entre débiteurs et créanciers. La principale mesure fut l'instauration en octobre 1988 du revenu minimum d'insertion (RMI) financé par un impôt de solidarité sur la fortune ; 550 000 foyers bénéficièrent de cette aide en 1990 et 1991, mais un tiers seulement des personnes concernées purent sortir du dispositif pour accéder à une formation ou à un emploi. Pour rééquilibrer les comptes de la Sécurité sociale, Michel Rocard fit adopter la contribution sociale généralisée (CSG), nouvel impôt prélevé sur les salaires bruts ; l'accueil réservé à cette mesure technocratique d'application complexe fut mauvais.

L'immigration et la lutte contre le racisme préoccupèrent aussi le gouvernement. Des incidents de nature très diverse, largement relayés par les médias, soulignaient la réalité des problèmes. Ainsi, en octobre 1989, l'opinion discuta durant des semaines à propos des foulards islamiques, après que le principal d'un collège de Creil eut interdit à trois élèves de porter cet accessoire religieux et vestimentaire, cela au nom de la laïcité. En mai 1990, des inconnus profanèrent le cimetière juif de Carpentras, ce qui amena 200 000 personnes, y compris Mitterrand et Rocard, à manifester à Paris, le 14 mai, contre le racisme et l'antisémitisme. Or la complexité des problèmes soulevés, l'intolérance de certains Français, la pression du Front national qui rendait les immigrés responsables d'une bonne part des difficultés du pays, les promesses de François Mitterrand qui voulait libéraliser la législation s'appliquant aux étrangers, tous ces facteurs rendaient étroite la marge de manœuvre du gouvernement.

Sur la question générale du racisme, Rocard annonça en avril 1990 un plan national de lutte. En définitive, les socialistes et les communistes se mirent d'accord pour voter en juin 1990 une loi préparée par un membre du PCF, Jean-Claude Gayssot : ce texte punissait « tout acte raciste, antisémite ou xénophobe », y compris la négation des crimes nazis. Jean-Marie Le Pen dénonça cette loi comme une « menace de totalitarisme larvé ».

Quant à l'immigration, le gouvernement répudia définitivement les idées défendues par la gauche dans les années 1970, telles que le « droit à la différence » permettant de construire une « société multiculturelle » : le maintien de la différence apparut désormais comme un facteur de ségrégation sociale. Rocard s'attacha à stabiliser les effectifs des étrangers par une réglementation point trop coercitive et à favoriser l'intégration. À la première préoccupation répondit la loi Joxe du 2 août 1989 qui gommait les dispositions les plus sévères de la loi Pasqua de 1986 sur les conditions de séjours des étrangers, mais maintenait le pouvoir de l'administration pour les reconduire à la frontière. La lutte contre les séjours irréguliers et le travail clandestin fut renforcée ; de nombreuses demandes d'asile politique furent repoussées. Pour favoriser l'intégration, de nouvelles institutions furent mises en place, notamment un Secrétariat général permanent à l'immigration et un Haut Conseil de l'intégration. L'égalité des étrangers en matière d'accès au logement et à l'école fut proclamée. Le conseil des ministres du 7 janvier 1990 rappela que « l'intégration de ces populations doit se faire dans le respect des principes de la République : laïcité, tolérance, solidarité ».

3. L'évolution politique

Si la méthode de conciliation chère à Michel Rocard possédait des vertus, ce fut bien le règlement de la délicate question de Nouvelle-Calédonie qui le prouva. L'île se trouvait entraînée dans une spirale de violence qui pouvait dégénérer en guerre civile. Aussi le Premier ministre envoya-t-il sur place une « mission de dialogue » qui négocia dans le plus grand secret avec les parties intéressées. Les conversations aboutirent et le 26 juin 1988, Jacques Lafleur, président du RPR calédonien, et Jean-Marie Tjibaou, représentant des indépendantistes, signèrent à l'hôtel Matignon un accord qui prévoyait un scrutin d'autodétermination en 1998. Le 6 novembre 1988 les Français furent appelés à entériner cet accord par référendum. L'abstention battit tous les records avec 63 %, ce qui relativisait le poids des 80 % de oui. Le 4 mai 1989, un extrémiste qui refusait de reconnaître le texte d'apaisement négocié à Matignon assassina Jean-Marie Tjibaou, mais, malgré leur émotion, les habitants de la Nouvelle-Calédonie ne remirent pas en cause le compromis signé en juin 1988.

Le ministre de l'Intérieur, Pierre Joxe, aborda pour sa part le délicat dossier de la Corse. En avril 1991, l'île de beauté reçut un nouveau statut qui essayait de stabiliser les majorités au sein de l'Assemblée corse et de transférer aux élus locaux des responsabilités accrues en matières de développement économique, de transports et de culture. L'article I de la loi qui reconnaissait l'existence d'un « peuple corse, composante du peuple français » scandalisa les milieux jacobins et fut en définitive censuré par le Conseil constitutionnel.

Les diverses élections permirent d'apprécier l'audience des forces politiques. Les socialistes firent bonne figure aux municipales des 12 et 19 mars 1989. Ils gagnèrent en effet 35 villes de plus de 20 000 habitants, notamment Strasbourg, Brest, Dunkerque, Aix-en-Provence. Aux européennes du 18 juin 1989, qui virent une forte abstention de 51,2 %, l'opposition se divisa, mais ce fut cependant la liste UDF-RPR qui arriva en tête devant la liste socialiste.

V. Giscard d'Estaing (UDF-RPR)	28,8 %
L. Fabius (PS)	23,6 %
J.M. Le Pen (FN)	11,7 %
A. Waechter (Verts)	10,5 %
S. Veil (CDS)	8,4 %
P. Herzog (PCF)	8,1 %

Si les socialistes n'avaient pas été véritablement ébranlés par les diverses élections, ils furent en revanche affectés par une série de scandales politico-financiers, les « affaires ». Ainsi, en 1988, des amis du président de la République et les deux directeurs de cabinet successifs du ministre des Finances se trouvèrent compromis dans deux affaires où avaient été commis des délits d'initiés : ces personnes étaient accusées d'avoir réalisé de fructueuses opérations boursières grâce à des révélations confidentielles. Puis, en 1989, d'autres personnalités socialistes furent inculpées pour avoir participé au financement illégal de leur parti grâce à de fausses factures. De plus, le maire socialiste d'Angoulême fut convaincu de s'être frauduleusement enrichi. Certes, dans le même temps, des personnalités de droite, comme le député-maire de Nice ou un peu plus tard celui de Lyon, se trouvèrent impliqués dans des scandales financiers, mais le cas des socialistes choqua davantage l'opinion. La raison en était claire : jusque-là la gauche, réputée méfiante à l'égard de l'argent, bénéficiait d'une image de rigueur morale et d'honnêteté ; il apparaissait brutalement qu'elle était mêlée à de graves affaires financières. De plus, les gouvernants, tout en parlant de moraliser la vie pubique, mettaient peu de zèle pour aider la justice et écarter les personnalités compromises. Les Français furent encore plus choqués quand le Parlement, en janvier 1990, adopta une loi qui amnistiait les délits politico-financiers antérieurs au 15 juin 1989. Même si les élus s'excluaient de cette mesure de clémence, celle-ci semblait être faite sur mesure pour absoudre des proches du pouvoir. Le grand public parla vite d'auto-amnistie et l'effet fut désastreux.

Malgré ces difficultés, Michel Rocard espérait encore, au printemps 1991, rester en fonction pour achever son œuvre. Sa popularité personnelle fléchissait légèrement depuis la fin de 1990, à un rythme cependant moins rapide que celle du président de la République : celui-ci, en effet, qui avait été très bien placé dans les sondages pendant la guerre du Golfe, voyait s'effriter rapidement son capital de confiance. Les rapports entre les deux hommes demeuraient difficiles. En juin 1990, Mitterrand avait regretté le « déficit social » de la politique menée par son Premier ministre. Ce dernier confia aux journalistes qu'il se considérait comme un « familier » du chef de l'État, mais non comme un « intime » ; il ajoutait qu'il essayait de convaincre François Mitterrand de sa loyauté à son égard. Pourtant, le 15 mai 1991, le Premier ministre fut prié par le président de donner sa démission.

Brutalement congédié, Michel Rocard estimait qu'il laissait une situation économique et financière saine, mais il regrettait de n'avoir pu terminer la réalisation de ce qu'il appelait ses « grands chantiers ». Il avait montré des qualités de gestionnaire réaliste et dépourvu de dogmatisme ; mais sa présence au pouvoir durant trois années avait en partie entamé l'autorité et la confiance dont il jouissait avant de diriger le gouvernement.

2. Le gouvernement d'Édith Cresson : un intermède (mai 1991-avril 1992)

Après s'être séparé de Michel Rocard, le président de la République lui donna pour successeur une de ses proches, Édith Cresson, et justifia son choix par la nécessité de préparer l'échéance européenne du 1er janvier 1993, date à laquelle les frontières intérieures des douze pays de la CEE devaient s'ouvrir à la libre circulation des personnes, des biens et des capitaux.

1. Un Premier ministre impétueux dans une conjoncture défavorable

Édith Cresson semblait, par son parcours antérieur, apte à trouver des solutions aux problèmes qui se poseraient en 1993. Née en 1934, diplômée des Hautes études commerciales, elle avait un temps milité à droite avant de rejoindre la Convention des institutions républicaines animée par François Mitterrand et de suivre fidèlement ce dernier dans son itinéraire politique. À partir de 1981, elle occupa plusieurs ministères économiques, successivement l'Agriculture, le Commerce extérieur, le Redéploiement industriel, les Affaires européennes. Dans le même temps, elle avait obtenu des mandats locaux : maire de Chatellerault et député de la Vienne. Elle avait également acquis une expérience du monde de l'entreprise en dirigeant une filiale du groupe Schneider dans les mois qui précédèrent sa nomination comme Premier ministre.

Énergique et impulsive, Édith Cresson n'aimait pas s'enliser dans des débats théoriques, mais elle voulait agir vite et concrètement. Après sa nomination, deux journalistes la peignirent en ces termes : « Les dossiers, les études, les compromis ne sont pas son genre. Elle s'emporte contre les indécis [...]. Mme Cresson n'est pas intellectuelle, subtile, pédagogue. Elle est en marche, d'une pièce, emportée » (Patrick Jarreau et Éric Le Boucher, *Le Monde*, 17 mai 1991). Le nouveau Premier ministre battit deux records : elle fut la première femme à diriger un gouvernement en France et elle fut le Premier ministre le plus éphémère de la Ve République, car elle déçut rapidement les espoirs que le chef d'État plaçait en elle.

Les maladresses d'Édith Cresson contribuèrent à son échec. Elle déploya une activité souvent brouillonne ; elle prononça des paroles malheureuses ; éprouvant peu d'estime pour certains de ses prédécesseurs socialistes, elle voulut sans nuances corriger les erreurs qu'elle leur imputait. Mais les déboires du Premier ministre résultèrent aussi du fait que celui-ci accédait au pouvoir dans une conjoncture difficile. La crise économique exerçait en effet une contrainte de plus en plus lourde ; la croissance qui avait été de 2,8 % en 1990 tomba à 1 % en 1991 ; le chômage continua son ascension. D'un point de vue politique, Édith Cresson ne disposait que d'une marge de manœuvre étroite. Les socialistes se trouvaient aux commandes du pays depuis dix ans et subissaient les effets d'une usure que le Premier ministre ne pouvait endiguer. De plus, Édith Cresson avait conservé les principaux ministres de l'équipe précédente, notamment Lionel Jospin à l'Éducation nationale et surtout Pierre Bérégovoy, placé à la tête d'un grand ministère de l'Économie et des Finances exerçant une tutelle sur l'industrie, le commerce extérieur, l'artisanat et les PTT. Ces ministres expérimentés et appuyés sur des administrations particulièrement puissantes n'approuvaient pas tous les choix du Premier ministre et n'hésitèrent pas à les contester parfois, à l'intérieur même du gouvernement. Le PS, lui aussi, n'accorda pas un soutien unanime et plusieurs de ses membres demandèrent très vite un changement de Premier ministre.

2. Une politique économique inachevée

Ancienne titulaire de ministères économiques et nommée pour préparer la France aux échéances de 1993, Édith Cresson annonça dans sa déclaration de politique générale, le 22 mai 1991, qu'elle voulait « muscler l'appareil productif », « changer le travail » et « renforcer la cohésion sociale ». Malgré l'accent qu'elle avait mis sur les objectifs économiques, son discours fut alors jugé imprécis. En fait, elle ne pouvait s'écarter du chemin tracé par Bérégovoy depuis plusieurs années et elle dut explicitement s'engager à pratiquer une « politique vertueuse » fondée sur « un franc fort, une inflation maîtrisée, un contrôle rigoureux des dépenses publiques, une stabilisation des prélèvements obligatoires ». De même, dans la lutte contre le chômage, le chef du gouvernement, avec son ministre du Travail Martine Aubry, ne put que reprendre les palliatifs déjà utilisés : stages de formation pour les jeunes non qualifiés, aides aux entreprises embauchant un jeune n'ayant pas encore occupé d'emploi, efforts en faveur des chômeurs de longue durée. Très classique apparut le plan de soutien aux petites et moyennes entreprises.

Édith Cresson essaya cependant de mettre sa marque personnelle sur quelques projets particuliers. Elle voulut développer la formation professionnelle et l'apprentissage ; les réticences qu'elle rencontra au sein de l'Éducation nationale retardèrent la mise au point des textes correspondants et rien n'était conclu quand le Premier ministre quitta ses fonctions. Un doublement du nombre des ingénieurs avant 1993 fut annoncé, mais le gouvernement n'eut pas le temps de mener ce dessein à son terme. Édith Cresson tenait beaucoup à transférer en province certains services de l'État ; elle espérait ainsi éloigner de Paris quelque 30 000 emplois publics avant l'an 2000. Les délocalisations les plus importantes concernaient l'ENA envoyée à Strasbourg, la SEITA à Angoulême, l'Office national des forêts à Bourges. Les protestations des fonctionnaires transférés d'autorité et même de certains ministres retardèrent aussi l'entrée en vigueur de ces mesures. D'autres projets plus ou moins ambitieux et disparates étaient encore en discussion en avril 1992 : le rapprochement de Thomson et du Commissariat à l'énergie atomique pour doter la France d'un grand pôle de technologie de pointe, la réforme du statut des dockers, un plan de relance du bâtiment, l'ouverture des magasins le dimanche, la réglementation du travail de nuit des femmes, la défense de l'environnement par l'élimination contrôlée des déchets... Un des projets qui entra dans les faits portait sur les privatisations partielles : pour limiter le déficit budgétaire, le gouvernement vendit en Bourse, à partir de novembre 1991, des participations minoritaires dans des entreprises publiques, notamment le Crédit local de France et Elf-Aquitaine.

Dans le domaine social, Édith Cresson dut affronter de nombreuses difficultés et des mécontentements. Les infirmières, jugeant insuffisants les avantages accordés par Michel Rocard, se remirent en grève durant sept semaines. Les salariés des usines Renault de Cléon en firent autant. Les jeunes des banlieues troublèrent l'ordre à plusieurs reprises. Les paysans manifestèrent en septembre 1991. Le gouvernement, débordé par cette agitation, put seulement reprendre l'initiative en matière de réglementation de l'immigration. L'expulsion des délinquants ayant toutes leurs attaches en France fut limitée. En revanche, plusieurs mesures de répression furent adoptées : instauration d'amendes aux compagnies aériennes transportant des étrangers en situation irrégulière, meilleure surveillance des conditions de séjour, création, malgré la mobilisation des organisations de défense des droits de l'homme, de « zones d'attente » où les étrangers, notamment les demandeurs d'asile, pouvaient être mis en rétention durant vingt jours.

3. Les revers politiques

L'atmosphère politique resta empoisonnée par les affaires. Les magistrats, peu impressionnés par les tenants du pouvoir, poursuivirent leurs investigations sur les délits d'initiés et le financement des partis. Le 14 janvier 1992, jour où Laurent Fabius élu premier secrétaire du PS succédait à Pierre Mauroy, un juge d'instruction vint effectuer une perquisition au siège du parti, rue de Solférino. Un nouveau et très grave scandale éclata en 1991 et frappa douloureusement l'opinion : il apparut qu'au milieu des années 1980, quelque 1 250 hémophiles ayant reçu des transfusions avaient été contaminés par le virus du sida ; le bilan s'élevait au début de 1993 à près de 300 décès parmi ces malades. De plus, 8 000 autres personnes avaient été également contaminées à la suite de transfusions effectuées au cours d'interventions chirurgicales. Les victimes accusèrent certains dirigeants politiques et des hauts fonctionnaires responsables de la santé à l'époque des faits d'avoir facilité la propagation du mal par leur silence ou leur incompétence.

Ce fut ainsi dans un climat morose que les socialistes affrontèrent les élections régionales du 22 mars 1992. Les électeurs, dont 68,7 % avaient participé à la consultation, sanctionnèrent sévèrement les dirigeants :

UPF (1)	33 %
PS	18,3 %
FN	13,9 %
PC	8 %
Génération Écologie	7,1 %
Verts	6,8 %

1. UPF : Union pour la France (alliance RPR-UDF)

Le score obtenu par le PS était le plus mauvais depuis près de vingt ans. Ce résultat se trouvait confirmé par l'érosion rapide et sévère de la confiance inspirée par le président et son Premier ministre : selon les sondages, Mitterrand enregistrait environ 35 % de bonnes opinions et Édith Cresson 22 %. Les piliers institutionnels de la Ve République, le président et une majorité dominante, étaient de la sorte ébranlés. En revanche, des forces considérées comme n'ayant pas de vocation gouvernementale, le Front national et les écologistes, se maintenaient ou progressaient.

3. Le gouvernement Pierre Bérégovoy ou la dernière chance des socialistes (avril 1992-mars 1993)

1. Pierre Bérégovoy, un Premier ministre de crise

1.1. La crise du début des années 1990

Au lendemain des régionales de mars 1992, la situation politique apparaissait confuse et très sombre pour le PS. Les citoyens se détachaient des grands partis de gouvernements, PS, RPR, UDF. Les effectifs des organisations politiques et syndicales déclinaient brutalement. La participation aux récentes élections, 68,7 %, était satisfaisante, mais, au cours des années précédentes, l'abstention avait atteint des taux considérables : 34 % au premier tour des législatives de juin 1988, 53 % aux cantonales d'octobre 1988, 63 % au référendum de novembre 1988 sur la Nouvelle-Calédonie. Les sociologues et les politologues, frappés par ce phénomène, mettaient en avant tout un faisceau d'explications : les institutions de la Ve République qui assuraient l'hégémonie du pouvoir exécutif et laissaient subsister peu de contrepoids, la puissance du scrutin majoritaire, l'influence des traditions jacobines étaient accusés de rendre les Français de plus en plus passifs. En outre, l'impuissance des gouvernants à résoudre les grands problèmes du temps comme le chômage, la vacuité du discours politique, l'oubli général des promesses électorales, l'effet désastreux des affaires compromettant des personnalités de tout bord ruinaient la confiance et démobilisaient les citoyens. La crise économique, avec son cortège d'insatisfactions, de risques, de mise en compétition des personnes, semblait stimuler l'individualisme, le repli sur soi et sur le noyau familial. Cette modification des comportements n'effaçait pas les attentes nombreuses des Français, leur besoin de sécurité, leur volonté de protestation et de défense. Mais, pour satisfaire leurs espoirs, ils se détournaient des organisations traditionnelles et apportaient leur appui à des mouvements ou des personnalités populistes, comme le Front national à l'extrême-droite, bientôt Bernard Tapie à gauche. Les Français accordaient aussi un soutien grandissant aux écologistes, les Verts d'Antoine Waechter, Génération Écologie de Brice Lalonde. Ces derniers faisaient des propositions neuves et concrètes qui retenaient des électeurs de plus en plus nombreux.

Les états-majors des partis se demandaient si les nouvelles organisations qui avaient attiré des votes protestataires fixeraient durablement leurs électeurs. Un plan et un programme mobilisateurs pouvaient ramener les Français déçus vers les forces politiques traditionnelles. Mais le temps était compté car les élections législatives avaient lieu en mars 1993.

Ce fut pour créer un choc et redresser l'audience du PS qu'après les euro-péennes François Mitterrand se sépara d'Édith Cresson. Pour lui succéder, il pressentit Jacques Delors qui refusa ; aussi désigna-t-il en définitive Pierre Bérégovoy.

1.2. Pierre Bérégovoy, le « Pinay de gauche »

Le nouveau Premier ministre, né en 1925, fils d'un immigré ukrainien et d'une Normande, était d'origine modeste et symbolisait la réussite d'un autodidacte. Titulaire d'un CAP d'ajusteur-fraiseur, il était entré dans la vie active à 16 ans. Il avait travaillé successivement dans une usine de tissage, à la SNCF et au Gaz de France où il était devenu agent technico-commercial. Il avait participé à la Résistance puis adhéré à la SFIO. En 1958, il quitta celle-ci pour le Parti socialiste autonome et en 1960 participa à la création du PSU. Proche d'Alain Savary, il suivit celui-ci au nouveau PS en 1969. Il y devint vite un collaborateur fidèle de François Mitterrand. Ce dernier, après son élec-tion à la présidence de la République en 1981, fit de Bérégovoy le secrétaire général de l'Élysée et le poussa à se faire élire maire de Nevers et député de la Nièvre. Bérégovoy entama rapidement une carrière ministérielle de premier plan : aux Affaires sociales de 1982 à 1984, à l'Économie et aux Finances de 1984 à 1986 et de 1988 à 1992. À ce poste, il incarnait la conversion de la gauche au libéralisme et au respect des grands équilibres, même si cette gestion attentive empêchait de satisfaire les revendications des électeurs. À ceux qui lui reprochaient un excès de rigueur, au détriment des réalisations sociales, il répondait : « Il n'est pas de bonne politique économique sans jus-tice sociale. Il n'est pas de justice sociale sans une économie compétitive et dynamique » (*Le Monde*, 14 décembre 1983).

Fidèle en amitié, travailleur, scrupuleux, méthodique, Pierre Bérégovoy savait se faire apprécier de ses proches en politique et des milieux financiers qu'il rassurait. Ancien syndicaliste FO et représentant du PS au comité de liaison des partis signataires du programme commun de la gauche, il était un négociateur expérimenté. Pédagogue, réprouvant les affrontements sans nuances, il se posait en partisan de la politique contractuelle. Fier de sa réus-site, il attendait depuis longtemps d'être nommé Premier ministre.

1.3. « Onze mois, c'est court ! »

Pierre Bérégovoy composa un gouvernement dont les postes importants étaient dévolus à des proches de Mitterrand. Parmi les quarante et un ministres, deux étaient des familiers du chef d'État, surtout Jack Lang nommé à l'Éducation nationale et à la Culture ; neuf avaient appartenu à la Convention des insti-tutions républicaines, notamment Roland Dumas aux Affaires étrangères, Pierre Joxe à la Défense, Louis Mermaz à l'Agriculture ; huit avaient fait partie du cabinet présidentiel à l'Élysée depuis 1981, comme Bérégovoy lui-même, Michel Vauzelle garde des Sceaux, Jean-Louis Bianco à l'Équipement,

Elizabeth Guigou aux Affaires européennes, Ségolène Royal à l'Environnement. Cette équipe avait bien pour vocation de répondre fidèlement aux intentions du chef de l'État et de son Premier ministre. Plusieurs membres du gouvernement attirèrent plus particulièrement l'attention de l'opinion, surtout l'homme d'affaires Bernard Tapie, ministre de la Ville, et le Français d'origine togolaise, maire d'un village breton, Kofi Yamgnane, secrétaire d'État à l'Intégration.

Le 8 avril 1992, dans sa déclaration de politique générale, Bérégovoy, conscient de disposer de peu de temps pour réussir, avant les législatives de mars 1993, concéda : « Onze mois... c'est court ». Il ajouta : « C'est court, mais c'est assez pour décider, expliquer et convaincre [...]. Je chercherai, non par la démagogie, mais par l'action, à restaurer la confiance et à renouer avec l'espérance. » Il annonça qu'il lutterait en priorité contre les trois fléaux qui démoralisaient le plus ses concitoyens : le chômage, l'insécurité et la corruption. Les observateurs furent sensibles à la netteté et à la conviction du discours. Ils prédirent que, si le gouvernement enregistrait des succès dans les objectifs qu'il se fixait, il pourrait limiter, mais ne parviendrait vraisemblablement pas à empêcher l'échec du PS en 1993.

2. Les mécomptes du gouvernement Bérégovoy

2.1. Les difficultés économiques et sociales

L'action du gouvernement dans le domaine économique et social fut entravée par la persistance de la crise. Bérégovoy qui espérait une reprise au début de 1992 fut déçu ; la production industrielle recula même de 0,5 % par rapport à 1991. Dans ces conditions, il ne put endiguer la montée du chômage. Il avait promis de proposer à 900 000 chômeurs de longue durée un emploi ou une formation avant le 1er novembre 1992. Il ne tint pas cet engagement. Bien plus, le seuil des trois millions de chômeurs fut franchi en février 1993 ; à cette date, les sans-emploi représentaient 10,6 % de la population active. Grâce à sa rigueur, le gouvernement fut plus heureux dans sa politique monétaire. Il surmonta une vague de spéculation sur le franc, déclenchée en septembre 1992 ; il reconstitua les réserves de change et réduisit les taux d'intérêt. La hausse des prix fut contenue à 2 % en 1992. La balance commerciale enregistra un excédent.

Cependant les difficultés sociales mirent à mal le budget. En effet, le gouvernement se trouva confronté à une agitation multiforme : en juillet 1992 grève des chauffeurs routiers hostiles au permis à points instauré par le gouvernement précédent ; en décembre 1992 et mars 1993 grèves de la RATP ; durant l'été 1991 protestations spectaculaires des fils de harkis contre l'oubli dans lequel les laissaient les pouvoirs publics ; manifestations paysannes pour maintenir la place de l'agriculture française dans la Politique agricole commune et dans la future organisation mise en place à l'issue des négociations du GATT (Accord général sur les tarifs et le commerce). L'approche des élections conduisit le gouvernement à satisfaire certaines des revendications sociales qui s'étaient exprimées, même si le coût financier en était élevé. Pour les mêmes raisons, il n'était pas question de chercher des ressources supplémentaires en accroissant la pression fiscale. Aussi Bérégovoy, mettant pour une fois son souci de rigueur entre parenthèses, laissa-t-il s'alourdir le déficit budgétaire.

Le gouvernement put du moins marquer quelques points sur des questions particulières, parfois délicates. Ainsi Jack Lang, ministre de l'Éducation nationale, poursuivit sans heurt la réforme des lycées, de même que celle des premiers cycles du supérieur, réforme lancée par son prédécesseur Jospin. Plus important, en raison de la charge symbolique du dossier, le ministre, faisant preuve de conciliation, signa le 13 juin 1992 un accord avec les représentants de l'enseignement catholique, accord qui établissait la parité entre le public et le privé et semblait mettre fin à la vieille querelle scolaire. Sur la question des délocalisations, trop rudement engagée par Édith Cresson, des apaisements furent prodigués aux fonctionnaires concernés et seuls 1 895 emplois furent transférés en province sur les 30 000 prévus. Dans le domaine de l'intégration des étrangers, la fermeté à l'égard des illégaux fut maintenue. Le responsable de cette action, Kofi Yamgnane, insista à la fois sur les droits et les devoirs des immigrés ; il exhorta les musulmans à s'organiser en tenant compte de la conception française de la laïcité.

2.2. Le débat sur le traité de Maastricht et le référendum du 20 septembre 1992

François Mitterrand et le gouvernement, qui disposaient d'une marge de manœuvre réduite en matière économique et sociale, essayèrent de marquer des points dans le domaine politique. La construction européenne semblait offrir un terrain propice à des initiatives qui pourraient servir le pouvoir. Le 7 février 1992, les Douze de la CEE avaient signé le traité de Maastricht qui parachevait l'union économique et politique de l'Europe par diverses mesures devant s'appliquer avant 1999 : création d'une monnaie unique et d'une banque centrale européenne, droit de vote et d'éligibilité des ressortissants communautaires aux scrutins municipaux... Un vaste débat s'engagea alors, en premier lieu au Parlement, appelé à se réunir en congrès pour approuver la révision constitutionnelle imposée par le traité, dans le pays ensuite car Mitterrand avait décidé de faire ratifier l'accord par référendum. Les premiers sondages annonçant une victoire facile du oui, le président de la République, qui faisait campagne pour une approbation du traité, espérait renforcer son autorité à la faveur d'une large victoire de la réponse positive. Le calcul semblait d'autant plus habile que l'opposition se divisait sur cette question : les socialistes favorables au oui étaient rejoints par la plus grande partie des centristes et des libéraux pro-européens. Jacques Chirac se déclarait aussi favorable aux accords de Maastricht, mais ses amis Philippe Séguin et Charles Pasqua s'y opposaient au nom de la défense de l'indépendance nationale, de même que la frange droite de l'UDF avec Philippe de Villiers, le Front national, le PCF et une poignée de socialistes derrière Jean-Pierre Chevènement. (Sur ce sujet, voir chapitre 21, pp. 504-505.)

Au congrès de Versailles, le 23 juin 1992, le oui obtint une forte majorité de 592 voix, contre 73 et 14 abstentions. Le RPR avait refusé de participer au vote pour ne pas étaler ses divisions. Le calcul de Mitterrand semblait ainsi en voie de réussir. Mais les partisans du non effectuèrent une remontée dans l'opinion. Il fallut que, dans les semaines précédant le référendum, les principaux avocats du oui, Mitterrand, Chirac, Giscard d'Estaing, intervinssent vigoureusement pour obtenir une majorité. Finalement, le 20 septembre 1992, avec une participation de 70 %, le oui l'emporta, mais avec une avance très faible : 51 % des suffrages exprimés contre 49 %. François Mitterrand, qui voulait fortifier sa popularité et son poids politique grâce à une large victoire de la réponse positive, en fut pour ses frais. Au cours des mois suivants, les sondages lui devinrent d'ailleurs de plus en plus défavorables.

2.3. Les affaires et le discrédit des socialistes

Les « affaires » rendirent l'atmosphère politique encore plus pesante et contraire aux socialistes dans les mois qui précédèrent les législatives. Pierre Bérégovoy avait promis de lutter de toutes ses forces pour « vider l'abcès de la corruption » et sa réputation d'honnêteté laissait prévoir une action énergique. De fait, à l'automne 1992, il fit voter une loi qui abaissait le plafond des dépenses électorales et renforçait la transparence du financement de celles-ci. Mais les députés socialistes refusèrent de suivre le Premier ministre sur un point essentiel : l'interdiction des contributions financières des entreprises aux partis. L'opinion retint seulement que le PS voulait continuer à recevoir des fonds privés et soupçonna que cet argent cheminait par des circuits obscurs.

D'autres événements, largement exploités par les médias, vinrent encore accabler les tenants du pouvoir. Des élus socialistes de l'Essonne furent mis en cause dans une affaire de fausses factures. Le ministre de la Ville, Bernard Tapie, nommé le 2 avril 1992, démissionna dès le 23 mai car il était inculpé dans une affaire de droit privé ; à la suite d'un non-lieu, il put cependant reprendre ses fonctions le 24 décembre. Le président socialiste de l'Assemblée nationale, Henri Emmanuelli, fut lui aussi inculpé dans une affaire de fausses factures, en sa qualité d'ancien trésorier du PS. Pierre Bérégovoy se trouva lui-même éclaboussé et profondément affecté par une nouvelle révélation : en 1986, un riche ami du président de la République lui avait consenti un prêt sans intérêt d'un million de francs. Le Premier ministre protesta de sa bonne foi, prouva que le prêt avait été déclaré devant notaire et porté à la connaissance de l'administration fiscale et assura qu'il avait commencé à le rembourser, rien n'y fit : le caractère insolite de cette affaire financière et le fait que le prêteur fût lui-même compromis dans une affaire de délit d'initié enracinèrent le doute. La crédibilité de Pierre Bérégovoy en fut fortement entamée.

3. Les élections législatives de mars 1993 : une nouvelle cohabitation

Ce fut dans un climat marqué par la crise morale et politique, les difficultés économiques, le mécontentement social que se déroulèrent les élections législatives des 21 et 28 mars 1993.

PREMIER TOUR DES LÉGISLATIVES (21 MARS 1993)	
	% des suffrages exprimés
PCF	9,21
PS	17,62
MRG	0,90
Verts-Génération écologie	7,70
RPR	20,35
UDF	19,22
FN	12,52
Divers droite	4,61
Divers	7,87
RÉPARTITION DES SIÈGES À L'ISSUE DU DEUXIÈME TOUR (28 MARS 1993)	
PCF	25
PS et apparentés	67
UDF	206
RPR	242
Divers droite	36
Divers	1

La droite, avec un RPR très nettement en tête, obtenait sa plus forte majorité depuis 1958. Si le PCF se maintenait, le PS s'effondrait ; parmi les battus figuraient Michel Rocard, Lionel Jospin, quinze ministres du gouvernement en place dont Roland Dumas, Michel Delebarre, Michel Vauzelle, Louis Mermaz. Les socialistes perdaient des régions où leur implantation était récente comme la Bretagne, mais aussi leurs bastions les plus solides : dans le Midi-Pyrénées ils ne gardaient que 6 sièges sur les 21 qu'ils détenaient avec le MRG, dans le Languedoc-Roussillon ils passaient de 13 à 2 députés, dans le Limousin de 7 à 1, en Aquitaine de 19 à 4, dans le Nord-Pas-de-Calais de 25 à 8. Le Front national perdait le seul siège qu'il possédait dans la chambre précédente. Les écologistes ne confirmaient pas leur percée et n'obtenaient aucun élu.

La sévérité de la défaite constituait un désaveu cinglant pour les dirigeants et pour le socialisme. Peu après les élections, le sociologue Edgar Morin observa : « Le sens du mot socialisme s'est totalement dégradé dans le triomphe du socialisme totalitaire, puis totalement discrédité dans sa chute. Le sens du mot socialisme s'est progressivement étiolé dans la social-démocratie, laquelle est arrivée à bout de souffle partout où elle a gouverné.» Le déclin du socialisme se trouva symboliquement et tragiquement illustré, le 1er mai 1993, quand Pierre Bérégovoy, qui semblait particulièrement déprimé par l'échec électoral du PS et par sa mise en cause personnelle dans l'affaire du prêt, se donna la mort à Nevers.

Une nouvelle période de cohabitation s'ouvrit et François Mitterrand choisit pour Premier ministre le RPR Édouard Balladur. Celui-ci, né en 1929, ancien élève de l'ENA et membre du Conseil d'État, proche collaborateur de Pompidou de 1964 à 1974, avait été ministre de l'Économie dans le gouvernement Chirac de 1986 à1988. Il s'entoura d'une équipe restreinte comprenant 14 RPR, dont Charles Pasqua à l'Intérieur et Alain Juppé aux Affaires étrangères, et 16 UDF dont Simone Veil aux Affaires sociales, Pierre Méhaignerie à la Justice, François Léotard à la Défense.

Tandis que Michel Rocard s'installait à la tête du PS, à la place du premier secrétaire Laurent Fabius, avec l'espoir de rénover le socialisme français, et échouait dans cette entreprise, le Premier ministre bénéficiait de sondages favorables. La persistance de cette confiance donnait à Édouard Balladur des chances de succès pour les élections présidentielles de 1995, ce qui le mit rapidement en concurrence avec le président du RPR, Jacques Chirac, qui ne cachait pas sa volonté de faire acte de candidature. Les mois précédant l'élection furent marqués par la rivalité des deux chefs de file du RPR et par l'émergence de nouvelles affaires compromettant cette fois des ministres du gouvernement en place.

4. L'élection présidentielle d'avril 1995

La campagne pour l'élection présidentielle s'engagea tôt à droite où Jacques Chirac et Edouard Balladur se disputèrent les voix modérées, tandis que Philippe de Villiers et Jean-Marie Le Pen s'adressèrent aux extrémistes et aux protestataires. À gauche, le Parti socialiste attendit la défection du candidat sur lequel il misait, Jacques Delors, ancien président de la Commission européenne, pour désigner Lionel Jospin. Les communistes furent représentés par Robert Hue et les trotskystes par Arlette Laguiller. Dominique Voynet portait les espoirs des Verts.

Au premier tour, le 23 avril 1995, les électeurs, démentant les sondages qui accordaient une confortable avance à Jacques Chirac, placèrent le socialiste Lionel Jospin en tête, suivi par l'ancien président du RPR. Edouard Balladur qui n'avait cessé de décliner dans les sondages se retrouva à la troisième place, ce qui l'élimina de la compétition.

PREMIER TOUR

Inscrits : 39 993 954. Votants : 31 346 960. S. exprimés : 30 464 552.
Abstentions : 21,62 %

Philippe de Villiers : 1 443 235 voix (4,74 %).
Jean-Marie Le Pen : 4 571 138 voix (15,00 %).
Jacques Chirac : 6 348 696 (20,84 %).
Arlette Laguiller : 1 615 653 (5,30 %).
Jacques Cheminade : 84 969 (0,28 %).
Lionel Jospin : 7 098 191 (23,30 %).
Dominique Voynet : 1 010 738 (3,32 %).
Edouard Balladur : 5 658 996 (18,58 %).
Robert Hue : 2 632 936 (8,64 %).

Au deuxième tour, le 7 mai 1995, Jacques Chirac devança nettement son concurrent socialiste.

SECOND TOUR

Inscrits : 39 976 944. Votants : 31 845 819. S. exprimés : 29 943 671.
Abstentions : 20,34 %

Jacques Chirac : 15 763 027 voix (52,64 %).
Lionel Jospin : 14 180 644 voix (47,36 %).

Lionel Jospin l'emporta dans le quart des départements et dans 4 régions sur 22, le Midi-Pyrénées (52 %), le Nord-Pas-de-Calais (55 %), la Haute-Normandie (51 %), la Picardie (52 %). Jacques Chirac obtint la majorité dans les trois-quarts des départements et dans 18 régions, notamment en Provence-Alpes-Côte d'Azur (59 %) où le département des Alpes-Maritimes lui offrit son meilleur résultat (65,5 %), en Alsace (58 %), en région Rhône-Alpes (55 %), en Ile-de-France, en Pays de Loire, en Basse-Normandie, en Champagne-Ardennes, en Bourgogne, en Franche-Comté et en Limousin. Le succès de Jacques Chirac apparaissait plus court en Bretagne, Languedoc-Roussillon et dans le quart sud-ouest du pays.

Troisième partie

Économie et société françaises (1940-1995)

C h a p i t r e   1 4

Économie et société
de 1940 à 1947

Les sept années qui vont de la déroute de mai-juin 1940 à la fin de 1947 sont caractérisées d'abord par les difficultés nées de la guerre et de la défaite, ensuite par la volonté de reconstruire, de rénover et de moderniser l'économie française ; ceci plus lié qu'on ne pense à cela. En effet, certaines mutations de l'économie française ont été pensées durant les années noires de l'occupation.

1. Une économie ravagée par la guerre

Après la signature de l'armistice le 22 juin 1940, la France est morcelée : les Allemands annexent l'Alsace et la Lorraine (Reichsland) au Grand Reich, rattachent une partie du Nord de la France à la Belgique, interdisent à la France certaines portions de Bourgogne et de Franche-Comté et occupent une partie importante de la France ; la zone dite libre (les Français parlent de la zone « nono ») comprend 72 % des terres incultes et une portion réduite de côtes, réduite au littoral méditerranéen — encore que les Italiens occupent une partie du littoral, Menton, Toulon et certaines zones de la frontière alpine.

La France de Vichy est donc réduite à un bon tiers de ce qu'elle était en 1939 : les plaines n'y constituent que des régions limitées (vallées du Rhône, de la Garonne). L'éclatement du pays en différents morceaux qui communiquent peu ou mal entre eux sera la réalité vécue par les Français durant plus de quatre années. (Voir chapitre 1, pp. 22-24 et 33-34).

UN PAYS BOULEVERSÉ

Le désordre était immense dans les choses et dans les personnes. Il fallait nourrir une population qui avait quitté ses foyers, des villes qui se trouvaient coupées des sources normales de leur ravitaillement, des villages ou des camps surpeuplés. La production était désorganisée par la guerre. Des usines avaient été détruites, des champs dévastés, l'outillage et le cheptel dispersés, la main-d'œuvre évacuée. Les matières premières étaient introuvables, de nombreuses entreprises avaient perdu leurs stocks et leur matériel. D'autres n'avaient plus de commandes, d'autres encore plus de débouchés.

Sur les routes, sur les voies ferrées, sur les rivières, les ponts avaient sauté. Des ensemencements n'avaient pu être faits, des cultures avaient été ravagées. Une grande partie des ouvriers n'avaient plus de travail. Les salaires n'étaient pas payés [...]. La démobilisation, en libérant les soldats, créait des chômeurs. Au même instant des obstacles, dont certains eussent pu nous apparaître comme insurmontables, surgissaient de la malignité des hommes et des circonstances : blocus de nos côtes, pénurie des transports, ruptures du territoire en zones et multiplication des interdictions de passage.

Yves Bouthillier, *Le Drame de Vichy,*
t. 1, *Face à l'ennemi, face à l'allié*, Paris, 1950. D.R.

À cette amputation du territoire s'en ajoute une autre, qui touche aux centaines de milliers d'hommes, prisonniers de guerre en Allemagne (1 800 000) auxquels s'ajoutent d'abord les hommes du Service du Travail Obligatoire (STO) envoyés à partir de 1943 en Allemagne (600 000 selon les statistiques officielles), les déportés politiques ou raciaux ensuite (250 000 ?), en tout donc 2 600 000 à 2 700 000 hommes, soit donc un homme sur sept actifs. Cette absence est d'autant plus cruelle que plusieurs centaines de milliers d'entre eux ne reviendront jamais de captivité ou de déportation.

1. La ruine de l'appareil industriel

L'économie française souffre aussi durant quatre années des réquisitions ou des vols des Allemands qui ignorent les conditions de l'armistice. Si certains Français les aident volontiers, une grande partie freine leurs appétits. Mais que peut faire la France quand les Allemands lui imposent de vendre ses participations dans les pétroles roumains, utilisent les locomotives et wagons français pour transporter les produits indispensables à leur conduite de la guerre, ou détournent à leur arrivée les importations de cheptel, de viande, les agrumes et légumes du Maghreb en invoquant leurs besoins. Les Allemands imposent aux Français, même si la majorité ne l'ont pas voulue, la « collaboration » à leur effort de guerre. Ils prélèvent 36 % de la production industrielle. Les

Français n'ont disposé que des deux tiers d'une production réduite des deux cinquièmes environ par rapport à 1939. Leur charbon vient des mines de la Loire, d'Alès ou de Carmaux en zone libre.

L'absence d'hydrocarbures de 1940 à 1944 pèse sur l'économie du pays. En effet, les importations de pétrole oscillent entre 142 600 t (1943) et 204 000 t (1942) tandis que l'Allemagne enlève 2,4 M/t de l'été 1940 à juin 1944. Simultanément, l'occupant démonte les installations de raffinage ou les tuyaux, saisit les wagons citernes, les fûts et les bidons, découpe les réservoirs. Pour compenser cette pénurie, les Français se tournent pour circuler vers les carburants de synthèse, l'alcool et surtout le bois. Le gouvernement attribue le carburant selon les activités exercées. L'espace économique est si morcelé que des produits ou des denrées transportés d'une région à l'autre n'arrivent pas toujours à temps pour être distribués.

La production de charbon, d'électricité, de gaz diminue d'une dizaine de points jusqu'en 1944 et 1945 : électricité (– 15 par rapport à 1939) ; charbon (– 15), gaz (– 10). Malheureusement, l'absence de transport raréfie le charbon dont une partie est réquisitionnée par les Allemands. De plus, le blocus de l'Europe par la flotte anglaise interdit toute importation de matières premières. Les Français se répartissent la pénurie, car les Allemands enlèvent tous les stocks disponibles de métaux ferreux et non ferreux. Ils prennent également tout ce qui peut être utilisé (statues, grilles de fer et de fonte, pièces de monnaie de nickel) pour leur machine de guerre. L'indice de la production industrielle passe ainsi de 100 en 1939 à 62, pour les années 1941/1943.

> Les travailleurs français de l'industrie, des chemins de fer, de la batellerie et de la plus grande part de la marine marchande travaillent presque exclusivement pour l'Allemagne. Aucun autre pays, et de loin, n'apporte autant que la France à l'armement et même aux importations courantes de l'Allemagne [...] Les commandes allemandes en France sont le facteur dominant dans l'industrie française.
>
> Rapport du chef de la Délégation allemande à la Commission d'armistice, 1942, *in* Robert Paxton, *La France de Vichy*, p. 145.

Les Français apprennent à se passer de tout : les produits chimiques sont rares (médicaments et produits pharmaceutiques, engrais, couleurs, vernis, peintures, savons), les textiles davantage puisque les matières premières (laine, coton, soie) ne sont plus importées, le cuir devient vite introuvable et, quand il y en a, il est réquisitionné. Le papier, le verre sont contingentés, les journaux diminuent leur pagination tandis qu'on ramasse les bouteilles vides transformées en verres et autres récipients rares. Les hommes qui veulent se raser inventent des trucs pour faire durer leurs lames de rasoir. On offre des savons, des fromages sans matière grasse, des huiles qui ne sont que des ersatz... Par ailleurs, les bombardements alliés ajoutent encore à la pénurie quand ils prennent pour cibles des usines qui travaillent pour l'Allemagne, des ports, des gares ou des nœuds ferroviaires. Le commerce de la France avec l'extérieur est réduit et les importations régressent des deux tiers ou des trois quarts jusqu'en novembre 42 ; ensuite, elles se réduisent à peu de choses.

2. Le déclin de la production agricole : le temps des pénuries

Très vite, les Français apprennent que les conditions de leur vie ont changé du tout au tout ; les magasins sont vides et les approvisionnements difficiles ou rares. Une organisation de la pénurie est mise en place par l'administration : des tickets de rationnement de couleur différente permettent à la population de percevoir théoriquement une certaine quantité de produits, par jour, semaine, mois ou année. La réalité est moins simple quand l'administration ne peut honorer ses engagements, car tout dépend des transports et des livraisons. Or, le ravitaillement quotidien est lié à la production agricole qui manque de matériel, d'engrais, de pièces de rechange, de charbon, de ficelle, de sacs.

Pourtant, le encouragements au monde paysan n'ont jamais manqué : « La terre ne ment pas », avait solennellement affirmé Pétain ! L'État français souhaitait, à la faveur de la Corporation paysanne, donner aux paysans la première place dans la société française. Toutes les productions reculent cependant durant ces années de guerre : celles de céréales d'un bon tiers par rapport à 1939, les pommes de terre de 60 %, les betteraves (industrielles et fourragères) d'un tiers également, les fourrages d'environ 20 %, les légumes secs de 50 à 60 %. L'État français tente pourtant de séduire les paysans par les « contrats de culture » qui leur assurent des revenus contre livraison de récoltes ; mais comment résister aux ressources tirées du « marché noir » et des livraisons clandestines à des intermédiaires ? De ce fait, les citadins ne reçoivent que des rations réduites et cherchent à se ravitailler grâce à des « colis familiaux » expédiés des campagnes. Les autres se plient aux fourches caudines du marché noir ou sont hantés par la faim (voir chapitre 1, pp. 33-34).

L'occupation de l'ensemble du territoire en novembre 1942 supprime toutes les importations d'oléagineux de l'empire et contraint les Français à se tourner vers des huiles alimentaires de remplacement (colza, tournesol, œillette, raisin, noix), rationnées comme les autres produits alimentaires. La production de sucre de betterave régresse de 45 % entre 1939 et 1945, ce qui entraîne un rationnement sévère du sucre remplacé par la saccharine et une réduction de la production d'alcool. Simultanément, la production de vin régresse d'environ 40 % (l'occupation est le temps où l'alcoolisme diminue spectaculairement), ce qui n'empêche pas certains producteurs de grands vins de Bourgogne, de Bordeaux ou de champagne d'empocher des revenus élevés quand ils vendent leurs bonnes bouteilles au marché noir [1].

Les troupeaux d'ovins et de porcs diminuent de 1939 à 1945 (de 21 % pour les premiers, d'un tiers pour les seconds) alors que celui de bovins demeure à son niveau de 1939. Pourtant la viande est rationnée un peu partout et l'abattage clandestin sévit ; le lait et le beurre sont introuvables [2] et les substituts difficiles à trouver. Dans le midi, les citadins ont sans doute plus de mal à se nourrir aussi bien en viande qu'en légumes. En gros, la production agricole a baissé d'un quart. Dans ce domaine comme ailleurs, les Allemands se sont servis souvent au mépris des conventions d'armistice. Ils ont ainsi favorisé et encouragé le marché noir. Cette plaie, la plus voyante durant ces années, concerne tous les produits. Jacques Delarue en donne une liste incroyable qui va des fourrures aux objets les plus courants. Les prélèvements allemands le favorisent ; l'autre raison est certainement la rareté ou l'absence des produits qui varient d'un lieu et d'un mois ou d'une semaine à l'autre.

Une des conséquences de la guerre est la hausse du prix de la terre avec des écarts importants selon la qualité des sols, le type de production ou la région. Ainsi pour les cultures florales ou maraîchères en Provence, le prix de l'ha a été multiplié par 7 ou 8 et par 9 en Roussillon ; en Médoc, le prix est multiplié par 9 et par 10 en Champagne. La terre devient un placement pour ceux qui ont des liquidités ; son revenu a en moyenne triplé. Faut-il, pour autant, penser que les paysans sont devenus de nouveaux riches ? L'opinion le pense, en général, et l'image des « lessiveuses » de billets de banque amassés durant les années noires et échangés à la fin de la guerre a la vie dure.

La vie des ruraux a été certainement moins pénible que celle des citadins ; ils ont, au moins, mangé à leur faim et leurs produits ont servi de troc en cas de besoin. Se sont-ils enrichis comme on l'a prétendu, au vu de l'échange des billets en 1945 ? Mais à la fin de la guerre, ils ont à renouveler leur matériel agricole, usé jusqu'à la corde, à réparer les bâtiments endommagés et tout cela dans un pays exsangue.

2. La Libération (1944-1945) : des années de transition

1. Un pays en partie ruiné

Au cours de ces deux années les difficultés s'accumulent : les niveaux de production sont les plus bas pour la production industrielle et agricole ; ainsi

---

1. P. Fromont indique que les Allemands ont prélevé 98 millions de bouteilles de champagne sur un stock de 100 millions en 1939.

2. Ch. Bettelheim dans *Bilan de l'économie française*, indique que la production laitière a baissé de 50 % entre l'avant-guerre et une année moyenne de la guerre.

la production de charbon, d'électricité, de gaz atteint le creux le plus accentué :

100 = 1939	1944	1945
Électricité	67	87
Charbon	52	69
Gaz	54	75
Production industrielle	43	56

À la faveur de la Libération, les distributions prévues par les tickets ne sont plus honorées tandis que le marché noir connaît une impulsion nouvelle, parce que les soldats alliés donnent ou vendent facilement tout ce qui manque aux Français, depuis l'essence jusqu'aux véhicules en passant par le lait, les couvertures, le savon, les cigarettes, les vêtements, les armes.

La production agricole ne s'améliore guère puisqu'elle atteint ses niveaux les plus bas depuis 1939 (– 29 % en 1944 ; – 36 % en 1945). Se reporter au chapitre 4, p. 106.

2. Le piteux état des infrastructures

Or, le retour des prisonniers de guerre, des déportés et des hommes du STO qui rentrent en France, les besoins des Alliés pour leurs troupes et les centaines de milliers de prisonniers de guerre allemands aggravent les difficultés de transports, car les Allemands dans leur retraite ont fait sauter des ponts, des voies ferrées déjà endommagés par les bombardements. De plus, le réseau routier peu ou mal entretenu depuis 1939 répond mal aux besoins du trafic, ce qui perturbe un peu plus le ravitaillement quotidien.

Ainsi sur 40 000 km de voies ferrées, 18 000 km restent en service ; 2 600 ponts et viaducs, 70 tunnels ont été détruits ou obstrués, une locomotive sur trois est en état de marche, un wagon sur deux ou trois, tandis que l'ensemble des quais des ports français a été endommagé dans sa presque totalité. La flotte de commerce française est réduite au tiers de ce qu'elle était en 1939 (850 000 Tx au lieu de 2,7 M/Tx). La France ne peut plus compter que sur l'aide des Alliés britanniques et américains qui lui cèdent des locomotives, des navires « Liberty ships », lui prêtent des véhicules ou lui fournissent des carburants pour relancer la machine économique. Ainsi en 1945, grâce aux importations, les Français peuvent consommer 1,5 M/t d'hydrocarbures tandis qu'en octobre 1945, une ordonnance gouvernementale crée le Bureau de Recherches des Pétroles (BRP) appelé à donner un nouvel élan à l'industrie pétrolière, dans tous les domaines, en France et dans l'empire. 1945 est non seulement la fin de la guerre mais aussi le début de la reconstruction de l'économie.

Les responsables de la Résistance y pensent dès 1943 quand ils rédigent un *Rapport sur la politique économique d'après-guerre* ; mais déjà sous Vichy avait été esquissé un « Plan d'équipement national » bien vite remisé dans un tiroir. Le « dirigisme » de certains cercles de l'État français et le souci de planifier l'économie française rejoint ceux des socialistes qui entourent de Gaulle. Selon eux, l'État doit jouer un rôle essentiel dans les choix économiques et surtout dans l'abaissement des « trusts » qui ont accepté de « collaborer » avec l'Allemagne. Quand la Libération arrive, le patronat français fait le gros dos et attend des jours meilleurs tandis que le monde du travail réclame des réformes de fond qui redonneront à la France sa place dans le monde.

3. Les problèmes financiers et économiques

Le plus dur est de redonner une certaine santé à la monnaie affaiblie par la guerre et surtout la défaite. En effet, les Allemands avaient imposé aux Français de payer les frais d'occupation à des niveaux exorbitants ; ils les avaient également soumis à un taux de change du mark surévalué et des amendes pour un oui ou un non. De 1940 à 1945, l'armistice a coûté à la France 856 milliards de francs courants (dont 80 % pour l'occupation) ; de plus, les pillages allemands représentent une somme de 667 milliards. Simultanément, la masse monétaire nette augmente de 247 milliards (1939) à 1 080 milliards (1945) [× 4,37] tandis que la circulation monétaire passe de 101 milliards à 541 milliards [× 5,35].

Malgré la croissance des recettes fiscales le budget de l'État français est toujours en déficit (en gros les 2/3 du montant des dépenses) : en tout 537,8 milliards de 1940 à 1945. L'État demande donc des avances à la Banque de France (413 milliards de francs de 1940 à 1944) tandis que la dette publique croît de 423 milliards de francs au 1er janvier 1939 à 1 679 milliards six ans plus tard [× 3,96]. Cette dévaluation du franc est ostensible quand on veut acheter de l'or ou des devises étrangères (au marché noir, évidemment) : à la fin 1943, le louis d'or vaut 3 711 francs, le dollar et la livre 536 (au cours officiel il est coté 274,49 F tandis que le dollar vaut 43,80 F et la livre 176,62 F). Si l'on ajoute à la comptabilité française ce qui est avancé à Alger par la Banque de l'Algérie et de la Tunisie au CFLN on mesure l'importance du déficit financier que doit assumer la France à partir de la Libération.

Le débarquement allié en France met au premier plan la question du franc. Les Alliés voulant par le biais de l'administration militaire alliée mettre en circulation des billets de banque, provoquent la fureur du général de Gaulle. Ils sont dès lors contraints de revenir sur leur décision, tandis que le GPRF décide d'échanger les anciens billets de banque contre d'autres. Ultérieurement, de Gaulle s'oppose aux projets de Pierre Mendès France, ministre de l'Économie et des Finances, qui réclame une politique ferme sur le plan monétaire (comme en Belgique) afin que la France reparte d'un bon pied. De Gaulle refuse, Mendès France démissionne (juin 1945) et la France s'enfonce désormais dans une politique monétaire dominée par l'inflation qui durera jusque dans les années 80. (voir chapitre 4, pp. 106 à 108)

4. La montée de l'inflation

Celle-ci plus la pénurie des produits disponibles expliquent la hausse générale des prix si bien que les prix officiels sont rarement respectés : ainsi le kilo de beurre vaut fin 1943 officiellement 230 F ; en réalité, pour en avoir il faut payer 600 F et avec les mois, il passe à 900 F et 1 000 F en 1944 : le nombre d'intermédiaires augmente les prix d'achat. À la même date le salaire journalier dans les mines de houille est de 106 F.

Souffrent de l'inflation ceux dont les salaires sont fixes et officiels tandis que ceux dont les revenus suivent le mouvement de l'inflation maintiennent leur pouvoir d'achat. À la Libération, le bilan souligne l'appauvrissement du pays à la suite de la guerre : pratiquement tous les départements, occupés ou non, ont subi à des degrés divers des dommages. Ceux-ci s'élèvent à 1 272 milliards de francs-1938 du fait de l'Allemagne, 27 milliards du fait de l'Italie et 65 milliards du fait du Japon (en Indochine), en tout 1 364 milliards de francs-1938. Les accords de Yalta et Potsdam d'abord, la conférence de Paris ensuite répartira le montant des réparations pour la France et ses alliés.

3. Les débuts de la reconstruction (1945-1947)

1. L'aide américaine

De 1945 à 1947, la reconstruction de l'économie française dépend pour une bonne part de l'aide américaine, financière ou économique en général, car les Français demandent aux États-Unis de leur fournir aussi bien du charbon que du pétrole, du maïs, du blé que des navires. Les négociations franco-américaines sont difficiles, car les Américains ne souhaitent pas mettre économiquement les Allemands à genoux alors que les Français réclament des réparations pour les dommages subis. L'un des moments les plus délicats sera le voyage de Blum à Washington en mai 1946 quand il négocie avec Byrnes un accord que certains considèrent comme un « diktat ». En effet, les Américains imposent que les crédits soient renouvelables chaque année et obtiennent des avantages pour le cinéma et le pétrole : ainsi les États-Unis peuvent fléchir l'opposition française. Cette dépendance économique oriente la croissance de l'économie et la politique extérieure française (conférence de Moscou de 1947).

2. La reconstruction en marche

Dans ces années, la France reconstruit ce qui a été détruit et modernise son économie, comme l'indique le premier plan quinquennal (Plan Monnet). Préparée durant l'occupation au sein de commissions différentes et définie par le Conseil national de la Résistance, la modernisation doit résoudre des problèmes tous urgents : le ravitaillement, la monnaie, le logement, la circulation et les transports, les ports. Il s'agit de relancer l'économie sur de nouvelles bases, d'appliquer les réformes du CNR, d'ajuster les salaires et les prix. En même temps, le GPRF impose par ordonnance des réformes de structure avec les nationalisations (banques, charbonnages, électricité et gaz, énergie atomique, BRP, plus quelques grandes entreprises) et la création de la Sécurité sociale. En moins de deux ans, se dessine le nouveau visage de la France.

2.1. Renouveau agricole et industriel

L'agriculture retrouve les engrais indispensables mais manque encore de moyens mécaniques ; la production de céréales fluctue d'une année sur l'autre tandis que le cheptel reste à un niveau constant : la production de lait augmente d'un tiers en deux ans, celle de viande retrouve en 1947 le niveau de 1938. L'agronome René Dumont, membre de la Commission du plan, prône une restructuration des tenures et une rationalisation de la production afin que le travail des paysans soit rémunéré à sa valeur tandis que les analyses de Colin Clark soulignent les déséquilibres de l'économie française.

Dans le domaine industriel, l'appel de Maurice Thorez aux mineurs (il est ministre d'État dans le gouvernement de Gaulle de 1945) est entendu et la production de charbon remonte de 33,4 M/t en 1945 à 47 M/t deux ans plus tard (+ 42 %) ; celle d'électricité augmente de 46 %. Grâce aux importations, la consommation de pétrole retrouve en 1947 son niveau de 1938. Simultanément, un programme de grands travaux est lancé à travers toute la France afin qu'elle « épouse son temps » (de Gaulle). Malgré les destructions, la production de minerai de fer est multipliée par plus de deux entre 1945 et 1947, mais est assez loin du niveau de 1938. Néanmoins, l'indice de la production industrielle atteint un chiffre voisin de celui d'avant-guerre en 1947. La reconstruction de la France est donc en bonne voie.

2.2. L'écueil de la monnaie...

Faute d'avoir accepté la politique de Mendès France, la monnaie reste un point noir. La masse monétaire nette croît de 60 % de 1945 à 1947 alors que le stock d'or diminue pendant la même période de 69,2 %. Malgré le contrôle des changes qui a survécu au régime de Vichy et une réévaluation du prix de l'or, la valeur du franc sur le marché international a diminué des 2/5 environ, et la France négocie une série d'accords avec les États-Unis pour obtenir des facilités monétaires, des prêts : en deux ans, elle reçoit des États-Unis 2,320 milliards de dollars et réussit à faire annuler les dettes liées aux livraisons d'armement pendant la guerre. Par ailleurs, le montant de la dette publique passe de 1 679,9 milliards de francs en 1945 à 2 195,6 milliards en 1947, (+ 30 %). La première conséquence de la dévaluation du franc est la hausse des prix officiels tandis que le marché noir continue pour certains produits ainsi que le rationnement : l'indice des prix de détail de 34 articles passe de 2 778 à 7 273 en deux ans à Paris, de 2 730 à 7 572 en province. Les Français ont l'impression que la Libération, sur ce plan, ne leur a pas apporté grand-chose ; pour certains même, la vie serait plus difficile : des scandales éclatent de-ci, de-là, sur la ferraille, sur le vin, etc.

2.3. ... et le redémarrage de l'économie

La France libérée retrouve les chemins du commerce international. Les importations passent de 57 milliards de francs en 1945 à 397,1 milliards de francs en 1947, tandis que les exportations grimpent de 11,4 à 223,3 milliards de francs : l'économie française repart, même si le commerce est déficitaire. Le plus préoccupant demeure le déficit de la balance des paiements entre la zone franc et les pays étrangers, surtout ceux de la zone dollar et de la zone sterling, ce qui affaiblit le franc. Cependant, le gouvernement s'efforce de rétablir (et il y réussit assez bien) l'équilibre de son budget (en 1945, le déficit est de 243,1 milliards de francs, deux ans plus tard, il n'est plus que de 9,1 milliards). La France sort-elle de l'abîme où elle était plongée ? Raisonnablement, à la fin de 1947 on peut le penser, d'autant plus que la conjoncture mondiale est en hausse et que la France profite largement de cette ascension dans la période dite des « Trente Glorieuses » (J. Fourastié).

Des trois années qui vont de l'été 1944 à la grande grève de 1947 (voir chapitres 4 à 6) ressortent plusieurs faits : d'abord que la machine économique française repart comme en témoignent la croissance des différentes productions de base (charbon, électricité, gaz, fer, ciment) et la remise en marche des transports publics, essentielle pour l'avenir ; ensuite, le lancement du premier plan de modernisation et d'équipement (plan Monnet) ; enfin, dans l'héritage, l'inflation monétaire qui pèse lourd et qu'on aurait pu éviter si le projet de Pierre Mendès France avait été soutenu par de Gaulle. Dans cette décision grave de conséquences sur la vie de la IVe République, la politique l'avait emporté sur l'économique ; or, ce choix était une erreur sur laquelle Mendès France avait à différentes reprises attiré l'attention du président du GPRF.

4. Les conséquences sociales de la guerre

L'appauvrissement économique de la France a-t-il des conséquences sur le plan social ? La guerre a d'abord touché la démographie française avec la mobilisation de plus de 4 millions d'hommes, dont 1,8 million de prisonniers de guerre déportés en Allemagne, auxquels s'ajoutent les déportés politiques et raciaux et ceux du STO, en tout de 2,6 à 2,7 millions d'hommes et de femmes. La guerre a marqué aussi un important déplacement de populations qui voulaient éviter la guerre (400 000 Alsaciens et Lorrains) et ont émigré vers le centre ou le Sud-Ouest, tandis que les Allemands expulsaient plus de

100 000 Lorrains en 1940/41, que 450 000 personnes partaient à l'étranger parce qu'ils n'étaient pas Français ou parce qu'ils voulaient fuir les menaces qui pesaient sur eux. Faut-il parler de l'exode de juin 40 où plus de trois millions d'hommes avaient fui devant l'avance allemande, du nord vers le sud, avant qu'une partie ne retourne à son domicile ?

1. Guerre et démographie

La guerre a tué plus de 600 000 personnes (soldats, civils, fusillés, prisonniers de guerre). À l'inverse de la Première Guerre mondiale, elle n'a pas eu de conséquences désastreuses sur la démographie française. En effet, le déficit entre les naissances et les décès tend, malgré la guerre, à se combler à partir de 1943 quand la natalité remonte. L'État français s'en attribue, à tort, un mérite (il exalte la famille) qui revient à la IIIe République expirante (loi de 1939). Cela n'exclut cependant pas que la mortalité liée à la malnutrition (1 250 calories en moyenne par Français et par jour de 1941 à 1945) se tient à des niveaux élevés (179 pour 10 000 en moyenne de 1940 à 1945). L'essor démographique, le *baby boom* commencé en 1943 s'amplifie avec le retour des prisonniers et la paix. Ce retournement d'une tendance séculaire se consolide grâce aux lois de protection sociale prises à la Libération. Il amorce un phénomène de longue durée, la révolution démographique la plus importante de l'histoire de la France, qui fait passer sa population en un demi-siècle de 40,1 millions à 57 millions d'hommes.

2. Les mutations sociales

« Travail, Famille, Patrie », la devise du régime de Vichy disait bien le souci de Pétain de remodeler la société française. (Voir chapitre 1, pp. 16 à 21). La condamnation ostensible de ce qui avait été la vie des Français dans les décennies antérieures indiquait les orientations nouvelles : retour à la terre, rigueur morale, discipline dans le travail, création de nouvelles formules associant le patron et ses ouvriers, rejet du capitalisme et des trusts. Le cinéma de ces années-là traduit les ambitions du nouveau régime. Hélas ! l'analyse montre des réalités bien différentes : le marché noir, la ruse et la combine sont au cœur de la vie française ; les Français ignorent donc la règle officielle et le civisme le plus élémentaire.

À cause de la guerre les femmes ont remplacé les hommes prisonniers, non seulement dans les travaux de la terre mais aussi dans tous les secteurs de l'économie. Elles ont également participé à la Résistance et l'ont souvent payé de leur vie. La Libération permet aux femmes d'obtenir le droit de vote, malgré les réticences d'un certain nombre de membres de l'Assemblée constituante (avril 1944).

Le mouvement antérieur de la croissance urbaine se poursuit, malgré la guerre qui avait incité de nombreux citadins à vivre à la campagne, mais il reste modeste. La répartition de la population active en 1947 a peu changé par rapport à l'avant-guerre : 36,4 % pour le secteur primaire, 30 % pour le secteur secondaire et 33,7 % pour le tertiaire. On compte un peu plus de paysans (+ 300 000) et de fonctionnaires (+ 400 000), un peu plus d'ouvriers dans la métallurgie et dans les transports. La guerre a enrichi ceux que l'opinion nomme les BOF (Beurre-Œufs-Fromage) en y incluant tous ceux qui ont tiré profit d'un quelconque commerce. Les paysans ont su tirer leur épingle du jeu alors que les citadins, sauf les commerçants et ceux qui vivaient du marché noir ou qui avaient les moyens, se sont dans l'ensemble appauvris : le revenu national (100 en 1938) diminue de moitié en 1944 et ne retrouve un niveau supérieur (109) qu'en 1949. Un groupe de Français a perdu le plus clair de ses ressources, les Juifs éliminés de toute activité par les lois de Vichy (voir chapitre 1, pp. 18-19).

Le monde ouvrier a perdu une part importante de son pouvoir d'achat, d'abord parce que les salaires ont été bloqués, ensuite parce que l'inflation et le marché noir n'ont jamais été maîtrisés par Vichy. L'indice pondéré des salaires horaires passe de 104 en octobre 1940 à 163 en avril 1944 (1938 = 100) pour les ouvriers professionnels et les manœuvres. Seule la Libération permet de les rajuster à un niveau supérieur (231 en octobre 1944 ; 386 un an plus tard) mais il est toujours, et de loin, inférieur à l'évolution des prix officiels et de l'inflation. Ce retard pris en 1940 ne sera pas rattrapé de longtemps. Cela permet au patronat de faire tourner ses entreprises sans perdre de l'argent.

3. Le nouveau paysage politique

Le nouveau pouvoir a tenté d'organiser un nouvel ordre politique et social, sur des bases et des principes nouveaux avec des hommes nouveaux, en réalité des hommes de la droite la plus affichée. A-t-il entraîné derrière lui l'ensemble de la société française ? Comme le souligne Stanley Hoffmann ce fut le temps des paradoxes, car face à Vichy se dressent d'autres forces qui occupent tout l'espace politique en 1944, mais semblent ne pas s'occuper de l'espace social. Pourtant, le CNR a rédigé un programme avec un paragraphe spécial « sur le plan social » consacré surtout au monde du travail (ouvrier et paysan) et sans référence aucune à la bourgeoisie.

À première vue, la société française ne semble pas avoir changé par rapport à 1939, sinon que les classes moyennes, commerçants mis à part, se sont appauvries, que le monde des affaires a raffermi ses positions tandis que les notables traditionnels n'ont pas retrouvé leurs situations d'avant-guerre. Mais le temps a manqué pour ancrer les réformes de Vichy dans la société française déchirée durant ces années sombres. En revanche, la guerre et surtout la Libération inaugurent pour les années à venir des réformes qui modifient profondément la société française. (Sur ce nouveau paysage politique au lendemain de la guerre, se reporter au chapitre 4).

Économie et société
de 1947 à 1974

En 1947, l'économie française convalescente commence de retrouver le niveau de 1938 dans le domaine industriel (indice prod. ind. : 99) alors que la production agricole en est encore loin (74). Vingt-sept ans plus tard, la production de l'industrie a presque quintuplé (× 4,83) tandis que celle de l'agriculture est multipliée par 2,5. Le produit intérieur brut total (PIB) triple (× 3,48) durant cette période avec un taux annuel moyen compris entre 6 et 6,25 (6,03 %). Selon Carré, Dubois et Malinvaud, il y a à cela différentes raisons : d'abord la croissance de la population, ensuite une amélioration de la productivité du travail, puis un investissement élevé et enfin une croissance du capital. Or, cet essor de l'économie française s'inscrit d'abord dans un climat d'inflation permanente, sauf pour trois ans (1953/1955), ensuite dans le cadre des différents plans qui continuent le premier plan Monnet. Les plans, donc l'intervention de l'État, accélèrent la reconstruction et la rénovation, en raison d'une importante injection de capitaux publics. De plus, l'insertion de la France dans l'Europe, à partir des années 50, élargit le marché de l'économie. Cette croissance de l'économie française suit celle de l'économie mondiale (les « Trente Glorieuses » de Jean Fourastié) ; elle participe à nouveau à celle d'un monde en pleine mutation mais doit s'adapter au contexte international dominé par les États-Unis. Simultanément, la société française connaît les transformations les plus importantes et les plus rapides de son histoire.

1. Les mutations de l'économie française de 1947 à 1974

1. Problèmes monétaires et évolution du système financier

L'inflation se traduit d'abord par une augmentation de la masse monétaire (espèces, chèques et disponibilités monétaires) plus rapide entre 1958 et 1974 que de 1949 à 1958 tandis que le PIB progresse moins vite que l'ensemble de la circulation monétaire :

	1949	1958	1968	1974
Circ. mon. MM/F (1970) PIB (MM/F-1970)	27,57 (100) 272,4 (100)	80,14 414,6	285,23 691,8	642,60 (2 330) 950,1 (348)

La première conséquence est la hausse des prix de gros et de détail (la période du marché noir finit pour ainsi dire en 1949) ; les prix à la consommation augmentent en moyenne chaque année (5,30 %) :

1948/59	1960/67	1968/73	1974
+ 5,6 %	+ 3,5 %	+ 6,8 %	+ 15,2 %

Comparée à d'autres pays (Allemagne, Royaume-Uni, Pays-Bas, États-Unis), l'inflation française est la plus élevée :

France	+ 5,6	+ 3,5	+ 6,8
Allemagne Royaume-Uni États-Unis	+ 1,8 + 2,9 + 1,9	+ 2,4 + 3,3 + 1,8	+ 5,7 + 8,3 + 5,9

En arrière-plan, on constate le déséquilibre permanent de la balance commerciale (sauf les années 1950, 1955, 1959, 1960 et 1961), de la balance des paiements, du budget de l'État qui ne cesse d'emprunter mais qui rembourse en francs dévalués. L'inflation engendre les dévaluations du franc : six de 1948 à 1974.

Simultanément le cours des devises étrangères augmente ; ainsi le dollar vaut 214,39 F en 1948 ; 5,116 NF en 1971 ; 4,60 NF en février 1973 et 5,24 NF à l'été 1974. Le symbole le plus éclatant du franc dévalué est le Nouveau Franc (NF) à partir de 1960 qui vaut 100 anciens francs ; cela ne signifie pas la fin de l'inflation et des dévaluations pour l'avenir. Malgré la dévaluation du franc (17,5 %) voulue par de Gaulle en 1958 et le changement de République, le budget de l'État conserve ses caractères antérieurs avec un excédent de dépenses sur les recettes et le recours aux emprunts :

	Recettes	Dépenses	Dépenses Mil.	Dépenses publ.
1948	11,8 MM/NF	15,8	2,831	34,12
1958	53,1	57,4	14,8	79,73
1969	149,8	151,1	25,9	100,86
1974	281	270,5	43,8	197,07

Dans le déficit, la part des dépenses militaires ne cesse de croître de 2,831 MM/NF en 1948 à 41,004 MM/NF.

Dans l'ensemble, sauf de 1964 à 1966, les dépenses progressent plus vite que le PIB alors que les recettes ne suivent pas ; d'où l'endettement de l'État qui comble les trous du budget avec des emprunts remboursés en francs dévalués. La Ve République ne diffère pas en cela de la précédente vilipendée par de Gaulle. Par ailleurs, l'aide américaine (plan Marshall, 1 210 MM/F courants de 1949 à 1957) règle une partie du déficit avec l'extérieur ; la dette extérieure recule tandis que croît la part de la dette intérieure :

	1949	1958	1968	1974
D. int.	69,7 %	82,6 %	90,43 %	95,8 %
D. ext.	30,2 %	17,3 %	7,1 %	4,1 %
Total (MM/F)	39,06	79,73	97,36	197,07

Cependant, les réserves d'or et de devises de la Banque de France augmentent spectaculairement entre 1948 et 1974, malgré des chutes importantes d'abord en 1957 (les réserves sont à − 0,31 milliard de F) et 1958 (− 0,07 milliard de F) et une perte importante en 1968 et 1969 ; mais par le jeu des aides du Fonds monétaire international, la France reconstitue ses réserves de change [1]. Cette fragilité du franc est permanente tout au long de notre période et, comme le souligne Mendès-France en 1974, elle résulte du choix originel du général de Gaulle en 1945. De ce fait, une des tâches majeures des différents ministres des Finances jusqu'à 1958 est de quémander à Washington l'aide américaine.

Chaque année le vote du budget est soumis à des difficultés multiples et, de 1947 à 1958, les gouvernements utilisent la formule des « douzièmes provisoires » quand le budget attend d'être voté par le Parlement. Afin d'éviter l'hémorragie de devises, les différents gouvernements imposent que toute transaction avec l'étranger passe par l'Office des changes qui fonctionne pendant longtemps.

Les Américains qui ont le souci de bloquer l'expansion du communisme en Europe décident en 1947 d'aider l'Europe « libre » sous la forme de l'aide Marshall (voir chapitre 4, pp. 106 à 109).

2. La mise en œuvre de la planification

L'expansion de l'économie s'intègre dans le Ier Plan (le plan Monnet), élaboré dans l'immédiat après-guerre ; son objectif, moderniser et équiper le pays,

---

1. Il faudrait en réalité connaître le poids en or des réserves de la Banque de France que l'INSEE donne jusqu'en 1964 et pas au-delà.

dépasse en réalité le cadre français puisqu'il y insère les trois pays du Maghreb et certains territoires de l'ex-empire.

Étalé de 1947 à 1950, le Ier Plan s'étend en fait jusqu'à 1953 et permet à la France de retrouver un réel dynamisme. Il est suivi de plusieurs autres : le IIe Plan (1954-1957) qui met l'accent sur les produits de consommation ; les autres plans (le IIIe de 1958 à 1961, le IVe de 1962 à 1965, le Ve de 1966 à 1970, le VIe de 1971 à 1975) ont des objectifs de moins en moins quantitatifs et à partir des années 60 insistent sur le qualitatif.

L'enthousiasme du début laisse la place à un certain scepticisme ; « l'ardente obligation du plan », jamais vraiment acceptée par le patronat français et grignotée d'année en année, est remplacée par des objectifs techniques qui n'ont plus rien d'obligatoire à partir des années 60 : le climat, les responsables ont changé et les Français disposent en toute liberté de produits abondants et variés ; les sirènes « libérales », celles du patronat et des PME insistent pour qu'on en finisse avec ces contraintes d'un autre temps et gagnent du terrain dans l'opinion. Enfin, le plan s'est alourdi de plusieurs milliers de fonctionnaires.

Grâce aux plans, l'économie est rénovée rapidement, la production encadrée, les investissements publics mieux répartis là où les besoins sont les plus importants ; ainsi on empêche que l'après-guerre soit une répétition de l'avant-guerre. Élevés dans le Ier Plan (50 %) les investissements diminuent par la suite : 33 % en 1951 ; 23,4 % en 1958 ; 14,3 % en 1969 et 7,6 % en 1973. Parce qu'ils dépassent leurs objectifs, le Ier et le IIe Plan (prévision, 4,4 %/an du PIB ; réalisation, 5,4 %) donnent un élan inattendu à la reprise de l'économie, malgré le mauvais climat monétaire, tandis que le IIIe est très en dessous (3,8 % au lieu de 4,7 % prévus). Plus tard, la « stabilisation », l'objectif du ministre des Finances (Giscard d'Estaing), est le début d'un désengagement de l'État et d'un retour à l'économie libérale.

Le tournant pris par le plan donne désormais plus de poids au marché et avant même le départ du général de Gaulle en 1969, il n'est plus une « ardente obligation ». Parce qu'on connaît mieux les rouages de l'économie, on peut parer ainsi plus et mieux aux problèmes de conjoncture voire de structure. Le plan plus l'aide Marshall modernisent et rénovent l'économie française qui remplace le charbon par le pétrole comme source d'énergie tandis que les Français se lancent dans un vaste plan d'équipement hydroélectrique.

CONSOMMATION EN M/TONNES ÉQUIVALENT CHARBON (M/TEC) :			
	1949	1956	1969	1974
Charbon	69,4 (79 %)	78,1 (65,3 %)	62,5 (29,3 %)	24 (9,8 %)
Pétrole	13,4 (15,2 %)	30,4 (25,4 %)	114,3 (53,7 %)	128,7 (52,5 %)
Gaz	0,3 (0,3 %)	0,6 (0,6 %)	13,6 (6,4 %)	36,4 (14,9 %)
Électr.				
dont atome	4,7 (5,4 %)	10,4 (8,7 %)	22,6 (10,6 %)	56 (22,8 %) (7,7 %)
Total	**87,8**	**119,5**	**213**	**245**

Dès la fin de la guerre, la France s'oriente vers la production de l'électricité d'origine nucléaire. En effet, en décembre 1948 fonctionne la première pile atomique Zoé ; quatre ans plus tard est votée une loi-programme destinée à développer l'énergie atomique et en 1956 l'usine de Marcoule fournit la première électricité nucléaire en France ; la crise de Suez de fin 1956 oriente les recherches vers les applications militaires.

3. Mise en place de l'industrie pétrolière

La France, par le biais de la Compagnie française des pétroles retrouve ses intérêts (23,75 %) dans l'Iraq Petroleum Company et ses filiales en 1945 mais est obligée d'accepter l'accord des *Heads of Agreement* (novembre 1948) : les Américains se réservent l'immense gisement d'Arabie saoudite malgré les droits que l'accord de juillet 1928 donnait aux Français. Afin d'éviter le procès qu'ils auraient perdu, les pétroliers américains consentent à la CFP de nombreux avantages en nature (fourniture de pétrole) et évitent de peser sur les exportations de pétrole irakien qui approvisionne principalement les Français.

Ultérieurement, après la crise iranienne (1951-1954) qui nationalise les intérêts pétroliers de l'Anglo-Iranian (1951), la CFP, solidaire des Britanniques, reçoit à la fin de la crise 6 % des actions dans la nouvelle société internationale (Iranian Oil Participants). Par ailleurs, le Bureau des Recherches de Pétrole (BRP) créé en octobre 1945, lance une prospection active des hydrocarbures en France même et dans les différents territoires coloniaux. Le Parlement accorde de nombreux avantages fiscaux et le Trésor des subventions importantes aux sociétés pétrolières (françaises et étrangères) qui travaillent en France. Elles disposent de ressources élevées dans tous les domaines de l'industrie pétrolière : prospection, exploitation, transport, raffinage, pétrochimie, pharmacie, parfumerie, banque, etc. Par ailleurs, l'engouement des Français pour les valeurs pétrolières connaît un fantastique essor entre 1953 et 1962 : capitaux publics et privés concourent à cet essor. Ainsi, le BRP se transforme, bourgeonne à travers de multiples filiales et après avoir fusionné avec la Régie autonome des pétroles (RAP), il devient l'Union générale des pétroles (UGP) en 1960 et en 1966 la société ELF/ERAP. La nouvelle société est dans la main de l'État (100 % du capital) qui ne possède que 35 % des actions de la CFP (mais 45 % des votes). Pour ses fondateurs, ELF/ERAP ne peut être soupçonnée de connivence avec les sociétés pétrolières anglo-saxonnes et vite, elle montre son savoir-faire en Irak, domaine privilégié et traditionnel de la CFP via l'IPC qui a perdu depuis 1961 une part importante de ses concessions. Secrètement, ELF négocie avec les responsables irakiens et enlève à la fin de 1967 le contrat concernant le gisement de Roumeila (frontière du Koweït). La France dispose ainsi de deux sociétés pétrolières importantes capables de concurrencer les sociétés anglo-américaines.

Grâce à leurs efforts les compagnies pétrolières découvrent au Sahara d'abord du gaz (1954), ensuite du pétrole (1956) ; ce pétrole baptisé « national » est exploité à partir de 1958 par le BRP, puis l'UGP et ELF/ERAP. Les accords d'Évian (mars 1962) conclus avec les Algériens du FLN sauvegardent les intérêts pétroliers français tandis que ceux d'Alger (juillet 1965) rajustent la coopération franco-algérienne dans le domaine des hydrocarbures. Celle-ci tourne de plus en plus à l'aigre et se termine en février 1971 par la nationalisation des sociétés pétrolières françaises. Les Algériens de la Sonatrach prennent 51 % des parts : ELF/ERAP refuse et abandonne la partie contre règlement d'indemnités tandis que la CFP accepte et poursuit l'exploitation du pétrole et du gaz algériens. Cet exemple est repris par les autres États arabes qui à partir de 1972 nationalisent d'abord partiellement, ensuite progressivement à 100 % les intérêts des sociétés étrangères, donc françaises. En effet, l'autre source importante d'approvisionnement est au Proche Orient :

	1955	1962	1970	1973
Algérie		35 %	26 %	8,3 %
Proche-Orient	96 %	52 %	44 %	69,3 %
Libye			17 %	4,6 %
Nigeria			5 %	10,8 %

L'approvisionnement de la France dépendant surtout de l'extérieur, la moindre perturbation provoque l'asphyxie de l'économie. Par ailleurs, les achats de pétrole déséquilibrent la balance commerciale. Seule la découverte du pétrole et du gaz sahariens, payés en francs, libère la France, temporairement, de cette hypothèque. Enfin, parce que la France importe de plus en plus de pétrole du Proche-Orient, elle est à la merci des crises qui affectent de 1948 à nos jours cette région : la crise de Suez de 1956 en offre une démonstration si aiguë que cela orientera pour longtemps les relations de la France avec les États arabes, producteurs de pétrole.

L'État depuis 1928 réserve une part importante du marché pétrolier français aux sociétés françaises et à partir des années 60, augmente cette proportion. Ainsi, a pu se développer en France une très importante industrie du raffinage et du même coup de la pétrochimie. La découverte du gaz naturel dans les Landes à Saint-Marcet à la veille de la guerre est confortée par celle de Lacq, en 1954. Plus économique encore que le pétrole, avec plus de valeur énergétique, il atténue la dépendance de la France vis-à-vis de l'étranger. Un vaste réseau de gazoducs amène le gaz pyrénéen dans les régions les plus éloignées et dessine une nouvelle carte des industries françaises. De plus dans les années 60, un important gazoduc doublé d'un pipe-line est construit de Marseille vers Lyon, puis de là vers l'Alsace et l'Allemagne afin de transporter le pétrole et le gaz algériens. Les ports sont aménagés pour accueillir les bateaux citernes de plus en plus importants et de plus en plus nombreux qui amènent le pétrole et le gaz : Marseille, grâce à l'étang de Berre, devient à cet époque le premier port pétrolier français et le second en Europe après Rotterdam.

4. La modernisation de l'appareil industriel et ses limites

Le pétrole et l'industrialisation symbolisent la modernisation de l'économie française. En effet de 1949 à 1974, la valeur ajoutée de l'industrie dans le PIB est multipliée par 16,18 (de 26,7 MM/F à 433 MM/F 1971 : dans la formation brute de capital fixe (FBCF) la valeur des investissements industriels passe de 11,383 MM/F-1971 en 1949 à 168,261 MM/F-1971 (× 14,78), avec une croissance élevée d'une année sur l'autre, grâce aux capitaux publics et privés. Elle doit tout d'abord satisfaire aux besoins de la reconstruction, ensuite à la modernisation, enfin à la compétition.

Production industrielle (1970 = 100)			
	1949	1963	1974
Sans BTP	26,1	63	123
Avec BTP	28,2	63,6	117

Modernisation de la production dans la sidérurgie, la construction navale, le bâtiment, les biens de consommation courante et parmi eux l'automobile qui devient rapidement un symbole de l'indépendance individuelle et parfois de la promotion sociale. Mais l'essor industriel n'est pas homogène. Une analyse plus fine indique que l'activité du BTP est moins rapide à partir de 1970 que le reste des autres branches industrielles. Le recul est sensible aussi en 1968 pour d'autres secteurs : minerai de fer et produits de la sidérurgie, construction automobile, chimie et caoutchouc, textiles. Dans les « Trente Glorieuses », 1968 est autre chose qu'une série de manifestations d'étudiants.

Les émissions de valeurs mobilières en bourse déclinent (− 12 % par rapport à 1967) tandis que le taux de chômage passe de 1,9 % en 1966 à 2,7 en 1967 et 2,8 en 1968. Le nombre de faillites augmente en 1968 de 47,8 % par rapport à l'année précédente, celui des faillites terminées en 1968 croît de 29,8 % et l'année suivante se maintient au même niveau. Les entrepreneurs français ont-ils senti le sol se dérober sous leurs pieds ? Les statistiques ne mentionnent aucune création de sociétés durant cette année.

Le premier besoin est celui de logements ; or, la population française (voir plus loin, p. 355) augmente rapidement et la spéculation n'est jamais contrôlée sur le marché immobilier. La construction démarre lentement (75 000 logements en 1945), dépasse les 200 000 en 1954 et les 500 000 de 1963 jusqu'en 1974 ; la crise est donc résolue. En 1962, le parc dépasse les 16 millions et en 1975, il est au-dessus des 21 millions. Parce qu'elle bénéficie aussi de prêts à faible intérêt et des effets de l'inflation la construction donne de l'élan à tout ce qui de près ou de loin la touche.

Les effets d'entraînement sont multiples et concernent les biens de consommation courante : ameublement, biens d'équipement de tous ordres, textiles et habillement, industries agro-alimentaires, services. Simultanément, la valeur des sols augmente d'abord dans les villes, ensuite dans les campagnes où se fixent de nombreuses résidences secondaires (c'est une nouveauté dans la vie des Français). L'industrie textile régresse lentement à partir des années 60 (coton, lin, laine, jute alors que la soie progresse) : le Nord, l'Est commencent de connaître des jours difficiles qui s'assombrissent avec les années.

La production de biens de consommation courante (réfrigérateurs, aspirateurs, machines à laver, radio, télévision, électrophones) est impressionnante ; non seulement les citadins mais aussi les ruraux achètent ces machines qui facilitent la vie quotidienne. Cette bonne santé apparente est confortée par la croissance de la circulation commerciale (transports routiers, ferroviaires, fluviaux, aériens). Toutefois un certain nombre d'entreprises sont contrôlées par l'étranger ; en 1973 plus du quart (25,8 %).

Certaines industries connaissent une expansion plus rapide que d'autres (toutes celles liées à la construction, à l'automobile) ; mais l'ensemble soutient mal la concurrence internationale : d'abord parce que leurs prix sont plus élevés, ensuite parce que la structure de l'industrie française repose sur la prédominance de la petite ou très petite entreprise : jusqu'en 1962, 93 % des entreprises ont moins de 20 salariés. La véritable concentration a lieu entre 1962 et 1970 ; n'est-ce pas déjà trop tardif et trop limité, au regard des autres entreprises européennes ou étrangères, alors que les pays du Tiers-Monde entrent désormais dans le commerce international ? L'essor de l'économie française et de l'industrie est-il lié à l'usage du pétrole et à la dépendance de l'étranger ? De nombreux indices tendent à souligner ce rapport, ce qui expliquerait selon certains, sa vulnérabilité après la hausse élevée des prix du pétrole en 1974.

L'industrie française néglige cependant un certain nombre de secteurs d'avenir comme ceux de l'informatique et de la bureautique. L'État en prend conscience et tente avec le plan Bull, dans les années 60, de donner à la France les moyens de lutter contre les compagnies étrangères. Celles-ci ont tant d'avance et de puissance (IBM, Siemens, Olivetti, Rank) que cet effort échoue. Ce qui subsistait dans le domaine des machines à écrire, comptables, mécanique de précision, disparaît en quelques années. Dans ce domaine l'administration et les entreprises françaises achètent à l'étranger, même si les compagnies étrangères installent leurs usines en France (IBM à La Gaude et Montpellier, Texas Instrument à Saint-Jeannet, etc.) Les Japonais élargissent progressivement leur implantation sur le marché français. Faute d'exister, l'Europe industrielle susceptible de s'opposer aux géants américains ou japonais est battue, et la France avec elle pour ces industries d'avenir. C'est donc une hypothèse inquiétante.

5. La situation du monde agricole

La modernisation touche aussi l'agriculture (voir p. 207), mais la part dans le PIB de ce secteur régresse de 10,3 % (1953) à 5,7 % (1974). De 1949 à 1974 la valeur ajoutée pour l'agriculture est multipliée par 7,23 (de 17 MM/F à 123,3 MM/F) ; c'est une progression inférieure à celle de l'industrie et à celle du secteur tertiaire × 17,56 (de 41,1 à 721,8 MM/F), mais c'est la révolution la plus profonde de toute son histoire. En effet, le nombre d'exploitations agricoles diminue de 40 % entre 1948 et 1973, mais la surface cultivée demeure semblable (33,300 M/ha en 1948 ; 32,400 M/ha en 1973). En revanche, la production augmente spectaculairement pour tous les produits alimentaires avec des rendements très élevés :

	1949		1963	1974
Céréales [1]	136,5	M/qx	252,4	488
Vin	42,9	M/hl	55,9	75,5
Lait	130	M/hl	254	296
Viande	1,865	M/T	3,845	5,107

La production de pommes de terre progresse jusque dans les années 60 puis régresse tandis que celle des cultures maraîchères et des fruits ne cesse d'augmenter.

---

1. Les céréales sont : blé tendre, blé dur, seigle, avoine, orge, riz, maïs.

	1949	1963	1974
Pommes de terre	96,5 M/qx	159,6	74,8
Carottes	2,3	6,6	4,7
Haricots verts	0,472	1,7	2,2
Tomates	1,7	4,1	5,6
Choux fleurs	1,3	2,4	4,8
Melons	0,692	1,5	1,4
Pommes	3,6	9,8	15,2
Raisin table	1,272	1,865	2,976

LES RENDEMENTS ÉVOLUENT PARALLÈLEMENT (QX/HA)			
	1949	1963	1974
Blé	19	27	46
Orge	16	29	37
Maïs	6,4	39,4	46
Pommes de terre	98	190	238
Vin (hl/ha)	29,9	45,2	63
Lait (hl/vache)	16,83	21,72	22,94

CHEPTEL			
	1949	1963	1974
Bovins (M/têtes)	15,432	20,041	24,040
Ovins	7,490	8,026	10,569
Porcs	6,760	8,967	12,031

ENGRAIS CHIMIQUES ET MATÉRIELS			
	1949	1963	1974
Tracteurs	121 500	967 600	1 327 900
Batteuses	218 700	159 200	26 400
Mois. batt.	4 900 (1950)	77 900	140 00
Engrais chim.	1,007 M/T	2,676	5,836

Cette modernisation de l'agriculture n'est possible que par les prêts du Crédit agricole qui passent de 1 757 M/F en 1950 à 19 744 en 1963 et 120 004 M/F courants. Malgré les dévaluations, la progression est évidente[2]. La

---

2. En francs-1971, la progression est la suivante : 4 431 M en 1950 ; 25 437 M en 1963 et 83 723 M en 1974.

mécanisation s'accompagne d'un remembrement des exploitations (les paysans n'y consentent pas toujours de bon gré), d'une amélioration des espèces (végétales et animales), de l'hygième et d'une standardisation des produits. La mécanisation est parfois excessive et trop souvent certains tracteurs ne sont pas rentables. L'ouverture des frontières prévue par le Marché commun européen fait entrer en France les produits italiens qui concurrencent les produits agricoles français et pèsent sur les prix de vente. Cet endettement des ruraux et la production devenue surproduction posent des problèmes d'abord individuels, ensuite collectifs. L'affaiblissement des prix ou les récoltes surabondantes provoquent des réactions violentes quand les ruraux jettent leurs excédents sur le pavé des villes. Le paysan-roi de la guerre et de l'après-guerre devient souvent un révolté qui voit d'autres Français s'enrichir aisément alors qu'il a du mal à joindre les deux bouts.

Certaines productions régressent comme les olives à cause de l'hiver rigoureux en 1957, la concurrence des olives de Tunisie, de Grèce ou d'Italie et surtout la demande d'une main-d'œuvre abondante que les villages en voie de dépeuplement ne peuvent fournir ; déclin aussi des plantes à parfum dans le Midi méditerranéen concurrencées par les essences importées ou les essences chimiques.

L'État intervient à différentes reprises, sous la IVe et surtout la Ve République pour pallier leurs difficultés. Ainsi, en août 1960, une « Loi d'orientation de l'agriculture française » est promulguée : elle crée des Sociétés d'aménagement foncier et rural (SAFER), le Fonds d'action sociale pour l'aménagement de structures agricoles (FASASA) et les Groupements agricoles d'exploitation en commun (GAEC). Les objectifs sont multiples : insérer les paysans français dans l'économie, leur assurer un niveau minimum des prix et surtout les encourager à travailler pour l'exportation, ce qui n'est pas simple.

En effet, jusqu'au début des années 60, la moitié des exploitations ont moins de 10 ha, ce qui représente 12 % de la surface utilisée tandis que 5,7 % des exploitations supérieures à 50 ha en occupent plus de 29 %. Entre 1960 et 1974, les petits exploitants abandonnent la partie alors que les grands renforcent leur poids : les premiers ne sont plus que 37,5 % du total et occupent 7,6 % du sol utilisé tandis que les seconds (10,5 % du total) en possèdent 39,4 %. Cet abandon de la terre familiale ne se fait pas sans déchirement et ceux qui acceptent d'y rester ont du mal à trouver une jeune épouse pour partager leur vie quotidienne. Comme vivre sur une exploitation inférieure à 5 ha, alors que pour les grands la superficie moyenne est toujours supérieure à 80 ha ? Non seulement les machines sont rentables mais aussi les prix à la production sont compétitifs sur le plan international. Sans une aide extérieure à l'agriculture, les campagnes françaises sont condamnées à l'abandon à partir de 1960. On comprend dès lors le slogan « Vouloir vivre au pays » lancé après 1968.

Dans les années 60 affluent aussi les « pieds-noirs », ceux du Maroc et de Tunisie en premier, ensuite et massivement ceux d'Algérie après 1962. Ils introduisent dans l'agriculture française des capitaux abondants (souvent avec l'aide de l'État, comme en Corse), des techniques du sol neuves qui étendent les surfaces cultivées et des plantes nouvelles (agrumes, cultures maraîchères). Rapidement, leurs exploitations sont des modèles qui suscitent envie et déchaînent, en Corse par exemple, des violences surprenantes. Mais le contexte extérieur, celui de l'Europe et celui des produits importés grâce à l'avion et aux transports réfrigérés est contraignant. À cela s'ajoute une véritable révolution dans les habitudes alimentaires des Français (voir plus loin).

En 1974, la vie des agriculteurs est-elle meilleure qu'en 1949 ? Rien n'est moins certain. En effet en 1973, plus de 50 % des travailleurs agricoles familiaux ont moins du SMIC, 43,7 % entre un et trois SMIC, le reste (5,8 %) plus de trois SMIC.

En revanche, les transformations sont telles qu'il est impossible de revenir en arrière, comme l'imaginent certains écologistes ou certains nostalgiques. Désormais, le paysan français inséré dans le jeu du crédit bancaire signe des chèques, se déplace en automobile et ceux qui se plaignent sont toujours les plus petits, vulnérables aux variations de la conjoncture. Encore faudrait-il nuancer ce tableau, car les vignerons ou les maraîchers diffèrent des céréaliculteurs ou des éleveurs. Les organismes qui les regroupent sont presque toujours entre les mains des plus puissants alors que les petits, la piétaille, à la limite de la précarité sont en première ligne pour manifester contre les contraintes du temps. Une évidence cependant : l'agriculture française a désormais la dimension internationale, mais de ce fait, elle est sensible aux contraintes extérieures, car elle alimente une importante industrie agro-alimentaire dont la part dans le PIB augmente d'une décennie sur l'autre (de 3 356 M/F 1971 en 1949 à 50 463 M/F en 1974).

6. Le développement du commerce

6.1. Une transformation des infrastructures

Le commerce français a suivi les croissances de la production intérieure industrielle et agricole ; d'abord, parce que le réseau de circulation s'est développé, ensuite parce que le crédit a élargi son champ d'action, enfin parce qu'il a entamé, au cours de la période, sa restructuration. La construction des autoroutes et des voies rapides permettent des transports de plus en plus lourds et les transporteurs routiers constituent un groupe de pression de plus en plus efficace. Parallèlement le réseau de la SNCF a été amélioré ; grâce à l'électrification (en 1949, 3 810 km de voies électrifiées ; en 1974, 9 330 km) les liaisons sont plus rapides. Les ports reconstruits et modernisés répondent mieux aux exigences d'un trafic accru ; enfin, l'avion, nouveau venu, devient vite le véhicule le plus commode pour se déplacer en France ou à l'étranger. Le trafic de marchandises croît rapidement durant ces années :

(*en millions de tonnes*)	1949	1963	1974
Route	614 (1952)	984	1 700
SNCF	161	240	254
Fleuves	39	76,8	102
Oléoducs			125,2
Ports	51,2	125,2	303
Passager/avions (*milliers*)	1 208,5	9 051,9	28 366,7

Dans les transports, la SNCF, entreprise publique, se bat en vain contre les routiers qui lui enlèvent de plus en plus de trafic, au risque d'aggraver les conditions de circulation et d'accroître le nombre d'accidents. Mais le fétichisme de l'automobile est tel que les voix les plus raisonnables (A. Sauvy) ne peuvent se faire entendre.

6.2. Un changement progressif du monde du commerce

Le commerce intérieur se développe et se transforme surtout à partir des années 60 : essor de magasins à succursales multiples, de grandes surfaces aux portes des villes. Le petit commerce maintient cependant ses positions comme en témoignent les différentes enquêtes, même si on enregistre chaque année des faillites plus nombreuses à partir de 1964. Le mouvement Poujade lancé dans les années 50 par un papetier de Saint-Céré est vigoureusement soutenu par les petits commerçants qui de temps à autre s'en prennent au fisc. Ce mouvement bien implanté ne milite pas évidemment pour la modernisation de l'appareil commercial.

Or, depuis 1949, celui-ci bénéficie du faible taux d'escompte de la Banque de France qui varie de 2,5 % (1950) à 5 % (1957) mais se tient à une moyenne de 3,60 % jusqu'en 1967. De 1968 à 1972, la moyenne est de 7 %, après quoi, il monte d'abord à 11 % en 1973 et à 13 % en 1974. L'inflation permet aux commerçants de s'enrichir à bon compte, puisque leurs prix de vente suivent les mouvements de la monnaie, malgré les directives gouvernementales qui fixent des prix plafonds pour tel produit et qu'ils remboursent leurs emprunts en francs dévalués.

La valeur ajoutée du commerce dans le PIB passe de 12 042 M/F 1971 en 1949 à 49 255 M/F en 1963 et 139 198 M/F en 1974. Sa part dans le PIB qui est de 14,1 % en 1949 régresse à 12,1 % en 1963 et 10,3 % en 1974 : faut-il parler d'un essoufflement qui commencerait avec 1968 et dont les faillites (+ 47 %) seraient l'indicateur ? Derrière une façade en apparence peu changée on devine des transformations qui vont s'accentuer dans la période suivante.

6.3. L'essor du commerce extérieur

Le commerce extérieur reflète à sa façon les plus et les moins de l'économie française. En effet, sa valeur en francs courants est multipliée par 27,7 de 1949 à 1974. Malgré la guerre de Corée et la crise de Suez, elle est multipliée par 2,63 de 1949 à 1958, s'accélère entre 1958 et 1968 (× 2,92) et s'envole entre 68 et 74 (× 3,60). Sans doute l'inflation et les dévaluations favorisent les ventes françaises mais la balance du commerce et celle des paiements restent déficitaires.

	Importations	Exportations	+ / −
1949	9,263 MM/NF	7,839 MM/NF	− 1,424 MM/NF
1958	23,552	21,531	− 2,021
1968	69,029	62,723	− 6,306
1974	254,651	220,213	− 34,438

L'aide Marshall compense entre 1949 et 1954 une partie du déficit des règlements effectués avec l'étranger ; mais dans tous les cas, ces déficits soulèvent des problèmes, malgré les dévaluations monétaires. Les entreprises françaises sont elles incapables de concurrencer celles de l'étranger ? Or, l'étranger existe et demande non seulement des produits de luxe (parfums, mode) mais aussi des objets quotidiens de bonne qualité avec le service après-vente ? Est-ce un reste du vieux réflexe du repli sur l'hexagone et l'ex-empire colonial ? Pourtant, certains entrepreneurs réussissent à enlever des parts importantes sur le marché international (ex : les pétroliers) ; mais les autres ? Or, la France est de plus en plus insérée dans l'ensemble mondial.

À partir des années 60, le pays se tourne de plus en plus vers ses voisins européens et se détourne des autres continents (Asie, Afrique, Amérique). La zone franc qui drainait jusque-là une part importante du commerce français est de plus en plus délaissée (c'est une des conséquences de la décolonisation), malgré la volonté de la Vᵉ République de conserver des liens avec les ex-colonies devenues États indépendants. L'énergie (pétrole et gaz) représente en gros 1/5 des importations en valeur, mais en 1974 dépasse les 22 % alors que de 1960 à 1973, ce poste est de moins en moins important. En août 1971, la dévaluation *de facto* du dollar permet d'économiser des francs tandis qu'en 1974 (le premier choc pétrolier) la décision de l'OPEP d'augmenter le prix du baril pèse sur les prix pour les importations.

L'importation croissante de produits de consommation engendre certaines déchirures du tissu industriel français et préoccupe les responsables dans les années 60. L'industrie française, à quelques exceptions près, possède-t-elle la taille des multinationales étrangères ? Les lois du marché mondial mettent-elles en danger l'économie française ? Pourtant, l'automobile, l'aéronautique (Caravelle, Concorde) peuvent concurrencer la production étrangère. Par ailleurs, l'investissement est-il bien orienté ? À différentes reprises, le gouvernement s'interroge sur l'avenir de l'économie française et dans les années 1967-1968, il note de nombreux signes de faiblesse. Mais le désengagement ostensible de l'État est-il compatible avec une intervention imposée par l'aménagement du territoire, le plan, les circonstances et l'avenir ? Autant de questions qu'une majorité parlementaire dévouée et docile ne pose jamais.

La croissance de l'économie est-elle accompagnée d'un développement régional harmonieux ? On peut en douter quand Jean-François Gravier dénonce le déséquilibre au profit de Paris face au « désert français ». Pour y remédier est créée en 1963 la DATAR destinée à « aménager » le territoire (le géographe Maurice Le Lannou parlera du « déménagement »).

Mais l'État se désengage de l'économie dans les différents plans successifs de 1958 à 1974. L'industrialisation est moins prégnante en région parisienne, dans le Nord et en Lorraine en 1975, alors qu'en Alsace, Franche-Comté et dans la région Rhône-Alpes, elle est plus importante en 1975 qu'en 1954. Volontarisme industriel aussi quand l'État décide l'implantation d'une aciérie à Fos-sur-mer, près de Marseille, pour utiliser le gaz algérien. On semble déshabiller Paul, comme dit la sagesse des nations, pour habiller Pierre, c'est-à-dire qu'on favorise la région marseillaise au risque d'aggraver les problèmes du Nord et de la Lorraine. L'État encourage également l'installation d'usines dans des régions qui en étaient privées ; mais le savoir-faire et la main-d'œuvre qualifiée sont-ils transposables ?

La carte de l'économie française en 1974 montre des différences importantes : certaines régions (ex. PACA, Centre) semblent à la traîne par rapport à d'autres plus douées. On touche peut être ici à une des lacunes de la planification qui n'a pas osé, sauf exception, aménager, avant la lettre, le territoire pour avoir une croissance harmonieuse.

La crise de 1968 soulève de multiples questions ; parmi elles, le poids des villes dans la vie française. En effet, 66 % de la population française vit alors dans des villes ou des agglomérations urbaines (un peu plus de 4 000 communes urbaines) tandis que 34 % vivent dans 34 000 communes rurales ; en 1954, respectivement 56 % et 44 %. Mais de 1954 à 1975, la population française passe de 42,7 millions à 52,6 millions, soit une augmentation de 10 millions en 21 ans : la France connaît la plus forte croissance démographique de son histoire, 23,1 % en deux décennies et 30 % en 1946 à 1975. La population rajeunit, l'espérance de vie augmente (hommes de 62 ans à 69 ans ; femmes de 67 à 76 ans).

2. Les évolutions de la société française de 1947 à 1974

1. La question démographique

Au cours de la période considérée, la population française vieillit lentement (la part des + 60 ans passe de 19,2 % en 1946 à 23,3 % en 1975) ; l'immigration étrangère double en près de trente ans (de 1,746 M en 1946 à 3,442 M en 1974) ; enfin affluent inopinément en quelques années plus d'un million d'Européens d'outre-Méditerranée rapatriés en France, les « pieds-noirs ». Dans cette évolution on retiendra une lente baisse du taux de natalité et du taux de mortalité (pour 10 000) :

	Natalité	Mortalité	+
1949	209	137	72
1962	176	114	62
1968	167	110	57
1975	141	106	35

L'excédent des naissances sur les décès diminue de plus de la moitié ; c'est une menace pour l'avenir car la croissance ne repose plus que sur l'immigration ou le vieillissement d'où de nombreux problèmes pour les prochaines décennies (dynamisme de l'économie, Sécurité sociale, retraites, etc.). En effet, la part des moins de vingt ans augmente de 42,6 % de 1946 à 1975, mais celle des + 60 ans de 57,7 % alors que celle des 20-60 ans ne croît que de 14,2 %.

1.1. Le rapport homme/femme

Les femmes sont toujours plus nombreuses que les hommes, mais d'un recensement à l'autre, on en compte de moins en moins (en 1946, 109,8 pour 100 hommes ; en 1962, 105,8 ; en 1975, 104,1). Leur part dans la population active est de plus en plus importante.

	1954	1968
Agriculture	35 %	32 %
Secteur secondaire	23,5 %	22 %
Tertiaire	41,5 %	46 %

Leur nombre passe de 6,646 M en 1954 à 7,317 M (+ 10 %) de 1954 à 1968 ; celui des hommes de 12,505 M à 13,245 M (+ 5,9 %).

La période 1947-1974 est marquée par la place croissante que prennent dès lors les femmes dans tous les domaines de l'économie. Certains secteurs comme les services et l'enseignement sont particulièrement marqués par cette féminisation. Parallèlement, on assiste à l'arrivée des femmes dans les postes de responsabilité dans tous les domaines. En 1972, l'entrée d'une femme à l'École polytechnique est aussi saluée comme un symbole. Leur participation à la vie politique reste cependant très faible.

La place de plus en plus importante prise par les femmes dans notre société s'est accompagnée d'une indéniable évolution des mœurs, surtout après 1968. C'est dans les années 70 que le Mouvement de libération des femmes (MLF) prend son essor (voir chapitres 9 et 10). La loi Neuwirth sur la contraception (1967) et bientôt la loi Veil sur l'interruption volontaire de grossesse (1975) sont élaborées dans ce nouveau climat. Parallèlement, si le nombre de mariages augmente de 1962 à 1973, la courbe s'infléchit à partir de 1974 quand croît le nombre de divorces.

1.2. Les flux démographiques et le problème de l'immigration

En 1975 plus de 37 millions de Français sont citadins (en 1954, 23,9 millions) et un peu plus de 15 millions vivent au village (en 1954, 18,8 millions). Plus de 4 millions de ruraux émigrent ; c'est une saignée grave et un transfert important de force de travail vers différentes régions : celles de Paris, Rhône-Alpes, la région PACA, la Franche-Comté, l'Alsace, la Bourgogne, le Languedoc-Roussillon, la région Midi-Pyrénées. Les régions d'attraction sont-elles aussi celles de bonne santé économique ou de vie plus facile ? À partir des années 60, les Français prennent conscience que de nombreux étrangers ont immigré en France ; ils étaient 4,3 % de la population totale en 1946 et plus de 88 % étaient européens (Italiens, Espagnols, Polonais, etc.) et à peine 2 % maghrébins. En 1962, plus de 2 millions d'étrangers vivent en France (2,169 M) dont plus de 400 000 Maghrébins (18,9 % de la population étrangère). Ce nombre augmente dans la décennie suivante : les Maghrébins dépassent le million (1,140 M en 1975) tandis que les Européens dépassent les deux millions (2,090 M).

En trente ans, le nombre d'Européens a augmenté de 35 % alors que celui des Maghrébins a été multiplié par 28,5 ; parmi eux, les Algériens qui engendrent un rejet et un racisme de plus en plus ostensible, non seulement à cause du souvenir de la guerre d'Algérie terminée en 1962, mais aussi parce que l'opinion les regarde trop souvent comme malhonnêtes, paresseux, malpropres, et qu'on les soupçonne de tout et de rien.

Cette main-d'œuvre appelée par les patrons français participe à l'essor de l'économie française et ne rechigne pas au travail. Mais leur image dans l'opinion française est toujours celle de pauvres hères qui vivent dans des conditions matérielles difficiles ; on les trouve surtout dans la région parisienne, autour de Lyon/St-Étienne, en Provence et un peu dans les régions où ils avaient eu l'habitude d'émigrer jusque-là (Nord, Lorraine). Malgré leur long séjour en France, les Maghrébins qui demandent à être français ne sont pas nombreux ; il est vrai qu'en France, ils sont souvent célibataires. Pami les Maghrébins, il faut compter les « harkis », Français musulmans qui ont reflué en France en 1962, parce qu'ils avaient aidé l'armée française contre le FLN ; ceux qui sont restés en Algérie ont été massacrés, au mépris des promesses et des accords d'Évian. Parqués en France dans des campagnes isolées ou dans des camps, ils sombrent dans l'indifférence générale alors que l'État est plein de sollicitude pour les « pieds-noirs » non musulmans. Ces derniers s'installent plus volontiers dans le Midi méditerranéen, en Corse et dans la région parisienne.

1.3. Les problèmes liés à la poussée démographique

La croissance de la population participe à la dynamique de l'économie française, car elle élargit le marché intérieur, mais elle pose des problèmes pour le logement, l'aménagement de l'espace, l'eau, etc. surtout dans les agglomérations urbaines qui se couvrent de cités HLM dont le modèle est Sarcelles. Ces banlieues d'un nouveau type défient les règles de l'urbanisme le plus élémentaire et posent vite des problèmes d'ordre public tandis que les foyers d'immigrés maghrébins deviennent des cibles pour de multiples attentats de nature plus ou moins raciste.

L'appétit de construction et d'espace engendre des spéculations multiples car les textes donnent des libertés inouïes à ceux qui sont bien placés, dans les ministères, dans les municipalités ou dans les départements. Des collusions douteuses entre responsables politiques et ceux qui se donnent le nom de promoteurs ont toujours l'argent pour moteur. À partir des années 60 des scandales éclaboussent les hommes proches du pouvoir.

Au-delà du « baby boom », les responsables politiques doivent résoudre différentes questions importantes ; parmi celles-ci, celles de l'accueil du nombre croissant d'enfants à l'école, ou celle de la santé publique. Or, construire des écoles ou des hôpitaux est plus facile que former un enseignant ou un médecin compétent et sous la IVe et la Ve République, ce genre de question n'est résolu que partiellement.

Corrélativement, le nombre d'étudiants augmente de 154 000 à 874 000 dans les différentes universités et à partir des années 60, les collèges universitaires sont transformés en universités tandis que sont créés les Instituts universitaires de technologie (IUT). Déjà à Grenoble et à Amiens (avant 1968) des colloques soulignent les blocages de la vieille université française menacée d'asphyxie. En 1968, on scinde l'ancienne Sorbonne en treize universités plus faciles à gérer : c'est un véritable bouleversement de l'ancienne organisation universitaire parallèle à la démocratisation de l'enseignement supérieur.

La population augmente de 30 % de 1946 à 1975, et la population active de 3 % (de 20,5 M/h à 21,1 M/h) avec une répartition bouleversée. En effet, le nombre et la part des agriculteurs diminue au profit des deux autres secteurs :

1975/1946	Primaire	Secondaire	Tertiaire
Nombre	– 5 366	+ 1 824	+ 4 162
en %	– 71,7	+ 29,8	+ 60

Le nombre d'agriculteurs recule d'abord lentement puis à partir de 1954 rapidement : de 1946 à 1962 de 50 % tandis que de 1962 à 1975 il est plus lent (moins de 43 %). En revanche, dans le secteur secondaire le nombre

d'actifs progresse à un rythme modéré jusqu'en 1962 et ensuite plus lentement, alors que dans le secteur tertiaire, la croissance est rapide tout au long
de la période. Les changements de la société française les plus marqués entre
1954 et 1968 indiquent des orientations inéluctables prises dans les années 50
et poursuivies dans la décennie suivante.

2. Le malaise urbain

La croissance du secteur tertiaire est étroitement liée à celle des villes qui
accueillent les services de toutes sortes (administration, banques, et surtout
commerces). Elle marque aussi le formidable transfert de population, depuis
1945-1950, des campagnes françaises, du Maghreb et qui se traduit par un
phénomène assez général que nous appellerons le « désenracinement ». En
effet, ces citadins d'un nouveau type ont tourné le dos pour toujours à leurs
milieux d'origine ; ils sont déracinés. Mais ils n'ont aucune attache avec la
ville et n'y sont pas encore enracinés ; ils doivent donc tout apprendre de leur
nouvelle condition : le cadre et le nouvel espace dans lequel ils doivent vivre,
le logement en cité HLM ou en « bidonville » périphérique, les habitudes nouvelles si différentes de celles d'un passé tout proche, le milieu humain, sans
chaleur et sans solidarité, l'anonymat de la grande ville avec son corollaire
la solitude, la promiscuité, le bruit, la pollution qui s'aggrave, les prix toujours plus élevés d'une année sur l'autre (l'inflation est permanente), les ten-
tations de la ville trop souvent impossibles à satisfaire. Comment résister à
cette accumulation de difficultés ? Cette tension psychique souvent associée
à la course à l'argent dégénère en un mal qui affecte toutes les couches de
la société, le stress. Dans le monde ouvrier, le travail à la chaîne, parcellisé
(le « travail en miettes » de G. Friedmann) dépersonnalise l'individu qui tend
à se considérer comme un robot interchangeable. Pour les chefs d'entreprise,
la rentabilité devient un impératif envahissant ; chez tous, un souci de représentation sociale assorti de différents symboles qui s'approvisionnent dans
une consommation accrue. La ville et le travail « en miettes » signifient la
sujétion à une vie quotidienne ressentie comme pesante.

En fin de semaine (on parle de plus en plus de week end) ou au moment
des vacances (grandes ou petites) les migrations de citadins traduisent la volonté
de rompre avec une vie quotidienne souvent désagréable. La ville, et surtout
la grande ville, devient une sorte de prison de ciment ou de pierre de moins
en moins supportable avec les beaux jours ; seule l'automobile, symbole de
liberté et d'évasion, permet de la fuir. Maladies nerveuses, cardiovasculaires
guettent tous les acteurs de cette modernité d'un nouveau genre. Certains veulent y échapper quand ils plongent dans l'alcool ; et derrière la révolte de 1968,
se profile aussi une volonté de rompre avec cette vie et ce cycle de concurrence entre individus assortie d'un appétit de consommation maximale.

La campagne, la mer, la montagne ou l'étranger attirent de plus en plus de citadins au point que l'économie française accuse en août un creux important. Les grandes villes semblent alors frappées d'une atonie générale tandis que leurs habitants se répandent hors de chez eux. Afin de les divertir, des spectacles et des festivals sont organisés en France et à l'étranger. Mais ils ne sont pas les seuls à découvrir les richesses multiples que leur offre la France « profonde » : les étrangers affluent de plus en plus nombreux.

3. L'évolution des catégories socioprofessionnelles

Faute de travaux il est malaisé de définir l'évolution de la société française durant ces décennies ; toutefois, certains changements importants sont repérables à partir des statistiques des ménages :

	1955			1968		
Agr. expl.	1 761 400	13,1 %⎫		1 265 620	8 %⎫	
Sal. agr.	482 460	3,6 %⎭ 16,7 %		303 500	1,9 %⎭ 9,9 %	
Patr. ind. et com.	1 460 800	10,8 %⎫		1 281 320	8,1 %⎫	
Prof. lib. Cadres sup.	452 920	3,3 %		798 620	5 %	
Cadres moyens	688 320	5,1 %		1 167 800	7,4 %	
Employés	955 000	7,1 % ⎬ 83,3 %		1 184 120	7,5 % ⎬ 89,1 %	
Ouvriers	3 674 980	27,3 %		4 412 300	27,9 %	
Pers. serv.	338 000	2,5 %		387 940	2,4 %	
Divers	269 160	2 %		307 900	1,9 %	
Non actifs	3 335 000	24,8 %⎭		4 668 980	29,5 %⎭	
Total	13 418 000	100 %		15 778 100	100 %	
Population	43 300 000			50 840 000		

Que les agriculteurs exploitants ou salariés diminuent n'est pas une surprise ; en revanche, la réduction du nombre de patrons de l'industrie et du commerce (en nombre et en %) en est une tout comme l'augmentation du nombre des inactifs. Cela résulte-t-il de l'essor de l'économie ou du vieillissement de la population ? Les professions libérales, les cadres supérieurs et moyens plus nombreux constituent l'armature de l'administration et de la nouvelle économie française. On peut parler d'une nouvelle bourgeoisie qui pèse plus lourd alors que le groupe des employés et des ouvriers représente le même pourcentage de la population française ; cet embourgeoisement gagne de proche en proche jusqu'au monde ouvrier. En témoignent l'équipement domestique, le nombre d'automobiles et celui des propriétaires de leur logement :

	1955	1968
Propriétaires	4 760 560	6 815 688 (+ 43 %)
Automobiles (*en milliers*)	2 860	10 565

4. La naissance d'une société de consommation

Les habitudes alimentaires des Français changent du tout au tout : plus de viande, de fruits, de légumes verts, de lait et de produits laitiers ; moins de pain, de pommes de terre, de légumes secs. Les produits surgelés apparaissent dans les menus familiaux et l'exotisme alimentaire devient monnaie courante. Restaurants vietnamiens, maghrébins sont de plus en plus fréquentés partout où ils s'ouvrent.

Cet exotisme n'exclut pas la gastronomie, véritable artisanat de luxe (le « Michelin » devient le guide des voyageurs gourmands) avec ses chefs vedettes et ses chroniqueurs dans les grands journaux ; les Français qui avaient faim entre 1940 et 1945 disposent d'un éventail si riche de produits alimentaires que certains magasins spécialisés à Paris (Fauchon, Hédiard) sont une cible pour les contestataires des années 70 qui les envahissent et dévalisent leurs rayons : c'est leur façon de protester contre cette consommation de luxe. Les importations de whisky augmentent d'une année sur l'autre tandis que l'usage du Coca-Cola se vulgarise (on a parlé en 1968 des « enfants de Marx et de Coca-Cola »). Autre preuve de l'aisance des Français, la pratique du tourisme qui gagne tout le monde, y compris les villageois ; en 1969, les Français passent 99 millions de journées à l'étranger sur un total de 657 millions de jours de vacances (15 %) ; en 1973, 132 millions sur 723 millions (18,2 %). Sur le plan fiscal, le nombre de déclarations par rapport au nombre de ménages passe de 40 % en 1955 à 79,8 % en 1973. La statistique enregistre l'enrichissement individuel des Français (indice 100 = 1950) :

SALARÉS À TEMPS COMPLET (LES DEUX SEXES)				
	1950	**1962**	**1968**	**1974**
Cad. sup.	100	386	595	1 061
Cad. moyens	100	315	553	991
Employés	100	275	415	784
Ouvriers	100	298	447	888
Indice des prix	100	186,9	228,9	350,5

Les revenus individuels et familiaux des ruraux progressent moins vite (1955 : 15 735 F par ménage ; 1968 : 32 372 F pour les agriculteurs exploitants et les salariés agricoles) que ceux des citadins, surtout cadres supérieurs et moyens, tandis que les ouvriers tirent mieux leur épingle du jeu que les employés. Les paysans ont donc de bonnes raisons pour quitter la terre ; leurs enfants, mieux instruits, vivent de plus en plus en ville. La vie au village se transforme radicalement quand la radio et la télévision disloquent les réunions traditionnelles. A. Varagnac observe avec pertinence la fin de la « civilisation traditionnelle » quand les fêtes des moissons et des vendanges n'ont plus l'éclat de celles du passé.

D'autres auteurs, Pierre Jakez Hélias et Antoine Sylvère décrivent avec bonheur le passé breton ou auvergnat en voie d'extinction ; tandis que les brocanteurs et les boutiquiers raflent les vieux meubles ou les vieux objets des paysans qui achètent à la place des meubles de Formica ou de plaqué. Les ethnologues français prennent conscience qu'un riche passé meurt inéluctablement. Une des conséquences inattendues de 1968 est le retour à la terre et au folklore traditionnel de citadins en rupture de société de consommation. Plus importante que cette lubie est la diversification de l'activité des ruraux qui, à la morte saison, changent de métier et s'emploient en montagne dans les stations de sports d'hiver. D'autres complètent leurs gains d'agriculteurs avec ceux que leur procure une usine ou une manufacture implantée dans le pays.

La perte de substance des campagnes est inégale selon les régions ; ainsi, dans les Alpes-Maritimes, la paysannerie disparaît pour ainsi dire tandis que dans le Var voisin, certains groupes demeurent ; mais les points forts du monde rural sont à l'ouest d'une ligne Amiens-Bordeaux, plus l'Auvergne, le Jura et la Franche-Comté, l'Alsace et le nord de la Lorraine, la vallée du Rhône, une partie du Languedoc. En retour, de vastes zones se dépeuplent et attirent les étrangers (Hollandais, Belges, Allemands) qui y installent des maisons de vacances.

Conclusion

En définitive, la société française depuis 1947 a connu les changements les plus importants de toute son histoire, parce qu'elle a augmenté de plusieurs millions d'habitants, qu'une partie de ce croît a émigré vers les villes ; et, parce qu'enrichie, elle a transformé radicalement son mode de vie. Le dépeuplement des campagnes et la croissance des villes ont soulevé des problèmes que les responsables politiques ne maîtrisent d'ailleurs pas toujours.

L'amélioration des moyens de communication accélère pour les Français l'uniformisation des formes de vie.

1968 marque une véritable rupture qui affecte inégalement la société française, d'abord les villes universitaires et peu ou pas le monde rural. Les étudiants parisiens affirment différentes nouveautés : le refus de l'encadrement traditionnel et la naissance d'une formule, l'autogestion, la volonté de participer à tous les échelons de la décision, le rejet de tous les tabous (sexe, corps, famille autorité). Quoique citadins et privilégiés, ils veulent se détourner de la ville, de la consommation excessive et retrouver certaines valeurs, une certaine authenticité symbolisée par la Nature, la campagne. Les femmes ne seront pas les moins ardentes dans la revendication. 1968 traduit-il ainsi une quasi-crise de la société française ? (voir chapitre 9, pp. 233 à 251).

Il vaut mieux parler de malaise profond ; les mécanismes de l'essor économique sont-ils alors enrayés et détraqués ? On a pu le croire un temps ; en réalité, l'économie française, après une brève crise, continue sur sa lancée et après la manifestation du 30 mai à laquelle participent plusieurs centaines de milliers de Parisiens et les élections de juin 1968, l'historien note un retour apparent au passé. La formule de Jacques Chaban-Delmas, « la nouvelle société » fait long feu et la France de 1970/1974 semble avoir digéré 1968 qui n'est plus désormais que le souvenir d'une fête et d'une révolution avortées.

Les contestataires de 68 ont échoué partiellement et d'abord sur le plan économique ; les syndicats ne leur ont apporté aucun soutien et la CGT a saisi les offres de Pompidou pour négocier de substantielles améliorations salariales, vite mangées par la hausse des prix. Les capitalistes voués aux gémonies par les manifestants n'ont pas cédé grand chose de leur pouvoir ; rapidement, tout est rentré dans l'ordre de ce point de vue. Mais certaines bases de la société française ont été ébranlées durablement...

Économie et société
depuis 1974

Depuis 1974, la France subit, comme l'Europe et le monde, les effets d'une crise dont apparemment elle n'est pas encore sortie. Les uns rendent responsable le prix élevé du pétrole de 1974 à 1982, mais quand le prix baisse ou s'effondre à 10 $ le baril (printemps 1991), la crise continue en France sur sa lancée. Depuis le nombre de chômeurs n'a cessé d'augmenter (440 000) et malgré la baisse des prix des hydrocarbures, il continue de croître pour dépasser les 3,5 millions en 1993/1994.

Les indicateurs pour définir la crise sont nombreux et divers. Le PIB-PNB, l'indice de la production industrielle, l'évolution des prix, celui du commerce extérieur, le niveau d'épargne, des investissements, la consommation des ménages ou le nombre de chômeurs. Depuis 1973, le PIB/PNB n'a cessé d'augmenter. Il est passé de 1 129,8 MM/F en 1973 à 6 766,5 MM/F en 1991 (× 5,98) ; de 1973 à 1981, le taux de croissance annuel était de 12,20 %, alors que dans les dix années suivantes, il est de 7,90 % : le PIB baisserait alors que le prix du pétrole diminue à partir de 1982.

En revanche, l'indice de la production industrielle souligne davantage la crise de l'économie française, puisque BTP inclus il n'augmente qu'assez peu de 1973 à 1980 (de 115 à 123) ; stagne de 1981 à 1986 (de 122 à 121,7) et après cette date repart. Mais cela ne dure pas, car à partir de 1990, il stagne ou recule. Cependant, de 1973 à 1991, il a progressé de 16,9 % soit un taux moyen annuel légèrement inférieur à 1 %. Ce taux peut-il à la fois s'accorder avec celui du PIB et avec celui du revenu primaire brut des entreprises sans qualification financière dont le taux de croissance par an dépasse 11 % ?

Autre observation : les statistiques de l'INSEE indiquent que de 1973 à 1989, la « capacité de financement des sociétés et quasi-sociétés non financières » est toujours négative tout comme pendant la période 1958/1973, au moment de la croissance la plus forte de l'économie française.

Dernière remarque : l'inflation forte de 1973 à 1982 diminue à partir de cette date et le franc semble solide sur les marchés financiers internationaux, malgré (à cause de ?) plusieurs dévaluations. Les prix augmentent rapidement de 1973 à 1981 (moyenne/an : + 14 %) et baissent entre 1981 et 1989 (5 %) (3,75 % de 1989 à 1991).

Les données économiques sont donc contradictoires ; encore plus si l'on se réfère à l'épargne brute (taux annuel moyen de 1973 à 1989 : 7,2 %), à la consommation des ménages (taux annuel moyen : 11,40 %), au revenu primaire brut des ménages (11 %), à celui des « sociétés et quasi-sociétés non financières » (11,30 %). Ces données chiffrées incompatibles avec la croissance du chômage indiquent bien la complexité de la crise dans laquelle se débattent les Français depuis 1974. Cette crise a donc deux aspects, l'un économique, l'autre social. Quels rapports peut-on donc établir entre les données économiques contradictoires et le chômage, phénomène social ?

1. Face à la crise, les premières mesures de la droite libérale (1974-1980)

L'ampleur et la durée de la crise amènent les différents gouvervements qui se succèdent de 1974 à 1994 à adopter des politiques économiques différentes, avec un président de droite (Valéry Giscard d'Estaing) ou de gauche (François Mitterrand) et des majorités parlementaires de droite ou de gauche. Ces politiques qui oscillent entre la relance de l'économie par la consommation avec une intervention de l'État et le libéralisme assorti de dirigisme n'ont pu freiner sérieusement la progression du chômage. De 1974 à 1976 Jacques Chirac, Premier ministre de Valéry Giscard d'Estaing, vise plusieurs objectifs :
— réduire la dépendance énergétique de la France ;
— assainir l'économie française en luttant contre l'inflation (on parle de refroidissement de l'inflation), en aidant les exportations, et en améliorant la situation financière des entreprises par le report d'impôts sur leurs bénéfices.

Ces différentes mesures misent sur un taux de croissance de 4 à 5 % avec l'espoir d'une reprise prochaine chez tous les partenaires de la France. La dernière année du VIᵉ Plan se termine dans un climat de récession, que le gouvernement tente de réduire par une aide aux investissements. En fait, les dirigeants hésitent entre défendre le France et relancer l'économie, c'est-à-dire qu'ils n'arrivent pas à trouver la solution la mieux adaptée à la « stagflation ». Une analyse serrée de l'aide aux investissements montre qu'une part importante de cette aide est destinée à combler les déficits de certaines entreprises ; c'est dire que ces investissements publics n'ont pas d'incidence importante sur la relance de l'économie française.

La préparation du VIIᵉ Plan se ressent de ces incertitudes et de ces contradictions. Le gouvernement envisage un taux de croissance de l'ordre de 5 à 6 % par an, et fixe comme objectifs le retour au plein emploi et l'équilibre des échanges extérieurs. Fondé sur différents « programmes d'actions prioritaires » (PAP), il envisage de renforcer le dynamisme de l'économie, d'assurer le plein emploi, de réduire les inégalités, d'améliorer la qualité de la vie et de développer la recherche. Mais les crédits destinés à assurer ces réalisations ambitieuses demeurent modestes.

À l'été 1976, comme nous l'avons vu ailleurs, le Premier ministre Jacques Chirac estime qu'il n'a pas eu toute liberté de gouverner et il est remplacé par Raymond Barre en qui le Président salue « le meilleur économiste de France ». Un certain empirisme assez conforme à la tradition gaulliste fait place à la logique — nettement plus « giscardienne » — du libéralisme économique. Raymond Barre ne craint pas l'impopularité et oriente toute sa politique économique sur la défense du franc, assortie d'aide aux entreprises et de libération des prix, à partir de 1978. Il faut selon lui assainir l'appareil de la production française replacée dans le cadre de la concurrence internationale. En réalité, les industries françaises ne peuvent lutter contre leurs homologues étrangères, car elles ont négligé d'investir en temps utile pour moderniser leurs équipements ; leurs coûts sont trop élevés et des pans entiers du tissu industriel (en Lorraine, par exemple) se défont.

À la différence des précédents, le VIIIᵉ Plan (1980-1984) refuse de fixer le moindre taux de croissance à l'économie française ; l'idée centrale est celle d'une « croissance équilibrée pour l'emploi », fondée sur l'équilibre de la balance extérieure et dont les programmes d'action prioritaires sont les suivants : d'abord porter la recherche au niveau le plus avancé ; en conséquence, développer les technologies d'avenir et rendre l'industrie française concurrentielle tout en réduisant la dépendance sur le plan énergétique, accroître ensuite le potentiel agricole et alimentaire, désenclaver les régions les plus isolées, encourager différentes actions spécifiques pour l'emploi, améliorer la protection sociale des Français, leur habitat et le cadre de vie, développer les DOM et TOM et accroître la présence française dans le monde sur le plan du rayonnement culturel et technique.

Ces perspectives exigeaient que l'État investisse des sommes importantes et intervienne activement dans de nombreux secteurs. Était-ce compatible d'abord avec la philosophie développée depuis 1976 par le Premier ministre et le gouvernement, ensuite avec la modestie globale des crédits, même si le plan refuse de fournir la moindre donnée chiffrée ? En fait, ces politiques successives utilisent aussi bien le libéralisme économique que l'intervention de l'État, sans qu'on puisse déceler de ligne claire. Au libéralisme appartiennent par exemple le quasi-abandon à partir de 1978, sans le dire, de ce que de Gaulle appelait « l'ardente obligation du plan », la libération des prix, le refus de soutenir les entreprises non compétitives (« les canards boiteux ») ou encore l'entrée de capitaux privés dans ELF/ERAP. En revanche, l'État intervient quand il lance les différents « pactes pour l'emploi », quand il aide financièrement et massivement certaines entreprises en difficultés, quand il soutient la consommation ou les agriculteurs (impôt-sécheresse, aides diverses). Il est ainsi difficile de discerner ce qui ressortit à la conjoncture électorale et ce qui tient à une orientation politique mûrement réfléchie. La politique économique porte le poids de deux handicaps, l'un d'héritage (l'appareil industriel français n'a pas profité des années de croissance facile pour se moderniser), l'autre d'évaluation (on attend toujours le retour prochain d'une conjoncture favorable). Malgré des résultats en baisse, les experts du Commissariat au plan annoncent des prévisions bien supérieurs aux réalités (de 1/3 à la moitié).

2. La gauche au pouvoir : les projets socialistes

1. Une politique à contre-pied (1981-1982)

Pour résoudre cette crise, le premier gouvernement socialiste estime qu'il faut changer « le type de développement suivi jusqu'ici qui est la vraie cause du mal français ». Grâce au plein emploi, à une « croissance sociale, plus économe en énergie et en matières premières », la France pourrait d'abord « sauvegarder les bases industrielles de son indépendance » ; ensuite, elle réduirait le chômage et retrouverait le plein emploi. Ce programme d'action économique et sociale est ambitieux ; il concerne pratiquement tous les secteurs. La hausse des prix du pétrole indispensable constitue une hypothèque grave ; il faut donc diversifier les sources d'énergie (retour au charbon, maintien du nucléaire mieux contrôlé par le Parlement et les collectivités locales). La croissance économique sera donc différente grâce à une relance des grands travaux dans le cadre d'une restructuration industrielle, le développement de certains secteurs d'avenir (électronique, chimie fine, bio-industrie, biens d'équipement, agro-alimentaire).

Les nationalisations et la planification permettraient de remodeler l'appareil économique français et de reconstituer le tissu industriel. Pour l'agriculture, les socialistes souhaitent d'abord sauvegarder la petite et moyenne exploitation, ensuite réorganiser le marché par le biais d'actions qui garantiraient pour chaque groupe de produits des prix minima, compte tenu des coûts de production, enfin revaloriser la condition des paysans et protéger la terre contre les spéculations de tous ordres. Les socialistes ne peuvent ignorer les contraintes de la politique agricole commune de la CEE ; les paysans devront donc s'adapter très rapidement sous peine de perdre leurs parts du marché européen. Par une réforme des circuits de distribution, l'encouragement des mouvements coopératifs et/ou mutualistes, le petit commerce pourrait tirer son épingle du jeu. Enfin, la relance de la consommation permettrait de relancer la croissance économique.

Le nouveau gouvernement prenait ainsi le contre-pied des politiques généralement suivies par l'ensemble des pays industrialisés.

Malgré les sorties spéculatives de capitaux amorcées avant le 10 mai 1981 et accélérées après (elles sont de 400 à 600 M/$ par jour), le Premier ministre et le Président refusent de dévaluer le franc, mais tentent de freiner l'hémorragie de devises. Pourtant le taux d'inflation des prix est élevé et le différentiel avec le mark est alors de 8,3 points. Si les socialistes ne peuvent écarter cet héritage difficile, auquel s'ajoutent les difficultés de nombreux secteurs industriels et de l'agriculture, ils peuvent invoquer à leur décharge qu'ils ont été éloignés systématiquement des affaires depuis 1958, d'où certaines évaluations inexactes. Cependant soucieux de réaliser leurs promesses, ils décident de « gouverner autrement » que par le passé. La nouvelle majorité vote une rallonge budgétaire pour augmenter différentes prestations familiales et sociales, créer 55 000 emplois dans la Fonction publique, lancer la construction de 50 000 logements sociaux et aider enfin les entreprises en difficulté.

De juin à décembre 1981 le Parlement vote quatre collectifs budgétaires. Le déficit du budget augmente donc de 25 MM/F. Cette intervention de l'État améliore-t-elle la situation du franc ? En effet, dès le 4 octobre, le franc est dévalué pratiquement de 8,5 % par rapport au mark et au florin. Pour l'opposition de droite, cette première dévaluation est le premier et le meilleur signe que la gauche est incapable de gérer sainement l'économie française. Pour certains partisans du gouvernement, la dévaluation est d'abord insuffisante au regard du niveau de l'inflation ; elle n'est, par ailleurs, soutenue par aucune mesure d'accompagnement : c'est donc un « coup d'épée dans l'eau ».

Le budget de 1982 voté à l'automne 1981 aggrave le déficit antérieur, – 83,8 MM/F courants (1981 : – 79,4 MM/F), tandis que la balance commerciale de 1981 est aussi déficitaire qu'en 1980 (– 59,3 MM/F au lieu de 61,9 MM/F). Les réserves de change autres que l'or à la fin de 1981 diminuent de 6,8 MM/$ par rapport à juin et de janvier à juin 1982 elles diminuent encore de 16 MM/$, soit donc 36,8 % en moins par rapport à l'année précédente.

2. Rigueur et austérité (1982-1986)

En même temps que le gouvernement dévalue le franc une seconde fois (juin 1982), il décide de bloquer les prix et les salaires jusqu'à la fin octobre ; c'est le début de la rigueur menée par Jacques Delors et Pierre Bérégovoy. En octobre, le gouvernement supprime l'échelle mobile des salaires pour deux ans et dans le budget de 1982 sont annulés 29,3 MM/F de crédit (en autorisation de programme ou en paiement), tandis que deux collectifs budgétaires sont adoptés par le Parlement ; le déficit du budget pour 1982 s'élève à 92,4 MM/F courants. Simultanément, les emprunts d'État (en tout 40 MM/F) sont émis à des taux élevés (de 15,30 % à 16,20 %) tandis que l'endettement extérieur passe de 30 à 49 MM/$ et que le total des réserves de change diminue de 20,7 MM/$. Les signes les plus voyants des difficultés financières françaises sont d'abord le niveau du dollar et du mark à la fin de 1982 : 6,73 F pour le premier (+ 17,8 % par rapport à décembre 1981) et 2,83 F pour le deuxième (+ 11,8 %), ensuite le déficit du commerce extérieur – 93,4 MM/F).

L'austérité touche également les dépenses de la Sécurité sociale ; l'année 1982 est bien celle de graves difficultés pour l'économie ; pourtant, le gouvernement nationalise à partir de février cinq groupes industriels, deux compagnies financières (Suez et Paribas) et trente-neuf banques privées : la nationalisation à 100 % revient à 35 MM/F environ. Il adopte aussi le plan intérimaire de 2 ans (1982 et 1983) et différentes mesures favorables aux entreprises destinées à alléger leurs charges sociales et financières. Est-ce donc une politique favorable au patronat ? Certains communistes et cégétistes le disent ou le font entendre, même si les ministres communistes continuent d'assumer leur charge. Cette médecine impopulaire à gauche est administrée en quelques mois et poursuivie sans désemparer par les socialistes et le gouvernement jusqu'en 1986.

Le 25 mars 1983, le deuxième temps de la rigueur est officiellement annoncé en même temps qu'est adopté le IXe Plan : réduire la demande intérieure et donc la consommation des Français, remuscler l'économie française pour qu'elle puisse affronter la compétition internationale. Afin de réduire le déficit budgétaire, le gouvernement réduit les dépenses de l'État, y compris celles de la Sécurité sociale ; il impose une surtaxe de 1 % sur tous les revenus imposables, un emprunt obligatoire pour tous les contribuables (taux d'intérêt : 10 %), remboursable à 3 ans ; il renforce le contrôle des changes et particulièrement les devises pour les voyages à l'étranger ; pour les fonctionnaires — hormis ceux du bas de l'échelle —, les hausses de salaire accordées sont limitées et toujours inférieures à la hausse officielle des prix.

Pour restructurer l'industrie française, le gouvernement revient sur certains points de son programme : le charbon ne sera plus privilégié, non plus que la sidérurgie. Les aides sont supprimées à ces deux secteurs qui représentent le passé ; en revanche, le « Fonds industriel de modernisation », créé en septembre 1983 et alimenté par les Comptes de développement industriel (CODEVI), est destiné aux industries d'avenir. Le gouvernement encourage ou autorise les rapprochements entre groupes industriels (ex. CGE-Thomson, CIT-Alcatel). Les entreprises dont les charges sont allégées sont autorisées à supprimer les emplois en surnombre qui réduisent leur compétitivité ; d'où mécontentements, protestations (grèves et manifestations de la CGT) dans les secteurs en déclin. Les communistes reparlent de « cadeaux au patronat » et en 1984 ils refusent de participer au gouvernement de Laurent Fabius. Désormais, ils ne cessent de dénoncer ce qu'ils jugent contraire aux promesses de 1981. Ces efforts, dans la rigueur ou l'austérité, sont accompagnés par la définition du IXe Plan (mars 1983) pour la période 1984/1988 qui se fixe une douzaine d'objectifs :

— moderniser l'industrie grâce aux nouvelles technologies et à l'effort d'épargne ;

— poursuivre la rénovation du système d'éducation et de formation des jeunes ;

— favoriser la recherche et l'innovation ;
— développer les industries de communication ;
— réduire la dépendance énergétique ;
— agir pour l'emploi ;
— vendre mieux en France et à l'étranger ;
— assurer un environnement favorable à la famille et à la natalité ;
— réussir la décentralisation ;
— mieux vivre dans la ville ;
— moderniser et mieux gérer le système de santé ;
— améliorer la justice et la sécurité.

On perçoit mal cependant dans ce plan la priorité autour de laquelle s'articulerait toute l'organisation de l'économie française. De plus, rien n'est dit de l'agriculture dont les difficultés se multiplient. Cela suffit-il à résoudre, dans le court terme, la crise qui frappe de plus en plus durement des centaines de milliers de travailleurs français touchés par le chômage ? Rien n'est moins certain, car la situation de l'emploi continue de se dégrader : selon l'INSEE le nombre de chômeurs (au sens du BIT) passe de 1 789 200 en avril 1982 à 2 244 500 deux ans plus tard (soit 25,4 % en plus) tandis que la population active ne bouge pour ainsi dire pas. Pourtant les socialistes ont réduit la semaine de travail à 39 heures (ordonnance du 13 janvier 1982) sans toucher au pouvoir d'achat : était-ce le premier pas vers la semaine de 35 heures ? Cette mesure avait pour but de réduire le niveau du chômage et d'accroître celui de l'emploi ; deux ans après, les chiffres disent bien que le pari a été perdu. De plus, la mesure n'est-elle pas contradictoire avec la volonté gouvernementale d'améliorer la situation des entreprises ?

3. Un premier intermède libéral

Le retour au pouvoir d'une coalition des droites libérales au printemps 1986 ramène à Matignon Jacques Chirac et une nouvelle équipe (voir chapitre 12, pp. 299 à 302).

1. Une politique de privatisation

Pour la nouvelle majorité confortée par l'appoint de l'extrême-droite, le credo est le contre-pied radical de celui des socialistes sur le plan économique : le libéralisme prôné par le RPR et ses alliés officiels (UDF, PR, CDS) ou du Front national se veut avant tout le désengagement de l'État dans l'économie. Il a plusieurs objectifs :

— privatiser les entreprises « du revenu concurrentiel » c'est-à-dire nationalisées aussi bien en 1945 qu'en 1982 : ce qui revient à offrir au public les actions de ces entreprises ;

— libérer l'économie de la tutelle de l'État, et donc abroger les ordonnances sur l'économie (les hommes du RPR se disent cependant les héritiers de de Gaulle et du gaullisme) ;

— rendre la liberté aux prix ;

— réduire les impôts des entreprises et des particuliers les plus fortunés (la tranche maximale passe de 65 % à 58 %) ;

— « favoriser la création d'emplois en libérant l'économie et en luttant contre les rigidités qui freinent l'embauche » ;

— « remettre en ordre les finances publiques par un collectif budgétaire » pour 1986 ;

— « assurer la stabilité de la monnaie ».

Le libéralisme c'est aussi la concurrence ; sous couleur de liberté et de responsabilités le programme de la nouvelle majorité ne dit pas explicitement que ses faveurs iront d'abord et avant tout à ceux qui ont, comme on disait sous Louis-Philippe, « les capacités », c'est-à-dire l'argent. Soutenue par le patronat, les milieux financiers, la Confédération nationale des cadres, les PME, la FNSEA de François Guillaume, la nouvelle majorité conservatrice tourne le dos au gaullisme historique, voire à la pratique d'un Giscard d'Estaing et souhaite appliquer en France la politique de Ronald Reagan ou de Mme Thatcher.

Le programme du nouveau gouvernement ne fait aucune référence explicite à l'« ardente obligation du Plan ».

Dans le domaine économique les éléments les plus actifs du gouvernement de Jacques Chirac sont Édouard Balladur (RPR), ministre de l'Économie, des Finances et de la Privatisation et Alain Madelin, ministre de l'Industrie, des P et T et du Tourisme. Parce qu'il veut réaliser très vite son programme économique, le nouveau gouvernement légifère par ordonnances adoptées par une Assemblée qui semble assoiffée de revanche ; mais le président de la République refuse de signer ces blancs-seings, il oblige le gouvernement à transformer ses ordonnances en projets de loi qui sont adoptés pratiquement sans débat de fond (le gouvernement utilise d'une façon répétitive le vote bloqué à coups d'article 49-3 de la Constitution).

Un mois à peine après son installation, la droite décide de privatiser 65 groupes bancaires et industriels, d'accorder l'amnistie fiscale et douanière pour les capitaux évadés en fraude s'ils sont rapatriés (Édouard Balladur espère ainsi consolider la valeur du franc), de supprimer le contrôle des changes et l'impôt sur les grandes fortunes, tandis qu'elle diminue le taux d'intérêt des livrets d'épargne de 6,5 % à 4,5 % et rétablit l'anonymat pour les transactions sur l'or.

2. Rigueur salariale et politique de l'emploi

Simultanément, le gouvernement bloque les salaires dans la Fonction publique et augmente les cotisations sociales. Parallèlement, il promet plusieurs milliards de francs aux agriculteurs pour les aider, mais fait des coupes sombres dans les crédits de la recherche. Il supprime l'autorisation administrative de licenciement (le CNPF promet en échange de créer de 300 000 à 500 000 emplois) et institue les contrats de travail à durée déterminée (travail temporaire et travail à temps partiel). En outre, il réforme les conseils de prud'hommes et assouplit les procédures de licenciement ; les salariés n'ont plus aucune garantie d'emploi ou de salaire. Enfin, il abroge tout contrôle des prix.

Le contraste entre ces « cadeaux aux riches, aux patrons et aux paysans » et les rigueurs réservés aux fonctionnaires et au monde du travail est évidemment dénoncé par l'opposition ; non seulement le gouvernement n'en a cure (la grève de la SNCF dure plusieurs semaines sans intervention du ministre des Transports qui délègue à un haut fonctionnaire le soin de trouver une solution), mais encore le ministre des Affaires sociales déclare, sans que cela provoque la moindre réaction, en août 1986, que les Français devront accepter un chiffre de 2,5 M de chômeurs comme incompressible.

L'opinion mesure-t-elle l'inconséquence d'une politique qui se veut libérale, c'est-à-dire qui refuse toute intervention de l'État, donc du gouvernement, mais qui distribue plusieurs milliards aux agriculteurs, aux nantis (les grandes fortunes), supprime le Fonds industriel de modernisation et promet une aide de 2 MM/F pour ré-industrialiser la Lorraine et des facilités pour certaines aires en perte de vitesse (Dunkerque, La Seyne, La Ciotat...).

3. Politique monétaire et financière

Sur le plan monétaire et financier, le nouveau gouvernement dévalue le franc d'abord en avril 1986 (en fait : 6 % par rapport au mark), une seconde fois en janvier 1987 (réévaluation du mark de 3 %), soit en tout 9 % par rapport au mark, en moins d'un an. Grâce aux coupes sombres dans le budget de 1986, à l'amnistie fiscale et douanière d'abord, à la privatisation ensuite, grâce aux emprunts et aux différents collectifs budgétaires, et à des recettes fiscales excédentaires, le Trésor dispose d'importantes disponibilités financières : donc, le gouvernement peut, sans faire appel au budget, réaliser ses promesses électorales (baisser l'impôt sur les entreprises, aider les agriculteurs, supprimer l'impôt sur les grandes fortunes, baisser la TVA sur certains produits). Cependant, le poids des prélèvements obligatoires n'est pas modifié : ce que le gouvernement donne d'un côté, il le reprend de l'autre avec l'alourdissement des cotisations sociales. Par ailleurs, même s'il proclame sa volonté de réduire les impôts sur le revenu des particuliers et sur les entreprises, le gouvernement accroît les recettes du budget (+ 2,58 %) ainsi que les dépenses (+ 0,6 %) pour 1987 ; les impôts sur les entreprises croissent également (+ 12,4 %). En réalité, cette apparence d'économies, proclamées ostensiblement, n'est possible que grâce au produit de la vente des entreprises nationalisées (le gouvernement en escomptait 32 MM/F ; il en obtient 60 MM/F).

La vente des quelques entreprises privatisées (Saint-Gobain, ELF-Aquitaine, Paribas, la Société Générale, par exemple) doit être pour le RPR le début de « l'actionnariat populaire », car elle doit mettre ces entreprises entre les mains de plusieurs centaines de milliers d'actionnaires. La réalité est plus nuancée ; d'abord parce que le gouvernement n'offre au public qu'une minorité d'actions (la majorité est aux mains de quelques personnes qui constituent ce que le ministre des Finances nomme « le noyau dur » et qui comprend un certain nombre de fidèles du RPR) ; ensuite parce que l'actionnaire anonyme ne peut acheter qu'un nombre dérisoire d'actions (3 ou 4 dans certains cas), tandis que « le noyau dur » peut en posséder des dizaines voire des centaines de milliers ; enfin parce que le prix de vente des actions, décidé par le gouvernement, est très inférieur à la cotation de l'action en Bourse (l'opposition de gauche parle d'un cadeau aux « copains » du gouvernement). On observera que le haut niveau des actions des entreprises nationalisées en Bourse traduit l'efficience de leur gestion durant la période 1982-1986 et surtout l'amélioration de leur santé financière. Cette politique subit plusieurs coups d'arrêt :

— le premier, intérieur, en décembre 1986, quand les étudiants de toutes les universités se dressent spectaculairement contre le gouvernement (réforme Devaquet) ;

— le deuxième, extérieur, quand la France subit le contrecoup du krach boursier américain du 19 octobre 1987. Le retournement brutal de la conjoncture boursière et financière internationale constitue un coup d'arrêt, malgré les déclarations rassurantes du Premier ministre ou de son ministre des Finances. Ainsi les actions de Suez vendues 317 F le 17 octobre 1987 sont cotées quelques jours plus tard 261 F (− 17,6 %), tandis que toutes les actions des entreprises privatisées ont perdu entre 20 et 30, voire 35 % par rapport au cours d'émission.

L'économie française, « libéralisée » depuis mars 1986, en réalité depuis 1982-1983, malgré les avantages multiples accordés aux chefs d'entreprise et au patronat, est incapable de s'affirmer sur le plan international : c'est évident dans le domaine industriel, malgré quelques réussites spectaculaires (Airbus, Ariane, TGV) ; ce l'est encore plus dans le domaine agricole. Les différences d'avec l'Allemagne, principal partenaire européen, le disent encore plus nettement. Il y a différentes raisons à cela. Certaines tiennent à la médiocrité des capitaux privés investis dans la recherche théorique et la technologie depuis 1965/1970.

De plus, les capitaux investis en Bourse sont plus rémunérateurs (15 % de rapport) que ceux investis dans les entreprises industrielles (5 %) ; les sommes ainsi drainées par la Bourse ont été pour partie perdues pour la modernisation de l'économie française. D'autres tiennent à la qualité de la production française qui ne satisfait ses clients étrangers que partiellement ; en outre certains affirment que les entreprises ne savent pas vendre à l'étranger. La réalité telle que l'avait bien décelée Alfred Sauvy naguère est qu'il faut autant rebâtir l'édifice économique « de la cave au grenier » que tenir compte des signes fournis par les différents indicateurs économiques et non pas les ignorer à coups de slogans démagogiques, ou présenter sous des couleurs trompeuses ou des faux-semblants les difficultés dans lesquelles est plongée l'économie française ; autant dire que les responsables politiques doivent avoir un minimum de courage et de sens des responsabilités.

4. Le retour des socialistes aux affaires

Après la réélection de François Mitterrand en 1988, la gauche reprend le pouvoir avec un nouveau Premier ministre, Michel Rocard, pour qui l'économie de marché ne peut être contournée (voir chapitre 13, pp. 304 à 313). Est-ce la poursuite du libéralisme antérieur ? Non, car comme l'affirme le préambule des 110 propositions présentées par le président-candidat en janvier 1988 :

> Sortir de la crise, c'est rechercher les conditions du plein emploi par la mise en œuvre d'une croissance sociale, plus économe en énergie et en matières premières. C'est sauvegarder les bases industrielles de l'indépendance du pays ; c'est partir à la reconquête du marché intérieur. C'est faire de la lutte contre le chômage la priorité numéro un. C'est compter sur l'effort de tous, en commençant par ceux dont les privilèges échappent aux sacrifices. C'est croire en la capacité des Français d'aborder les temps difficiles, oser leur dire la vérité et faire ce que l'on dit. [...] C'est en appeler au courage et au rassemblement des énergies. C'est donc tourner le dos à la politique de M. Giscard d'Estaing.

Et le programme socialiste énonce une série de propositions pour relancer l'économie par une nouvelle croissance (à la base, « le plan démocratisé et décentralisé »), la « réanimation de notre production intérieure grâce à l'investissement et l'élévation du niveau de vie des catégories les moins favorisées », la justice sociale ; suivent une série de propositions sur l'énergie, l'agriculture, la pêche. Les socialistes envisagent des « actions industrielles » dans différents secteurs (électronique, énergie, biens d'équipement, transports, automobile, chimie fine, bio-industrie, sidérurgie, agro-alimentaire), un programme de grands travaux publics, une aide à la recherche, plus la création d'emplois dans le secteur tertiaire. Ce programme n'envisage pas de restructuration de l'économie et, à la différence de 1981, le Président élu affirme qu'il ne reviendra pas sur les privatisations de 1986-1988 et qu'il n'y aura pas de nationalisations (schématisé par la formule : « ni-ni »).

Après l'échec de la gauche en 1993, nouveau tournant vers l'économie libérale qui reprend le programme de privatisation des entreprises nationalisées de 1986, le désengagement de l'État doit relancer l'économie et réduire le chômage. Si la droite conserve ses options de 1986 et les accentue, en revanche entre 1974 et 1981, elle est passée d'une politique à une autre, tout comme la gauche entre 1981 et 1986.

Ces changements indiquent que la droite comme la gauche est incapable de trouver une solution réelle au chômage. Ni l'une ni l'autre ne songent à un quelconque protectionnisme, excepté au niveau de l'Europe considérée comme un marché unique. Ni l'une ni l'autre n'envisagent que l'économie française puisse s'isoler du marché international. Or, le vrai changement de l'économie est au niveau mondial. Les pays en voie de développement participent à l'économie du monde dominée par les États-Unis, le Japon, l'Allemagne. Par ailleurs, la rapidité des communications est telle que des sommes considérables sont transférées instantanément par fax ou télécommunications. La circulation monétaire intercontinentale met les monnaies nationales à la merci d'une spéculation internationale, et seuls les efforts conjugués des grandes banques centrales des principaux industrialisés peuvent y faire obstacle.

Après la décision du président Nixon en 1971 de ne plus échanger les dollars contre de l'or et avec le lent déréglement du système monétaire international édifié à Bretton Woods en 1944, la hausse des prix internationaux liée à celle du pétrole déplace de très importants capitaux vers les producteurs de pétrole alors que les pays en voie de développement s'endettent souvent au-delà dans leurs possibilités ; ainsi, les bases de l'économie mondiale dans laquelle se trouve insérée l'économie française sont déstabilisées. Mais tout cela ne dit pas pourquoi celle-ci semble moins apte à réduire le nombre de chômeurs et le taux de chômage. Or, c'est la seule question importante pour les Français.

Durant ces décennies, le taux du crédit est élevé jusqu'en 1980 : il dépasse 12 %, ultérieurement il n'est jamais inférieur à 10,50 % et le franc consolide sa position sur le marché financier international. La défense du franc et le refus de l'inflation deviennent des impératifs pour les gouvernants de gauche (Bérégovoy) ou de droite (Balladur), puisque pour les uns et pour les autres l'inflation grignote les revenus du monde du travail.

5. Panorama de l'économie française de 1974 à 1995

1. La déchirure du secteur industriel

L'industrie française semble s'essoufler depuis 1973 ; en effet, d'une part l'indice de la production industrielle avec BTP (indice INSEE) jusqu'en 1986 recule, stagne ou progresse à peine (+ 7 % en 1980) et ne progresse qu'à partir de 1988. En 1991, il est de + 20 % par rapport à 1973. Nous sommes donc loin des taux de croissance antérieurs puisque le plus fort taux de croissance par an est de 5,5 % entre 1988 et 1989 ; trop souvent le taux est négatif (– 6,1 % entre 1974 et 1975 ; – 1,9 % entre 1980 et 1981, – 1 % de 1981 à 1993, – 0,9 % de 1990 à 1991) ou nul (de 1983 à 1985). Ce taux considéré comme faible (1,25 %) pour la période 1973-1991 ressemble à celui du siècle précédent, alors que le capitalisme était en pleine croissance. Mais à l'époque, l'économie-monde (I. Wallerstein) n'avait pas l'ampleur d'aujourd'hui et l'Europe exportait vers les pays non européens. La part de la production industrielle dans le PIB diminue entre 1973 (41,4 %) et 1991 (25,8 %) (1980 : 38,1 %).

1.1. L'oscillation des prix du pétrole

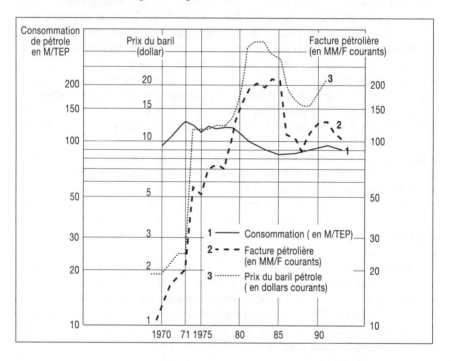

On retrouve ici comme pour la production industrielle la même langueur pendant la plus grande partie de la période, et une sensible progression entre 1988 et 1991. La part du pétrole (69,1 % en 1973) baisse à 42,5 % en 1988 et à 41 % trois ans plus tard. En dollars constants, le baril (*Arabian light*) passe de 10,94 $ en janvier 1973 à 44,08 $ un an plus tard, descend un peu en octobre 1978 à 30,91 $ puis grimpe à 87,80 en novembre 1979 et, après avoir décliné régulièrement de novembre 1979 à janvier 1985, s'effondre en juillet 1986 à 9,82 $ pour remonter à 43,53 $ en septembre 1990 (c'est le début de la guerre du Golfe) ; il redescend rapidement en février 1991 et atteint 11,60 en décembre 1993. Afin de mieux maîtriser les dépenses d'énergie, on crée en 1974 l'Agence pour les économies d'énergie ; le gouvernement lance une campagne pour réduire la consommation/gaspillage (on « chasse le gaspi ») et recommande de réduire les dépenses d'électricité et d'énergie en général aussi bien pour les particuliers que pour les entreprises ou les collectivités locales.

En revanche, la part d'électricité passe de 7,2 % à 34,7 % ; celle du gaz de 7,1 % à 12 % et celle du charbon diminue de 15,1 % à 8,7 % dans la consommation d'énergie ; une portion importante (74,5 %) de l'électricité est fournie par les centrales nucléaires que l'EDF construit tandis que les raffineries édifiées avant 1973 tournent à un niveau bien inférieur à leurs capacités, d'où l'aigreur des sociétés pétrolières. La réduction des importations pétrolières touche surtout les producteurs arabes ; la France leur achetait 79,3 % de son pétrole en 1970 et 38,9 % en 1990. Simultanément on ferme les puits de charbon à partir de 1973, ce qui accroît le chômage.

1.2. Vers un nouveau paysage industriel

Le tissu industriel se déchire notamment dans la sidérurgie et le textile, l'industrie pétrolière bien sûr, la construction navale et aéronautique, le BTP. En revanche, certaines branches progressent (électricité et matériel électrique, automobile, papier et édition). Mais les industries qui ont des effets d'entraînement stagnent ou régresssent, surtout quand elles utilisent une main-d'œuvre abondante (textile, bois, cuir). Le nombre de faillites d'entreprises industrielles augmente de 70 % de 1973 à 1980, tandis que les effectifs employés régressent de 8,7 % en nombre et de 23,4 % pour les années 1980/1991. Pour maîtriser la production, les gouvernants lancent différentes opérations (plan Chirac en 1974 ; plan Acier en 1977 ; plans sectoriels pour le textile, la machine-outil, le papier, l'industrie électronique en 1981 ; restructuration industrielle : chantiers navals, sidérurgie, charbonnages en 1984 ; projet Eureka dans le cadre européen pour la technologie en 1985). En valeur ajoutée (MM/F 1980), la production industrielle passe par les niveaux suivants : 1973 : 468,4 ; 1980 : 1 072,6 ; 1989 : 2 036,1. Entre 1973 et 1980, le taux de croissance par an est de 12,50 % et de 7,40 % pour la période 1980-1989.

Le tissu industriel s'est donc désintégré durant ces années surtout pour le BTP, les biens d'équipement ménager : la récession amorcée dans les années 1973-80 s'est aggravée. Pour le BTP, la construction trop onéreuse ne trouve pas preneur car le taux du crédit est trop élevé ; le nombre de logements mis en chantier régresse (1973 : 538 300 ; 1988 : 321 900, soit – 39,3 %). La production française d'équipement ménager résiste mal à la concurrence des productions similaires étrangères « Made in »Taïwan, Hong Kong, Singapour, Corée, etc.

Certains chefs d'entreprise déplacent leurs fabrications vers les zones où le coût de la main-d'œuvre est le plus faible. Par le jeu de la sous-traitance, ils tirent leur épingle du jeu mais pas la main-d'œuvre française et aucun gouvernement ne peut faire pression sur eux, malgré les avantages consentis aussi bien par la droite que par la gauche.

La croissance des exportations, sans le matériel militaire (en francs courants), est plus importante dans la période 1973/1980 que dans les années 1980/1991 (100 = 1973) :

	1973	1980	1991
Exportations	100	294	680
Exp. prod. ind.	100	333	693

Ces chiffres soulignent le mal-être d'une industrie française qui s'est aggravé depuis 1973. Une des raisons de ce déclin est la baisse des investissements dont la part dans le PIB passe de 11,5 % en 1973 à 9,6 % en 1980 et 9,4 % en 1989. Certains experts ont souligné que les investissements avaient été insuffisants pendant les « Trente Glorieuses » au regard de la progression du PIB. Mais un chef d'entreprise peut-il investir des capitaux dans l'industrie avec un rendement problématique de 3 % au maximum alors que s'il les place en bourse l'intérêt est de 7 à 10 %. S'il parie sur l'investissement industriel et s'il emprunte, le taux ne sera pas inférieur à 9 %, ce qui implique un taux très élevé de profit parfaitement illusoire.

Avec Valéry Giscard d'Estaing, à partir de 1978, « l'ardente obligation du plan » est abandonnée, c'est-à-dire que l'État se désengage dans le domaine économique. Or, il avait été jusqu'alors l'un des principaux investisseurs par le biais des entreprises nationalisées. L'entrée des capitaux privés dans ELF/ERAP à cette date est de ce point de vue éloquente tandis que Raymond Barre refuse de soutenir les entreprises non compétitives (« les canards boiteux » dit-il) : ce libéralisme n'avait de sens que si l'économie française était en bonne santé et elle l'était de moins en moins depuis 1973. Pourtant, on continue d'élaborer des plans (en 1976, VIIe Plan [1975-1980] ; 1980, VIIIe Plan [1980-1985] qui ne sont jamais réalisés, car ils contredisent le libéralisme officiel.

Dans ce domaine, la gauche en 1981 prend l'exact contre-pied, mais la nationalisation à 100 % (le ministre du Plan, Michel Rocard, la recommande à 51 %) coûte cher au Trésor, elle a pour résultat de redonner de l'élan aux entreprises nationalisées qui seront privatisées à nouveau en 1986, à la hussarde, par le gouvernement de Jacques Chirac. Cette décision supprime l'aide de l'État aux entreprises en difficulté ; mais celle de Mitterrand (en 1988) de ne pas privatiser ou renationaliser laisse la situation en l'état. Le retour de la droite au pouvoir en 1993, donc des privatisations, améliore-t-il la situation de l'industrie française, alors que l'argent demeure cher, que la concurrence est aussi forte ? Les ministres, dont le Premier, affirment que la reprise est là (été 1994) mais certains s'interrogent sur les chances d'une relance de l'économie française pour laquelle 1993 a été une « année noire ».

Le PIB diminuerait cette année de 0,8 %, l'investissement total de 4,2 %, celui des entreprises de 8,2 %, les exportations de 0,7 % alors que la balance commerciale est excédentaire (environ 70 MM/F) : tous les indices de la production industrielle vont dans le même sens. Malgré de nombreuses assurances, le pourcentage des prélèvements obligatoires est à peine modifié (1988 : 43,8 % ; 1993 : 43,3 %) ; le déficit budgétaire dépasse les 300 MM/F en 1993 (4,48 % du PIB) et la dette publique absorbe 172,5 MM/F (15 % des recettes et 12 % des dépenses). La hausse des prix est de 2,1 % et le taux d'intervention bancaire passe de 9,1 à 6,2 %. Malgré la crise, l'industrie française s'enorgueillit de plusieurs réussites : Airbus en 1974 ; Ariane en 1975 ; le TGV en 1981, sans compter l'industrie agro-alimentaire et celle de l'armement exporté d'abord et avant tout dans les pays arabes (la France est le troisième exportateur d'armes après les États-Unis et l'URSS).

L'Europe qui devait aider à relancer l'économie — c'était l'argument de Jacques Delors et de la majorité de la gauche en 1992 en faveur de l'accord de Maastricht — n'était pas au rendez-vous ; l'Allemagne sur laquelle on comptait était occupée par ses propres problèmes. En 1993, le pouvoir d'achat est à peine sauvegardé, son taux de croissance cesse de régresser depuis 1989 (de 3,7 % à 0,3 % en 1993). Pourtant, la droite et la gauche ont tenté depuis 1974 d'atténuer les effets de la crise sinon de renverser la tendance, en vain. La longue crise impose à l'industrie une restructuration et des associations recommandées par les pouvoirs publics : ainsi Peugeot et Citroën en 1975 ; Thompson et Brandt d'abord, Alcatel ensuite ; la Compagnie Générale d'Électricité et les filiales de télécommunications d'ITT Europe en 1986.

2. L'agriculture, le parent pauvre ?

Pendant le période, la part de l'agriculture dans le PIB régresse de 7 % en 1973 à 3 % en 1991 (1980 : 4,2 %). Dans ce cas, comme dans le secteur industriel, la période la plus difficile est 1980/1991, car le taux de croissance par an de la valeur ajoutée (évaluation de base, 1980) diminue de 6 % à 5,25 %. La surface utilisée perd 1,801 M d'hectares (– 5,6 %) alors que celle de terres labourables gagne 896 000 ha (+ 5,3 %), celle couchée en herbe diminue (– 2,194 Mha soit – 15,9 %), celle des vignes 238 000 ha (– 18,2 %). La valeur ajoutée de l'agriculture (évaluation base 1980) est multipliée par 2,61 entre 1973 et 1991 (prod. industrielle 1973-1989 : × 4,34).

2.1. Concentration des exploitations et évolution des prix agricoles

Le nombre d'exploitations agricoles diminue entre 1977 et 1987 de 1 249 000 à 982 000 (– 21,4 %) et la superficie moyenne augmente de 23,5 ha à 28,6 ha (+ 21,7 %) : la concentration amorcée dans les décennies antérieures a continué. En 1988, 16 % des exploitants possèdent 55 % de la surface agricole utilisable tandis que 73 % des exploitants n'en utilisent que 30 % ; de plus en plus, la structure foncière oppose deux types d'exploitations, celles qui ont moins de 10 ha et celles qui ont plus de 60 ha. L'exploitant moyen (11 % du nombre) n'occupe qu'une portion limitée du sol (15 %) en 1988. L'hémorragie du monde rural continue d'une façon irréversible : la mécanisation et le niveau des rendements accélèrent l'émigration des ruraux.

Les prix agricoles (sans fruits et légumes) progressent (1973 : 59,9 ; 1980 : 100 ; 1989 : 143,9) mais sans commune mesure avec les prix des produits industriels (1973 : 55,7 ; 1980 : 100 ; 1988 : 172,7). Ces derniers augmentent à raison de 8,75 % de 1973 à 1980 et de 7 % de 1980 à 1988 tandis que les prix agricoles croissent respectivement de 7,60 % et 5,25 % ; c'est un retard évident qui engendre le découragement dans le monde rural surtout si les exploitations ont moins de 10 ha, voire moins de 60 ha. Seuls peuvent tenir le coup les gros exploitants qui s'empressent d'élargir leurs exploitations. Les campagnes vivantes et les villages ne survivent plus que dans quelques rares régions françaises.

Le dossier agricole est l'un des plus difficiles à plaider parce que la production agricole française a augmenté :

	1973	1991
Légumes secs (M/qx)	914	26 075
Pl. indust.	8 234	52 421
Lait (M/hl)	290,1	327,6 (1987)
Viande (M/qx)	2 916	3 800

En revanche, la production de vin a diminué en quantité (1973 : 82,4 Mhl ; 1991 : 65 Mhl) mais sa qualité s'est améliorée (1973 : 13,6 Mhl d'AOC ; 1988 : 20,6 Mhl) ; certains producteurs sont très à l'aise (Champagne ; Bordeaux ; Bourgogne, Beaujolais ; Côtes du Rhône, etc...). Les paysans n'hésitent pas à descendre dans les rues ou à interdire aux produits étrangers (vin, viande, fruits et légumes) l'accès aux marchés français pour défendre ce qu'ils considèrent comme un déni de leur peine. Ils voteront en majorité contre l'accord de Maastricht en septembre 1992. Le malaise paysan n'a pas été dissipé, alors que les socialistes avaient eu pour objectif de revigorer la petite et moyenne exploitation.

2.2. Les politiques d'aide à l'agriculture

Différents gouvernements interviennent en faveur du monde agricole, sous la pression de la FNSEA ou du Centre des jeunes agriculteurs (CNJA). Ainsi en 1976, après une sécheresse exceptionnelle, le gouvernement crée « l'impôt sécheresse » pour aider les agriculteurs ; en 1986, le gouvernement Chirac leur accorde plusieurs milliards sans contrepartie (François Guillaume, l'ex-patron de la FNSEA, est alors ministre de l'Agriculture) tout comme en 1993 Édouard Balladur. Les paysans sont en réalité victimes de l'évolution antérieure irréversible qui arrive à son terme, de l'insertion de l'agriculture française dans la CEE d'abord, dans le monde ensuite. Celle-ci ne donne pas de chance de survie aux trop petits exploitants, surtout quand Bruxelles impose ses directives (agriculture de montagne en 1975 ; la viticulture en 1979 ; prix agricoles en 1982 ; quotas laitiers en 1984). Pour les paysans français désormais les réponses à leurs problèmes ne se situent plus à Paris mais ailleurs, à Bruxelles.

Le malaise du monde rural est aussi celui des pêcheurs dont la production a augmenté régulièrement depuis 1973 et qui doivent limiter leur pêche en raison des quotas fixés par Bruxelles dans le cadre de la CEE (1984) d'où des affrontements en haute mer avec certains de leurs concurrents (Espagnols, Britanniques) ou des manifestations violentes en Bretagne (Rennes, 1994).

Parmi les questions traitées par prétérition se trouve celle des forêts trop souvent laissées à l'abandon, alors que la France possède l'une des plus importantes forêts européennes et que plusieurs centaines de milliers de sans-travail perçoivent des allocations chômage ou le RMI. À cet abandon sont liés dans les étés chauds les incendies qui dévastent plusieurs dizaines de milliers d'ha dans les pays méditerranéens.

3. Le bouleversement du commerce intérieur

Le commerce intérieur subit les effets de la crise, moins dans les statistiques financières que dans certains indicateurs. Ainsi, le nombre de faillites et liquidations judiciaires passe de 36 163 en 1973 à 66 102 sept ans plus tard (+ 82,7 %).

3.1. L'évolution du trafic entre 1973 et 1990

Le trafic régresse aussi bien sur route que par voie ferrée, fleuves et canaux ou dans les ports ; seul l'avion progresse malgré la crise.

	1973	1980	1990
Trafic SNCF : — marchandises M/km — tonnage (M/t)	216,8 242	211,5 205,8	160,5 141,4
Route (M/t) : Fleuves et Canaux (M/t km)	1 719,4 13 792	1 516,6 12 151	1 457 7 581
Avion : — passagers km (MM) — fret (1 000 t) — poste (1 000) — mouvement app. commerciaux (1 000)	19,927 388,9 84,3 538,9	34,228 685,5 125,7 690,4	65,2 (1988) 955,8 (1988) 137 939,3
Trafic maritime : — flotte fr. comm. — jauge brute (1000 Tx) — tonnage transporté (M/t)	531 7 440 295,25	424 11 581 319,46	(1989) 241 4 129 281,03

3.2. La recomposition du paysage commercial

La plupart des indicateurs soulignent la gravité de la crise [1]. Dans les villes, les boutiques passent d'un commerce à un autre rapidement (en gros moins de trois ans) et laissent la place à des grandes surfaces qui occupent le terrain (6 730 en 1992 occupent 6,640 M/m²) ; les hyper et supermarchés représentent en 1991 53,6 % des ventes au détail de produits alimentaires. Le libre-service généralisé débauche le personnel dans les supérettes, les stations-services et bien sûr les supermarchés. Le petit commerce, apanage de la vie quotidienne, tend à disparaître quand s'installent des magasins à succursales multiples. En trois ans (de 1989 à 1991) 25 629 commerces de détail disparaissent. La boulangerie traditionnelle recule quand le pain et la pâtisserie industrielle sont offerts à des prix inférieurs. Entre 1979 (538 600) et 1990 (463 159) le nombre de commerces a diminué de plus de 75 000 (– 14,1 %).

3.3. La réorientation des flux commerciaux

Le commerce extérieur français déficitaire en 1973 continue de l'être en 1990. En 1991, la balance est excédentaire de 19,6 MM/F.

Le déficit est aggravé par le prix élevé du pétrole jusqu'en 1984 ; son poids est de plus en plus lourd dans les importations jusqu'à cette date : (– 6,409 MM/F et 12,2 % en 1973 ; – 101,084 MM/F et 26,6 % en 1980 ; – 92,417 MM/F et 24 % en 1984 ; – 19,6 MM/F et 8,5 % en 1991). Il n'est pourtant responsable que partiellement du déficit.

---

1. Cependant la part du commerce et des services marchands dans le PIB est de 24,3 % en 1973 et 24,3 % en 1990.

Avec les chocs pétroliers de 1974 et 1979, le commerce avec le monde arabe se trouve profondément modifié. Passé de 9,6 % en 1973 à 12,3 % en 1980, il décline alors fortement pour atteindre seulement 3,5 % en 1988. Parallèlement, la France renforce ses liens commerciaux avec l'URSS (fourniture de gaz naturel) et l'Algérie avec laquelle elle négocie en 1982 un accord sur le gaz saharien à un prix supérieur au prix mondial (cet accord qui obère les finances françaises sera renégocié par la droite en 1986).

Le meilleur du commerce français s'oriente en définitive vers les pays de la CEE. Entre 1974 et 1991, nos exportations dans ce secteur passent de 55,6 % à 61,4 %. Dans le même temps, nos importations évoluent de 55 % à 57,9 %.

Si le secteur des importations de produits énergétiques (gaz, pétrole) demeure constamment déficitaire pendant la période, d'autres domaines sont touchés ; il s'agit en particulier des secteurs des biens d'équipement ménager pour lesquels le Japon et les pays d'Asie du Sud-Est sont très compétitifs. S'y ajoutent ces dernières années les produits de la chimie, des biens d'équipement professionnel et certains produits manufacturés.

3.4. Les conséquences sur la balance des paiements

Le déficit commercial pèse sur la balance des paiements ; les réserves de change passent de 29,88 MM/F en 1973 à 11,11, après avoir augmenté en 1980 (149,26 MM/F). Pourtant le franc semble plus solide en 1991 qu'en 1980 ou en 1973 ; il a subi cependant durant cette période plusieurs dévaluations ou réévaluations par rapport au mark. En janvier 1973, il sort du « serpent monétaire » et le réintègre deux ans plus tard, quelques semaines après l'accord international de la Jamaïque ; en mars 1976, il en sort à nouveau. En réalité, le dollar dévalué n'est plus la référence du change qui est fixé par la valeur du mark.

Par rapport au mark, le franc est dévalué de 28,2 % en 1980 et de 51,4 % à l'été 1994 ; par rapport au dollar, il a une plus-value de 5,39 % en 1980 et une dévaluation de 15,8 % par rapport à 1973. De moins en moins, le franc est lié au dollar et de plus en plus au mark et aux autres monnaies du « serpent » rebaptisé « système monétaire européen » depuis la réunion de Brême de 1973 qui crée un Fonds monétaire européen et une monnaie de compte européenne, l'ECU (European Currency Unit).

3.5. Le problème de la monnaie

La monnaie est au centre des débats de Maastricht en 1992 et en 1993 ; les uns veulent que les États européens adoptent une monnaie unique au plus tard en 1998 ; d'autres la repoussent avec vigueur car elle marquerait la fin de la souveraineté des États sur leur monnaie et ferait du mark la monnaie de référence. Aujourd'hui, la création de la monnaie européenne unique est remise à plus tard que la date prévue du fait des inégalités économiques entre les membres de la CEE. Or, comment construire l'Europe sans une monnaie unique ? Les variations, souvent erratiques, du dollar n'ont pas que des effets négatifs ; en effet quand le pétrole est à son plus haut prix, le dollar se tient entre 4,604 F et 5,020 F avec des niveaux parfois inférieurs (3,970 F en novembre 1978, 4 F en décembre 1979), ce qui explique les « chocs » pétroliers de 1974 ou 1979.

La valeur du franc dépend aussi de l'équilibre budgétaire et de la circulation monétaire en France. Or, le premier est depuis 1973 toujours en déficit et la dette de l'État augmente régulièrement (176,3 MM/F en 1973 ; 414,18 MM/F sept ans plus tard et 779,83 MM/F en 1987. Les premiers emprunts émis par l'État le sont à un taux élevé (de 15,30 % à 16,20 %) : le service de la dette exige 26,8 MM/F en 1981 et 172,5 MM/F en 1993 ($\times$ 6,43), ce qui constitue un lourd handicap si l'État doit intervenir pour freiner la crise de l'économie.

Ce que refusent les ministres libéraux en 1986 et 1993 : et pour soutenir leur thèse, ils privatisent un certain nombre d'entreprises nationales pour réduire la dette de l'État. Simultanément, la circulation monétaire croît de 11 % par an entre 1973 et 1980 et de 8,15 % entre 1980 et 1991. Dans un cas, l'inflation atteint des sommets avec plus de 16 % en 1975 (14 % en 1980) et descend à moins de 4 % en 1990 : les socialistes mettent leur point d'honneur à la réduire mais endettent l'État, alors que les taux d'intérêt augmentent.

Les contradictions notées sur le plan industriel reparaissent sur le plan financier. Dernière décision de la droite libérale, au début de 1994 : rendre la Banque de France indépendante de l'État et lui donner un statut similaire à celui de la Bundesbank allemande. Au nom du libéralisme affiché par ses partenaires de gouvernement, Édouard Balladur met ainsi fin à la situation instaurée en 1936 et confortée en 1945 par le général de Gaulle. Est-ce le premier pas vers le retour au passé napoléonien par la privatisation de la Banque de France ? Rien n'interdit de le penser ? L'État ne se prive-t-il pas ainsi d'un instrument important pour l'économie du pays ? Paradoxalement, la Bourse, malgré des hauts et des bas temporaires, connaît un essor étonnant : le montant des émissions d'actions et d'obligations passe de 34,39 MM/F courants en 1973 à 137,75 MM/F en 1980, 557 MM/F en 1990 et 520 MM/F en 1993. Le taux moyen par an d'augmentation (1973/80) est de 21,75 % et de 15 % pour la période 1980/90, malgré l'alerte d'octobre 1987.

Les promesses de François Mitterrand de 1981 et de 1988 n'ont pu être tenues, ni sur le plan industriel, ni sur celui de l'agriculture. La seule réussite est financière, mais d'ores et déjà un débat est ouvert : pourquoi l'économie française manque-t-elle de souffle alors qu'ailleurs, on note des signes nombreux de reprise ? Faut-il mettre en cause l'inflation basse et le franc fort ? N'est-ce pas plutôt la prudence et l'attentisme des entreprises françaises qui investissent trop peu ?

Celles-ci se défendent et invoquent l'importance des prélèvements obligatoires, le poids des charges sociales ou la politique économique de la France entre 1981 et 1993 quand le gouvernement a voulu relancer la consommation des ménages alors que l'industrie française n'avait pas les moyens de répondre à leur demande et que ces décisions allaient à contresens de la politique d'austérité et de rigueur des autres grandes puissances industrielles (États-Unis, Grande-Bretagne, Allemagne). De ce fait, la demande française a profité aux industries étrangères. Plus tard, avec la politique de resserrement et d'austérité, la France est encore à contre-courant des autres politiques qui relancent prudemment leurs économies. Le résultat est que la croissance de l'économie française est à la traîne et que le chômage continue d'augmenter.

6. La société française dans la crise

1. Le douloureux problème du chômage

Le chômage est depuis vingt ans le problème qui taraude le plus la société française. Son augmentation est régulière malgré les différentes mesures prises par les gouvernements de droite et de gauche. De 1973 à 1993, on passe ainsi de 673 400 à 3 368 800.

Le tableau ci-dessous souligne la répartition de ce chômage selon le sexe et l'âge :

(*en milliers*)	1973	1980	1988	1991
18/25 ans :				
Hommes	109,5	278,3	321,8	240,2
Femmes	225,4	465,9	450,4	294,8
25/49 ans :				
Hommes	91,6	285,1	608,3	578,1
Femmes	142,4	386,9	803,1	799,7
+ 50 ans				
Hommes	48,8	125,1	168,5	141
Femmes	55,6	111,7	152,5	150,5
Total : Hommes	249,9	688,5	1 119,6	959,3
Total : Femmes	423,4	964,5	1 406	1 245
Total général	**673,4**	**1 652,9**	**2 525,6**	**2 204,3**

Corrélativement, les demandes d'emploi croissent alors que la population active demeure à un niveau constant : 1973, 21,158 M ; 1980, 21,637 M ; 1988 : 21,446 M ; 1991 : 22,165 M et aurait même augmenté de 4,75 % de 1973 à 1981. Le chômage est donc lié à l'arrivée sur le marché du travail du croît de population en âge de travailler. Les entreprises débauchent une partie de ceux qui travaillent (ceux qui ont entre 25 et 49 ans) pour utiliser, à moindres coûts, d'autres travailleurs.

Une analyse plus serrée indique que le chômage sous la présidence de Valéry Giscard d'Estaing croît de 13,70 % par an ; sous le premier septennat de François Mitterrand, il descend à 5,50 % par an et de 1988 à 1993, tourne autour de 6 %. On observe aussi qu'il atteint d'abord en priorité les jeunes, les femmes et les moins qualifiés. Avec les années, le mal contamine peu à peu tout le monde, y compris les « cadres ». De plus, la durée du temps d'inactivité s'étend et le chômage de longue durée se prolonge :

(en milliers)	1985	1991
– 1 mois	96,1	78,6
1 à 6 mois	541,3	671,2
6 mois/1 an	532,7	384
+ 1 an	1 030,4	730,2

1.1. Les politiques anti-chômage et leurs échecs

Aucune catégorie socioprofessionnelle n'est épargnée et le chômage augmente chez les agriculteurs, parmi les cadres supérieurs, les employés ; les ouvriers durement touchés jusqu'en 1980 sont moins atteints entre 1985 et 1991 ainsi que les artisans ou les chefs d'entreprises. Encore faudrait-il comparer les chiffres avec les statistiques de faillites pour mieux apprécier le niveau de la crise dans cette catégorie.

Le tissu social se déchire gravement et on parle de plus en plus d'une « société à deux vitesses », avec d'un côté ceux qui ont un emploi et de l'autre ceux qui n'en ont pas ou plus. La droite rend responsable la gauche d'avoir ébranlé les bases de l'économie, mais oublie que l'héritage en 1981 était déjà lourd, alors que la conjoncture avait été bonne jusqu'en 1973.

À mesure que le chômage se prolonge, il a des conséquences psychologiques graves : le sentiment d'être inutile à la société, un laissé-pour-compte, un raté ; le sentiment de la déchéance professionnelle affecte progressivement l'univers familial. Grâce au chômage, le patronat disloque l'édifice qui avait protégé jusqu'ici le monde du travail : licenciement « sec » et sans recasement ; salaires bloqués ; ponctions financières sur les salaires ; liberté des prix. Simultanément les patrons obtiennent des dirigeants des réductions relatives à leurs charges en laissant entendre qu'ils pourront ainsi embaucher ; une fois l'avantage obtenu, ils oublient leurs déclarations. En 1993, le Premier ministre recommande aux Français de relancer la consommation et d'acheter afin de faciliter la reprise mais, paradoxalement, il aggrave les prélèvements financiers sur leurs revenus au nom de la rigueur et de la solidarité.

Afin de réduire le nombre de chômeurs, les dirigeants inventent des mesures baptisées « traitement social » du chômage : Raymond Barre avec les « Pactes pour l'emploi » (1977) ; Laurent Fabius avec les TUC (Travaux d'utilité collective) en 1984 dont le but est de donner aux jeunes une formation par des stages de durée limitée grâce auxquels les entreprises recevront de l'État des subventions qui constituent une part du salaire. Les syndicats imaginent de réduire le temps de travail hebdomadaire et lancent le travail à temps partiel qui devrait permettre aux chômeurs de trouver un emploi. Mais la mécanisation et la recherche de la productivité semblent incompatibles avec ces solutions. Ces subterfuges ne peuvent freiner la progression du chômage, car la vraie solution est la reprise de l'économie qui tarde encore en 1993.

1.2. Chômage et travailleurs immigrés

Malgré les mesures prises depuis 1974 pour freiner l'entrée des étrangers en France, leur nombre n'a cessé d'augmenter ; il est passé de 3,5 M en 1975 à 4,2 M en 1990.

Dans cette immigration, la part des Européens (61,1 % en 1975) a diminué (40,7 % en 1990) tandis que celle des Maghrébins augmente (de 32,3 % à 38,7 %) ainsi que celle des Turcs, des Africains (de 3,5 % à 10,4 %). La part des moins de 15 ans diminue de 25,3 % à 21,1 %, celle des + 55 ans augmente de 14,5 % à 16,2 % tandis que celle des 16/54 ans n'augmente que de 2,5 % ; le nombre de femmes croît de 139 000 mais la société étrangère comprend surtout des hommes (10 hommes pour 7 femmes en 1975 ; 12 pour 10 en 1990). Le taux brut de natalité des étrangers diminue de 1975 (244 pour 10 000) à 1990 (194) ainsi que celui de la mortalité.

Les étrangers s'implantent plus volontiers dans la région parisienne, dans la région Rhône-Alpes, en Alsace et en Franche-Comté, dans le Sud-Est ; mais l'Ouest où ils étaient peu nombreux en 1975 les attire désormais. Ils vivent plutôt dans les villes de plus de 200 000 h. (66,1 %) que dans les campagnes (8,1 %). En 1982, ils représentent 6,6 % des actifs et 6,1 % en 1990 ; leur part entre 1980 et 1990 a augmenté dans l'agriculture, le commerce, les transports et télécom et dans les services marchands (+ 2,4 % de la population active) mais a régressé dans l'industrie manufacturière, le BTP, les services non marchands (– 1,6 %). Les plus touchés par le chômage sont d'abord les Algériens et les Marocains, ensuite les Espagnols, les Italiens et les Portugais : les Français le sont toujours moins (le maximum se situe pour eux en 1987).

Le nombre d'actifs étrangers évolue ainsi : 1975, 1,511 M ; 1982, 1,338 M ; 1992, 1,518 M (dont 1,015 M d'hommes et 502 000 femmes). Les Maghrébins représentent le groupe le plus nombreux d'étrangers dans la population active :

(en %)	1975	1982	1991
Maghrébins	34,4	33,8	35
Portugais	23,2	26,8	24
Italiens	12,6	9,9	6,4
Espagnols	12,9	9,2	5,9
Autres CEE	3,9	4,4	5,4
Turcs		2,6	4,7
Divers	12,5	13,6	18,6

Leurs revenus moyens sont toujours inférieurs à celui des Français (– 25 % en 1984 et – 27 % en 1990) tandis que les prestations versées sont supérieures ; certains allocataires en font même la part la plus élevée de leurs ressources, ce que dénonce Jacques Chirac à l'Assemblée. Ils peuvent ainsi expédier des sommes importantes à leurs familles (en moyenne plus de 11 milliards de francs de 1976 à 1981, plus de 15 milliards de 1983 à 1992) : les 3/5 en Europe, 1/4 ou 1/3 vers le Maghreb. Les étrangers occupent surtout des emplois subalternes (ouvriers qualifiés et non qualifiés pour les 3/5) et souvent refusés par les Français.

2. Une société en pleine mutation

La question du chômage occulte les mutations d'une société française qui suivent celles des décennies antérieures. La population a continué d'augmenter entre 1973 et 1993 : elle est passée de 52,6 à 57,2 millions.

2.1. La croissance urbaine

En 1990, 75 % des Français vivent en ville. La population des campagnes ne représente plus que 14 M d'habitants. En 1991, en dehors de Paris, on compte en France cinq villes dépassant les 500 000 habitants (Lyon, Marseille, Lille, Bordeaux et Toulouse) ; entre 300 000 et 500 000 habitants, on en trouve onze et douze entre 200 000 et 300 000.

Dans ces agglomérations en pleine expansion, les problèmes d'aménagement de l'espace, de circulation, de ravitaillement, de voirie... et de sécurité et de drogue ne font que s'aggraver. La drogue véhicule aussi le sida ; en janvier 1991, on compte plus de 9 000 cas de sida qui affectent des malades de toute catégorie sociale. Cette plaie dénoncée par des campagnes publicitaires est la conséquence imprévue de la libération sexuelle associée au trafic international de la drogue.

2.2. Un nouveau paysage familial

Les tendances antérieures demeurent : la part des moins de 20 ans diminue entre 1970 et 1992, de 33,2 % à 27,1 % ; celle des plus de 65 ans augmente, de 12,8 % à 14,3 %. La natalité, malgré la présence d'étrangers, régresse de 141 pour 10 000 à 106. Le taux brut de mortalité diminue plus rapidement de 133 à 92. Ce vieillissement de la population pose de nombreux problèmes : celui des soins et de la Sécurité sociale dont le déficit croît d'une année sur l'autre ; celui des retraites dont l'avenir n'est pas assuré d'ici le début du prochain millénaire. Du fait de ce vieillissement, la consommation médicale augmente entre 1973 à 1980 de 17,30 % par an ; après cette date, le taux annuel tombe à 10,45 % grâce aux différentes mesures prises entre 1980 et 1991 destinées à la réduire. Pour combler le « trou » de la Sécurité sociale et celui des retraites, les différents gouvernants usent de subterfuges : réduire le nombre et le taux de remboursement de certaines prescriptions médicales, par entente avec les syndicats de médecins. Mais le chômage a des effets pervers car de ce fait il réduit le nombre de cotisants et accroît l'importance des prestations sociales avec les allocations de chômage ou le RMI.

La vie familiale, cellule traditionnelle, semble de plus en plus fragile. Le nombre de divorces progresse durant ces décennies de crise : il passe de 47 300 en 1973 à 81 100 en 1980 et dépasse les 100 000 en 1990. Le taux de divorce pour 10 000 couples mariés augmente de 31 en 1973 à 63 sept ans plus tard et 84 en 1990 tandis que le nombre de mariages régresse (1973 : 400 700 ; 1980 : 334 400 ; 1990 : 281 000). L'union libre entre jeunes hommes et jeunes femmes devient monnaie courante : le pourcentage de nuptialité (de 15 à 50 ans) évolue ainsi : *1973*, hommes : 86,94 % ; femmes : 90,57 % ; *1980*, hommes : 68,88 % ; femmes : 70,68 % ; *1988*, hommes : 52,50 % ; femmes : 53,83 %). On ne se marie souvent qu'après la naissance d'un enfant : pour certains, c'est la preuve que ces unions libres sont aussi solides que les légitimes. La fiscalité, désavantageuse pour les couples mariés, n'incite pas au mariage ; et on se préoccupe au niveau ministériel d'y trouver remède. Le nombre moyen d'enfants par famille française régresse et il est toujours inférieur à celui des familles d'étrangers. En 1975, il est passé sous la barre de deux enfants par famille (1,93). L'évolution des mœurs et les importantes lois sur la contraception et l'interruption volontaire de grossesse ont-elles contribué à ces évolutions ?

2.3. Vers le repli sur soi

On parle d'une société en pleine dérive qui craint l'avenir et se replie sur elle-même, d'une société crispée, d'une société morcelée en groupes ou corporations qui défendent âprement leurs privilèges ; mais le repli n'engendre-t-il pas cette défense ? Ne faut-il pas parler plutôt d'une société marquée par la crainte ? Les craintes, vraies ou fausses, sont multiples : celle du chômage, bien sûr ; celle du sida qui épouvante ; celle de l'étranger et surtout de l'islam et des Arabes d'autant plus qu'en Algérie la passion religieuse a pris le pas sur la réflexion politique ; celle de l'Europe dont on ne sait plus si elle permettrait de surmonter la crise ou non ; celle du Tiers Monde dont les affrontements en Afrique noire sont pleins de dangers.

Les repères traditionnels ont disparu ; les églises s'interrogent sur le sens de leur mission, même si lors de la visite du Pape plusieurs centaines de milliers de jeunes se rassemblent et si les causes humanitaires trouvent de nombreux volontaires. Derrière la crise économique s'est profilée dans le même temps une crise de la société française.

Conclusion

En définitive, durant ces vingt années, l'économie et la société française semblent avoir subi un choc qui les a ébranlées en profondeur, au point qu'elles ont du mal à retrouver d'abord un certain souffle, ensuite un nouvel équilibre. Faut-il mettre en cause le vieillissement de la population ? Mais l'Allemagne, l'Italie, les États-Unis, le Japon semblent atteints du même mal. Faut-il invoquer l'ampleur des ambitions françaises qui avait mal mesuré ses forces, pour orienter ses efforts vers une « Défense tous azimuts » et avait ainsi négligé de préparer l'avenir ? Ou plus simplement les Français n'ont-ils pas préféré consommer sans compter durant les « Trente Glorieuses », gagner de l'argent à la Bourse et l'investir en résidences secondaires ou en placements financiers plutôt que dans les industries nouvelles ? Faut-il penser, comme le soutiennent certains hérauts du libéralisme à tout va, que le « néo-colbertisme », c'est-à-dire l'intervention de l'État, a stérilisé les entreprises individuelles ? Dans l'état actuel, il est difficile de répondre d'une façon claire et catégorique. Une chose est sûre : l'économie et la société française ne sont pas encore sorties de la crise commencée il y a vingt ans.

La France peut-elle sortir de la crise, alors que son économie est insérée dans celles de l'Europe et du monde, qui pèsent beaucoup plus que la sienne ; que les décisions financières importantes sont prises à New York, Tokyo ou Hong-Kong ; que la santé du franc n'est réelle que s'il est défendu par les grandes banques centrales (tout comme celle de la lire, de la livre sterling ou du mark) ; que l'emploi en France dépend en réalité de ce qui se passe ailleurs (Corée, Brésil, Taïwan), que les niveaux de protection sociale dans le monde sont hétérogènes et que la France a négligé d'investir dans les nouvelles industries (informatique, bureautique, automatisation) ; que la modernisation de son appareil économique exclut l'usage d'une main-d'œuvre abondante parce que les entreprises françaises ont visé à la rentabilité maximale ?

Peut-on revenir en arrière, seuls ? Peut-on fonder une relance de l'économie sur les « petits boulots », sur le travail à temps partiel ? Et puis les responsables politiques ont-ils le courage de dire aux Français la vérité dans ce domaine ? Accepteraient-ils de remettre en cause des privilèges d'un autre temps âprement défendus par certaines corporations ?

Tout le monde a trouvé étonnante la modernisation de l'agriculture, la réduction de ses effectifs, mais comment tonner alors contre la violence quand les paysans les moins favorisés ont du mal à joindre les deux bouts et que les prix de leurs productions sont fixés à Bruxelles ou à New York ? Comment s'étonner de la violence ou de l'insécurité, voire de la criminalité de certaines banlieues où le chômage règne en maître ? Ces années de crise n'annoncent-elles pas la transition vers de nouveaux temps où règnera la violence, où le plus fort écrasera le faible, où les *have not* seront plus nombreux que les *happy few* qui vivent confortablement et prêchent l'idéal de la démocratie ?

Quatrième partie

La France, l'Asie et l'Afrique
(1947-1995)

Politique coloniale et décolonisation (1947-1962)

1. Économies et sociétés coloniales au lendemain de la guerre

À la fin de la Seconde Guerre mondiale, le monde colonial français ne constitue pas un ensemble homogène. En Extrême-Orient, l'Indochine est entrée dans une guerre pour son indépendance dès 1946 et au Maghreb, l'Algérie, depuis la répression des émeutes de Sétif en mai 1945, est parcourue de mouvements qui en novembre 1954 vont déboucher sur la guerre.

Dès la fin janvier 1944, la conférence de Brazzaville, réunie à l'initiative du général de Gaulle et rassemblant tous les représentants des territoires de l'empire, pose les fondements de l'Union française qui vise à l'intégration progressive et non à l'indépendance des populations. Cette conférence recommande « une économie planifiée, c'est-à-dire une économie dans laquelle la mise en valeur des territoires s'effectuerait en fonction d'un plan élaboré à l'avance, après l'inventaire des possibilités de chaque territoire [pour] assurer aux Africains une vie meilleure par l'augmentation de leur pouvoir d'achat et l'élévation de leur standard de vie ». En 1947, le plan Monnet (1947-1952) entérine les intentions de 1944 : « Le redressement de la France ne peut se concevoir sans une mise en valeur de tous les territoires d'outre-mer de l'Union française. » Et un peu plus loin : « Un plan pour la France métropolitaine qui ne serait pas conçu dans le cadre de l'Union française et qui ne serait pas assorti de plans pour l'Afrique du Nord et pour les territoires d'outre-mer serait vicié à la base et incomplet. »

Pour Jean Monnet, le Maghreb occupe une place privilégiée mais il faut attendre 1948 pour que le plan y soit appliqué ; en réalité, des plans partiels existent depuis 1944. Le plan implique avant tout que la France consente un important effort financier en faveur des territoires coloniaux.

La mise en place de ce plan commence à partir du printemps 1947, au moment où est créée une Commission de modernisation et d'équipement des territoires d'outre-mer. Les crédits nécessaires à la conduite de cette politique échappent en grande partie au contrôle du Parlement. Ce sont des institutions financières comme la Caisse centrale de la France d'outre-mer créée en février 1944 puis le Fonds d'investissement pour le développement économique et social des territoires d'outre-mer (le FIDES) qui pourvoient aux infrastructures et à l'équipement de base. Ces organismes ont une vocation multiple (crédit, émission de billets de banques coloniaux, office des changes...). Dans cette perspective de transformations économiques de la France d'outre-mer, le Gouvernement provisoire crée également en octobre 1945 le Bureau de Recherches du Pétrole qui cherche à encourager la prospection et l'exploitation dans les territoires coloniaux et les pays sous mandats ou protectorats.

Derrière ces différentes décisions transparaissent diverses préoccupations : les unes ont pour but de développer l'économie de l'ancien empire, les autres ont pour objet de donner à l'Europe une zone de défense en profondeur sur le continent africain. Ainsi quatre zones stratégiques et industrielles sont implantées : l'une dans l'Ouest maghrébin, l'autre dans l'Est, une troisième autour de la Guinée, la dernière à Madagascar. Dans cet effort financier, il est difficile de discerner ce qui est lié à la stratégie et ce qui ressort de l'économique et du social.

1. Les investissements français en Afrique noire et à Madagascar

1.1. Un important effort financier

En Afrique noire et à Madagascar, la Caisse centrale de la France d'outre-mer gère le Fonds d'investissement qui reçoit des crédits :
— de la France ;
— des sections d'outre-mer qui doivent contribuer pour 45 % des dépenses.

En fait, la Caisse centrale a souvent avancé des sommes qui devraient être versées par les budgets locaux. De plus, elle prête son concours aussi bien aux sociétés d'État et d'économie mixte, aux instituts d'émission qu'aux sociétés privées dont les projets s'insèrent dans le cadre du plan. Le plan prévoit une dépense totale de 300 MM/F 1947 dont les 2/3 pour les dépenses publiques.

De 1947 à 1950 on peut évaluer le montant des investissements publics [1] :

(en milliards de francs)	1947	1948	1949	1950	Total
Investissements publics	9,1	33,3	91,3	92,8	226,5
+ Contributions métropolitaines aux investissements publics outre-mer ...	4,6	26,9	34,3	41	106,8
Total	13,7	60,2	125,6	133,8	333,3

---

1. Chiffres tirés de J. Lucius, « Les plans de modernisation et d'équipement de l'AFN et leur financement », in *Industrialisation de l'AFN*, Paris, 1952, p. 303.

Cette prépondérance des investissements publics apparaît au 31 décembre 1950 [2] :

Routes, ports	8 341,40	M/F-1950
Production (agricole surtout)	2 634,10	—
Équipement social	1 841,40	—
	12 817	M/F-1950
Investissements privés	1 207,30	M/F-1950
Capitaux étrangers	395,10	—

Les crédits prévus par la France en 1946 (285 MM/F en dix ans) sont donc largement dépassés puisque le montant des investissements publics de 1947 à 1956 s'élève à 550 MM/F, et celui des capitaux privés à 20-25 % des capitaux publics, en tout par conséquent plus de 760 MM/F pour les seuls territoires d'outre-mer auxquels il faudrait ajouter les sommes investies au Maghreb sans compter celles qui passent par le canal du Bureau de Recherches du Pétrole (BRP) et qui pour la seule Algérie (Sahara compris) dépassent les 500 MM/F/1955.

1.2.   La mise en place d'une vaste infrastructure de voies de communication et le début d'un développement industriel

L'Afrique occidentale française (AOF) surtout semble bénéficier de ces investissements ; et loin derrière, le Cameroun, l'Afrique équatoriale française (AEF) et Madagascar.

La répartition des crédits utilisés jusqu'au 30 juin 1953 était la suivante :

Voies de communication	49 %
Équipement culturel et social	15 %
Production agricole	12 %
Industries, mines, énergie	11 %
Recherches	6 %
Divers	7 %

Le second programme prévu en 1953 diffère du premier puisque la part accordée aux voies de communication est réduite à 22 % et celle consentie aux autres secteurs est sensiblement augmentée (économie rurale : 18 % ; énergie, mines, industries : 23 %). Les résultats sont spectaculaires : les ports africains sont modernisés et équipés (Dakar, Abidjan, Douala, Conakry). Les voies ferrées sont améliorées ou prolongées. Des aérodromes modernes sont cons-

---

2. Chiffres de J. Dresch, « Les investissements en Afrique noire », in *Le Travail en Afrique noire*.

truits à travers toute l'Afrique noire. Dans le domaine industriel, des barrages sont construits sur les grands fleuves : Grandes Chutes (Kindia en Guinée), Édéa sur la Sanga (Cameroun), sur le Kouilou au Gabon et à Djoué en AEF ; du pétrole est découvert au Gabon.

La bauxite et le fer sont exploités en Guinée ; un peu d'étain au Cameroun. Autour des ports s'installent des industries de transformation : industries alimentaires, quelques ateliers ou manufactures (cimenteries, travaux publics). Mais il faut attendre encore quelques années pour voir une ébauche d'industrie lourde. De plus un certain nombre d'instituts de recherche destinés à valoriser le travail des paysans africains sont mis en place ; en réalité ces réalisations sont mal intégrées à l'ensemble de l'économie rurale africaine.

1.3. Une agriculture traditionnelle cohabitant avec des méthodes modernes d'exploitation

Par rapport à l'avant-guerre, celle-ci est à peine modifiée : en dehors de quelques privilégiés qui ont adopté des techniques modernes d'exploitation, l'ensemble des paysans conservent les outils et techniques de culture traditionnels.

Les cultures antérieures se développent : coton au Tchad et au Soudan (aujourd'hui Mali), cultures vivrières qui sont les plus largement répandues : bananes et fruits exotiques en Côte-d'Ivoire, au Cameroun et en Guinée ; café, cacao en Côte-d'Ivoire, Cameroun et Gabon ; et, bien entendu, arachides, palmier à huile (Sénégal, Côte-d'Ivoire, Cameroun, Congo). L'exploitation des bois coloniaux est réalisée maintenant à grande échelle. Les essais antérieurs de riz, d'hévéa (Niger, Cameroun, Guinée) semblent enfin obtenir quelques résultats spectaculaires. L'adoption de matériel moderne ou de nouvelles cultures (ex. : riz) entraîne parfois des déboires et des échecs sérieux et impose alors aux utilisateurs une grande prudence. Enfin, grâce à l'installation de points d'eau, l'élevage se développe dans les régions de savane.

Dans le II⁰ Plan, après 1953, l'accent est mis sur la généralisation des techniques plus modernes parmi les paysans que l'on veut associer le plus largement possible à cet effort ; il s'agit d'augmenter la production pour :
— améliorer l'alimentation des paysans africains ;
— commercialiser les surplus.

Et l'on envisage une aide à la fois sur le plan des crédits et sur celui des méthodes de culture par le jeu de moniteurs. L'augmentation reste cependant très limitée à en juger par les statistiques de 1958 et souligne bien que les structures de l'économie rurale n'ont pas subi de modification majeure : celle-ci exigera du temps, de la patience et une infinie prudence.

Deux secteurs apparaissent dès lors :
— l'un, moderne, dans lequel les planteurs sont aussi bien européens qu'africains, de dimension fort limitée et ne comprenant qu'une minorité ;
— l'autre, traditionnel, qui comprend la majorité de la population.

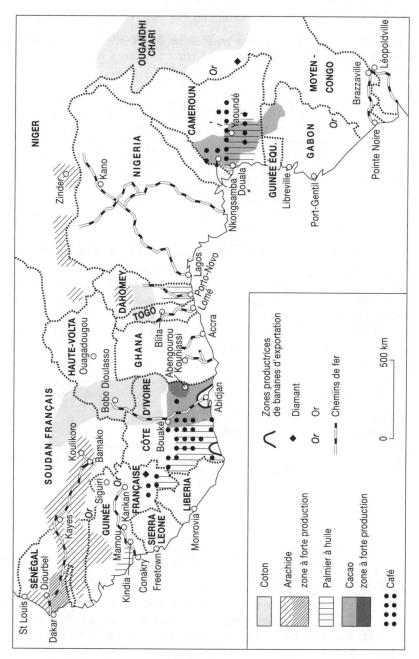

L'AFRIQUE DE L'OUEST ET DU CENTRE ENTRE 1950 ET 1956
d'après Suret-Canale, *L'Afrique noire*, t. II

1.4. L'évolution du commerce colonial

Entre 1946 et 1956, le commerce général des divers territoires africains augmente certes en valeur numérique (valeur en millions de francs métropolitains) :

	Importation		Exportation		Total	
﹞	1946	1956	1946	1956	1946	1956
AOF	10 184,4	133 460,2	7 005	120 042,4		
AEF	2 634,2	41 053,2	2 246	28 269,4		
Cameroun ..	1 636,6	33 338,8	1 686	26 299,4		
Togo	427	5 376,7	233,1	4 672,1		
	14 882,2	213 228,9	11 170,1	179 283,3	26 052,3	392 512,2

Mais les dévaluations successives du franc et la permanence du déficit de la balance commerciale viennent fortement nuancer cette évolution. De plus, comme les prix français sont nettement plus élevés que les prix des produits étrangers similaires, il en résulte un excédent de dépenses pour les pays africains. En contrepartie, certains produits sont soutenus ou bénéficient d'une protection douanière (oléagineux, bananes). On a calculé pour 1957 que la balance simplifiée des paiements entre la métropole et l'Afrique noire se présentait ainsi (en milliards de francs métropolitains)[3] :

Dépenses Afrique noire		Recettes Afrique noire	
Prix marchandises achetées à la métropole (fret inclus) ...	164	Marchandises livrées à la métropole	176
Versements publics à la métropole (par exemple)	2	Dépenses publiques de la métropole en Afrique noire	166
Devises (déficit entre Afrique noire et étranger)	19		
Solde des transferts monétaires	4		
	189		342

Rapatriement de capitaux privés vers la métropole : 152

Au-delà de ces chiffres, soulignons :
— que l'Afrique noire permet à la France d'économiser des devises fortes (de 100 à 200 M/$ par an, pour certains produits), mais qu'elle a des échanges déficitaires avec l'étranger ; ce déficit est soldé par la France ;

---

3. *Le Monde*, 25 septembre 1958.

— qu'une grande partie des dépenses de la France est consacrée à des dépenses civiles d'administration ou des dépenses militaires financées par le contribuable français ;

— que la dépendance économique de l'Afrique par rapport à la France peut hypothéquer l'avenir d'autant plus que les bruts des plans mis en œuvres depuis 1947 n'ont pas été atteints.

Mais certains crédits sont gaspillés ou détournés ; tantôt parce que les matériels modernes sont inadaptés au monde africain qui ne sait pas les entretenir, tantôt parce qu'ils ne correspondent pas à ses besoins. Ce qui amène le journaliste Raymond Cartier à dénoncer en 1956 ces dépenses alors que des Français manquent encore d'adduction d'eau ou de logement.

2. Évolution des sociétés africaine et malgache

2.1. En Afrique noire

Dans le domaine social et humain, les tendances antérieures se confirment : la population passe de 22 M d'hab. en 1946 à 25,6 M en 1954 et 28,9 M en 1959. Les villes africaines croissent spectaculairement :

	1948	1954	1960
Dakar (Sénégal)	116 000	202 000	336 000
Adibjan (Côte-d'Ivoire)	44 000	117 000	234 000
Brazzaville (Congo)	41 000	100 000	130 000
Fort Lamy (Tchad)	18 000	44 000	82 000
Ouagadougou (Haute-Volta)	17 000	31 000	58 000

Cette augmentation des villes est liée :

— à la croissance générale de la population, dépendant elle-même d'une amélioration de l'hygiène et d'un excédent des naissances sur les décès ;

— à l'afflux des ruraux vers la ville, et surtout la ville littorale.

Paradoxalement, dans les pays insuffisamment peuplés, les villes apparaissent comme surchargées (densité du Sénégal : 8,8 h/km² ; Dakar : 400 h/km²) ; mais elles comprennent surtout des hommes (en 1960, à Dakar, 56 % ; Abidjan, 68 % ; Douala, 700 % ; Brazzaville, 65 %).

Si dans les villes, l'afflux de capitaux donne un vigoureux élan à l'économie (développement de l'activité portuaire, de la constitution, essor du grand et du petit commerce), l'exiguïté de l'épargne locale, malgré l'aide française limite fortement les transformations importantes des structures économiques. En revanche, les réformes politiques engendrent tout un monde d'employés et de fonctionnaires (moyens ou petits). Partout apparaît une « *sub middle class* » (pas vraiment une bourgeoisie) surtout urbaine qui se consolide au fil des années. Elle profite de l'instruction publique ou privée, même élémentaire, de l'élan des affaires entre 1945 et 1956 ; elle s'implante dans l'administration ceritrale ou régionale et rapidement tient le devant de la scène sur le plan local. Ces médecins, ces professeurs, instituteurs, postiers, ces planteurs prennent une importance croissante dans la société africaine (Senghor, agrégé de grammaire ; Sekou Touré, postier ; Houphouët-Boigny, planteur) tandis que du petit commerce naissent des commerçants de tous genres (boutiquiers, réparateurs, etc.). Enfin, au bas de l'échelle apparaît un prolétariat ou un sous-prolétariat, composé de ruraux arrivés de leurs villages. Les ports croissent plus vite que les centres de l'intérieur, surtout quand ils sont isolés. L'existence d'une petite bourgeoisie n'empêche pas que la majorité des hommes dans les sociétés urbaines africaines glisse lentement et inexorablement vers la pauvreté. On comprend dès lors le cri d'alarme de René Dumont en 1962 : « L'Afrique noire est mal partie... » Toutes les études soulignent un impressionnant sous-emploi de la main-d'œuvre urbaine. Elle est très abondante dans le secteur tertiaire : manutention, transport, services (domestiques, administratifs, etc.), compte tenu du développement de l'activité économique. Les villes sont aussi plus favorisées que les campagnes en ce qui concerne l'équipement tant culturel que sanitaire.

Au village, les femmes jouent un rôle majeur dans le travail de la terre ou les multiples tâches domestiques alors que les hommes sont bien souvent inactifs. De véritables esclaves descendants de populations vaincues subsistent aussi, malgré la réglementation internationale. La culture, l'élevage traditionnels constituent avec la pêche l'essentiel des activités rurales assumées par la majorité des populations africaines (4/5 environ). À la différence de la société urbaine où affluent nombre d'hommes seuls, en quête d'emploi, la société rurale conserve une forte cohésion entretenue par les liens de clan, de lignage et de tribu. La parenté y est à la fois un cadre économique (terroir) et résidentiel (village). Le rôle quasi religieux des chefs de lignages est à la campagne un facteur de stabilité.

2.2. À Madagascar

Ce sont des traits et une évolution analogues que l'on retrouve à Madagascar. Grâce au FIDES, l'économie malgache reçoit 57 MM/F CFA ; dans le Ier Plan, cette somme est investie surtout dans l'outillage et l'infrastructure (70 %), dans le IIe Plan, 36 % des crédits sont affectés à la production et 20 % à l'équipement social. Mais la dispersion des investissements et l'insuffisance des études engendrent des résultats peu probants.

Les techniques de culture sont à peine transformées pour la majorité de la paysannerie malgache, même si des efforts sont tentés dans ce domaine par le biais des collectivités autochtones rurales et des secteurs du paysannat. En 1957, le nombre total de charrues et de herses est d'environ 40 000 ; celui des tracteurs de 1200. Plusieurs dizaines de milliers d'hectares ont été gagnés à la culture irriguée. La sédentarisation a mis fin au semi-nomadisme pastoral et du même coup l'importance des troupeaux a diminué.

Les sociétés françaises continuent de jouer un rôle majeur dans la vie rurale et l'économie malgache, même si les Malgaches eux-mêmes prennent une place croissante. Parmi ces derniers, on en trouve encore 1/5 au moins classés comme pauvres ; et 3/5 dont les moyens sont si limités qu'ils peuvent à peine vivre par eux-mêmes.

Dans la domaine industriel et minier on enregistre peu de progrès : le gisement charbonnier de Sakoa demeure inexploité et la production d'énergie hydroélectrique est médiocre. À peine marque-t-on de l'intérêt pour les gisements d'uranium. Cependant, quelques industries de transformation naissent (industries alimentaires, tanneries). En définitive, la balance commerciale de la Grande Ile est, à partir de 1948, régulièrement déficitaire et comme pour l'Afrique noire le commerce y est surtout orienté vers la France.

On retrouve aux exportations les produits agricoles pour 86 % et 10 % pour les produits miniers ; aux importations quelques équipements (18 %) plus des produits de base (combustibles, carburants, aciers, ciments, etc.).

Médiocrité et insuffisance de l'équipement industriel, prépondérance de l'économie agricole apparaissent dans la répartition socioprofessionnelle de la population malgache. Celle-ci augmente de 1946 : 4,010 M, à 4,653 M en 1954 et 5,184 M en 1959.

Tout comme en Afrique, les villes progressent et surtout la capitale, Tananarive, passe ainsi de 143 000 habitants en 1948 à 410 000 en 1960.

On note bien la naissance d'un prolétariat urbain et d'une classe moyenne dans laquelle coexistent des fonctionnaires, des agriculteurs malgaches aisés ; entre eux et les Français (dont une majorité de Réunionnais), le clivage est net, comme est évidente aussi l'opposition entre paysans et citadins de l'île.

3. La situation économique et sociale au Maghreb

3.1. L'évolution des secteurs agricole et commercial

Au Maghreb, malgré l'élan de l'industrialisation qui progresse depuis la fin de la guerre, l'agriculture demeure le secteur dominant de l'économie. Celle-ci reste toujours partagée en deux secteurs, l'un moderne aux mains des Européens avec des techniques et des moyens de culture perfectionnés, l'autre « indigène » dont les techniques et les moyens d'exploitation demeurent traditionnels.

Au premier les cultures riches (vigne, agrumes, cultures maraîchères), au second les cultures vivrières essentiellement des céréales et un élevage important : pas de changement donc par rapport à l'avant-guerre. Ainsi, l'agriculture moderne, celle des « colons », a des rendements élevés tandis que celle des Maghrébins reste médiocre et toujours soumise aux aléas climatiques.

Sur les terroirs indigènes de plus en plus surchargés, les hommes en trop abandonnent leurs villages, émigrent vers les villes ou l'Europe. L'administration, consciente de la gravité du phénomène, tente d'améliorer les formules du passé ; ainsi en Algérie, les Sociétés indigènes de prévoyance (SIP) sont renforcés par les Secteurs d'amélioration rurale (SAR) qui en 1952 se transforment en SAP (Sociétés agricoles de prévoyance). Au Maroc, en 1945, on imagine des Sociétés marocaines de prévoyance (SMP) dont l'expérience tourne court rapidement tandis qu'en Tunisie, le champ d'action des STP est étendu et diversifié et un plan général du paysannat élaboré. Mais les moyens sont ici et là trop faibles au regard des besoins et il est difficile d'imaginer des transformations telles qu'elles aboutiraient à déposséder les Européens de plusieurs millions d'ha de très bonnes terres.

Ces derniers possèdent en effet en Algérie 2,7 M/ha, en Tunisie 745 000 ha et au Maroc 1 M/ha, en tout donc 4,445 M/ha tandis que les Maghrébins cultivent en Algérie 7,3 M/ha, 3,2 M/ha en Tunisie et 7,1 M/ha au Maroc, au total donc 17,6 M/ha de terres moins riches. Le nombre de propriétaires européens est de 31 000 (moyenne : 143 ha) tandis que le nombre de propriétaires maghrébins est de 1 441 000 (moyenne : 39,9 ha). Selon Samir Amin, en 1955 sur 503 MM/F de revenus agricoles, les Européens en possèdent 164 MM/F, tandis que les Maghrébins se partagent le reste, 339 MM/F. Or, le nombre de ruraux européens ne dépasse pas quelques dizaines de milliers tandis que celui des Maghrébins est de plusieurs millions.

L'inégalité des revenus fonciers entre les uns et les autres donne à la question de la terre une acuité évidente, même si certains grands propriétaires maghrébins s'alignent sur les positions de la colonisation, car ils tirent un important profit de leur position (ex. : le Glaoui au Maroc). À ces données, il faut ajouter celles relatives à tous les ruraux qui n'ont pas de terres, dont le nombre croît chaque année. Ces ouvriers journaliers très temporaires, ces *khammès*, ces *reba'a*, témoignent quotidiennement de l'aggravation de leur condition.

Il existe donc pour tout le Maghreb une question sociale de plus en plus difficile à résoudre. Les agronomes soulignent aussi que l'érosion des sols s'accélère (plusieurs dizaines de milliers d'ha sont stérilisés chaque année), ce qui impose une véritable politique de protection, de défense et restauration des sols et d'irrigation contrôlée. Celle-ci profite en priorité aux Européens qui bénéficient également d'aides financières multiples et d'une fiscalité plus que favorable, alors que les Maghrébins offrant une « surface » financière moindre ne peuvent envisager de crédits importants pour transformer leurs équipements ou leurs moyens de culture. À la veille des indépendances, les chances de transformer l'agriculture traditionnelle sont minces et le sous-emploi est le trait dominant de la vie rurale « indigène ».

L'agriculture moderne mise en place par les Européens fournit le meilleur des exportations du Maghreb : céréales, agrumes, cultures maraîchères, vin, alors que les Maghrébins consomment leurs céréales et n'exportent qu'une faible part de leur production, huile d'olive exceptée. Ainsi 95 % des exportations algériennes sont constituées de produits alimentaires (66,8 %) et de matières premières et produits semi-finis (28,8 %). C'est une preuve du faible niveau atteint par l'industrie.

Dans le domaine commercial, les échanges subissent les variations de la conjoncture économique internationale et les fluctuations du franc français auquel sont rattachées les monnaies des trois pays. Les prix s'élèvent donc régulièrement, et il est difficile de suivre avec précision le mouvement en valeur de la balance commerciale.

	Algérie (MM/F)	Tunisie (MM/F)	Maroc (MM/F)
1946	52	23,9	27,9
1954	358	101,10	267,7

Dans ces trois pays, les importations l'emportent spectaculairement sur les exportations. Ce déficit de la balance commerciale est accentué par les exportations de capitaux sous la forme de dépenses des Européens d'Algérie durant les vacances d'été en Europe. Et les envois de fonds des travailleurs maghrébins d'Europe compensent difficilement le courant précédent.

3.2. L'essor du secteur industriel

Différentes raisons expliquent l'industrialisation du Maghreb après 1945. La guerre a mis en évidence le « désert industriel » que constituait la région durant ces années critiques ; or, la conjoncture politique rappelle aux responsables français que l'Afrique du Nord peut servir de première zone de défense de l'Europe ; il faut donc l'équiper et l'organiser. Le gouvernement français encourage donc la création de deux zones industrielles, compte tenu de la localisation des ressources naturelles.

Sur un total de 611 MM/F courants pour la période 1949-1951, la répartition est la suivante :

Investissements publics	316 MM/F (51,7 %)
Investissements privés (estimation)	70 MM/F (11,4 %)
Fonds de modernisation	129 MM/F (21,1 %)
Contribution métropolitaine	96 MM/F (15,7 %)
Total	**611 MM/F**

La part de l'Algérie dans les investissements publics est de 45,8 %, celle du Maroc de 37,5 % et de la Tunisie de 16,6 %. L'équipement économique reçoit la portion la plus importante, 162,391 MM/F, alors que les autres secteurs (équipement social, culturel, administration) sont moins bien traités avec 50,098 MM/F. Plus de 148 MM/F sont consacrés aux barrages, à l'électricité, au gaz et aux voies de communication (ports, aérodromes, routes, chemins de fer, télécommunications). L'hydraulique, pourtant essentielle, ne reçoit que des broutilles, 13,7 MM/F. Selon Amin, la valeur totale des inves-tissements (publics et privés) serait, de 1948 à 1955, de 695 MM/F-1955 dont 280 MM/F pour l'Algérie (40,2 %), 370 MM/F pour le Maroc (53,2 %) et 45 MM/F pour la Tunisie (6,4 %). À ces sommes, il faut ajouter celles qui concernent les hydrocarbures particulièrement importantes pour le Sahara. Celles-ci transitent les unes par le BRP, les autres par les sociétés privées (sur-tout Shell et ses filiales, la CFP et sa filiale algérienne). Selon M. Brogini, les investissements pétroliers jusqu'en 1957 s'élèvent à 190,3 MM/F. C'est insuffisant pour mettre en valeur les gisements découverts en 1954 et en 1956. L'État demande donc aux capitaux privés et étrangers de prendre le relais.

Des réalisations spectaculaires apparaissent ainsi aussi bien en Algérie qu'au Maroc (moins nettement en Tunisie) : barrages de l'Oued Agrioum, de Foum el Gueiss en Algérie ; de l'Oum er Rebia, de Bin el Ouidane, Kasba Tadla au Maroc ; de nouvelles centrales thermiques sont mises en marche en Algérie utilisant les charbons de Djerada et de Kenadza.

Dans le domaine industriel on enregistre des innovations par rapport au passé : petite et moyenne métallurgie, multiplication des industries alimentaires, industries chimiques, verreries. Mais tout cela reste dans l'ensemble limité aux ports. L'essentiel des produits miniers est exporté (fer, manganèse...) sans être traité ; seuls font exception les phosphates qui alimentent l'industrie chimique.

En réalité, l'industrialisation du Maghreb n'est qu'ébauchée parce que les industriels français refusent de perdre des marchés à portée de leur main : des trois pays maghrébins, le Maroc semble le mieux placé à tous les points de vue.

3.3. Une société en pleine mutation

Dans cette décennie, les sociétés maghrébines connaissent des transformations importantes : moins chez les Européens que parmi les Maghrébins, plus dans les villes que dans les campagnes.

En effet, les premiers s'enrichissent et profitent de la croissance de l'éco-nomie mondiale ; ainsi la valeur du PIB de l'Algérie augmente de 35 % entre 1950 et 1955. Mais la part du secteur primaire est d'un tiers tandis que celle du secteur tertiaire est de 40 % et celle du secteur secondaire de 27 %. Encore faut-il rappeler l'inégalité des revenus entre Européens et Algériens : les pre-miers, surtout des citadins (c'est vrai pour tout le Maghreb) tirent le meilleur parti de la croissance des secteurs secondaire et tertiaire. Globalement en 1955, les Européens du Maghreb (2 millions) se partagent 442 MM/F (moyenne : 221 000 F) tandis que les Maghrébins (22 millions) disposent de 857 MM/F (moyenne : 38 954 F). La part de chaque campagnard maghrébin s'élève à 33 200 F et celle de chaque citadin à 64 750 F.

Dans la réalité, le revenu d'un agriculteur maghrébin (toutes catégories confondues) est de 25 600 F alors que celui d'un « colon » est supérieur à 525 000 F. En ville, les écarts sont similaires, mais on note ici et là la naissance d'une classe moyenne parmi les Maghrébins voire d'un groupe restreint de personnes aisées tandis que ceux qui ont des revenus fixes parmi les employés ou les ouvriers constituent une classe moyenne inférieure. Le prolétariat est constitué de tous ceux qui n'ont pas d'emploi régulier ou de campagnards arrivés dans les villes et qui grossissent les bidonvilles. L'école française, la fonction publique, l'armée sont les instruments d'une promotion sociale tandis que les élèves de l'enseignement traditionnel sont relégués dans des fonctions subalternes. Dans cette société maghrébine, les Juifs devenus français (par le décret Crémieux de 1870) vivent pour la majorité à la française tandis que les plus pauvres d'entre eux habitent les mellahs (Maroc), la hara (Tunis) ou en bordure de la ville arabe (Algérie). Certains parmi ces pauvres (au Maroc et en Tunisie en particulier) entendent l'appel des mouvements sionistes et, à partir de 1948, partent pour Israël.

L'apparition de cette quasi-bourgeoisie urbaine maghrébine, voire de cette bourgeoisie de vieille tradition (Maroc et Tunisie), est confortée par l'arrivée d'hommes du Sous (Maroc) ou du Sahel (Tunisie) qui s'agglomèrent aux *baldi* (citadins traditionnels) et relancent la revendication quand ils siègent dans les Chambres de commerce ou d'agriculture. Les changements économiques ne sont évidemment pas étrangers à ces mutations sociales.

2. La France face à la question coloniale

La décolonisation — qui commence mal pour la France en 1947 avec la révolte malgache et le début de la guerre d'Indochine — se termine quinze ans plus tard, après deux longues guerres qui mobilisent plusieurs centaines de milliers de soldats français en Indochine d'abord, jusqu'en juillet 1954, en Algérie ensuite quand le FLN déclenche son insurrection pour l'indépendance et mène pendant presque huit ans une lutte difficile et douloureuse. Le IVᵉ République née en 1946 n'y résiste pas, disparaît en mai 1958 et laisse la place à la Vᵉ République.

Cette incapacité à passer d'une « plus grande France » à l'hexagone pose des problèmes nombreux aux historiens. Et d'abord pourquoi cette si longue résistance ? Depuis 1943-1944 pourtant les signes avant-coureur d'une velléité d'indépendance n'avaient pas manqué, en Indochine, à Madagascar, en Afrique noire et au Maghreb. Même si aujourd'hui les travaux de fonds manquent encore, on ne peut nier que la douloureuse question de l'abandon de l'empire colonial français a, avec les deux temps forts de la guerre d'Indochine puis d'Algérie, pesé lourd à la fois dans les débats de politique intérieure ou internationale de la France et sur les préoccupations quotidiennes des Français.

1. Le problème colonial confronté à l'évolution internationale

Le Deuxième Guerre mondiale a été déterminante dans l'essor de la décolonisation. En montrant au grand jour que le « Roi était nu », la défaite de la France a montré aux pays de l'empire qu'ils pouvaient fort bien se passer de la métropole. Par ailleurs, le rappel par la Charte de l'Atlantique en 1941 du droit des peuples à disposer d'eux-mêmes et l'insistance mise par Roosevelt à faire en sorte que, à la fin de la guerre, la France engage une réelle politique de décolonisation n'a pas peu contribué à détériorer le climat politique dans l'empire. À Yalta, en février 1945, la position sur ce point du président américain ne diffère pas de celle de Staline.

Concrètement, la propagande américaine et soviétique encourage les nationalistes de tous bords, tandis que la mobilisation et l'engagement des soldats de l'empire dans les différentes opérations menées par la France en Italie et en France souligne qu'ils ont libéré le pays et qu'ils ont contribué à la défaite allemande. Au lendemain de cette victoire, le contexte international est par ailleurs modifié, car l'autre puissance coloniale, la Grande-Bretagne, se prépare à l'indépendance de l'Inde alors que Soekarno proclame dès 1946 l'indépendance de l'Indonésie jusque-là sous souveraineté hollandaise et qu'au congrès de Manchester (1945), les délégués de l'Afrique anglaise réclament le « *self government* », exclu par la conférence de Brazzaville (janvier 1944).

Après la mort de Roosevelt, les Américains, sans être aussi catégoriques que lui, n'hésitent cependant pas, quand l'occasion se présente, à recommander aux Français d'adopter des mesures libérales qui préparent à l'autonomie ou à l'indépendance. Ainsi, parce que la Tunisie et le Maroc ont leur place dans leur stratégie et dans leur politique arabe et méditerranéenne, ils interviennent à Paris et gardent des contacts étroits avec les leaders nationalistes. L'URSS, à la fois pour des raisons idéologiques et stratégiques et afin de contrecarrer l'influence américaine, dénonce, par le biais des partis communistes locaux, « l'impérialisme et le colonialisme » français. Une thèse de Staline n'affirme-t-elle pas : « Revendiquer, défendre, appliquer le mot d'ordre du droit des nations à se séparer, à exister comme États indépendants » ?

Étant donné l'attitude des grandes puissances, l'ONU devient rapidement la tribune politique où la France affronte Américains et Soviétiques à propos de ses problèmes coloniaux. À eux s'adjoignent bientôt les États arabes, africains ou asiatiques indépendants. Parmi ces derniers l'Inde, l'Indonésie et le Pakistan ne cessent de juger sévèrement la politique coloniale de la France. Pour ce qui concerne les pays du Maghreb, la Ligue arabe créée en 1945 autour de l'Égypte et de l'Arabie Saoudite devient le lieu où la France est constamment prise à partie. Les leaders indépendantistes nord-africains comme Bourguiba, Abd el Krim et Ben Bella y trouvent un accueil chaleureux et une radio, « La Voix des Arabes », qui du Caire diffuse en direction du Maghreb. D'une manière générale, l'ONU voit se constituer un bloc afro-asiatique qui, à chaque session, condamne l'action des Français qui se raidissent en déclarant les Nations unies incompétentes à traiter ces questions.

Pourtant, la France a accepté de voir la Libye voisine de la Tunisie accéder à l'indépendance en janvier 1952, et n'a pas contesté celle d'autres États arabes du Proche-Orient. Le poids de ce qui sera le Tiers-Monde augmente d'une année sur l'autre à l'ONU, surtout après la conférence de Bandoeng (avril 1955) où Nasser l'Égyptien, Nehru l'Indien et Tito le Yougoslave se montrent favorables à l'indépendance des anciens territoires colonisés. Jusque-là les Français sont sur la sellette à cause du Maroc, de la Tunisie et de l'Indochine.

2. L'évolution de certains esprits dans l'hexagone...

Depuis le début des années 50, des revues de bonne tenue (*Présence africaine*, *Les Cahiers internationaux*) liées à la gauche française commencent à vulgariser dans l'opinion les problèmes des pays coloniaux. En France même, un mouvement favorable à l'émancipation coloniale s'enracine et se développe. Les communistes français y travaillent et ne manquent pas de rappeler les liens entre « l'impérialisme » et le « capitalisme » (Lénine), mais ils ne sont pas les seuls. Dans le monde syndical, la CGT dans leur obédience ne dit pas autre chose et œuvre pour l'indépendance des colonies, tandis qu'une partie des catholiques français, issue de la Résistance, ne veut plus soutenir la colonisation pratiquée jusqu'ici et désire faire entrer dans les faits les recommandations de Rome en faveur de l'émancipation coloniale. Leurs journaux, *Témoignage chrétien* entre autres, leur revue *Esprit*, vont dans le même sens tout comme les protestants, favorables, dès 1946, à l'indépendance des peuples coloniaux. Ces changements dans les idées prennent du temps pour s'imposer dans l'opinion française ; pourtant, à partir des années 50 l'anticolonialisme s'amplifie quand des catholiques prennent parti (François Mauriac, Louis Massignon, André Mandouze) et engagent le fer contre le gouvernement et la politique coloniale suivie jusqu'ici en Tunisie et au Maroc. Grâce à deux hebdomadaires, *L'Express* et *L'Observateur*, ils apportent au public des informations que le pouvoir veut garder pour lui. Des comités se forment dans lesquels les catholiques se retrouvent avec des résistants (Claude Bourdet), des socialistes (Charles-André Julien, Alain Savary), des communistes (Jean Dresch) et des intellectuels comme Jean-Paul Sartre, Maurice Merleau-Ponty, André Breton, Étiemble et Raymon Aron qui, pour ce dernier, conteste la rentabilité économique de l'empire.

Entre eux et les tenants du « parti colonial », se tiennent plusieurs partis de gouvernement, la SFIO, le MRP. Les premiers se partagent entre partisans d'une évolution plus ou moins rapide du système colonial (Alain Savary, R. Verdier, Charles-André Julien) et ceux pour qui sans l'empire, la France n'est plus qu'une puissance de second rang (Marius Moutet, Guy Mollet) ; les premiers ne représentent qu'une minorité prêchant dans un désert où se font applaudir ceux qui flattent les électeurs (M.E. Naegelen) et tournent le dos aux lois de la République (trucage des élections). Au MRP, la majorité parle d'une « substitution progressive aux anciens liens impériaux, qui étaient des liens de subordination, de libres liens d'associations ». Cependant, certains membres de ce parti s'alarment de la dégradation de la situation dans le monde colonial depuis la fin de la guerre et veulent éviter le pire. Sont-ils entendus ? C'est peu probable. En réalité, les dirigeants du moment ne veulent pas dire aux Français la vérité et craignent d'affronter l'impopularité. À gauche, Pierre Mendès France, dénonce, chez les radicaux à partir de 1951, la guerre d'Indochine qui voit l'armée française s'anémier, faute de pouvoir vaincre l'adversaire. Cette nouvelle Cassandre se heurte à un front hostile.

3. ... face à l'immobilisme ambiant

L'étonnant est que derrière un ensemble de réformes dont on pouvait attendre beaucoup, rien n'a pour ainsi dire changé par rapport à 1939. Malgré les nouvelles formules politiques définies au lendemain de la Libération, l'administration des différents territoires coloniaux semble n'enregistrer que des changements mineurs. En effet, à l'échelon central, les différents ministères poursuivent les tâches antérieures : pour l'Algérie, celui de l'Intérieur ; pour la Tunisie et le Maroc, celui des Affaires étrangères ; pour l'Afrique noire, Madagascar et les territoires coloniaux dispersés, le ministère des Colonies baptisé France d'outre-mer ; pour l'Indochine en guerre un nouveau ministère, celui des États associés.

Apparemment, les services centraux relatifs à chaque territoire ne semblent pas avoir subi de modifications. Sur le plan parlementaire, l'Assemblée de l'Union française regroupe pour moitié des représentants de la France et des territoires coloniaux : elle n'a qu'un rôle consultatif et ses travaux ne paraissent pas avoir sérieusement influencé la politique française en matière coloniale. Celle-ci, malgré les efforts de quelques-uns, semble toujours soumise à certaines pressions : les unes émanant de forces politiques et économiques locales, les autres d'organismes économiques ou politiques français. Les uns et les autres ne se soucient que de défendre leurs intérêts ; d'où des contradictions et des incohérences nombreuses et des retard par rapport à l'évolution générale.

Comment expliquer cette incapacité à prendre en compte l'évolution des mondes coloniaux ? D'abord l'opinion, longtemps peu informée des réalités coloniales, cultive une certaine mythologie de la colonisation française. Ensuite, la propagande en faveur de la « plus grande France » est largement répandue grâce à certains journaux, certains milieux. Le Comité de l'empire français créé par Vichy y joue un rôle important, tandis que *Marchés coloniaux* et certains journaux (*Climats*) dénoncent ceux qu'ils considèrent comme des « bradeurs » ou de « mauvais Français ». Une partie de la presse de droite et certains gaullistes leur font écho, sans oser aller très loin, vu l'époque (1945). De son côté, le parti radical dont les forces se reconstituent depuis 1945 compte aussi des caciques (Borgeaud, Martinaud Déplat et à un moindre degré René Mayer) hostiles à toute réforme libérale du système.

Ces hommes font la politique coloniale de la France et usent de leur influence à travers le Maghreb qui constitue le meilleur point d'appui de l'ex-empire. Ce groupe actif et influent est dénoncé vigoureusement par les com-munistes qui rappellent leurs liens avec les puissances d'argent, dans une bro-chure minutieuse *Les Trusts et les colonies*. Ils constituent un véritable « lobby » qui a ses entrées dans les bureaux parisiens des départements minis-tériels ; leur puissance est grande car l'instabilité gouvernementale est la règle et qu'il est difficile, voire impossible de définir une politique cohérente et suivie ou d'imposer aux proconsuls locaux l'autorité de l'État.

La force de ces groupes de pression tient d'abord à l'appui des électeurs français qui monopolisent le pouvoir politique au Maghreb tant sur le plan local que national ; sauf quelques parlementaires de gauche (PC, SFIO), rien ne leur échappe. La presse locale, hormis un ou deux journaux, refuse toute évolution et entretient les Européens dans une illusion et dans une certaine bonne conscience. Ceux qui osent discuter ces aphorismes se déconsidèrent et sont vite classés comme des suppôts du communisme, des « Arabes ».

Et ailleurs ? Compte tenu du nombre d'Européens vivant au Maghreb, seule une minorité réduite (10 %) habite l'Afrique noire, Madagascar, l'Indo-chine ou la Nouvelle-Calédonie. Les « pieds-noirs » représentent donc le meil-leur soutien des partisans de l'immobilisme. Ils ne manquent d'ailleurs pas d'arguments : l'enseignement des écoles, lycées ou universités ouvert aux « indigènes » ; les réalisations passées de la colonisation (mise en valeur des ressources), celles en cours avec en prime la découverte au Sahara de gaz (1954) et de pétrole (1956), l'ampleur des investissements publics, etc. Au-delà, ne faut-il pas invoquer la dépendance financière, puisque tous ces pays sont inclus dans la zone franc et l'importance de la coopération technique ? Ne sont-ce pas les meilleurs arguments pour tirer ces colonies du sous-développement ?

4. Naissance des nationalismes locaux en Afrique noire, à Madagascar et au Maghreb

Pourtant, sur place, la présence française est de plus en plus contestée par les nationalismes locaux. Certains ont des racines anciennes (Indochine, Mada-gascar, Tunisie, Maroc, Algérie), d'autres sont plus récents. Ainsi, en Afri-que noire, la principale force politique est le Rassemblement démocratique africain (RDA) créé en octobre 1946 à Bamako. Appuyé sur les communis-tes, il ne cesse d'étendre son autorité à travers tous les territoires et constitue la pépinière de tous les leaders africains : Félix Houphouët-Boigny, Sékou Touré, Um Nyombé, etc. Au RDA, il faut ajouter quelques partis locaux : le Comité de l'unité togolaise, l'Union progressiste camerounaise. Au bout de quelques années le RDA se détache des communistes et se tourne vers le centre ; cette scission permet à certains de ses leaders d'occuper un poste minis-

tériel en métropole et de nouer des relations avec les milieux politiques français qui se révèleront utiles plus tard. À Madagascar, la répression de 1946
laisse le terrain libre aux initiatives d'un instituteur subtil, Philippe Tsiranana,
qui fonde en 1956 le Parti social démocrate et plus tard à l'Union du peuple
malgache.

En revanche, au Maghreb l'opposition politique à la France est ancienne
et ses porte-paroles sont connus des Français. Ainsi en Tunisie, le Néo-Destour,
créé en 1934 et dirigé par Habib Bourguiba, retrouve après 1945 son audience
à travers tout le pays, couvert par une solide organisation. C'est pratiquement la seule force politique organisée. Les leaders tunisiens sont sahéliens
mais les troupes du Néo-Destour se recrutent aussi bien dans les villes que
dans les campagnes.

Épaulé par les syndicats de l'Union générale des travailleurs tunisiens
(UGTT) dirigée par Ferhat Hached, le Néo-Destour attire les groupements
d'étudiants, de jeunesse, d'une partie de la bourgeoisie tunisoise et lance
dès 1945 une action de longue haleine. Le parti a pour lui d'avoir des
leaders avertis et une longue et solide expérience de la politique française en
Tunisie.

Au Maroc, l'Istiqlal fondé en 1943 et le Parti démocratique de l'indépendance fondé en 1946 regroupent les anciens courants politiques ; mais
l'Istiqlal devient l'aile marchante sur laquelle les autres mouvements s'alignent.
Ses leaders, tous issus de la bourgeoisie citadine, recrutent leurs troupes dans
les villes, rapidement la propagande touche les campagnes. Soutenu par le
sultan, le parti a une large audience.

Dans les deux cas, l'indépendance est la revendication majeure. En Tunisie, Lamine Bey, en poste depuis 1943 rallié à la politique réformiste du Néo-
Destour, constitue même en 1950 un gouvernement où siège l'un des chefs
de ce parti, Salah ben Youssef. Mais la situation se dégrade l'année suivante
entre le Néo-Destour et la France, Bourguiba est arrêté, la lutte nationaliste
pour l'indépendance entre dès lors dans une phase active.

Au Maroc, le futur roi Mohammed V est le principal acteur du combat
pour l'indépendance. Du fait de sa personnalité, la lutte engagée par l'Istiqlal a une tonalité plus islamique que celle engagée en Tunisie, qui serait plus
proche de l'action menée par les nationalistes algériens.

En Algérie, l'opposition après 1945 s'affirme encore davantage. Au grand
jour, celle de Ferhat Abbas et de ses amis de l'UDMA, celle de Messali Hadj
et du MTLD surtout quand l'administration truque l'application du statut
de l'Algérie voté en 1947. Les deux partis recrutent dans des milieux différents : pour schématiser, Abbas trouve des alliés dans les classes moyennes,
Messali dans le monde des prolétaires. L'un met l'accent sur une « République algérienne démocratique et sociale associée à la République française »,
l'autre, avec l'appui des ulémas, réclame un retour aux valeurs traditionnelles, mais tous deux réclament l'indépendance.

Dans les trois pays, les communistes participent à la revendication politique et mettent aussi en avant certains mots d'ordre qui n'ont rien à voir avec la lutte contre la colonisation française : contre le plan Marshall, l'OTAN, la guerre de Corée, la guerre d'Indochine, la CED, etc. Les communistes, surtout au Maghreb, sont les seuls à compter dans leur rang des membres européens et indigènes. Autrement, les Européens adhèrent aux sections locales des partis français et les indigènes aux partis locaux qui correspondent le mieux à leurs revendications. Les partis de gauche de style métropolitain ou le MRP n'ont qu'une audience très limitée parmi les Européens et les indigènes (une exception avec Lamine Gueye au Sénégal).

Mais en cette fin des années 40, même si la situation se dégrade progressivement au Maghreb, c'est la guerre d'Indochine qui éclipse tous les problèmes.

3. Un premier conflit de la décolonisation : la guerre d'Indochine (1946-1954)

En Indochine, les gouvernements tripartites et leurs représentants sur place devaient faire face au courant indépendantiste mené par le communiste Hô Chi Minh. Ce dernier proclama dès août 1945 la République démocratique du Viêt-nam dont la France, par l'accord du 6 mars 1946 (accord Sainteny-Hô Chi Minh) reconnut l'existence en qualité d'État membre de l'Union française. Le mot d'indépendance n'est pas prononcé alors que Leclerc le souhaitait. Les efforts d'apaisement déployés par ce dernier, chef du corps expéditionnaire en Indochine, se trouvaient contrariés par l'intransigeance du MRP Georges Bidault, président du Conseil, puis ministre des Affaires étrangères dans le gouvernement Ramadier, et du haut-commissaire, l'amiral Thierry d'Argenlieu. Une conférence organisée à Fontainebleau de juillet à septembre 1946 entre Hô Chi Minh et les Français ne parvint pas à rapprocher les points de vue. Durant le mois de novembre 1946, les incidents se multiplièrent entre les nationalistes vietnamiens et les troupes françaises. Aussi, d'Argenlieu, décidant de rétablir l'ordre par la force, fit bombarder Haiphong le 24 novembre par la marine, mettant ainsi le gouvernement devant le fait accompli. Le 19 décembre Hô Chin Minh répliquait par le massacre d'une quarantaine de Français à Hanoï. Ce fut dans ce climat de violence que s'engagea la guerre d'Indochine.

La guerre d'Indochine, imprudemment engagée avec le bombardement de Haiphong (de 15 à 20 000 morts), a lourdement pesé sur la vie de la France et sur celle de l'Union française de 1946 à 1954. Hô Chi Minh et les troupes viêt-minh, soucieux d'échapper à l'armée française, s'enfoncent très vite dans une clandestinité déjà pratiquée par eux antérieurement. Ils utilisent admirablement le pays, les hommes, les structures sociales (celles des villes et surtout des campagnes) et, bien sûr, la formidable poussée des nationalismes à travers tous les pays d'Asie au lendemain de la Seconde Guerre mondiale. Hô Chi Minh — « l'oncle Hô » — réunit autour de lui l'essentiel des forces du pays, sur le plan politique aussi bien que syndical, dans une union nationale, le Lien-Viêt, et s'installe dans la perspective d'une guerre longue. Grâce à une action et à une propagande inlassables d'où ne sont pas exclus l'intimidation et la terreur, grâce aussi à une ingéniosité qui fait feu de tout bois, il forge un État socialiste, une armée populaire, et donne au pays en guerre les bases d'un équipement industriel. En France, les communistes rameutent l'opinion et s'efforcent de freiner l'effort de guerre (grèves des dockers).

À partir de 1949, la victoire de Mao Zedong en Chine facilite ses approvisionnements et renforce l'autorité du Lien-Viêt sur tout et sur tous. L'armée dirigée par le général Giap adopte une tactique très sûre et payante face à l'armée française : la guérilla combinée à la guerre de mouvement. Si les Français tiennent dans le pays quelques zones stratégiques le jour, les hommes de Hô Chi Minh tiennent tout le pays la nuit. Dès lors, les grandes offensives menées par les Français n'obtiennent que des succès partiels. De toute manière, leur objectif n'est plus de maintenir le statu quo. D'ores et déjà, ils accordent à l'ex-empereur Bao-Daï ce qu'ils avaient naguère refusé à Hô Chi Minh. En effet, tout au long de 1947, le gouvernement français et Bao-Daï négocient un ensemble d'accords signés en juin 1948 en baie d'Along. Ceux-ci reconnaissent l'indépendance du Viêt-nam qui adhère à l'Union française ; après quoi, le Viêt-nam constitue une Union douanière et monétaire avec le Cambodge et le Laos et, en avril 1949, la Cochinchine est rattachée au Viêt-nam. Reconnu par les États-Unis et une trentaine de grandes puissances, l'État de Bao-Daï paraît n'avoir aucune assise profonde dans le pays. Cependant, soutenu par l'appui militaire et financier de la France, de sociétés ou entreprises françaises, il bénéficie de la conjoncture internationale et asiatique : Bao-Daï et ses gouvernements deviennent des pions importants sur l'échiquier américain... Il cherche ainsi à élargir sa marge de liberté et son champ d'action : la création d'une armée nationale vietnamienne, par exemple.

Mais les troupes françaises subissent au printemps 1950 une triple défaite à Cao-Bang, Lang-Son et Lao-Kay ; le gouvernement envoie alors le prestigieux général de Lattre de Tassigny pour redresser la situation et tenter d'obtenir des États-Unis une aide plus importante que ces derniers ne semblent pas marchander.

En réalité, cette guerre d'Indochine n'intéresse pas la nation française ou plutôt n'intéresse qu'une partie du pays. L'extrême-gauche et quelques esprits lucides (Mendès France) en dénoncent spectaculairement les implications dangereuses, tant à l'intérieur qu'à l'extérieur. Mais le jeu parlementaire, dans lequel le MRP a un rôle important, refuse d'en tirer les conséquences : chaque gouvernement transmet au suivant le dossier sans prendre de décision radicale. Des scandales (« affaire de fuites », « trafic des pias-

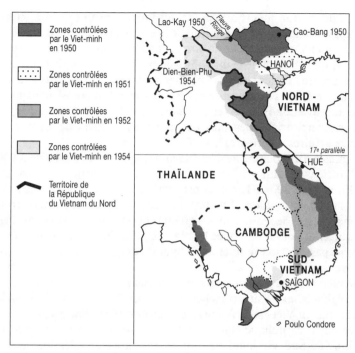

tres ») éclaboussent les parlementaires, les partis, voire l'armée, et justifient le nom de « sale guerre » que l'on donne à cette entreprise. Malgré les efforts d'une armée française constituée seulement d'engagés volontaires (561 000 hommes en juin 1952) les troupes du Viêt-minh deviennent plus audacieuses et contraignent cette dernière à la défensive.

Simultanément ceux que le gouvernement croyait ses clients (Bao-Daï au Viêt-Nam, Sihanouk au Cambodge), revendiquent avec force en 1953 le remodelage de la constitution, et surtout celui du titre VIII sur l'Union française. À l'été 1953, la France accepte de voir transférer « les compétences qu'elle avait conservées, dans l'intérêt même des États [associés] en raison des circonstances périlleuses nées de l'état de guerre ». En avril 1954, Français et Vietnamiens déclarent vouloir « régler leurs relations sur la base de traités fondamentaux, dont l'un reconnaîtrait l'indépendance du Viêt-nam et sa souveraineté pleine et entière et l'autre établirait une association franco-vietnamienne dans l'Union française fondée sur l'égalité et destinée à développer la coopération entre les deux pays ».

Dans le même temps, l'état-major français, pour barrer la route du Laos, installe une importante garnison dans la cuvette de Diên Biên Phu : les troupes du général Giap, en mars 1954, encerclent les 15 000 Français du général Navarre qui découvrent avec stupéfaction la qualité, l'importance du matériel et la valeur de la stratégie adverses. La défaite de Diên Biên Phu, le 7 mai, précipite le règlement du conflit qui est devenu depuis longtemps une affaire internationale. C'est grâce à l'esprit de décision de Pierre Mendès France, porte-parole du centre-gauche et successeur de Joseph Laniel en juin 1954 à la présidence du Conseil que le règlement du conflit aboutit, non sans difficulté, à l'été 1954. Les accords signés à Genève partagent le Viêt-nam en deux à la hauteur du 17e parallèle. La France retire ses troupes et reconnaît — mais n'était-ce pas déjà fait avec Bao-Daï et les États associés ? — l'indépendance, l'unité et l'intégrité territoriales des autres États ; elle s'abstient de toute ingérence dans leurs affaires extérieures [4].

La guerre d'Indochine avait coûté au budget français plus de 3 000 milliards d'anciens francs, à l'armée française 92 000 morts ou disparus dont 19 000 Français et 30 000 légionnaires, Africains et Nord-Africains ; 114 000 blessés, 28 000 prisonniers. Elle laissait dans l'opinion et l'armée française amertume, colère, découragement : en un mot, elle discréditait gravement un régime qui avait voulu ruser avec les réalités, n'avait pas su mener une guerre qui n'osait pas dire son nom et avait hypothéqué lourdement la vie du pays et son avenir.

Au Viêt-nam, la guerre avait renforcé incontestablement Hô Chi Minh dont le régime s'installait officiellement à Hanoï et devenait la République démocratique du Viêt-nam. Au Sud, en octobre 1955, Bao-Daï est déposé et remplacé par le catholique Ngo Dinh Diem en 1956. Devenu président de la République du Sud Viêt-nam en 1961, il détient avec sa famille tous les fils du pouvoir ; il est assassiné en 1963.

Les autres États de la région, Cambodge, Laos, acquièrent leur indépendance ; même si les États-Unis tendent de plus en plus à remplacer la France au Sud-Viêt-nam, les deux États s'efforcent de se maintenir hors du conflit latent entre le Nord et le Sud.

Dans le domaine économique et social, la guerre accentue les oppositions : autour de Bao-Daï se met en place un régime favorable à ceux qui ont l'argent et l'influence et qui refuse de voir l'inflation, la hausse des prix, les trafics de toutes sortes et trop souvent la corruption, mais qui possède l'armature industrielle et les villes. De son côté Hô Chi Minh s'appuie sur les paysans qui bénéficient déjà depuis 1952 de la réforme agraire : celle-ci n'avait pas attendu cette date pour entrer en vigueur plus ou moins partiellement et, de 1945 à 1953, elle concerne pour le Nord 310 000 ha soit 15 % de la superficie des terres cultivées. De plus, le régime supprime l'antique fléau de l'usure. Simultanément, il développe les cultures destinées au ravitaillement de l'armée et de la population ; il implante des écoles et des services médicaux à travers tout le pays : en un mot, il met en place, avant même la victoire de 1954, tous les éléments d'un régime socialiste.

---

4. Simultanément, ou tout comme, la France remet à l'Inde les anciens comptoirs qu'elle occupait depuis plusieurs siècles (novembre 1954).

Mais tous ces efforts ne sauraient faire oublier les destructions dues à la guerre, qui a réduit le potentiel économique par rapport à 1945. Or, si la France s'est retirée du Viêt-nam après Genève, celui-ci n'a pas néanmoins connu la paix qu'il pouvait espérer. Surtout, la guerre du Viêt-nam et la victoire de Giap et Hô Chi Minh ont eu pour résultat majeur de convaincre les pays et les peuples colonisés qu'une indépendance peut s'acquérir non seulement par la voie de la négociation, mais aussi par la lutte armée. C'est là tout le sens des années 1954-1962.

4. La décolonisation au Maroc, en Tunisie et en Afrique noire

1. L'imbroglio marocain

Au Maroc, le sultan Mohammed Ben Youssef entend donner au protectorat un contenu réel. En avril 1947, il traduit nettement sa volonté d'émancipation à Tanger et tente de négocier avec le gouvernement français par-dessus la tête du résident général. Il s'appuie sur les différents partis politiques et les syndicats. Le résident Érik Labonne, libéral, tente quelques réformes de base : très mal accueillies par l'ensemble des Européens, elles suscitent la méfiance, voire l'hostilité de l'Istiqlal, qui s'est fixé pour objectif l'indépendance. Après le rappel de Labonne remplacé par le général Juin (« l'Africain ») en 1947, la crise latente devient ouverte ; l'Istiqlal renforcé par ses succès électoraux devient l'adversaire du résident. Celui-ci le chasse des assemblées et tente d'obtenir l'appui du sultan pour sa politique. Le souverain use de ses prérogatives, refuse de signer les *dahirs* du résident et bloque la machine gouvernementale. Malgré les menaces, le sultan tient bon. Le successeur de Juin, un autre « Africain », Guillaume, poursuit la même politique ; de plus en plus indépendant de Paris, il laisse le champ libre à une administration et à une police favorables aux extrémistes de *Présence française* : ceux-ci, soutenus par l'ensemble des Européens et quelques notables marocains (El Glaoui, El Kittani), dénoncent de plus en plus violemment le sultan, les nationalistes, les quelques français libéraux du Maroc et surtout l'opinion française de la métropole. Des attentats, des grèves comme celles, sanglantes, de 1952 tendent dangereusement l'atmosphère.

Malgré de nombreuses mises en garde, Georges Bidault, ministre des Affaires étrangères et complice de Guillaume qui s'appuie sur le Glaoui et une véritable camarilla, couvre de son autorité la déposition du sultan, toujours indocile (août 1953) ; son exil à Madagascar inaugure une période de crise politique et d'insécurité à travers tout le Maroc. Mohammed Ben Youssef est remplacé par son cousin, le vieux Ben Arafa. Les cadres de l'Istiqlal sont pourchassés et arrêtés, tout comme les membres du Parti communiste marocain.

2. L'agitation tunisienne

En Tunisie, le Néo-Destour, épaulé par la CGTT, des groupements d'étudiants et de jeunesse, lance dès 1945 une action de longue haleine qui a pour objectif l'indépendance. Le parti bénéficie de l'appui de la Ligue arabe et des sympathies de l'opinion internationale alertée par Bourguiba. Devant le peu de changement intervenu, le bey demande en 1949 des « réformes substantielles et nécessaires susceptibles de satisfaire des aspirations de tous les habitants » de la Tunisie. En avril 1950, Bourguiba profite d'un séjour en France pour définir les revendications tunisiennes et le bey alerte le gouvernement français : « Les manifestations récentes peuvent dégénérer. » Effectivement, grèves et chocs sanglants (Sfax, 1947 ; Enfidaville, 1950) soulignent la tension. Ici comme au Maroc, l'ensemble des Européens raidit son attitude, même si le gouvernement français, par la voix de Robert Schumann, alors ministre des Affaires étrangères, envoie un nouveau résident général « chargé de comprendre et de conduire la Tunisie vers le plein épanouissement des richesses et de l'amener vers l'indépendance, qui est l'objectif final pour tous les territoires au sein de l'Union française ».

En vérité, le ministre, accaparé ailleurs, n'a aucune prise sur ceux qui ont la charge de faire entrer dans les faits ses intentions. Du refus français aux revendications tunisiennes, le conflit entre dans une phase aiguë en 1952, avec le nouveau résident, Hautecloque. Celui-ci s'appuie ostensiblement sur une armée et une police dont on couvre les exactions avec une certaine complaisance ; ratissages, expéditions punitives frappent trop souvent des innocents ; des exécutions sommaires demeurent impunies. Les violences accompagnent arrestations et emprisonnements qui frappent les chefs et militants destouriens ; le vieux bey, malgré les démonstrations militaires du résident, s'obstine dans ses refus de signer les décrets proposés par Hautecloque et bloque ainsi le mécanisme du protectorat. Le gouvernement choisi par la Résidence est isolé et sans appui : attentats, grèves, manifestations mettent en branle les Tunisiens unanimes et les rassemblent autour du Néo-Destour. Le boycott des élections municipales en 1953, et, à partir de 1954, la résistance armée des bandes de fellaghas confirment un propos de Bourguiba : la France est dans une impasse dont les Tunisiens ont bloqué toutes les issues. La seule solution est de changer de direction. Le rappel de Hautecloque au début de 1954 permet à son successeur Voizard d'amorcer des solutions nouvelles.

3. Vers l'indépendance de la Tunisie et du Maroc

En même temps que Mendès France liquide au meilleur compte la guerre d'Indochine, il cherche à sortir de l'impasse tunisienne. À la fin de juillet 1954, il se rend à Carthage accompagné du maréchal Juin, et dessine à larges traits sa politique tunisienne : reconnaître sans arrière-pensée « l'autonomie interne de l'État tunisien » avec « transfert à des personnes et des institutions tunisiennes de l'exercice interne de la souveraineté ». Il dégèle aussi les relations en couvrant le dialogue avec le leader tunisien Bourguiba. Il obtient ainsi des fellaghas qu'ils rendent leurs armes et arrêtent les opérations. Pour Mendès France, il s'agit de « faire de la Tunisie le champ d'une expérience pilote de la décolonisation à l'amiable » et « de montrer qu'une émancipation peut se faire dans la coopération » : au-delà de la Tunisie, le chef du gouvernement songe à un « vaste ensemble de type fédéral » dans lequel viendraient « s'insérer tour à tour le Maroc, les pays d'Afrique noire, voire l'Algérie » (novembre 1954).

En mai 1955, Tunisiens et Français affirment leur désir de « promouvoir leurs rapports de coopération selon des modalités librement consenties dans le respect mutuel de leurs souverainetés propres ». Revenu dans une Tunisie qui l'accueille triomphalement (juin 1955), Bourguiba est approuvé par le congrès du Néo-Destour pour qui il s'agit d'une « étape importante dans la voie de l'indépendance ». L'autre leader, Salah Ben Youssef, qui rejette les accords, est isolé et, exclu du parti, tente en vain de soulever le Sud du pays. Battu militairement, il s'enfuit au Caire. Bourguiba et les néodestouriens, véritables vainqueurs, entrent au gouvernement. L'indépendance pleine et entière n'est obtenue qu'à partir des accords du 20 mars 1956 qui reconnaissent à la Tunisie « l'indépendance dans une interdépendance librement consentie ». La Tunisie exerce dès lors « ses responsabilités en matière d'affaires extérieures, de sécurité et de défense » et constitue pour cela une armée nationale. Des négociations ultérieures doivent organiser « la coopération dans les domaines de leurs intérêts communs ». En réalité, sur le plan des affaires étrangères, le gouvernement tunisien a très vite une position indépendante de celle des Français, et notamment à cause de la guerre d'Algérie.

Au Maroc, l'exil du sultan pose au gouvernement français un préalable : son retour au Maroc réclamé par l'ensemble des Marocains. Rapidement, la coterie qui a poussé Ben Arafa au pouvoir perd du terrain, des heurts graves se produisent un peu partout. À l'été 1955 se succèdent attentats et flambée de massacres qui frappent les Français : les nationalistes, certains Français libéraux et l'ensemble des Marocains réclament plus nettement qu'avant le retour du souverain. À partir de l'automne, des négociations s'ouvrent avec le sultan (mission Catroux-Yrissou) tandis que l'armée de libération en formation lance ses premières attaques spectaculaires. Le 1er octobre 1955, le vieux Ben Arafa est doucement poussé vers la sortie ; Sidi Mohammed Ben Youssef revient en France où il reçoit l'hommage du Glaoui venu à merci. Après les négociations d'Aix-les-Bains et de La Celle-Saint-Cloud, en novembre, tout un peuple accueille l'ancien exilé ; celui-ci charge Si Bekkaï, pacha de Sefrou et ami des temps difficiles, d'« élaborer les réformes institutionnelles, de conduire avec la France les négociations destinées à faire accéder le Maroc au statut d'État indépendant uni à la France par [des liens] permanents ».

Quelques mois de négociation suffisent pour arriver à un accord : celui du 2 mars 1956 résilie le traité de protectorat de 1912 et confirme solennellement la reconnaissance de l'indépendance du Maroc, laquelle implique en particulier une diplomatie, une armée ainsi que la volonté (française) de respecter et faire respecter « l'intégrité du territoire marocain garantie par les traités internationaux ». Ici comme en Tunisie, on envisage une « interdépendance des deux pays dans les domaines où leurs intérêts sont communs » (défense, relations extérieures, économie et culture). Un accord parallèle est conclu avec l'Espagne en avril 1956.

À partir de leur indépendance, la Tunisie et le Maroc ont des relations conditionnées par la guerre d'Algérie. La présence de l'Armée de libération nationale algérienne (ALN) dans les deux pays indépendants pose de nombreux problèmes aux militaires et aux gouvernements de Paris, Rabat et Tunis, d'autant plus que ces deux derniers ont reconnu le Gouvernement provisoire de la république algérienne (GPRA).

Avec le Maroc, les difficultés demeurent cependant limitées. En effet, la France accepte d'évacuer un certain nombre de postes dans l'Ouest et le Sud marocain (juin 1958) puis l'ensemble des troupes françaises quitte le Maroc en 1960-1961. Elle signe également différents accords de coopération culturelle, technique. Le seul problème demeure celui de la Mauritanie dont les Marocains acceptent mal la création en 1960.

Du côté tunisien, les relations sont moins simples car le GPRA siège à Tunis, à proximité de laquelle la France conserve encore la base navale de Bizerte. De plus, le gros des troupes de l'ALN algérienne est implanté en Tunisie. La tension dégénère en crise aiguë lorsqu'à l'été 1961 la foule tunisienne est lancée à l'assaut de la base et que s'ensuit un affrontement sanglant. Après les accords de septembre, Bizerte est évacué en octobre 1963.

4. La décolonisation en douceur de l'Afrique noire et de Madagascar

4.1. *L'évolution au lendemain de la guerre*

Dès 1944, le Gouvernement provisoire de la République française modifie certains aspects de la politique coloniale, en particulier dans le domaine du travail (1944 : inspection du travail ; 1945 : réglementation du travail ; 1946 : suppression du travail obligatoire). Mais il faut attendre 1952 pour que soit voté par l'Assemblée nationale le Code du travail d'outre-mer. Il ne semble pas cependant que ces mesures élémentaires aient été acceptées voire respectées par l'ensemble des Européens. Simultanément, une série de décisions supprime les mesures spécifiques tenant les indigènes en lisière (1946).

Dans le domaine politique, deux fédérations, celles d'AOF et d'AEF aux-quelles s'ajoutent le Togo et le Cameroun, regroupent les différents territoi-res : celle d'AOF est de loin la plus peuplée (17 millions d'habitants ; AEF : 4,9 millions).

Le corps électoral, composé de notables pour l'ensemble, est progressi-vement élargi. Les territoires sont pourvus d'assemblées locales qui votent budgets et impôts et, avec les « grands conseils » d'AEF et d'AOF, ont la gestion des intérêts propres aux territoires : elles permettent l'apprentissage politique aux élus locaux.

Le RDA, proche des communistes à l'Assemblée nationale, est le princi-pal bénéficiaire de ces mesures et se heurte rapidement à l'administration dont certains membres veulent ignorer l'évolution générale du monde. Les accro-chages, des incidents parfois sanglants ont lieu (1949-1950) en Côte-d'Ivoire ; l'administration a, dès lors, un prétexte pour attaquer le RDA : ses chefs et ses militants sont pourchassés par la police et emprisonnés. Malgré cette éclipse, les Africains, regroupés dans d'autres partis politiques (Indépendants d'outre-mer), revendiquent, en 1953, au Congrès de Bobo-Dioulasso une République fédérale africaine à l'intérieur de l'Union française.

Peu à peu, les transformations de l'Afrique centrale britannique, les trou-bles d'Afrique du Nord, la défaite en Indochine et enfin les interventions de l'ONU imposent au gouvernement français des modifications substantielles de sa politique africaine. Elles affectent d'abord le Togo en 1955 : les pou-voirs de l'Assemblée territoriale y sont élargis ; le conseil du gouvernement, dans lequel le rôle des Togolais croît, devient un véritable exécutif local. Les élections de 1956 soulignent le succès du RDA et l'urgence de « dissiper [le malaise] par une action efficace pour rétablir un climat de confiance ». En réalité, la tournure prise par la crise maghrébine incite le gouvernement à agir rapidement : ce sera l'œuvre du socialiste Gaston Deferre avec la loi-cadre votée en juin 1956. Elle concerne également Madagascar.

4.2. La marche vers les indépendances

Déjà au printemps 1955, le Parlement français avait approuvé le projet de réviser le titre VIII de la constitution. Après les élections de décembre et la victoire du Front républicain, celui-ci, par la voix de Guy Mollet, s'engage à « conduire les peuples dont elle [la France] a la charge à la liberté de s'admi-nistrer eux-mêmes et de gérer démocratiquement leurs propres affaires » : la constitution le prescrit, mais « l'évolution historique l'impose ». Gaston Deferre, maire de Marseille et ministre de la France d'outre-mer, présente au Parlement qui l'approuve (juin 1956) une loi-cadre : celle-ci autorise le gouvernement à « mettre en œuvre les réformes et à prendre des mesures pro-pres à assurer l'évolution des territoires relevant du ministère de la France d'outre-mer ». Seuls s'y opposent une partie des gaullistes du RPF, des indé-pendants et les poujadistes. Dès lors et sans avoir à demander l'avis du Parlement, les gouvernements procèdent, par décrets, aux réformes suivantes (mars 1957) :

1. Création d'assemblées locales qui votent le budget, délibèrent sur les projets administratifs et peuvent aussi légiférer pour certaines questions locales. — 2. Création de conseils de gouvernement élus par les assemblées locales : ce sont de véritables exécutifs dont le membres sont des « ministres » qui dirigent l'administration.

Si l'on maintient encore des « gouverneurs », ceux-ci ont un rôle mal défini. En tout état de cause, les affaires extérieures, la défense de ces pays demeurent aux mains de la France.

Malgré la loi-cadre, l'Afrique connaît également une agitation armée au Cameroun : menée par le leader du l'UPC (Union des populations camerounaises), Ruben Um Nyiobe, celle-ci a pour objectif l'indépendance d'un Cameroun unifié. Les maquis de l'UPC ne peuvent déborder de la Sanaga maritime et du pays Bamiléké ; pourchassés, ils vivent dans des conditions très difficiles jusqu'au moment où, en septembre 1958, Um Nyiobe est tué.

Simultanément, le Togo obtient son autonomie ainsi que le Cameroun. Désormais et quoi qu'on veuille ici ou là, l'indépendance est à terme. Mais quelle indépendance ? Celle de territoires morcelés, « balkanisés » ? Ou celle de vastes ensembles, véritables fédérations d'AOF et d'AEF « dotées de services communs et constituant deux États susceptibles d'être intégrés dans la République fédérale à naître » ? C'est le thème du congrès de Dakar (1957) où s'affrontent les deux thèses défendues, la première par l'Ivoirien Houphouët-Boigny, la seconde par le Sénégalais Senghor. En février 1958, les parlementaires africains demandent « la création d'une République fédérale réunissant la France, les groupes de territoires et les territoires non groupés (Côte-d'Ivoire, Gabon) sur la base de la libre coopération, de l'égalité absolue et du droit à l'indépendance ». Ils proposent que, dans cette République fédérale, les fédérations d'AOF et d'AEF entrent avec leur gouvernement central autonome, qui « aurait tous les attributs de la souveraineté interne, excepté le contrôle exclusif de la diplomatie, de la monnaie... » En mars, le congrès de Cotonou adopte le mot d'ordre d'« indépendance immédiate ».

Les stipulations de la loi-cadre concernaient aussi Madagascar : tous les Malgaches participent désormais à la vie politique et administrative de l'île. En mai 1958, au congrès de l'Indépendance réuni à Tamatave, dix partis politiques demandent l'indépendance par la voie pacifique, une République unitaire et de libres négociations avec la France : de cette réunion sort un parti politique, le parti du Congrès. Simultanément éclate à Alger un mouvement, le 13 mai 1958, qui marque une coupure radicale dans l'histoire de la France après 1945, et ce aussi bien à propos de la métropole que du monde colonial.

Avec de Gaulle la décolonisation en Afrique prend une nouvelle tournure. En effet, une fois revenu au pouvoir en mai 1958, ce dernier entreprend plusieurs tournées, les plus nombreuses en Algérie ; mais l'Afrique noire n'est pas oubliée et à la faveur du referendum pour la nouvelle constitution, il propose aux Africains un choix simple : en votant « oui », ils s'intègrent à un organisme nouveau, la Communauté prévue par la constitution ; s'ils votent « non », ils deviennent totalement indépendants.

Lors de la campagne pour le référendum du 28 septembre 1958, seule la Guinée — et son leader Sékou Touré — recommande de voter « non » et malgré certaines pressions en faveur du « oui », il est suivi par l'ensemble des Guinéens. Dans l'esprit du chef guinéen, cette indépendance acquise ne signifiait pas rupture totale avec la France mais plutôt aménagement sur de nouvelles bases des relations politiques, économiques et culturelles. Malgré plusieurs avances, Sékou Touré se heurte à l'intransigeance de de Gaulle qui, pendant longtemps, refuse de reconnaître le nouvel État.

Les autres États africains et Madagascar, qui ont voté « oui », constituent la Communauté : « ils jouissent de l'autonomie, s'administrent eux-mêmes et gèrent démocratiquement et librement leurs propres affaires » (art. 77 de la Constitution de 1958).

Cependant, « le domaine de compétence de la Communauté comprend la politique étrangère, la défense, la monnaie, la politique économique et financière commune ainsi que la politique des matières premières stratégiques ». À ce domaine, il faut ajouter « sauf accord particulier, le contrôle de la justice, l'enseignement supérieur, l'organisation générale des transports extérieurs et communs et des télécommunications ». Même si, jusqu'à nouvel ordre, les questions de compétence commune sont réglées par la République (article 79), il est prévu (article 86) que le statut d'un État membre de la Communauté peut être modifié et que celui-ci peut devenir indépendant. Dans ce cas, il cesse, *ipso facto*, d'appartenir à la Communauté.

La même constitution prévoit une organisation propre à la Communauté, mais le rôle majeur est dévolu au président de la Communauté, c'est-à-dire à de Gaulle, et du même coup à la France.

Or, malgré la mise en quarantaine imposée par de Gaulle à la Guinée, celle-ci ne succombe pas à l'anarchie, participe à la vie internationale et reçoit des aides de différents côtés. Pour les États africains, l'exemple était à méditer, et, sans avoir eu le temps de se développer, la Communauté est remise en question dès 1959 : en effet, en septembre 1959, le Mali demande son indépendance sans quitter la Communauté, par le jeu du transfert des compétences. Cette formule assez souple permettait de maintenir la Communauté sur le plan général. La négociation du transfert menée avec celle d'accords de coopération permet au Mali d'accéder à l'indépendance, tout en conservant le bénéfice de l'aide française (1960). Le chemin allait être suivi par tous les pays de la Communauté en 1960 : Sénégal, Côte-d'Ivoire, Dahomey, Haute-Volta, Niger, République centrafricaine, Congo-Brazzaville, Gabon, Tchad, Madagascar et Mauritanie.

De la Communauté, il ne restait plus qu'un ensemble juridique vidé de sa substance, un secrétariat d'État avec son budget et un président. Tous les États devenus souverains étaient admis à l'ONU. Il en était de même des deux anciens mandats, le Togo et le Cameroun, devenus indépendants également en 1960.

Désormais, les relations entre la France et les anciens territoires coloniaux relevaient de la politique extérieure, autre domaine « réservé » au chef de l'État.

5. La décolonisation dans la tourmente : la guerre d'Algérie

1. L'intenable statu quo algérien

Malgré le statut de 1947 et ses promesses d'évolution politique, la situation politique de l'Algérie tourne le dos aux réalités et aux revendications des Algériens. Le socialiste Naegelen remplace Chataigneau en 1948 et, sous son autorité, des élections truquées ostensiblement et les pressions de l'administration préfectorale réduisent à peu de chose la représentation de l'opposition algérienne. Les thèses de Fehrat Abbas et de ses amis, celles du PCA sont rapidement dépassées par celles du MTLD plus ou moins contraint à la clandestinité, à partir de 1948. Des opérations policières de grande envergure sont menées en 1949 et en 1950. En 1951, les différentes organisations, MTLD, UDMA, PCA, Mouvement des ulémas, constituent un Front algérien pour la défense et le respect de la liberté : en réalité, chacun des groupements conserve son autonomie et, de tous, le MTLD est le plus radical ; une partie de ses membres constitue une Organisation spéciale en liaison vraisemblable avec le reste du monde arabe. Le comité central du MTLD privé de son chef Messali Hadj, assigné à résidence en France, se scinde en 1953. La nouvelle majorité définit son action en août 1954 : « lutte contre un système politique imposé par l'étranger, libération politique, économique, sociale et culturelle du peuple algérien, c'est-à-dire la volonté de mener la nation algérienne vers la liberté, la démocratie et le bien-être ». L'Organisation spéciale se transforme en Comité révolutionnaire d'Unité et d'Action (CRUA).

L'ensemble des Européens d'Algérie satisfaits du statu quo et des truquages électoraux refuse d'entendre les conseils et les avertissements que leur prodiguent certains d'entre eux, plus conscients des problèmes et de l'avenir. Ils sont donc tout surpris quand éclatent les premiers attentats simultanément à travers tout le pays et pensent, pour la plupart, que ces « événements » n'auront pas de suite inquiétante. Comme nous le verrons plus loin, la classe politique dans son ensemble se trompe.

2. Les débuts de la guerre

Une trentaine d'attentats, deux morts dans les Aurès : c'est le début de la guerre d'Algérie. D'emblée, les insurgés algériens du 1er novembre 1954 se

réclament d'un Front de libération nationale (FLN) et définissent leurs objectifs : « l'indépendance par :
— la restauration de l'État algérien, souverain démocratique et social dans le cadre des principes islamiques ;
— le respect de toutes les libertés fondamentales sans distinction de races et de confessions. »

Simultanément le FLN offre au gouvernement français, « pour limiter l'effusion de sang », d'ouvrir des négociations « avec les porte-parole authentiques du peuple algérien sur la base de la reconnaissance d'une souveraineté algérienne, une et indivisible » et demande la reconnaissance de la nation algérienne par une déclaration officielle abrogeant tous édits, décrets et lois en vertu desquels l'Algérie est « terre française ». Combien de rebelles ? Personne ne le sait avec précision. Toutefois, pour le gouvernement de Pierre Mendès France, c'est une difficulté supplémentaire à résoudre le plus rapidement possible. Malheureusement, la révolte du FLN algérien ne ressemble à rien de connu : d'abord parce que, comme on le répète à l'envi, « l'Algérie c'est la France » ; ensuite parce que les Européens d'Algérie ne veulent rien céder et ne voient qu'une solution pour résoudre la crise politique : la force, seule capable à leurs yeux d'écraser la rébellion dans l'œuf. *A fortiori* ne sauraient-ils souscrire aux conditions du FLN.

3. Un pays coupé en deux

Cette guerre à laquelle personne encore ne donne son nom divise assez vite l'Algérie en deux camps : dans les débuts le FLN diffuse des mots d'ordre de grèves, boycotte des produits français et tire parti des erreurs françaises (emprisonnement puis relaxe des militants messalistes). À l'été 1955, une série d'attentats et de massacres dans le Constantinois dresse contre le Front l'ensemble des Européens d'Algérie. Désormais un cycle infernal est enclenché. Aux attentats des rebelles (les fellaghas) répondent les mesures répressives des Français : ratissages, perquisitions, exécutions sommaires, dévastations qui jettent du côté du FLN les prudents ou les indécis.

Ainsi les Algériens modérés :
— condamnent les excès de la répression et demandent l'égalité de traitement entre les électeurs des deux collèges (janvier 1955) ;
— réclament du gouvernement français qu'il mette en œuvre une politique propre à satisfaire « l'idée nationale algérienne » (septembre 1955, motion des 61 délégués algériens à l'Assemblée algérienne).

Simultanément le gouverneur Soustelle, nommé par Pierre Mendès France et fraîchement accueilli par les Européens, proclame une politique « d'intégration » (février 1955) qui contraste avec celle de négociations et d'ouverture menée avec Rabat et Tunis.

Une telle politique implique évidemment le recours à la force et à la résistance qui exige le renforcement des effectifs (printemps 1955) et l'appel au contingent (automne 1955). Mais l'affaire dépasse bientôt le cadre franco-algérien et prend une dimension internationale. La conférence de Bandoeng, réunissant les représentants des pays du Tiers-Monde (printemps 1955), s'en occupe de même que, à l'automne, malgré les protestations de la France, les Nations unies.

Les élections de janvier 1956, qui donnent la victoire au Front républicain, loin de débloquer la situation, la durcissent : d'une part les hommes (Catroux), d'autre part les formules politiques décidées à Paris par le gouvernement de Guy Mollet (reconnaissance de la personnalité algérienne) sont abandonnés quand le président du Conseil arrive à Alger.

Après avoir accompagné triomphalement Soustelle au bateau, les Algérois, dûment encadrés, accueillent les membres du gouvernement Mollet par des manifestations « spontanées » (?) de violence. Cette colère bien organisée et menée par les « anciens combattants » aidés de nombreux lycéens et étudiants (« mes camarades », dira Guy Mollet le soir du 6 février) fait reculer le pouvoir qui capitule totalement. Les Français d'Algérie sont ravis d'avoir imposé leur volonté, mais bien des Algériens semblent consternés.

De toute manière, l'Algérie se partage en deux. D'un côté, les campagnes se tournent de plus en plus vers le FLN même si les troupes françaises, nombreuses et puissamment équipées, font tout pour les en empêcher ; de l'autre, les villes où se retranchent les Européens et dans lesquelles les deux communautés sont de plus en plus étrangères l'une à l'autre. La circulation d'une ville à l'autre commence à poser des problèmes de sécurité quotidienne qui dépassent trop souvent les possibilités de l'armée française.

Outre cet appui des campagnes le FLN bénéficie, à l'extérieur, et aussi en France, d'une certaine audience à la fois aux Nations unies, où le dossier algérien est ouvert désormais chaque année à l'automne, aux États-Unis ou dans les pays anglo-saxons, mais aussi à travers tous les pays arabes, africains et asiatiques, qui constituent déjà le bloc de Bandoeng.

4. L'exaspération du conflit

À partir du printemps 1956 et jusqu'en mai 1958, le socialiste Robert Lacoste couvre de son autorité brutale les « bavures » de la guerre : muni de « pouvoirs spéciaux », cet ancien résistant, jacobin, gagne rapidement la confiance des Français d'Algérie ; en juin, les deux premiers membres du FLN sont guillotinés à la prison civile d'Alger : c'est le début réel de la « bataille d'Alger ». Quarante-sept Européens sont tués ou blessés le jour suivant par des attentats et deux soldats français sont passés par les armes de l'ALN. La guerre s'installe au cœur des cités et n'en sortira plus qu'en 1962. Attentats et contre-attentats se succèdent, imprévus et meurtriers, auxquels répond le quadrillage des villes, et surtout d'Alger, par des unités de parachutistes ou de légion-naires à qui l'administration confie des tâches de police trop souvent dégra-dantes (tortures, exécutions sommaires, perquisitions abusives) : les règles traditionnelles du droit français sont systématiquement ignorées au point que les protestations fusent spontanément aussi bien à gauche que dans les milieux chrétiens et modérés.

Afin d'assurer la sécurité dans les villes, l'administration française met sur pied un système d'Unités territoriales (UT) composées des seuls Français d'Algérie réservistes rappelés. Bien des vexations, des exactions, voire des ven-geances personnelles, et surtout toutes les nuances du racisme se donnent libre cours à l'abri de l'uniforme. Ces actions rejettent plus sûrement encore la majorité des Algériens vers le FLN. Dans les villes, les quartiers arabes sont isolés par des réseaux de barbelés et surveillés nuit et jour par des régiments entiers : cela n'empêche pas le FLN de lancer des attentats meurtriers qui avi-vent et renforcent les haines et les passions. Car, au-delà de la politique et de la raison, la passion l'emporte dans les villes survoltées, alors que dans les campagnes les rares Français qui demeurent sont isolés et sur une pru-dente défensive. De plus en plus, d'ailleurs, le FLN impose aux ruraux algé-riens ses cadres administratifs, malgré les efforts répétés des Français pour reprendre en main la masse des Algériens.

5. Les vaines tentatives d'endiguer la révolte et le renforcement du FLN

Dès son arrivée en 1955, Jacques Soustelle avait multiplié le nombre des fonc-tionnaires et créé les Secteurs administratifs spécialisés (SAS). Le gouverneur général semblait avoir comme objectifs d'associer le plus grand nombre d'Algé-riens à l'administration de leur pays et d'améliorer cette dernière ; son suc-cesseur Robert Lacoste poursuit dans la même direction.

Il s'attaque aussi aux problèmes économiques, en particulier à celui de la vie rurale pour une réforme agraire, et à l'industrialisation du pays. Mais tout cela tombe à plat, car simultanément il ignore les solutions politiques d'un pro-blème qui n'est plus, depuis longtemps, simple affaire de réformes ou d'admi-nistration. En effet, déjà Soustelle avait obtenu du Parlement que l'Algérie soit déclarée en « état d'urgence » : il avait institué la censure préalable (avril 1955) et fait interdire le PCA ; Lacoste fait dissoudre l'Assemblée algérienne (avril 1956), privée depuis quelques mois des délégués du deuxième collège et, grâce aux pouvoirs spéciaux (voir chapitre 7, pp. 179-180), il détient une autorité totale et théorique sur le pays. En réalité, il ne dispose que de la marge de manœuvre que lui laissent le FLN d'une part, les Français d'Algérie et l'armée d'autre part.

Le FLN tient en août 1956 un congrès dans une maison forestière de la vallée de la Soummam ; de là sortent :
— une assemblée, le Conseil national de la Révolution algérienne (CNRA) ;
— un exécutif, le Comité de coordination d'exécution (CCE).

Le congrès de la Soummam réaffirme les objectifs du FLN : « Renaissance d'un État algérien sous la forme d'une république sociale et démocratique et non la restauration d'une monarchie ou d'une théocratie dépassée. » Le Front renforce son autorité sur l'ensemble des Algériens, en dépit des rigueurs de la répression française. Malgré le souci de Lacoste et du gouvernement de faire de cette guerre une affaire strictement française, celle-ci a des implications de plus en plus internationales : à l'automne 1956, quand l'avion marocain transportant les chefs de la rébellion dont Ahmed Ben Bella, hôtes de Mohammed V, est détourné vers Alger ; ensuite quand, pour réduire les approvisionnement du FLN, le gouvernement s'aventure en novembre 1956 en Égypte aux côtés des Anglais, ou fait arraisonner des navires étrangers. Lacoste peut bien dans une fanfaronnade de 1956 affirmer qu'on en est au « dernier quart d'heure », la guerre d'Algérie devient un véritable cancer : aucune région n'est épargnée en Algérie : ni les villes, ni les campagnes ne sont à l'abri, ni le Tell, ni le Sahara ; les barrages aux frontières, la toute-puissance d'une armée dont les membres sont transformés en policiers et en administrateurs n'arrivent pas sérieusement à mettre en échec le FLN dont les bandes en viennent à constituer une véritable armée ; celle-ci utilise le pays, les hommes, les complicités intérieures, extérieures, et se donnent maintenant l'allure d'un véritable gouvernement. Le FLN élimine d'ailleurs sans pitié ceux qu'il soupçonne ou qu'il estime dangereux pour son autorité : ainsi du « maquis » communiste de l'Ouarsenis ou des messalistes de Melouza.

La France elle-même est touchée, soit que le FLN veuille liquider les messalistes indociles, les tièdes ou les Algériens francophiles. Il lève ainsi de véritables tributs et cherche à émouvoir la conscience française ébranlée désormais par les informations émanant d'officiers, de rappelés, de prêtres ou de témoignages irréfutables sur la pratique de la tortue (Djamila Bouhired), les exécutions sommaires (M. Audin, Ben M'hidi) et surtout par l'absence de perspective de solution politique rapide.

En effet, toutes les négociations du gouvernement français avec le Front menées depuis 1955 échouent, car à aucun moment, semble-t-il, les responsables politique français ne veulent envisager l'indépendance de l'Algérie. Sans doute faut-il voir dans cette attitude une des conséquences de la pression des Français d'Algérie depuis le 6 février 1956, mais la revendication du FLN était-elle réaliste, quand il repoussait toute offre ne comprenant pas au préalable l'indépendance ? Avait-il cependant un autre moyen d'en finir avec cette sujétion qui tenait les Algériens et pouvait-on avoir foi dans la parole du gouvernement français davantage maintenant que naguère, alors que ce dernier n'avait jamais su imposer l'autorité de la France aux Européens d'Algérie ? La violence de la répression dont souffraient indistinctement les Algériens, alors que les Européens même coupables au regard du droit français étaient indemnes, renforçait les Algériens dans une opinion courante : « Selon que vous serez blanc ou noir... », et avivait leur sympathie pour le FLN. Par-delà ce conflit et tout naturellement, l'armée devient le pouvoir en Algérie : déjà le détournement de l'avion de Ben Bella avait placé Guy Mollet devant le fait accompli ; avec la bataille d'Alger et la remise des pouvoirs de police au général Massu et à ses troupes, l'administration civile est rabaissée à un rôle subalterne : partout le militaire est roi.

6. Vers le coup de force du 13 mai 1958

Dernier trait de cette toute-puissance, lorsque l'armée de l'air, jugeant insuffisant l'efficacité des barrages électrifiés le long des frontières tunisienne et marocaine bombarde en février 1958 le village tunisien de Sakiet Sidi Youssef. Sans consulter Paris, le commandement français en Algérie décide d'exercer des représailles contre ce village tunisien, proche de la frontière algérienne où, dit-on, le FLN a implanté une importante base. Le bombardement, en plein jour, touche des salles de classe ; plusieurs enfants sont tués, d'autres sont blessés gravement, mais pas un soldat du FLN ne semble avoir souffert de cette action qui laisse indemne la capacité d'attaque et de harcèlement des « rebelles » à partir de la Tunisie.

Le gouvernement français est ainsi mis en difficultés devant l'opinion internationale et perçoit bien qu'au bout de trois ans, malgré les assurances de Lacoste et des militaires, la guerre continue. La répression a beau décimer les cadres et les troupes du FLN, aucune solution politique ne semble se dessiner : en effet, la loi-cadre de février 1958 qui reconnaît la « personnalité algérienne » affirme aussi que l'Algérie fait « partie intégrante de la République française » et retire d'une main ce qu'elle croit accorder de l'autre.

La faiblesse de Paris par rapport à Alger est manifeste ; elle indique sans ambages que la guerre d'Algérie peut mettre le feu au reste du Maghreb dont les sympathies vont aux « frères » du FLN. Conscients de ces dangers, les États-Unis proposent leurs bons offices à partir de mars 1958. Sans savoir rien de précis, les Français d'Algérie manifestent le 26 avril contre ce que Lacoste, en termes calculés, nomme un « Diên Biên Phu diplomatique ».

Simultanément, sous le couvert du ministre de la Défense nationale, gaulliste déclaré, des contacts sont noués entre certains milieux gaullistes de Paris et des civils et des militaires d'Alger ; le but est de rappeler de Gaulle à la tête du pays, et toute une conspiration est mise en place à cette intention.

Il suffit que l'on rappelle Lacoste à Paris, que le FLN exécute trois soldats français, pour que les conjurés déclenchent une immense manifestation, plus puissante que les précédentes, le 13 mai 1958 (sur le déroulement des événements qui débouchent sur le coup de force d'Alger et le retour du général de Gaulle aux affaires, voir chapitre 7, pp. 182 à 190)

7. Le référendum de septembre 1958 et la mise en œuvre d'une nouvelle politique algérienne

L'arrivée de de Gaulle au pouvoir permet à ce dernier de remanier selon ses idées les institutions ; celles-ci, élaborées durant l'été 1958 sont soumises au référendum des Français en septembre. Celui-ci peut être interprété différemment : au fond, il s'agit de dire si les Français acceptent ou non la nouvelle Constitution ; en réalité, pour les Français, dans leur ensemble (ils n'ont pas lu le texte trop technique de la constitution), il s'agit d'en finir avec la guerre d'Algérie en faisant confiance à de Gaulle ; pour ceux d'Algérie, il faut aussi faire confiance à ce dernier afin que l'Algérie reste française : voter « oui », c'est pour eux être certain que l'Algérie restera française ; pour les Algériens, il faut se plier aux circonstances et ne pas déplaire aux militaires ; pour de Gaulle enfin, c'est un blanc-seing.

Par ses propos volontairement vagues ou ambigus, mais aussi parce qu'il place des hommes à lui ou qu'il couvre ceux qui se réclament de lui, de Gaulle réussit à s'imposer :
— à l'armée d'Algérie d'abord, qui croit enfin trouver la solution politique de tous les problèmes par la « fraternisation » entre Européens et musulmans et organise avec efficacité le référendum de septembre 1958 à travers tout le pays ;
— aux Européens d'Algérie, qui votent en masse « oui » au référendum et affirment ainsi leur volonté de garder l'Algérie française ;
— aux musulmans qu'il considère comme « des Français à part entière ».

Les résultats du référendum dépassent toutes les prévisions : sur 3 477 181 suffrages exprimés, on compte 3 356 169 « oui » (soit un peu plus de 96 %). Si les Européens ont volontairement participé au scrutin, on ne peut, semble-t-il, en dire autant des musulmans dont un certain nombre se sont réfugiés dans l'abstention (20 % environ). Pour de Gaulle, plébiscité en France, en Algérie et dans tous les territoires coloniaux (sauf la Guinée), ce succès est un chèque en blanc : il s'agit désormais de « faire le reste ». En bref et en schématisant, redonner à la France son rang et sa grandeur en se débarrassant au mieux et au plus vite de la guerre : mais, au référendum, le FLN répond en constituant à Tunis le Gouvernement provisoire de la République algérienne (GPRA) dont Ferhat Abbas devient le président.

De Gaulle a-t-il une idée précise de ce « reste » ?

Sur le plan économique certainement, puisqu'il annonce, en octobre 1958, dans un grand discours-programme prononcé à Constantine, un plan quinquennal destiné à donner à l'Algérie 400 000 emplois nouveaux. De plus, dans la ligne des réformes antérieures, on encourage l'accession des Algériens à la fonction publique, la scolarisation des enfants algériens, on distribue 250 000 hectares de terres arables aux paysans. « C'est un cadeau de rupture », confie-t-il à un ministre.

Dans le domaine politique, de Gaulle impose aux militaires d'abandonner toute participation aux comités de salut public (23 octobre 1958). Le général Raoul Salan, qui détient tous les pouvoirs en Algérie, est rappelé en décembre 1958 et remplacé par le général Maurice Challe pour le commandement militaire et Paul Delouvrier pour l'administration civile (délégué général). Mais en dehors de la « paix des braves » et du « drapeau blanc » offerts aux Algériens qui, interprétant cela comme une proposition de reddition, les repoussent, rien de précis n'apparaît dans ses propos. Dans les actes, des prisonniers de guerre sont échangés, mais, comme le dit de Gaulle en décembre 1958, il n'a pas encore dessiné les lignes de sa politique future en Algérie. Peut-il ignorer cependant que tous les députés d'Algérie élus en décembre 1958 sont unanimement partisans de l'intégration et de l'Algérie française ? Que le Premier ministre, Michel Debré, a aussi tout un passé de farouche partisan de l'Algérie française ? Il est vrai, comme il l'affirme sans ambages dans une interprétation discutable de la constitution, que certains domaines lui sont « réservés » et parmi eux l'Algérie.

Néanmoins, la guerre continue avec son cortège d'horreurs ; pour les Algériens, le 13 mai et l'avènement de de Gaulle ne constituent qu'une parenthèse de courte durée : à la « fraternisation » succède le combat de plus en plus acharné. Car le GPRA plus encore que le FLN a une audience internationale et l'ALN, malgré les barrages, la troupe plus nombreuse et les arraisonnements, est de mieux en mieux approvisionnée et a plus de mordant.

Afin d'isoler les combattants du reste du pays, l'armée et l'administration systématisent une formule ancienne, le « regroupement » des fellahs dans des centres étroitement surveillés (plus de 2 millions d'hommes sont ainsi « déracinés ») : le reste du pays devient « zone interdite » — entendons interdite à tout ce qui n'est pas militaire. L'armée française lance contre l'ALN de grandes opérations destinées à l'écraser : « le problème algérien ne sera réglé qu'après la victoire des armes françaises », dit de Gaulle aux militaires ; mais ces « coups de poing » se perdent souvent dans le vide, même si les bilans hebdomadaires en fellaghas tués sont nourris de chiffres impressionnants.

En vérité, la poursuite de la guerre est d'abord incompatible avec l'orientation que de Gaulle veut donner à la nouvelle politique extérieure ; elle soulève ensuite, et de plus en plus nombreuses, les protestations de l'opinion publique française ; signe des temps, les hommes d'affaires et les politiques réalistes désirent la paix, indépendance incluse.

8. De l'autodétermination à l'indépendance de l'Algérie

Dans un discours radio-télévisé du 16 septembre 1959, de Gaulle envisage trois solutions possibles au problème algérien :

1. « La sécession, où certains croient trouver l'indépendance » ; ce serait « invraisemblable et désastreux ».

2. « La francisation complète ».

3. « Le gouvernement des Algériens par les Algériens appuyé sur l'aide de la France et en union étroite avec elle pour l'économie, l'enseignement, la défense, les relations extérieures » : cette formule implique une fédération des diverses communautés résidant en Algérie. De Gaulle admet que les Algériens choisissent leur « destin politique » par « autodétermination », il indique cependant que la troisième formule a sa préférence.

8.1. De la journée des barricades (janvier 1960) au putsch des généraux (avril 1961) : les derniers soubresauts

De ce moment, les illusions commencent à tomber chez les Français d'Algérie et une partie de l'armée, qui réalise après une tournée du président de la République parmi les unités le sens que de Gaulle donne au 13 mai et au référendum. Les Algériens, eux, voient s'esquisser les solutions. Pour les Français et l'opinion internationale, c'est un pas en avant vers la fin du conflit ; pour le GPRA ce l'est aussi, mais la vraie solution est l'indépendance : de toute façon, le GRPA est prêt à discuter avec la France. Tout cela, plus le rappel du général Massu, suffit aux Algérois et à une partie de l'armée (Légion, parachutistes) pour s'estimer trahis par le chef de l'État.

Entraînés par un cafetier du Forum, Ortiz et l'ex-étudiant Susini et après avoir tiré sur un peloton de gendarmes mobiles, les Algérois et une partie de l'armée d'Alger dressent des barricades du 24 janvier au 2 février 1960 : ils pensaient rééditer le 13 mai. Soutenu par l'ensemble de l'opinion française et de l'armée, de Gaulle isole les insurgés qui finissent par se rendre.

Il est clair désormais que la fin de la guerre se fera contre la volonté des Français d'Algérie et d'une partie de l'armée. Déjà de Gaulle prend les devants : il dissout les Unités territoriales et réorganise le commandement par un jeu de mutations ou de promotions. Lors de son voyage en Algérie, en décembre 1960, il découvre les sentiments profonds et antagonistes :
— des Français d'Algérie ;
— des Algériens musulmans qui manifestent violemment (les jeunes et les femmes surtout) leur volonté d'indépendance. La paix en Algérie implique qu'il faudra user de la contrainte contre une partie de l'armée et contre les Français d'Algérie.

À cet effet, de Gaulle doit s'appuyer sur la nation française, qui approuve largement (référendum de janvier 1961) sa politique algérienne.

La coupure entre les Européens d'Algérie et l'armée d'une part, la France et les musulmans de l'autre éclate dès lors avec évidence : les premiers organisent la résistance et tentent sous la direction des généraux Challe, Jouhaud, Zeller et Salan un coup d'État militaire le 22 avril 1961. Par une intervention fameuse à la radio et à la télévision de Gaulle parvient à mettre un coup d'arrêt à ce putsch :

DISCOURS DU GÉNÉRAL DE GAULLE LE 23 AVRIL 1961

Un pouvoir insurrectionnel s'est établi en Algérie par un *pronunciamiento* militaire.

Les coupables de l'usurpation ont exploité la passion des cadres de certaines unités spécialisées, l'adhésion enflammée d'une partie de la population de souche européenne qu'égarent les craintes et les mythes, l'impuissance des responsables submergés par la conjuration militaire. Ce pouvoir a une apparence : un quarteron de généraux en retraite. Il a une réalité : un groupe d'officiers, partisans, ambitieux et fanatiques. Ce groupe et ce quarteron possèdent un savoir-faire expéditif et limité. Mais ils ne voient et ne comprennent la Nation et le monde que déformés à travers leur frénésie. Leur entreprise conduit tout droit à un désastre national.

Car l'immense effort de redressement de la France, entamé depuis le fond de l'abîme, le 18 juin 1940 ; mené ensuite jusqu'à ce qu'en dépit de tout la victoire fût remportée, l'indépendance assurée, la République restaurée ; repris depuis trois ans, afin de refaire l'État, de maintenir l'unité nationale, de reconstituer notre puissance, de rétablir notre rang au-dehors, de poursuivre notre œuvre outre-mer à travers une nécessaire décolonisation, tout cela risque d'être vendu vain, à la veille même de la réussite, par l'aventure odieuse et stupide des insurgés en Algérie. Voici l'État bafoué, la Nation défiée, notre puissance ébranlée, notre prestige international abaissé, notre place et notre rôle en Afrique compromis. Et par qui ? Hélas ! hélas ! hélas ! par des hommes dont c'était le devoir, l'honneur, la raison d'être de servir et d'obéir.

Au nom de la France, j'ordonne que tous les moyens, je dis tous les moyens, soient employés pour barrer partout la route à ces hommes-là, en attendant de les réduire. J'interdis à tout Français et, d'abord, à tout soldat, d'exécuter aucun de leurs ordres. L'argument suivant lequel il pourrait être localement nécessaire d'accepter leur commandement, sous prétexte d'obligations opérationnelles ou administratives ne saurait tromper personne. Les seuls chefs, civils et militaires, qui aient le droit d'assumer les responsabilités sont ceux qui ont été régulièrement nommés pour cela, et que précisément les insurgés empêchent de le faire. L'avenir des usurpateurs ne doit être que celui que leur destine la rigueur des lois.

Devant le malheur qui plane sur la patrie et la menace qui pèse sur la République, ayant pris l'avis officiel du Conseil constitutionnel, du Premier ministre, du président du Sénat, du président de l'Assemblée Nationale, j'ai décidé de mettre en cause l'article 16 de notre Constitution. À partir d'aujourd'hui, je prendrai, au besoin directement, les mesures qui me paraîtront exigées par les circonstances. Par là même je m'affirme, pour aujourd'hui et pour demain, en la légitimité française et républicaine que la Nation m'a conférée, que je maintiendrai, quoi qu'il arrive, jusqu'au terme de mon mandat ou jusqu'à ce que me manquent soit les forces, soit la vie, et dont je prendrai les moyens d'assurer qu'elle demeure après moi.

Françaises, Français ! Voyez où risque d'aller la France par rapport à ce qu'elle était en train de redevenir. Françaises, Français ! Aidez-moi !

Charles de Gaulle, *Discours*, Paris, © Plon

Suite à l'échec du coup d'État et à la fuite de deux des conjurés dans la clandestinité (le général Jouhaud et le général Salan), l'Organisation de l'armée secrète (OAS) trouve chez les civils et les militaires de nombreuses complicités et devient un adversaire sérieux. Elle lève des tributs, lance des mots d'ordre, plastique ou tue ceux qu'elle considère comme ses adversaires, en invoquant dans une curieuse confusion la « Résistance » : des Français et des Algériens sont ainsi assassinés sans distinction ; dans les villes algériennes alternent coups de revolver, fusillades, festivals de plastic, de casseroles ou de klaxons (sur le rythme « Al-gé-rie-fran-çaise »), tandis que certains quartiers comme Bab-el-Oued sont en permanence encerclés par les gendarmes mobiles et les CRS. Cette lutte inexpiable, menée avec un acharnement de desperados, a des échos en France.

La police française, réagissant brutalement, réprime toutes les atteintes à l'ordre public. Ainsi, le 17 octobre 1961, les Algériens de Paris manifestant à l'appel du FLN sont très violemment assaillis ; plus d'une centaine d'entre eux sont tués. Le 8 février 1962, lors d'une autre manifestation, celle-là organisée par la gauche contre l'OAS, la police intervient si brutalement que neuf personnes périssent à la station de métro Charonne. D'une manière générale, les attentats de l'OAS ne rencontrent que de rares approbations et révoltent l'opinion française qui veut voir de Gaulle en finir avec cette guerre.

8.2. De l'ouverture des négociations aux Accords d'Évian

Des négociations secrètes sont engagées depuis quelques mois. Elles aboutissent en juin 1960 à la rencontre de Melun qui ne débouche sur aucun résultat positif. Un an plus tard, en mai 1961 de nouvelles négociations ont lieu à Évian puis à Lugrin. Des divergences sur la question saharienne et l'organisation du référendum apparaissent bientôt et interrompent les conversations. Elles reprendront quelques mois plus tard, en novembre 1961.

Dans le même temps, la pression internationale s'accentue. Même si de Gaulle semble officiellement en faire fi, il ne peut pas ne pas y prêter attention. À l'ONU, le groupe afro-asiatique ne cesse de s'agiter et les États arabes maintiennent la tension. De leur côté l'URSS et les démocraties populaires mènent au grand jour une politique de soutien « indéfectible » au GPRA. Plus discrète mais non moins efficace est la pression des pays de la Communauté européenne et des États-Unis de Kennedy que la continuation de la guerre préoccupe. Conscient de la nécessité absolue de se désengager du bourbier algérien, de Gaulle admet en septembre 1961 qu'une Algérie indépendante et associée à la France puisse avoir vocation à revendiquer le Sahara.

La reprise des conversations avec le FLN en novembre 1961 aboutit à la signature, en mars 1962, des Accords d'Évian qui mettent un terme à l'action de l'armée française contre l'ALN.

Signés le 20 mars 1962, ils prévoient un cessez-le-feu entre la FLN et l'armée française, la mise en place d'un Exécutif provisoire jusqu'au scrutin d'autodétermination, des garanties pour les Français restant en Algérie, une coopération économique et financière entre l'Algérie indépendante et la France, l'Algérie demeurant dans la zone franc. La France conservait la base de Reggane au Sahara pendant cinq ans, les bases navales et aériennes de Mers el Kébir et Bou Sfer pendant quinze ans ; enfin, une partie importante des accords était consacrée aux hydrocarbures et à leur exploitation au Sahara.

Pour la France, la guerre d'Algérie est officiellement terminée. Pour l'Algérie, elle se prolonge par les tentatives désespérées de l'OAS qui cherche à tout prix à torpiller les accords. Les nombreux attentats et les fusillades comme celle, meurtrière, de la rue d'Isly, soulignent la volonté de l'organisation secrète de laisser aux mains des Algériens un pays ruiné. Malgré les injonctions de l'OAS, les Français d'Algérie, saisis par la panique, fuient alors en hâte ce pays de cauchemars où ils voulaient vivre et mourir.

Pour le référendum du 8 avril 1962 portant sur la ratification des accords d'Évian, le oui est préconisé par la plupart des partis, de l'UNR au PCF ; seule l'extrême-droite appelle à voter non. Le Parti socialiste unifié (PSU) situé à l'extrême-gauche, souhaite un vote nul signifiant oui à la paix et non à de Gaulle. Le CNIP dans les rangs duquel l'Algérie française a conservé beaucoup de partisans ne donne pas de consignes de vote. Le oui triomphe massivement avec 17 500 000 voix, soit 90,7 % des suffrages exprimés, ce qui rend manifeste la faiblesse des partisans de l'intégration et l'hostilité inspirée par l'OAS. En Algérie, le référendum, organisé le 1er juillet, donne 99,72 % de réponses favorables. Aussi de Gaulle reconnait-il l'indépendance de ce pays le 3 juillet 1962.

Par une ultime volte-face, les dirigeants de l'OAS, rejetant leur qualité de Français et se voulant Algériens, négocient avec le FLN l'arrêt des combats et des destructions pour « construire ensemble, et sans distinction de race ni de religion, l'avenir algérien ». Malgré l'appel de Salan aux Français d'Algérie de demeurer dans ce pays pour « bâtir un avenir de concorde et de paix », la fuite de ces derniers se précipite. Par milliers, assiégeant aérodromes et gares maritimes, dans un entassement pitoyable, hommes, femmes, enfants, jeunes et vieux abandonnent tout sans espoir de retour.

Au 5 juillet 1962, anniversaire de la prise d'Alger par les Français en 1830, les Algériens musulmans fêtent la fin d'une guerre qui avait duré plus de sept années.

Pour la France et pour les Français, une grande page de l'Histoire, celle de la colonisation, venait d'être pour toujours tournée.

Conclusion

La Ve République a mis fin à la colonisation française et a inauguré la décolonisation : deux phénomènes étroitement imbriqués, car l'une est fille de l'autre. La mise en œuvre de la colonisation avait été une difficile conquête territoriale et jamais une promenade militaire. Les chroniques de ces années abondent en résistances indigènes écrasées dans le sang. Elles ne sont jamais passées inaperçue, car il fallait l'accord du Parlement pour financer des expéditions militaires. Par ailleurs, la France n'était pas seule dans le monde, elle devait négocier des accords internationaux avec les autres puissances.

Mais la colonisation est un phénomène global, car derrière les soldats arrivent les administrateurs qui couvrent d'un réseau serré le territoire conquis et imposent un nouveau système administratif de type français qui tourne le dos le plus souvent aux formules indigènes, même quand celles-ci demeurent en façade. Même lâche, il enserre les hommes plus étroitement en ville, semble-t-il, que dans les campagnes. Bien implanté, il subsiste malgré les vicissitudes, et constitue la substance la plus cohérente des nouveaux États, avec des frontières dessinées du temps de la colonisation (l'OUA a décidé de les conserver telles quelles). Les formes de pensée politique importées ont partout servi à formuler la revendication politique d'indépendance qui ressuscite formellement l'ancien État et en crée de nouveaux qui limitent plus ou moins le modèle français.

Les transformations les plus profondes concernent, sans doute, l'économie, la société et la culture. En effet, les cadres anciens — tribus ou ethnies — sont oblitérés, voire morcelés ; simultanément les bases mêmes et les facteurs de l'économie traditionnelle subissent des mutations radicales : au contact d'un capitalisme dynamique et libéral vigoureusement soutenu par l'administration française, les économies indigènes s'effondrent ou se disloquent. Désormais, les territoires coloniaux sont insérés, de manière irréversible, dans les circuits économiques internationaux. Il s'ensuit des déséquilibres en profondeur aussi bien sur le plan de l'économie que sur celui de la société. Dans ces territoires, les anciens cadres sociaux s'effacent sous les effets dissolvants et combinés du nouveau droit, de la nouvelle économie et de la nouvelle culture. Simultanément, les équilibres biologiques anciens disparaissent : aussi bien ceux des milieux dans lesquels évoluent les hommes que ceux des hommes avec les milieux. La population augmente dans des proportions rapides surtout dans la première moitié du XXe siècle et les rapports entre villes et campagnes se transforment en profondeur.

Peut-on, dans ces mondes divers, distinguer comme naguère les colonies d'exploitation de celles de peuplement ? Apparemment non, car dans les deux cas il s'agit toujours d'implantation économique et le nombre de Français ou d'Européens à travers l'empire n'a jamais été très élevé : dans les pays maghrébins où les Européens constituent une minorité importante, l'impact économique et social est plus complexe qu'ailleurs ; néanmoins, il conserve ces traits fondamentaux.

Dans le domaine culturel, l'école française marque profondément une minorité d'enfants. Du fait qu'elle véhicule la modernité, elle relègue la culture traditionnelle à un niveau subalterne et dévalorisé au regard des besoins du nouvel État. Il s'ensuit des tensions sociales sérieuses et une sorte de divorce culturel entre la recherche d'une identité et ce qui a été importé par la colonisation.

La colonisation a-t-elle au moins valu quelque profit à la France ? Il est impossible dans l'état actuel de nos connaissances de présenter une balance équitable des dépenses et des recettes liées au phénomène colonial. Notons que les dépenses ont souvent été publiques, mais que les recettes ou les profits ont été le plus souvent privés. D'une façon générale, les dépenses coloniales concernent l'infrastructure, l'administration ou l'armée ; mais la France n'est pas la seule à financer ces dépenses, car les populations indigènes y contribuent très largement. Cependant, cet effort des indigènes coloniaux est ignoré par l'opinion publique métropolitaine. Pour cette dernière, la revendication d'indépendance est une preuve d'ingratitude à l'égard de l'œuvre française dont les Français soulignent les aspects positifs et négligent très souvent les conséquences négatives. Derrière les schémas ou les caricatures d'analyse historique se profilent des réactions d'« égoïsme sacré » qui trouvent des porte-parole dans la grande presse. Le « cartiérisme [5] », comme on l'a appelé, se développe en France en même temps que la décolonisation et rencontre des oreilles attentives dans tous les milieux politiques. N'est-il pas logique, dit-on, que la France se dote des moyens qui lui manquent plutôt que de voir ses crédits servir à des pays où elle n'a plus de responsabilité politique et qui n'ont que le seul souci de leurs intérêts ? Charité bien ordonnée...

HOMMES ET FEMMES D'EUROPE

On l'a dit, le maintien de la paix est lié à la lutte contre la guerre froide, à la détente entre l'Ouest et l'Est. Ce qu'on n'a pas dit assez haut, c'est que cet avenir est lié à la décolonisation ; pas à l'octroi, par les puissances coloniales, de l'indépendance nominale, mais à l'aide que vous apporterez à la réalisation de l'indépendance économique. « L'indépendance économique », c'est une formule. Il s'agit d'élever la production des États indépendants d'Afrique et, par là même, de leur permettre d'augmenter leurs échanges avec le monde, singulièrement avec l'Europe. « L'indépendance économique » n'est pas autarcie, c'est la condition *sine qua non* d'une coopération féconde dans l'intérêt de l'Afrique et de l'Europe.

Léopold Sedar Senghor, *Message aux Européens* (1961)

---

5. Du nom de Raymond Cartier, directeur de l'hebdomadaire *Paris-Match*, qui a défendu ces thèmes avec le plus de vigueur.

Le débat largement ouvert depuis plusieurs années, n'est pas terminé et, au fil des événements, tend à rebondir.

Aujourd'hui, l'ancien système de relations coloniales est remplacé par un ensemble de formules nouvelles dans lesquelles la coopération culturelle et technique, la francophonie, l'association d'intérêts, les accords privilégiés — connus ou secrets — semblent apporter des nuances multiples.

Ces nouvelles formules ressortissent-elles d'un néo-colonialisme ? S'apparentent-elles aux relations internationales classiques ? La vérité semble se trouver à mi-chemin, encore que l'historien, en l'absence des documents essentiels, soit obligé d'avancer avec prudence dans ce monde mal dessiné, fluctuant, où la passion le dispute encore trop souvent à la raison.

Chapitre 18

La France et l'Afrique de 1962 à 1981

Les pays maghrébins et africains devenus indépendants conservent avec la France leurs relations. Celles-ci prennent un nouveau départ et des orientations différentes de celles du temps de la colonisation. À la Communauté éclatée succèdent les États qui se regroupent en fonction de raisons politiques et économiques tandis que les accords bilatéraux conclus avec la France favorisent une certaine balkanisation de l'Afrique noire. Jusqu'en 1974, la politique africaine de la France est sous la responsabilité de Jacques Foccart, ministre inamovible des gouvernements de Gaulle et Pompidou qui imprime sa marque et fait des chefs d'État de véritables clients qui mettent en coupe réglée leur pays.

Janvier et mai 1959	Unions monétaires et douanières de l'AOF et de l'AEF.
Décembre 1960	Conférence à Brazzaville de 12 États africains.
Mars 1961	Conférence de Yaoundé : Organisation africaine et malgache de coopération économique (OAMCE).
Septembre 1961	Conférence de Tananarive : Union africaine et malgache.
Avril 1964	Conférence de Nouakchott : Union africaine et malgache de coopération économique qui devient...
Octobre 1964	... AEF plus Cameroun : Union douanière et économique d'Afrique centrale...
Février 1965	... Organisation commune africaine et malgache.

Le cadre de ces relations est déterminé d'abord par l'insertion de ces États dans la zone franc, ensuite par le commerce, en troisième lieu par la coopération, enfin par des relations politiques qui peuvent prendre parfois ? (souvent ?) la forme d'interventions françaises.

1. Aides financières et coopération technique

Tous ces États sont liés à la zone franc, et le taux de change avec le franc français est fixé par la France : tout au long de ces années, on échange deux francs français contre un franc local. Les États africains et malgaches reçoivent ainsi en crédits un tiers environ de l'aide bilatérale française (en millions de F) : 1962 : 1 338,4 (32,7 %) ; 1968 : 1 302,4 (32,7 %) ; 1974 : 1 804 (27 %) ; 1980 : 4 356,9 (30,8 %).

Le budget de ces États est donc alimenté pour partie par la France ; mais compte tenu des pratiques des dirigeants, une partie de cette aide est détournée. Cette dépendance est dénoncée comme un « néo-impérialisme ».

Le jeu des accords bilatéraux conclus entre la France et chacun des États africains utilise le Fonds d'aide et de coopération (FAC) créé en mars 1959 qui verse les crédits à la Caisse centrale de coopération économique par laquelle passent les quatre cinquièmes de l'aide française. De plus, la Caisse joue à l'égard des pays africains le rôle de société financière, voire de banque soutenant des investissements ou couvrant des emprunts.

À cette aide distribuée bilatéralement, s'ajoute l'aide multilatérale émanant soit des organismes internationaux (BIRD [1] et ses satellites), soit d'organismes européens en particulier la CEE après la convention de Yaoundé (juillet 1963) : celle-ci a pour but d'industrialiser les États africains, de diversifier leur économie, de renforcer ainsi leur équilibre grâce au Fonds européen de développement.

De 1963 à 1968, le montant de cette aide européenne au Tiers-Monde est passé de 8,6 MM/$ à 12,9 MM/$: quelle part revient aux pays africains et malgaches ? Selon certains, ces derniers disposent à partir de 1969 d'une somme annuelle de 150 M/$ environ, en augmentation nette par rapport aux années précédentes.

L'aide française aux États africains et malgache — autant qu'on puisse l'évaluer — était de 1,76 MM/F en 1967 (1,49 en 1966 ; 1,63 MM en 1964 et 1965) : les deux tiers représentent des fonds publics, le reste est constitué par des fonds privés. Mais, pour la France comme pour l'Europe, certains pays présentent plus d'intérêt que d'autres : soit que leur régime politique favorise les investissements, soit que l'argent soit employé à des réalisations jugées positives et non détourné à des fins non rentables ; il semble que, parmi les pays africains, en ont surtout profité : le Gabon, le Cameroun (pays pétroliers), la Côte-d'Ivoire, la Mauritanie et le Sénégal (pays jugés politiquement stables).

Une part importante de cette aide française permet de financer la coopération technique et culturelle, en gros 50 % du montant des prêts. Celle-ci est un « échange » entre la France et les pays qui en profitent : sur le plan culturel et technique, on compte, pour la période, de 12 à 13 000 « coopérants » (enseignants de tous ordres et de tous niveaux, techniciens, administrateurs, fonctionnaires) mis à la disposition des différents gouvernements africains et malgache. À cela, il faut ajouter les boursiers et stagiaires africains et malgaches venus en France pour terminer ou perfectionner leurs études ou leur formation.

---

1. Banque internationale pour la reconstruction et le développement.

Sur le plan culturel et technique, la coopération débouche sur la francophonie qui dépasse les États africains et malgaches puisqu'elle concerne d'autres pays d'Afrique et des autres continents. La coopération et l'aide financière de la France ou d'autres organismes soulève de nombreux problèmes :

1. Les crédits versés aux coopérants reviennent souvent en Europe sous forme d'économies ou d'achats de biens durables (de plus, les coopérants bénéficient de la part des gouvernements des conditions de vie privilégiées) ;

2. Les États africains achètent en Europe des produits et du matériel européen.

3. Même si les produits africains — surtout ceux de l'agriculture — bénéficient de préférences en Europe, à l'inverse, les produits industriels français bénéficient de préférence similaires : or, celles-ci sont, et de loin, sur le plan financier supérieures à celles des produits africains, souvent non ou peu élaborés.

4. L'absence de moyens de transport (ex : navires) rend ces pays tributaires des compagnies françaises et étrangères.

5. Plus grave est que les plans de développement dépendent de cette aide extérieure qui permet à l'ancienne métropole de se créer des clients fidèles, à tous les sens du mot. Certains critiques n'hésitent pas alors à parler de néocolonialisme, puisque depuis l'indépendance subsistent une foule de liens de dépendance économique.

Au lendemain des indépendances des pays africains, la France poursuit sa politique d'investissements. La présence de ressources pétrolières dans un certain nombre de ces pays n'est sans doute pas étrangère à l'intérêt qu'elle porte au continent africain. Dans ce domaine, la compagnie ELF/ERAP, créée en 1966, occupe une place éminente. En effet, issue du Bureau de Recherches des pétroles (BRP) et de l'Union générale des pétroles (UGP), elle découvre les gisements du Cameroun, du Congo, du Gabon, de l'Angola et participe à l'exploitation de ceux du Nigeria. La société ELF/ERAP possède donc un véritable empire pétrolier africain et l'on chuchote qu'on retrouve sa main dans la politique suivie par ces pays.

2. Coopération et *realpolitik* africaine

La coopération est organisée systématiquement à partir de 1962-1963 (Rapport Jeanneney). Elle repose sur l'idée simple : « aider, par-dessus les rivalités politiques, au développement des peuples dépourvus » (de Gaulle à Ottawa, 19 avril 1960).

La coopération prend diverses formes : financière, sous forme de crédits, culturelle et technique (envoi de fonctionnaires français civils et militaires), accueil de stagiaires et de boursiers en France, syndicale, etc. La francophonie sert occasionnellement de couverture culturelle quand ces États participent en France ou en Afrique aux réunions annuelles. La coopération culturelle et technique indispensable à la formation des cadres et au développement économique de ces États peut être ainsi détournée de ses objectifs originels. On a parlé à ce propos de « néo-colonialisme » ou de « néo-impérialisme », vigoureusement dénoncé par les opposants. De ce fait, l'opinion française estime que les crédits de coopération sont des fonds perdus ou des cadeaux consentis à des chefs d'État rarement pris au sérieux en France, sauf un ou deux (Senghor, Houphouët-Boigny).

De Charles de Gaulle à Valéry Giscard d'Estaing, malgré les changements d'hommes, la politique africaine de la France marque une véritable continuité, non seulement dans les territoires naguère soumis à la France mais aussi ailleurs (notamment au Congo Léopoldville devenu plus tard Zaïre). Quand les anciennes puissances coloniales africaines (Belgique, Portugal, Espagne) se retirent du continent, elles laissent un vide convoité. Peut-on invoquer une menace soviétique directe ou indirecte par Cubains interposés ? On l'a dit, non sans de bonnes raisons, car celle-ci est visible dans les anciennes colonies portugaises ou en Afrique orientale (Éthiopie, Somalie) et pendant plusieurs années dans la Guinée de Sékou Touré, qui s'est isolée de la France en 1958. Il faut attendre 1975 et bien des déceptions pour que ce pays renoue des relations normales avec la France.

D'une façon générale, Paris accepte le fait accompli, même s'il résulte d'un coup d'État militaire.

1. Le clientélisme

La démocratie affichée formellement par ces États n'est en réalité qu'un régime autoritaire reposant sur des liens personnels entre le chef d'État et une clientèle qui lui doit tout. On voit ainsi des dirigeants de ces pays maintenir durant des décennies leur pouvoir sur des populations pour ainsi dire asservies, avec l'assentiment de la France. Une telle formule est avantageuse car les Français conservent des positions stratégiques au cœur de l'Afrique d'abord, à l'ONU ensuite où ces États-clients votent comme le souhaite la France. Ces chefs d'État rencontrent un certain nombre de difficultés avec leurs oppositions dont les origines ne sont pas toujours claires : tribales, personnelles, ethniques. Elles dégénèrent souvent en crises et en coups d'État et facilitent le jeu des grandes puissances qui peuvent arbitrer et élargir leurs influences. Il faut prendre en compte aussi l'ascension de nouveaux cadres et surtout le poids des militaires qui utilisent la force pour confisquer le pouvoir à leur profit. Un sergent de l'armée française devient ainsi en quelques jours général voire maréchal ; un autre (Bokassa) se proclame même empereur dans une cérémonie qui coûte à la France plus de 100 millions de francs. Tous pratiquent plus ou moins la concussion et placent l'argent détourné dans des paradis fiscaux. Les indépendances neuves manquent aussi de personnels qualifiés d'où le rôle majeur des « coopérants » français civils ou militaires. La présence de troupes françaises peut tantôt faciliter l'effondrement d'un régime (ex. Bokassa en République centrafricaine en septembre 1979), tantôt consolider un régime abhorré (ex. Bongo au Gabon). Les opposants ne manquent pas de dénoncer ce rôle plus ou moins occulte de la France dans la vie politique toujours sinueuse de ces États.

Quelquefois, la France intervient militairement ouvertement, quand la vie des Européens est en danger (opération sur Kolwesi, au Zaïre en 1978) ; les parachutistes français interviennent rapidement, aidés parfois par d'autres Africains (le Maroc en 1978) pour mettre un terme à l'explosion sanglante. Pour l'opinion internationale, la France joue donc le rôle du « gendarme de l'Afrique » soutenant des dirigeants dont tous s'accordent à reconnaître la vénalité et l'esprit de lucre. À l'occasion, ces derniers disent leur reconnaissance avec des cadeaux, soit personnels, soit sous forme d'avantages concédés à des entreprises françaises.

Une telle politique engendre parfois des mécomptes graves. Ainsi au Tchad, plaque tournante de l'Afrique, des Français sont assassinés par des opposants au régime en place ou pris en otage (Hissène Habré et l'affaire Claustre). Les affaires tchadiennes, à partir des années 70, se compliquent quand en Libye une révolution de palais renverse le vieux souverain Idris as-Sanusi (1969) au profit d'un jeune militaire Mu'ammar Kadhafi qui rêve de remplacer Nasser disparu et veut faire de son pays une grande puissance arabe et africaine. Celui-ci revendique une bande de territoire remis au Tchad (Aouzou) et aide les opposants qu'il arme et soutient. Paradoxe ou incohérence suprême, il est armé par les Français qui lui vendent plus de cent avions de combat en 1970.

Ainsi de nouveaux liens sont tissés entre l'Afrique et la France ; ceux-ci débordent largement de l'ancienne Afrique française puisqu'ils concernent désormais aussi bien l'ex-Congo Léopoldville (Kinshasa) que l'Angola ex-portugais. À la faveur d'accords de défense bilatéraux, la France entretient des troupes au Cameroun ou en République centrafricaine prêtes en permanence à intervenir en cas de crise. On le voit bien quand Kadhafi lance ses soldats pour affirmer de prétendus droits sur la bande d'Aouzou et le Tibesti (1973) ; en 1980, les opposants tchadiens, soutenus par la Libye, occupent la capitale du Tchad, Ndjamena, une fois les Français partis. La France mobilise alors douze États africains qui condamnent Tripoli (janvier 1981). C'est le début d'une action militaire d'envergure menée dans les années suivantes et qui s'achève à l'été 1983 par l'opération « Manta ».

La pression de l'opinion et aussi des États africains, ses clients, imposent à la France d'interrompre ses relations avec l'Afrique du Sud où sévit l'apartheid. La présence française à Djibouti suscite des émeutes et aussi une série d'incidents graves qui amène les Français à accorder l'indépendance du territoire en juin 1977. Ils y conservent cependant d'importantes forces destinées à surveiller l'océan Indien et la mer Rouge.

2. Les échanges commerciaux

Part de quelques pays dans le commerce africain de la France
(1974-1992)

	1974-1978	1979-1983	1984-1988	1989-1992
EXPORTATIONS	%	%	%	%
Algérie	20,62	17,82	19,78	15,67
Maroc	10,27	8,91	9,39	13,11
Tunisie	6,67	6,89	7,23	10,03
Côte-d'Ivoire	6,89	6,42	5,22	4,65
Sénégal	3,31	2,97	2,96	3,05
Cameroun	3,59	4,93	5,47	3,29
Congo	1,75	2,56	2,22	1,83
Gabon	4,04	2,86	3,59	2,70
Madagascar	1,54	1,33	1,09	1,15
Afrique du Sud	6,02	5,63	4,18	4,65
Nigeria	6,21	9,11	5,09	4,03
Zaïre	1,52	0,92	1,18	0,86
IMPORTATIONS	%	%	%	%
Algérie	14,45	23,08	19,81	17,35
Maroc	8,21	6,39	9,54	13,37
Tunisie	3,19	3,71	5,29	7,09
Côte-d'Ivoire	9,81	6,29	6,17	5,66
Sénégal	4,50	1,82	2,21	2,25
Cameroun	3,59	3,51	5,67	5,77
Congo	1,09	0,62	1,60	1,55
Gabon	5,81	4,59	5,62	6,56
Madagascar	1,82	0,86	1,20	1,13
Afrique du Sud	7,54	8,74	6,56	6,62
Nigeria	16,07	18,70	11,68	7,70
Zaïre	2,23	1,30	1,16	0,85

Sources : Direction of Trade Statistics, Yearbook, 1981, 1988, 1993.
N.B. Pourcentage du total des échanges de la France avec l'Afrique.

H. d'Almeida-Topor, L'Afrique au xxᵉ siècle, Paris, © A. Colin, 1994.

Le commerce tourné vers la France décline de 1959 à 1980 : sa part dans le commerce français passe de 6,3 % à 3,1 % et sauf pour le Gabon, pays pétrolier, les exportations françaises l'emportent toujours sur les importations d'Afrique. Il faudrait donc pour mieux apprécier l'importance de la coopération faire la balance entre les crédits accordés et le niveau des déficits commerciaux.

Malgré l'aide financière, la coopération, le développement se fait attendre en Afrique francophone, si l'on en juge par l'évolution du PIB ou du PNB par habitant. Celui-ci stagne ou régresse. En effet, le taux de croissance démographique dépasse celui du PNB chaque année tandis que les investissements et l'épargne locale sont insuffisants au regard des besoins ; enfin, la crise mondiale liée à la hausse des prix du pétrole frappe d'abord les pays africains.

De toute manière, si l'on dresse le bilan des plans ou des réalisations, celui-ci présente bien des aspects négatifs ; ainsi le plan est loin d'être réalisé dans les États suivants :

République centrafricaine (plan 1967-1970) :

Taux de croissance prévu : 7 %

Taux de croissance atteint : 1,33 % (en francs constants).

Congo-Brazzaville (plan 1964-1968) :

Taux de croissance prévu : 8,7 %

Taux de croissance atteint : 1,1 % (en francs constants).

Dahomey (Bénin) (plan de 1966-1970) :

Taux de croissance prévu : 4,6 %.

Taux de croissance atteint : 2,8 % (en francs constants).

Tchad (plan de 1966-1970) :

Investissements et réalisations en 1968 : 31 % du plan initial.

Il se crée ainsi des différences importantes entre les différents États africains et malgaches : certains réussissent à maîtriser leur sous-développement et sont sur la voie du « décollage » économique, d'autres au contraire voient leur situation s'aggraver ou au mieux stagner, malgré les différentes aides extérieures. Et les différences n'incitent évidemment pas à envisager une organisation économique d'ensemble pour les États de l'Afrique francophone, *a fortiori* pour ces derniers et ceux de l'Afrique anglophone.

3. La France et les pays arabes africains

L'action la plus importante concerne les États arabes du Maghreb. Parmi eux, l'Algérie occupe une place à part selon la volonté de de Gaulle qui souhaitait que les relations franco-algériennes après 1962 soient un modèle pour la décolonisation (« une vitrine pour les pays du Tiers-Monde », disait-il) : au-delà de l'Algérie, il s'agit de l'influence française en Afrique et dans les pays du Tiers-Monde.

Les accords d'Évian de mars 1962 prévoyaient non seulement le transfert de souveraineté à un organisme qui remettra le pouvoir au FLN, mais aussi la coopération et le régime de l'exploitation des hydrocarbures.

1. L'Algérie : des rapports conflictuels

Jusqu'à la découverte du pétrole et du gaz saharien, l'approvisionnement de la France dépendait du Proche-Orient, par le biais de la CFP, associée aux « majors » anglo-saxonnes. Le pétrole saharien est découvert tardivement (1956) après le gaz (1954), mais il faut attendre 1958 pour avoir une idée assez précise de l'importance des réserves.

La découverte du pétrole saharien est une excellente occasion pour l'État français de se libérer de plusieurs hypothèques. Par le biais de la SNREPAL [2], il constitue en 1946 une société de capitaux publics, donc entre ses mains. C'est en son nom que travaillent les prospecteurs ; après 1953, associée à la CFP, elle crée une filiale algérienne CFPA [3]. Plus tard (1956), d'autres sociétés, attirées par les trouvailles et les promesses sérieuses, investissent à leur tour des sommes importantes dans le Sahara algérien : celui-ci est bientôt partagé en vastes concessions. On peut admettre que, jusqu'en 1958, les investissements concernant le seul pétrole se montent à plus de 525 milliards d'anciens francs, dont 448 milliards de 1952 à 1958.

Dès cette date, le jaillissement du pétrole saharien transforme certaines données de la politique française en Algérie : d'abord, on pense qu'à partir de 1963 l'exploitation (on escompte 20 millions de tonnes) permettrait d'économiser 300 millions de dollars : en effet, le pétrole, dont le prix de revient est plus élevé que celui du Moyen-Orient, serait payé en francs. En attendant, et malgré la guerre, les investissements dans le pétrole se poursuivent : de 1959 à 1961, ils se montent à 430 milliards d'anciens francs. Sans qu'on puisse, surtout de 1956 à 1959, discriminer les investissements publics des investissements privés, on peut cependant indiquer que les capitaux publics, très largement majoritaires jusqu'en 1954-1955, le sont de moins en moins : entre 1958 et 1961, ils oscillent entre 20 et 25 % du total. De plus, les entreprises étrangères sont de plus en plus nombreuses dans l'exploitation des gisements sahariens.

Le pétrole constitue donc un des éléments des relations franco-algériennes jusqu'en 1971, car la France est le plus gros acheteur :

---

2. Société nationale de recherches et d'exploitation pétrolière d'Algérie.
3. Compagnie française des pétroles (Algérie) (CFPA).

Exportation vers la France (millions de tonnes)	Production (millions de tonnes)
1959 : 0,7 1960 : 6,4 1961 : 11,1 1962 : 12,6 1963 : 15,2 1964 : 17,1 1965 : 17,4 1966 : 18,9 1967 : 21,7 1968 : 24,2 1969 : 26	1959 : 1 1960 : 9 1961 : 15,7 1962 : 20,5 1963 : 23,6 1964 : 26,2 1965 : 26 1966 : 33,3 1967 : 38,4 1968 : 42,1 1969 : 43,8

Les exportations vers la France constituent ainsi plus de 50 % de la production algérienne.

Or, les accords d'Évian laissent intacts les avantages des sociétés pétrolières françaises en Algérie, ce que condamne le FLN à Tripoli (juin-juillet 1962) pour qui le socialisme c'est « la nationalisation des richesses minérales et énergétiques ». Dès lors, les Algériens, qui veulent utiliser le pétrole pour développer leur économie, pratiquent sans relâche une politique de grignotage, voire de remise en cause des accords d'Évian.

À la fin de 1963, les deux partenaires décident de remanier les clauses pétrolières des accords de 1962 et en juillet 1965 signent à Alger de nouveaux accords. Ceux-ci ont pour but de maintenir l'essentiel des objectifs de la politique française à l'égard de l'Algérie d'abord, du Maghreb et des pays arabes ensuite, du Tiers-Monde enfin, même si, sur le plan fiscal, les sociétés et les contribuables français doivent supporter une charge plus lourde (25 F par tonne au lieu de 15 F).

La base des accords est la création d'une Association coopérative, l'ASCOOP, qui répartit entre les deux États les opérations de recherche et d'exploitation : l'État algérien devient ainsi un industriel du pétrole et bénéficie des aides et concours de son associé sur les différents plans. L'Algérie dispose avec la SONATRACH (Société nationale de transport et de commercialisation des hydrocarbures) d'un instrument bien adapté à l'application des accords de 1965.

Les espoirs mis par les Algériens dans cette formule d'association étaient-ils démesurés par rapport aux effets réels ? Le partenaire français a-t-il montré trop de prudence dans les réinvestissements ? Les accords de 1965 sont-ils encore trop marqués du sceau du « néo-colonialisme » ?

Notons simplement qu'à partir de 1966, des difficultés apparaissent, d'abord mineures, ensuite plus importantes (nationalisation des mines et des biens vacants) ; en 1967, l'ASCOOP en particulier, la France en général sont attaqués parce qu'elles faussent les accords de 1965 : en réalité, le pétrole n'est qu'un élément du contentieux franco-algérien... En 1968, les attaques sont plus vigoureuses : la France dit Alger tire les bénéfices les plus substantiels des accords de 1965 et ne tient pas ses promesses pour les recherches ; cette politique de « désinvestissement » rompt *de facto* les engagements antérieurs. En 1969, les Algériens reprochent ouvertement aux Français de limiter leurs efforts ; ils ne sauraient s'attendre à bénéficier d'un traitement de faveur, puisqu'ils ne savent pas découvrir le pétrole et le gaz que le Sahara recèle. En 1970, Alger ne manque pas d'ouvrir le dossier pétrolier entre la France et l'Algérie, et, à partir d'études détaillées, souligne vigoureusement les défaillances françaises qui hypothèquent le développement de l'économie algérienne. Le conflit anodin, semble-t-il (augmentation de quelques dizaines de cents par baril de pétrole), est en réalité plus profond : cette augmentation est de l'ordre de 25 à 50 % selon les chiffres revendiqués par les Algériens ; mais selon les compagnies françaises, ces augmentations rendent toute rentabilité nulle. Au-delà, c'est en réalité le souci des Algériens de faire payer par les sociétés françaises leur développement industriel et économique qu'ils ne veulent (?) ou ne peuvent (?) pas assurer ; c'est aussi le souci d'interdire toute exportation de bénéfices telle qu'elle avait été prévue par les accords de 1965.

Mais, dans la mesure où les accords pétroliers constituent un morceau d'un ensemble comprenant la question des vins, des agrumes, des travailleurs algériens, et dans la mesure où derrière tous ces problèmes se pose la question de la coopération, l'affaire, on le voit, dépasse singulièrement le cadre strictement pétrolier.

Corollairement, de Gaulle accepte d'aider les Algériens financièrement ; ainsi le Trésor français verse au Trésor algérien, à sec, une aide importante : 1 210 M/F en 1963 ; 1 100 M/F en 1964 ; 700 M/F en 1965, en tout donc 3 010 M/NF. Après 1965, cette aide diminue et oscille autour de 200 M/F entre 1966 et 1968. Outre cette aide directe, la France a consenti une aide en matériel, dite « aide liée », gérée par la Caisse centrale de coopération économique : elle est destinée à l'équipement de l'Algérie (infrastructure et industrialisation).

Enfin, tout comme les autres pays maghrébins, l'Algérie bénéficie de la coopération culturelle : souhaitée de part et d'autre de la Méditerranée, celle-ci dérive naturellement des accords d'Évian : en 1963, plus de 13 000 fonctionnaires français servent dans l'enseignement et 10 000 dans les différents services administratifs et techniques : le budget dévolu à la coopération technique et culturelle passe de 50 M/F en 1963 à 154,5 en 1965, 155,5 en 1966 et atteint 176,2 M/F en 1969 : c'est de loin le pays le plus favorisé non seulement dans le Maghreb, mais aussi par rapport aux autres États bénéficiant de l'aide française.

De plus, le gouvernement français enregistre sans réaction majeure différentes mesures prises à l'encontre des intérêts possédés naguère par les Français d'Algérie : ainsi lorsque Alger transfère au domaine algérien les « biens » abandonnés et déclarés « vacants » par le gouvernement de Ben Bella en 1963. Non seulement les terres, mais aussi les immeubles, les biens industriels, commerciaux, subissent les effets de ces mesures. Même si les colons sont partiellement indemnisés grâce à un prélèvement de la France sur la subvention consacrée au budget d'équipement de l'Algérie, les Français d'Algérie attendront l'été 1970 pour que le Parlement français leur assure le principe d'une avance sur les pertes subies.

La véritable coupure intervient en février 1971, quand Boumedienne nationalise les avoirs des sociétés pétrolières françaises à 51 %. ELF/ERAP, la plus engagée décide de se retirer totalement tandis que la CFP accepte la décision d'Alger.

De ce fait, le déficit commercial de l'Algérie avec la France croît à partir de 1972, alors que précédemment la balance était excédentaire.

La hausse des prix du pétrole à partir de 1974 ne peut compenser cette diminution des importations de pétrole algérien, alors que les importations françaises de pétrole se maintiennent à un niveau élevé. Par ailleurs, le commerce de la France avec le Maghreb régresse de 1959 à 1980, de 17 % à 3,1 % de la valeur totale, tandis que la part de l'Europe augmente de 44,4 % à 63,6 %. Exportations et importations diminuent spectaculairement, de 21,5 % à 2,6 % pour les premières et de 12 % à 3,5 % ; la part du Maroc et de la Tunisie progresse alors que celle de l'Algérie décline, surtout après 1971. Le jeu des relations politiques influence, semble-t-il, directement celui de l'économie ; la France de Pompidou et de Giscard d'Estaing a donc fait des choix différents de ceux de de Gaulle qui avait sanctionné sévèrement la politique de Bourguiba et de Hassan II.

Le froid avec Alger dure jusqu'à la visite de Valéry Giscard d'Estaing en Algérie en 1975 : la raideur de Boumedienne, son tiers-mondisme militant, son rapprochement avec l'URSS et les démocraties populaires contrastant avec les personnalités du roi Hassan II et du président Bourguiba, plus ouverts à l'Occident et plus coopératifs avec Paris, sont autant d'explications de cet aigrissement des relations franco-algériennes.

2. Maroc et Tunisie : des rapports qui s'améliorent

Au Maroc, en revanche, les difficultés demeurent limitées. En effet, une série d'accords permettent l'évacuation des postes français de l'Ouest et du Sud marocains (juin 1958), puis des troupes françaises (1960-1961).

Le mystère de la disparition en France (novembre 1965) de Mehdi Ben Barka, leader de l'opposition au sultan, malgré les assurances du président de la République et un procès spectaculaire, n'a pas été éclairci ; il a cependant refroidi sensiblement pendant de nombreux mois les relations politiques franco-marocaines. Il faut attendre 1969 pour que celles-ci se détendent et reprennent l'allure normale.

À l'égard de la Tunisie, les poussées de fièvre sont plus aiguës, vraisemblablement parce que, des deux côtés, les personnalités des présidents de la République présentent certaines ressemblances : la tension dégénère en épreuve de force à Bizerte en 1961 et laisse sur le terrain plusieurs milliers de morts tunisiens et, bien sûr, autant de blessés dans la foule de civils lancés à l'assaut de la base ; cet affrontement sanglant provoque une crise sérieuse dans les relations diplomatiques à tous les niveaux. Plusieurs faits interviennent depuis l'été 1961 et facilitent le règlement de l'affaire de Bizerte (conférence de presse de de Gaulle de septembre 1961 ; reprise du travail par les enseignants français). Finalement, en octobre 1963, la base est évacuée par la France conformément aux vœux des Tunisiens. Néanmoins, les difficultés latentes éclatent en 1964 lorsque le gouvernement tunisien reprend les terres de colonisation ; il faut attendre longtemps (1968) avant la normalisation des rapports franco-tunisiens.

À la base des relations franco-marocaines, comme des relations franco-tunisiennes, on trouve :

— une coopération culturelle et technique ;

— des accords économiques et financiers.

La première concerne essentiellement l'enseignement (primaire, secondaire et supérieur) : au Maroc, le nombre d'enseignants oscille de 7 500 à 8 000 et en Tunisie de 2 500 à 3 000 entre 1958 et 1963 ; en 1968-1969, ces chiffres régressent sensiblement (au Maroc : 4 000 dont 1 382 militaires, mais se maintiennent en Tunisie : 3 800 environ). Coopération culturelle et technique représentent un budget voisin de 70 M/F en 1962-1963 pour le Maroc ; de 29 M/F environ en Tunisie, auxquels il faut ajouter évidemment les bourses distribuées aux jeunes Marocains et Tunisiens.

En 1968, même si la France désire faire porter son effort ailleurs (Canada, Moyen-Orient, Amérique du Sud), les crédits pour la coopération culturelle s'élèvent respectivement à :

Maroc : 66 millions de francs.

Tunisie : 43 millions de francs.

Pour 1969 ils devaient se monter à :

Maroc : 75,5 millions de francs.

Tunisie : 49 millions de francs.

Cet effort est certainement un fait majeur dans les rapports entre la France et les anciens protectorats, car il concerne des dizaines de milliers d'enfants et d'étudiants.

Quant aux accords économiques et financiers, ils concernent, pour la Tunisie :

— les tarifs douaniers consentis en 1959 ;

— une aide financière accordée par la France (accord de 1963 remanié en 1968).

À l'égard du Maroc, soumis à l'acte d'Algésiras, la France accorde :
— des contingents tarifaires (blé et vin), 1960 ;
— une aide financière (1963-1968).

Dans les deux cas il s'agit d'aider au développement économique des deux États et de liquider les séquelles de l'époque coloniale : cela est vrai surtout pour les achats de céréales et de vin ; ce l'est aussi pour les terres de colonisation. Mais, alors qu'au Maroc la question est réglée assez facilement (indemnisation partielle des colons français en 1964), en Tunisie l'affaire crée une nouvelle tension ; les Français bloquent l'aide financière (alors que, dans l'Algérie voisine, ils la poursuivent sans se soucier de l'exemple et de la justification que cela donne à Bourguiba). Ici comme pour Bizerte, coopération et aide financière subissent les aléas et les variations de la conjoncture diplomatique et politique.

Ainsi, dès avant la retraite de de Gaulle en avril 1969, les rapports entre la France, le Maroc et la Tunisie connaissent une certaine quiétude et, pour les deux États, la coopération d'abord, l'aide économique et financière ensuite se développent sans heurt, sans difficulté sérieuse, dans un climat d'entente et de confiance attentives.

À partir de 1978, les relations avec le Maroc et la Tunisie s'améliorent franchement. Les Marocains participent avec les soldats français à l'action militaire au Zaïre, tandis qu'en janvier 1980 les forces françaises interviennent pour aider les Tunisiens à réprimer l'insurrection du Sud tunisien encouragée, selon toute probabilité, par Tripoli. Les Français prennent aussi le parti de Rabat contre le Polisario plus ou moins manipulé par Alger. Derrière ce mouvement sahraoui, se profilent pour les Algériens des intérêts concrets (fer et phosphates) que les sociétés françaises veulent conserver en Mauritanie et au sud du Maroc.

Avec la Libye de Kadhafi les relations se tendent, à cause du Tchad, malgré les 110 avions livrés à partir de 1970 et le pétrole fourni en retour. Libyens et Algériens au sein de l'OPEP et de la Ligue arabe ont des positions similaires, d'abord en faveur d'une hausse importante des prix, ensuite pour une politique « dure » envers Israël à l'intérieur du « Front du refus ». Ils seront les plus ardents à condamner le voyage de Sadate à Jérusalem, les accords de Camp David et à exiger l'expulsion de l'Égypte de la Ligue arabe.

Conclusion

De 1962 à 1981, la France entretient avec les États indépendants de l'Afrique des rapports différents selon qu'ils touchent à l'Afrique noire ou au Maghreb. Pour les premiers, on observe une évidente continuité de de Gaulle à Giscard d'Estaing ; pour les seconds, les relations marquent une nette transformation, surtout à partir de 1971 avec l'Algérie, enfant chéri du général. La continuité est-elle liée à la politique pétrolière de la France et surtout d'ELF/ERAP, société à 100 % entre les mains de l'État ? C'est vraisemblable, surtout quand on voit cette société impliquée, dit-on, dans la guerre du Biafra qui déchire le Nigeria de 1966 à 1969, dans une région gorgée de pétrole ; il en est de même pour l'Angola (région de Cabinda) ex-portugais. Est-ce la raison qui explique le soutien sans faille de Paris aux maîtres tout-puissants des États pétroliers (Gabon, Cameroun) qui tournent le dos aux règles les plus élémentaires de la démocratie ? C'est vraisemblable.

Mais l'Afrique centrale, riche en uranium, est aussi une zone d'importance capitale sur le plan stratégique : on l'avait bien vu durant la Deuxième Guerre mondiale. La décolonisation de l'Afrique francophone ne signifie pas que la France s'en détourne ; d'autant moins qu'elle est secouée par des crises politiques, économiques, sociales ou climatiques et qu'elle est travaillée par différentes influences ou ambitions. De plus, l'Afrique francophone constitue à l'ONU un groupe d'États susceptibles d'appuyer l'action de la France au sein de l'organisation internationale. Enfin, comment pourrait-elle se faire entendre du Tiers-Monde si elle n'aidait pas ces États qui en font partie ?

C'était aussi le pari de de Gaulle quand il avait voulu faire des relations avec l'Algérie indépendante une « vitrine pour le Tiers-Monde » ; il avait ainsi favorisé l'Algérie même quand elle remettait en cause les accords d'Évian, alors qu'il avait manifesté de la raideur à l'égard de Tunis ou Rabat.

Seul le départ du général permet aux relations avec la Tunisie et le Maroc de reprendre un cours normal tandis qu'elles s'enveniment avec l'Algérie : en 1971, la nationalisation décidée par Boumedienne des intérêts pétroliers français renverse le cours antérieur et donne aux deux anciens protectorats une meilleure place dans leurs rapports avec Paris qui leur apporte un soutien ostensible quand ils sont en difficulté.

La Ve République a fait la décolonisation sans rompre les relations de l'époque coloniale ; seule l'Algérie fait exception, car même la Guinée de Sekou Touré retrouve le chemin de Paris qui possède de nombreuses cartes : la coopération et ses multiples aspects (aide financière, technique, culturelle), la protection militaire et stratégique. De 1962 à 1980, Georges Pompidou et Valéry Giscard d'Estaing ont poursuivi la politique africaine inaugurée par de Gaulle, en gardant parfois les mêmes responsables. Un tel héritage pouvait-il être transformé ? Les socialistes le pensent, mais vite le président François Mitterrand retrouvera le chemin tracé par ses prédécesseurs.

Cinquième partie

La France et le monde extérieur (1945-1995)

La politique extérieure de 1945 à 1962

Revenu en France à l'été 1944, le CFLN, devenu GPRF, prend la direction du pays et de Gaulle plus particulièrement, celle de la politique extérieure. Celle-ci demeure jusqu'en août 1945 dominée par la guerre et tout lui est subordonné ; néanmoins, de Gaulle ne manque pas d'affirmer son indépendance par rapport aux Alliés. Ainsi, en décembre 1944, quand il ordonne aux soldats français de défendre Strasbourg contre les plans d'Eisenhower, commandant en chef des troupes alliées ; ultérieurement, quand les troupes françaises occupent Stuttgart et le Bade-Würtemberg ou quand la France veut s'étendre vers le val d'Aoste. Dans ce dernier cas, devant la menace des Anglo-Saxons, de Gaulle abandonne son projet. L'éclat le plus important a lieu lorsqu'il refuse de se déplacer à Alger pour rencontrer Roosevelt, terriblement affaibli après la conférence de Yalta en février.

Néanmoins, les Français sont là en mai et en août 1945 lorsque les Allemands et les Japonais capitulent. Ils ont par ailleurs participé dès l'été 1944 à la mise en place des organismes internationaux de l'immédiat après-guerre : organisation du Fonds monétaire international (FMI) à la conférence de Bretton-Woods en juillet 1944 ; création de l'Organisation des Nations unies (ONU) en avril-juin 1945 ; fondation de la Food Agricultural Organisation (FAO) et de l'UNESCO en octobre et novembre 1945.

1. La place de la France dans le concert des nations en 1945

L'Allemagne battue, la guerre gagnée, la France a-t-elle retrouvé « le rang » auquel son histoire pourrait lui donner droit ? De Gaulle y croit et s'efforce de le faire admettre ; mais les réalités sont moins évidentes.

Dès septembre 1944, le Gouvernement provisoire dresse le bilan d'une puissance amoindrie sur le plan économique financier et militaire (même si les soldats français se battent avec vaillance en Franche-Comté et en Alsace, la marine et l'aviation française pèsent peu) et les problèmes à résoudre sont nombreux. D'abord avec les Alliés (Grande-Bretagne, États-Unis, URSS) ensuite avec les adversaires (Japon, Allemagne et Italie). Dans leurs conversations directes avec les Britanniques (novembre 1944), avec les Soviétiques (décembre 1944) et les Américains (janvier 1945), les Français marquent leur volonté de retrouver leur place dans le concert diplomatique et de régler avec leurs Alliés les multiples problèmes : celui de l'Allemagne et de la nouvelle carte de l'Europe, celui du Proche-Orient et celui de l'Extrême-Orient (Indochine). Or, la carte des Balkans a été déjà arrêtée entre Churchill et Staline ; et sur l'Allemagne encore menaçante, à part les Soviétiques dont le point de vue est voisin de celui de la France — d'où en décembre 1944 l'accord francosoviétique, une « belle et bonne alliance » (de Gaulle) —, Britanniques et Américains ont des regards différents.

Sans doute la France participe-t-elle à l'été 1944 à la conférence de Bretton-Woods, mais les trois Grands ne l'invitent pas à celle de Yalta (février 1945) à laquelle Staline ne fait d'ailleurs aucune allusion en décembre 1944 lors de ses conversations avec de Gaulle. Quelques mois plus tard, Staline, Churchill, Atlee et Truman (qui a remplacé Roosevelt décédé) se retrouvent à Potsdam, toujours sans de Gaulle. Il est vrai que les trois Grands possèdent les moyens de la puissance : des troupes nombreuses, une flotte et une armée puissantes et pour les États-Unis la bombe atomique. Certes, les îles Britanniques et l'URSS ont souffert de la guerre ; ici des villes, là de vastes zones ont été dévastées ; mais les deux nations ont conservés tous les attributs de la souveraineté et de la puissance.

De toute manière, la France se trouve partagée entre plusieurs tâches :
— recevoir les soldats prisonniers de guerre rentrés des *oflags* et des *stalags* ;
— maintenir plusieurs centaines de milliers d'hommes sous les armes ;
— reconstruire l'économie du pays.
Les deux dernières tâches ont autant d'importance pour le gouvernement.

Dès le mois de mai 1945, l'état major général détermine le nombre et la répartition des forces françaises de terre : 770 000 hommes, dont 7 divisions en Allemagne, 1 en Autriche, 2 sur les Alpes, 8 en France, 1 (aéroportée), 8 groupes mobiles pour l'Afrique du Nord, 3 groupes mobiles en Afrique, 1 groupe mobile à Madagascar, 2 groupes mobiles au Levant, 2 divisions pour l'Extrême-Orient et le Pacifique. On prévoit de démobiliser un peu plus de 500 000 hommes avant le 15 juillet 1945.

Dans le domaine aérien, le programme prévoit de doter l'aviation française de 1 000 avions avant le 1er janvier 1947 ; leur nombre doit atteindre 2 000 en 1950. Sur le plan naval, aucun chiffre et aucun programme précis ne sont encore arrêtés. En 1945, les dépenses militaires représentent 43 % du total des dépenses publiques et s'abaissent à 29 % pour 1946 et 1947.

La France tire l'enseignement de la guerre et de la défaite. D'une part, sa puissance dépend de l'empire, d'autre part, il faut définir une nouvelle stratégie dont l'armée de l'air doit constituer l'élément essentiel, ce qui implique une réduction de l'armée de terre. Malheureusement, le pays demeure engagée dans des conflits coloniaux (Indochine) et l'insurrection de Sétif-Guelma en Algérie le 8 mai 1945 souligne l'ampleur du malaise politique au Maghreb. Tout cela implique de maintenir d'importantes forces terrestres et garder l'empire exige d'avoir une marine en conséquence.

La diplomatie française ne risque-t-elle pas de subir la pression des Alliés quand la France est contrainte de leur demander le charbon, le pétrole, l'acier, les céréales, le lait, les produits pharmaceutiques, en un mot tout ce qui empêche les Français de mourir de faim et leur permettra de reconstruire le pays ? Il faut régler au mieux des intérêts de la France, et en même temps, l'ensemble des problèmes nés de la défaite et de la guerre avec des moyens insuffisants.

1. Les relations extérieures de 1945 à 1947

La politique internationale de la France entre 1945 et 1947 est placée sous le double signe des suites de la guerre et de l'hégémonie américaine dans le monde. En effet, la puissance américaine est d'autant plus évidente que les différents pays européens sortent épuisés de la guerre. Les Américains tiennent entre leurs mains les plus importantes encaisses métalliques de la planète ; le dollar consolide sa position même si la guerre a coûté cher au Trésor américain, car la puissance industrielle américaine a crû dans des proportions formidables. Dès lors, Washington a une responsabilité mondiale dans les affaires du monde et les dirigeants américains en ont une claire conscience (voir chapitre 4).

De 1945 à 1947, les rapports entre Américains et Français, que de Gaulle dirige ou non le pays, sont pratiquement ceux de protecteurs à protégés. Ces rapports passent par des canaux officiels et officieux et prennent l'allure soit de rapports directement bilatéraux, soit de confrontations dans les conférences et organismes internationaux.

Ainsi au printemps 1946, le gouvernement envoie Léon Blum plaider la cause française aux États-Unis ; accompagné d'une importante délégation, le vieux leader socialiste négocie difficilement plusieurs accords : il obtient des États-Unis un prêt de 500 millions de dollars alors que les demandes françaises se montaient à plus de deux milliards ; en outre les Américains consentent d'annuler les dettes de guerre. Cela n'est qu'une bouffée d'oxygène pour les finances françaises. En revanche, l'économie française doit consentir à adopter une politique libérale à l'égard des produits américains ; elle risque ainsi, ou bien d'être mise en difficultés permanentes, ou bien d'être « colonisée » par les États-Unis.

Au Proche-Orient et en Allemagne, la France est contrainte d'accepter le point de vue des Anglo-Saxons et ne peut compter sur l'URSS.

1.1. La question du Proche-Orient

Le problème de l'indépendance totale de la Syrie et du Liban demeurait posé, depuis la crise de 1943. En effet, les Français conservent dans la région le commandement des « troupes spéciales » (syro-libanaises) et, sous le couvert de remplacer des unités, des Sénégalais débarquent à Beyrouth le 7 mai 1945.

Malgré la prudence politique du général Beynet, cela provoque une crise grave. En effet, les Syriens et les Libanais quasi unanimes dans leur volonté d'indépendance totale — ce qui exclut toute position privilégiée de la France, en quelque domaine que ce soit — sont soutenus d'abord par la Grande-Bretagne, l'URSS et les États-Unis, ensuite par la jeune Ligue arabe qui vient de se créer en mars 1945.

Du côté français, certains représentants cherchent à revenir en arrière, mais de Gaulle demeure résolu à « concilier le régime d'indépendance avec nos intérêts dans la région. Les intérêts sont d'ordre économique et culturel. Ils sont aussi d'ordre stratégique » (De Gaulle, *Mémoires*, t. III, p. 188).

Pendant tout le mois de mai 1945, manifestations de rues, émeutes, attentats se multiplient ; les Français y répondent par des opérations militaires parmi lesquelles le bombardement de Damas (27-30 mai) mené par l'artillerie et l'aviation. Devant l'aggravation de la situation, les Britanniques interviennent ; en France même, l'Assemblée consultative désapprouve les initiatives du gouvernement contraint de battre en retraite. En décembre 1945, un accord franco-anglais d'évacuation est signé. Sous la pression des Nations unies et après le départ de de Gaulle, le gouvernement français fixe un calendrier d'évacuation ; pratiquement, celle-ci est totale à l'automne 1946.

Les difficultés franco-britanniques étaient-elles résolues pour autant pour le Proche-Orient ? Il ne le semble pas, à en juger par la position prise par la France sur les affaires palestiniennes.

Au lendemain de la guerre durant laquelle les nazis avaient affreusement et systématiquement massacré 6 millions de Juifs en Europe, nombre de ceux qui ont survécu n'ont qu'un souci : gagner la Palestine, « foyer national juif ». Mais la Grande-Bretagne, malgré l'aide militaire des Juifs de la région dans le conflit, continue de réduire les immigrations de Juifs au quota fixé par le « Livre blanc » de 1938. Afin de tourner la décision britannique, les Juifs immigrent clandestinement en Palestine ; mais, à leur arrivée, les Britanniques, soucieux de maintenir leurs positions à travers l'Orient arabe, arrêtent les pitoyables immigrants et sans ménagement les parquent dans les camps (Chypre) avant de les renvoyer vers leur « patries » (?) d'origine qu'ils ont abandonnées quelques semaines auparavant. Un incident, celui de l'*Exodus*, véritable navire-prison ancré au large de Port-de-Bouc d'immigrants renvoyés par les Britanniques, mobilise toute l'opinion française, de la droite à la gauche, en faveur des Juifs contre la Grande-Bretagne ; seule une minorité de chrétiens arabophiles, emmenés par Louis Massignon, se dresse contre l'idée de créer un État juif susceptible d'accueillir les Juifs immigrants.

Finalement et malgré (à cause de ?) la politique brutale de la Grande-Bretagne et des États arabes animés par la Ligue arabe, les Nations unies décident en novembre 1947 la création d'un État juif, Israël, aux côtés d'un État palestinien — ce que les Palestiniens, soutenus par les États arabes de la région, refusent, pensant pouvoir conquérir toute la région par les armes.

Pour ce qui concerne les questions économiques, les positions françaises au Levant reculent quand la CFP, actionnaire de l'Iraq Petroleum company est contrainte d'accepter les conditions américaines relatives à l'exploitation du pétrole d'Arabie Saoudite (novembre 1948). Pourtant, les Français pouvaient invoquer les accords d'exploitation de la Ligne rouge (juillet 1928) concernant la découverte et le partage du pétrole en Arabie Saoudite : les partenaires de l'IPC devaient partager toute découverte de pétrole dans cette zone définie par une « Ligne rouge » ; ce que refusent les Américains soutenus dans cette affaire par les Britanniques. La CFP menace d'un procès ses partenaires, mais le contexte économique français (la France dépend des Anglo-Saxons pour son ravitaillement pétrolier), celui de l'équilibre des puissances en Europe, la contraint d'accepter l'arrangement des Américains qui exploiteront seuls le pétrole saoudien et accorderont des compensations en Irak aux Français : la France tirera son pétrole de ce pays sans avoir à le payer en devises. Sous la pression des Américains, avec la complicité des Britanniques, l'accord de 1948 (*Heads of agreement*) annule les clauses relatives à la « *Red Line* ».

La puissance française à la fin de la guerre est donc amoindrie en Méditerranée, même si la France conclut avec l'Italie un accord de paix modéré (rectifications de frontière dans le Sud-Est) qui ouvre la voie à la réconciliation d'abord, à l'Europe ensuite.

1.2. La question allemande

Antagonisme et difficultés avec les Anglo-Saxons également en Europe, au sujet de l'Allemagne. Celle-ci, malgré la défaite de 1945, hante les dirigeants français qui ont signé (décembre 1944), nous l'avons vu, un traité d'alliance avec l'URSS, dirigé contre l'Allemagne. Quelle politique cependant pratiquer à son égard ? La France accepte l'établissement *de facto* des nouvelles frontières allemandes à l'Est, la ligne Oder-Neisse séparant la Pologne de l'Allemagne. Le partage de l'Allemagne en zones d'occupation ne résout que partiellement le problème car dans leur zone, les Français pratiquent une politique autoritaire qui engendre un ressentiment durable dans l'opinion allemande et parmi les alliés anglo-saxons.

Un autre point de friction concerne les réparations exigées des vaincus : après les décisions de principe prises à Yalta et à Potsdam, une conférence est réunie à Paris (novembre-décembre 1945). Elle décide que la France recevra 16 % des réparations de catégorie A et 22,80 % des réparations de catégorie B (outillage industriel, autres biens d'équipement en capital ainsi que les navires), ce qui représenterait une somme de 500 millions de marks 1938, soit donc en gros 25 milliards de francs 1946 pour les usines et une quinzaine de milliards 1946 pour le reste. En 1947, la France devait encore percevoir les deux tiers de ce qui lui était dû.

Afin de hâter son relèvement, la France revendique le rattachement de la Sarre à l'économie française et le détachement de la Ruhr qui doit être considérée comme « une entité politique indépendante de l'Allemagne » : la France aurait ainsi du charbon allemand. Par-dessus tout, le gouvernement français s'oppose à la résurrection d'une administration centralisée allemande qui préluderait à la renaissance d'un Reich allemand.

Mais les démontages d'usines, le marasme économique de l'Allemagne depuis 1945 imposent aux Alliés de subvenir aux besoins quotidiens des Allemands : lourde charge pour les budgets britannique et surtout américain. Dès septembre 1946, les États-Unis annoncent leur intention de modifier leur politique allemande : l'Allemagne leur coûte cher et risque de glisser dans l'orbite soviétique. En mars 1947, une conférence réunit à Moscou les ministres des Affaires étrangères français, anglais, américain et soviétique pour régler le problème allemand. Ces derniers veulent voir une Allemagne réunifiée, gouvernée par Berlin, et réclament, au titre des réparations, 10 millions de dollars à prélever sur la production courante. Les Américains et les Britanniques s'y opposent ; les Français s'élèvent contre la réunification, mais acceptent les réparations et demandent le rattachement de la Sarre. La conférence de Moscou se termine sur un constat d'échec : la France, qui avait cru pouvoir compter sur l'URSS, n'a pas d'autre choix que de se retourner vers les États-Unis et la Grande-Bretagne, en réalité et surtout vers les premiers.

Désormais, la politique extérieure française s'alignera sur celle des États-Unis.

2. La situation géostratégique de la France et de ses Alliés au début de la guerre froide

De 1947 à 1962, la politique extérieure française est conditionnée par deux séries de facteurs. La première est liée aux problèmes que posent la décolonisation en Asie du Sud-Est (Indochine), au Maghreb et en Afrique noire (que nous avons vu au chapitre 17) ; la seconde est attachée à l'affrontement entre les deux grandes puissances de l'après-guerre, les États-Unis et l'URSS, dans un conflit que l'on appelle communément la « guerre froide ».

Alors qu'ils n'ont pas encore fini de panser les plaies de la guerre, qu'ils dépendent de l'extérieur pour leur vie quotidienne, les Français sont engagés dans la guerre froide qui concerne non seulement l'Europe mais l'ensemble du monde, Extrême-Orient inclus. Cette fracture de l'alliance de guerre entre Soviétiques et Anglo-Saxons, au cœur même des accords de Yalta qui partagent l'Europe en zones d'influence, éclate en mars 1947 à la conférence de Moscou. Elle concerne aussi la vie politique française quand, en mai 1947, Paul Ramadier évince les communistes du gouvernement et met fin au tripartisme. Désormais, ces derniers ne manqueront jamais de voir la main des Américains dans toutes les affaires françaises.

Dans la guerre froide, les Soviétiques sont au cœur de l'Allemagne, ils occupent une partie des Balkans (Bulgarie, Roumanie) et sont partie prenante, par communistes interposés, dans la guerre civile qui déchire la Grèce. En Méditerranée, malgré les divergences de vues entre Tito, Enver Hodja et Staline, ils exercent également une influence en Yougoslavie et en Albanie. On les retrouve également au Proche-Orient. La victoire sur l'Allemagne a fait de l'URSS la puissance la plus importante du continent européen et aucun État, sauf les États-Unis, n'a les moyens militaires de lui faire obstacle. À la faveur des accords de Potsdam, les Américains concentrent dans leur zone d'occupation en Allemagne une partie importante de leurs forces qui y demeurent, en manière de bouclier, tout au long de ces années. Leur puissance est telle qu'ils exercent une hégémonie mondiale et prennent la tête du monde non communiste (« le monde libre »). L'Europe non communiste dont la France fait partie devient donc de ce fait un élément majeur de la stratégie américaine dans le monde. Celle-ci dispose pour contrecarrer les Soviétiques de plusieurs cartes : le plan Marshall, l'OTAN, la construction européenne.

Dans cette histoire de la politique extérieure française, les relations avec les États-Unis prennent le pas sur toutes les autres, même si en 1956, lors de la crise de Suez, Washington intervient contre Paris, Londres et Tel-Aviv en faveur de Nasser. Les libertés de la France en matière internationale ne sont donc pas entières. En 1958, lors de son retour aux affaires, le général de Gaulle s'élèvera officiellement contre cet état de chose. Cela l'aménera à distendre les liens de la France avec les États-Unis sur le plan militaire, même s'il affirmera hautement que la France demeure dans le camp du monde libre.

1. L'évolution des forces françaises de 1947 à 1962

Celles-ci se reconstituent d'année en année puisque « l'armée de métier » comprend 321 000 hommes en 1947 ; 273 000 en 1952 ; 360 000 en 1956 et 329 000 en 1962, auxquels il faut ajouter le personnel civil (150 000 en 1947 ; 144 000 en 1952 ; 184 00 en 1956 et 154 000 en 1962). Le budget de la Défense nationale augmente également d'une façon sensible, même si sa part dans le budget est inégale d'une année sur l'autre. De 1948 à 1962, il passe de 283,1 milliards de francs courants à 18,510 milliards de nouveaux francs courants et son pourcentage oscille de 17,6 % en 1950 à 30 % en 1956 mais se tient en moyenne entre 24 et 26 %. Dans le budget militaire sont comptées les dépenses liées aux guerres d'Indochine et d'Algérie.

Les forces françaises comprennent d'abord une importante armée de terre, une marine et une armée de l'air qui se reconstituent lentement ensuite. L'armée, empêtrée dans les guerres coloniales, ne connaît qu'une modernisation tardive.

En effet, en juin 1952, le corps expéditionnaire français en Indochine, fort de 251 000 hommes, comprenait 76 000 Français, 37 000 Nord-Africains, 21 000 Africains, 17 000 légionnaires et un peu plus de 400 000 hommes issus des États associés. Le meilleur de l'armée française était donc engagé en

Extrême-Orient, dans une guerre coloniale déroutante, qui ne ressemblait en rien à un combat moderne ou aux formes de la Seconde Guerre mondiale. Comme le note J. Chevallier, secrétaire d'État à la Guerre dans le cabinet Mendès France : « L'armée française, saignée à blanc dans ses cadres et dans son personnel, était à bout de souffle [...] Sept ans de combat, 100 000 morts chez nous et dans les troupes de l'Union française, 30 000 prisonniers, l'équivalent de deux promotions de saint-cyriens exterminés chaque année... » De fait, on peut évaluer les pertes de l'armée française à 92 000 hommes ; 114 000 hommes y avaient été blessés.

À peine rentrés d'Indochine, les cadres de l'armée française, passablement amers et conscients d'avoir perdu une partie où les cartes semblaient biseautées, sont aux prises avec une nouvelle guerre coloniale, celle d'Algérie. Même si alors ils ont l'appui du contingent, même si le Parlement vote les crédits demandés, ils ont encore plus que jamais l'impression d'être engagés dans une aventure sans issue.

À cela s'ajoute pour les militaires la conscience d'avoir été volés de leur victoire sur Nasser en 1956 lors de l'expédition franco-britannique de Suez. Cette accumulation d'échecs explique que certains d'entre eux tentent d'abord en mai 1958 d'imposer leurs vues et favorisent la chute d'une République incapable de faire la guerre et encore moins la paix.

Ils sont les meilleurs artisans du retour de de Gaulle au pouvoir quand ils font voter en sa faveur et en masse, en septembre 1958, les Algériens. Ils ne savent pas que celui-ci veut mettre un terme à la guerre d'Algérie et ils se révolteront contre lui à différentes reprises à Alger, en particulier en janvier 1960 (semaine des barricades) et en avril 1961 (putsch des généraux). L'OAS, à partir de 1961, fait trembler le nouveau pouvoir sur ses bases, d'abord parce que les Européens d'Algérie ont conscience que de Gaulle leur a menti en 1958, ensuite parce que l'armée les a soutenus (voir p. 428 *sqq.*).

Cependant, malgré les guerres coloniales, la IVe République s'engage dans les recherches sur la bombe atomique. Dès 1952, le CEA, créé en 1945, travaille sur l'atome à destination pacifique. Par la suite, un plan quinquennal prévoit l'utilisation de 40 MM/F pour l'industrie atomique qui pourra avoir des applications militaires. En 1955, la somme est portée à 100 MM/F et des relations suivies sont nouées entre le CEA et la Défense nationale : d'ores et déjà, il est impossible de dire si cette recherche concerne ou non le domaine de la seule utilisation pacifique de l'atome.

La crise de Suez et les menaces des Soviétiques indiquent clairement que sans la bombe, la France n'a pas sa liberté sur le plan international. Bien avant le 13 mai 1958, en novembre 1956, le gouvernement Mollet avait chargé le CEA de préparer les études relatives aux explosions atomiques, à la confection de prototypes et à la réalisation d'explosions expérimentales. En avril 1958, le gouvernement Félix Gaillard prévoit pour le début de 1960 une première série d'explosions atomiques au Sahara où l'on a entrepris des travaux d'aménagement depuis 1957. Avec la Ve République, de Gaulle développe les travaux du CEA et au printemps 1960, les premières bombes atomiques explosent à Reggane. Cette orientation vers l'armement atomique n'exclut pas la modernisation de l'armée dans ses formules classiques.

La querelle de la CED vidée et les relations franco-allemandes éclaircies (voir chapitre 7), la France demeure au sein de l'OTAN, même si son armée est engagée en Algérie. Elle y restera jusqu'en 1962 lorsque de Gaulle décidera de prendre ses distances à l'égard des États-Unis.

Quand les Anglo-Saxons refusent que la France participe à la stratégie atomique, de Gaulle décide de distendre les liens avec l'OTAN. Mais la France avait-elle les moyens après la longue guerre d'Algérie d'une indépendance stratégique et militaire ? Pendant longtemps encore, elle dépendra des radars américains, ce qui remet à sa juste place la volonté gaullienne d'indépendance militaire, face à la menace soviétique toujours présente en Europe et en Méditerranée.

2. L'hégémonie américaine : le plan Marshall

Économique, politique et militaire, l'influence américaine au lendemain de la guerre utilise aussi d'autres canaux. Ainsi, à l'automne 1947, les États-Unis encouragent les minoritaires non communistes de la CGT afin qu'ils se constituent en une centrale autonome, la CGT-FO qui se rallie à la CISL (Confédération internationale des Syndicats libres) animée par les Américains de la CIO ou de l'AFL (Irving Brown), qui encourage par ailleurs les mouvements d'indépendance des pays du Maghreb. Le leader de FO, Léon Jouhaux, ancien responsable de la CGT, reçoit même des fonds des syndicats américains, tandis que des groupements politiques anticommunistes sont financés par les États-Unis.

Avec le plan Marshall, les Américains agissent encore plus directement. Ce dernier, lancé en 1947, a pour objectif principal d'éviter que l'Europe appauvrie par la guerre ne se tourne vers l'URSS. Il a pour but aussi d'accélérer la remise sur pied de l'économie européenne. Originellement le général Marshall souhaitait que toute l'Europe (URSS et pays satellites inclus) bénéficie de l'aide américaine ; mais le refus soviétique allait limiter le plan à l'Europe occidentale.

La France, dont la balance des paiements est déficitaire depuis 1945, est obligée de puiser dans ses réserves d'or qui, on le sait, se sont amenuisées. Pour les Français, les offres américaines de Marshall constituent le moyen qui permettrait d'abord de réussir le premier plan Monnet ; ensuite de réduire le déficit de leur balance des paiements avec la zone dollar et la zone sterling (mais surtout avec la zone dollar) ; du même coup, la France pourrait recouvrer la santé sur le plan économique et un certain poids en Europe.

Avant même que le plan Marshall n'entre en vigueur, la France reçoit des États-Unis une aide « intérimaire » de 284 M/$ (décembre 1947). L'aide américaine est à la fois civile et militaire. La France et les autres pays européens qui acceptent cette aide se groupent et constituent l'Organisation économique de coopération européenne (OECE) en avril 1948.

De 1948 à 1951, la France reçoit presque 2 600 M/$ (732 milliards de francs) : un peu plus des 2/5 sont affectés aux Charbonnages, à l'EDF-GDF et à la SNCF, 1/5 à la reconstruction, presque autant pour remettre en état l'agriculture, l'industrie et les flottes de commerce et de pêche.

Mais, parce que la France est engagée plus nettement en Indochine, les États-Unis versent l'équivalent, de 1948 à 1954, de 1 137 milliards de francs courants au titre de l'aide militaire. Après la fin de la guerre d'Indochine, les Français continueront de recevoir des États-Unis une aide militaire et une aide civile : aide civile dans le cadre de l'OECE ; aide militaire au titre de l'OTAN. Ces concours s'amenuisent jusqu'en 1957 et le total approximatif de 1948 à 1957 s'élève à :
— aide civile : 1 210 MM/F ;
— aide militaire : 1 137 MM/F.

Malgré cette aide et la remise en ordre, la monnaie française ne semble pas à l'abri de difficultés graves.

En effet, la balance des paiements avec l'étranger demeure longtemps déficitaire (– 5 766,6 M de dollars de 1948 à 1958) ainsi que le montrent les chiffres, l'aide américaine de 4 599,3 M de dollars épongeant la part la plus importante de ce déficit. Et plus particulièrement celui de la balance commerciale avec la zone dollar. Mais une analyse plus poussée montre que le déficit permanent de la balance commerciale (– 6 887,5 M de 1948 à 1958 dont – 4 523,9 M avec la zone dollar, soit 65,9 %) est à l'origine de ce point faible.

	Balance commerciale globale M/$	Avec zone $ M/$
1948	– 1 428,4	– 939,6
1949	– 467,6	– 603,1
1950	– 78,3	– 261,7
1951	– 770,3	– 300,6
1952	– 697,1	– 336,6
1953	– 435,5	– 253,4
1954	– 236,2	– 320,3
1955	– 280,1	– 309,3
1956	– 933,0	– 458,0
1957	– 1 133,7	– 593,2
1958	– 427,3	– 148,1

D'où le recours à différentes reprises du gouvernement français à Washington. La balance commerciale est aussi généralement déficitaire avec les pays qui constituent l'Union européenne des paiements et avec ceux de la zone sterling.

Cette faiblesse chronique du commerce français interdit à la France pendant longtemps de jouer un rôle économique à la mesure des ambitions de naguère ; rapidement d'ailleurs, l'Allemagne s'intègre à la vie de l'Europe et devint l'élément le plus dynamique de la construction européenne.

Le plan Marshall qui a permis à l'économie française de retrouver une certaine santé a renforcé les liens de dépendance avec les États-Unis. Mais les dernières recherches soulignent que certains secteurs industriels (cinéma, pétrole) n'ont eu qu'une liberté limitée.

3. La France et l'Europe

1. De la CECA à la CEE :
les débuts de la construction économique européenne

En réalité, la pièce maîtresse de la politique extérieure française demeure l'Europe. La construction européenne comprend différents éléments, en dehors de la CED rejetée en 1954 et remplacée par les accords de Paris :

1. l'Organisation européenne de coopération économique (OECE) qui devient la Communauté économique européenne (CEE) ;

2. la CECA : la Communauté européenne du charbon et de l'acier ;

3. la Communauté européenne de l'énergie atomique (CEEA) ;

4. l'Union européenne des paiements (UEP).

Une conférence de la CECA se tient en juin 1955 à Messine et lance l'idée du Marché commun ; celui-ci doit permettre « l'établissement d'une Europe unie par le développement d'institutions communes, la fusion progressive des économies nationales, la création d'un marché commun et l'harmonisation progressive de(s) politiques sociales ». Une série de négociations s'ouvre entre la France, l'Allemagne, la Belgique, le Luxembourg, les Pays-Bas et l'Italie (les Six). Elles aboutissent en mars 1957 au traité de Rome qui institue :

1. une Communauté économique européenne appelée Marché commun ;

2. une Communauté européenne de l'énergie atomique (Euratom). Celui-ci a pour tâche primordiale de promouvoir, faciliter et coordonner les recherches dans les États membres pratiquement tout ce qui concerne l'énergie atomique utilisée aux seules fins pacifiques (approvisionnements, investissements, recherches, connaissances, techniques, brevets, etc.).

Le Marché commun est d'abord une véritable « union douanière » à l'intérieur de laquelle et « progressivement » circuleront librement les marchandises, les personnes, les services et les capitaux. C'est aussi une politique commune dans le domaine de l'agriculture, des transports ; une coordination des procédures destinées à éviter les déséquilibres dans les balances de paiements ; la création d'une « Banque européenne d'investissements destinée à faciliter l'expansion économique de la Communauté » ; la création d'un

Fonds social européen pour « améliorer les possibilités d'emploi des travailleurs et contribuer au relèvement de leur niveau de vie ». Enfin, il est prévu d'associer au Marché commun des pays et territoires d'outre-mer en vue d'accroître les échanges et de poursuivre en commun l'effort de développement économique et social.

Afin de résoudre les difficultés et de réaliser ces différents objectifs, il est prévu de créer une assemblée, un conseil, une commission et une cour de justice. Des étapes sont fixées qui déterminent un ensemble d'actions qui doivent être engagées et poursuivies concurremment. On a laissé soigneusement de côté toute allusion à une quelconque communauté politique européenne : l'échec de la CED était encore présent dans l'esprit de tous les négociateurs.

Pourtant dès le mois de mai 1949 avait été créé un Conseil de l'Europe qui siégeait à Strasbourg et qui comprenait :
— une Assemblée consultative constituée de parlementaires désignés par les différents parlements nationaux ;
— un Comité des ministres représentant chacun leur gouvernement. Mais ces deux organismes ne pouvaient émettre que des recommandations et des résolutions qui étaient transmises à leurs gouvernements. Ici, comme pour le Marché commun, tout ce qui ressemblerait à une Europe politique était limité par la souveraineté des États membres.

Mais à cette Europe des Six n'adhèrent pas les autres membres de l'Organisation économique de coopération européenne ; parmi eux, la Grande-Bretagne prend, en 1959-1960, la tête d'une Association européenne de libre-échange (AELE) avec l'Autriche, le Danemark, la Norvège, le Portugal, la Suède et la Suisse et montre ainsi sa volonté de ne pas s'engager en Europe.

2. La défense de l'Europe : la question de la CED

Le problème allemand demeure au premier plan des préoccupations françaises ; mais, depuis la Conférence de Moscou (1947), un certain nombre de faits majeurs interviennent en Europe. Le « coup de Prague » (printemps 1948), qui permet aux communistes d'éliminer brutalement toute forme de démocratie parlementaire en Tchécoslovaquie, symbolise la mainmise soviétique sur l'Europe centrale ; simultanément, la fin du « tripartisme » en France et le raidissement du PCF soulignent l'importance du changement intervenu dans les rapports interalliés : c'est le début de la « guerre froide » dans laquelle les États-Unis ne peuvent envisager que l'Allemagne de l'Ouest glisse dans le camp soviétique. Du coup, la Conférence de Londres de juin 1948 modifie fondamentalement la politique des États-Unis, de la Grande-Bretagne et de la France à l'égard de l'Allemagne.

Sans revenir à la « reconstruction d'un Reich centralisé », les trois puissances décident de mettre fin à la division actuelle de l'Allemagne et d'encourager une formule fédérale de gouvernement qui protège d'une manière satisfaisante les droits des différents États tout en prévoyant une autorité centrale suffisante. Simultanément, il est convenu que l'Allemange participera à la construction de l'économie européenne ; à propos de la Ruhr, une autorité internationale contrôlera la distribution du charbon, du coke et de l'acier.

Les Français pouvaient-ils suivre les conseils de de Gaulle et refuser les engagements de Londres ? Dès juin 1948, le blocus de Berlin ne laisse pas de choix aux États-Unis qui redoutent un coup de force soviétique en Allemagne. Cela balaie bien des préventions et des hésitations. L'Allemagne recouvre rapidement les prérogatives de la souveraineté politique et économique (1949). La réforme de ses finances donne au mark une solidité qui ira croissant.

Dans le même temps, les Américains organisent la défense de l'Europe occidentale. Dès octobre 1948, le principe d'un pacte militaire couvrant l'Atlantique Nord est admis. En avril 1949 est conclu un accord de défense pour différents pays de l'Atlantique Nord (OTAN), dont la France : le pacte couvre non seulement le territoire français, mais aussi l'Algérie.

À cette fin, est constitué un état-major général, le SHAPE, dirigé d'abord par le général Eisenhower, qui s'installe aux environs de Paris. La France participe à tous les niveaux de commandement, met à la disposition du SHAPE des bases aériennes (Évreux, Châteauroux...) et navales, ou facilite leur installation en France et dans les territoires qui dépendent d'elle. Les forces françaises se trouvent intégrées à celles du Pacte atlantique : elles reçoivent ainsi un équipement moderne. Dès lors, la défense des intérêts français passe par ceux de l'Alliance atlantique au sein de laquelle les Américains disposent d'une prépondérance évidente.

Cela apparaîtra à différentes reprises, notamment lorsque les États-Unis, logiques avec eux-mêmes, imposeront aux Français de poursuivre, au-delà de 1950, la lutte en Indochine alors que la conclusion du départ s'impose avec évidence même aux responsables français ; et encore lorsqu'ils poussent de toutes leurs forces au réarmement de l'Allemagne au sein de la Communauté européenne de défense (CED).

Dès 1950 est lancée l'idée d'une armée européenne intégrant des contingents allemands. De ce moment à 1954, l'opinion parlementaire d'abord, publique ensuite, se partage en deux clans : d'un côté les partisans qui comprennent le MRP, les radicaux, les socialistes dans leur ensemble, une partie du centre ; de l'autre les opposants, communistes et gaullistes. Les uns invoquent un certain réalisme politique et une certaine logique ; les autres font appel au patriotisme, voire au nationalisme et aux souvenirs encore frais de l'affreuse hégémonie nazie sur l'Europe. À l'Europe atlantique ou germano-américaine, on oppose l'Europe vaticane ou « carlovingienne ». Même si l'Assemblée nationale se montre favorable à l'armée européenne en février 1952, son vote est assorti de réserves multiples.

Le 27 mai 1952, le traité créant la CED est signé par le ministre français Robert Schuman ; simultanément un accord est conclu entre les États membres de la CED et ceux de l'OTAN. La France renonce-t-elle pour autant à tous ses droits de puissance occupant l'Allemagne ? Les accords de Bonn de mai 1952 réservent à la France, à la Grande-Bretagne et aux États-Unis une part de leurs prérogatives. Pour les Européens, accepter une certaine armée allemande et l'inclure dans la CED c'est le meilleur moyen d'empêcher la renaissance du militarisme allemand. Pour leurs adversaires, accepter la CED c'est, en gros, renoncer à la France, accepter la cassure de l'Europe en deux et risquer de passer de la guerre froide à la guerre tout court.

Ce débat majeur occupe le devant de la scène politique française, européenne, internationale. Afin de renforcer le camp des Européens, les Américains prennent officiellement parti et en décembre 1953 menacent leurs alliés atlantiques, et bien sûr la France, d'une « révision déchirante » de leur politique si la CED était repoussée. Le débat et la passion engendrés par cette question tendent à masquer les côtés positifs de la construction économique européenne ; de plus, ils éclipsent toutes les autres questions de politique extérieure et coloniale.

De toute manière, même les partisans de la CED admettent à partir de 1953 (ex. R. Mayer et J. Laniel) que les accords de mai 1952 doivent être assortis de protocoles additionnels. Le traité arrive devant l'Assemblée nationale à l'été 1954, alors que Pierre Mendès France est président du Conseil. Rejeté par les commissions parlementaires, il n'est même pas discuté au fond : en effet, une question préalable en repousse toute discussion.

Le rejet de la CED par la France coïncide avec la fin de la guerre d'Indochine, mais il précède de quelques semaines le début de la guerre d'Algérie. Il correspond aussi au moment où l'aide Marshall devient moins importante. Les rapports entre France et États-Unis, sans être soumis à la « révision déchirante » prédite par le secrétaire d'État John Foster Dulles, semblent plus distendus désormais. Cependant, la question de l'armée allemande et de l'Allemagne demeurent au premier plan. Pour la première, une nouvelle négociation entre la France, la Grande-Bretagne et l'Europe des Six aboutit en octobre 1954 à une série d'accords (accords de Paris) :

1. L'Allemagne recouvre « la pleine autorité d'un État souverain sur ses affaires intérieures et extérieures » (Berlin et la réunification sont à part) ;

2. L'Allemagne et l'Italie participent à l'Union de l'Europe occidentale (UEO) créée en 1948 ; mais si les forces allemandes sont intégrées à celles de la défense européenne, il est exclu que l'Allemagne dispose d'un armement nucléaire quelconque, d'armes biologiques ou chimiques ;

3. L'Allemagne s'engage enfin à ne pas recourir à la force pour obtenir sa réunification.

Après que le Parlement a ratififé ces accords, l'Allemagne entre officiellement dans l'OTAN (mai 1955).

Les accords de Paris mettent en grande partie fin à l'occupation de l'Allemagne. En mai 1955, celle-ci est supprimée, même si, à Berlin, les Alliés maintiennent un droit de regard souverain concernant les zones dont ils ont la charge.

Pour les Américains, la participation de contingents allemands à la défense de l'Europe dans l'OTAN était d'autant plus impérieuse que l'armée française était occupée en Indochine avant de s'engager en Algérie quelques mois après les accords de Genève (juillet 1954).

Cette solution du problème allemand implique celle des litiges franco-allemands et du plus important d'entre eux, celui de la Sarre. Traitée au lendemain de la guerre comme un « quasi-protectorat » dont le charbon est indispensable à l'économie française, la Sarre est en dehors de l'Allemagne. Mais elle accède à partir de 1951 à une liberté d'action plus grande : membre de la Communauté européenne du charbon et de l'acier (CECA), elle se libère progressivement de la tutelle française. Sans doute la revendication allemande n'est-elle pas étrangère à cette évolution. En octobre 1954, Français et Allemands mettent sur pied, non sans mal, un compromis qui est soumis au référendum des Sarrois en octobre 1955. Ceux-ci, sans équivoque, repoussent l'accord franco-allemand. Après de nouvelles négociations, la Sarre redevient allemande. Elle est politiquement rattachée à la République fédérale en 1959 et l'union douanière et monétaire franco-sarroise disparaît (accords de Luxembourg d'octobre 1956).

4. La France et le monde

1. France - États-Unis, des rapports parfois difficiles

Les relations franco-américaines ne vont pas sans tiraillements et grincements. En effet, les Américains, au nom d'un anticolonialisme doctrinal — qui n'est pas toujours cohérent —, critiquent la politique française en Tunisie et au Maroc, entre 1950 et 1954, alors qu'ils la soutiennent simultanément en Indochine : il est vrai que dans un cas il s'agit de la Chine communiste de Mao et de l'URSS de Staline ; dans l'autre, il s'agit de la Méditerranée, du monde arabe et de l'Afrique, en un mot du Tiers-Monde non encore engagé. Cette critique se manifeste de différentes façons : tantôt à la tribune des Nations unies, où les États-Unis, dans l'hypothèse la plus favorable, s'abstiennent de voter les motions hostiles à la France présentées par l'URSS ou les pays arabes ; tantôt diplomatiquement par la voix de leurs ambassadeurs. Ils utilisent aussi d'autres voies ; ainsi celle de la CISL à laquelle adhèrent les centrales tunisienne et marocaine et des grandes organisations américaines. Il arrive même que le différend atteigne une ampleur telle qu'il doit être porté devant le Tribunal international de La Haye : ainsi pour le Maroc où les hommes d'affaires américains obtiennent raison en 1952 contre le gouvernement français qui cherche à tourner la convention d'Algésiras.

Avec la guerre d'Algérie, la critique américaine tourne assez rapidement à l'hostilité d'autant plus que, depuis 1956, la France a reconnu l'indépendance du Maroc et de la Tunisie. Une première fois à l'automne 1956, quand Français et Anglais débarquent en Égypte pour couper définitivement le FLN algérien de sa principale base d'appui, les Américains interviennent avec vigueur auprès de Paris : la France rapatrie ses troupes. Une seconde fois, au printemps 1958, après le bombardement en Tunisie de Sakiet Sidi Youssef, le gouvernement américain offre ses bons offices ; en théorie, il ne s'agit que d'un différend franco-tunisien. Mais l'opinion française, et surtout les jusqu'au-boutistes, soupçonnent que l'on veut en finir avec la guerre d'Algérie à la faveur de cette quasi-médiation. Celle-ci avorte bien avant le 13 mai 1958. Par la suite, les relations franco-américaines s'aigrissent, moins sur le plan des États que sur celui de l'OTAN.

En effet, dès septembre 1958, de Gaulle envoie au président Eisenhower et à MacMillan un mémorandum qui remet en cause l'hégémonie américaine au sein de l'OTAN (voir ci-contre).

Devant la réponse vague des Américains, de Gaulle ordonne aux forces françaises de se dégager progressivement de l'OTAN. Dès mars 1959, certaines unités navales de la flotte de Méditerranée sortent des forces de l'organisation de l'Atlantique Nord. À l'été suivant, le président refuse l'installation de rampes de lancement et de stocks d'engins atomiques à moyenne portée sur le sol français. En juin 1963, les forces françaises se dégagent des forces de l'OTAN de l'Atlantique et de la Manche. À partir de mars 1966, toutes les bases américaines en France sont démantelées. Le quartier général de l'OTAN (le SHAPE) s'installe à Bruxelles.

Parallèlement, de Gaulle fait activer la mise au point de la bombe atomique française, dont la réalisation avait été décidée sous la IVe République. Ainsi, le 13 février 1960, la première bombe A française explose avec succès à Reggane, au Sahara. Dès l'été, sont entamées les études pour la construction de « vecteurs » transportant les charges nucléaires, avions, sous-marins, missiles sol-sol. De Gaulle veut aussi que la France possède l'arme thermonucléaire et il fait accélérer les recherches à cet effet. La mise en place de la force de frappe française était en route.

L'opposition critique la bombe française, jugée dérisoire et qualifiée de « bombinette ». La gauche trouve la dépense excessive et, se plaçant sur un plan moral, répugne à accepter une arme si meurtrière. La droite reprend l'argument financier et condamne une politique permettant à la France de s'éloigner de ses alliés occidentaux. Les partisans de l'Europe, jadis partisans de la CED, voient s'éteindre leur rêve d'un vieux continent militairement intégré.

Ce souci de l'indépendance militaire française ne signifie pas la rupture avec les États-Unis : « La France pour sa part a choisi, affirme de Gaulle à Washington en 1960 ; elle a choisi d'être du côté des pays libres ; elle a choisi d'y être avec vous. » Elle reste d'ailleurs membre de l'Alliance atlantique.

UNE VOLONTÉ D'INDÉPENDANCE

Les événements récents au Moyen-Orient et dans le détroit de Formose ont contribué à montrer que l'organisation actuelle de l'alliance occidentale ne répond plus aux conditions nécessaires de la sécurité, pour ce qui concerne l'ensemble du monde libre. À la solidarité dans les risques encourus, ne correspond pas la coopération indispensable quant aux décisions prises et aux responsabilités. Le gouvernement français est amené à en tirer des conclusions et à faire des propositions.

1. L'Alliance atlantique a été conçue et sa mise en œuvre est préparée en vue d'une zone d'action éventuelle qui ne répond plus aux réalités politiques et stratégiques. Le monde étant ce qu'il est, on ne peut considérer comme adaptée à son objet une organisation telle que l'OTAN qui se limite à la sécurité de l'Atlantique Nord comme si ce qui se passe, par exemple, au Moyen-Orient ou en Afrique n'intéressait pas immédiatement et directement l'Europe, et comme si les responsabilités indivisibles de la France ne s'étendaient pas à l'Afrique, à l'océan Indien et au Pacifique, au même titre que celles de la Grande-Bretagne et des États-Unis. D'autre part, le rayon d'action des navires et des avions et la portée des engins rendent militairement périmé un système aussi étroit. Il est vrai qu'on avait d'abord admis que l'armement atomique, évidemment capital, resterait pour longtemps le monopole des États-Unis, ce qui pouvait paraître justifier qu'à l'échelle mondiale, les décisions concernant la défense fussent pratiquement déléguées au gouvernement de Washington. Mais, sur ce point également, on doit reconnaître qu'un pareil fait admis au préalable ne vaut plus désormais dans la réalité.

2. La France ne saurait donc considérer que l'OTAN, sous sa forme actuelle, satisfasse aux conditions de la sécurité du monde libre, et notamment de la sienne propre. Il lui paraît nécessaire qu'à l'échelon politique stratégique et mondial soit instituée une organisation comprenant : les États-Unis, la Grande-Bretagne et la France. Cette organisation aurait, d'une part, à prendre les décisions communes dans les questions politiques touchant à la sécurité mondiale, d'autre part, à établir et, le cas échéant, à mettre en application les plans d'action stratégique, notamment en ce qui concerne l'application des armes nucléaires. Il serait alors possible de prévoir et d'organiser des théâtres éventuels d'opérations subordonnés à l'organisation générale (tels que l'Arctique, l'Atlantique, le Pacifique, l'océan Indien) qui pourraient être le cas échéant, subdivisés en sous-théâtres.

3. Le gouvernement français considère comme indispensable une telle organisation de la sécurité. Il y subordonne dès à présent tout développement de sa participation actuelle à l'OTAN et se propose, si cela paraissait nécessaire pour aboutir, d'invoquer la procédure de révision du traité de l'Atlantique Nord, conformément à l'article 12.

4. Le gouvernement français suggère que les questions soulevées dans cette note fassent le plus tôt possible l'objet de consultations entre les États-Unis, la Grande-Bretagne et la France. Il propose que ces consultations aient lieu à Washington et, pour commencer, par la voie des ambassades et du Groupe permanent. »

Note du gouvernement français, en date du 17 septembre 1958,
au président Eisenhower et au Premier ministre britannique MacMillan.

2. Les relations avec le monde socialiste

En cela la Ve République, dans ses débuts, ne diffère pas essentiellement de la IVe : en corollaire cela signifie que les relations avec l'URSS et le monde socialiste sont difficiles ; qu'il s'agisse du blocus de Berlin par les Soviétiques (de juin 1948 à mai 1949), de la guerre de Corée (juin 1950-juillet 1953), les Français s'opposent aux Soviétiques ou aux Chinois. Ils ne manquent pas, à partir de 1950, de souligner que la guerre menée en Corée et en Indochine est un combat contre le communisme pour la liberté du monde... Et l'on n'est pas surpris de voir à Genève, en 1954, au moment de la négociation entre la France et le Viêt-minh, l'URSS, la Chine populaire, les États-Unis et la Grande-Bretagne. En dehors des États-Unis, toutes les puissances présentes signent les accords de Genève (juillet 1954).

La signature des accords de Paris, l'entrée de l'Allemagne dans l'OTAN amènent l'URSS à dénoncer en mai 1955 la « belle et bonne alliance » franco-soviétique de décembre 1944. Cela n'aggrave pas les relations entre les deux États qui s'affrontent à l'ONU lorsque surgissent les problèmes coloniaux : l'URSS dénonce avec force le « colonialisme » français chaque fois qu'elle le peut. Et en 1956, lors du débarquement franco-anglais en Égypte, un quasi-ultimatum soviétique assorti de menaces d'utiliser des fusées nucléaires impose à la France le retrait de ses troupes [1].

L'arrivée de de Gaulle au pouvoir en mai 1958 ne modifie guère ces rapports dans lesquels la réserve le dispute à la défiance. La France rejette ainsi le plan de désarmement nucléaire limité à l'Europe centrale, présenté par la Pologne en 1957. Elle incite les Américains à la fermeté dans l'incident de l'avion U2 abattu par les Soviétiques en 1960, ou dans la crise de Cuba d'octobre 1962.

L'anticommunisme trouve des complaisances et des échos dans tous les milieux, gouvernementaux ou non, et saisit toutes les occasions fournies par les interventions soviétiques : à Berlin-est en 1953 ; à Budapest en octobre 1956. La réduction des échanges de toute nature entre la France et l'URSS ne permet pas de modifier le climat des relations entre la France et le monde socialiste.

À l'égard de la Chine de Mao, la diplomatie française se contente de l'ignorer de 1947 à 1962 et de voter régulièrement contre son admission à l'ONU.

---

1. Cela devait, incidemment, pousser Guy Mollet, alors président du Conseil, à envisager la construction d'une arme atomique française à laquelle Pierre Mendès France restait farouchement hostile.

3. La France, le Proche-Orient et la Méditerranée

Depuis le début des années 50, l'antagonisme franco-britannique semble avoir perdu de sa virulence. Après la Seconde Guerre mondiale, la France a quitté le Levant (Syrie, Liban) et a accepté en mai 1948 la création de l'État d'Israël. Depuis 1945, sa politique au Maghreb écarte d'elle les États arabes réunis depuis mars 1945 au sein de la Ligue arabe. Cependant, elle continue d'exploiter le pétrole arabe par le biais de la Compagnie française des pétroles (CFP) qui retrouve ses participations dans l'Irak Petroleum Company et ses filiales. D'une année sur l'autre, elle augmente ses importations de pétrole du Proche-Orient, ce qui ne manque pas d'obérer sa balance des paiements. Seule la découverte et l'exploitation du pétrole saharien à la fin des années 60 lui permettra de se dégager temporairement de cette hypothèque.

3.1. Une politique de rapprochement avec les pays du Proche et du Moyen-Orient

La CFP affirme sa solidarité avec les Britanniques dans la crise qui débute en 1951 entre l'Iran de Mossadegh et l'Anglo-Iranian Oil Company ; les Français n'achètent plus de pétrole iranien jusqu'au moment où, en 1954, les Anglais reprennent pied en Iran. En retour, la CFP obtient une participation de 6 % dans la nouvelle société qui remplace l'Anglo-Iranian : l'Iranian Oil participants (Grande-Bretagne, 54 % ; États-Unis, 40 % ; France, 6 %). La CFP s'associe aussi avec la British Petroleum (BP) dans plusieurs concessions autour du golfe Persique, soit sur la terre ferme, soit en *off shore* (Abu Dhabi).

Dans le domaine financier, la Turquie convertit sa dette. À la faveur de la guerre, la France n'a pratiquement plus de créance sur ce pays. De plus depuis leur indépendance, la Syrie et le Liban ont créé des banques nationales avec leur propre monnaie tandis que certaines banques françaises y conservent leurs filiales sous contrôle local. Au Liban, les sociétés françaises prospèrent et comme le note un bon observateur libanais « elles regorgent d'argent, [...] disposent de moyens financiers très étendus constitués essentiellement par des dépôts ». Prudentes, elles servent de refuge et Beyrouth devient la place financière la plus importante de la région. Mais le Liban est une exception, car ailleurs les intérêts français régressent. Ainsi, en Égypte, la révolution des « Officiers libres » de 1952 accélère-t-elle la nationalisation des intérêts étrangers. Quand, en 1954 et 1955, le pays à court de capitaux pour édifier le barrage d'Assouan se tourne vers les banques européennes (surtout françaises et britanniques) ou américaines, celles-ci posent de telles conditions que l'Égypte prend la décision de nationaliser la Compagnie universelle du canal de Suez (été 1956). Ce sera le prétexte à l'expédition combinée menée par les Français, les Britanniques et les Israéliens, en novembre 1956.

Jusque-là, la politique de la France dans la région est restée prudente. En effet, elle a pris ses distances avec la politique d'endiguement (*Containment* et *Northern Tier*) des Anglo-Saxons à l'égard de l'URSS et, à la différence de Londres, Paris refuse de cautionner le Pacte de Bagdad (1954) mais a accepté en novembre 1951 de participer au Commandement suprême pour la défense du Moyen-Orient. De la même façon, la France regarde sans antipathie en 1952 la révolution des « Officiers libres » qui, en Égypte, renverse le roi Farouk. En revanche, Paris met en garde Le Caire quand elle laisse les hommes du FLN utiliser l'émetteur « La Voix des Arabes ». Après le voyage du ministre socialiste Christian Pineau, les Français estiment aplanies les difficultés avec Le Caire ; ce n'est qu'un répit et une illusion avant la crise de Suez déclenchée par la nationalisation du canal à l'été 1956.

3.2. La crise de Suez (novembre 1956)

Le 31 octobre 1956, les Français attaquent, par air, terre, mer et débarquent des troupes en même temps que les Britanniques, pour soi-disant « séparer les belligérants israéliens et égyptiens ». En réalité, tout a été combiné de longue date entre les trois États ; les Israéliens foncent à travers le Sinaï vers le canal de Suez tandis que les Français et les Britanniques mettent les Égyptiens en déroute. Spontanément, les Soviétiques arment les civils égyptiens et officiellement, l'URSS, les États-Unis et les Nations unies interviennent pour mettre un terme à cette attaque combinée. Les trois États cessent le feu dès le 7 novembre et se retirent en décembre.

À la suite de cette aventure, la France perd ses intérêts (75 milliards de francs de l'époque) dans le canal de Suez ; elle y perd également des positions politiques et culturelles, tandis que se déchaîne à travers toute l'Égypte une violente francophobie. Simultanément, l'approvisionnement pétrolier de l'Irak est interrompu et celui de l'Iran ne peut plus emprunter le canal de Suez désormais encombré d'épaves.

Comme nous l'avons dit plus haut, la nouvelle « expédition d'Égypte » s'insérait en réalité dans la politique algérienne de la France ; et l'on pensait alors qu'en frappant en Égypte on ôterait aux rebelles algériens de solides bases de départ militaires et diplomatiques.

Indépendamment des conséquences en Algérie, la retraite des troupes françaises et britanniques avait de multiples significations.

1. Les deux Grands, États-Unis et URSS, confirmaient leur supériorité évidente, sur tous les plans ; qui reposait entre autres sur l'arme atomique.

2. Au Proche-Orient et en Méditerranée, leur influence était capitale et éclipsait celle, traditionnelle, de la France et de la Grande-Bretagne.

3. Les positions de ces deux dernières reculaient sensiblement dans tout le monde arabe.

En réalité, les relations avec les États arabes sont conditionnées par la difficile décolonisation du Maghreb ; celle de la Tunisie et du Maroc d'abord, celle de l'Algérie ensuite. Déjà, Le Caire a accueilli en décembre 1947 le Comité de libération du Maghreb arabe et son président le Rifain Abd el Krim el Khattabi. Depuis lors, la Ligue arabe a fait inscrire régulièrement la question de la Tunisie, du Maroc, de l'Algérie à l'ordre du jour de l'Assemblée générale de l'ONU. La France intervient donc auprès de ses alliés américains et du monde « libre » contre le groupe des États afro-asiatiques alliés à l'URSS et aux « démocraties populaires » pour éviter d'être condamnée. À Bandoeng (avril 1955), sa politique maghrébine est mise en cause par les leaders du Tiers-Monde (parmi lesquels Nasser et l'Indien Nehru) qui apportent leur soutien à la Tunisie, au Maroc et au FLN algérien. Or, le Proche-Orient arabe est une zone d'importance majeure pour la stratégie américaine, d'où des relations parfois délicates entre Paris et Washington.

Après l'indépendance de la Libye en janvier 1952, la France engage la négociation du traité de paix avec ce pays ; conduite par Pierre Mendès France, celle-ci aboutit en 1955 à la signature d'un traité entre les deux pays qui délimite les frontière du nouvel État d'abord avec la Tunisie, ensuite vers le sud avec le Tchad. Malgré les problèmes de la décolonisation, les rapports avec la Libye dirigée par le roi Idrîs as-Sanusi ne posent aucun problème réel.

Au-delà de ces conséquences, la France se rapproche d'Israël et amorce avec l'État juif une politique de coopération et d'aide dans tous les domaines. Celle-ci dure sans changement jusqu'en juin 1967.

3.3. Les rapports avec les pays du sud de l'Europe

Dans le bassin occidental la France à travers la construction européenne renforce ses liens avec l'Italie voisine et se rapproche d'elle. Après avoir obtenu une rectification de frontière à Brigue et Tende, notre pays signe un accord commercial (février 1946) avant même que le traité de paix ne soit conclu à Paris en février 1947. Assez rapidement, le trafic franco-italien augmente sans atteindre cependant celui de la France avec l'Allemagne ou la Belgique.

De même avec l'Espagne, même si l'opinion et le gouvernement français songent au lendemain de la guerre à interrompre leurs relations avec le régime de Franco, cela ne constitue qu'un bref épisode. Sous la pression anglo-américaine, Franco réussit à se maintenir et, en février 1948, Français et Espagnols concluent un accord pour rouvrir la frontière. Progressivement, les relations se renforcent, mais ni sur le plan commercial, ni sur le plan politique on ne peut parler de rapprochement quelconque.

Peut-on alors parler d'une politique française en Méditerranée ? Jusqu'en 1962, date de l'indépendance algérienne, certainement pas. D'une politique arabe, à tout le moins ? Certainement pas non plus. S'il existe une politique arabe ou une politique en Méditerranée de la France, dans la meilleure des hypothèses, elle passe par celle de l'Europe et ne peut ignorer le poids des États-Unis. D'ailleurs avec la guerre d'Algérie qui dure jusqu'en 1962, la France de la IVe ou de la Ve République pouvait-elle faire autrement ?

C'est bien d'ailleurs la guerre d'Algérie qui interdit à de Gaulle revenu au pouvoir de réaliser des plans et des projets longuement mûris dans la solitude de Colombey. La politique extérieure de la France devient le domaine « réservé » *de facto* du nouveau président de la République : il dépasse ainsi l'esprit de la constitution de 1958 qui lui réservait seulement « l'orientation » de la politique étrangère.

La politique extérieure de 1962 à 1980

De 1958 à 1980, la politique extérieure de la France semble suivre une ligne continue malgré le départ de de Gaulle en 1969 ; ses successeurs Georges Pompidou et Valéry Giscard d'Estaing se réclament de lui mais impriment des changements importants à propos de l'Europe et des États-Unis qui demeurent, avec le temps, les deux problèmes importants pour la France. Dans cette politique extérieure, une donnée fondamentale majeure intervient : l'arme atomique qui donne à la France plus de poids par rapport aux autres États européens dans la vie internationale.

1. Les difficiles rapports franco-américains et le développement d'une politique indépendante des blocs (1962-1969)

La politique extérieure est inséparable de la défense nationale. Parce que l'armée est engagée en Algérie, il faut que la guerre cesse et que les forces françaises reviennent en Europe au plus tard en 1962. Cependant, dans une perspective d'indépendance de la politique extérieure de la France, celles-ci doivent échapper à toute autorité qui ne serait pas française. De plus, la France doit participer au plus haut niveau à l'élaboration de la stratégie interalliée et à son exécution ; c'est le sens de la lettre de de Gaulle au président Eisenhower et au Premier ministre MacMillan en septembre 1958 (voir p. 469). Faute d'avoir satisfaction, alors la France retrouverait sa liberté à l'égard de ses Alliés.

Cette missive marque le début de l'offensive menée par de Gaulle contre Les États-Unis d'abord, l'OTAN ensuite. Mais cette politique n'est possible qu'à plusieurs conditions : se désengager de l'OTAN, posséder l'arme atomique, améliorer la situation de l'économie française.

1. Faire pièce aux États-Unis

1.1. Par le désengagement de l'OTAN

La France engage la lutte dès 1959, d'abord par le biais de l'OTAN. L'action la plus importante menée par le général contre les États-Unis concerne le désengagement des forces françaises de l'OTAN. Dès 1958, il définit les positions du gouvernement français : la France est membre de l'OTAN mais ses forces, ne dépendant plus du commandement suprême interallié, repassent sous commandement français. En 1959, 250 avions américains sont transférés en Grande-Bretagne ; en 1962, deux divisions rentrées d'Algérie ne sont plus à la disposition de l'OTAN. L'escadre de la Méditerranée d'abord, celle de l'Atlantique ensuite en 1963 sont retirées des forces alliées. En 1966, la France sort de l'OTAN. De plus, à sa demande, le quartier général (le SHAPE) est transféré de Fontainebleau à Bruxelles et les bases aériennes américaines en France sont évacuées.

1.2. Par la mise en œuvre d'une force de frappe atomique

Simultanément, de Gaulle accélère les travaux destinés à doter la France d'armes atomiques ; sur le polygone aménagé de Reggane explose en février 1960 la première bombe atomique française, et en avril, la deuxième. Cela ne signifie pas cependant que la France possède un armement atomique utilisable sur le plan stratégique. Dans ce dessein, de Gaulle impose et fait adopter à l'été 1960 une loi-programme qui doit doter le pays d'une « force de frappe » pourvue d'une aviation stratégique, de fusées ensilées en Haute-Provence et de sous-marins. La loi prévoit 12 milliards/NF de dépenses pour la période 1960-1964. Dans le même temps la France refuse l'accord signé à Moscou (1963) sur l'arrêt des expériences atomiques. Le premier programme établi sur quatre années est l'amorce d'une politique qui doit s'étaler sur dix années à venir (1964-1970 ; 1971-1976).

1.3. Par l'organisation de l'Europe et le règlement de la difficile question monétaire

Ce souci de mettre la France sur le même pied que les plus grands, nous le retrouvons à propos de l'Europe ; mais cette fois avec l'idée que, dans cette organisation, la France doit être au premier rang et doit pouvoir utiliser l'Europe pour servir ses desseins ou ses intérêts politiques.

En premier lieu, et c'est l'évidence même pour de Gaulle, l'Europe exclut « l'intégration par le supra-national », mais implique « la coopération des États et des nations ». La première, celle de « l'esperanto » et du « volapük » n'a pas de sens. Dans cette Europe des États et des nations, l'entente entre Français et Allemands est la pierre angulaire et, dès 1958, de Gaulle et Adenauer se rencontrent, tantôt en France, tantôt en Allemagne.

Afin que l'économie française aborde dans les meilleures conditions le Marché commun, le gouvernement décide en décembre 1958 :
— la dévaluation du franc (17,50 %) ;
— d'appliquer, dès janvier 1959, les mesures prévues par le traité de Rome.

Cependant pour le général, le Marché commun est un tout : il faut donc que les partenaires de la France acceptent d'appliquer tout ce qui concerne l'agriculture. Sur ce point, les difficultés ne manquent pas et font l'objet de laborieuses négociations qui aboutissent, en janvier et juin 1962, aux accords de Bruxelles. Ceux-ci prévoient :

— la libre circulation des produits agricoles à l'intérieur de la CEE ;
— l'égalisation des prix intérieurs à la CEE ;
— une politique commerciale commune à l'égard des pays tiers ;
— la création d'un Fonds européen d'orientation et de garantie agricole qui régularise les prix agricoles.

Il reste cependant bien des questions à résoudre avant que le Marché commun ne devienne une réalité quotidienne. En attendant, l'Organisation économique de coopération européenne devient en 1961 l'Organisation économique de coopération et développement économique plus largement ouverte au monde puisqu'en dehors des pays européens le Canada, les États-Unis et le Japon y sont admis.

Grâce à la dévaluation de décembre 1958, la balance commerciale est positive pendant trois ans, puis déficitaire jusqu'en 1969 :

1958 : − 2 021 M/NF	1964 : − 5 311 M/NF
1959 : + 2 571	1965 : − 1 423
1960 : + 2 885	1966 : − 4 718
1961 : + 2 676	1967 : − 5 053
1962 : − 777	1968 : − 6 350
1963 : − 3 712	1969 : − 12 263

Cette faiblesse chronique de la balance commerciale rend-elle le franc vulnérable ? Apparemment pas, car les réserves en or et en devises de la Banque de France augmentent régulièrement.

Mais il faudrait pouvoir déterminer ce qui est lié à des capitaux appartenant à des entreprises françaises et ce qui est le fait de capitaux étrangers domiciliés en France (ex. : capitaux algériens, des États de la Communauté, du Maroc, de la Tunisie et bien sûr des États-Unis ou de différents pays européens). Cette santé apparente du franc donne l'illusion que les Français peuvent faire entendre à haute voix leur opinion et qu'ils peuvent obliger les États-Unis à modifier leur politique économique internationale et leur politique internationale tout court. Dès 1964, la France convertit en or ses dollars et, en février 1965, de Gaulle donne aux Américains la leçon monétaire et propose pour les échanges internationaux le retour de l'étalon-or.

« Dans les échanges internationaux, la loi suprême, la règle d'or, c'est bien le cas de le dire, qu'il faut remettre en honneur et en vigueur, c'est l'obligation d'équilibrer d'une zone monétaire à l'autre, par la rentrée effective de métal précieux, les balances des paiements qui résultent de leurs échanges. »

Les difficultés, liées à la circulation monétaire mondiale, s'aggravent singulièrement, car d'abord la production industrielle et le développement de l'économie mondiale croissent d'une façon impressionnante depuis 1945, alors que la production de métal précieux et surtout d'or est très sensiblement inférieure à ces rythme et taux de croissance. La solution logique serait d'augmenter le prix d'achat de l'or sur le marché mondial si on veut le garder comme étalon monétaire.

Les États-Unis refusent cette solution, parce qu'ils sont les plus gros acheteurs du monde ; ils peuvent ainsi augmenter leurs stocks d'or à bon prix et laisser au dollar le rôle de seule monnaie de compte internationale. Dès lors, le monde entier, et la France entre autres, prend en charge une partie de leur inflation monétaire ; or, rien, aux yeux de de Gaulle, ne justifie ce traitement de faveur.

Mais comment remettre en question cette position ? Seul un renforcement de la situation économique de la France sur le plan intérieur, sur celui de l'Europe et des relations internationales donnerait à la diplomatie française les moyens de sa politique. De Gaulle et les responsables des Affaires étrangères ont-ils perçu, d'emblée, la liaison entre les différents domaines ? Une faiblesse : la balance du commerce franco-américain est toujours déficitaire, sauf en 1959 ; le taux de couverture des échanges oscille entre 41,3 % (1964) et 61 % (1971) mais se tient régulièrement autour de 50 %, ce qui signifie un déficit payé en dollars ; donc un amoindrissement de la position française au regard des États-Unis.

Dès lors et inlassablement, les Français dans toutes les occasions réclament la réforme du système monétaire international, en fonction des critères définis en 1965. Mais ils ne réussissent pas à convaincre leurs principaux partenaires du Fonds monétaire international (les États-Unis et la Grande-Bretagne bien sûr, mais aussi l'Allemagne et les partenaires du Marché commun) : les uns et les autres voient bien l'importance du problème à résoudre, mais ne peuvent suivre les Français. Et ces derniers ne peuvent quand même agir isolément ; cependant, ils poursuivent l'échange de leurs dollars contre de l'or et ils refusent tout aide à la livre-sterling en difficulté. On pouvait imaginer en 1967 qu'un proche avenir permettrait aux Français d'imposer leurs vues.

À la conférence de Stockholm de 1968, ces derniers, par la voix de Michel Debré, reprennent leurs arguments contre le dollar pour que l'on revienne à l'or : mais la France est isolée et les participants du FMI et bien sûr les États-Unis et la Grande-Bretagne obtiennent des facilités (de « l'or-papier », dit-on à Paris). La crise de mai 1968 met pour longtemps un terme à la lutte entreprise depuis 1965 : la spéculation profite du régime libéral institué pour les changes et en novembre 1968, malgré les mesures tardives mises par le gouvernement français, la situation du franc est très précaire : devises, or, francs fuient la France pour l'étranger. Alors que l'on s'attend à une dévaluation dont le taux est déjà fixé (17,50 %), de Gaulle refuse celle-ci. La France obtient un répit, car, une fois de Gaulle parti, la dévaluation du franc est décidée à l'été 1969 par le gouvernement français.

La guerre contre le dollar avait tourné court.

De Gaulle attaque également les États-Unis et plus largement les Anglo-Saxons sur le continent américain lui-même à deux reprises : d'abord, en 1964, au cours d'un voyage solennel à travers l'Amérique centrale et du Sud ; ensuite, en 1967, au Canada. Dans les deux cas, le but est double :

1. Affirmer la présence française. Cela est particulièrement net en 1967 quand il limite son voyage au Canada au seul Québec, ignore *de facto* le gouvernement fédéral d'Ottawa et encourage ostensiblement les aspirations des Canadiens français avec son cri de : « Vive le Québec libre ! »

2. Aider « tant de peuples d'Afrique, d'Asie, d'Amérique latine à se développer à leur tour sans se hisser à l'une ou l'autre des deux hégémonies qui tendent à se partager l'univers ».

2. La France et le Tiers-Monde

L'aide au Tiers-Monde, la coopération entre pays riches et développés et pays pauvres est une exigence politique et économique : « C'est un bon placement à long et à moyen terme [...] l'avenir de l'univers tout entier en dépend et nous sommes dans l'univers. » La France, qui vient de terminer la guerre d'Algérie, veut donner une image exemplaire, voire le modèle des relations qui doivent s'instaurer entre les territoires ci-devant coloniaux et les anciennes métropoles.

Grâce à la Communauté, on le sait, la France applique largement la doctrine de la coopération (voir chapitre 18). La valeur de l'aide française au Tiers-Monde passe de 404 MM/AF en 1958 à 6,636 milliards/NF en 1967 ; les deux tiers constituent une aide publique ; le reste représente une aide privée. Jusqu'en 1965-1966, cette aide bénéficiait surtout aux pays francophones ; après cette date, les pays américains (le Mexique) et l'Extrême-Orient (le Cambodge) tirent le plus de profit de la coopération technique et culturelle. À partir du voyage au Québec l'effort porte sur le plan culturel en faveur du Canada français.

Par rapport au revenu national, l'aide française est l'une des plus importantes dans le monde (en pourcentage) :

1967 :	France	: 1,64 %
	Pays-Bas	: 1,24 %
	Allemagne	: 1,26 %
	Royaume-Uni	: 1,10 %
	États-Unis	: 0,85 %

Simultanément, les entreprises françaises s'adjugent d'importants marchés : les plus importants concernent l'Afrique noire (34 %), le Proche-Orient (24 %), le Maghreb et, loin derrière, le continent américain (4 %) ou l'Extrême-Orient.

Mais cette coopération technique et culturelle ne va pas sans créer des ambiguïtés multiples : trop souvent les « coopérants » servent « d'otages » et l'aide culturelle et technique peut servir aussi de moyen de pression, voire de chantage, même si, à l'origine, la formule devait être frappée du sceau du désintéressement. Il est clair cependant pour la France que la contestation de la politique américaine porte, en dehors de ceux que nous avons distingués, sur deux terrains privilégiés : l'armement atomique et l'OTAN ; les deux domaines sont d'ailleurs étroitement liés pour de Gaulle.

3. Vers l'indépendance atomique

Une fois passées les deux explosions atomiques de Reggane, le gouvernement français, on le sait, ordonne la constitution d'une force de frappe.

Devant l'évidence que la France possédera son armement atomique, quel qu'en soit le prix, les États-Unis se déclarent, en 1961, prêts à « étudier les suggestions propres à satisfaire les besoins nucléaires français, tout en évitant les précédents qui aboutissent à la prolifération des armes atomiques ». En fait, les Américains discutent avec les Soviétiques depuis plusieurs années d'un traité de non-prolifération des armes nucléaires et voudraient que les Français arrêtent leurs expériences atomiques. Devant le refus français, le gouvernement américain propose en 1962 de doter l'OTAN d'une force atomique multilatérale.

Mais les Français refusent et en août 1963 déclarent qu'ils ne signeront pas le traité de Moscou sur la non-prolifération des armes nucléaires. En 1964, après qu'une stratégie ambitieuse, « tous azimuts », a été proclamée officiellement, de Gaulle inaugure en 1965 l'usine de séparation isotopique de Pierrelatte.

En 1966, sur le nouveau polygone d'essais de Mururoa (Polynésie), explose, en présence de de Gaulle, la première bombe H française. La France a les moyens de posséder son armement nucléaire ; mais le prix payé n'excède-t-il pas les ressources financières du pays ? La première loi-programme (1960-1965) avait prévu 31,1 milliards/F d'autorisations de programme ; la seconde (1965-1970) prévoit 87,8 milliards/F. Or, simultanément, la France conserve une armée conventionnelle. Sur le plan techologique et stratégique, la possession d'une force de dissuasion ou de frappe soulève de nombreux problèmes : à l'heure où les États-Unis et l'URSS mettent sur orbite des satellites et possèdent un lot impressionnant de missiles intercontinentaux à longue ou moyenne portée, la si coûteuse panoplie nucléaire française n'est-elle pas déjà dépassée ? D'autre part, dans quelles circonstances et contre qui userait-on de l'arme de dissuasion ? Et même pourrait-on en user, à supposer que les sous-marins nucléaires français puissent jouer un rôle quelconque dans l'avenir ? Cette arme atomique nationale n'est-elle pas un leurre sur le plan de la sécurité ? Peut-on encore envisager une défense nationale alors que la stratégie est de plus en plus intercontinentale et internationale ? En un mot, ne s'est-on pas fourvoyé en se lançant dans la possession d'un armement atomique national ?

Quel bilan de la politique américaine de de Gaulle ? Au regard des résultats, l'hégémonie américaine n'est pas remise en question, ni en Europe, ni au Proche-Orient où les propositions françaises ne sont pas prises en considération. Dans le domaine économique, l'échec est évident. L'affaiblissement de la monnaie américaine résulte davantage des dépenses excessives des États-Unis (Viêt-nam, conquête de la Lune) que de la lutte menée par la France contre le dollar en 1964 et 1968. Pour réussir, le seul moyen eût été de renforcer l'Europe, sur le plan politique et économique ; mais de Gaulle songeait à une autre Europe, la sienne.

Dès lors, et quoi qu'il fît, son entreprise ne pouvait obtenir que des résultats très limités. Dans la meilleure des hypothèses, les Français pouvaient dire non, alors que jusque-là ils ne l'avaient jamais osé ; mais dire non suffit-il à définir une politique ? Surtout quand la situation de la France a été hypothéquée par la Seconde Guerre mondiale et les guerres coloniales et que la puissance, dans le monde, se définit désormais à l'échelle continentale ?

4. Une attitude réservée vis-à-vis de la Grande-Bretagne

C'est dans cette perspective d'une politique fondée sur le non qu'il faut insérer les relations entre la France et la Grande-Bretagne. Celle-ci avait, depuis la fin de la guerre, entretenu des relations privilégiées avec les États-Unis et en fonction de cette position, elle avait cherché, dès le début, à faire avorter la construction européenne. Celle-ci avait pu s'organiser, malgré tout, grâce aux efforts américains et aussi à des hommes politiques et des pays européens. Néanmoins, les Britanniques tentent de sauvegarder, en usant de différentes formules, leur situation privilégiée par rapport aux États-Unis et au Commonwealth, et aussi de miner l'Europe.

La première manœuvre aboutit aux accords de Nassau de 1962 qui donnent aux Britanniques accès aux secrets atomiques américains pour la construction de sous-marins porte-engins et d'ogives nucléaires ; elle a pour conséquence que les Britanniques refusent de construire avec les Français une fusée. Simultanément, après avoir constaté que l'Europe se réalisait en dépit de leurs efforts, les Britanniques demandent à participer au Marché commun tout en conservant, semble-t-il, leurs avantages avec le Commonwealth. Devant une attitude aussi peu cohérente, de Gaulle refuse l'admission de la Grande-Bretagne : ce refus français provoque des difficultés avec d'autres membres de la CEE qui souhaitent y voir entrer les Anglais. Mais aucun des membres de la CEE n'ose défaire l'œuvre déjà accomplie en commun et la Grande-Bretagne doit attendre 1969 avant de représenter sa candidature au Marché commun. Même si désormais l'Europe des Six lui est, en principe, favorable, il reste encore de nombreux problèmes pratiques à résoudre qui imposeront à la Grande-Bretagne de tourner vraisemblablement le dos à sa politique de naguère.

2. La France et le monde socialiste (1962-1969)

Sans rien abandonner de son anticommunisme, voire de son antisoviétisme, de Gaulle cherche à améliorer les relations de la France avec l'URSS, la Chine, les démocraties populaires. Des visites de Khrouchtchev et de Kossyguine en France en 1961 et en 1966, de de Gaulle à Moscou, en Pologne, en Roumanie, jalonnent cette politique matérialisée par la signature de différents accords (techniques, culturels, économiques). Pour de Gaulle, ces rapprochements devaient faciliter la naissance d'une Europe qui soit un « ensemble fécond au lieu qu'elle soit paralysée par une division stérile » : cette nouvelle Europe, de l'« l'Atlantique à l'Oural », implique le règlement des problèmes allemands : c'est-à-dire la question de la frontière Oder-Neisse entre l'Allemagne et la Pologne ; et, bien sûr, celle des rapports entre les deux Allemagnes, et accessoirement celle du statut de Berlin. Mais ne serait-ce pas pour l'URSS une révision totale de la politique en Europe centrale ? De plus, peut-on négliger l'ensemble des États européens qui sont tous, peu ou prou, concernés ; et au-delà de l'Europe, pour ce genre de règlement, l'URSS peut-elle ignorer les États-Unis avec lesquels elle règle les principales questions ?

Le commerce entre la France et l'URSS, même s'il augmente, ne peut faire illusion : il est le 1/3 de celui réalisé avec la Belgique, le 1/7 de celui réalisé avec l'Allemagne, et, malgré les attaques lancées contre les États-Unis, très inférieur et de loin au trafic franco-américain.

En juin 1966, après avoir assisté à Baïkonour au lancement d'un satellite et d'un engin intercontinental, de Gaulle signe une déclaration franco-soviétique à Moscou ; cette coïncidence avec le retrait français de l'OTAN et le premier tir nucléaire à Mururoa est-il une victoire soviétique sans contrepartie ? En l'absence de toute documentation, il est impossible de se prononcer, même si on sait que de Gaulle a voulu dégager la France de l'OTAN depuis longtemps.

L'intervention soviétique en Tchécoslovaquie, à l'été 1968 — une « péripétie », dira-t-on dans certains milieux officiels français — enterre le rêve de l'Europe unie de l'Atlantique à l'Oural.

Par ailleurs, la France reconnaît en 1964 la Chine populaire et admet ainsi que rien de ce qui concerne l'Asie ne peut se faire sans cette dernière qui devient rapidement puissance atomique. La reconnaissance est aussi une désapprobation ostensible de la politique américaine qui refuse obstinément le fait accompli depuis 1948 et intervient dans tout le Sud-Est asiatique. Corollairement, en 1965 la France se retire de l'OTASE (qui correspond à l'OTAN pour l'Asie) et condamne sans ambages l'intervention américaine au Viêt-nam (discours de de Gaulle à Phnom Penh, en septembre 1966). L'intérêt de la France pour la Chine et l'Extrême-Orient ne signifie cependant pas que Paris prend parti dans la querelle entre Moscou et Pékin.

Malgré la reprise des relations diplomatiques, le commerce franco-chinois demeure très limité (5 % à peine de la valeur du commerce extérieur français), mais il permet à la France d'offrir ses bons offices pour que des conversations s'engagent à Paris entre le Viêt-nam du Nord et les États-Unis. La négociation qui s'ouvre à Paris en mai 1968 dure plusieurs années mais la guerre cruelle continue. Elle n'empêche pas non plus une intervention plus massive des Américains avec plus de 500 000 soldats, une flotte, une aviation et un matériel importants qui suscitent la désapprobation de de Gaulle, de Pompidou et celle, plus générale, de l'opinion internationale.

Avec le monde socialiste, la politique ancienne de bons rapports est maintenue ; bien que Georges Pompidou attaque sans ménagements et violemment le PCF et la gauche française, lui et ses ministres se rendent aussi bien en URSS que dans les démocraties populaires ou en Chine (1973). Malgré tout, les puissances socialistes ne modifient guère l'orientation de leurs rapports avec les États-Unis qui demeurent leur interlocuteur privilégié.

3. Les étapes de la construction européenne

L'Europe telle que la conçoit de Gaulle — lui et ses fidèles le répètent inlassablement — ne saurait être que l'Europe des patries ; c'est celle des « réalités », et ce ne peut être cette Europe « supra-nationale », celle des « mythes » et des « chimères ».

Pour préparer un tel projet, de Gaulle obtient de ses partenaires européens la mise en place, en 1961, d'une commission d'étude présidée par le Français Christian Fouchet. Le « plan Fouchet », présenté à la fin de 1961, suggère la création d'un Conseil des chefs d'État ou de gouvernement, unifiant la politique extérieure, la défense, l'économie, la culture, prenant ses décisions à l'unanimité, ce qui préservait l'indépendance de chaque membre. L'Assemblée parlementaire européenne pourrait ainsi présenter des recommandations. Ce plan est repoussé par la Belgique et les Pays-Bas qui préfèrent une forme supranationale et veulent aussi attendre l'adhésion du Royaume-Uni au Marché commun, par crainte d'une domination de l'Europe par une entente franco-allemande.

De fait, pendant que les gouvernements examinent le plan Fouchet, se déroulent des négociations faisant suite à la demande d'adhésion de la Grande-Bretagne au Marché commun, en août 1961. De Gaulle pose des conditions à cette entrée : acceptation de toutes les règles communautaires par le candidat et notamment rupture de ses liens particuliers avec les États du Commonwealth. Plus profondément, le général redoute que la Grande-Bretagne, très proche des États-Unis, ne serve de « cheval de Troie » à ces derniers pour pénétrer en Europe et en ruiner l'indépendance. Aussi, en définitive, de Gaulle, dans sa conférence de presse du 14 janvier 1963, décide-t-il de s'opposer unilatéralement à la candidature britannique.

À sa base, l'entente franco-allemande : « Cette cathédrale que nous construisons, je parle de l'Europe occidentale, elle a une fondation, et cette fondation nécessaire c'est la réconciliation de l'Allemagne et de la France, dit-il en Allemagne en 1965. Elle a des piliers ou elle aura des piliers et ces piliers, c'est la CEE qui doit les constituer. Et puis, quand ce sera fait, il y aura à placer les arceaux et le toit, c'est-à-dire la coopération militaire. »

De multiples voyages (1962, 1963, 1965) en France et en Allemagne, des discours, des attentions réciproques n'arrivent pas à rapprocher les deux pays sur les problèmes les plus importants : la frontière Oder-Neisse ; l'armement nucléaire réclamé par l'Allemagne. Les seuls accords portent sur Berlin et la réunification de l'Allemagne dont la solution se trouve à Moscou. Le traité franco-allemand de 1963, qui prévoit une certaine coopération et des consultations fréquentes entre les deux pays, demeure pour longtemps un cadre vide. Ainsi dans les conférences internationales monétaires où la France prend des positions en flèche (conférence de Stockolm, de Rio, réunion de Bâle) contre le dollar, en faveur du retour à l'étalon-or, les Allemands sont nettement en retrait et ne suivent pas les Français ; leurs intérêts divergent sérieusement. En 1968, les spéculateurs misent sur le mark contre le franc et en août 1969, quand le franc est dévalué, le mark est réévalué *de facto*.

Pour résoudre leurs problèmes fondamentaux, les nouveaux dirigeants allemands se sont tournés en 1970 d'abord vers les Allemands de Walter Ulbricht ; ensuite vers les Polonais ; enfin vers Moscou. Même si cette ouverture à l'Est peut engendrer des inquiétudes en France, il semble difficile aux Français qui ont, en leur temps, pratiqué la même politique d'en tenir rigueur à Bonn ; d'autant plus que la construction européenne n'en est pas affaiblie.

L'opinion française, hormis le PCF, est favorable à l'Europe mais celle de de Gaulle et des gaullistes les plus orthodoxes ne coïncide pas avec celle des Européens de « l'esperanto » ou du « volapük », ce qui ne manque pas de provoquer des crises à l'intérieur du gouvernement. Malgré les décisions de Bruxelles (janvier et juillet 1966[2]) l'unification des prix agricoles est remise de mois en mois : le prix des céréales en particulier provoque des tiraillements entre les Français, dont les prix sont bas, et les Allemands, dont les prix sont élevés : de ce fait, les céréales françaises devraient recevoir des subventions des autres partenaires. Non sans mal, en décembre 1964, on se met d'accord pour qu'un prix commun des céréales soit fixé au 30 juin 1967 : on se donnait ainsi un délai supplémentaire pour harmoniser le délicat « marché commun » des céréales. De même à cette date circuleraient librement les produits suivants : œufs, volailles, viande de porc.

Néanmoins, dès le mois de décembre 1963, trois nouveaux marchés sont organisés communautairement : ceux de la viande de bœuf, du riz et des produits laitiers. La crise latente entre la France et les partenaires éclate en juin 1965 à propos du Fonds européen d'orientation et de garantie prévu par les accords de Bruxelles. Ce type même d'organisme communautaire, supranational, disposant d'un budget alimenté par les différents États (5 milliards/F prévus pour 1967), mais géré par une administration européenne communautaire donc indépendante des États, était plus que le gouvernement français et de Gaulle ne pouvaient supporter : après plusieurs semaines de discussions, les délégués français décident de se retirer. Cette politique de la « chaise vide » est autre chose qu'un incident mineur, car elle remet en cause toute la construction européenne dans ses fondements. De plus, elle bloque toutes les négociations entre les États-Unis et la CEE, dite « *Kennedy round* »[1].

Les Américains, comprenant que la CEE pouvait devenir le concurrent le plus sérieux sur le plan économique, cherchent à obtenir des accords qui sauvegardent leur production dans le domaine agricole et industriel ; des accords partiels sont signés en novembre 1964 dont l'application est mise temporairement en veilleuse.

La rupture de l'été 1965 ne dure pas car les négociations reprennent à Luxembourg en janvier 1966 ; celles-ci aboutissent aux accords du 11 mai 1966 relatifs :

1. au fonds de garantie qui les a alimentés pour 90 %?, des prélèvements perçus à l'importation des produits agricoles importés de pays tiers ; le reste de contributions des différents États de la CEE ;

2. à la libre circulation des produits au 1er juillet 1968 (le seul produit en dehors est le vin) ;

3. à la diminution des droits de douane pour les produits industriels au 1er juillet 1968.

Bien entendu, la question de la supra-nationalité est traitée par prétérition. Simultanément, la négociation sur le « *Kennedy round* » reprend et aboutit en juin 1966 : à compter de mai 1967, les droits de douane entre les États-Unis et la CEE seront réduits ; mais les Français redoutent de voir, à la faveur de cette négociation, la CEE glisser sous la tutelle américaine.

Cependant les difficultés entre la France et ses partenaires du Marché commun sont loin d'être toutes levées : en effet, aucun des problèmes de fond n'est réglé ni sur le plan industriel, ni sur celui de l'agriculture, ni sur celui du commerce ou du transport et encore moins sur celui des finances et de la monnaie. Pourtant l'accord de 1966 est complété pour le vin et le tabac en février 1970. Mais un véritable marché commun agricole suppose des réformes au niveau des structures, et plus particulièrement en France. Est-ce possible ? Les plans Mansholt et Vedel le pensent et en prévoient les formes ou les étapes ; cela entraînerait une transformation radicale des structures de l'économie française.

Dans le domaine industriel, le Marché commun est encore dans l'enfance ; d'abord des obstacles sérieux divers (fiscalité, réglementation différente des

---

1. En octobre 1962, le Congrès des États-Unis autorise pendant cinq ans le président Kennedy à réduire de moitié les droits du tarif douanier, moyennant réciprocité.

normes techniques, législation douanière), ensuite les différences de structure des industries nationales créent des difficultés majeures. Celles-ci sont quelquefois tournées grâce aux fusions, aux concentrations ou aux ententes de sociétés industrielles ou bancaires (ex. Fiat-Citroën-Volkswagen ; Hoechst-Roussel ; Michelin-Pirelli ; Crédit Lyonnais-Commerz Bank) ; mais nous sommes encore loin du programme prévu à l'origine.

Dans le domaine financier, les dernières conservations relatives à la création d'une monnaie européenne (plan Werner) de caractère exploratoire ont commencé en 1970 ; il faudra encore longtemps avant que des réalisations concrètes se dessinent ; ce qui facilite la spéculation entre les différentes monnaies européennes.

Dans le domaine nucléaire, la politique française semble orientée plus nettement que jamais vers la possession d'armement atomique ; cependant la France a reçu de la CEEA (Euratom) des aides importantes pour certains projets, elle a bénéficié des améliorations techniques apportées aux réacteurs, aux recherches, et elle participe à la construction du premier accélérateur européen aux environs de Genève. En 1969, malgré les désaccords entre la France et ses partenaires sur le problème des filières, celle-ci reçoit un budget et un programme transitoire pour une année. Simultanément, la France propose la construction d'une usine de séparation isotopique qui associerait les deux techniques de diffusion gazeuse (française) et ultra-centrifugeuse (américaine).

La CEE a noué, par l'intermédiaire de la France, des relations avec différents pays africains de la Communauté africaine et malgache (Convention de Yaoundé, juin 1964). Par la Banque européenne d'investissement, elle a consenti fin juillet 1966, 124 prêts, dont 13 à la France : sur un total de 641,92 M d'unités de compte [1], la France a reçu 79,96 M/UC (391,8 millions/F).

Dans le domaine commercial, plus de 45 % du commerce extérieur français (valeur) s'effectue dans les pays du Marché commun (en 1968) ; il est en nette progression par rapport aux années antérieures (35 % en 1965, 31 % en 1962) ; mais la balance commerciale est déficitaire alors qu'antérieurement elle était en léger excédent : parmi les États du Marché commun, l'Allemagne est le premier client de la France pour la totalité de son commerce extérieur.

4. La politique méditerranéenne de la France (1962-1969)

Dans cette région, de Gaulle poursuit la politique amorcée précédemment avec l'Italie, membre de la CEE. L'UEO d'abord, le percement du tunnel du Mont-Blanc (1965) ensuite, les visites nombreuses et réciproques de part et d'autre des Alpes, les flux de touristes français en Italie et d'Italiens en France sont

---

1. L'unité de compte vaut, jusqu'en 1968, 4,90 F (soit donc en gros la valeur d'un dollar US pour une unité de compte).

autant d'occasions pour rapprocher les deux pays. La croissance du commerce renforce aussi les liens entre les deux pays tout comme avec l'Espagne.

Avec ce pays, les rapports fondés sur un certain réalisme politique sont cependant moins aisés, malgré les accords commerciaux et financiers (1963) et les visites réciproques des ministres français et espagnols des Affaires étrangères. Même si l'Espagne franquiste attire des touristes français de plus en plus nombreux, même si les Espagnols viennent travailler par dizaines de milliers en France, le régime espagnol suscite dans une partie de l'opinion française méfiance tandis que pour les dirigeants franquistes la France demeure « infectée » par le communisme.

La politique méditerranéenne de la France présente ainsi plusieurs volets, l'un européen, l'autre arabe ; mais dans tous les cas, notre pays entend compter en Méditerranée. Ainsi, à l'été 1958, la France envoie un croiseur devant Beyrouth, alors que les *marines* américains viennent de débarquer ; plus tard des délégations françaises participent aux cérémonies du millénaire de Bagdad et du Caire. Jusqu'à la guerre des Six jours (juin 1967), la France distend peu à peu ses liens avec Israël mais considère cet État comme un « ami et un allié » : ce qui ne l'empêche pas d'accueillir avec chaleur différents dirigeants arabes à Paris. Ce rééquilibrage de la politique française voulu par de Gaulle met fin (en 1967) à la coopération militaire franco-israélienne. Ainsi la France souhaite retrouver dans le monde arabe une place perdue avec la difficile décolonisation du Maghreb.

La France efface donc les séquelles de la crise de Suez de 1956 avec l'Égypte (accord de Zurich de 1958) mais en 1961, elle rompt les relations avec l'Irak du général Kassem qui a enlevé à l'Irak Petroleum Company (dont fait partie la Compagnie française des pétroles) 95 % de sa concession. Après une négociation de quatre années, les pétroliers français renouent avec Bagdad tandis qu'en 1967-68, la nouvelle société d'État, ELF-ERAP conclut un accord plus avantageux pour l'Irak que les contrats traditionnels antérieurs.

La proposition française de « concertation » des quatre grandes puissances (États-Unis, URSS, Grande-Bretagne, France) pour imposer sinon la paix, du moins l'arrêt du conflit israélo-arabe, ne semble approuvée ni par les États-Unis, ni par l'URSS, ni par Israël.

Tout en même temps, le gouvernement français accepte de vendre une centaine d'avions « Mirage » à la Libye du colonel Khadafi qui ne cache pas ses intentions d'en découdre avec Israël (décembre 1969).

Faut-il, pour autant, penser que la politique française a pris parti pour le monde arabe contre Israël ? Cette politique d'aide aux pays arabes rencontre des résistances dans différents secteurs de l'opinion française ; ensuite, le rafraîchissement — temporaire ? — des rapports pétroliers franco-algériens ne pouvait-il avoir des conséquences sur le plan plus général de la politique arabe de la France ? C'est possible, mais il faut noter pour avoir une vision totale de cette politique que les intérêts pétroliers algériens ne coïncident pas avec ceux de l'Irak, de l'Arabie Saoudite ou des différents producteurs du golfe Persique, voire de l'Égypte ou de la Libye, même si les Algériens tentent d'unifier et d'aligner la politique des pays producteurs et exporteurs sur la leur.

Observons à ce propos que, dans les dernières conversations de Téhéran, la politique pétrolière française a eu deux tendances : la première, par le biais de la CFP qui a emboîté le pas au Cartel, la seconde par le canal d'ELF-ERAP qui a pris temporairement ses distances. Ainsi, quoi qu'il arrivât, les Français avaient deux fers au feu : l'un du côté du Proche-Orient, l'autre du côté de l'Algérie.

Grâce à l'arme atomique, la France évacue les bases qu'elle occupe à Bizerte et à Oran-Mers el Kebir, bien avant les délais fixés par les accords antérieurs. Elle décide également de remettre aux Algériens la base aérienne de Bou Sfer en 1967. Toulon, la Corse et les porte-avions sont désormais les points d'appui de la flotte et de l'aviation française en Méditerranée, face aux États-Unis et à l'URSS. Quand de Gaulle quitte le pouvoir en 1969, la France a converti sa politique en Méditerranée. Sur le plan commercial, elle se tourne davantage vers l'Europe méditerranéenne, même si le Maghreb continue d'être le meilleur partenaire arabe sur le plan commercial. Le virage montre que désormais l'Europe méditerranéenne a plus d'importance que les pays du sud de la Méditerranée.

Au bout du compte, les vraies novations de la politique extérieure française durant cette décennie concernent la reprise des relations avec les pays arabes, surtout après 1967, quand la France condamnant l'attaque israélienne contre l'Égypte prend ses distances avec Israël (aucun ministre ne visite ce pays alors qu'on ne compte plus celles effectuées au Maghreb ou au Machrek). Par ailleurs, les relations entre Alger et Paris s'aigrissent, malgré l'accord de juillet 1965 sur le pétrole alors que les rapports avec Tunis et Rabat s'améliorent en dépit de tensions temporaires. Enfin et surtout, les relations affermies avec les États de l'Europe méditerranéenne confirment l'engagement de la France en Europe.

5. La France et le monde, sans de Gaulle (1969-1980)

L'arrivée de Georges Pompidou d'abord, de Valéry Giscard d'Estaing ensuite modifient sensiblement le climat des relations entre la France et ses différents partenaires : la Grande-Bretagne, l'OTAN et l'Europe. Les deux présidents ont une approche différente des hommes et d'autres façons d'envisager les relations extérieures de la France. Pourtant, ils s'appuient sur la même majorité parlementaire où les gaullistes sont les plus nombreux ; de plus tous deux déclarent continuer l'œuvre du général.

1. Les moyens d'action

Les successeurs de de Gaulle conservent et améliorent effectivement les moyens dont ils héritent : d'abord l'arme atomique, ensuite le potentiel militaire de la France.

En effet, compte tenu des lois de programmation pluriannuelle pour la défense nationale, aucun des deux présidents ne remet en cause l'arme atomique perfectionnée après de multiples essais au centre de Mururoa. Les crédits consacrés à la bombe représentent entre 1971 et 1974 de 16 à 18 % des crédits de la défense. Malgré la progression de ces derniers en valeur (+ 12,5 % par an durant la même période ; 4,5 % pour la période 1959-1968), leur part dans le budget général diminue (17,5 % en 1969 ; 14,7 % en 1980) car la croissance du PIB est fortement ralentie à partir de 1974. La crise qui touche l'économie française n'affecte donc pas sérieusement les crédits de défense.

À partir de 1970, les industries d'armement progressent dans tous les domaines et la France devient l'un des trois vendeurs principaux d'armes dans le monde, après les États-Unis et l'URSS. Les acheteurs sont surtout les États du Proche-Orient — qui, grâce aux prix élevés du pétrole s'équipent en avions, en vedettes rapides, en missiles, chars, canons, etc. —, l'Afrique du Sud, les différents États africains qui ont des relations privilégiées avec Paris et aussi l'Iran de Reza Shah Pahlavi. Tout cela ne va pas sans contradiction, puisque la France prêche la paix au Proche-Orient et que la Libye de Kadhafi, qui achète des armes à notre pays, a des ambitions en Afrique centrale où les États amis et clients de la France sont nombreux (le Tchad, le Niger, le Cameroun, la République centrafricaine). Pour Paris, l'industrie de l'armement représente d'abord 300 000 emplois, ensuite, à partir de 1974, une importante rentrée de devises destinées à combler le déficit de la balance des paiements, la meilleure monnaie d'échange pour avoir du pétrole et enfin la seule possibilité de rentabiliser une industrie dont les améliorations sont onéreuses.

Malgré la priorité accordée à l'atome, la France conserve des effectifs militaires importants (308 000 en 1969 ; 311 000 en 1980) auxquels il faut ajouter les hommes du contingent dont le service devenu « national » permet de les envoyer, s'ils sont volontaires, comme coopérants dans le monde entier. Les soldats de métier constituent des forces mobiles que la France expédie, ici ou là, quand les circonstances l'exigent (ex. Tchad en 1971 ; Zaïre en 1978).

2. La France et les deux « grands »

Dans la longue négociation entre les deux « grands » à propos de l'armement nucléaire (SALT), la France, qui a refusé en 1963 le traité de non-prolifération (TNP) comme la Chine, l'Inde, Israël et plusieurs dizaines d'États, se tient à l'écart. Mais elle continue d'améliorer ses armes de destruction massive (ce sont des armes de dissuasion affirme Paris) et n'hésite pas à vendre des centrales nucléaires à l'Afrique du Sud (mai 1976), à aider l'Irak à construire la sienne, à négocier avec le Pakistan la vente d'une usine de retraitement de combustible irradié (juillet 1976). La technologie française dans ce domaine se substitue à celle des deux « grands » qui refusent de l'exporter. Cette autonomie nucléaire française semble rejoindre celle qu'elle a envers l'OTAN.

Cependant, la France participe à la conférence d'Helsinki avec les autres pays européens, l'URSS et les États-Unis (juillet 1975) qui reconnaît l'inviolabilité des frontières, la libre-circulation des idées et des personnes et la nécessité de développer les relations économiques entre les membres signataires. Moscou interprète cet accord comme un blanc-seing pour consolider sa férule sur les idées et les personnes dans sa zone d'influence. L'URSS apprécie aussi que Paris refuse que les fusées américaines Pershing soient installées en France alors que les SS 20 soviétiques sont déployés en RDA.

Mais un « réalisme » politique assez indifférent aux considérations d'éthique, volontiers ménager de la puissance russe et volontiers frondeur à l'égard des États-Unis, parut bien la tendance principale dans les dernières années du septennat de Valéry Giscard d'Estaing. L'occupation de l'Afghanistan par les Soviétiques en décembre 1979 ne paraît susciter aucune protestation, bien au contraire la France accepte de participer aux Jeux Olympiques de Moscou à l'été 80. Le président de la République va même en Pologne rencontrer Léonid Brejnev en un « sommet » insolite qui fut plus souvent interprété comme une caution.

Avec les États-Unis les rapports paraissent plus détendus : d'abord parce que les rencontres entre les hommes (Pompidou-Nixon ou ministres des Affaires étrangères) sont plus nombreuses, ensuite parce que la France revenant au conseil de l'UEO participe de nouveau aux manœuvres et aux exercices d'entraînement militaire de l'OTAN, enfin parce que le gouvernement français ne se risque plus à défier les États-Unis en Amérique latine ou ailleurs, même si certaines initiatives américaines sont peu appréciées (ex. Proche-Orient). Néanmoins cela ne signifie pas un alignement des Français sous la tutelle américaine. En effet, si la France accepte (en décembre 1971 à Bruxelles) l'ouverture de conversations avec les pays du Pacte de Varsovie, elle émet des réserves sur la politique de l'OTAN (décembre 1972) et ne participe pas à la conférence de Vienne (janvier 1973) réunissant les pays membres de l'OTAN et du Pacte de Varsovie ; elle ne se sent donc pas engagée par les décisions des participants.

Cette stratégie est-elle compatible avec celle de de Gaulle qui voulait une « défense française » ? Le plus étonnant est qu'en mai 1976, le général Méry et le président de la République déclarent que la France peut (doit ?) participer à la « bataille de l'avant » sur les frontières orientales de la RFA. Cet engagement rassure évidemment Bonn. Mais alors quelle est la politique de défense de la France en Europe ? celle des mains libres ? à l'égard de qui ? Et que pourrait faire la France sans l'OTAN ? Pompidou et Giscard d'Estaing veulent-ils ainsi montrer qu'ils ne s'éloignent pas de la ligne définie naguère par de Gaulle ? Est-ce compatible avec les engagements accrus en Europe ?

En dehors de l'OTAN, les questions les plus délicates concernent la monnaie et le pétrole. En effet, le 15 août 1971, le président Nixon décide que les États-Unis n'échangeront plus les dollars contre l'or de Fort Knox, alors que le dollar continue d'être la monnaie de compte internationale et que les Américains peuvent imprimer autant de dollars qu'ils le veulent. Ils transfèrent ainsi sur l'ensemble du monde leur inflation intérieure et le déséquilibre de leur budget. Ils détruisent l'ordre de Bretton Woods (1944) et justifient ainsi les propos de de Gaulle et J. Rueff sur l'étalon-or. Mais ni la France, ni aucune autre puissance n'a le moyen de contrecarrer la décision américaine. Or, cette question constitue la toile de fond des relations internationales à partir de 1971 et particulièrement des rapports au sein de la Communauté europénne.

3. La politique européenne de la France après de Gaulle

Entre 1969 et 1980 la Communauté européenne change de composition, car en décembre 1969, Pompidou accepte l'entrée des Britanniques, des Irlandais et des Danois qui a lieu en janvier 1973. Les Britanniques confirment par le référendum de juin 1975 (67,2 %) leur adhésion à l'Europe. Par ailleurs, au Portugal et en Grèce en 1974, en Espagne en 1975, la démocratie remplace les régimes autoritaires. En mai 1979, les Grecs adhèrent à leur tour tandis que l'Espagne et le Portugal demandent leur adhésion remise à plus tard.

À partir de 1974, il est convenu que les chefs d'État et de gouvernement se réunissent en Conseil de l'Europe, trois fois par an, qu'une Assemblée européenne soit élue au suffrage universel enfin, que soit créé un Fonds européen du développement régional. Effectivement en décembre, le Parlement européen vote le budget de la Communauté ; plus tard (en juillet 1975), est créée une cour des comptes européenne qui fonctionnera deux ans plus tard tandis qu'en janvier 1976 le rapport Tindemans propose de renforcer les institutions européennes.

En juillet 1976, le Conseil européen décide que la première Assemblée élue au suffrage universel en juin 1979 comprendra 400 membres répartis entre les différents États selon un système des quotas : son président, le ministre français Simone Veil, est choisi par une majorité de droite et du centre, même si le groupe socialiste est le plus important dans la nouvelle Assemblée. L'arrivée au pouvoir de Mme Thatcher à Londres (mai 1979) engendre de nombreux différends et des tensions car les Britanniques contestent le niveau de leur contribution budgétaire qu'ils jugent trop élevée. Jusqu'ici, les États membres avaient accepté les règles communautaires en matière agricole.

L'Europe verte constituait jusqu'en 1973 le domaine le plus solide du Marché commun grâce au respect de trois principes : d'abord l'unité des prix dans le cadre d'une organisation commune des marchés agricoles, ensuite une solidarité financière grâce au Fonds européen d'orientation et de garantie agricole, enfin la préférence communautaire.

Cela signifiait entre autres que les importations de produits venus de pays non membres de la CEE soient taxées pour être mis au niveau des prix de la CEE, supérieurs aux prix mondiaux. Les Britanniques, habitués à s'approvisionner souvent hors d'Europe, s'estiment pénalisés par cette règle ; ils paient d'abord avec réticence, puis refusent et bloquent *de facto* le fonctionnement du Marché commun. Au cours de différentes réunions, les conservateurs de Mme Thatcher réclament des compensations ; finalement, en 1980, ils obtiennent une certaine satisfaction, mais le problème soulevé par les Britanniques demeure : faut-il ou non réviser certains points du traité de Rome que les Anglais récusent formellement ? Derrière cette affaire se dessinent d'autres problèmes : l'affaissement du revenu des agriculteurs européens, alors que les prix des produits industriels augmentent ; les différences des taux de change entre les pays membres de la CEE ; enfin, la conscience de plus en plus nette pour certains pays que l'Europe verte leur coûte plus qu'elle ne leur rapporte. On comprend dès lors que les demandes d'adhésion de l'Espagne et du Portugal, acceptées en principe, soient en 1980 remises à plus tard. Ces craquements significatifs dans l'Europe verte, jusqu'ici la pièce la plus solide de la CEE, sont encore plus nets à propos de l'acier ou des monnaies.

Dans le premier cas, la crise souligne la surproduction européenne d'acier et surtout son prix trop élevé au regard de certains aciers fabriqués dans certains pays en voie de développement ou au Japon ; d'où la nécessité de restructurer la production européenne d'acier (plan Davignon) en fonction du marché mondial.

Les membres de la Communauté décident d'abord en avril 1974, de rapprocher leurs tarifs douaniers, ensuite en janvier 1975, de financer un budget communautaire avec des ressources propres (qu'en aurait dit de Gaulle ?), en avril d'avoir une politique commune pour informer et protéger les consommateurs et de créer une Agence Spatiale Européenne (ESA), en décembre d'avoir *une seule* délégation européenne pour les négociations Nord/Sud sur la coopération économique internationale. Simultanément est lancé un programme commun d'action pour l'éducation tandis qu'est signée une convention sur les brevets. Plus tard, en janvier 1977, la Communauté décide de porter à 200 miles la zone de pêche le long de ses côtes ce qui soulève des problèmes pour les pêcheurs espagnols et portugais.

Derrière ces avancées se profilent deux séries de problèmes difficiles à résoudre : les uns attachés à la décision américaine d'août 1971, d'ordre monétaire ; les autres liés au pétrole et à l'énergie à partir de 1973-1974.

Sur le plan financier chaque membre de la Communauté conserve sa monnaie dont la solidité et la valeur dépendent de la balance commerciale et de l'équilibre budgétaire. Depuis avril 1972, le franc fait partie du « serpent monétaire » (la valeur des monnaies peut varier de ± 1,25 % des parités d'avril

1972) dont le but est d'éviter les disparités excessives entre les différentes monnaies européennes : les banques centrales solidaires interviennent en cas de faiblesse ; toutefois, afin de décourager la spéculation, un pays peut sortir du « serpent » et laisser « flotter » sa monnaie. En janvier 1974, la France sort effectivement du serpent pendant dix-huit mois, y revient en juillet 1975 et en ressort en mars 1976 pendant trois ans. Elle y revient alors et pour ne plus dépendre du dollar comme monnaie de compte internationale, la Communauté crée une nouvelle unité monétaire l'ECU (*European Currency Unit*) composée d'un « panier » de monnaies des membres de la Communauté.

Simultanément, la France participe avec les autres États de la Communauté aux réunions de la Jamaïque (janvier 1976) et de Porto Rico avec les États-Unis qui s'accordent pour mettre un terme au système de Bretton Woods, pour supprimer la référence à l'or comme étalon, pour légaliser enfin le « flottement » des monnaies. Les grandes puissances et l'Europe légalisent le coup de force américain d'août 1971 et laissent au dollar sa fonction de monnaie de compte internationale, sans avoir aucun contrôle sur les émissions de monnaie par les États-Unis. Elles donnaient ainsi une prime à ce pays car faute d'avoir eu en temps voulu une monnaie unique, l'Europe acceptait leur ordre et leur hégémonie.

Le système monétaire européen auquel participe naturellement la France peut-il constituer une zone à l'abri des tempêtes ? Ce le serait si l'économie des pays membres de la CEE présentait une certaine cohérence. Or, celle-ci est toute négative : tous ont en commun la croissance du chômage, la stagnation, voire la régression de la production industrielle, une certaine hausse des prix et donc une certaine inflation. Mais chacun d'eux adopte et pratique une politique économique indépendante, même si les rencontres régulières entre les responsables de la politique et de l'économie — et surtout les conférences franco-allemandes — ont pour objet d'harmoniser les différentes politiques afin de présenter un front commun pour réduire les conséquences de la crise.

Or, dans le domaine pétrolier, la France tient à affirmer *sa* politique face à celle de ses partenaires européens et des États-Unis. En février 1974, à la conférence de Washington, elle préconise d'établir des relations bilatérales entre États producteurs et États consommateurs et de 1974 à 1980, elle signe avec les premiers des accords de fourniture de pétrole assortis de contrats de vente d'armements, ce qui ne facilitait pas l'unification économique de l'Europe.

En revanche, elle participe avec la Communauté et les États d'Afrique, des Caraïbes et du Pacifique (ACP) aux accords de Lomé (février 1975) qui sont renouvelés et élargis en octobre 1979. En juin 1976, les DOM/TOM sont associés à la Communauté.

La construction de l'Europe, quoique imparfaite, progresse pendant la période, même si elle est incapable de présenter un front politique unique pour résoudre les problèmes du Proche-Orient auxquels sont, en partie, liés ceux du pétrole.

4. La France et le Proche-Orient

Durant cette décennie, le terrorisme lié aux affaires du Proche-Orient s'aggrave : les Palestiniens de Yasser Arafat utilisent cette stratégie pour attirer l'attention du monde sur leur situation dans les territoires occupés par Israël depuis la guerre de 1967. Pour les Palestiniens solidaires de la défaite égyptienne, c'est la seule façon de se faire entendre des Arabes, des grandes puissances (États-Unis et URSS en premier) et d'Israël. La question palestinienne est donc au cœur des affaires du Proche-Orient où une quatrième guerre est menée en octobre 1973 entre l'Égypte et la Syrie d'une part et Israël d'autre part (guerre du Kippour ou du Ramadan).

4.1. Affaires pétrolières et industrielles

Dans cette région, la France perd la majeure partie de ses intérêts pétroliers à partir de 1972 et ne conserve que quelques participations par le biais de la CFP. Cela ne l'empêche pas d'augmenter ses importations de pétrole proche-oriental entre 1960 et 1980 ; ainsi celles d'Irak et d'Arabie Saoudite passent respectivement par les niveaux suivants :

	1960	1970	1980
Irak	5,7 M/T	12,2	23,4
Arabie	2,6	9,6	38,2

Le maximum des importations de pétrole de la région se situe entre 1973 et 1979 ; mais elles sont plus onéreuses (1,9 MM/F en 1960 ; 78,5 MM/F en 1980) et pèsent sur le déficit croissant de la balance commerciale française avec les pays arabes du Proche-Orient et sur l'ensemble de l'économie (– 2 721 M/F en 1970 ; – 21 620 M/F en 75 ; – 60 987 M/F en 1980).

Le paradoxe est que la France refuse en 1974 de participer à un quasi-front des consommateurs préconisé par les États-Unis et recommande des négociations bilatérales : cette politique à courte vue permet aux producteurs de pétrole d'imposer leurs prix sans rencontrer de résistance alors que Paris pense tirer profit de cette attitude. Le vrai profit est celui de ses ventes d'armes au Proche-Orient : les États de la région absorbent en gros les deux tiers des exportations françaises d'armement. Ces ventes compensent-elles les déficits commerciaux dus au prix élevé du pétrole qui s'aggravent entre 1960 et 1980, et surtout après 1973 ? Les pays arabes du Proche-Orient représentent 8,9 % du commerce total français en 1980 (1962 : 10,2 %).

Corrélativement, les banques et les entreprises françaises s'installent dans la région et enlèvent des marchés importants (métro du Caire, modernisation de l'aéroport de Damas, de l'industrie irakienne, etc.). Cette implantation ne semble pas gêner outre mesure les concurrents étrangers (États-Unis,

Grande-Bretagne, Allemagne, Italie). Sur le plan culturel, la position française affaiblie par l'expédition d'Égypte de 1956 et la guerre d'Algérie met du temps pour retrouver un certain lustre.

Malheureusement, dans la guerre civile qui déchire le Liban à partir de 1975, la voix des Français est incapable de se faire entendre. À partir de 1979, la révolution iranienne et l'année suivante, en septembre, la guerre lancée par l'Irak contre l'Iran bouleversent la situation dans l'ensemble du Proche-Orient ; désormais tout change, depuis les prix du pétrole jusqu'à l'équilibre des forces. Mais le plus important pour la France, puissance européenne et ex-grande puissance, est sa place dans le concert international, face aux deux grands d'abord, face à l'Europe ensuite.

4.2. *La France dans les conflits du Proche-Orient*

À partir de 1969, le rapprochement amorcé en 1967 avec les pays arabes se confirme comme en témoignent les nombreuses visites des dirigeants arabes et français (y compris le président Giscard d'Estaing) : on y discute surtout d'affaires, de commerce, d'implantation d'usines, ce qui suppose des relations politiques confiantes. Avec Georges Pompidou et Valéry Giscard d'Estaing, la France reprend le thème d'une conférence à quatre pour résoudre les problèmes du Proche-Orient, alors que les négociations des Américains Rogers et Jarring échouent.

Or, cette idée avait d'autant moins de chance que la France voulait jouer sa partie au Proche-Orient en ignorant ses partenaires européens alors qu'Israël l'estime engagée du côté arabe et donc rien moins que neutre. De plus à partir de 1971, l'Égyptien Anouar al Sadate, voulant résoudre le conflit du Proche-Orient, s'adresse aux Français et à l'Europe pour l'aider dans cette voie. En même temps, il prépare les Égyptiens, chaque fois qu'il le peut, à l'idée d'une guerre de revanche.

Mais les Européens demeurent assez passifs, sauf en décembre 1972 quand ils adoptent les termes de la résolution 249 de l'ONU qui invite les Israéliens à adhérer au principe de ne pas annexer de territoire par la force. Parce que ceux-ci restent sourds à cet appel et que l'horizon semble bouché, Sadate lance en octobre 1973 les troupes égyptiennes contre Israël. Paris, par la voix de Michel Jobert ne trouve rien à redire à cette attaque alors que l'opinion française est moins favorable que le gouvernement qui à l'ONU vote en faveur de la résolution 338 du 22 octobre 1973. Quelques jours plus tard, le 6 novembre, les neuf États européens « recommandent notamment des négociations dans le cadre des Nations-Unies et la nécessité pour Israël de mettre fin à l'occupation territoriale maintenue depuis le conflit de 1967 » et parle pour « l'établissement d'une paix juste et durable (qu')il devra être tenu compte des droits légitimes des Palestiniens ».

Ainsi, le projet gaullien de la négociation à quatre est élargi à la dimension de l'Europe et la France rend Israël, en fait, responsable de la guerre.

La nouveauté est qu'on parle désormais « des droits légitimes des Palestiniens ». En octobre 1974, le nouveau Président Giscard d'Estaing affirme dans sa conférence de presse : « Les Palestiniens constituent une réalité, un peuple ; l'aspiration naturelle d'un peuple est de disposer d'une patrie. » C'est la première fois qu'un responsable français parle de « patrie » pour les Palestiniens ; en même temps, il suggère à Israël d'accepter un compromis raisonnable avec les Arabes. En décembre 1975, les présidents Sadate et Giscard d'Estaing affirment d'abord que « la coopération entre la France et l'Égypte contribue à la diminution des tensions internationales et constitue un facteur de paix », ensuite qu'ils « reconnaissent l'urgence d'une paix juste et durable au Proche-Orient conforme aux principes d'un règlement global » et qu'il (faut) « rendre à la Méditerranée sa vocation de trait d'union entre des peuples qui prennent davantage conscience de la solidarité fondamentale de leurs intérêts en tant que Méditerranéens ».

La demi-victoire égyptienne ou sa demi-défaite d'octobre 1973 inaugure une ère de rapprochements entre Le Caire et Jérusalem que les Américains encouragent (« la politique des petits pas » de Henry Kissinger). Malgré l'existence en France d'un véritable « lobby arabe », les Français sont tenus à l'écart par Washington.

En dépit de ces rencontres et de ces déclarations, la France se tient sur la réserve quand Anouar al Sadate se rend à Jérusalem pour y rencontrer Mehahem Begin en novembre 1977 et que les deux hommes signent l'accord de Camp David (octobre 1978). À gauche, les socialistes en revanche approuvent cette visite, les accords de Camp David et le traité de paix de Washington de mars 1979. Devant cette réserve le président Sadate s'interroge : les « intérêts français » pourraient être à l'origine des « hésitations » de la France (c'est-à-dire les fournitures d'armes à l'Irak, « pays qui terrorise les autres pays arabes »). Paris estimait-il que la paix au Proche-Orient n'était pas pour bientôt, qu'elle devait passer d'abord par la création d'un État palestinien, ensuite qu'elle devait avoir l'aval de la communauté internationale tout entière ? Toutes conditions auxquelles ni l'Égypte, ni Israël n'étaient prêts à souscrire. Car dans la conjoncture du moment, les accords de Camp David sauvegardaient un certain avenir pour les Palestiniens puisque les autres États arabes, en dehors de l'Égypte, du Liban et de la Jordanie, n'avaient aucun empressement à affronter Israël, ce qui avait coûté à l'Égypte, dans ses trois guerres, des milliers d'hommes, des milliards de francs de matériel, des territoires et des ressources (pétrole du Sinaï entre autres).

Le vrai changement concerne l'attitude de la France envers les Palestiniens. À partir de 1975, elle autorise l'OLP à ouvrir un bureau permanent à Paris ce qui constitue une reconnaissance *de facto*. En novembre de la même année, le représentant français à l'ONU s'associe à la résolution assimilant le sionisme à une forme de racisme. Quelques semaines plus tard (janvier 1976), elle participe au vote de l'Assemblée générale pour la création d'un État palestinien et l'admission de l'OLP aux délibérations avec les mêmes droits qu'un État membre. Paris accepte aussi de servir en septembre 1976 à une rencontre, secrète et sans résultat, entre Israéliens et un représentant de l'OLP. Quelques mois plus tard en janvier 1977 — sous la pression officieuse du gouvernement ou du président Giscard d'Estaing ? — le terroriste Abou Daoud, arrêté par la DST pour avoir organisé l'attentat de Munich en 1972, est libéré et disparaît dans la nature. Ces complaisances sont assorties de rencontres officielles à Beyrouth entre l'OLP et différents ministres des Affaires étrangères (Sauvagnargues, Guiringaud), à différentes reprises. En juin 1980, à Venise, à l'instigation de la France, le Conseil européen déclare : « Le problème palestinien, qui n'est pas un simple problème de réfugiés, doit enfin trouver une juste solution. Le peuple palestinien, qui a conscience d'exister en tant que tel, doit être mis en mesure, par un processus approprié défini dans le cadre du règlement global de paix, d'exercer pleinement son droit à l'autodétermination. »

Cet engagement de la France va très loin quand le gouvernement français accepte l'interdit lancé par les dirigeants arabes contre la présence de journalistes français de religion juive qui accompagnent Michel Jobert, ministre des Affaires étrangères de Pompidou dans les pays arabes. Plus tard, en 1980, lors de sa tournée à travers tous les pays arabes du Proche-Orient, Valéry Giscard d'Estaing se contente, dit-on, d'observer Israël à la jumelle. Il se tenait ainsi en retrait par rapport aux visites des ministres des Affaires étrangères (Jean Sauvagnargues et François de Guiringaud). Il est vrai que les Israéliens avaient proclamé « Jérusalem, capitale éternelle d'Israël », ce que la France avait déploré. Cet intérêt pour les Palestiniens est-il lié au pétrole arabe ? Certains n'hésitent pas à évoquer l'histoire du plat de lentille ou la capitulation de Munich.

Or, simultanément la France paraît plus prudente devant la désintégration du Liban. En effet, au nom du passé elle tente une médiation ou une action pacificatrice et en 1976 propose « un système de surveillance de la sécurité, si un tel système pouvait être éventuellement établi ». Pour les Arabes, c'est comme une résurrection du mandat rejeté par le gouvernement libanais. Paris offre alors de réunir une « table ronde » : projet moins ambitieux auquel pourrait participer la Syrie appelée par les chrétiens en 1976 contre les Palestiniens. Après l'invasion par Israël du sud du pays en mars 1978, la France envoie plusieurs centaines d'hommes et du matériel pour se joindre à la force de l'ONU. Les Français subissent les attaques des Palestiniens qui leur reprochent de protéger les Israéliens et les milices chrétiennes du commandant Haddad, leurs alliées à la frontière d'Israël. Malentendu grave qui débouche en septembre 1981 sur l'assassinat de l'ambassadeur de France, Louis Delamare à Beyrouth, sans doute par des tueurs affidés à la Syrie.

Conclusion

Les vrais changements de la politique extérieure définie par de Gaulle touchent en 1972 à l'Europe élargie d'abord à la Grande-Bretagne (de Gaulle la voulait « toute nue »), à l'Irlande, au Danemark, puis à la Grèce ; l'Espagne et le Portugal nouveaux candidats frappent à sa porte et on sait bien qu'ils y entreront bientôt. Ce que de Gaulle refusait existe désormais : une Assemblée siège à Strasbourg, un Conseil et aussi un budget communautaire alimenté par les États membres que gère la Communauté ont été mis en place. Malgré ces progrès institutionnels, l'Europe existe-t-elle face à l'hégémonie des deux « grands » ? On peut en douter.

Même élargie, elle est toujours en quête d'une identité et d'une politique homogène. De ce point de vue, le refus de de Gaulle, ses conceptions ont hypothéqué l'avenir et renforcé — involontairement ? — la prépondérance américaine sur l'ensemble du monde. À tout le moins, de Gaulle a retardé l'essor de l'Europe. L'Allemagne a tiré le meilleur parti de cette politique. Le soi-disant réalisme d'une politique fondée sur les nations n'a-t-il pas engendré une série d'erreurs qui pèsent lourd sur l'avenir de l'Europe ? De plus, la politique de défense définie par de Gaulle, fondée sur l'arme atomique, n'hypothèque-t-elle pas les finances de la France déjà saignée par les guerres d'Indochine et d'Algérie ? Pour tout dire, dans l'Europe des Six, la France peut-elle faire contrepoids à l'Allemagne ?

Or, les Européens subissent en ordre dispersé la crise qui commence en 1974, tandis que la France croit pouvoir tirer son épingle du jeu par le jeu de négociations bilatérales avec les États fournisseurs de pétrole. La politique amorcée par Georges Pompidou et poursuivie par son successeur a-t-elle été plus bénéfique que celle des autres membres de la Communauté participant à l'Agence Internationale de l'Énergie au sein de laquelle on trouve les principales sociétés pétrolières du monde ? Cette orientation ne semble pas un facteur favorable à l'unification économique de l'Europe. La voix de la France n'aurait-elle pas été mieux entendue si elle avait été celle de l'Europe ? Et cette politique n'était-elle pas un exemple pour d'autres membres ?

En revanche, la mutation de la politique française en Méditerranée, particulièrement envers le monde arabe, inaugurée par de Gaulle paraît confirmée par ses successeurs. L'attaque israélienne de juin 1967 contre l'Égypte suffit-elle pour expliquer le revirement radical de la France ? En 1956, Israël avait également attaqué l'Égypte, avec le soutien français et britannique alors que la guerre d'Algérie battait son plein. En réalité, dès 1962 Maurice Couve de Murville, ministre des Affaires étrangères et porte-parole de de Gaulle, affirmait que la France devait reprendre sa place dans le monde arabe dont le pétrole approvisionnait la France. 1967 n'est alors qu'une occasion saisie par le gouvernement pour affirmer — avec ostentation ? cynisme ? lucidité ?

— ses choix. Mais personne n'avait oublié la pénurie pétrolière de 1956 : le pétrole était-il désormais l'une des données de la diplomatie française ?

La déclaration de de Gaulle en novembre 1967 sur « le peuple juif sûr de lui et dominateur » et cette convergence de faits suscitent colère et amertume en Israël et au sein des Français juifs (Raymond Aron). Mais au problème du pétrole ne faut-il pas rappeler aussi les liens anciens avec le Maroc, la Tunisie et le Proche-Orient ? Peut-on négliger l'importance des pays arabes dans la stratégie et la géopolitique en Méditerranée ? Pourtant l'opinion française n'emboîte pas le pas aux gouvernants et dit nettement ses réserves, voire son hostilité aux Arabes, même si elle est partagée à l'égard des Palestiniens.

Une chose est évidente : malgré le pétrole, le poids des pays arabes dans le commerce français diminue tandis que celui des partenaires européens ne cesse de croître durant ces deux décennies, preuve que l'Europe occupe de plus en plus de place. Hélas ! son existence politique est rudimentaire et les grandes questions du monde sont toujours tranchées par Moscou et Washington, même si la France est une puissance nucléaire et si elle continue d'être membre du conseil de Sécurité de l'ONU.

Le refus de l'Europe du « volapük » proclamé par de Gaulle a engendré une politique extérieure nationale (nationaliste ?) suivie peu ou prou par ses successeurs, même s'ils ont pensé à élargir l'Europe des Six ; et c'est peut-être l'hypothèque la plus grave face à la toute-puissance américaine encore mieux affirmée avec l'élection de Ronald Reagan comme président des États-Unis en 1980.

La France et le monde (1981-1995)

1. Un paysage qui change

L'arrivée des socialistes au pouvoir en mai-juin 1981 survient au début d'une décennie qui met en place une nouvelle donne internationale.

Tout d'abord la crise économique née dans la période précédente continue et finit par ne plus épargner aucun État. Parmi ceux-ci, les pays en voie de développement ne peuvent plus faire face aux dettes contractées antérieurement et la France qui a sur un certain nombre d'entre eux des créances en subit les conséquences financières.

Mais le changement le plus important est ailleurs. Au lendemain de la mort de Léonid Brejnev en novembre 1982 et de la succession rapide d'Andropov et de Tchernienko, l'arrivée au pouvoir de Mikhaïl Gorbatchev en mars 1985 annonce des bouleversements irréversibles à l'Est. Après des réformes nombreuses de 1985 à 1990, le nouveau dirigeant russe met fin à l'Union des Républiques socialistes soviétiques en 1991 et disparaît bientôt de la scène politique. Son successeur Boris Eltsine devient le premier président de la République de Russie, la plus importante d'une mosaïque de républiques indépendantes qui se créent alors.

On découvre à ce moment-là que l'URSS n'a été depuis 1945 (1917 ?) qu'un gigantesque « village de Potemkine », dont les habitants ont vécu souvent une vie proche de la misère, que son économie ne pouvait affronter la compétition avec le capitalisme des pays développés, etc.

Simultanément, le système soviétique des « Républiques populaires » s'effondre, après que le « mur de Berlin » a été démoli (en novembre 1989) ; de lui naissent des États nouveaux issus parfois d'un éclatement (ex. Yougoslavie, Tchécoslovaquie). Le contexte européen est modifié quand l'ancienne Allemagne de l'Est réunie à celle de l'Ouest constitue une Allemagne nouvelle dont la capitale redevient Berlin ; elle est le plus peuplé (80,6 M/h en 1991) des États européens et de ce fait son poids économique est le plus important.

Au Proche-Orient naît la République islamique d'Iran à partir de 1979 dont le chef, l'ayatollah Khomeiny, défie l'Occident et encourage un nouvel impérialisme religieux à travers le monde. Les ambassades iraniennes et parmi elles, celle de Paris, deviennent des foyers de propagande religieuse qui se transforme parfois en terrorisme. L'islam devient ainsi un problème politique dont on n'est pas sûr que les responsables français ont mesuré toutes les dimensions ; et derrière l'islam, le monde des Arabes dont plusieurs centaines de milliers vivent en France, avec lequel les Français ont des relations anciennes ou récentes du fait de la colonisation. Ce monde arabe, surtout méditerranéen, se transforme également après 1990 quand la Russie montre qu'elle ne peut plus soutenir les pays de son ancienne zone d'influence.

Dernière série de transformations, celles de l'Afrique et de l'Asie. La première abandonnée par les Soviétiques est de plus en plus endettée, de plus en plus peuplée et de plus en plus en proie à des déchirements ou des affrontements sanglants ; de plus l'Afrique du Sud débarrassée de l'apartheid grâce à l'action de Frédéric de Klerk, est dirigée désormais par Nelson Mandela : c'est le début de transformations capitales.

En Asie, enfin, indépendamment de la puissance chinoise, le dynamisme économique du Japon et de ses voisins pose de difficiles problèmes à notre pays.

2. Les moyens d'action de la France socialiste

Dans son programme de 1981, le Parti socialiste avait énoncé les grandes lignes de sa future politique extérieure :

« 1. La paix : une France ouverte sur le monde.
— Défense du droit et solidarité avec les peuples en lutte.
— Désarmement et sécurité collective.
— Nouvel ordre économique mondial.
— Une France libre dans l'Europe indépendante. »

Malgré ce programme de politique pacifiste, François Mitterrand et les socialistes conservent l'armement nucléaire français qu'ils améliorent ; ils encouragent les recherches sur la bombe à neutrons, tandis qu'en juin 1982, un sixième sous-marin nucléaire est lancé à Cherbourg. Le programme militaire prévoit un septième sous-marin et un porte-avions nucléaire lancé en 1993 ; les arsenaux perfectionnent les tanks (en collaboration avec les Allemands), construisent une nouvelle génération d'avions « Rafale » destiné à des missions multiples tandis que l'industrie d'armement, en bonne santé jusqu'en 1991, exporte une part importante de sa production.

Le budget de la Défense nationale progresse de 1980 à 1992 de 92 MM/F à 240,4 MM/F ($\times$ 2,6) ; les effectifs militaires passent de 311 800 hommes à 613 800 hommes (+ 97,8 %) : toutes les armes augmentent leurs effectifs mais ceux de l'armée de terre croissent davantage ($\times$ 2,26) que ceux de l'air (+ 47,6 %) ou de la marine (+ 23,9 %). En juin 1983, le gouvernement crée une Force d'action rapide (FAR : 47 000 hommes) soutenue par des hélicoptères et des chars destinée à intervenir rapidement si les intérêts français sont menacés. Plus récemment, est mise sur pied une brigade franco-allemande qui devrait présager de la future armée européenne. Néanmoins, la France conserve le service national qui mobilise chaque année 270 000 jeunes Français ; régulièrement le débat sur l'armée de métier est relancé. Les appelés sont utilisés pour des tâches multiples, autres que militaires (coopération par exemple) et les objecteurs de conscience désormais acceptés doivent un temps plus long au service national.

La stratégie définie par de Gaulle, reposant sur l'arme nucléaire, ne semble pas avoir changé. Les forces françaises qui font partie de l'Union européenne occidentale (UEO) sont hors de l'OTAN mais la France demeure dans l'Alliance atlantique ; les conversations d'état-major sont toujours européennes, même si la France prend des initiatives indépendantes. Cependant, la flotte française et l'armée prennent part à des manœuvres auxquelles participent différentes armées européennes. Dans ce contexte ambigu, les Allemands sont le partenaire privilégié parce que les deux pays ont « une communauté de destin » (F. Mitterrand).

La diplomatie française depuis longtemps a annexé à la politique les relations économiques et la coopération culturelle et technique avec une variante l'action humanitaire dont on peut se demander si elle relaie l'action politique ou celle des militaires. De 1981 à 1994, l'orientation de la politique extérieure a-t-elle subi des modifications à l'épreuve des faits ? À lire le programme de François Mitterrand en 1988, on a l'impression d'une continuité. En effet, à cette date, le président-candidat met au premier plan de son projet en politique extérieure « Construire l'Europe », en second le triptyque « Désarmement, sécurité, paix », et en troisième « Le développement du Tiers-Monde », trois points déjà énoncés dans les propositions de 1981 ; la seule différence est que le président Mitterrand souligne davantage l'importance de la construction européenne pour l'avenir de la France.

Les données des problèmes, il est vrai, n'ont pas changé durant ces sept premières années et personne encore ne peut prédire l'éclatement du monde soviétique qui évolue rapidement sous la direction de Gorbatchev vers un régime plus ouvert (*glasnost, perestroïka*). Le contexte politique ne change réellement qu'à partir de 1990 quand de nouvelles questions surgissent dans le monde soviétique, en Afrique et surtout au Proche-Orient. Mais dans tous les cas, le président réélu affirme son autorité et oriente la politique extérieure de la France ; à l'instar de de Gaulle, il revendique ce rôle qui lui est dévolu par la constitution de la Ve République et impose ses vues.

3. La France et l'Europe

1. Les options des socialistes de 1981 à 1988

Pour l'Europe, François Mitterrand poursuit inlassablement sa construction d'un septennat à l'autre. Dans ce domaine son principal appui et partenaire est l'Allemagne fédérale qui le lui rend bien avec ses différents chanceliers qui sont aussi de ses amis. Depuis longtemps, le commerce français est orienté principalement vers l'Europe et d'abord l'Allemagne (voir les chapitres 15 et 16).

En dehors de ces chaleureux rapports franco-allemand, le président pousse vivement à l'entrée de l'Espagne et du Portugal dans la CEE. Ce sera chose faite au 1er janvier 1986. Il « prêche » pour améliorer le fonctionnement politique de la Communauté, élargir les compétences du Traité de Rome, renforcer la coopération politique des États membres, en un mot faire de l'Europe une réalité politique (conférence de Luxembourg en décembre 1984). Car hors de l'Europe, les États membres ne peuvent contrebalancer les grands blocs : États-Unis, URSS, Chine, Inde).

Des problèmes multiples freinent cette construction : ceux qui touchent d'abord à l'élargissement de la CEE avec l'entrée de la Grande-Bretagne, de l'Irlande et du Danemark (1er janvier 1973), de la Grèce (1er janvier 1981) : les règles d'unanimité sont plus difficiles à obtenir avec 12 membres qu'avec 6, au sein de la Communauté. Ensuite l'existence simultanée des monnaies nationales, de l'ECU, des eurodollars, des pétrodollars complique la politique financière de la CEE. Cela est particulièrement vrai à propos du commerce extérieur de chacun des États membres, le déficit commercial français contribue à l'affaiblissement du franc qui subit plusieurs dévaluations de 1981 à 1987. Dès lors, le Marché commun agricole, loin de servir de socle à la construction européenne, constitue un point vulnérable. En effet, afin de respecter les règles communautaires, les Français sont obligés de verser des montants compensatoires afin que leurs produits agricoles demeurent au même prix que leurs homologues européens ; d'où des irritations, des protestations du monde agricole français. La question des prix au début de chaque campagne devient un lieu d'affrontements nationaux où chaque membre de la CEE tente d'avoir la meilleure part. La fixation des quotas et des normes (lait, vin, viande) est un autre point de difficultés. Enfin, la question du budget de la CEE donne lieu à des marchandages multiples.

La Grande-Bretagne veut modifier certains aspects du Traité de Rome et invoque régulièrement le même argument : parce qu'elle verse plus à la CEE qu'elle ne reçoit, elle désire que la contribution soit égale à ce qui lui est versé en « retour ». D'où des affrontements, des menaces et des tensions inutiles et débilitantes pour l'avenir de la Communauté, même si des compromis sont trouvés en dernière minute. Reste, bien sûr, le contexte de crise économique dans lequel les différents pays de la CEE sont plongés et qui aggrave ces égoïsmes nationaux. Finalement, en février 1986, les différents États de la CEE signent à Luxembourg et à La Haye, l'Acte unique européen qui prévoit une « politique étrangère commune », ce qui implique des consultations régulières, des politiques cohérentes entre elles, une « coopération plus étroite sur les questions de sécurité de nature à contribuer de façon essentielle au développement d'une identité de l'Europe en matière de politique extérieure ». Il est également prévu qu'en 1993, la CEE constituera un marché unique et sans frontières intérieures ; un oubli de taille, la dimension sociale de cette future Europe, ce que François Mitterrand appelle « l'espace social européen ».

Corrélativement, en 1985 la France réussit à obtenir la participation des États européens au projet technologique Eureka. Celui-ci prévoit la collaboration des entreprises européennes dans la recherche théorique et la recherche appliquée concernant les technologies d'avenir. Ce projet a sélectionné six programmes susceptibles de rattraper le retard pris par les Européens par rapport aux États-Unis et au Japon. Cette communauté technologique européenne a déjà trouvé certaines applications spectaculaires : l'avion Airbus, la fusée Ariane, le cyclotron du CERN.

Le succès du projet Eureka au sein de la CEE affirme aussi la volonté française de voir l'Europe s'éloigner des initiatives américaines, en particulier celles concernant l'IDS (la « guerre des étoiles »). Pour les Français, accepter le projet américain aboutirait à se mettre dans la dépendance scientifique et technologique des États-Unis pour l'avenir, sans compter que dans le domaine militaire, les Européens n'auraient aucun contrôle sur la stratégie des États-Unis et risqueraient d'hypothéquer leur défense.

Cependant, la France ne remet en cause à aucun moment sa participation à l'Alliance atlantique même si elle demeure hors de l'OTAN comme naguère. En mai 1984, le président Mitterrand propose une « défense européenne commune » et ne manque jamais en France ou à l'étranger de plaider en faveur d'une Europe unie sur le plan politique et économique mais riche de ses cultures nationales, de son savoir, de ses expériences, de son passé. Cette Europe de l'avenir permettrait aux Européens de se faire mieux entendre dans le concert international, de parler d'égal à égal avec les grands et d'imposer des vues conformes à ses intérêts. Faute de quoi, un avenir difficile risque d'entraver la vie de chacun des États membres de la CEE.

2. La modification du contexte européen après 1988

De 1988 à 1995, le contexte européen et international est d'abord modifié radicalement par la chute du mur de Berlin (novembre 1989) et la réunification de l'Allemagne (août 1990), ensuite par l'éclatement de l'URSS et du bloc socialiste en 1991. Au cours des réunions de la CEE, on avait discuté de ces éventualités, mais quand elles arrivent, la surprise est grande, car il faut repenser tous les problèmes. Certes dans ses différents voyages le Président discute avec ses partenaires des difficultés à résoudre pour construire l'Europe. Les principales sont d'abord et avant tout économiques. En effet, il existe des inégalités entre les douze membres ; certains sont moins développés que d'autres, en particulier l'Espagne, le Portugal, la Grèce et l'Irlande. L'union monétaire de l'Europe ne soulève pas seulement des problèmes de souveraineté (la Grande-Bretagne de Mme Thatcher ou de John Major refuse de perdre la sienne) mais aussi de change entre les différentes monnaies qui reflètent à leur façon l'état des économies nationales : malgré une longue opposition, Mme Thatcher accepte que la livre sterling entre dans le système monétaire européen (SME) en novembre 1990. Après de nombreuses réunions, est conclu à Maastricht (décembre 1991) un accord qui définit les étapes de l'Union économique et monétaire.

Afin que les Français en débattent, un référendum est organisé en septembre 1992 ; ils se partagent entre ceux qui approuvent Maastricht (en gros le PS, sauf quelques opposants groupés autour de Jean-Pierre Chevènement, les giscardiens et les centristes, une partie des gaullistes) et ceux qui le refusent (le FN, le PC, une part importante des gaullistes animée par Philippe Séguin et Charles Pasqua qui invoquent les mânes du général) ; les premiers l'emportent de peu (à peine plus de 51 %). C'est un demi-succès pour le Président qui avait appelé à voter « oui » ; cette approbation ne résout pas tous les problèmes, car il manque encore le « oui » d'autres États européens et elle laisse entière la question des inégalités de développement entre les membres. D'ores et déjà, les Douze ont reculé la date de la monnaie unique à 1999.

Par ailleurs, d'autres problèmes se posent : entre autres celui de la liberté de mouvement des capitaux à partir de juillet 1990 (des dérogations jusqu'en 1992 sont prévues en faveur de l'Espagne, du Portugal, de la Grèce et de l'Irlande) ; dans le même esprit est décidée la libéralisation des transports aériens à partir de janvier 1993. La libre circulation des personnes prévue par l'accord de Schengen de mai 1990, pose des questions délicates de sécurité (comment prévenir l'immigration clandestine, la criminalité, les trafics de drogue, le terrorisme ?), d'homogénéisation du droit pénal, de coordination entre les polices nationales, de protection des frontières de l'Europe, car la dislocation du bloc soviétique a ouvert toutes grandes les portes de l'Europe centrale (en 1993, la France refuse d'appliquer la convention de Schengen). L'Europe scientifique se construit également et en juillet 1989, le premier accélérateur de particules du CERN fonctionne.

Mais l'Europe ne peut résoudre différentes questions : celle de la pollution, malgré de multiples recommandations (les émanations et les nuages radioactifs de Tchernobyl n'ont respecté aucune frontière) ; celle de la défense et de la sécurité ; celle des protections sociales (ce que François Mitterrand appelle l'Europe sociale) ; celle de l'agriculture liée à la négociation plus large du GATT et surtout l'union politique de l'Europe. La Grande-Bretagne dirigée par les conservateurs depuis 1978 refuse obstinément l'Europe sociale et obtient une dérogation dans ce domaine afin de tourner son opposition à une législation sociale homogène. Mais les problèmes quotidiens sont si nombreux qu'on peut se demander si l'Europe sociale existera réellement, dans un délai proche. Cette opposition britannique est souvent mise en rapport avec celle des États-Unis et naguère de l'URSS à la construction de l'Europe. Londres, cheval de Troie de Washington ? On l'a dit, surtout à propos du problème du GATT et de la question de l'agriculture négociés à la fin de 1993.

3. La mise en œuvre du GATT

Depuis longtemps, les règles du GATT n'avaient plus de sens et étaient tournées autant par les États-Unis que par le Japon qui n'hésitaient pas à protéger leurs économies face à la concurrence en invoquant des règlements intérieurs rédigés opportunément. À partir de 1986, à l'initiative des États-Unis, une négociation (*Uruguay round*) est engagée au sujet de l'agriculture : les Américains affirment que les Européens et surtout les Français aident leurs paysans par des subventions, ce qui est contraire au GATT, mais minimisent les leurs propres. La négociation réclamée par la France, plus ou moins soutenue par ses partenaires européens, est finalement entamée à l'automne 1993 ; conclue en décembre, elle aboutit à plusieurs décisions : le GATT est remplacé par l'Organisation mondiale du commerce (OMC). Les droits de douane seront réduits en cinq ans ; les exportations agricoles subventionnées seront réduites de 21 % ; liberté réaffirmée pour les services (les États-Unis obtiennent une dérogation de 18 mois pour les banques). La France obtient satisfaction pour ce qu'on a appelé « l'exception culturelle » (audiovisuel, cinéma) au grand mécontentement des Américains qui espéraient élargir leurs parts du marché européen. La négociation souligne certaines failles dans l'édifice européen. La France est en désaccord non seulement avec la Grande-Bretagne, le Danemark, les Pays-Bas, la Belgique mais aussi avec l'Allemagne sur l'agriculture et n'est soutenue mollement que par l'Italie, l'Espagne, l'Irlande ou la Grèce. De plus, la question de l'exception culturelle est plus ou moins bien comprise par ses partenaires européens de plus en plus envahis par le modèle culturel américain ; mais la francophonie est un cheval de bataille de François Mitterrand et c'est l'une des données constantes de la politique de coopération.

Ces défauts de l'édifice européen sautent aux yeux à propos de la défense et de la sécurité encore balbutiantes. L'arme atomique de la France à laquelle, on le sait, les socialistes ne renoncent pas, lui donne une place à part. La France qui refuse de réintégrer l'OTAN (Mitterrand y est tout aussi déterminé que de Gaulle) plaide pour une défense européenne mais celle-ci pour être efficiente doit définir une stratégie (depuis 1989-90, il n'y a plus d'ennemi potentiel à l'Est) : où se trouvent les dangers de l'avenir pour l'Europe ? Sont-ils encore militaires ? Ces incertitudes sont telles que les Européens sont paralysés devant deux conflits importants, la guerre du Golfe et le conflit en ex-Yougoslavie, et qu'ils en sont réduits à intervenir au nom de « l'action humanitaire » ou de l'ONU.

En réalité, l'Europe politique n'existe pas encore et malgré l'inlassable action menée par le président français, les résultats dans ce domaine sont minces bien que les Douze s'accordent en novembre 1991 pour créer une « Europe fédérale ». Que peut être cette dernière ? Une « Europe des nations » comme l'affirment les gaullistes les plus résolus, les communistes, le Front national et certains partisans de Chevènement ou une Europe dont le gouvernement décidera des grandes orientations (diplomatie, défense, économie, monnaie) ? François Mitterrand semble pencher pour cette formule dont la réalité est encore virtuelle, car elle rencontre de nombreuses oppositions un peu partout. Une chose est sûre : son absence a été remarquée d'abord dans la guerre du Golfe (voir plus loin, p. 512), ensuite dans la guerre civile qui ravage l'ex-Yougoslavie depuis 1991, enfin dans les affaires africaines (voir plus loin, p. 506 *Sqq.*). Cela a permis aux États-Unis d'affirmer davantage leur hégémonie sur la vie du monde. Si l'Europe avait existé politiquement, la négociation sur le GATT d'abord, avec le Japon ensuite aurait pris une autre tournure. De toute manière, la seule façon pour les États européens d'avoir encore un poids politique est de s'unir face aux grands ensembles de l'avenir immédiat : Chine, Inde, États-Unis qui viennent de constituer un ensemble économique important (ALENA) avec le Canada et le Mexique, leurs voisins. De ce point de vue, la France a œuvré dans la bonne direction depuis 1988.

4. La France, les États-Unis et l'URSS

Ces difficultés n'empêchent pas la France de pratiquer *sa* politique entre les deux grands. À l'égard des Soviétiques et de leurs alliés, domine d'abord une évidente fermeté : le Président attendra juin 1984 avant d'aller à Moscou pour la première fois, alors qu'il se rend en Hongrie dès l'été 1982, en Chine au printemps 1983, et en Yougoslavie en décembre de la même année. Il ne manque jamais de déplorer « la perte des libertés » en Pologne (même s'il reçoit le général Jaruselzki en décembre 1985), l'invasion de l'Afghanistan par l'URSS et lors de sa réception officielle au Kremlin, il aborde la question des droits de l'homme violés par le gouvernement soviétique, celle de la liberté de circulation des citoyens soviétiques à l'étranger (Sakharov).

Cette fermeté est manifeste quand le gouvernement de Pierre Mauroy décide en avril 1983 d'expulser 47 diplomates soviétiques accusés plus ou moins ouvertement d'espionnage. Malgré le changement de dirigeants, lors de la visite en France en 1985 de Mikhaïl Gorbatchev, le président Mitterrand revient sur les mêmes thèmes, la volonté d'indépendance de la France et réaffirme sa position sur le désarmement interplanétaire. La France confirme cependant l'accord sur la fourniture du gaz sibérien dont le contenu est confirmé en janvier 1982.

L'importance des rapports politiques avec l'URSS contraste avec la médiocrité du commerce entre les deux États (2,4 % en 1980 ; 1,1 % en 1989) ; c'est peu au regard de celui qu'elle entretient avec les États-Unis (6,3 % en 1980 ; 7,1 % en 1989). Les Français approuvent les réformes menées par

Mikhaïl Gorbatchev au nom de la *perestroïka* et de la *glasnost* mais sont pris de court par certains événements (ex. en août 1991, le faux-pas du Président lors du putsch contre Gorbatchev). La nouvelle CEI dans laquelle la Russie de Boris Eltsine joue le principal rôle devient désormais le nouveau partenaire diplomatique ; mais la nature et l'importance de ses problèmes intérieurs sont tels que pour un temps plus ou moins long, son action à l'extérieur est limitée. En effet, son délabrement est si important qu'elle demande à la France et à l'Europe de l'aider financièrement et économiquement.

Après 1989, toutes les « démocraties populaires » qui se sont libérées du joug « communiste », se tournent vers l'Occident et la France pour obtenir une aide économique. La France appuie alors la création d'une banque (BERD) destinée à favoriser et garantir les investissements en Europe de l'Est et dans la CEI. Les résultats sont jusqu'ici modestes et si l'Allemagne a consenti des prêts importants, la France, elle, a mesuré son effort. En effet, l'afflux de demandes est tel que celle-ci doit choisir entre les pays de l'Europe orientale et le Tiers-Monde (Afrique surtout). Or, des voix africaines nombreuses rappellent la situation de plus en plus précaire du continent.

Les relations avec les Américains, quoique cordiales, sont marquées par une opposition à leurs projets ; d'abord au sujet de l'arme atomique dont le Président est le seul à décider ou non de son utilisation (celle-ci ne peut être prise en compte quand les Américains discutent du désarmement avec les Soviétiques, car elle n'a qu'une valeur de dissuasion). Cependant au début des années 80, la France est favorable à l'implantation des fusées américaines Pershing en Allemagne de l'Ouest. Ensuite, sur le plan de l'économie, le gouvernement français ne manque pas une occasion de rappeler aux Américains leurs responsabilités dans la crise :

— leur déficit budgétaire croissant (les taux d'intérêts élevés donnent au dollar une valeur excessive sur les marchés financiers) ;

— un protectionnisme plus ou moins déguisé ;

— le système monétaire mondial passablement endommagé depuis que les États-Unis ont décidé unilatéralement à l'été 1971 de ne plus échanger les dollars contre l'or.

La France s'oppose donc aux Américains à plusieurs reprises :

— en 1981-1982 quand ceux-ci souhaitent que les Européens appliquent à l'URSS un embargo sur les échanges de produits agricoles, industriels ou de matières premières ;

— en 1982 encore, quand la CEE et les États-Unis rompent les négociations sur l'acier ou les productions agricoles (les États-Unis accusent les pays de la CEE de subventionner ces productions et donc d'enfreindre le GATT) ;

— en 1985 quand les États-Unis proposent une nouvelle négociation sur les accords du GATT qui règlent le commerce mondial depuis 1947, ou encore à propos de l'IDS.

L'opposition est encore plus manifeste quand François Mitterrand décide d'aider le Nicaragua d'Ortega malgré la volonté et la pression des États-Unis : c'est pour lui la meilleure façon d'éviter que ce pays ne tombe comme Cuba dans l'orbite de l'URSS. Il reste cependant que la France, malgré cette fermeté d'attitude et sa volonté d'indépendance, assure les États-Unis de son soutien et de son amitié fondamentale.

Le souci de se démarquer des États-Unis est manifeste quand le Président refuse le passage du territoire français aux avions américains qui bombardent Tripoli en avril 1986, et qu'il déclare que l'armement nucléaire français ne peut être pris en compte dans les accords de désarmement conclus entre les États-Unis et l'URSS (décembre 1987), même s'il se félicite de ces accords.

Après 1988, les Français refusent d'abandonner leur panoplie atomique alors que Russes et Américains s'accordent pour détruire une part de leur armement nucléaire (accord START de 1991). Elle participe cependant aux opérations militaires dans le Golfe (voir plus loin) et à l'action menée en Somalie (voir plus loin).

5. La France, l'Afrique et le Tiers-Monde

1. La politique de coopération

Dans les débuts du premier septennat Mitterrand, le ministre de la Coopération, Jean-Pierre Cot, désire modifier sur le fond certaines orientations de la politique africaine antérieure. Rapidement, il en est découragé par la résistance des dirigeants africains qui obtiennent du Président de le faire contrôler par un de ses affidés, Guy Penne, qui doit continuer la politique de « Foccart et Journiac ». Le nouveau ministre préfère s'en aller : la politique de ses prédécesseurs se poursuit donc dans un contexte de crise aggravée d'année en année.

Pour les Français, la sécurité et la paix dans le monde tiennent autant aux accords de désarmement nucléaire et de désarmement tout court ensuite, qu'à un développement harmonieux de l'économie mondiale. Or, les inégalités de développement entre les pays riches et industrialisés d'une part, et les pays pauvres et en voie de développement ne cessent de s'accroître. Le problème n'est évidemment pas nouveau ; déjà Pierre Mendès France l'avait posé dans les années 50. En revanche, les inégalités s'accroissent pour différentes raisons (démographiques bien sûr, mais aussi économiques et culturelles) et en particulier l'endettement croissant des pays pauvres. La hausse des prix du pétrole depuis 1971-1973 y est évidemment pour partie, mais le souci de s'équiper militairement l'aggrave ; à tout cela s'ajoutent la corruption, le gaspillage, le développement des armatures économiques, culturelles. En bref, ce problème a pris une telle importance avec la crise mondiale et la hausse des taux d'intérêt qu'il met en danger l'ordre public à l'intérieur des pays pauvres et la paix dans le monde. À différentes occasions (Cancun 1981, Williamsburg 1983, Paris et Londres 1984, etc.), le président Mitterrand réclame le rééchelonnement des dettes et un nouvel ordre économique mondial afin que les pays riches puissent aider ceux qui ne le sont pas : il propose même à l'ONU (1983) de transférer une partie des dépenses d'armement à un Fonds mondial d'aide au développement. L'aide financière française double ainsi la politique de coopération technique et culturelle : le ministère de la Coopération et du Développement reçoit des crédits plus importants (en francs courants) entre 1980 et 1985 (1980 : 3,4 MM/F ; 1985 : 6,2 MM/F) tandis qu'entre 1985 et 1987, ceux-ci stagnent (5,8 MM/F). À ces crédits, il faudrait ajouter ceux de certains services des Affaires étrangères et du ministère de l'Économie et des Finances dont on mesure mal l'importance.

En juin 1988 à Toronto, la France recommande d'annuler 450 MM/$ et efface une partie de sa dette (tout comme le Japon, plus tard, à la réunion annuelle du FMI). En mai 1989, à Dakar, elle supprime la dette des 35 pays les plus pauvres d'Afrique tandis que l'Américain Brady recommande en 1989 un programme destiné à réduire la tension sur la question de l'endettement des pays en voie de développement. De plus, la France réduit de 50 % le taux d'intérêt des prêts, présents ou à venir, de la Caisse centrale de coopération économique (5 % au lieu de 10 %) ou annule, dans certains cas, la dette elle-même. Mais comme le souligne François Mitterrand à La Baule, en 1990, au sommet franco-africain, l'aide française sera modulée selon que les règles de la démocratie élémentaire seront ou non respectées. Cependant, la dette des pays africains croît et atteint en 1992 pour les seuls États de l'Afrique francophone 60 MM/$; les annuités qui absorbent une part des exportations (30 % ?) interdisent tout espoir de décollage économique prochain car les pratiques de mauvaise gestion et de corruption dénoncées ici et là continuent. L'aide publique au développement de la France passe de 14 MM/F en 1981 à 32,7 MM/F (× 2,33) en 1989 ; celle accordée à l'Afrique subsaharienne augmente de 9,8 MM/F en 1985 à 14 MM/F en 1989 (+ 43 %). Ces bonnes intentions et cette politique de souhait démocratique subissent un échec patent au Togo (1992) sans que l'Élysée proteste.

2. Les rapports politiques et culturels avec l'Afrique et la francophonie

En Afrique, le Tchad constitue la grande affaire des septennats. En effet, le Nord est occupé par les troupes de Kadhafi qui soutient militairement l'adversaire du gouvernement officiel du Tchad ; celui-ci était naguère Hissène Habré, c'est maintenant Goukouni Oueddei. Les Français pensent :
— que les problèmes du Tchad doivent être résolus par les Tchadiens sans intervention étrangère ;
— que le Tchad doit recouvrer les territoires indûment occupés par la Libye. D'où en priorité, en 1983, une aide militaire au gouvernement de N'djamena

qui ne se démentira jamais, suivie de négociations avec la Libye (François Mitterrand rencontre en Crète le général Kadhafi en novembre 1984). Finalement, les Libyens, battus sévèrement par les troupes tchadiennes, sont contraints d'abandonner toute la partie nord du pays en 1986. Après un dernier effort libyen, un cessez-le-feu est conclu entre Tchadiens et Libyens (septembre 1987). En 1989, les deux pays signent un accord-cadre à Alger, ce qui permet à la France d'alléger son dispositif militaire dans la région.

L'Afrique centrale reste au centre des préoccupations françaises, malgré l'aide humanitaire de la France à une Somalie déchirée par la guerre civile et réduite à la famine depuis 1990. En octobre 1990, Paris envoie un régiment de parachutistes au Rwanda pour protéger les ressortissants étrangers contre un début de guerre civile entre Hutus et Tutsis. Plus tard (1993), les Français reviennent cette fois au nom de l'action humanitaire et repartent en août 1994. On a dit, à ce sujet, de la France qu'elle se comportait comme « le gendarme de l'Afrique », alors que le Président refusait énergiquement ce rôle. Mais le soutien apporté au Cameroun, au Gabon, au Nigeria, pays pétroliers, était-il vraiment désintéressé ? Ces interventions militaires ou financières de la France peuvent-elles enrayer les maux dont souffrent les Africains — démographie incontrôlée ; sida qui frappe dans certaines villes de 30 à 40 % des 15-35 ans ; pénuries alimentaires ou famines ; mauvaise gestion et dirigeants corrompus — qui perdurent, malgré les objurgations de François Mitterrand ?

La francophonie est l'autre volet de la politique mondiale de la France : maintenir les positions de la langue française dans le monde face à l'anglais : ainsi l'Afrique compte presque 15 millions de francophones auxquels il faut ajouter les Canadiens, les Belges, les Suisses francophones. Les derniers avatars de cette politique sont le vote de la loi Toubon en 1994 destinée à encourager l'usage de la langue française en France et à défendre « l'exception culturelle » au sein de l'Europe dans les négociations du GATT (1993). La France distribue des bourses aux chercheurs et étudiants qui viennent étudier en France ; elle encourage les traductions d'œuvres françaises à l'étranger sous les auspices de la Direction des lettres ou accorde des subventions aux recherches et œuvres originales éditées en France.

Le Tiers-Monde est aussi au cœur de la politique extérieure ; le Président voyage à travers le monde entier pour apporter la parole de la France et affirmer la solidarité entre la France et les pays en voie de développement qui souffrent de la sécheresse, de la famine ou encore les aider à se développer par le biais de la coopération culturelle et technique.

Faut-il rattacher à l'ultime étape de la décolonisation ou à la politique tiers-mondiste de la France les affaires calédoniennes ?

En Nouvelle-Calédonie, département d'outre-mer, règne une véritable situation coloniale avec une opposition entre les indigènes (Canaques) et ceux qui se dénomment loyalistes ou Caldoches. La situation privilégiée de ces derniers contraste avec elle plus précaire des Canaques, qui revendiquent une trans-formation radicale de la situation. Les socialistes tentent, malgré certains inci-dents sanglants, de trouver un compromis vite abandonné par le gouvernement Chirac à partir de 1986. Dès lors à l'affrontement entre les deux communautés répond une politique de plus en plus dure qui dégénère en une crise grave en avril-mai 1988. Cette politique est sévèrement jugée par l'Australie et la Nouvelle-Zélande tout comme le sont les essais nucléaires français de Mururoa ; l'un de ces derniers provoque même en 1985 une crise sérieuse avec la Nouvelle-Zélande quand des agents français coulent en Nouvelle-Zélande le *Rainbow Warrior*, navire affrété par le mouvement *Green Peace* adversaire des essais nucléaires.

Malgré le heurt sanglant du printemps 1988 en Nouvelle-Calédonie, peu avant l'élection présidentielle, les contacts sont renoués par le nouveau gou-vernement de Michel Rocard qui réussit à faire dialoguer les dirigeants caldo-ches et canaques ; un accord est conclu à Paris entre eux qui donne aux seconds la représentation politique qu'ils réclamaient (1988). L'assassinat de deux lea-ders canaques (Jean-Marie Tjibaou et Yeiwéné Yeiwéné en mai 1989) ne remet pas en cause cet accord qui permet à la Nouvelle-Calédonie de retrouver la paix.

6. La France et le Proche-Orient

Les Français accordent une attention particulière aux pays du Proche-Orient pour des raisons multiples, économiques autant que politiques.

Économiques, parce que la France reçoit de ces pays du gaz et du pétrole, utiles à l'économie du pays ; politiques, parce que des liens importants ont été tissés dans le passé lointain (Proche-Orient) ou immédiat. De plus, la paix du monde et la sécurité en Méditerranée peuvent être mises en danger, et sa qua-lité de grande puissance impose à notre pays de participer au règlement des grands problèmes internationaux (ceux du Proche-Orient sont de ceux-là). La meilleure illustration étant la présence solennelle de François Mitterrand à la grande exposition organisée à Marseille en 1981 : *L'Orient et les Provençaux*.

1. La France, Israël et le Liban

Dans les relations entre la France et le Proche-Orient depuis 1981, on peut distinguer deux faits majeurs : l'un économique, l'autre politique.

Économique, à propos des hydrocarbures : les pays arabes et l'Iran conti-nuent d'approvisionner la France en pétrole (en gros, 38 % en 1986 de ses importations : 69,3 Mt)[1]. La baisse des prix du pétrole entraîne une réduc-

---

1. En 1981, 69 % de 40,2 Mt dont 50 % d'Arabie Saoudite et 1,5 % d'Iran ; en 1986 les parts de l'Arabie sont de 21 % et de l'Iran 7 %.

tion d'abord des exportations d'armement français, ensuite des investissements des entreprises françaises.

Sur le plan politique, la France modifie sa politique dans différents domaines. Elle cherche en premier lieu à rééquilibrer ses rapports avec Israël. En mars 1982, François Mitterrand est le premier président français à se rendre officiellement à Jérusalem. À la Knesset, il déclare qu'« il appartient aux Palestiniens comme aux autres, de quelque origine qu'ils soient, de décider eux-mêmes de leur sort, s'ils inscrivent leur droit dans le respect du droit des autres » : cette franchise n'est pas du goût du Premier ministre israélien Menahem Begin, mais la volonté française d'améliorer ses relations avec Israël n'exclut pas celle de plaider aussi pour que les Palestiniens aient une patrie et reconnaissent l'existence d'Israël. Afin de résoudre le conflit israélo-arabe, le gouvernement français souhaite la réunion d'une conférence internationale, mais cette initiative ne rencontre que peu d'échos.

La France ne manque pas non plus de condamner en 1982 « vigoureusement l'invasion israélienne du Liban » et les actes de terrorisme perpétrés par tel ou tel groupe de Palestiniens. Simultanément, afin que le Liban retrouve son indépendance, la France accepte d'envoyer un important contingent de troupes qui participera à la force internationale d'intervention. Grâce à ces soldats, dans un premier temps bien accueillis, les Palestiniens peuvent évacuer leurs combattants aussi bien de Beyrouth que plus tard de Tripoli (novembre 1983). Même s'ils ont la volonté de se placer au-dessus de la mêlée et en arbitre entre les différents adversaires au Liban, les Français sont attaqués : en 1981, assassinat de l'ambassadeur Delamarre à Beyrouth ; assassinats de soldats ou d'observateurs français isolés ; attentat contre un casernement français (58 tués) ; prise d'otages. En France même, différents attentats terroristes prennent pour cibles des diplomates israéliens, américains, voire de simples citoyens français. Quand ils sont revendiqués, ils sont présentés comme des représailles ou ont pour but (avoué ou non) de faire pression sur le gouvernement français afin qu'il modifie sa politique au Proche-Orient. Derrière ces attentats on devine l'action de certains États de cette région (Iran, Syrie).

Car depuis que les Israéliens ont évacué le Liban, les Syriens constituent la seule force susceptible de contrôler le pays et d'agir sur les différents groupes qui s'affrontent (chiites aux diverses tendances, sunnites, chrétiens, Druzes, etc.). On comprend dès lors que le président français se rende en visite officielle à Damas (novembre 1985) ; c'est la quasi-reconnaissance du rôle croissant de la Syrie au Proche-Orient. Cela règle-t-il pour autant les problèmes dans lesquels se trouve directement impliquée la France ? C'est oublier de compter avec l'Iran dont l'influence est importante, non seulement au Proche-Orient, mais aussi parmi les musulmans (on en compte en France plus de 2,5 M). « L'intégrisme », comme on l'appelle couramment, remet en cause les équilibres intérieurs de tous les États islamiques et redonne un élan évident à l'islam dans ce monde.

2. Les rapports avec l'Égypte, l'Irak, l'Iran et la Turquie

En arrière-plan de la guerre Irak-Iran (1980-1988), la France a poussé ses pions dans le domaine des affaires. Les entreprises françaises élargissent leur place sur le marché arabe : le BTP d'abord avec le métro du Caire, le complexe sidérurgique de Hélouan, la liaison ferroviaire rapide entre Alexandrie et Le Caire, un réacteur nucléaire en Égypte, des hôtels dans les Émirats, un aérodrome en Syrie ; fourniture d'armement et d'équipement militaire ensuite (de 1981 à 1988, sans l'Irak, 15 500 millions de dollars). Jusqu'en 1990, l'Irak reçoit des armes les plus modernes (avions, missiles, radars, etc.) en quantité et la France aide ce pays dans le domaine nucléaire. En 1990, la dette des Irakiens à l'égard de la France s'élève à un total de 75 à 80 milliards de F. Cette aide explique que la France devienne la cible d'un terrorisme plus ou moins guidé par l'Iran, la Syrie ou la Libye. L'hostilité des Iraniens est d'autant plus vigoureuse que la France renâcle à apurer le contentieux d'Eurodif et à rembourser les avances consenties par ce pays du temps du Shah. Malgré les imprécations de Khomeiny, le « petit Satan » ne cesse d'accroître ses achats de pétrole iranien de 1980 à 1992 (1980 : 1,2 Mt ; 1985 : 4 Mt ; 1989 : 7,7 Mt ; 1992 : 10,2 Mt). D'ailleurs, les relations, malgré le terrorisme qui frappe les Français en 1986 et dans lequel se trouve impliqué l'Iran en France et au Liban, s'améliorent comme l'indiquent les contacts officiels et officieux.

Au lendemain de la guerre du Golfe, la France apure son contentieux financier avec l'Iran et cherche à y obtenir des contrats d'équipement, mais reçoit néanmoins la leçon des Iraniens à propos de l'Algérie (1994). Ceux-ci, il est vrai, ont gardé une stricte neutralité durant la guerre du Golfe et en ont tiré profit sur le plan économique et surtout politique, une fois l'Irak écrasé par les bombardements de la guerre et l'embargo de l'après-guerre. Face aux États arabes engagés dans cette guerre et obligés d'en payer les frais, l'Iran est avec la Turquie la puissance la plus importante du Proche-Orient. Mais son influence dépasse la région, car les Iraniens se veulent les nouveaux guides d'un islam régénéré et purifié. Cet « intégrisme » comme on l'appelle a des résonances tout autour de la Méditerranée et donc aussi en France où vit une importante communauté islamique.

Avec la Turquie, les seuls problèmes naissent de l'action menée par les opposants Arméniens qui utilisent en France l'arme du terrorisme pour souligner l'importance du « génocide » perpétré contre eux avant 1914 et de 1915 à 1918. Par ailleurs, la résistance des Kurdes en Turquie même, en Iran ou en Irak est encouragée, au nom des droits de l'homme par Mme Mitterrand ; d'où un malaise évident dans les relations franco-turques.

Les États arabes fournissent de moins en moins la France en pétrole tout au long de la période : en 1980, 76 Mt (61,8 % du total importé) ; en 1991, 27 Mt (36 % du total). De plus, à cause de la concurrence entre l'Irak et l'Iran sur les marchés, le prix du brut baisse rapidement. La France verse donc de moins en moins de dollars aux producteurs arabes et améliore avec eux sa balance commerciale (1980 : − 60,8 M/F ; 1989 : − 9,7 M/F). Ces derniers continuent néanmoins leurs achats d'armement et d'équipements (parmi eux l'Irak) tandis que les dirigeants français parlent de paix dans la région. Car les conflits demeurent : après 1988, celui d'Israël-Palestine et la guerre civile du Liban ; celui de l'Irak avec le Koweït (août 1990).

Les deux premiers sont en fait liés ; en effet, les Syriens estiment qu'ils occupent le Liban légitimement et s'y conduisent comme en pays conquis ; ils font et défont les gouvernements et l'accord de Taëf (septembre 1989) que la France reconnaît, conforte leur présence malgré la longue résistance du général chrétien Aoun. Une fois les Syriens engagés dans la guerre du Golfe contre l'Irak aux côtés des États-Unis, Aoun est abandonné et se réfugie en France : comme le reconnaît François Mitterrand, rien ne peut plus se faire au Proche-Orient sans la Syrie désormais soutenue par Washington. On a bien l'impression, comme l'écrit un spécialiste, d'« une croix sur le Liban. »

En revanche, le long conflit entre Israël et les Palestiniens débouche sur la paix après la guerre du Golfe. La France poursuit sa politique du « parler vrai » avec les deux adversaires et en mai 1989, le dirigeant de l'OLP Arafat, reçu à l'Élysée, déclare que la Charte de l'OLP de 1964 en ce qui concerne Israël est un « document caduc ». L'*Intifada* (la révolte des pierres) menée depuis 1987 inlassablement par les jeunes dans les territoires occupés pousse les Israéliens à s'engager dans une autre politique. Le nouveau gouvernement de Rabin, soutenu par la France, rencontre à Madrid en novembre 1991 les représentants arabes et palestiniens. C'est le début d'une longue négociation, plus ou moins secrète, qui débouche en septembre 1993 sur la poignée de mains entre Arafat et Rabin à Washington. Les Français y ont poussé les deux hommes mais peuvent-ils contrebalancer l'hégémonie des Américains au Proche-Orient, surtout après leur victoire dans la guerre du Golfe contre l'Irak ? Celle-ci est née des ambitions multiples de Saddam Hussein et aussi de son souci de se refaire une santé économique aux dépens du Koweït. Soutenu durant sa guerre contre l'Iran par l'ensemble des puissances occidentales, France comprise, a-t-il parié sur leur neutralité ou leur indifférence ? Après plusieurs mois de pourparlers, les Nations unies emmenées par les États-Unis lancent une puissante offensive. En trois semaines, l'Irak est à genoux mais laisse les puits de pétrole koweïtiens incendiés et des milliards de dollars de ruines. Officiellement, la France intervient parce que les principes élémentaires du droit international ont été violés par l'Irak (on reparle de Munich) ; le pétrole du Koweït n'est pas en cause car elle en importe peu de cet émirat. Il semble bien que la France, membre du Conseil de sécurité de l'ONU, n'ait pas voulu s'abstenir (la Grande-Bretagne s'engage aussi) dans une affaire qui remettait en cause l'équilibre stratégique de la région. En a-t-elle tiré profit ? Pas vraiment, puisque les Américains qui avaient 500 000 hommes sur le terrain et un important matériel ont raflé le plus gros des contrats de reconstruction. La guerre a affaibli la puissance financière des Émirats et de l'Arabie Saoudite, bons clients de la France pour l'armement. Par ailleurs, l'intervention française a suscité des réactions hostiles au Maghreb.

7. La France et le Maghreb

1. Les rapports franco-maghrébins avant 1988

Les liens entre les États du Maghreb et la France sont anciens et nombreux. La modification des rapports avec l'Algérie au profit de la Tunisie et du Maroc constatée dans la décennie précédente continue, malgré la volonté affichée des socialistes d'avoir de bons rapports avec l'Algérie de Chadli Bendjedid. En effet, entre 1981 et 1994, la situation se détériore en Algérie, sur tous les plans, tandis que dans les deux autres États, mis à part le renversement de Bourguiba par son Premier ministre Ben Ali, les rapports se consolident, malgré l'expansion d'un islamisme que certains qualifient de « radical » (Bruno Étienne).

Sur le plan économique, la part de la France dans le commerce de chacun des trois États évolue sensiblement entre 1981 et 1991 :

	Algérie		Tunisie		Maroc	
	1981	**1991**	**1981**	**1991**	**1981**	**1991**
Export. fr.	52,2 %	39 %	21,3 %	26 %	26,3 %	35 %
Imp. fr.	69,1 %	42,2 %	12,5 %	19,6 %	18,3 %	38 %

En dix ans, les liens entre la France et l'Algérie se sont distendus tandis qu'avec les deux autres États ils se sont renforcés. Une des raisons de cette régression pour l'Algérie est la diminution des importations pétrolières à partir de 1985 : 1981/84 : moyenne de 5,150 Mt ; 1985/90 : 2,530 Mt). Pourtant, d'entrée de jeu, le nouveau pouvoir modifie les données économiques traditionnelles quand François Mitterrand dans son voyage de 1981 à Alger accepte que la France paie le gaz algérien au-dessus du prix international (accord de 1982) ; en retour les promesses algériennes pour favoriser les entreprises françaises demeurent lettre morte parce que les prix mondiaux des hydrocarbures baissent à partir de 1982-83, la charge du surprix devient de plus en plus discutable et elle est remise en question dès 1986, contre la volonté des Algériens. La baisse des revenus pétroliers aggrave la crise financière liée à la gabegie et à la corruption des dirigeants qui aboutit aux émeutes urbaines de l'automne 1988.

Les problèmes les plus sérieux concernent les ventes de gaz et de pétrole, l'immigration des travailleurs maghrébins en France, la question du Sahara (disputé entre le Maroc et la « République sahraouie » soutenue par l'Algérie), et bien sûr les aides financières et/ou la coopération culturelle et technique.

L'immigration des travailleurs maghrébins en France remise en cause bien avant 1981 l'est encore davantage à partir de mars 1986 avec le gouvernement de Jacques Chirac : elle donne lieu à des discussions avec les dirigeants des différents gouvernements du Maghreb. Mais les gouvernants sont impuissants à endiguer le racisme croissant (assassinats de Maghrébins, popularisation des slogans du Front national de J.-M. Le Pen).

En ce qui concerne la question sahraouie, les Français évitent de prendre position ouvertement tandis qu'ils tentent, lors de leurs rencontres, de rassurer les dirigeants marocains et algériens. En revanche, ils ne manquent pas de soutenir la Tunisie, dans les différends souvent sérieux avec la Libye de Kadhafi. Ils accordent enfin le plus gros de leurs aides financières aux trois pays du Maghreb et le meilleur de la coopération culturelle et technique : cette aide multiple se situe dans le droit fil à la fois de la politique définie naguère par de Gaulle et de l'aide au Tiers-Monde de Mitterrand. Cette aide est aussi un symbole de la politique d'ouverture sur la Méditerranée et les pays arabes.

Le nouveau pouvoir continue, à la fois pour des raisons idéologiques (voir les *110 Propositions* et la *Lettre aux Français*), la politique d'aide et de coopération culturelle et technique entamée depuis 1962. Ainsi, les crédits accordés par la France évoluent ainsi (M/F) :

	1980	1988
Algérie	318	398
Tunisie	335	359
Maroc	569	1 115

L'Algérie (24 M/hab.) reçoit presque la même somme que la Tunisie (7,5 M/hab.) tandis que le Maroc est privilégié. Malgré cette aide multiple la dette qui ne cesse d'augmenter freine le développement de chacun de ces États. Dans le jeu de la coopération culturelle, l'Algérie refuse depuis l'indépendance la langue et la culture française et se lance à corps perdu dans l'arabisation tandis que les deux autres États adoptent la formule du bilinguisme. Tout en insistant sur l'arabisation ils n'hésitent pas à participer aux réunions de la « francophonie » (François Mitterrand y est sensible) et leurs dirigeants envoient leurs enfants dans les écoles et lycées français. Les relations avec le Maroc semblent sans nuages importants mis à part les remous provoqués par les déclarations de Mme Mitterrand sur l'absence au Maroc de libertés et les atteintes aux droits de l'homme dénoncés par certains publicistes.

Si les Français sont de moins en moins nombreux au Maghreb, en revanche on compte de plus en plus de Maghrébins en France : on évalue à 1,4 million le nombre de Maghrébins dont plus de 600 000 femmes, malgré les différentes mesures qui restreignent leur immigration. Leur présence alimente un racisme antiarabe que la propagande du Front national nourrit ostensiblement. Pourtant, tous les dirigeants politiques dénoncent cet ostracisme, même si certains d'entre eux parlent à l'occasion des « odeurs de cuisines exotiques dans les cages d'escalier » pouvant constituer une nuisance comme l'excès de bruit des immigrés maghrébins. De plus, la France socialiste fournit en équipement militaire le Maroc et la Tunisie dont les soldats participent à des manœuvres combinées avec les troupes françaises. Il est vrai que les deux pays penchent ostensiblement du côté de l'Occident tandis que l'Algérie maintient ses distances. Les problèmes avec les Algériens ne manquent pas. En dehors de celui du gaz et du pétrole, demeure celui des travailleurs immigrés ou des anciens « harkis » dont les enfants nés en France protestent contre le ghetto dans lequel ils ont été enfermés avec leurs parents.

La présence de ces Maghrébins suscite un racisme que plusieurs affaires ravivent. Parmi elles, celle du « tchador » (foulard) comme on l'a appelée éclate en 1989 quand trois élèves maghrébines prétendent — par provocation ? —, garder leur tête couverte en classe et refuser de participer à certains cours dans leurs collèges. À droite, on parle de défi à l'État républicain ; à gauche, certains invoquent la liberté (Mme Mitterrand) pour permettre le port du foulard, d'autres la défense de la laïcité et de l'école républicaine. Un autre différend, plus douloureux, concerne les mères françaises, divorcées de maris algériens, qui ne peuvent revoir les enfants confiés à elles par un juge et qui ont été enlevés en Algérie par leurs pères au cours de vacances ; après plusieurs années une solution partielle, admise par l'Algérie est trouvée en 1988.

Dans la question saharienne du Front Polisario les Algériens lâchent sans le dire les Sahraouis et se rapprochent des Marocains, car la guerre est trop onéreuse pour les finances algériennes bien mal en point.

2. La dégradation des relations avec l'Algérie après 1988

Le dernier problème concerne l'aggravation de la situation intérieure de l'Algérie à partir d'octobre 1988 avec les émeutes urbaines qui font des centaines de morts, le raidissement d'un pouvoir monopolisé par le FLN depuis 1962 et de plus en plus contesté par un mouvement politico-religieux, le Front islamique du salut. D'abord en paroles, ensuite par les armes, quand le processus d'élections qui lui sont favorables est arrêté par le FLN (1992), le FIS renforce ses positions dans les villes et étend ses ramifications en Europe, France comprise. Celle-ci recommande en vain au pouvoir en place de reprendre les voies de la démocratie. Après l'assassinat de plusieurs Français à partir de 1993, la France réduit au minimum sa représentation diplomatique en Algérie (1994) et accorde au compte-gouttes les visas d'entrée aux Algériens menacés par le FIS.

En France où vivent de nombreux Algériens (plus de 600 000), le pouvoir veut rassurer une opinion qui tend à assimiler aux activistes du FIS, une poignée, les musulmans pratiquants et tous les autres mais simultanément accorde à différentes reprises des subventions importants à l'Algérie à court d'argent. N'est-ce pas, pensent certains Français, encourager la corruption au plus haut niveau et on reparle du « tonneau des Danaïdes » ? La France peut-elle cependant se tenir à l'écart et adopter l'attitude de Ponce Pilate, alors que l'Algérie n'est qu'à une heure d'avion et que par la Tunisie l'on peut transiter par l'Italie et entrer clandestinement en France ? Enfin, les intellectuels algériens qui se tournent vers la culture française peuvent-ils être abandonnés aux menaces proférées contre eux ?

Au-delà des péripéties trop souvent sanglantes qui frappent l'Algérie depuis 1988, existe-t-il en France une politique du Maghreb ? En premier lieu, les Français refusent de s'impliquer dans les affaires intérieures des Maghrébins et reconnaissent les pouvoirs de fait, sans en discuter la nature ou la légitimité. Par ailleurs, ils s'efforcent d'aider les Maghrébins par le biais de l'aide publique au développement ou de la coopération culturelle et technique ; mais celles-ci ont peu progressé surtout si on les compare avec celles de la France aux DOM-TOM. Simultanément, l'immigration est freinée, car l'opinion française qui subit la crise de plein fouet est hostile aux Arabes et aux musulmans qu'elle regarde comme des terroristes en puissance ou des intégristes. Leur présence souligne que la France n'a aucune politique sérieuse ou cohérente au regard de l'islam, aujourd'hui la deuxième religion de notre pays après le catholicisme. Enfin, elle a réduit ses échanges commerciaux avec le Maghreb comme avec les Arabes depuis 1981. Suprême paradoxe, les relations franco-algériennes qui devaient être revigorées avec l'arrivée des socialistes ont en réalité périclité tandis que celles de la France avec la Tunisie et le Maroc n'ont cessé de s'améliorer. La guerre d'Algérie et la difficile décolonisation ne sont-elles pas la cause réelle et inavouée de ces retournements ?

On a bien l'impression, au bout du compte, que la position de la France dans le monde arabe et au Proche-Orient s'est érodée. Mais comment prétendre être une puissance méditerranéenne si les relations manquent de consistance. Les seuls points positifs concernent d'abord le début du dénouement du conflit entre Israël et les Palestiniens auquel la France a contribué avec persévérance, mais pour lequel l'accord a été signé à Washington et non à Paris en septembre 1993 — et l'Europe a été une fois encore absente ; ensuite le retour de la paix au Liban, mais cet État existe-t-il encore ? enfin, les bonnes relations avec la Tunisie et le Maroc.

Conclusion

Les paris socialistes sur le Tiers-Monde et surtout l'Afrique ont-ils été tenus ? Apparemment pas, puisque les pratiques anciennes ont continué et on ne voit pas de perspective de développement ou de solution pour les années à venir. Et comme l'a avoué Michel Rocard, « la France ne peut accueillir toute la misère du monde » ; il mettait ainsi le doigt sur le poids des égoïsmes nationaux et l'inexistence de l'Europe pour résoudre de tels problèmes.

Certes les socialistes ont parié sur l'Europe afin que la France intégrée à ce vaste ensemble profite de cet accroissement de puissance. Sans doute, l'Acte unique de février 1986 constitue un pas important dans l'unification économique européenne, décidée pour le 1er janvier 1993. On mesure cependant le nombre et l'importance des efforts que les États membres devront réaliser pour harmoniser leurs fiscalités, leurs productions agricoles et industrielles, les flux de leurs commerces respectifs entre l'Europe unie et le reste du monde, leurs monnaies, symboles suprêmes de leurs souverainetés nationales respectives. Au-delà, il faudra bien également homogénéiser « les espaces sociaux », c'est-à-dire les systèmes de couverture et de protection sociales singulièrement disparates. Tout cela exige évidemment de la volonté, de l'imagination, du courage politique pour que les citoyens de chaque État acceptent de dépasser leurs visions nationales, trop souvent égoïstes et bornées ; tout cela exige que la raison l'emporte sur les traditions et les passions nationales, quelques respectables qu'elles puissent être.

Le référendum de septembre 1992 sur Maastricht consolide la construction de l'Europe, mais dans le quotidien, celle-ci demeure délicate. Les Français et leurs partenaires européens doivent avoir aussi conscience que l'élément premier d'une dynamique européenne pour les décennies à venir touche à un problème qui leur est commun : le vieillissement de leurs organismes démographiques nationaux. D'un recensement à l'autre, et ce depuis les années 50, la natalité ne cesse de régresser tandis que l'espérance moyenne de vie ne cesse de croître ; le nombre de femmes âgées de + de 60 ans dépasse largement celui des hommes. Le vieillissement démographique de la France n'augmente pas ses chances dans la construction européenne. Par ailleurs, ce phénomène a de lourdes conséquences sur l'économie et la société françaises. Une analyse plus fine montre en effet que sans l'apport de familles « immigrées », le vieillissement serait encore plus marqué. Or, ces flux d'immigrés ont entraîné des réactions diverses et parmi elles, sur le plan politique, à l'occasion de l'élection présidentielle d'avril 1988, l'émergence d'un refus symbolisé par la perte de vitesse de la droite classique (Jacques Chirac et Raymond Barre) et l'affirmation de l'extrême-droite (Jean-Marie Le Pen). Mais qui peut dire que demain, pour relancer l'Europe et son économie il ne faudra pas faire appel à une main-d'œuvre immigrée ? Le paradoxe surprenant au premier abord pour la France n'en serait vraiment pas un pour l'ensemble de l'Europe unifiée.

En réalité, et à distance, les crises récentes d'ordre multiple ont imposé à la France et aux Français de s'adapter (sous peine de décadence) et de modifier fondamentalement aussi bien les structures de l'économie française que les mentalités. Mais cela demande du temps et des efforts de persuasion ; cela exige aussi un réel courage politique, celui de dire simplement et lucidement ce que sont les réalités pour préparer les hommes aux efforts à accomplir.

Conclusion générale

Battue en juin 1940, libérée en 1944-1945, la France, malgré la crise qui la frappe depuis 1974, fait partie aujourd'hui des grandes puissances mondiales. Ce long demi-siècle a été riche en transformations : malgré sa défaite, elle siège en 1945 parmi les vainqueurs à Berlin et à Tokyo où elle reçoit la capitulation de l'Allemagne et du Japon ; elle est au Conseil de sécurité de l'ONU et occupe, comme les Américains, les Britanniques et les Soviétiques, une partie de l'Allemagne vaincue ; officiellement elle a donc retrouvé son rang. Mais ses soldats sont équipés par les États-Unis et ses forces économiques peu vigoureuses portent les blessures de la guerre bien après 1945. Possède-t-elle encore les moyens d'être une puissance à l'instar des « grands », les États-Unis ou l'URSS ?

Naguère, la France était une puissance européenne et coloniale ; à partir de 1945, les revendications d'indépendance s'affirment de plus en plus fortes : c'est le début de la décolonisation marquée par deux guerres, celles d'Indochine et d'Algérie qui engagent l'armée française de 1947 à 1962 ; ailleurs, en Afrique, le passage à l'indépendance a lieu sans problème grave, même si les Tunisiens et les Marocains ne l'acquièrent qu'après plusieurs années de lutte politique. La décolonisation n'a-t-elle pas freiné subtilement le retour à la santé économique ? Car elle a été difficile et coûteuse pour le budget de la France : de 3 000 à 4 000 MM/F courants (plus ? moins ?) pour l'Indochine ; 10 000 à 12 000 MM/F courants (plus ? moins ?) pour l'Algérie. À cette dépense en pure perte, il faut ajouter celles exigées pour contenir — mal — la revendication nationaliste des Malgaches, des Marocains, des Tunisiens, des Africains : il est difficile de déceler et donc d'évaluer leur importance dans les différents budgets des ministères ? Ces sommes n'ont-elles pas manqué dans la période de reconstruction et de modernisation ?

Pillée et exploitée par l'occupant allemand, son économie retrouve rapidement le niveau de l'avant-guerre ; mais différents symboles attestent sa fragilité : une balance commerciale déficitaire, l'inflation et différentes dévaluations monétaires ; l'aide Marshall sans laquelle la modernisation et la reconstruction auraient été impossibles. Cet essor de l'économie semble ne connaître aucune limite entre 1947 et 1974. Faut-il en rendre responsable la planification qui commence en 1947 avec le plan Monnet et se poursuit jusqu'en 1980, le très bas prix de l'énergie ou le formidable élargissement du marché intérieur dont la population passe de 40 millions d'habitants à 52,6 millions en 1975 ?

Cette croissance n'a pas le même sens pour les différents producteurs. Le monde rural, ossature constante de l'économie et de la société française jusqu'aux années 60, se rétracte : la France perd un nombre impressionnant de paysans en un demi-siècle (en gros les 4/5) tandis que leur productivité a augmenté. Loin d'apporter la richesse, cette exceptionnelle production engendre des difficultés multiples et le paysan qui avait tiré profit de la guerre ne peut vendre ce qu'il produit d'où un mécontentement profond et permanent, hormis quelques secteurs privilégiés.

Les paysans français peuvent-ils se tourner vers des emplois industriels à la faveur de la croissance de ce secteur à partir de 1947 ? Mais la modernisation engendre une mécanisation de plus en plus grande dans toutes les entreprises qui ne peuvent donc utiliser tous les bras libérés du travail de la terre, d'autant plus qu'afflue en France une importante main-d'œuvre étrangère (1945 : 1,743 M ; 1994 : 3,600 M)[1]. Seule la croissance de la population, donc du marché intérieur, permet d'utiliser cette main-d'œuvre abondante. L'informatisation[2], avatar ultime de la mécanisation, sur laquelle on fondait de grands espoirs pour effacer les effets de la crise née en 1974, a déçu ; elle a supprimé de nombreux emplois et on ne peut pas présenter de bilan positif de l'informatique dans le domaine du chômage.

Paradoxalement, malgré cette extraordinaire croissance, les Français ont du mal à supporter les effets des « chocs pétroliers » de 1974 et 1979 et de la crise qui en résulte : la France perd des parts de marché un peu partout, sauf en Europe où l'importance de ses échanges croît d'une décennie à l'autre ; pourtant le PIB ne cesse de croître, malgré la crise — à un rythme inférieur cependant à ce qu'il avait été durant les « Trente Glorieuses » — ce qui permet à la France d'être une des cinq grandes puissances économiques mondiales. Cette puissance n'aurait-elle pas été supérieure si la construction économique de l'Europe avait été poussée plus loin ? La croissance des « Trente Glorieuses » n'a-t-elle pas endormi la vigilance des dirigeants de l'économie française ? N'a-t-elle pas masqué certaines faiblesses qui surgissent dès le début de la crise et s'aggravent avec les années ? Une chose est sûre : les dirigeants politiques, économiques ont été incapables de maîtriser cette crise ou d'y trouver une solution réelle.

Second volet, celui des transformations sociales ; elles sont radicales : durant ces décennies la population augmente de 40 %. C'est la plus forte croissance de toute son histoire et elle contraste avec les évolutions antérieures proches ou lointaines. La France rajeunit puis vieillit tout comme le reste de l'Europe ; simultanément, l'urbanisation absorbe les surplus démographiques, l'émigration des ruraux et des étrangers[3]. Les modes de vie se transforment

---

1. En 1921 : 1,532 M ; en 1936 : 2,198 M.
2. Cf. Rapport S. Nora et A. Minc sur l'informatique.
3. La population urbaine passe de 21 M en 1946 à 43 M en 1993 ; celle des campagnes de 19 M à 14 M.

du tout au tout, non seulement parce que les femmes, plus nombreuses que les hommes, travaillent et occupent en nombre croissant tous les emplois mais aussi parce qu'elles assument souvent seules la direction d'une famille. Leur liberté étonne de moins en moins et une série de tabous, parmi lesquels celui du sexe, disparaissent. Les Français se sont enrichis durant ce long demi- siècle et ils sont passés de la pénurie de la guerre à une consommation illimitée ; parmi les objets les plus achetés, la télévision et l'automobile : en 1953 un ménage sur cinq possède une automobile ; en 1988, trois ménages sur quatre ; un ménage sur cent possède en 1954 un téléviseur, en 1988, 94. À l'instar des Américains, nombreux sont ceux qui possèdent deux voitures et deux téléviseurs ; les Français sont-ils déjà dans le monde de *Fahrenheit 451* ?

Dans les deux cas, cet usage exalte l'individualisme ; la télévision réduit l'échange familial à peu de choses ; car, les enfants ne voient leurs parents que le soir puisque la cantine pour le repas de midi est entrée dans les mœurs de tous. Que représente encore la famille pour les Français de 1993 ? L'absence des parents absorbés par leur tâche laisse les enfants trop souvent livrés à eux-mêmes ; ne tient-on pas là la cause des violences qui agitent les banlieues des grandes villes, puisque l'éducation élémentaire n'est plus assurée : « Il est interdit d'interdire », clamait-on en 1968 ! N'était-ce pas affirmer que l'on entrait dans une nouvelle jungle où les plus forts régneraient sans partage ? Une société sans interdit peut-elle vivre sans heurts ? Et au-delà, quel État, surtout quand s'estompe l'éducation civique ? Par ailleurs, sur quelle morale s'appuyer quand on exalte l'argent facile et que la réussite sociale est celle de l'argent qui donne les biens de consommation offerts à tous, les voyages en France ou ailleurs et les « paradis artificiels » ?

Cette quasi-dévaluation du travail explique peut-être aussi l'ébranlement de la société française en profondeur.

Depuis 1940, la vie politique et la place de la France dans le monde ont changé. L'extraordinaire épanouissement du débat politique, longtemps contenu par Vichy, régime autoritaire s'il en fut, s'est émoussé au fil des Républiques et des décennies. Différents facteurs y ont contribué : le déclin continu de la presse écrite (on ne compte plus le nombre de titres disparus), l'élan des radios publiques ou privées (ces dernières, vivant d'argent, sont-elles libres ?) et surtout de la télévision, formidable instrument de propagande (on a parlé à ce propos de « machine à décerveler ») entre les mains de journalistes, irresponsables politiquement [4]. Quel poids les responsables politiques ont-ils encore face à la télévision quand on sait le rôle joué par certaines émissions lors des élections (présidentielles ou parlementaires).

---

4. On connaît le mot de de Gaulle qui se déclare « le plus fort au poker » face à ses adversaires politiques grâce à la télévision.

Ce changement en politique est évident avec le quasi « coup d'État » de mai 1958, déclenché par Alger qui crée la Ve République face à la légitimité de Paris ; on passe d'une République où le Parlement avait l'essentiel du pouvoir à celle où le Président peut ignorer le Parlement en cas d'urgence et légiférer par ordonnances. Soutenu par une administration toute-puissante, l'exécutif est le maître du jeu politique : l'État est omniprésent et tout-puissant. Il est vrai que la République précédente avait usé ses forces avec la décolonisation. Le discrédit avait nourri un certain antiparlementarisme déjà évident avec le « poujadisme » des années 50. L'abandon de l'Indochine avait suscité dans une armée affaiblie l'amertume et une hostilité plus ou moins sourde qui éclate en mai 1958. Et pour mettre fin à la guerre d'Algérie, de Gaulle ruse avec des militaires qui n'hésitent pas à se rebeller contre le Président dont le souci majeur est de redonner à l'État autorité et pouvoir. Mais l'armée engagée dans des guerres coloniales/révolutionnaires d'un nouveau type n'a-t-elle pas tourné le dos à sa modernisation ?

La guerre de 1939 avait déjà souligné certains de ses retards dans le domaine de la stratégie et de la tactique ; « casser du Viet » ou « chasser les fellouzes », n'est-ce pas fourvoyer l'armée ? On comprend l'impatience de de Gaulle à vouloir la paix en Algérie pour rapatrier l'armée en Europe. La fin de la guerre d'Algérie coïncide avec les premières explosions de la bombe atomique française, la définition d'une stratégie « tous azimuts » et la volonté de faire bande à part par rapport d'abord aux « grands » qui possèdent l'arme atomique, ensuite aux États-Unis animateurs de l'OTAN. L'arme atomique permet-elle à la France de peser sérieusement sur la vie du monde et sur les problèmes du temps ? Avec la modernisation de son armée, remise au pas, la France « épouse son temps » (de Gaulle) ; le poids de l'État est aussi renforcé. La France retrouve-t-elle ainsi son autorité dans le monde ? Rien n'est moins certain.

Dans le jeu des relations avec les États-Unis ou l'URSS qui discutent du désarmement atomique, la France refuse parce que la bombe française n'a de valeur que dissuasive : dire non, est-ce suffisant pour définir une politique de la France ? Ainsi dans certaines affaires, par exemple celles du Proche-Orient, les propositions françaises ne sont pas prises en considération, pas plus avec de Gaulle en 1967 qu'avec Giscard d'Estaing après les rencontres de Camp David en 1978 ou Mitterrand qui intervient à la Knesset, à Paris ou ailleurs : Israël et les Palestiniens négocient à Oslo et signent à Washington en septembre 1993 un premier accord de paix. Cette autonomie stratégique ne semble donc pas renforcer le poids diplomatique et politique de la France dans le monde.

En revanche, aurait-elle pu mieux se faire entendre par le biais d'une Europe politique ? Liée à l'aide Marshall, et donc encouragée par les États-Unis, l'Europe repose d'abord sur la CECA, ensuite sur le Traité de Rome ; de Gaulle prend en charge ce qui existe, mais tourne en dérision cette Europe politique. Qui peut dire que l'Europe des « États », des « nations » exaltée par le général n'a pas freiné l'émergence de l'Europe unifiée ? C'est si vrai que la politique de « la chaise vide » en 1965 n'a aucune suite et que la France revient au sein de la Communauté peu après. La France incluse dans une Europe unifiée politiquement et prenant position sur les affaires du monde n'aurait-elle pas pesé davantage face aux « grands » ? Cette faiblesse politique de la construction européenne permet aux Américains hostiles désormais à l'Europe d'affirmer leur hégémonie mondiale. Cette myopie à l'égard de l'Europe est sans doute le point faible de la politique gaullienne qui refuse la prépondérance américaine et l'Europe du « volapük », seule capable de se faire entendre par les États-Unis. Le général perçoit-il cette contradiction ? Pas vraiment. De toute manière, aujourd'hui l'Europe politique est à construire tout comme l'Europe sociale et monétaire.

Avec la décolonisation, la France a-t-elle aboli toute relation avec ses anciennes colonies ? Apparemment pas. Derrière les formules de « coopération », « francophonie », se dessinent des liens culturels et des aides multiples au développement ; de ce point de vue, la continuité est patente de la IVe République à de Gaulle et Mitterrand. Est-ce une « exigence morale » pour l'ancien colonisateur ou l'expression d'un « néo-impérialisme » français qui prend d'autres vêtements ? Derrière ces rapports, on devine cependant des jeux politiques auxquels la France prête la main en Afrique qui dépassent parfois les anciens territoires coloniaux.

Dans ce domaine, François Mitterrand ne fait pas autrement que de Gaulle, Pompidou ou Giscard d'Estaing alors que les liens antérieurs se sont érodés au Proche-Orient et dans le monde arabe avec la difficile décolonisation du Maghreb, et ce malgré le pétrole : l'exemple le plus vivant du recul français est le Liban où l'ambassadeur de France est assassiné sans qu'on retrouve jamais les meurtriers (et pour cause) ; où des Français, y compris des diplomates, sont pris en otage par des hezbollahs manipulés par l'Iran et la Syrie ; l'effacement concerne aussi l'Extrême-Orient depuis la fin des années 50. Partout, la France doit compter avec les États-Unis ou l'URSS, puissances continentales. La leçon n'incite-t-elle pas à se tourner vers l'Europe ?

La France et l'Europe ont tiré profit de la croissance économique ; la période qui a commencé en 1945 marque la fin d'une construction séculaire et le début de temps nouveaux pour la France et les Français. Les deux guerres du XXe siècle ont fait de notre pays une puissance « moyenne » alors que le monde est de plus en plus dominé par les puissances continentales (États-Unis, URSS, Chine). Sa survie commande que l'Europe soit construite, ce qui met fin à une longue histoire « nationale ». Faut-il le regretter ? On voit bien aujourd'hui les conséquences de la politique menée par de Gaulle à propos de l'Europe ; mais l'évolution entamée antérieurement n'est pas arrêtée. Déjà la commission de Bruxelles exerce une autorité croissante dans différents domaines, politique, économique, social. L'avenir prochain donnera à l'Europe une place grandissante ; faudra-t-il alors parler de la France au passé ? Ne vaut-il pas mieux penser que Français et Européens apporteront leurs richesses et leurs expériences respectives à ce nouvel ensemble plus vaste, plus riche et aussi plus puissant ?

Serait-ce la fin de l'État en France tel qu'il a été conforté par la constitution de la Vᵉ République ? Les Français ont du mal à imaginer leur avenir dans la prochaine Europe ; pourtant la circulation des personnes consacrée par la convention de Schengen n'inaugure-t-elle pas de nouveaux liens entre les individus ? Le métissage de la société française n'est-il pas la réalité de demain ? Si cela était, ne faut-il pas repenser la politique en général et celle de l'État-nation en particulier ? La nation telle que l'ont vécue les Français a-t-elle encore un sens alors que les frontières s'abaissent, que les hommes circulent d'un continent à l'autre, que l'information est instantanée ? Le pouvoir est-il encore politique comme on l'entendait naguère ? N'appartiendrait-il pas à ceux qui ont l'information et la répandent par satellites sur le monde entier ? Les Français ont-ils intériorisé et accepté toutes les conséquences des transformations techniques dans lesquelles la France, l'Europe sont plongées ? Ont-ils une conscience obscure que l'individu risque de peser encore moins qu'aujourd'hui face à ces formidables machines capables d'orienter leur vie ?

Une chose est claire cependant pour l'observateur : en un demi-siècle, les profondes transformations remettent tout en question et peuvent susciter des interrogations légitimes. C'est peut-être la raison pour laquelle le passage de la France à l'Europe provoque tant d'appréhensions de l'avenir. Pourtant, tout rapproche les Français des autres Européens : leur façon de vivre, leurs cultures qui s'imbriquent et leurs histoires nationales qui s'enchevêtrent les unes aux autres et sont autant de raisons d'espérer.

Bibliographie

Dans la période étudiée où le travail des historiens est progressivement relayé par la « politicologie » des juristes et des sociologues et par « l'histoire immédiate » des journalistes, la bibliographie est particulièrement abondante. Depuis 1968, (« mouvement de Mai », grandes grèves) et 1969 (retraite du général de Gaulle), sa masse et son rythme de parution s'accroissent encore, s'il est possible.

Raison de plus pour que nous prenions le parti de limiter à l'essentiel ou, pour mieux dire, aux points de départ les indications qui suivent. On exposera successivement :
— les généralités,
— les récits conçus par périodes chronologiques,
— les études par secteurs d'histoire particuliers.

La plupart des ouvrages cités comportent eux-mêmes des bibliographies plus approfondies, auxquelles nous renvoyons une fois pour toutes.

On pourra, comme instruments de travail généraux, utiliser :
L'Année politique, un volume par année, Paris, PUF puis Éditions du Moniteur.
Annuaire statistique de la France, 1 volume par année, Paris, Imprimerie nationale.
Atlas historique de la France contemporaine, 1800-1965, Paris, A. Colin, 1966.
GUILLAUME S., *La France contemporaine. Chronologie commentée*, 2 vol., Paris, Perrin, 1989 et 1991.
NÉANT H., *La Politique en France, XIXᵉ et XXᵉ siècles*, Paris, Hachette, 1991.
Suivre également les revues *XXᵉ siècle*, la *Revue d'histoire de la Deuxième Guerre mondiale* et la *Revue des Sciences politiques*.

I. Généralités

On utilisera dans la collection « Peuples et Civilisations » (PUF) les tomes XXI et XXII : *La Seconde Guerre mondiale* de Henri MICHEL, 2 vol., 1968-1969 et *Le Monde depuis 1945*, sous la direction de Maurice CROUZET, 2 vol., 1973.

Les Éditions du Seuil ont publié, en format de poche, dans leur collection « Points-Histoire » une *Nouvelle Histoire de la France contemporaine* qui comprend pour la période :
AZÉMA J.P., *De Munich à la libération (1938-1944)*, 1979.
RIOUX J.P., *La France de la Quatrième République (1944-1958)*, 2 vol., 1980-1983.
BERSTEIN S., *La France de l'expansion (1958-1974)*, t. 1, *La République gaullienne (1958-1969)*, 1989.
WIEVORKA O., *La France au XXᵉ siècle*, Paris, Seuil, 1994.

Les Éditions Complexe à Bruxelles proposent également :
BERSTEIN S. et MILZA P., *Histoire de la France au XXᵉ siècle*, réédité en 1995 en 1 volume.
    D'autres domaines sont couverts par de grandes collections qui arrivent ou arriveront jusqu'aux années les plus récentes.
    Celles des PUF proposent :
— Une *Histoire générale des civilisations* achevée par Maurice CROUZET avec *L'Époque contemporaine* en 1959 ;
— Une *Histoire économique et sociale de la France*, dirigée par Fernand BRAUDEL et Ernest LABROUSSE dont le tome IV-2 va de 1914 aux années 50 et le tome IV-3 des années 50 à nos jours, 1982.   ⸲
— Une *Histoire générale de la presse française* dirigée par Claude BELLANGER, Jacques GODE-CHOT et Fernand TERROU dont le tome IV va de 1940 à 1958 et le tome V de 1958 à nos jours, 1976.
— Une *Histoire générale du socialisme* dirigée par Jacques Droz dont le tome III est consacré à la période de 1918-1945 et le tome IV à la période 1945 à nos jours.
— Une *Histoire militaire de la France*, sous la direction d'André CORVISIER dont le tome IV portant sur la période 1940 à nos jours est paru en 1994 sous la direction d'A. MARTEL.
    Les Éditions du Seuil ont pour leur part achevé :
Histoire de la France rurale dirigée par Georges DUBY et A. VALLON dont le tome IV couvre la période de 1914 à nos jours.
Histoire de la France urbaine dirigée par Georges DUBY dont le tome IV (1840-1950) est paru en 1983 et le tome V (l'époque contemporaine) a été publié en 1985.
Histoire de la vie privée dirigée par Antoine PROST et Gérard VINCENT, tome V, 1987.
Histoire du XXᵉ siècle. Dictionnaire politique, économique, culturel, Paris, Bordas, 1994.
    Les Éditions de la Nouvelle Librairie de France, sous la direction de L. PARIAS après leur *Histoire du peuple français* (tome V : l'Époque contemporaine) ont réalisé une *Histoire générale de l'éducation en France* dont le tome IV, *L'École et la famille dans une société en mutation (1930-1980)* dû à Antoine PROST est paru en 1981.
    Concernant la période on pourra également consulter d'autres études d'ensemble parues dans les années récentes :
AGULHON M., *La République de 1880 à nos jours*, Paris, Hachette, 1990.
BECKER J.-J., *Histoire politique de la France depuis 1945*, Paris, A. Colin, 1988.
CHAPSAL J., *La Vie politique en France de 1940 à 1958*, Paris, PUF, 1984.
CHEVALLIER J.-J. et CONAC G., *Histoire des institutions et des régimes politiques de la France de 1789 à nos jours*, Paris, Dalloz, 1991.
DUPEUX G., *La France de 1945 à 1965*, Paris, A. Colin, 1969.
NOUSCHI M., *Les Temps forts du XXᵉ siècle*, Paris, PUF, 1994.
RÉMOND R., *Notre siècle, 1918-1988*, Paris, Fayard, 1988.
SIRINELLI J.F., VANDENBUSSCHE R. et VAVASSEUR-DESPERRIERS J., *La France de 1914 à nos jours*, Paris, PUF, 1993.
ZERAFFA-DRAY D., *D'une République à l'autre, 1918-1958*, Paris, Hachette, 1992.
WINOCK M., *La Fièvre hexagonale. Les grandes crises politiques, 1871-1968*, Paris, Calmann-Lévy, 1986.
    On doit également prendre quelquefois le contact direct de la vie et du ton d'une époque avec ces sources particulièrement concrètes que sont les *Mémoires*.
    Hors de pair évidemment les *Mémoires de Guerre* du général de Gaulle, Paris, Plon, 1954 à 1959, 3 vol., suivis des *Mémoires d'espoir*, Paris, Plon, 1970-1971, 2 vol., des *Discours et Messages*, Plon, 1970 et enfin des *Lettres, notes et carnets*, Paris, Plon, 1980-1981.
    Sous la IVᵉ République, le président Vincent Auriol a tenu un journal qui a fait l'objet d'une édition partielle, *Mon septennat* (Paris, Gallimard, 1977) et d'une édition intégrale, préparée par Pierre NORA et Jacques OZOUF, *Journal du septennat*, 7 volumes. Sur la Vᵉ République, on

relève : Georges POMPIDOU, *Le Nœud gordien*, Paris, Plon, 1974 et *Pour rétablir une vérité*, Paris, Flammarion, 1982. Ces deux ouvrages dont la publication du second est posthume ont un caractère de souvenirs et de témoignages. Valéry GISCARD d'ESTAING quant à lui a publié *Démocratie française*. Pour ce qui concerne Francois MITTERRAND, il a publié ouvrages de polémique, chroniques et commentaires : *Le Coup d'État permanent, Ma part de vérité, L'Abeille et l'Architecte, Ici et maintenant, La Paille et le Grain* chez Flammarion et *Politique 1* et *2* chez Fayard en 1977 et 1981.

Au-delà des chefs d'État, il est impossible d'énumérer et moins encore de classer la liste des souvenirs des ministres ou hauts fonctionnaires ; elle s'accroît chaque jour. Citons entre autres ceux de Jules MOCH, Louis JOXE, Jean CHAUVEL, Jean MONNET, Edgar FAURE, Raymond ARON, E. DELAVENAY...

Un genre nouveau est apparu depuis quelques années, l'« histoire immédiate », œuvre de bons journalistes, en attendant le temps des archives.

Le genre a particulièrement fleuri depuis le 13 mai 1958 et la décolonisation. Il n'a pas cessé de prospérer depuis les Jean LACOUTURE, Jean FERNIOT, Merry BROMBERGER, Alain DUHAMEL, Franz-Olivier GIESBERT, Philippe ALEXANDRE et bien d'autres.

Il convient de mettre à part Jean-Raymond TOURNOUX depuis *Carnets secrets de la politique, Secrets d'État*, etc. jusqu'à *Jamais dit* et, en dernier lieu *Le Tourment et la Fatalité*, 1974, tous publiés chez Plon. À noter également les livres de Michel DEBRÉ, *Entretiens avec le général de Gaulle (1961-1969)*, Paris, A. Michel, 1993 ; de Bernard TRICOT, *Mémoires*, Paris, Quai Voltaire, 1994 et d'Alain PEYREFITTE, *C'était de Gaulle*, Paris, Fayard, 1994.

II. Ouvrages par grandes périodes chronologiques

La France dans la Deuxième Guerre mondiale

À partir de 1940 on dispose d'un manuel très commode, celui de J. CHAPSAL, *La Vie politique en France depuis 1940*, PUF, coll. « Thémis », 1966, réédité et mis à jour en 1969.

Plus spécialement sur les années 1940 à 1944, on notera deux grandes synthèses :
L'Histoire de la Résistance en France, par M. NOGUÈRES, M. DEGLIAME-FOUCHÉ et J.-L. VIGIER, en 5 volumes, éd. R. Laffont, achevé en 1981.
La Grande Histoire des Français sous l'occupation 1939-1945, entreprise par H. AMOUROUX, en 7 volumes (en cours de parution chez R. Laffont, depuis 1976).

À cela s'ajoute, plus discontinue mais toujours très solide, l'œuvre immense d'H. MICHEL, une vingtaine de volumes à ce jour parus aux PUF (*Les Courants de pensée de la Résistance ; Vichy, année 40 ; Jean Moulin l'unificateur ; Le Procès de Riom*, etc.), auxquels il faut ajouter *L'Histoire de la Résistance* (PUF, coll. « Que sais-je ? »), *L'Histoire de la Seconde Guerre mondiale* (PUF, coll. « Que sais-je ? »).
Le Gouvernement de Vichy de 1940 à 1942. Institutions et politiques, actes d'un colloque de la Fondation nationale des Sciences politiques, publiés aux éditions A. Colin en 1972.

Comme ouvrages généraux, on peut ajouter des livres plus récents :
AZEMA J.P., *De Munich à la Libération, 1938-1944*, Paris, Seuil, 1979.
DURAND Y., *La France dans la Seconde Guerre mondiale, 1939-1945*, Paris, A. Colin, 1989.
KASPI A., SCHOR R., PIETRI N., *La Deuxième Guerre mondiale. Chronologie commentée*, Paris, Perrin, 1990.

Sur le gouvernement de Vichy :

AZEMA J.P., BÉDARIDA F. (dir.), *Vichy et les Français*, Paris, Fayard, 1992.
BOUSSARD I., *Vichy et la corporation paysanne*, Paris, FNSP, 1979.
COINTET M., *Le Conseil national de Vichy, 1940-1944*, Paris, Aux amateurs de livres, 1989.

COINTET-LABROUSSE M., *Vichy et le fascisme*, Bruxelles, Complexe, 1987.

COMTE B., *Une utopie combattante. L'École des cadres d'Uriage, 1940-1942*, Paris, Fayard, 1991.

DURAND Y., *La Vie quotidienne des prisonniers de guerre, 1939-1945*, Hachette, Paris, 1987.

GIOLLITO P., *Histoire de la jeunesse sous Vichy*, Paris, Perrin, 1991.

LABORIE P., *L'Opinion française sous Vichy*, Paris, Seuil, 1990.

MICHEL H., *Pétain, Laval, Darlan, trois politiques ?* Paris, Flammarion, 1972.

PAXTON R., *La France de Vichy*, Paris, Seuil, 1972.

PEDRON P., *La Prison sous Vichy*, Paris, L'Atelier, 1993.

RÉMOND R. (dir.), *Le Gouvernement de Vichy*, Paris, FNSP, 1972.

RIOUX J.P. (dir.), *La Vie intellectuelle sous Vichy*, Bruxelles, Complexe, 1990.

ROSSIGNOL D., *Vichy et les francs-maçons, 1940-1944*, Paris, Lattès, 1981.

ROSSIGNOL D., *Histoire de la propagande en France de 1940 à 1944*, Paris, PUF, 1991.

Sur la collaboration :

AZEMA J.P., *La Collaboration, 1940-1944*, Paris, PUF, 1975.

DELARUE J., *Trafics et crimes sous l'occupation*, Paris, Fayard, 1968.

DELPERRIE DE BAYAC J., *Histoire de la Milice*, Paris, Fayard, 1969.

DIOUDONNAT P.M., *L'Argent nazi à la conquête de la presse française, 1940-1944*, Paris, Picollec, 1981.

JACKEL E., *La France dans l'Europe de Hitler*, Paris, Fayard, 1968.

LÉVY C., *Les Nouveaux Temps et l'idéologie de la collaboration*, Paris, FNSP, 1974.

ORY P., *Les Collaborateurs, 1940-1945*, Paris, Seuil, 1977.

ORY P., *La France allemande*, Paris, Gallimard, 1978.

ROUSSO H., *La Collaboration*, Paris, MA éditions, 1987.

Sur les juifs et les chrétiens dans la guerre

COHEN A., *Persécutions et sauvetages. Juifs et Français sous l'occupation et sous Vichy*, Paris, Cerf, 1993.

DUQUESNE J., *Les Catholiques français sous l'occupation*, Paris, Grasset, 1986.

Églises et chrétiens dans la Seconde Guerre mondiale, colloque de Lyon, PUL, 1982.

KASPI A., *Les Juifs pendant l'occupation*, Paris, Seuil, 1991.

KLARSFELD S., *Vichy-Auschwitz*, 2 vol., Paris, Fayard, 1983.

MARRUS M.R. et PAXTON R., *Vichy et les juifs*, Paris, Calmann-Lévy, 1981.

Le Calendrier de la persécution des juifs en France (1940-1944) publié par l'Association des Fils et filles des déportés juifs de France et la Fondation Beate Klarsfeld, Paris, 1993.

POZNANSKI R., *Être juif pendant l'occupation*, Paris, Hachette, 1994.

Sur la Résistance

ANDRIEU C., *Le programme commun de la Résistance*, Paris, Éd. de l'Érudit, 1984.

BÉDARIDA R., *Témoignage chrétien, 1941-1944*, Paris, Éditions Ouvrières, 1977.

COINTET M. et J.P., *La France à Londres. Renaissance d'un État (1940-1943)*, Bruxelles, Complexe, 1990.

KASPI A., *La Mission Jean Monnet à Alger, mars-octobre 1943*, Paris, Publications de la Sorbonne, 1971.

MICHEL H., *Histoire de la Résistance en France*, Paris, PUF, 1962, coll. « Que sais-je ? ».

MICHEL H., *Histoire de la France libre*, Paris, PUF, 1963, coll. « Que sais-je ? ».

NOGUÈRES H., *Histoire de la Résistance en France*, 5 vol., Paris, Laffont, 1967-1981.

Sur la Libération de la France :

ASSOULINE P., *L'Épuration des intellectuels*, Bruxelles, Complexe, 1990.

COCHET F., *Les Exclus de la victoire. Histoire des prisonniers de guerre, déportés et STO, 1945-1985*, Paris, SPM, 1992.

FOULON C.L., *Le Pouvoir en province à la Libération. Les commissaires de la République*, Paris, FNSP, 1975.

KASPI A., GRYNBERG A., NICAULT C., SCHOR R., WIEVIORKA A., *La Libération de la France*, Paris, Perrin, 1995.

KUPFERMAN F., *Les Premiers Beaux Jours, 1944-1946*, Paris, Calmann-Lévy, 1985.

LATREILLE A., *De Gaulle, la Libération et l'Église catholique*, Paris, Le Cerf, 1978.

La Libération de la France, actes du colloque des 28-31 octobre 1974, Paris, CNRS, 1976.

NOVICK P., *L'Épuration française (1944-1949)*, trad. de l'anglais, Paris, Balland, 1985.

ROUQUET F., *L'Épuration dans l'administration française*, Paris, CNRS, 1993.

Voir aussi la mise au point de Cl. LÉVY, *La Libération, remise en ordre ou révolution ?* PUF, 1974.

Sur la gauche dans la guerre :

AZEMA J.P., PROST A., RIOUX J.P. (dir.), *Le PCF des années sombres, 1938-1941*, Paris, Seuil, 1986.

RIOUX J.P., PROST A., AZEMA J.P. (dir.), *Les Communistes français de Munich à Chateaubriant (1938-1941)*, Paris, FNSP, 1987.

SADOUN M., *Les Socialistes sous l'occupation*, Paris, FNSP, 1982.

La IVe République

BERSTEIN S. et MILZA P., *Histoire de la France au xxe siècle, 1945-1958*, Bruxelles, Complexe, 1991.

BORNE D., *Petits bourgeois en révolte ? Le mouvement Poujade*, Paris, Flammarion, 1977.

ELGEY G., *Histoire de la IVe République*, 3 vol., Paris, Fayard, 1965-1992.

FAUVET J., *La IVe République*, Paris, Fayard, 1959.

HOFFMANN S., *Le Mouvement Poujade*, Paris, A. Colin, 1956.

JULLIARD J., *La IVe République*, Paris, Calmann-Lévy, 1968.

QUILLIOT R., *La SFIO et l'exercice du pouvoir, 1944-1958*, Paris, Fayard, 1972.

RÉMOND R., *1958. Le retour de de Gaulle*, Bruxelles, Complexe, 1983.

RIOUX J.-P., *La France de la Quatrième République*, 2 vol., Paris, Seuil, 1980-1983.

RIZZO J.-L., *Mendès France ou la Rénovation en politique*, Paris, FNSP, 1993.

VAISSE M., *Alger, le putsch*, Bruxelles, Complexe, 1983.

WILLIAMS P., *La Vie politique sous la IVe République*, trad. de l'anglais, Paris, A. Colin, 1971.

La Ve République

Ouvrages généraux

BERSTEIN S., *La France de l'expansion, 1958-1969*, Paris, Seuil, 1989.

BERSTEIN S. et MILZA P., *Histoire de la France au xxe siècle, 1958-1974*, Bruxelles, Complexe, 1992.

CHAPSAL J., *La Vie politique sous la Ve République*, Paris, PUF, 1987.

DEBBASCH C., *La France de Pompidou*, Paris, PUF, 1974.

IFOP, *Les Français et de Gaulle*, Paris, Plon, 1971.

LANCELOT A., *Les Élections sous la Ve République*, Paris, PUF, 1983.

PORTELLI H., *La Vie politique en France sous la Ve République*, Paris, Grasset, 1987.
QUERMONNE J.-L., *Le Gouvernement de la France sous la Ve République*, Paris, Dalloz, 1980.
SUR S., *Le Système politique de la Ve République*, Paris, PUF, 1983, coll. « Que sais-je ? ».
VIANSSON-PONTÉ P., *Histoire de la République gaullienne*, 2 vol., Paris, Fayard, 1970-1971.

La gauche sous la Ve République :

DUHAMEL O., *La Gauche et la Ve République*, Paris, PUF, 1980.
GRAS C. et S., *Histoire de la Première République mitterrandienne*, Paris, Laffont, 1991.
PFISTER T., *La Vie quotidienne à Matignon au temps de l'union de la gauche*, Paris, Hachette, 1986 ; *Dans les coulisses du pouvoir. La comédie de la cohabitation*, Paris, Fayard, 1986.
REY H. et SUBILEAU F., *Les Militants socialistes à l'épreuve du pouvoir*, Paris, FNSP, 1991.

Les événements de mai 1968

ARON R., *La Révolution introuvable. Réflexions sur la révolution de mai*, Paris, Julliard, 1968.
CAPDEVIELLE J. et MOURIAUX R., *Mai 1968*, Paris, FNSP, 1988.
CROZIER M., *La Société bloquée*, Paris, Seuil, 1970.
DANSETTE A., *Mai 68*, Paris, Plon, 1971.
HAMON H. et ROTMAN P., *Génération*, 2 vol., Paris, Seuil, 1987-1988.
SCHNAP A. et VIDAL-NAQUET P., *Journal de la Commune étudiante, textes et documents (1967-1968)*, Paris, Seuil, 1969, rééd. 1988.

III. Biographies

BÉDARIDA F. et RIOUX J.-P. (dir.), *Pierre Mendès France et le mendésisme*, Paris, Fayard, 1985.
BERSTEIN S., *Paul Ramadier, la République et le socialisme*, Complexe, Bruxelles, 1990.
BRUNET J.-P., *Doriot*, Paris, Balland, 1986.
BURRIN P., *La Dérive fasciste. Doriot, Déat, Bergery, 1934-1945*, Paris, Seuil, 1986.
COINTET J.-P., *Pierre Laval*, Paris, Fayard, 1993.
FERRO M., *Pétain*, Paris, Fayard, 1987.
GIESBERT F.-O., *François Mitterrand ou la Tentation de l'histoire*, Paris, Seuil, 1977.
GIESBERT F.-O., *Jacques Chirac*, Paris, 1987.
GUILLAUME S., *Antoine Pinay ou la Confiance en politique*, Paris, FNSP, 1984.
KUPFERMAN F., *Pierre Laval*, Paris, Balland, 1987.
LACOUTURE J., *Mendès France*, Paris, Seuil, 1981.
LACOUTURE J., *De Gaulle*, 3 vol., Paris, Seuil, 1984-1986.
MÉNAGER B. *et alii*, *Guy Mollet. Un camarade en République*, Lille, PUL, 1987.
POIDEVIN R., *Robert Schuman, homme d'État*, Paris, Imprimerie nationale, 1986.
ROBRIEUX P., *Maurice Thorez. Vie secrète et vie publique*, Paris, Fayard, 1975.
ROUSSEL E., *Pompidou*, Paris, Lattès, 1984.

IV. Études par secteurs d'histoire particuliers

1. Les élections

GOGUEL F., *Géographie des élections françaises sous la troisième et la quatrième République*, Paris, A. Colin, 1970.
GOGUEL F., *Chroniques électorales. La Ve République*, 2 vol., Paris, FNSP, 1981 et 1983.
LELEU C., *Géographie des élections françaises depuis 1936*, Paris, PUF, 1971.

2. Vie politique et idéologies

BARRAL P., *Les Agrariens français de Méline à Pisani*, Paris, A. Colin, 1968.
COURTOIS S. et LAZAR M. (dir.), *50 ans d'une passion française. De Gaulle et les communistes*, Paris, Balland, 1991.

Les droites

CHARLOT J., *Le Phénomène gaulliste*, Paris, Fayard, 1970.
CHARLOT J., *Le Gaullisme*, Paris, A. Colin, 1970.
CHEBEL D'APPOLLONIA A., *L'Extrême-droite en France de Maurras à Le Pen*, Bruxelles, Complexe, 1988.
COLLIARD J.-C., *Les Républicains indépendants et Valéry Giscard d'Estaing*, Paris, PUF, 1971.
Institut Charles de Gaulle, *De Gaulle en son siècle*, 6 vol., Paris, La Documentation française, 1990-1992.
MILZA P., *Fascisme français. Passé et présent*, Paris, Flammarion, 1987.
RÉMOND R., *Les Droites en France*, Paris, Aubier, 1982.
SADOUN M., SIRINELLI J.-F., VANDENBUSSCHE R. (dir.), *La Politique sociale du général de Gaulle*, Université Lille-III, 1990.
SIRINELLI J.-F. (dir.), *Histoire des droites en France*, 3 vol., Paris, Gallimard, 1992.
TOUCHARD J., *Le Gaullisme, 1940-1969*, Paris, Seuil, 1978.

Les gauches

BECKER J.-J., *Le Parti communiste veut-il prendre le pouvoir ? La stratégie du PCF de 1930 à nos jours*, Paris, Seuil, 1981.
BRUNET J.-P., *Histoire du PCF*, Paris, PUF, 1987, coll. « Que sais-je ? ».
BRUNET J.-P., *Histoire du socialisme en France*, Paris, PUF, 1989, coll. « Que sais-je ? ».
DREYFUS M., *PCF. Crises et dissidences*, Bruxelles, Complexe, 1990.
FAUVET J., et DUHAMEL A., *Histoire du Parti communiste français, 1920-1976*, Paris, Fayard, 1977.
HAMON H. et ROTMAN P., *La Deuxième gauche. Histoire intellectuelle et politique de la CFDT*, Paris, Ramsay, 1982.
LE BEGUEC G. et DUHAMEL E. (dir.), *La Reconstruction du Parti radical, 1944-1948*, Paris, L'Harmattan, 1993.
LIGOU D., *Histoire du socialisme en France, 1871-1961*, Paris, PUF, 1962.
LEFRANC G., *Le Mouvement syndical de la Libération aux journées de mai-juin 1968*, Paris, Payot, 1969.
NORDMANN J.T., *Histoire des radicaux, 1820-1973*, Paris, La Table ronde, 1974.
ROBRIEUX P., *Histoire intérieure du PCF*, 4 vol., Paris, Fayard, 1976-1983.
TOUCHARD J., *La Gauche en France depuis 1900*, Paris, Seuil, 1977.

Intellectuels et journalistes

BELLANGER C., GODECHOT J., GUIRAL P., TERROU F., *Histoire générale de la presse française*, tomes IV et V, Paris, PUF, 1974-1976.
CHEBEL D'APPOLLONIA A., *Histoire politique des intellectuels en France, 1944-1954*, 2 vol., Bruxelles, Complexe, 1991.
JEANNENEY J.-N. et JULLIARD J., « *Le Monde* » de Beuve-Méry, Paris, Seuil, 1979.
JUDT T., *Un passé imparfait. Les Intellectuels en France, 1944-1956*, Paris, Fayard, 1992.
ORY P. et SIRINELLI J.-F., *Les Intellectuels en France, de l'affaire Dreyfus à nos jours*, Paris, A. Colin, 1986.

SIRINELLI J.-F., *Intellectuels et passions françaises. Manifestes et pétitions au XXᵉ siècle*, Paris, Fayard, 1990.

VERDES-LEROUX J., *Au service du parti. Le PC, les intellectuels et la culture, 1944-1956*, Paris, Fayard-Minuit, 1983.

Forces religieuses

CALLOT E.F., *Un parti politique de la démocratie chrétienne en France, le MRP*, Paris, Rivière, 1978.

CHOLVY G. et HILAIRE Y.-M., *Histoire religieuse de la France contemporaine, 1930-1988*, Toulouse, Privat, 1988.

CHOLVY G., *La Religion en France de la fin du XVIIIᵉ siècle à nos jours*, Paris, Hachette, 1991.

COUTROT A. et DREYFUS F.G., *Les Forces religieuses dans la société française*, Paris, A. Colin, 1965.

LATREILLE A. et RÉMOND R., *Histoire du catholicisme en France*, tome III, Paris, Spes, 1964.

LAUNAY M., *Le Syndicalisme chrétien en France de 1885 à nos jours*, Paris, Desclée, 1984.

LEBRUN F. (dir.), *Histoire des catholiques en France du XVᵉ siècle à nos jours*, Toulouse, Privat, 1980.

LE GOFF J. et RÉMOND R., *Histoire de la France religieuse*, tome IV, Paris, Seuil, 1992.

MAYEUR J.-M., *Des Partis catholiques à la démocratie chrétienne*, Paris, A. Colin, 1980.

PIERRARD P., *L'Église et les ouvriers en France (1940-1990)*, Paris, Hachette, 1991.

RÉMOND R., *Forces religieuses et attitudes politiques dans la France contemporaine*, Paris, A. Colin, 1965.

WINOCK M., *Histoire politique de la revue* Esprit, 1930-1950, Paris, Seuil, 1975.

3. Économie et société françaises

Documents statistiques

Les *Tableaux de l'économie française*, publiés chaque année par l'INSEE, donnent l'essentiel de la documentation statistique.

On y ajoutera le *Bulletin des Banques populaires* ; celui de la *Banque de Paris et des Pays-Bas*, et celui de la *Banque de France*. *Le Monde* publie chaque année depuis 1975 un *Bilan économique et social* ; de même *Le Nouvel Observateur* publie deux bilans chaque année : le premier intitulé *Atlaseco*, le second *Faits et Chiffres*. *Alaseco* recense les données statistiques disponibles pour chacun des pays, tandis que *Faits et Chiffres* présente certains problèmes (Aéronautique, Banque, Consommation des ménages, Inflation, etc.). *Images économiques du monde*, parution annuelle aux éditions SEDES. Les numéros bilans publiés par *L'Expansion* sur l'économie française.

Ouvrages pour la période 1945-1970

ASSELAIN J.-CH., *Histoire économique de la France*, 2 vol., Paris, Seuil, 1984, coll. « Points ».

BENICHI R. et NOUSCHI M., *Histoire économique contemporaine, La croissance du XIXᵉ au XXᵉ siècle*, Paris, Ellipses, 1987.

BESSON B. et CHEVALIER J-M. édit., *L'Industrie en France*, Paris, 1983.

BLETON P., *Le Capitalisme français*, Paris, Éditions Ouvrières, 1966.

BOUVIER J., *Un siècle de banque française, les contraintes de l'État et les incertitudes des marchés*, Paris, Hachette, 1974.

CARRÉ J-J., DUBOIS P., MALINVAUD E., *La Croissance française, un essai d'analyse économique causale de l'après-guerre*, Paris, Seuil, 1972.

JEANNENEY J.-N., *Forces et faiblesses de l'économie française 1945-1959*, Paris, A. Colin, 1959.
Statistiques et indicateurs des régions françaises, publications INSEE, Paris, 1973.
NEZEYS B., *Les Relations économiques extérieures de la France*, Paris, 1982.
Panorama de l'Économie française, Paris, 1986.
OLZON R., *L'Évolution récente de la production énergétique française*, Paris, Larousse, 1973.
PARODI M., *L'Économie et la société française de 1945 à 1970*, Paris, A. Colin, 1971, coll. « U ».

Ouvrages pour la période 1970-1980

ALLARD P. et divers, *Dictionnaire des groupes industriels et financiers en France*, Paris, Seuil, 1978.
BALESTE M., *L'Économie française*, Paris, Masson, 1972.
BELLON B. et CHEVALIER J-M., *L'Industrie en France*, Paris, Flammarion, 1983.
FONTVIEILLE L., « Évolution et croissance de l'État français, 1815-1969 », Paris, 1976, in *Cahiers de l'I.S.M.E.A.*, Série AF, n° 13.
FOURASTIÉ J., *Les Trente Glorieuses*, Paris, Fayard 1979 et Le Livre de Poche.
MORIN F., *La Structure financière du capitalisme français*, Paris, Calmann-Lévy, 1974.
PAGE J.-P. et divers, *Profil économique de la France au seuil des années 80*, Paris, La Documentation française, 1981.

Ouvrages pour la période 1981-1994

Voir les dossiers du *Monde* :
« L'histoire au jour le jour », t. IV, 1975-1985 publié en 1985.
« Bilan du septennat 1981-1988 », publié en 1988.
L'économie française, mutations, 1975-1990, Paris, Le Monde/Sirey, 1989.
Le bilan économique des années Mitterrand, 1981-1993, Paris, Le Monde, 1993.

Société

ARMENGAUD A., *La Population française au xxᵉ siècle*, Paris, PUF, coll., « Que sais-je ? »
DUPÂQUIER J., (dir.), *Histoire de la population française*, t. IV, Paris, PUF, 1988.
FAVIER P. et MARTIN-ROLLAND M., *La Décennie Mitterrand*, 2 vol., Paris, Seuil, 1990 et 1991.
GRAS S. et C., *Histoire de la Première République mitterrandienne*, Paris, Laffont, 1991.
HOFFMANN S. et al., *À la recherche de la France*, Paris, Seuil, 1963.
LACOMBE E.H., *Les Changements de la société française*, Paris, éd. Ouvrières, 1971.
MONTREYNAUD F., *Le xxᵉ siècle des femmes*, Paris, Nathan, 1989, rééd. 1994.
ORY P., *L'Entre-deux Mai. Histoire culturelle de la France, mai 1968-mai 1981*, Paris, Seuil, 1983.

4. Relations internationales

Les problèmes d'ensemble sont présentés par : Pierre RENOUVIN et Jean-Baptiste DUROSELLE, *Introduction à l'histoire des relations internationales*, Paris, 1964.

L'Encyclopédie Française, t. XI : *La vie internationale : Divisions et unité du monde actuel*, 1957. — t. XX : *Le monde en devenir*, 1959.

La revue *Relations internationales* met l'accent depuis sa parution sur la période qui nous occupe.

L'Institut français des Relations internationales (IFRI) publie une revue, *Politique étrangère,* de bonne qualité et chaque année depuis 1981 un *Rapport annuel mondial sur le système économique et les stratégies* (RAMSES) indispensable pour être informé (comprend des tableaux statistiques, des courbes et des cartes).

Généralités

ADENAUER K., *Mémoires*, Paris, Hachette, 3 vol., 1968.

AGI M., *René Cassin, fantassin des droits de l'homme*, Paris, Plon, 1979.

ARON R., *Paix et guerre entre les nations*, Paris, Calmann-Lévy, 1962.

BARNAVI E. et FRIEDLANDER, *La Politique étrangère du général de Gaulle*, Paris, 1985.

CARMOY G. DE., *Les Politiques étrangères de la France, 1944-1966*, Paris, La Table Ronde, 1947.

CERNY P.G., *Une politique de grandeur*, Paris, 1986 (utile et suggestif pour la politique de de Gaulle).

COLLIARD C.A., *Actualité internationale et diplomatique, 1950-1956*, Paris, Montchrestien, 1957.

COUVE DE MURVILLE M., *Une politique étrangère, 1958-1969*, Paris, Plon, 1971.

DUROSELLE J-B., *Histoire diplomatique de 1919 à nos jours*, Paris, Dalloz, 1970, rééd. 1978.

DUROSELLE J-B. et MEYRIAT J. et divers, *Les Nouveaux États dans les relations internationales*, Cahiers de Sc. Po., 1962.

FONTAINE A., *Histoire de la Guerre froide*, t. 1, *De la révolution d'octobre à la guerre de Corée*, Paris, Fayard, 1966 ; t. 2, *De la guerre de Corée à la crise des alliances, 1950-1967*, Paris, Fayard, 1967. *Un seul lit pour deux rêves. Histoire de la détente (1962-1981)*, Paris, Fayard, 1981.

LAUNAY J. DE., *Histoire de la diplomatie secrète de 1914 à 1945*, Verviers, Marabout, 1966.

LEBRETON J.-M., *Les Relations internationales depuis 1968*, Paris, Nathan, 1983, rééd. 1988.

LEDWIDGE B., *De Gaulle et les Américains, Conversations avec Dulles, Eisenhower, Kennedy, Rusk*, 1958-1964, Paris, 1984 (important).

ROSE F. DE., *La France et la défense de l'Europe*, Paris, Seuil, 1976.

SPEER A., *Au Cœur du troisième Reich*, Paris, Fayard, 1971 et Le Livre de Poche.

Problèmes économiques internationaux

BOUVIER J., *Initiation au vocabulaire et aux mécanismes économiques contemporains, XIXᵉ-XXᵉ siècles*, SEDES, 1977, 3ᵉ éd. revue et augmentée.

LAYTON C., *L'Europe et les investissements américains*, Paris, Gallimard, 1968.

LECERF J., *L'Or et les monnaies*, Paris, Gallimard, 1969, coll. « Idées ».

LESOURD J.A. et GÉRARD C., *Histoire économique : XIXᵉ et XXᵉ siècles*, Paris, A. Colin, 1963, coll. « U », 2 vol.

MADELIN H., *Pétrole et politique en Méditerranée occidentale*, Cahiers de Sc. Po., 1973.

MOSSÉ R., *Les Problèmes monétaires internationaux au tournant des années 1970*, Paris, Payot, 1969.

PIETTRE A., *Monnaie et économie internationale du XIXᵉ siècle à nos jours*, Paris, Cujas, 1967.

TRIFFIN R., *L'Or et la crise du dollar*, Paris, Firmin-Didot, 1962.

TRIFFIN R., *Le Système monétaire international*, Paris, Firmin-Didot, 1969.

TRIFFIN R., *Les Hydrocarbures gazeux et le développement des pays producteurs,* Paris, Librairies Techniques, 1974 (colloque de Dijon, 1973).

VIAU, A. et ALBERTINI, J-M., *L'Inflation*, Paris, Seuil, 1975, coll. « Initiation » et « La crise du système monétaire international », dans *Les Cahiers français*, n° 153, juillet-août 1974, réimpression juillet 1976, Paris, La Documentation française.

Problèmes particuliers

L'armement atomique

AILLERET C., *L'Aventure atomique française*, Paris, Grasset, 1968.

GOLDSCHMITT B., *Le Complexe atomique*, Paris, Fayard, 1980.

THIERRY H., *Les Armes atomiques et la politique internationale*, Paris, Dunod, 1970.

L'Europe

BENICHI R., et NOUSCHI M. (dir.), *Le Livre de l'Europe. Atlas géopolitique*, Paris, Stock, 1990.
BERTHIAUME M., *La Communauté européenne. L'Europe dans la tourmente*, Paris, Vuibert, 1993.
CASTELLAN G., *Le Monde des Balkans*, Paris, Vuibert, 1994.
MARC A., *L'Europe dans le monde*, Paris, Payot, 1965.
NOUSCHI M., *En quête d'Europe*, Paris, Vuibert, 1994.
PRÉVÉLAKIS G., *Les Balkans, culture et politique*, Paris, Nathan, 1994.
ROVAN J., *L'Europe*, Paris, Seuil, 1965.

Le Proche-Orient

BALTA P., *La Politique arabe de la France*, Paris, Sindbad, 1972.
BRAHIMI A., *Dimensions et perspectives du monde arabe*, Paris, Economica, 1977.
COLOMBE M., *Orient arabe et non-engagement*, 2 vol. Paris, Ophrys, 1973.
FERREZ G., *Le Moyen-Orient contemporain*, Paris, FNSP, 1975.
NOUSCHI A., *Luttes pétrolières au Proche-Orient*, Paris, Flammarion, 1970.
NOUSCHI A., *La France et le monde arabe depuis 1962. Mythes et réalités d'une ambition*, Paris, Vuibert, 1994.
PONTEIL F., *La Méditerranée et les puissances*, Paris, Payot, 1964.

Les relations franco-américaines

DUROSELLE J-B., *De Wilson à Roosevelt, politique extérieure des États-Unis*, Paris, A. Colin, 1960.
MÉLANDRI P., *Les États-Unis et le « défi » européen, 1955-1958*, Paris, PUF, 1975.
MÉLANDRI P., *Les États-Unis face à l'unification de l'Europe*, 1945-1954, Lille, 1979.

Le Tiers-Monde et la coopération

Sur la politique de coopération avec les pays en voie de développement, on pourra se reporter à différents rapports publiés par La Documentation française :
Rapport Jeanneney, Paris, 1964.
Impact des relations avec le Tiers-Monde sur l'économie française, rapport de Y. Berthelot et J. de Bandt, 1982.
Recherche et coopération avec le Tiers-Monde, rapport de J. Bercque, 1983.
Et à la synthèse : « La France et le Tiers-Monde, 20 ans de coopération », *Notes et études documentaires*, n° 4701, Paris, La Documentation française, 1983.
EL MELLOUKI RIFFI B., *La Politique française de coopération avec les États du Maghreb*, Paris, Edisud, 1989 (Important et solide).

Rapports avec l'URSS et le monde socialiste

LEGVOLD R., « La politique soviétique vis-à-vis de la France socialiste », revue *Politique étrangère*, n° 4, 1982.
SCHREIBER Th., « Les relations de la France avec les pays de l'Est, 1944-1980 », *Notes et Études documentaires*, Paris, La Documentation française, 1980.

5. Colonies et problème colonial

La bibliographie concerne :
— la fin de la période coloniale ;
— la décolonisation.
Les deux phénomènes sont étroitement imbriqués et réagissent l'un sur l'autre.

Cadre historique et géographique

Atlas des colonies françaises publié sous la direction de G. Grandidier à Paris en 1934.
Voir aussi dans une perspective similaire, les deux ouvrages de Pierre GOUROU : *L'Asie*, Paris, 1953 et *L'Afrique*, Paris, 1970.

Généralités

Cités dans la bibliographie du volume antérieur sur *La France de 1848 à 1914*, doivent être mentionnés ici, avec les mêmes remarques que précédemment.
DESCHAMPS H., *Les Méthodes et les doctrines coloniales de la France*, Paris, A. Colin, 1953.
HARDY G., *Nos grands problèmes coloniaux*, Paris, A. Colin, 1942.
MAUNIER R., *Sociologie coloniale*, 3 vol., Paris, Montchrestien, 1932.
Parmi les nouveaux ouvrages on retiendra :
Histoire de la France coloniale, t. II, *1914-1990*, Paris, A. Colin, 1990 (ouvrage collectif).
BORELLA F., *L'Évolution politique et juridique de l'Union française depuis 1946*, Paris, Seuil, 1958.
YACONO X., *Histoire de la colonisation française*, Paris, PUF, 1969, coll. « Que sais-je ? ».

La décolonisation et la coopération

AGERON C.R., *La Décolonisation française*, Paris, A. Colin, 1991 (utile et bien informé).
BERQUE J. *et alii*, *De l'impérialisme à la décolonisation*, Paris, Seuil, 1965 (kaléidoscope d'idées et de faits recueillis aux cours de différentes conférences à l'École pratique des hautes études entre 1961 et 1964).
BOSCHÈRE G. de, *Perspectives de la décolonisation*, Paris, 1969.
CADENAT P., *La France et le Tiers-Monde. Vingt ans de coopération bilatérale*, Paris, La Documentation française, 1983.
CHAFFARD G., *Carnets secrets de la décolonisation*, Paris, Calmann-Lévy, 1965-1967.
CHATENET P., *Décolonisation, souvenirs et réflexions*, Paris, 1988 (les mémoires d'un responsable qui renouvelle bien des aspects).
GRIMAL H., *La Décolonisation, 1919-1963*, Paris, A. Colin, 1965 (aborde la décolonisation dans son ensemble mais ne s'intéresse pas aux aspects économiques et sociaux).
LACOUTURE J., *Cinq Hommes et la France*, Paris, Seuil, 1961.
MUS P., *Le Destin de l'Union française*, Paris, 1954.
PERVILLÉ G., *De l'empire français à la décolonisation*, Paris, Hachette, 1991.
YACONO X., *Les Étapes de la décolonisation française*, Paris, PUF, 1975, coll. « Que sais-je ? ».

Ouvrages spécialisés

Le monde asiatique

CHESNEAUX J., *Contribution à l'histoire de la nation vietnamienne*, Paris, 1955.
ISOART P., *Le Viêt-nam*, A. Colin, 1969, coll. « U2 ».
LE THAN KHOI, *Le Viêt-nam*, Paris, 1955.

PANIKKAR K., *L'Asie et la domination occidentale*, Paris, 1961.
Ouvrages complémentaires :
DALLOZ J., *La Guerre d'Indochine, 1945-1954*, Paris, Seuil, 1987 (une étude très neuve et de qualité).
DEVILLERS P. et LACOUTURE J., *Viêt-nam. De la guerre française à la guerre américaine*, Paris, Seuil, 1967.
FALL B., *Le Viêt-nam, 1945-1960*, traduit de l'américain, R. Laffont, 1968.
GOUROU P., *La Terre et l'homme en Extrême-Orient*, Paris, A. Colin, 1947.
LACOUTURE J., *Hô Chi Minh*, Paris, Seuil, 1967.
PIROVANO-WANG N., *L'Asie orientale de 1840 à nos jours*, Paris, Nathan, 1969.
WANG N., *L'Asie orientale du milieu du XXᵉ siècle à nos jours*, Paris, A. Colin, 1993.

Afrique et Madagascar

1. Madagascar :
ISNARD H., *Madagascar*, Paris, A. Colin, 1964.
ROBEQUAIN J., *Madagascar et les bases dispersées de l'Union française*, Paris, PUF, 1958.
2. Afrique :
ALMEIDA H. d' TOPOR, *L'Afrique au XXᵉ siècle*, Paris, A. Colin, 1993 (solide étude avec des approches multiples et synthétiques).
BALANDIER G., *Sociologie actuelle de l'Afrique noire*, Paris, PUF, 1963.
BRUNSCHVIG H., *L'Avènement de l'Afrique noire du XIXᵉ siècle à nos jours*, Paris, A. Colin, 1963.
COQUERY VIDROVITCH C. et MONIOT H., *L'Afrique noire de 1800 à nos jours*, Paris, PUF, 1974, coll. « Nouvelle Clio » (importante bibliographie).
COQUERY VIDROVITCH C., *Afrique noire. Permanences et ruptures*, Paris, Payot, 1985 (un panorama socio-économique et politique riche et bien informé).
DUMONT R., *L'Afrique noire est mal partie*, Paris, Seuil, 1962.
HERSKOVITS M.-J., *L'Afrique et les Africains*, Paris, Payot, 1965.
MONTEIL V., *L'Islam noir*, Paris, Seuil, 1964, rééd. 1977.
M'BOKOLO E., *L'Afrique au XXᵉ siècle. Le continent convoité*, Paris, Seuil, 1985.
« Le Monde noir », Paris, 1950, n° spécial 8-9 de *Présence africaine*.
SURET-CANALE J., *L'Afrique noire*, Paris, éd. Sociales, 3 vol., 1958, 1964, 1969.
« Le travail en Afrique noire », Paris, 1952, n° 13 de *Présence africaine*.
L'Afrique noire (sous la direction de M. Merle), Paris, A. Colin, 1968.
KI ZERBO J., *Histoire de l'Afrique noire*, Paris, Hatier, 1972.

Le monde méditerranéen

1. Le Proche-Orient :
DAVET M.-C., *La Double affaire de Syrie*, Paris, Fayard, 1968.
DUCRUET J., *Les Capitaux européens au Proche-Orient*, Paris, PUF, 1964.
NOUSCHI A., *Luttes pétrolières au Proche-Orient*, Paris, Flammarion, 1970.
NOUSCHI A., *La France et le monde arabe depuis 1962. Mythes et réalités d'une ambition*, Paris, Vuibert, 1994.
PONTEIL F., *La Méditerranée et les puissances*, Paris, Payot, 1964.
La Guerre en Méditerranée, 1939-1945, Colloque de Paris, 1969, Paris, 1971.

2. Le Maghreb
AMIN S., *Le Maghreb moderne*, Paris, éd. de Minuit, 1970.
BERQUE J., *Le Maghreb entre deux guerres*, Paris, Seuil, 2ᵉ éd., 1970.
DESPOIS J., *L'Afrique du nord*, Paris, PUF, 3ᵉ éd., 1965.

DESPOIS J. et RAYNAL R., *Géographie de l'Afrique du Nord-Ouest*, Paris, Payot, 1967.

GAZZO Y., *Afrique du Nord d'hier à demain. Essai d'analyse économique*, Paris, Economica, 1979.

JULIEN C.A., *L'Afrique du Nord en marche*, Paris, Julliard, 1952, rééd. 1974.

LETOURNEAU R., *L'Évolution politique de l'Afrique du Nord musulmane*, Paris, CNRS, 1961.

MOORE C.H., *Politics in North Africa. Algeria, Morocco and Tunisia*, Boston, 1970.

NOIN D., *La Population rurale du Maroc*, 2 vol., Paris, PUF, 1972.

PURTSCHET C. et VALENTINO A., *Sociologie électorale en Afrique du Nord*, Paris, PUF, 1966.

TIANO A., *Le Maghreb entre les mythes*, Paris, PUF, 1967.

TROIN J.F. (dir.), *Le Maghreb, hommes et espaces*, Paris, A. Colin, 1985.

WATERBURY J., *Le Commandeur des croyants. La monarchie marocaine et son élite*, Paris, PUF, 1975.

L'Annuaire de l'Afrique du Nord publié annuellement par le CNRS depuis 1962 est un indispensable instrument de travail.

Démographie historique du Maghreb, une étude d'André Nouschi, *De quelques erreurs utiles*, parue dans *Les Cahiers de Tunisie*, 1966.

Ajouter toutes les publications du CRESM d'Aix-en-Provence qui concernent toutes le Maghreb contemporain. La bibliographie détaillée est donnée par l'*Annuaire de l'Afrique du Nord*, déjà cité. On pourra consulter également :

« Du Maghreb » dans *Les Temps modernes*, n° 375 bis, octobre 1977.

Système urbain et développement au Maghreb, Tunis, 1980.

Islam et politique au Maghreb, Paris, 1981 (publié par le CRESM/CNRS).

3. L'Algérie

AGERON C.R., *Histoire de l'Algérie contemporaine, 1871-1954*, Paris, PUF, 1979.

AGERON C.R. (prés.), *L'Algérie des Français*, Paris, Seuil, 1993.

ARON R. *et alii, Les Origines de la guerre d'Algérie*, Paris, 1962.

BROGINI M., *L'Exploitation des hycrocarbures en Algérie, de 1956 à 1971*, Thèse de 3e cycle, Nice, 1973, Public. du Centre de la Médit. Mod. et Cont.

BOURDIEU P., *Sociologie de l'Algérie*, Paris, PUF, 1959, coll. « Que sais-je ? ».

BOURDIEU P., DARBEL A., RIVET J.-P., *Travail et travailleurs en Algérie*, Paris, Mouton, 1963.

BOURDIEU P. et SAYAD A., *Le Déracinement*, Paris, 1964.

COURRIÈRE Y., *La Guerre d'Algérie*, 4 vol., Paris, Fayard, 1968-1970 et Le Livre de Poche.

FAVROD C.H., *Le FLN et l'Algérie*, Paris, 1962.

MASSU J., *La Vraie Bataille d'Alger*, Paris, Plon, 1971.

NOUSCHI A., *La Naissance du nationalisme algérien*, Paris, éd. de Minuit, 1961, rééd. 1978.

NOUSCHI A., *L'Algérie amère*, Paris, 1994.

RIOUX J.-P. et SIRINELLI J.-F., *La Guerre d'Algérie et les intellectuels français*, Paris, Seuil, 1991.

SALAN R., *Mémoires, fin d'un empire*, Paris, Presses de la Cité, 1970-1974.

Voir pour la bibliographie critique, G. PERVILLÉ, « La Guerre d'Algérie », in *Historiens et géographes*, février 1983.

Dans la littérature historique on retiendra :

Le très commode livre de B. DROZ et E. LEVER, *Histoire de la guerre d'Algérie*, Paris, 1982. On y ajoutera M. HARBI, *Aux origines du FLN*, Paris, 1975 et du même auteur, *Le FLN, mirage et réalité*, Paris, Jeune Afrique, 1980.

LECA J. et VATIN J.-C., *L'Algérie politique, institutions et régime*, Paris, Cahiers de Sc. Po., 1975.

VATIN J.-C., *L'Algérie politique : histoire et société*, Paris, Cahiers de Sc. Po., 1974.

VIRATELLE G., *L'Algérie algérienne*, Paris, Éd. Ouvrières, 1970, 2e édition.

4. La Tunisie

Tunisie au présent. Une modernité au-dessus de tout soupçon, Paris, CNRS, 1987.

ARDANT G., *La Tunisie d'aujourd'hui et de demain*, Paris, 1961.

Cohen-Hadria E., *Du protectorat français à l'indépendance tunisienne*, souvenirs d'un témoin socialiste, Nice, 1976, Public. du Centre la Médit. Mod. et Cont.

Debbasch C., *La République tunisienne*, Paris, LGDJ, 1962.

Despois J., *La Tunisie*, Paris, A. Colin, 1961.

Garas P., *Bourguiba et la naissance d'une nation*, Paris, 1956.

El Mechat S., *Tunisie. Les chemins vers l'indépendance, 1945-1956*, Paris, L'Harmattan, 1992 (étude très neuve).

Poncet J., *L'Agriculture et la colonisation française en Tunisie de 1881 à nos jours*, Paris, éd. Sociales, 1961.

Poncet J., *Paysages et problèmes ruraux en Tunisie*, Paris, 1963.

Raymond A., *La Tunisie*, Paris, PUF, 1962, coll. « Que sais-je ? ».

Sebag P., *La Tunisie*, Paris, PUF, 1951.

5. Le Maroc

Adam A., *Casablanca*, Paris, 1969.

Ariam C., *Rencontres avec le Maroc*, Paris, La Découverte, 1989.

Ayache A., *Maroc, bilan d'une colonisation*, Paris, 1956.

Berque J., *Structures sociales du Haut-Atlas*, Paris, 1955.

Bleuchot H., *Les Libéraux français au Maroc, 1947-1955*, Paris, 1973.

Celerier J., *Le Maroc*, Paris, 1940.

Le coz J., *Le Rharb, fellahs et colons*, Rabat, 2 vol.

Lesne M., *Les Zemmour*, Rabat, 1960.

Montagne R. *et alii, Naissance du prolétariat marocain*, Paris.

Rezette M., *Les Partis politiques marocains*, Paris, Cahiers de Sc. Po., 1955.

Robert J., *La Monarchie marocaine*, Paris, LGDJ, 1962.

Spillmann G., *Du protectorat à l'indépendance : Maroc, 1912-1955*, Paris, Plon, 1967.

Annexe

NOTICES BIOGRAPHIQUES

ASTIER DE LA VIGERIE Emmanuel d' (1900-1969). Officier de marine, il fonde en 1940 le mouvement de résistance et le journal *Libération-Sud*. En 1943, il est l'un des chefs des Mouvements unis de Résistance et membre du Conseil national de la Résistance. De Gaulle le nomme ministre de l'Intérieur dans le GPRF. Sous la IVe République, il est député et prend des positions progressistes dans son journal *Libération* première manière.

AURIOL Vincent (1884-1966). Avocat, député socialiste dès 1914, il est le ministre des Finances du Front populaire en 1936. Il rejoint de Gaulle en 1943. Après la Libération, il préside les deux assemblées constituantes. Il est le premier président de la IVe République de 1947 à 1954 et exerce une réelle influence durant son septennat.

BALLADUR Édouard (né en 1929). Ancien élève de l'ENA, il entre au Conseil d'État en 1957, puis au cabinet de Georges Pompidou en 1964. Il est Secrétaire général de la présidence de la République en 1969. À l'époque de la cohabitation de 1986 à 1988, il est ministre de l'Économie et des Finances. Il devient Premier ministre en 1993. Il est candidat malheureux aux élections présidentielles de 1995.

BARRE Raymond (né en 1924). Agrégé de droit et économiste réputé, Raymond Barre mène une carrière de professeur jusqu'à son entrée au cabinet de J-M. Jeanneney entre 1959 et 1962. Il occupe des fonctions dans les institutions européennes avant de devenir ministre du Commerce extérieur en 1976, puis Premier ministre de 1976 à 1981. Il est candidat malheureux aux élections présidentielles de 1988.

BASCH Victor (1863-1944). Agrégé d'allemand, professeur à la Sorbonne, Victor Basch est président de la Ligue des droits de l'homme de 1926 à 1940. Juif, franc-maçon et antifasciste, il est arrêté par la Milice le 10 janvier 1944 et aussitôt assassiné avec son épouse.

BELIN René (1898-1977). Fonctionnaire des PTT, René Belin devient secrétaire général adjoint de la CGT en 1935 et, anticommuniste, milite pour un syndicalisme apolitique. En juillet 1940, Laval, en quête d'une caution de gauche, le nomme ministre de la Production industrielle. Belin essaie de réduire le chômage, améliore les allocations familiales et participe à l'élaboration de la Charte du travail. Il démissionne quand Laval revient au pouvoir en avril 1942 et bénéficie d'un non-lieu après la Libération.

BÉRÉGOVOY Pierre (1925-1993). Ajusteur-fraiseur, autodidacte ayant réussi une belle promotion sociale, Pierre Bérégovoy milite à la SFIO, au PSA, au PSU avant de rejoindre le nouveau PS où il seconde François Mitterrand. Celui-ci le nomme secrétaire général à la présidence de la République en 1981-1982, puis ministre des Affaires sociales (1982-1984), de l'Économie et des Finances (1984-1986, 1988-1992). Il est Premier ministre d'avril 1992 à mars 1993. Affecté par la défaite électorale du PS en mars 1993 et par un scandale financier l'éclaboussant personnellement, il se donne la mort le 1er mai 1993. Il incarnait un socialisme converti au libéralisme et au respect des grands équilibres économiques.

BERGERY Gaston (1892-1974). Jeune et brillant député radical avant la guerre, Gaston Bergery s'éloigne de la gauche et est poussé par son pacifisme fondamental vers des compromissions avec le fascisme. Le 10 juillet 1940, il se rallie d'enthousiasme à Pétain et Laval dont il rédige certains discours. Il est ambassadeur à Moscou jusqu'en juin 1941, puis est nommé en Turquie. Il bénéficie d'un non-lieu en 1949.

BEUVE-MÉRY Hubert (1902-1989). Correspondant du *Temps* en Tchécoslovaquie avant la guerre, Hubert Beuve-Méry devient l'un des animateurs de l'École des cadres d'Uriage en 1940. En 1942, il passe à la Résistance. Il fonde le quotidien *Le Monde* en décembre 1944 et dirige celui-ci jusqu'en 1969.

BIDAULT Georges (1899-1983). Agrégé d'histoire et de géographie, Georges Bidault milite avant la guerre dans les rangs démocrates-chrétiens et publie des éditoriaux dans *L'Aube*. Prisonnier jusqu'en 1941, il s'engage ensuite dans la Résistance au sein du mouvement Combat. Proche de Jean Moulin, il succède à ce dernier à la tête du CNR en 1943. Après la guerre, il est l'un des principaux dirigeants du MRP, souvent ministre, notamment aux Affaires étrangères, et président du Conseil de juin à décembre 1946. Hostile à la décolonisation, il rejoint les ultras de l'Algérie française et s'exile de France jusqu'en 1968.

BLUM Léon (1872-1950). Normalien, membre du Conseil d'État, Léon Blum est le premier socialiste président du Conseil en 1936 et déchaîne les passions antisémites contre lui. Le gouvernement de Vichy l'interne sans jugement à partir de septembre 1940. En 1942, il se défend brillamment lors du procès de Riom. Livré aux Allemands, il est déporté. Après sa libération en 1945, il écrit des éditoriaux dans *Le Populaire* et exerce sur la SFIO une autorité morale et intellectuelle considérable. De décembre 1946 à janvier 1947, il préside un gouvernement de transition qui met en place les institutions de la IVe République. Son livre *À l'échelle humaine* publié en 1945 cherche à concilier les principes marxistes et les exigences de l'humanisme occidental.

BOURGÈS-MAUNOURY Maurice (1914-1993). Polytechnicien, Maurice Bourgès-Maunoury s'illustre dans la Résistance, est plusieurs fois parachuté dans les maquis et est délégué du général de Gaulle dans la zone sud. Membre éminent du Parti radical, il occupe de nombreux postes ministériels de 1947 à 1958 et dirige le gouvernement de juin à septembre 1957. Hostile à la Ve République, il abandonne la vie politique après 1958.

BRASILLACH Robert (1909-1945). Normalien, Robert Brasillach poursuit avant la guerre une carrière d'écrivain et de critique. Professeur d'abord au nationalisme maurrassien, il est attiré par le fascisme et expose ses idées dans le journal *Je Suis Partout* dont il est rédacteur en chef en 1937. Prisonnier en 1940, il est libéré en février 1941 et fait de son journal le principal avocat de la collaboration. Il s'éloigne cependant de ses amis en 1943. Il est jugé et exécuté le 6 février 1945.

BRINON Fernand de (1885-1947). Journaliste germanophile avant 1939, Fernand de Brinon, proche d'Otto Abetz, est délégué général du gouvernement de Vichy dans la zone occupée tout au long de la guerre. Il ne cesse de pousser à une accentuation de la collaboration. Replié à Sigmaringen lors de l'avancée alliée, il profite du retrait volontaire de Pétain et Laval pour prendre la tête d'une délégation gouvernementale, dernier avatar du gouvernement de Vichy. Condamné à mort, il est fusillé le 15 avril 1947.

BROSSOLETTE Pierre (1903-1944). Normalien, agrégé d'histoire, Pierre Brossolette est un des plus brillants représentants de l'intelligentsia socialiste. Entré tôt dans la Résistance, il travaille à unifier celle-ci derrière de Gaulle. Arrêté par la gestapo, longuement torturé et craignant de livrer les nombreux secrets dont il est détenteur, il se suicide, le 22 mars 1944, en se jetant du haut d'une fenêtre.

BUCARD Marcel (1895-1946). Homme d'action, Marcel Bucard se bat courageusement au cours des deux guerres, milite à l'extrême-droite dès les années 1920 et fonde en 1933 une ligue fasciste, le Francisme. Il reconstitue ce mouvement en 1941 et, malgré la faible audience de celui-ci, se lance dans une collaboration résolue allant jusqu'à aider la police allemande dans la chasse aux résistants. Condamné à mort, il est fusillé le 19 mars 1946.

CASSIN René (1887-1976). Juriste éminent, il rejoint de Gaulle à Londres dès juin 1940. René Cassin est vice-président du Conseil d'État de 1944 à 1960 et prend une part importante à la fondation de l'UNESCO. Il est le principal auteur de la Déclaration universelle des droits de l'homme de 1946 et préside la Cour européenne des droits de l'homme à Strasbourg. Il est nommé au Conseil constitutionnel en 1961. Il reçoit le Prix Nobel de la Paix en 1968. Ses cendres sont transférées au Panthéon en 1987.

CATROUX Georges (1877-1969). Sorti de Saint-Cyr en 1898, Georges Catroux sert aux colonies et est fait prisonnier en 1915. En 1939, il est nommé gouverneur général de l'Indochine. Après la défaite, le général Catroux rejoint de Gaulle qui le nomme haut-commissaire au Levant en 1941. En 1943, il établit la liaison entre de Gaulle et Giraud. Il est ensuite commissaire d'État et gouverneur de l'Algérie. Après la guerre, il devient ambassadeur en URSS (1945-1948) et milite au RPF. En 1955, il négocie la restauration du sultan du Maroc. Nommé ministre résident en Algérie par Guy Mollet en 1956, il ne peut prendre ses fonctions en raison des manifestations des Européens.

CHABAN-DELMAS Jacques (né en 1915). Inspecteur des Finances, jouant un rôle important dans la Résistance comme délégué militaire de de Gaulle, il est général de brigade en 1944 et entre dans la vie politique après la guerre. Maire de Bordeaux de 1947 à 1995, plusieurs fois ministre, il contribue au retour de de Gaulle au pouvoir en 1958. Élu gaulliste, il préside l'Assemblée nationale de 1958 à 1969. Pompidou en fait son Premier ministre de 1969 à 1972. Il échoue à l'élection présidentielle de 1974. Ce « baron » du gaullisme, dynamique, ouvert au progrès social, suscite des réserves chez les plus conservateurs.

CHEVÈNEMENT Jean-Pierre (né en 1939). Ancien élève de l'ENA, il adhère au PS en 1964 et anime le Centre d'études, de recherches et d'éducation socialistes (CERES) qui se situe à l'aile gauche du parti. Il est plusieurs fois ministre dans les gouvernements socialistes de 1981 à 1991.

CHIRAC Jacques (né en 1932). Ancien élève de l'ENA, Jacques Chirac est auditeur à la Cour des Comptes en 1959 et devient un proche collaborateur de Georges Pompidou en 1962. Il occupe plusieurs postes ministériels entre 1971 et 1974. Valéry Giscard d'Estaing en fait son Premier ministre de 1974 à 1976. Député de la Corrèze depuis 1967, il est élu maire de Paris en 1977. Il fonde le RPR en 1976 et le préside jusqu'en 1994. Il est à nouveau Premier ministre lors de la cohabi-

tation de 1986 à 1988 et échoue contre François Mitterrand aux présidentielles de 1988. Ambitieux et impétueux, il brigue à nouveau un mandat présidentiel en 1995 et est élu devant son adversaire socialiste Lionel Jospin.

COTY René (1882-1962). Avocat, parlementaire modéré depuis l'entre-deux-guerres, René Coty devient ministre de la Reconstruction en 1947-1948 et vice-président du Conseil de la République en 1949. Il est élu président de la République en 1953. Durant la crise de mai 1958, il facilite le retour de de Gaulle au pouvoir et laisse les fonctions présidentielles à celui-ci en janvier 1959.

COUVE DE MURVILLE Maurice (né en 1907). Inspecteur des Finances, Maurice Couve de Murville est révoqué par le gouvernement de Vichy en 1943 et devient membre du Comité français de libération nationale. Il est ensuite ambassadeur de France en Italie, Égypte, États-Unis, RFA. De Gaulle en fait son ministre des Affaires étrangères de 1958 à 1968, puis son Premier ministre de juillet 1968 à juin 1969.

CRESSON Édith (née en 1934). Diplômée de HEC, Édith Cresson, proche de François Mitterrand, suit celui-ci de la Convention des institutions républicaines au PS en 1971. Après 1981, elle est titulaire de ministères économiques, successivement l'Agriculture, le Commerce extérieur, le Redéploiement industriel, les Affaires européennes. Elle devient la première femme chef de gouvernement en France, de mai 1991 à avril 1992. Elle est aussi le Premier ministre le plus éphémère de la Ve République. En 1994, elle est nommée membre de la commission européenne de Bruxelles.

DARLAN François (1881-1942). Amiral de la flotte dès 1937, François Darlan est un marin « politique », ambitieux, opportuniste, anglophobe. Ministre de Laval en 1940, il passe au premier rang après le renvoi de celui-ci et l'échec de Flandin. En février 1941, il devient vice-président du Conseil et dauphin du maréchal Pétain. Il renforce alors la collaboration d'État. Ayant peu obtenu du

Reich, il est remplacé par Laval le 18 avril 1942. Se trouvant par hasard à Alger lors du débarquement des Alliés, le 8 novembre 1942, il signe un cessez-le-feu avec ceux-ci, en se prévalant de l'accord de Pétain. Avec l'appui des Américains, il assume dès lors tous les pouvoirs en Afrique française jusqu'à son assassinat mystérieux le 24 décembre 1942.

DARNAND Joseph (1897-1945). Homme d'action et héros des deux guerres, Joseph Darnand milite à l'extrême-droite avant 1939. Nommé président de la Légion des combattants dans les Alpes-Maritimes en 1940, il s'oriente vers la collaboration et entraîne ses camarades les plus résolus dans le Service d'ordre légionnaire (SOL) en 1941. Le SOL sert de matrice à la Milice dont Darnand est secrétaire général en janvier 1943. Bénéficiant de la confiance des Allemands, il est nommé secrétaire général au Maintien de l'ordre en décembre 1943, puis secrétaire d'État à l'Intérieur en juin 1944. Il dirige une répression sauvage contre les adversaires de Vichy et de l'Allemagne. Condamné à mort, il est exécuté le 10 octobre 1945.

DARQUIER DE PELLEPOIX Louis (1897-1980). Militant d'extrême-droite, vénal et vaniteux, Darquier se fait connaître avant 1939 comme un des plus violents propagateurs de l'antisémitisme. En mai 1942, il succède à Xavier Vallat comme Commissaire général aux questions juives. Il est démis de son poste en février 1944 pour malversations. Après la Libération, il se réfugie en Espagne. Dans une interview qu'il accorde à *l'Express* en 1978, il nie le génocide et prétend qu'à « Auschwitz on a gazé les poux », mais non les personnes.

DÉAT Marcel (1894-1955). Normalien, agrégé de philosophie, Marcel Déat est un des principaux dirigeants de la SFIO jusqu'en 1933, date à laquelle il quitte celle-ci avec ses amis néo-socialistes. Partisan de solutions nationales et autoritaires, anticommuniste et pacifiste, il se tourne en 1940 vers la collaboration. Il veut faire de son mouvement, le Rassemblement national populaire, le parti unique de Vichy. Ayant essuyé un refus, il taxe ce régime de mollesse. Il est nommé

ministre du Travail en mars 1944 et se replie à Sigmaringen lors de l'avance alliée, puis se réfugie dans un monastère italien où il finit ses jours.

DEBRÉ Michel (né en 1912). Auditeur au Conseil d'État, Michel Debré est appelé au cabinet de Paul Reynaud en 1938, est fait prisonnier en 1940, s'évade et entre dans la Résistance au sein de laquelle il prépare activement la reconstruction du pays. À la Libération, il est commissaire de la République à Angers et devient un proche collaborateur de de Gaulle. Militant RPF, il multiplie les critiques contre la IVe République. En 1958, il aide au retour de de Gaulle qui le nomme garde des Sceaux, lui confie une responsabilité importante dans l'élaboration de la constitution de la Ve République avant d'en faire son Premier ministre de 1959 à 1962. Il occupe encore plusieurs fonctions ministérielles (Économie, Affaires étrangères et Défense) à partir de 1966. En 1981, il échoue à l'élection présidentielle. Ce « baron » du gaullisme est considéré comme un symbole de la fidélité au général.

DEFFERRE Gaston (1910-1986). Avocat, militant socialiste et actif résistant, Gaston Defferre s'installe à la mairie de Marseille à la Libération, puis de 1953 à sa mort. Il est plusieurs fois ministre sous la IVe République et auteur de la loi-cadre de 1956 sur l'Afrique. Il s'oppose au retour de de Gaulle en 1958, mais, finissant par accepter les nouvelles institutions, essaie, en vain, de préparer sa candidature aux élections présidentielles de 1965. Il se présente à celles de 1969 et obtient seulement 5 % des suffrages. Allié de François Mitterrand dans le nouveau PS, il est ministre de l'Intérieur et de la décentralisation en 1981 et du Plan en 1984.

DELBECQUE Léon (1919-1991). Ancien résistant et militant RPF, Léon Delbecque, envoyé à Alger par Jacques Chaban-Delmas en 1958, poursuit une active campagne en faveur du retour de de Gaulle au pouvoir. Il convainc le général Salan de se rallier à cette solution. Mais, fidèle à l'Algérie française, il rompt avec de Gaulle qu'il accuse de trahir cet idéal.

DELORS Jacques (né en 1925). Diplômé de sciences économiques, Jacques Delors commence sa carrière dans la banque et au commissariat au Plan en 1962. Sous la IVᵉ République, il incarne l'adhésion des chrétiens progressistes au mendésisme. En 1971, il devient conseiller de Chaban-Delmas, Premier ministre, et collabore à la définition du projet de Nouvelle société. Membre du PS, il est nommé ministre de l'Économie et des Finances en 1981. De 1985 à 1995, il préside la commission des communautés européennes à Bruxelles. À la fin de son mandat, il refuse, malgré les pressions, d'être le candidat du PS aux présidentielles de 1995.

DEPREUX Édouard (1898-1981). Avocat, militant socialiste, Édouard Depreux participe à la Résistance. Député SFIO, il est plusieurs fois ministre sous la IVᵉ République. Il s'oppose au retour de de Gaulle en 1958, quitte la SFIO et fonde le Parti socialiste autonome qui devient le Parti socialiste unifié en 1960. Il est secrétaire général du PSU de 1960 à 1967.

DORIOT Jacques (1898-1945). Authentique prolétaire, Jacques Doriot est un des dirigeants les plus en vue du PCF jusqu'à son expulsion en 1934 pour indiscipline. En 1936, il fonde le Parti populaire français qui s'oriente vers le fascisme. En 1940, il se veut « homme du Maréchal », puis se lance dans la collaboration. Il participe à la fondation de la LVF et se bat sur le front de l'Est contre les Soviétiques. Lors de l'avancée alliée, Hitler promet à Doriot de lui confier la direction du gouvernement d'une France reconquise par les Allemands. Doriot prépare cette reconquête mais est abattu par un avion inconnu le 22 février 1945.

DRIEU LA ROCHELLE Pierre (1893-1945). Écrivain peignant la décadence de la bourgeoisie, Drieu La Rochelle croit trouver une issue dans l'édification d'un fascisme français. Après la défaite, de 1940, il voit la collaboration comme un moyen de régénérer la France. Il dirige alors *NRF*, prestigieuse revue littéraire des éditions Gallimard. À partir de 1943, il éprouve un sentiment d'échec et se suicide le 16 mars 1945.

DUCHET Roger (1906-1981). Vétérinaire, maire de Beaune de 1932 à 1965, Roger Duchet organise sous la IVᵉ République le Centre national des indépendants qui rassemble les modérés non gaullistes. Le succès du CNI lui donne une influence considérable et lui permet d'être plusieurs fois ministre avant 1958. Sous la Vᵉ République, il s'oppose à la politique algérienne de de Gaulle.

DUCLOS Jacques (1896-1975). Issu d'une famille modeste, Jacques Duclos adhère au PCF dès 1920 et devient rapidement un des principaux dirigeants de celui-ci. Il est même le principal responsable pendant la guerre, quand Maurice Thorez est à Moscou. Il freine la destalinisation et pousse Georges Marchais vers le secrétariat général. Homme d'appareil, bardé de ses certitudes, il donne aussi une image de bonhomie, ce qui lui vaut d'obtenir plus de 21 % des suffrages exprimés aux présidentielles de 1969.

FABIEN Pierre Georges, dit colonel (1919-1944). Ouvrier communiste, il accomplit le 21 août 1941 le premier attentat coûtant la vie à un officier allemand. Il commande ensuite un groupe FTP et trouve la mort lors de la campagne d'Alsace.

FABIUS Laurent (né en 1946). Normalien, agrégé de lettres, ancien élève de l'ENA, Laurent Fabius effectue une carrière politique rapide et brillante. Député socialiste depuis 1978, il occupe diverses fonctions ministérielles à partir de 1981, avant de devenir le plus jeune Premier ministre de l'histoire de France de 1984 à 1986. En 1988, il préside l'Assemblée nationale. Il incarne un socialisme qui, répudiant le dogmatisme idéologique, se veut moderne et réaliste.

FAURE Edgar (1908-1988). Avocat, écrivain, historien, esprit souple et habile, Edgar Faure est à la fois radical et gaulliste. Sous la IVᵉ République, il est plusieurs fois ministre et deux fois président du Conseil. Il réussit à mener l'expansion économique dans la stabilité des prix. Sous la Vᵉ République, il est successivement ministre de l'Agriculture, de l'Éducation nationale après la crise de mai 1968 et des Affaires sociales en 1972. Il préside l'Assemblée nationale de 1973 à 1978.

FESSARD Gaston (1897-1978). Jésuite, grand spécialiste de Hegel, rédacteur aux *Études*, revue de son ordre, le père Fessard publie en 1941 le premier cahier clandestin de *Témoignage chrétien, France, prends garde de perdre ton âme*, où il démontre que le nazisme, foncièrement antichrétien, veut détruire les plus hautes valeurs spirituelles. En 1946, alors que le marxisme bénéficie d'un grand prestige, il écrit *France, prends garde de perdre ta liberté* où il dénonce le communisme comme une forme inversée du nazisme. Dans un livre posthume, *Église de France, prends garde de perdre la foi*, il condamne toute collaboration entre chrétiens et marxistes.

FLANDIN Pierre-Étienne (1889-1958). Ancien ministre modéré de la IIIᵉ République et pacifiste, Pierre-Étienne Flandin se rallie à Pétain en 1940. Il anime *La Vie industrielle*, journal économique favorable à la collaboration. Après le renvoi de Laval, le 13 décembre 1940, il entre au gouvernement, mais ne parvient pas à nouer le contact avec les Allemands, ce qui conduit à son remplacement par Darlan en février 1941.

FONTANET Joseph (1921-1980). Ancien élève d'HEC et militant chrétien, Joseph Fontanet s'engage dans la Résistance en 1943. Dirigeant MRP, il commence une carrière ministérielle sous la Vᵉ République, mais démissionne en 1962 pour marquer son désaccord avec la politique européenne de de Gaulle. Cofondateur du Centre démocratie et progrès, il se rallie à Pompidou et redevient ministre de 1969 à 1974. Il est tué dans des conditions mystérieuses le 1ᵉʳ février 1980.

FOUCHET Christian (1911-1974). Christian Fouchet est à Londres dès le 19 juin 1940 et restera toujours un fidèle du général. Sous la IVᵉ République, il effectue une carrière diplomatique et devient ministre des Affaires marocaines et tunisiennes de Mendès France en 1954. Sous la Vᵉ République, de Gaulle lui confie la mise au point d'un projet permettant l'union politique de l'Europe, puis divers postes ministériels dont celui de l'Éducation nationale en 1966 où il engage une réforme.

FRÉNAY Henri (1905-1988). Saint-Cyrien, Henri Frénay participe aux combats de 1940, est capturé et s'évade aussitôt. Il fonde le Mouvement de libération nationale, puis fusionne celui-ci avec le mouvement Liberté pour former Combat en novembre 1941. De 1943 à 1945, il est commissaire puis ministre des Prisonniers, déportés et réfugiés. Il milite à l'UDSR. Partisan d'une Europe fédérale, il s'oppose à de Gaulle sous la Vᵉ République.

FREY Roger (né en 1913). Ancien militant du RPF, Roger Frey devient secrétaire général de l'UNR en 1958. Gaulliste fidèle, il occupe ensuite de nombreux postes ministériels dont celui de l'Intérieur de 1962 à 1968. Il préside le Conseil constitutionnel de 1973 à 1983.

GAULLE Charles de (1890-1970). Ancien élève de Saint-Cyr, Charles de Gaulle entame une carrière d'officier, participe à la Grande Guerre durant laquelle il est prisonnier des Allemands. Après le retour de la paix, il sert en Pologne, en Allemagne, au Liban et, se muant en théoricien militaire, plaide, en vain, pour une armée motorisée et blindée. Paul Reynaud l'appelle dans son gouvernement en 1940. Après la défaite, il s'exile à Londres d'où il lance l'appel du 18 juin 1940 pour la continuation de la guerre. Il organise le mouvement de la France libre, puis le CFLN et le GPRF qu'il préside après la guerre, jusqu'à sa démission du 20 janvier 1946. Hostile aux institutions de la IVᵉ République et à la toute puissance des partis, il crée le RPF en 1947. Après l'échec de celui-ci, il se retire, mais est rappelé aux affaires par la crise de mai 1958. Il fonde la Vᵉ République dont il est le premier président. Réélu au deuxième tour en 1965, il démissionne le 27 avril 1969 après l'échec de son référendum sur la régionalisation et la réforme du Sénat.

Cet homme de forte personnalité, tour à tour altier et familier, suscite des haines et des attachements extrêmes. Persuadé d'avoir à remplir une mission historique au service de la France, inflexible sur les grands principes, il sait aussi se montrer réaliste et pragmatique. Orateur et écrivain de grand style, il comprend d'instinct l'importance de la communication. Entré de son vivant dans l'histoire, il reste une caution fréquemment invoquée.

GERLIER Pierre (1880-1965). Avocat, il est ordonné prêtre en 1921 et devient évêque de Tarbes et de Lourdes en 1929. De 1937 à sa mort, il est cardinal-archevêque de Lyon. En 1940, il se rallie à Pétain, mais en 1942 proteste contre la politique antisémite de Vichy.

GIRAUD Henri (1879-1949). Sorti de Saint-Cyr en 1900, Henri Giraud s'illustre durant la Grande Guerre, puis dans la pacification du Maroc. Le général Giraud se bat courageusement en 1940, est capturé par les Allemands et s'évade en avril 1942. Soutenu par les Américains, en dépit de ses idées conservatrices favorables à la Révolution nationale, il assume le commandement en chef civil et militaire de l'Afrique française après la mort de Darlan en décembre 1942. À partir de mai 1943, il partage avec de Gaulle la co-présidence du CFLN, mais il abandonne rapidement les responsabilités politiques pour se consacrer à la reconstitution des forces militaires et à la libération de la Corse.

GISCARD D'ESTAING Valéry (né en 1926). Inspecteur des Finances et obtenant régulièrement des mandats locaux dans le Puy-de-Dôme, Valéry Giscard d'Estaing, membre du CNI, est secrétaire d'État puis ministre des Finances de 1962 à 1966. Il crée son propre parti, les Républicains indépendants en 1962, et s'allie aux gaullistes, mais il appelle à voter non au référendum d'avril 1969, ce qui contribue à l'échec de de Gaulle. Il redevient ministre de l'Économie et des Finances sous Pompidou de 1969 à 1974. À cette date, il est élu président de la République, mais est battu par François Mitterrand en 1981. Ambitieux, brillant, pédagogue, il veut rassembler les centres et la droite.

GOUIN Félix (1884-1977). Avocat, député socialiste d'Aix-en-Provence depuis 1924, Félix Gouin est l'un des 80 parlementaires refusant les pleins pouvoirs à Pétain le 10 juillet 1940. En 1942, il assure la défense de Léon Blum au procès de Riom. Il représente ensuite la SFIO auprès de de Gaulle à Londres. En 1943, il est élu président de l'Assemblée consultative d'Alger. Après la Libération, il préside la Constituante et succède à de Gaulle comme chef du gouvernement provisoire de janvier à juin 1946.

GUICHARD Olivier (né en 1920). Diplômé de lettres, de droit et de sciences politiques, Olivier Guichard milite au RPF et est un proche collaborateur de de Gaulle jusqu'en 1960. Il occupe ensuite de nombreuses fonctions ministérielles à partir de 1967, dont l'Éducation nationale de 1969 à 1972, l'Aménagement du territoire de 1972 à 1974, la Justice de 1976 à 1977. Maire de La Baule de 1971 à 1995, il préside le Conseil régional des Pays de Loire depuis 1974.

HENRIOT Philippe (1889-1944). Professeur, militant au sein de l'extrême-droite chrétienne avant 1939, Philippe Henriot est entraîné vers la collaboration par son anticommunisme viscéral. Orateur enflammé, il prononce des discours très écoutés à la radio. En janvier 1944, il est nommé secrétaire d'État à l'Information et à la Propagande. Le 28 juin 1944, il est exécuté par un commando de résistants.

HÉROLD-PAQUIS Jean (1912-1945). Journaliste, membre du PPF de Doriot, il est l'un des principaux chroniqueurs de Radio-Paris où il prêche en faveur de la collaboration à partir de 1942. Condamné à mort, il est exécuté le 11 octobre 1945.

JOBERT Michel (né en 1921). Ancien élève de l'ENA et membre de la Cour des Comptes, Michel Jobert appartient à plusieurs cabinets ministériels sous les IVᵉ et Vᵉ Républiques. Proche de Pompidou, il est secrétaire général de la présidence de la République de 1969 à 1973, date à laquelle il est nommé ministre des Affaires étrangères. François Mitterrand en fait son ministre du Commerce extérieur de 1981 à 1983.

JOSPIN Lionel (né en 1937). Ancien élève de l'ENA et professeur d'économie, Lionel Jospin est premier secrétaire du PS de 1981 à 1987. En 1988, il est nommé ministre de l'Éducation nationale dans le gouvernement Rocard et garde ce poste dans le gouvernement Cresson. En 1995, il est le candidat des socialistes à l'élection présidentielle. Il redevient premier secrétaire du parti socialiste après son échec à l'élection.

JOUHAUX Léon (1879-1954). Ouvrier, il devient secrétaire général de la CGT en

1909, se rallie à l'Union sacrée en 1914 et garde ses fonctions après la scission communiste de 1921 comme après la réunification de 1936. Déporté par les Allemands en 1943, il reprend ses fonctions syndicales à la Libération. Après les grèves insurrectionnelles de 1947, il quitte la CGT et dirige la CGT-Force ouvrière. Il reçoit le Prix Nobel de la Paix en 1951.

JOXE Louis (1901-1991). Agrégé d'histoire, Louis Joxe quitte l'enseignement pour les cabinets ministériels et la haute administration. Révoqué par Vichy, il se rallie à de Gaulle et est secrétaire général du CFLN, puis du GPRF de 1942 à 1946. Il entame ensuite une carrière de diplomate et occupe de nombreuses fonctions ministérielles de 1959 à 1968. En particulier, ministre d'État chargé des Affaires algériennes, il conduit les négociations d'Évian en 1962. Il est nommé membre du Conseil constitutionnel en 1977.

KŒNIG Pierre (1898-1970). Le général Kœnig rejoint de Gaulle dès 1940 et résiste héroïquement à Rommel lors du combat de Bir-Hakeim en juin 1942. En 1944, il représente le gouvernement d'Alger auprès du général Eisenhower et commande les FFI. Sous la IVe République, il milite au RPF et est ministre de la Défense nationale dans les gouvernements Mendès France et Edgar Faure. Il est fait maréchal de France à titre posthume en 1984.

LACOSTE Robert (1898-1989). Militant syndical et socialiste, Robert Lacoste s'engage activement dans la Résistance. Sous la IVe République, il participe à plusieurs gouvernements avant d'accepter le poste de ministre résidant en Algérie de février 1956 à avril 1958. Tout en essayant d'effectuer des réformes, il se bat pour l'Algérie française et laisse une large liberté de manœuvre à l'armée.

LANG Jack (né en 1939). Professeur de droit public, directeur du Théâtre universitaire de Nancy, puis du théâtre de Chaillot, membre du PS, Jack Lang est ministre de la Culture de 1981 à 1986. Il retrouve ce poste de 1988 à 1992, date à laquelle il y ajoute l'Éducation nationale dans le gouvernement Bérégovoy (1992-1993).

LAVAL Pierre (1883-1945). Issu d'une famille de paysans modestes, Pierre Laval devient avocat, milite dans la gauche pacifiste, puis évolue vers la droite et dirige plusieurs gouvernements dans l'entre-deux-guerres. Hostile à l'entrée en guerre de 1939, il est ensuite favorable à l'armistice et manœuvre habilement pour mener la IIIe République à sa perte en juillet 1940 et confier les pouvoirs à Pétain. Ce dernier fait de Laval son principal collaborateur. Persuadé que l'Allemagne gagnera la guerre, il croit indispensable de s'entendre avec elle. Pétain le renvoie le 13 décembre 1940 et le rappelle le 18 avril 1942. Laval, dépourvu de scrupules, toujours sûr de ses analyses et mû par son anticommunisme, s'engage dans une collaboration de plus en plus profonde et parfois devance même les vœux des occupants pour préserver la fiction d'indépendance du gouvernement de Vichy. Réfugié à Sigmaringen lors de l'offensive alliée, il abandonne toute activité politique. Condamné à mort, il essaie de se suicider et est fusillé le 15 octobre 1945.

LECANUET Jean (1920-1993). Agrégé de philosophie, ancien résistant et membre de cabinets ministériels sous la IVe République, il adhère au MRP et obtient de nombreux mandats locaux en Seine-Maritime, dont la mairie de Rouen de 1968 à sa mort. Candidat centriste aux présidentielles de 1965, il obtient près de 16 % des suffrages exprimés, ce qui contribue à la mise en ballotage de de Gaulle. Il préside le Centre démocratique de 1966 à 1976, le Centre des démocrates sociaux de 1976 à 1982 et l'UDF de 1978 à 1988. De 1974 à 1977, il est ministre de la Justice puis du Plan.

LECLERC Philippe de Hauteclocque dit (1902-1947). Saint-Cyrien, il se bat courageusement en 1940 ; deux fois prisonnier des Allemands, il s'évade deux fois et parvient à rejoindre de Gaulle à Londres. Il obtient le ralliement du Cameroun à la France libre, conquiert le Fezzan et, entraîne ses hommes des bords du Tchad à Tripoli. À la tête de la 2e DB, il prend part au débarquement de Normandie, participe à la libération de Paris le 24 août 1944 et reçoit la reddition de von

Choltitz. Il libère ensuite Strasbourg et entre à Berchtesgaden. En 1945, il commande en Indochine où il signe l'acte de capitulation du Japon. Victime d'un accident d'avion, en 1947, il est fait maréchal de France à titre posthume.

LÉOTARD François (né en 1942). Ancien élève de l'ENA, il est haut fonctionnaire dans l'administration préfectorale. Il est l'un des principaux dirigeants du Parti républicain et maire de Fréjus depuis 1977. Il devient ministre de la Culture dans le gouvernement Chirac de 1986 à 1988 et ministre de la Défense dans le gouvernement Balladur formé en 1993.

LE PEN Jean-Marie (né en 1928). Licencié en droit, il participe à la guerre d'Algérie comme sous-lieutenant parachutiste et milite à l'extrême-droite. Il est élu député poujadiste en 1956, puis indépendant de 1958 à 1968. Il préside le Front national depuis 1977. Il est candidat aux présidentielles de 1974, 1988 et 1995.

MALRAUX André (1901-1976). Écrivain et homme d'action, André Malraux côtoye les communistes chinois dans sa jeunesse, milite contre le fascisme, se met au service des républicains espagnols et joue un rôle actif dans la Résistance. Fidèle à de Gaulle, il est son ministre dans le GPRF, puis, au poste des Affaires culturelles, dans les gouvernements de la Ve République jusqu'en 1969.

MANDEL Georges (1885-1944). Éminence grise de Clemenceau, efficace ministre entre les deux guerres, il est en charge de l'Intérieur dans le gouvernement Reynaud de 1940 et s'oppose à l'armistice. Le gouvernement de Vichy l'interne sans jugement, puis le livre aux Allemands qui le déportent. Le 7 juillet 1944, il est abattu par des miliciens en forêt de Fontainebleau.

MARCELLIN Raymond (né en 1914). Avocat, il obtient de nombreux mandats locaux dans le Morbihan dès 1946, appartient au CNI puis aux Républicains indépendants. Il occupe plusieurs postes ministériels sous les IVe et Ve Républiques, notamment celui de l'Intérieur de 1968 à 1974.

MARCHAIS Georges (né en 1920). Mécanicien ajusteur, il travaille en Allemagne durant la Deuxième Guerre mondiale et adhère au PCF en 1947. Il devient secrétaire général adjoint du Parti en 1970, puis secrétaire général de 1972 à 1994. Il participe à l'élaboration du programme commun de la gauche signé en 1972 et est candidat malheureux aux présidentielles de 1981. Il est député du Val-de-Marne depuis 1973.

MAURIAC François (1885-1970). Issu de la riche bourgeoisie bordelaise, écrivain célèbre ayant reçu le Prix Nobel en 1952, François Mauriac s'intéresse aux questions politiques et sociales. Dans sa jeunesse, il subit l'influence du Sillon chrétien de Marc Sangnier. Antifasciste, il participe à la Libération. Après la Libération, il essaie de modérer l'épuration. Sous les IVe et Ve Républiques, il publie dans *Le Figaro* et *L'Express* des chroniques politiques engagées, en faveur de Mendès France, puis de de Gaulle.

MAUROY Pierre (né en 1928). Fils d'instituteur et professeur de l'enseignement technique, Pierre Mauroy incarne la vieille tradition socialiste du Nord, militante et généreuse. Député-maire de Lille depuis 1973, il devient le Premier ministre de François Mitterrand de 1981 à 1984. Après avoir bénéficié de « l'état de grâce » initial, il doit revenir à une politique de rigueur. De 1988 à 1992, il est premier secrétaire du PS.

MAYER Daniel (né en 1909). Adhérant de la SFIO en 1927 et proche de Léon Blum, il est secrétaire général de ce parti dans la clandestinité, jusqu'à ce que Guy Mollet le remplace en 1946. Il adhère au PSA puis au PSU de 1958 à 1967. Il revient au nouveau PS en 1971. Il préside la Ligue des droits de l'homme de 1958 à 1975.

MENDÈS FRANCE Pierre (1907-1982). Avocat, Pierre Mendès France commence sa carrière politique dans les rangs radicaux dès les années 1930. Arrêté par le gouvernement de Vichy en 1940, il s'évade et rejoint la France libre. Il devient commissaire aux Finances dans le CFLN d'Alger, puis ministre de l'Économie en 1944-1945 dans le gouvernement de Gaulle. Il est président du Conseil de juin 1954 à février 1955 et fait preuve de lucidité (signature des accords de Genève sur l'Indochine) et d'une grande volonté de renouvellement politique, ce qui lui vaut dans les rangs de la gauche une autorité morale durable. Il fait encore un bref passage dans le gouvernement Mollet de 1956, essaie en vain de renouveler le radicalisme, s'oppose au retour de de Gaulle en 1958, adhère au PSU et reste un adversaire de la Vᵉ République.

MENTHON François de (1900-1984). Actif militant de l'Association catholique de la jeunesse française, professeur d'économie politique, il est un résistant de la première heure. À la Libération, il participe à la fondation du MRP et est ministre de la Justice jusqu'en juin 1945, ce qui l'amène à jouer un rôle important dans les débuts de l'épuration.

MESSMER Pierre (né en 1916). Docteur en droit et diplômé des langues orientales, il rejoint les Forces françaises libres en 1940 et participe aux campagnes d'Afrique, d'Italie, de France et d'Allemagne. Il entame ensuite une carrière de haut fonctionnaire aux colonies. De Gaulle en fait son ministre des Armées de 1960 à 1969 et Pompidou son Premier ministre de 1972 à 1974.

MITTERRAND François (né en 1916). Issu d'une famille de la petite bourgeoisie charentaise, il devient avocat. Prisonnier en 1940, il s'évade et rentre en France en 1941, sert le gouvernement de Vichy en 1942 et s'engage dans la Résistance en 1943. Membre dirigeant de l'UDSR, il est souvent ministre sous la IVᵉ République, notamment à l'Intérieur dans le gouvernement Mendès France en 1954 et à la Justice dans le gouvernement Mollet en 1956. Hostile au retour de de Gaulle et aux nouvelles institutions, il est battu aux législatives de 1958, mais se fait réélire dans la Nièvre dès 1959. Il préside la FGDS de 1965 à 1968, fonde le nouveau PS en 1971, signe le programme commun avec le PC en 1972 et contribue à affaiblir ce parti. Battu par de Gaulle aux présidentielles de 1965 et par Giscard d'Estaing à celles de 1974, il prend sa revanche en 1981 et est facilement réélu contre Jacques

Chirac en 1988. François Mitterrand quitte la présidence à la fin de son mandat en mai 1995. Excellent manœuvrier politique, il est parfois surnommé « le Florentin ». Fin lettré, il a écrit de nombreux livres.

MOCH Jules (1893-1985). Polytechnicien, ingénieur de la marine, député socialiste à partir de 1928, Jules Moch seconde son ami Blum en 1936. Le 10 juillet 1940, il refuse les pleins pouvoirs à Pétain. Il s'engage dans la Résistance. Sous la IVᵉ République, il occupe de nombreux postes ministériels. En particulier, ministre des Travaux publics de 1945 à 1947, il est en charge de la restauration des transports ; ministre de l'Intérieur de 1947 à 1949, il réprime les grandes grèves. Il retrouve l'Intérieur dans le gouvernement Pflimlin de mai 1958. Il est l'un des socialistes qui votent l'investiture à de Gaulle en juin 1958.

MOLLET Guy (1905-1975). Professeur d'anglais, ancien résistant, membre de la SFIO depuis 1923, il est Secrétaire général de ce parti de 1946 à 1969. Plusieurs fois ministre à partir de 1946, il devient président du Conseil de février 1956 à mai 1957 ; il développe une politique sociale, mais accentue la répression en Algérie et monte l'expédition de Suez d'octobre 1956. Il facilite le retour de de Gaulle au pouvoir en 1958 et est ministre d'État jusqu'en janvier 1959. Bien que Mollet ait fait figure de marxiste pur en 1946, son nom et sa politique sont associés à une dérive du socialisme loin de ses racines idéologiques.

MONNERVILLE Gaston (1897-1991). Martiniquais né en Guyane, avocat, membre du Parti radical, il participe aux combats de la Résistance. Il est président du Conseil de la République de la IVᵉ République, puis du Sénat de la Vᵉ jusqu'en 1968. Il facilite le retour de de Gaulle au pouvoir en 1958, mais s'oppose vigoureusement à la réforme de 1962 organisant l'élection du président de la République au suffrage universel.

MONNET Jean (1888-1979). Issu d'une famille de négociants en cognac, Jean Monnet entreprend une brillante carrière d'homme d'affaires. Pendant la Grande

Guerre, il fait profiter le gouvernement français de sa connaissance du commerce international. Il se met au service des Britanniques après l'armistice de 1940. En 1942, les Américains en font le conseiller du général Giraud. Après le retrait de celui-ci, Monnet est membre du CFLN. À la Libération, il dirige le commissariat général au Plan. À partir de 1950, il milite avec ardeur pour l'union européenne et préside la CECA de 1952 à 1954. En 1988, sa dépouille est transférée au Panthéon.

MONORY René (né en 1923). Commerçant, sénateur centriste de la Vienne, il devient ministre de l'Industrie en 1977, puis de l'Économie en 1978 et de l'Éducation nationale de 1986 à 1988. Il succède à Alain Poher à la présidence du Sénat en 1992.

MOULIN Jean (1899-1943). Préfet à Chartres en juin 1940, il est mis en disponibilité par Vichy et gagne Londres. Il revient en zone Sud en 1942 comme chargé de mission de de Gaulle et rassemble la Résistance, crée des services communs aux réseaux, fonde et préside le Conseil national de la Résistance. Il est capturé par les Allemands à Caluire, près de Lyon, le 21 juin 1943 et meurt des suites des tortures qu'il subit.

PASQUA Charles (né en 1927). Après avoir participé à la Résistance, il entame une carrière commerciale. Élu dans les Hauts-de-Seine depuis 1968, il est un des principaux dirigeants du mouvement gaulliste. Il est ministre de l'Intérieur dans les gouvernements Chirac de 1986 et Balladur de 1993. Aux élections présidentielles de 1995, il soutient avec vigueur la candidature d'Édouard Balladur.

PASSY André Devawrin dit (né en 1911). Polytechnicien, il prend le pseudonyme de Passy après avoir gagné Londres le 21 juin 1940. De Gaulle lui confie les services de renseignements sur la France occupée. À cette fin, il crée le Bureau central de renseignements et d'action militaire (BCRA).

PÉRI Gabriel (1902-1941). Journaliste communiste, il anime les *Cahiers* clandestins du Parti pendant l'occupation. Il est arrêté par les Allemands en 1941 et fusillé avec d'autres otages le 15 décembre.

PÉTAIN Philippe (1856-1951). Issu d'une famille paysanne, Philippe Pétain est révélé par la Grande Guerre : il défend Verdun en 1916, reçoit le commandement des forces françaises en 1917 et est fait maréchal en 1918. Il entame ensuite une carrière politique comme ministre de la Guerre en 1934 et ambassadeur à Madrid en 1939. Vice-président du Conseil le 18 mai 1940, il devient président du Conseil le 16 juin et demande l'armistice pour sauvegarder l'honneur de l'armée et l'ordre social. Laval lui fait attribuer les pleins pouvoirs le 10 juillet 1940. Âgé de 84 ans, le nouveau « chef de l'État français » est très populaire et rassure les Français. Ayant foi en sa mission patriotique, il veut relever la France selon les principes d'une « Révolution nationale » réactionnaire. Lors de l'entrevue de Montoire avec Hitler, le 24 octobre 1940, il lance la collaboration d'État. Bien qu'il veuille assumer toute la responsabilité des actes de Vichy, il est marginalisé par Laval à partir de 1942. Emmené à Sigmaringen par les Allemands en août 1944, il cesse toute activité politique. Condamné à mort le 15 août 1945, il est gracié et termine ses jours interné à l'île d'Yeu.

PFLIMLIN Pierre (né en 1907). Avocat, membre du MRP, il entame une carrière ministérielle sous la IVe République et accède à la présidence du Conseil en mai 1958. Il envisage de réviser la constitution pour renforcer l'exécutif, puis facilite le retour de de Gaulle au pouvoir et devient son ministre d'État jusqu'en janvier 1959. Il se sépare ensuite du général dont il ne partage pas les vues sur l'Europe. Il est maire de Strasbourg de 1959 à 1983 et préside le Parlement européen en 1984.

PINAY Antoine (1891-1994). Petit industriel, maire de Saint-Chamond de 1929 à 1977, député modéré depuis 1936, ancien membre du Conseil national de Vichy, Antoine Pinay occupe des postes ministériels de second plan au début de la IVe République. Président du Conseil de mars à décembre 1952, il est le premier représentant du centre droit à diriger le gouvernement depuis la Libération. Sa politique de réformes lui assure une réputation de sage, ce qui lui vaut un prestige durable. De Gaulle lui confie les Finances en 1958. Il est le « père » du nouveau franc en 1959.

PISANI Edgard (né en 1918). Edgard Pisani effectue d'abord une carrière de haut fonctionnaire avant d'être élu sénateur en 1954. Il est nommé ministre de l'Agriculture de 1961 à 1966, puis de l'Équipement en 1967. Devenu socialiste, il est membre de la commission européenne en 1981 et délégué du gouvernement en Nouvelle-Calédonie en 1984-1985.

PLEVEN René (1901-1993). Homme d'affaires, René Pleven rejoint de Gaulle dès 1940 et devient successivement commissaire aux Finances, à l'Économie, aux Colonies, aux Affaires étrangères. À la Libération, il est membre du gouvernement provisoire. Dirigeant de l'UDSR, il occupe de nombreux postes ministériels sous la IVe République et est deux fois président du Conseil entre 1950 et 1952. Pompidou l'appelle au ministère de la Justice de 1969 à 1973. Deux causes sont particulièrement chères à Pleven : la construction de l'Europe et la modernisation de la Bretagne.

POHER Alain (né en 1909). Ingénieur civil des mines, il est membre du MRP, occupe quelques postes ministériels sous la IVe République et préside le Sénat de 1968 à 1992. À ce titre il assure l'intérim de la présidence de la République à la démission de de Gaulle en 1969 et à la mort de Pompidou en 1974. Il est candidat centriste malheureux aux élections présidentielles de 1969.

POMPIDOU Georges (1911-1974). Fils d'un instituteur auvergnat, Georges Pompidou, normalien, agrégé de lettres, commence une carrière de professeur, puis entre au cabinet de de Gaulle en 1945. Il est ensuite directeur de la banque Rothschild avant de diriger à nouveau le cabinet du général en 1958. Dépourvu de mandat (il se fait élire député du Cantal seulement en 1967), homme nouveau, il est nommé Premier ministre en 1962, surmonte la crise de mai 1968 et est placé « en réserve de la République » en juillet 1968. L'année suivante, il succède à de Gaulle mais meurt en 1974 avant la fin de son septennat.

PONIATOWSKI Michel (né en 1922). Issu d'une famille aristocratique d'origine polonaise, il est élève de l'ENA et appartient à plusieurs cabinets ministériels sous la IVe République. Très proche de Valéry Giscard d'Estaing, il appartient aux Républicains indépendants et est ministre de la Santé, puis de l'Intérieur, entre 1973 et 1977.

PUCHEU Pierre (1899-1944). Normalien et homme d'affaires, il milite à l'extrême-droite entre les deux guerres. Membre du gouvernement de Vichy à partir de février 1941, il est chargé de la Production industrielle, puis de l'Intérieur. Instaurant une active collaboration policière avec les Allemands, il crée les Sections spéciales, tribunaux d'exception, et choisit lui-même des otages à fusiller parmi les détenus communistes. Pensant que l'Allemagne ne peut plus gagner la guerre, il essaie de passer du côté allié. Venu en Algérie avec un sauf-conduit de Giraud, il est arrêté, condamné à mort et exécuté le 20 mars 1944, après que de Gaulle ait refusé sa grâce.

QUEUILLE Henri (1884-1970). Médecin de campagne en Corrèze, Henri Queuille entame comme radical une carrière politique d'élu dès 1912. Sous les IIIe et IVe Républiques, il est 30 fois ministre, dont 15 à l'Agriculture. En 1943, il rejoint de Gaulle et le seconde habilement. Il est trois fois président du Conseil entre 1948-1949 et 1951. Dans cette période difficile, il fait preuve d'un calme que ses adversaires taxent d'immobilisme.

RAMADIER Paul (1888-1961). Avocat, il commence sa carrière politique dans les rangs socialistes entre les deux guerres. Le 10 juillet 1940, il refuse les pleins pouvoirs à Pétain. Il reprend sa carrière ministérielle sous la IVe République, occupe de nombreux postes et, président du Conseil en 1947, renvoie les ministres communistes et fait adhérer la France au plan Marshall.

RÉMY Gilbert Renault dit colonel (1904-1984). Il rejoint la France libre dès 1940 et fonde un actif réseau de renseignements, la confrérie Notre-Dame. Sous la IVe République, il milite au RPF et écrit de nombreux livres consacrés à la Résistance.

REYNAUD Paul (1878-1966). Diplômé de HEC, député depuis 1919, il occupe de nombreux postes ministériels entre les deux guerres et accède à la présidence du Conseil le 21 mars 1940. Hostile à l'armistice, il appelle à ses côtés, le 5 juin, le général de Gaulle dont il approuve les théories militaires. Pétain remplace Reynaud le 16 juin 1940 et le fait interner. Les Allemands le déportent. Reynaud reprend sa carrière après la Libération dans les rangs du CNI et plaide pour la construction de l'Europe. En 1958, il préside le Comité consultatif constitutionnel qui examine le projet de constitution. En 1962, il s'oppose fermement au projet d'élection du président de la République au suffrage universel.

ROCARD Michel (né en 1930). Ancien élève de l'ENA, inspecteur des Finances, Michel Rocard effectue une carrière de haut fonctionnaire et est secrétaire national du PSU de 1967 à 1973. Il est battu aux présidentielles de 1969. Il adhère au PS en 1974 et y anime un courant qui veut renouveler le socialisme en privilégiant l'efficacité au détriment de l'idéologie. Rival de François Mitterrand, il doit s'effacer derrière celui-ci, candidat heureux du Parti en 1981. De 1981 à 1985, Rocard est ministre du Plan, puis de l'Agriculture. De 1988 à 1991 il est Premier ministre. Devenu premier secrétaire du PS en 1992, il voit s'effondrer ses ambitions présidentielles à la suite des revers électoraux de son parti.

ROCHET Waldeck (1905-1983). Ouvrier maraîcher, il milite au PCF dès 1923 et est élu député en 1936. À partir de 1943, il représente son parti auprès du CFLN. Secrétaire général adjoint du PCF en 1961, il succède à Maurice Thorez comme secrétaire général en 1964. Il effectue une déstalinisation modérée. Malade en 1969, il laisse sa place à Georges Marchais.

SALAN Raoul (1899-1984). Saint-Cyrien, il commande les forces françaises d'Indochine en 1952 et celles d'Algérie en 1956. Après les événements du 13 mai 1958, il est nommé délégué général du gouvernement en Algérie et fait acclamer le nom de de Gaulle par la foule. Il prend sa retraite en 1960 et milite pour l'Algérie française. Il s'associe au putsch militaire

d'avril 1961, puis prend la tête de l'OAS. Condamné à mort par contumace, il est arrêté en 1962 et condamné à la détention perpétuelle. Libéré en 1968, il est amnistié en 1982.

SALIÈGE Jules-Géraud (1870-1956). Ancien membre du Sillon, archevêque de Toulouse depuis 1929, il encourage l'Action catholique. Loyal à l'égard du gouvernement constitué en 1940, il s'indigne des persécutions subies par les Juifs en 1942, exprime publiquement son désaccord et cache des enfants. Il est fait cardinal en 1952.

SARTRE Jean-Paul (1905-1980). Normalien, agrégé de philosophie, Jean-Paul Sartre est un écrivain engagé qui acquiert une forte autorité après la guerre. Parti d'un nihilisme fondé sur le sentiment de l'absurde, il définit un existentialisme de l'action. Il développe ses idées dans sa revue *Les Temps modernes* qui dénonce les injustices du temps et, à l'égard du marxisme, oscille du compagnonnage étroit à une critique courtoise. Jean-Paul Sartre refuse le Prix Nobel qui lui est attribué en 1964.

SAVARY Alain (1918-1988). Résistant de la première heure, Alain Savary expulse le gouverneur vichyste de Saint-Pierre et Miquelon en 1941 et le remplace. Il participe aux campagnes d'Italie et de France. Sous la IVe République, membre de la SFIO et favorable à la décolonisation et est secrétaire d'État aux Affaires marocaines et tunisiennes en 1956. En 1958, il vote contre l'investiture de de Gaulle, quitte la SFIO pour le PSA et le PSU. En 1969, il devient premier secrétaire du PS rénové, mais est évincé par Mitterrand en 1971. Ministre de l'Éducation nationale en 1981, il démissionne après les manifestations des défenseurs de l'école libre en 1984. Homme de rigueur, il est considéré comme une « conscience de gauche ».

SCHUMANN Maurice (né en 1911). Journaliste, il rejoint de Gaulle en 1940 et devient l'une des voix de la radio de Londres. Co-fondateur du MRP et président de ce parti de 1945 à 1949, il adhère plus tard au RPR. Député puis sénateur du Nord, il occupe d'importantes fonctions dans les commissions parlementaires. Il est plusieurs fois ministre, sous la IVᵉ et surtout sous la Vᵉ République à partir de 1962, notamment aux Affaires étrangères de 1969 à 1973.

SCHUMAN Robert (1886-1963). Député depuis 1919, le démocrate-chrétien Robert Schuman est l'un des chefs du MRP. D'allure frêle, c'est un homme de conviction qui, président du Conseil en 1947-1948, réprime l'agitation sociale et, ministre des Affaires étrangères, est l'un des pères de l'Europe. Le 9 mai 1950, il présente le plan d'où est issue la CECA.

SÉGUIN Philippe (né en 1943). Ancien élève de l'ENA, le gaulliste Philippe Séguin est député des Vosges depuis 1976. Il devient ministre des Affaires sociales et de l'Emploi de 1986 à 1988 et président de l'Assemblée nationale en 1993. Ami de Charles Pasqua, il essaie de retrouver les racines populaires du gaullisme. En 1995, il soutient fermement la candidature à la présidence de Jacques Chirac.

SERVAN-SCHREIBER Jean-Jacques (né en 1924). Polytechnicien, il est cofondateur de *L'Express* en 1953, soutient Mendès France en 1954 et la candidature de Gaston Defferre en 1965. Il essaie de rénover le Parti radical. Avec Lecanuet il fonde le Mouvement réformateur et devient un éphémère ministre des Réformes en 1974.

SOUSTELLE Jacques (1912-1990). Normalien, agrégé de philosophie, spécialiste réputé des sociétés précolombiennes, Jacques Soustelle milite à gauche dans sa jeunesse et rejoint de Gaulle à Londres dès 1940. Là il dirige successivement l'information et les services spéciaux. Après la Libération, il est ministre dans le GPRF puis secrétaire général du RPF de 1947 à 1951. Gouverneur général de l'Algérie de janvier 1955 à janvier 1956, il s'attache à ce pays et à la cause de l'intégration. À nouveau ministre au début de la Vᵉ République, il s'oppose à de Gaulle à qui il reproche de sacrifier l'Algérie. Proche de l'OAS, il s'exile de 1961 à 1968. À son retour il reprend sa carrière universitaire et est élu député du Rhône.

TAPIE Bernard (né en 1943). Homme d'affaires et président de clubs sportifs, soutenu par les socialistes, il se fait élire député des Bouches-du-Rhône en 1989. En 1992-1993, il est un éphémère ministre de la Ville dans le gouvernement Bérégovoy. Cette même année 1993, il devient député européen. Il incarne un populisme de gauche. Les affaires judiciaires l'éloignent de la scène politique en 1995.

TERRENOIRE Louis (1908-1992). Syndicaliste chrétien et journaliste, il entre dans la Résistance en juillet 1940, est arrêté et déporté à Dachau. Il milite au RPF puis à l'UNR. Il appartient au gouvernement Debré en 1960.

THOREZ Maurice (1900-1964). Ouvrier, militant communiste dès 1920, Maurice Thorez est le principal dirigeant du PCF de 1930 à sa mort. En 1939, il passe dans la clandestinité, s'installe à Moscou et rentre en France en 1944. Député d'Ivry depuis 1932, il devient ministre d'État chargé de la fonction publique dans le gouvernement de Gaulle de novembre 1945 à janvier 1946. Il est vice-président du Conseil dans les gouvernements suivants jusqu'à l'éviction des communistes en mai 1947. Il dirige fermement son parti dans sa phase stalinienne.

TILLON Charles (1897-1993). Ouvrier, condamné pour s'être mutiné à bord d'un croiseur en mer Noire en 1919, Charles Tillon adhère au PCF et est élu député en 1936. Pendant la guerre, il est l'un des dirigeants clandestins du parti et le chef des FTP. À la Libération, il occupe plusieurs postes ministériels. À partir des années 1950, le PCF lui adresse divers reproches, dont celui d'indiscipline, et le prive de toutes ses responsabilités politiques.

TIXIER-VIGNANCOUR Jean-Louis (1907-1989). Avocat, député d'extrême-droite depuis 1936, il se rallie à Pétain en 1940. Il est député poujadiste de 1956 à 1958. Après la guerre d'Algérie, il plaide pour les anciens membres de l'OAS. Il se présente contre de Gaulle aux présidentielles de 1965 et se désiste au deuxième tour en faveur de François Mitterrand.

VALLAT Xavier (1891-1972). Grand mutilé de la guerre 1914-1918, Xavier Vallat, député, milite à l'extrême-droite antisémite entre les deux guerres. Rallié à Pétain, il est commissaire général aux questions juives en 1941-1942. Condamné à dix ans de prison en 1947, il est libéré deux ans plus tard et collabore à l'hebdomadaire royaliste *Aspects de la France*.

VEIL Simone (née en 1927). Ancienne déportée, Simone Veil, diplômée de droit et de sciences politiques, est secrétaire générale du Conseil supérieur de la magistrature en 1970. Ministre de la Santé de 1974 à 1979, elle fait voter la loi sur l'IVG. Centriste pro-européenne, elle préside le Parlement de Strasbourg de 1979 à 1982. En 1993, Édouard Balladur lui confie le ministère des Affaires sociales.

VIANNAY Philippe (1917-1986). Étudiant, il fonde avec ses camarades, au lendemain de l'armistice, le mouvement et le journal *Défense de la France* qui tire à 450 000 exemplaires en 1944. Arrêté par les Allemands en 1944, il s'évade. Après la Libération, il se consacre au journalisme et aux échanges internationaux d'étudiants.

WEYGAND Maxime (1867-1965). Sorti de Saint-Cyr, Maxime Weygand est le chef d'état-major de Foch pendant la Grande Guerre. Il sert ensuite en Pologne, en Syrie, au Liban. Il quitte le service en 1935, mais Reynaud le rappelle en mai 1940 comme commandant en chef des armées à la place de Gamelin. Ne parvenant pas à redresser la situation, le général Weygand recommande l'armistice. Il est ensuite ministre de la Défense de juin à septembre 1940, délégué du gouvernement pour l'Afrique d'où il essaie d'écarter les Allemands. Arrêté par la gestapo en novembre 1942, il est détenu en Allemagne jusqu'en 1945. Jugé en haute cour à son retour, il obtient un non-lieu.

ZAY Jean (1904-1944). Avocat, élu député radical en 1932, il est le ministre de l'Éducation nationale du Front populaire de 1936 au 1er septembre 1939, date à laquelle il rejoint l'armée. Le gouvernement de Vichy le fait interner en août 1940. Le 20 juin 1944, il est abattu par des miliciens.

Table des matières

Chapitre 2 : **Le déclin de Vichy
et la libération de la France (novembre 1942-automne 1944)**

Chapitre 3 : **L'empire colonial dans le conflit mondial (1940-1945)**

Chapitre 5 : Le tripartisme et la naissance de la IVe République (janvier 1946-mai 1947)

Chapitre 6 : Les combats de la Troisième force (1947-1952)

Chapitre 7 : L'apogée et la mort de la IVᵉ République (1952-1958)

Chapitre 8 : **Les débuts de la Vᵉ République : Une France nouvelle (1958-1962)**

Chapitre 9 : **Le général de Gaulle, du triomphe
à la démission (1962-1969)**

Deuxième partie :
**La politique intérieure française
(1944-1995)**

Chapitre 4 : **Le gouvernement du général de Gaulle
et la difficile sortie de la guerre (août 1944-20 janvier 1946)**

Chapitre 5 : Le tripartisme et la naissance de la IVᵉ République (janvier 1946-mai 1947)

Chapitre 6 : Les combats de la Troisième force (1947-1952)

Chapitre 7 : **L'apogée et la mort de la IVᵉ République (1952-1958)**

Chapitre 11 : **Le septennat de Valéry Giscard d'Estaing : le libéralisme avancé et la crise (1974-1981)**

Chapitre 12 : **Le premier septennat de François Mitterrand : les grandes espérances et les réorientations (1981-1988)**

Chapitre 13 : **Le deuxième septennat de François Mitterrand : le socialisme en crise (1988-1995)**

Troisième partie :
Économie et société françaises (1940-1995)

Chapitre 14 : Économie et société de 1940 à 1947

Quatrième partie :
La France, l'Asie et l'Afrique (1947-1995)

Chapitre 17 : **Politique coloniale et décolonisation (1947-1962)**

Chapitre 18 : **La France et l'Afrique de 1962 à 1981**

Cinquième partie :
La France et le monde extérieur (1945-1995)

Chapitre 19 : **La politique extérieure de 1945 à 1962**

Chapitre 20 : **La politique extérieure de 1962 à 1980**

Édition : Bertrand Dreyfuss
Cartes : Sylvine Bouvry

N° de projet 10029193 (1) 3 (osbt80)
C2000 - Aout 1995
Imprimé en France - Groupe Landais - 93160 Noisy-le-Grand